KOMMISSION FÜR ALTE GESCHICHTE UND EPIGRAPHIK
DES DEUTSCHEN ARCHÄOLOGISCHEN INSTITUTS

# VESTIGIA

BEITRÄGE ZUR ALTEN GESCHICHTE
BAND 45

WALTER AMELING

# Karthago

Studien zu Militär, Staat und Gesellschaft

C. H. BECK'SCHE VERLAGSBUCHHANDLUNG
MÜNCHEN

Als Habilitationsschrift auf Empfehlung der Philosophischen Fakultät II
der Universität Würzburg gedruckt mit Unterstützung der
Deutschen Forschungsgemeinschaft

CIP-Titelaufnahme der Deutschen Bibliothek

*Ameling, Walter:*
Karthago: Studien zu Militär, Staat und Gesellschaft /
Walter Ameling. – München : Beck, 1993
(Vestigia ; Bd. 45)
ISBN 3-406-37490-5
NE: GT

ISBN 3 406 37490 5


Satz und Druck: Appl, Wemding
Gedruckt auf säurefreiem, aus chlorfrei gebleichtem
Zellstoff hergestelltem Papier
Printed in Germany

UXORI CARISSIMAE

# Inhaltsverzeichnis

# Abkürzungsverzeichnis

| | |
|---|---|
| ANET³ | J. B. Pritchard (Hrsg.), Ancient Near Eastern Texts Relating to the Old Testament³, Princeton 1969 |
| ANRW | W. Haase/H. Temporini (Hrsgg.), Aufstieg und Niedergang der römischen Welt, Berlin 1972 ff. |
| Atti I 1–3 | Atti del I Congresso Internazionale di Studi Fenici e Punici I–III, Rom 1983 |
| Atti II 1–3 | Atti del II Congresso Internazionale di Studi Fenici e Punici I–III, Rom 1991 |
| Beloch, GG | K. J. Beloch, Griechische Geschichte² I 1–IV 2, Straßburg/Berlin/Leipzig 1912 ff. |
| Berve, Tyrannis | H. Berve, Die Tyrannis bei den Griechen I–II, München 1967 |
| Busolt, GG | G. Busolt, Griechische Geschichte bis zur Schlacht von Chaironeia² I–III, Gotha 1893 ff. |
| CAH | The Cambridge Ancient History |
| FGrHist | F. Jacoby, Die Fragmente der griechischen Historiker, Berlin/Leiden 1923 ff. |
| FHG | C. u. Th. Müller, Fragmenta Historicorum Graecorum I–V, Paris 1841 ff. |
| Gomme, HCT | A. W. Gomme u. a., A Historical Commentary on Thucydides I–V, Oxford 1945 ff. |
| Gsell | St. Gsell, Histoire ancienne de l'Afrique du Nord I–VIII, Paris 1914 ff. |
| HCP | F. W. Walbank, A Historical Commentary on Polybius I–III, Oxford 1957 ff. |
| Huß | W. Huß, Geschichte der Karthager, München 1985 |
| Jacoby | s. FGrHist |
| Kahrstedt | U. Kahrstedt, Geschichte der Karthager III, Berlin 1913 |
| KAI | H. Donner/W. Röllig, Kanaanäische u. aramäische Inschriften², Wiesbaden 1966 ff. |
| LSJ | H. G. Liddell/R. Scott/H. S. Jones et al., A Greek-English Lexicon⁹, Oxford 1940 |
| Mauersberger | A. Mauersberger, Polybios-Lexikon, Berlin 1956 ff. |
| Meiggs/Lewis | R. Meiggs/D. M. Lewis, A Selection of Greek Historical Inscriptions to the End of the Fifth Century², Oxford 1988 |
| Meyer, GdA | Ed. Meyer, Geschichte des Altertums II–V⁷, Darmstadt 1975 |

| | |
|---|---|
| Meltzer | O. Meltzer, Geschichte der Karthager I–II, Berlin 1879/1896 |
| Mommsen, RG | Th. Mommsen, Römische Geschichte I–III$^{14}$, Berlin 1933 |
| OLD | Oxford Latin Dictionary, Oxford 1968 ff. |
| Picard, Karthago | G. u. C. Picard, Karthago, Stuttgart 1983* |
| RSF | Rivista di Studi Fenici |
| RuK | J. Vogt (Hrsg.), Rom und Karthago, Leipzig 1943 |
| Σ | Scholion |
| de Sanctis | G. de Sanctis, Storia dei Romani I–IV$^{2}$, Florenz 1956 ff. |
| Seyrig, Antiquités Syriennes | H. Seyrig, Antiquités Syriennes, Paris 1934 ff. |
| Sicilia antica | E. Gabba/G. Vallet (Hrsgg.), La Sicilia antica, Neapel 1980 |
| SP | Studia Phoenicia |
| StV II$^{2}$ | H. Bengtson, Die Staatsverträge des Altertums II$^{2}$, München 1975 |
| StV III | H. H. Schmitt, Die Staatsverträge des Altertums III, München 1969 |
| ThWAT | Theologisches Wörterbuch zum Alten Testament, Stuttgart 1973 ff. |

Alle anderen Abkürzungen entsprechen entweder den üblichen Gepflogenheiten oder sind aus sich selbst heraus verständlich.

* Ich werde im Falle von G. Picard auf die verschiedenen Namensformen des Autors (e. g. G. P., G. Ch. Picard, G. Charles-Picard) nicht eingehen, sondern durchgehend nur die Form G. P. zitieren.

# Vorwort

Die vorliegenden Studien wurden 1991 unter dem Titel: „Dives opum studiisque asperrima belli“ (Verg. Aen. 1, 14) von der Philosophischen Fakultät II der Universität Würzburg als schriftliche Habilitationsleistung angenommen; sie sind seitdem überarbeitet, aber nicht wesentlich verändert worden. Während meiner Arbeit habe ich Hilfe, Unterstützung und Ermunterung von vielen Seiten erfahren. Stellvertretend für alle möchte ich nennen: Barbara Scardigli, Herbert Niehr, Karlheinz Dietz und Dieter Timpe.

Frau Scardigli hat große Teile der Arbeit gelesen und mir besonders für Kap. IV und V wichtige Hinweise gegeben. Obwohl sie nicht alle Ansichten teilt, hat sie mich darin bestärkt, meine Studien fortzuführen und ans Ende zu bringen. An manchen Stellen mußte ich mich in Bereiche begeben, die eigentlich jenseits der Kompetenz eines Althistorikers liegen; hier war mir das Gespräch mit meinem Freund Herbert Niehr, der auch die ganze Arbeit gelesen hat, besonders wichtig und nützlich. Karlheinz Dietz hat das Entstehen dieser Arbeit in jeder Phase mit außergewöhnlichem Interesse verfolgt; seine zahlreichen Hinweise haben in großem Maße zur Verbesserung und Präzisierung beigetragen. Noch wichtiger war für mich aber seine freundliche Ermunterung, die mir des öfteren sehr geholfen hat. Besonderer Erwähnung bedarf das kritische Wohlwollen und unermüdliche Interesse, das Dieter Timpe meiner Arbeit entgegengebracht hat; er hat nicht nur die Klarheit vieler Gedankengänge gefördert, sondern durch seine stetige Hilfe ihren Abschluß erst ermöglicht. Ich habe viel von ihm lernen dürfen. Die Deutsche Forschungsgemeinschaft hat das Erscheinen des Buches durch einen beträchtlichen Druckkostenzuschuß gefördert.

Der Kommission für Alte Geschichte und Epigraphik gilt mein aufrichtiger Dank für die Aufnahme in die „Vestigia“. Dieter Hennig und Helmut Müller haben sich sehr engagiert um die Drucklegung bemüht.

Trotz vielfältiger Dankespflichten gibt es niemanden, der die Widmung dieses Buches mehr verdient hätte als meine Frau: ihr Anteil an dieser Arbeit ist größer, als sie selber glaubt.

Würzburg, 9. 4. 1993 — Walter Ameling

# Einleitung

## 1. Bedeutung des Gegenstandes

Karthago zählt zu den bedeutendsten Staaten des Altertums, und sein Einfluß auf Kultur und Geschichte der Mittelmeerwelt war größer, als die fortwährende Konzentration der althistorischen Forschung auf Griechenland und Rom erkennen läßt:[1] «Glanz und Elend des westlichen Griechentums» sind untrennbar mit Karthago verbunden: Gestalten wie Dionysios I. oder Agathokles sind ohne die punische Präsenz auf Sizilien undenkbar.[2] Auch die Stellung Karthagos in der römischen Geschichte ist nicht zu leugnen: über die weltgeschichtliche Bedeutung der beiden ersten punischen Kriege kann kein Zweifel bestehen; noch heute wird die Periodisierung der römischen Republik von der Auseinandersetzung der beiden Staaten bestimmt, die den Aufstieg Roms zur Weltmacht markiert.[3] Der zweite punische Krieg läßt sich aber nicht nur auf der politischen Ebene als entscheidende Weichenstellung der mediterranen Geschichte begreifen: in einem höheren Sinne gilt Karthago manchmal als Vorkämpfer für die politischen und kulturellen Werte des Hellenismus,[4] manchmal als Vertreter der Semiten in der Auseinandersetzung mit der griechisch-römischen Zivilisation.[5] In den punischen Kriegen

---

[1] Schon W. Bötticher, Geschichte der Carthager, Berlin 1827, IV konstatiert das Mißverhältnis, das zwischen der Behandlung der karthagischen Geschichte und derjenigen Griechenlands und Roms herrschte. Diese Feststellung hat ihre Gültigkeit bis heute nicht verloren.

[2] A. Heuß, Propyläen Weltgeschichte III, Frankfurt 1962, 382.

[3] Im Bewußtsein der Zeitgenossen war auch der dritte punische Krieg mit der Zerstörung Karthagos im Jahr 146 ein epochales Ereignis.

[4] Über den Wahrheitsgehalt dieser Vorstellung ist hier nicht zu streiten; immerhin sei vermerkt, daß E. J. Bickermans Interpretation des karthagisch-makedonischen Abkommens von 216/5 (Pol. 7, 9, 1 [StV III 528]) Hannibal eine hellenistische Politik des Gleichgewichts der Mächte zuweist (Religions and Politics in the Hellenistic and Roman Periods, Como 1985, 396f.).

[5] Karthager als Vertreter der Semiten in Auseinandersetzung mit der europäischen Kultur schon bei Ranke, cf. G. Freitag, L. v. Ranke und die römische Geschichte, Diss. Marburg 1966, 128ff.; ansonsten e.g. Mommsen, RG I 485; Meyer, GdA IV 1, 650f. Zur Geschichte des Motivs bis zum Nationalsozialismus s. K. Christ, Römische Geschichte und deutsche Geschichtswissenschaft, München 1982, 199 A. 15; 207ff.; id., Neue Profile der alten Geschichte, Darmstadt 1990, 92ff.; V. Losemann, Nationalsozialismus und Antike, Hamburg 1977, 113ff. Zu «was wäre, wenn ...»-Vorstellungen vgl. A. Demandt, Ungeschehene Ge-

wurden – so oder so – die Weichen für den weiteren Ablauf der Geschichte des Mittelmeerraumes gestellt, weshalb Karthago weit über den Rahmen der alten Geschichte hinaus wichtig ist.

Bei dem Versuch, diese Auseinandersetzung zu aktualisieren, wurde – je nach der Parteien Gunst – Karthago in der modernen Historiographie mit dem Venedig der frühen Neuzeit und den europäischen Kolonialmächten des 17. u. 18. Jhrdts. verglichen.[6] Im Frankreich des 19. Jhrdts. wurde das «perfide Albion» mit der *punica fides* in Zusammenhang gebracht, während man in England eine positive Beziehung zu den Phöniziern manchmal so stark empfand, daß deren semitische Identität geleugnet wurde.[7] Karthagischer Staat und karthagische Politik sollen mindestens so stark wie die Englands im 18. u. 19. Jhrdt., wenn nicht noch stärker von den Interessen des Handels und der Industrie bestimmt gewesen sein.[8] Eine solche, oft vollzogene Abwertung des «Krämerstaats Karthago» stammt nicht nur aus den antibritischen, sondern auch aus antikapitalistischen,[9] vielleicht sogar antisemitischen Denkmustern.[10] Bei jedem dieser Versuche, sich das historische Phä-

---

schichte, Göttingen 1984, 65ff.; id., FS Christ, Darmstadt 1988, 115. Subtiler, aber in der gleichen Tradition stehend, ist V. Ehrenbergs Gedanke einer Auseinandersetzung von Orient und Okzident (Polis und Imperium, Zürich, 1965, 549ff.).

[6] Venedig: E. A. Freeman, Geschichte Siziliens I, Leipzig 1895, 198f.; Ed. Meyer, Kl. Schriften[2] I, Halle 1924, 134f. (besonders interessant, da auch von Venedig gesagt wird, daß es seine Kriege mit Hilfe eines reinen Söldnerheeres geführt habe); Vergleich mit niederländischen Kolonien: A. H. L. Heeren, Ideen über die Politik, den Verkehr und den Handel[4] II 1, Göttingen 1825, 66 A. Der Vergleich mit Venedig und den Niederlanden übrigens schon bei Voltaire, Œuvres Complètes, Paris 1878, XI 39.

[7] Belege bei M. Bernal, Black Athena, London 1987, 341f.; 350f.; 352ff.; vgl. auch 356, wo er darauf hinweist, daß der direkte Anlaß zu «Salammbô» ein Aufstand der Inder gegen die Briten im Jahr 1857 war.

[8] Meyer (A. 6) I, 135; 274 A. 1; II 533ff.; s. weiteres bei Christ, Geschichtswissenschaft (A. 5) 96 A. 255; id., Von Gibbon zu Rostovtzeff, Darmstadt 1972, 319f.; ausführlich zu Meyers Vergleichen zwischen Karthago, England und Deutschland jetzt J. v. Ungern-Sternberg, in: W. M. Calder III/A. Demandt (Hrsgg.), Eduard Meyer, Leiden 1990, 497ff. Ähnliche Strukturen finden sich auch bei Werner Sombart, wenn er Deutsche und Briten als Helden und Händler kontrastiert (nach Th. Nipperdey, Deutsche Geschichte 1866–1918 I, München 1990, 818). Schon Heeren (A. 6) 285 A. verglich karthagische Parteien mit Torys und Whigs, Hannibal mit Marlborough.

[9] K. Christ, Römische Geschichte und Wissenschaftsgeschichte I, Darmstadt 1982, 17; vgl. 246. Im faschistischen Italien war Karthago eine «prefigurazione storica per eccellenza delle potenze a regime democratico-liberale, del loro imperialismo», wobei vor allem an Großbritannien und Frankreich gedacht war, s. M. Cagnetta, Antichisti e Impero Fascista, Bari 1979, 89.

[10] Vgl. z. B. E. Ch. Welskopf, Die Produktionsverhältnisse im alten Orient und in der griechisch-römischen Antike, Berlin 1957, 291: «Marx vergleicht die Phönizier mit den Juden im Mittelalter und im Polen des 19. Jahrhunderts ... und schildert den in wesentlichen Zügen gleichen ökonomischen Charakter des Raubhandels von Venedig und Genua vor der

nomen Karthago verständlich zu machen, ist die punische Stadt der Gegner Roms, den man nach verschiedenen, jeweils negativ verstandenen, modernen Vorbildern interpretiert.[11] Alle Ansätze stimmen darin überein, Karthago nicht nur von seiner Politik, sondern auch von seiner Struktur her in einen prinzipiellen Gegensatz zu Rom zu bringen.[12]

Karthago ist schon wegen seines Einflusses auf die griechische und römische Geschichte ein lohnendes Objekt historischer Reflexion, kann aber auch aus eigenem Recht ein besonderes Interesse beanspruchen. Diese Stadt war über mehrere Jahrhunderte hin die stärkste Macht im westlichen Mittelmeer und gehört in die seltene Kategorie antiker Stadtstaaten, denen es gelang, Herrschaft über ein größeres Territorium auszuüben[13] (auch wenn gerade dieser Aspekt oft übersehen wird). Karthago verstand es, dieser Herrschaft Dauer zu verleihen. Es hat dabei weiten Landstrichen seinen kulturellen und politischen Stempel aufgedrückt und einen wichtigen Beitrag zur Urbanisierung Nordafrikas geleistet; noch im 5. Jhrdt. n. Chr. existierte eine ausgeprägte punische Kultur in Afrika.[14]

---

Entwicklung der kapitalistischen Produktion.» In denselben Zusammenhang gehört es, wenn die militärische Rolle der Juden in hellenistischen Armeen von Antisemiten geleugnet wurde, s. V. A. Tcherikover, Hellenistic Civilization and the Jews, Philadelphia 1959, 334 f.

[11] Nur ganz selten findet sich die Selbstidentifikation mit Karthago als dem gequälten Gegner Roms, e.g. H. Spethmann, Karthagos Untergang – auch unser Schicksal?, Berlin 1921, 8, wo der Friede von Versailles mit dem römischen Diktat von 201 verglichen wird; 9: Verlust der U-Boote steht neben dem Verlust der Elephanten; 22 ff.: die karthagische Politik nach 152 wird mit der deutschen «Erfüllungspolitik» verglichen.

[12] Es wäre sicher nützlich, solche Generalisierungen der modernen Forschung auch einmal am Beispiel Karthago zu studieren; allgemein s. I. Weiler, in: F. Hampl/I. Weiler (Hrsgg.), Kritische und vergleichende Studien zur alten Geschichte, Innsbruck 1974, 243 ff.; 276 ff. zu den Semiten am Beispiel der Israeliten.

[13] Cf. M. Weber, Wirtschaft und Gesellschaft$^5$, Tübingen 1972, 811: «Vier große Machtschöpfungen sind von der antiken Polis als solcher unternommen worden: das sizilianische Reich des Dionysios, der attische Bund, das karthagische und das römisch-italische Reich» (ohne Karthago zu nennen, entwickelt M. I. Finley, Das politische Leben in der antiken Welt, München 1986, 28 eine ähnliche Vorstellung). Im Vergleich zur karthagischen Herrschaft waren das Reich der Athener und das des Dionysios nur ephemer.

[14] F. G. B. Millar, JRS 58, 1968, 126 ff.; M. H. Fantar, in: A. Mastino (Hrsg.), L'Africa romana VII, Sassari 1990, 53 ff. Kenntnisse des Punischen finden sich bei Hieronymos, vor allem aber bei Augustinus, s. z. B. C. Saumagne, Karthago 4, 1952, 172 f.; A. Penna, Atti I 3, 885 ff.; I. Opelt, Augustinianum 25, 1985, 121 ff.; allgemein W. Röllig, in: G. Neumann/J. Untermann (Hrsgg.), Die Sprachen im römischen Reich der Kaiserzeit, Bonn 1980, 285 ff.; K. Vössing, Untersuchungen zur römischen Schule – Bildung – Schulbildung im Nordafrika der Kaiserzeit, Diss. Aachen 1991, 176 ff. – Vgl. W. Hoffmann, ANRW I 1, Berlin 1972, 341: «Karthago hat die Voraussetzungen dafür geschaffen, daß die dem Mittelmeer zugewandten Gebiete des nordwestlichen Afrikas in die antike Mittelmeerwelt eingefügt wurden.»

## 2. Schwierigkeiten des Gegenstandes

Dem berechtigten historischen Interesse an Karthago steht ein entscheidendes Defizit gegenüber: den Karthagern ist schwer beizukommen. Nachdem schon G. Picard von den Schwierigkeiten sprach, die der Forschung entgegenstehen, und die Möglichkeit leugnete, eine Geschichte Karthagos vor 480 schreiben zu können, hat W. Huß zu Beginn seiner ‹Geschichte der Karthager› sogar erklärt: «Meine Skepsis reicht weiter: auch für die Zeit nach der Schlacht von Himera läßt sich keine Geschichte Karthagos schreiben – höchstens Kapitel zur Geschichte Karthagos».[15] Der Grund dieses oft beklagten Problems liegt in den Quellen: Werke von Karthagern oder wenigstens Monographien über Karthago, wie es sie ja gegeben hat,[16] sind nicht erhalten. Wir sehen also Karthago immer nur durch die Augen der anderen, deren Interessenlage bei der Interpretation aller Zeugnisse zu berücksichtigen ist.

Ausführlich über Karthago berichten hauptsächlich zwei Traditionsgruppen: Verfassungstheoretiker und Historiker.

Die Verfassungstheoretiker von Platon und Isokrates über Aristoteles bis zu Eratosthenes, Polybios und Cicero interessierten sich für die Stadt, weil ihnen Karthago als Muster innenpolitischer Stabilität erschien,[17] weshalb es oft mit Spar-

---

[15] Picard, Atti I 1, 279 ff.; Huß XI; vgl. M. Sznycer, in: C. Nicolet (Hrsg.), Rome et la conquête du monde méditerranéen 2, Paris 1978, 550: «Il est bien téméraire sinon impossible de reconstituer d'une manière suivie, comme ont tenté de le faire certains auteurs modernes, l'évolution, au cours des siècles, de l'histoire intérieure de Carthage ...»

[16] Hippagoras, περὶ τῆς Καρχηδονίων πολιτείας, FGrHist 743; ein Buch gleichen Titels wird von Aristoteles überliefert, s. O. Gigon, Aristotelis Opera III, Berlin 1987, 648 f. Nr. 75; Sall. Iug. 17, 7 (zu den verschiedenen Interpretationsmöglichkeiten s. N. Berti, in: M. Sordi [Hrsg.], Geografia e storiografia nel mondo classico, Mailand 1988, 156 f.; V. Krings, in: Mastino [A. 14] 109 ff.); Suet. Claud. 42, 2 (FGrHist 276 T 2); Amm. 22, 15, 8; Solin 32, 2; Augustin, ep. 17, 2; Avien, ora m. 412 ff. Die von Serv. Aen. 1, 373; 738 erwähnte *historia Poenorum* bzw. *Punica historia* muß nicht unbedingt auf einen karthagischen Autor zielen; dasselbe gilt für die Φοινικικαὶ ἱστορίαι bei Ps. Aristot. mir. 844 a 12. Die Bibliotheken Karthagos können neben punischer auch griechische Literatur enthalten haben. Vgl. auch einige Historikernennungen, Charon v. Karthago (FHG IV 360; Ed. Schwartz, RE III 2, 2180); Prokles (FHG IV 484; hier scheint K. J. F. Ziegler das Datum im 3. Jhrdt., H. Schäfer die Einordnung unter die griechischen Einwohner Karthagos richtig gefunden zu haben, RE XXIII 1, 179 f.; zu einem späteren Datum s. allerdings P. v. d. Mühll, Ausgewählte Kleine Schriften, Basel 1975, 368 f.). Das einzige «erhaltene» Werk eines Karthagers ist möglicherweise eine Fälschung: zum Periplus des Hanno vgl. 233 mit A. 93; zu den verschiedenen Agronomen s. 236.

[17] Aristot. Pol. 1272 b 30–3; 1273 b 18 f. Nach A. Kamp, Die politische Philosophie des Aristoteles und ihre metaphysischen Grundlagen, Freiburg 1984, 284 soll Aristoteles Karthago für die beste aller πόλεις gehalten haben. Vgl. auch Cic. rep. 1, frg. 1 f: *nec tantum*

ta verglichen wurde.[18] Nach den Schemata des 4. Jhrdts. konnte die stabile Konstitution Karthagos nur eine Mischverfassung sein;[19] die Einzelheiten wurden dementsprechend ausgestaltet.[20] Dabei wurde die Rolle des Volkes überbetont: anfangs, um die eigentlich aristokratische Herrschaft in Karthago der theoretischen Norm anzupassen, später dann, um den Sieg Roms durch dessen bessere Verfassung zu erklären: Rom und Karthago galten beide als Städte mit Mischverfassungen; da Polybios den Sieg Roms auf dessen überlegene Verfassung zurückführte, mußte die karthagische Verfassung sich gegenüber früheren Zeiten verschlechtert haben – das demokratische Element hatte zum Nachteil der Verfassung an Gewicht gewonnen.[21] Die Beispiele zeigen, mit welchen Einseitigkeiten und Verfor-

---

*Karthago habuisset opum sescentos fere annos sine consiliis et disciplina*; dazu Heuß, RuK 107.

[18] Isokrates, Aristoteles und Polybios haben diesen Vergleich; cf. H. Lüdemann, Untersuchungen zur Verfassungsgeschichte Karthagos bis auf Aristoteles, Bottrop 1933, 86f.; R. Weil, Aristote et l'histoire, Paris 1960, 229ff. Nah beieinander stehen diese Verfassungen auch bei Plat. Rep. 544 c/d, falls dort wirklich auf Karthago Bezug genommen wird. Gern übersehen wird Iulian, or. 1, 14b ff., der die beiden Staaten ebenfalls nebeneinander nennt.

[19] Allgemein: G. J. D. Aalders, Die Theorie der gemischten Verfassung im Altertum, Amsterdam 1968; W. Nippel, Mischverfassungstheorie und Verfassungsrealität in Antike und früher Neuzeit, Stuttgart 1980; zu Aristoteles H. Francotte, Mélanges de droit public grec, Liège 1910, 221ff.; Aalders, Entretiens Hardt 11, 1965, 199ff.; E. Mikrogiannakis, Athena 73/4, 1972/3, 411 ff.; G. Bien, Die Grundlegung der politischen Theorie bei Aristoteles, Freiburg 1973, 199ff.; zu Polybios K. v. Fritz, The Theory of the Mixed Constitution in Antiquity, New York 1954. – M. Gelzer, Kl. Schriften III, Wiesbaden 1964, 194 (cf. F. Leo, Geschichte der römischen Literatur, Berlin 1913, 298) hält Polybios für die Grundlage der Anschauung bei Cato F 80 Peter=IV 3 Chassignet. Chassignet S. 85 denkt eher an Aristoteles oder Dikaiarch als Grundlage (vgl. aber XXVII zu den Polybioskenntnissen Catos). F. W. Walbank, Polybius, Berkeley 1972, 136 hält die Anwendung der Mischverfassungstheorie bereits für einen Gemeinplatz; vgl. auch P. Catalano, FS Grosso VI, Turin 1974, 688ff. – Für Cic. rep. 2, 23, 42 nimmt Nippel 143 A. 7 nach anderen Polybios als Quelle an. Dagegen weist v. Fritz 145f. darauf hin, daß Cicero anders als Polybios die Schwäche der karthagischen Verfassung im Überwiegen des monarchischen Elementes sah. Zu Dikaiarch als möglicher Quelle s. Burck, RuK 309; cf. Aalders 111 f., doch findet sich in den sicheren Fragmenten Dikaiarchs (ed. Wehrli, Basel 1944) kein Hinweis auf Karthago.

[20] Dies ist kein Sonderfall; auch die Interpretation der spartanischen und römischen Verfassung als Mischverfassung ist eine verzerrende Konstruktion.

[21] Verschlechterung der Verfassung Karthagos nach dem ersten punischen Krieg: Pol. 6, 52, 3ff. mit 1, 13, 12; cf. P. Pédech, La méthode historique de Polybe, Paris 1964, 425ff.; K.-E. Petzold, Studien zur Methode des Polybios, München 1969, 34ff.; vgl. auch kurz E. Graeber, Die Lehre von der Mischverfassung bei Polybios, Bonn 1968, 91 (gegen eine Kombination beider Stellen s. Gelzer [A. 19] 210). Die Annahme der Verfassungsänderung war für Polybios nötig, um den Sieg Roms im zweiten punischen Krieg zu erklären, Heuß, RuK 84f. Vgl. auch E. Groag, Hannibal als Politiker, Wien 1929, 23 A. 1. Deshalb kann Polybios nicht dazu benutzt werden, eine Verfassungsänderung in Karthago für die Zeit zwischen erstem und zweitem punischen Krieg zu erweisen (gegen G. Picard, in: G. Cambier [Hrsg.], Confé-

mungen in diesem Teil der Überlieferung zu rechnen ist; verstärkend hat noch gewirkt, daß karthagische Einrichtungen immer von den bekannten griechischen und römischen Institutionen her interpretiert wurden.

Bei den Historikern stehen wir vor einem anderen Problem: in ihren Darstellungen werden nicht alle Aspekte karthagischen Lebens gleichmäßig berücksichtigt. Antike Geschichtsschreiber hatten andere Vorstellungen von Untersuchens- und Überlieferungswertem als wir. Spätestens seit Thukydides, eigentlich aber schon seit Homer, gibt es für sie nur ein bedeutendes Thema: den Krieg.[22] Dies läßt sich noch spezifizieren: interessant waren vor allem die Kriege, die das eigene Volk, die der eigene Staat führte. Daher erwähnt die Mehrzahl unserer Quellen Karthago nur, wenn militärische Auseinandersetzungen zu berichten sind, in denen Griechen oder Römer den Karthagern gegenüberstanden.[23] Dies ist eine wichtige Einschränkung: die Karthager werden nicht nur aus dem Blickwinkel fremder Völker betrachtet, auch der Schwerpunkt der Überlieferung ist nach den Interessen der fremden Berichterstatter verschoben. Die Karthager selber hätten ihre Geschichte sicher anders akzentuiert als die uns vorliegenden Historiker.

Unter diesen Umständen könnte man geneigt sein, nach anderen Quellen Ausschau zu halten – und ein guter Teil der Renaissance punischer Studien in den letzten Jahrzehnten ist gerade hierauf zurückzuführen. Ausgrabungen und Funde in Karthago selbst,[24] in Afrika und Spanien, auf Sizilien und Sardinien haben zahllose neue Erkenntnisse gebracht. Sammlung und Auswertung punischer und neo-punischer Inschriften nehmen breiten Raum in der neueren Forschung ein. Aber auch hier sind Einschränkungen angebracht: die Fragestellungen moderner Archäologie haben sich zwar denen der Historie genähert, vor allem im Feld der Wirtschaftsgeschichte, aber es gibt zahlreiche Probleme, zu denen die Archäologie nichts beisteuern kann.[25] Die einzigen erhaltenen punischen Texte sind Inschriften. Da sie stark formalisiert sind und nur wenigen Gattungen angehören, sind

---

rences de la Société d'Etudes Latines de Bruxelles 1965/6, Brüssel 1968, 114ff. [dessen Ansicht wird auch kritisiert bei W.Huß, RSF 16, 1988, 261]). Vgl. auch G.Picard, Recueil Société J.Bodin 23, 1968, 136, wo er die Macht des Volkes in Karthago durch die Unterstützung von «partis populaires» in Capua und Syrakus erweisen will (vgl. schon Groag 126 A.1); eine ähnliche Methode bei E.T.Salmon, Samnium and the Samnites, Cambridge 1967, 82. – Zur Fortdauer aristokratischer Herrschaft bis über das Ende des zweiten punischen Krieges s. T.Kotula, RSA 13/4, 1983/4, 95 mit Hinweis auf Liv. 33, 46, 1.

[22] S. vor allem H.Strasburger, Studien zur Alten Geschichte II, Hildesheim 1982, 779; 979ff.; 1065ff.

[23] Vgl. Gsell IV 470; L.Maurin, Semitica 12, 1962, 6 zur Verteilung der Quellen.

[24] Ein kurzer Überblick über die Grabungstätigkeit findet sich in den regelmäßig veröffentlichten Bulletins des Centre d'études et de documentation archéologique de la conservation de Carthage (CEDAC).

[25] Vgl. z.B. die Vorbehalte bei M.I.Finley, The Use and Abuse of History, London 1975, 90; P.Cartledge, Sparta and Lakonia, London 1979, 9.

ihre Aussagen sehr begrenzt: Religionsgeschichte und Onomastik können profitieren, politische Geschichte aber kaum.[26]

## 3. Die moderne Vorstellung von Karthago und ein Forschungsansatz

Jede Untersuchung, deren Ziel die präzisere Erfassung von Staat und Gesellschaft in Karthago ist, kann als Grundlage nur die oben grob charakterisierten griechischen und lateinischen Quellen mit ihren Defiziten haben. Für den hier vorliegenden Versuch, diesem Material etwas abzugewinnen, ist folgende Erkenntnis von Heuß der entscheidende Hebel: «Das zentrale Problem des karthagischen Staatslebens ist sein Verhältnis zum Militärwesen».[27] Karthagisches Militärwesen als Schlüssel zur karthagischen Staatlichkeit – das muß auf den ersten Blick für jeden einen Widerspruch darstellen, der meint, die Karthager seien «in ihrer Bürgerschaft unkriegerisch» gewesen.[28] Da spätestens seit der Aufklärung die Idee propagiert wurde, daß der Handel eine zivilisierende Wirkung habe, da er zu seiner Entfaltung des Friedens bedürfe,[29] da ferner die Karthager als Händler par excellence galten, so ist leicht zu sehen, weshalb die Idee eines karthagischen Kriegers Befremden erzeugte.

Taktik und Strategie eines Staates stehen bekanntlich in direkter Beziehung zu seiner Politik und Verfassung.[30] Heuß sucht aber eine Verbindung zwischen Staat-

[26] S. z. B. Sznycer (A. 15) 546: «ces documents, de caractère religieux pour la plupart, ne nous apprennent presque rien sur l'histoire extérieure de Carthage et des cités puniques et ne donnent que quelques rares indications concernant l'histoire intérieure de ces cités.» M. G. Amadasi Guzzo, SP 6, 1988, 143: «les milliers de dédicaces ... dont le formulaire est très uniforme, ne nous fournissent que des connaissances onomastiques, quelques noms de fonction et de métier, quelques renseignements d'ordre grammatical.»

[27] RuK 114; vgl. ähnlich Christ (A. 9) I 3: das Militär ist der «neuralgische Punkt» der karthagischen Staatsordnung. W. Huß, in: id. (Hrsg.), Karthago, Darmstadt 1992, 8: «Der natürliche Antagonismus zwischen Kaufleuten und Militär».

[28] B. G. Niebuhr, Vorträge über alte Geschichte III, Berlin 1851, 180; 202. B. H. Warmington, Carthage, London 1960, 76 spricht von der «unwarlike nature of Carthaginian society». Typisch ist etwa ein Buchtitel wie D. Armstrong, The Reluctant Warriors, New York 1966. Zur allgemeinen Vorstellung vgl. Gobineau, Œuvres, Paris 1983, 378f. Übrigens wurde diese Ansicht in der Antike nicht generell geteilt, s. nur Verg. Aen. 1, 444f. über Karthago: *sic nam fore bello / egregiam et facilem victu per saecula gentem* mit der Kontroverse zwischen E. Kraggerud, SymbOsl 38, 1963, 35f. und V. Buchheit, Gymnasium 71, 1964, 432f. Vgl. noch Serv. Aen. 1, 14: *«studiisque asperrima belli» causam ostendit mirabilem, dicens hos esse et bellicosos et divites, cum otiosa semper sit opulentia. iure ergo hanc (urbem) diligit Iuno et vult orbis regna sortiri.* Der Anfang des Verses wird übrigens von Corippus, Iohannis 3, 331 zitiert: *«dives opum» pax pinguis erat.*

[29] E. g. J. G. Herder, Sämtliche Werke XIV, ND Hildesheim 1967, 71. Weitere Belege bei A. Hirschmann, Entwicklung, Macht und Moral, München 1989, 138ff.; 193ff.

[30] E. g. H. Delbrück, Geschichte der Kriegskunst IV, Berlin 1920, IIf.; H. Turney-High,

lichem und Militärischem herzustellen, die wesentlich weiter reicht. Um dies zu verdeutlichen, soll sein ganzer Gedankengang vorgestellt werden. Das folgende Referat soll gleichzeitig den konzeptionellen Rahmen karthagischer Geschichte abstecken, in den auch heute noch alle Ergebnisse der Detailforschung eingeordnet werden, da sich die allgemeine Vorstellung von Karthago seit Heuß nicht wesentlich gewandelt hat. Der nächste Abschnitt entwirft also auch das bis heute gültige Bild Karthagos, mit dem die Ergebnisse dieser Arbeit verglichen werden müssen.[31]

Heuß geht bei seiner Interpretation von der Tatsache aus, daß Karthago eine tyrische Kolonie war. Als phönizische Gründung muß Karthago eine Handelskolonie gewesen sein, Teil eines bewußt gestalteten Stützpunktsystems, das den Weg von Phönizien nach Spanien und Marokko sichern sollte. Ziel der phönizischen Expansion war die Gewinnung von Rohstoffen, also kein absatz-, sondern ein erwerbsorientiertes Unternehmen. Die Bewohner phönizischer Kolonien hatten daher nur ein geringes Interesse am Hinterland ihrer Städte; der Beweis hierfür ist im Falle Karthagos der Tribut, der über viele Generationen an afrikanische Stämme gezahlt wurde. Erst als die Karthager zahlungsunfähig wurden, unterdrückten sie die einheimische Bevölkerung mit Waffengewalt und begannen, eine Territorialherrschaft in Afrika zu errichten. Heuß interpretierte dies als «Mangel an außenpolitischer Initiative» (91) und als Fehlen eines «primär politischen Sinnes» (92).[32] Als die phönizischen Städte verstärkt unter den Druck der neuentstehenden vorderasiatischen Großreiche gerieten, konnten Tyros und Sidon für ihre westlichen Kolonien keine Zentren mehr sein. Die politische Führung der westphönizischen Städte fiel damit an Karthago, das so eher zufällig zu seiner neuen Machtposition kam: nicht ein politischer Plan, sondern der Sturz von Tyros war die Ursache des Aufstiegs. Die weitere Expansion der Karthager erfolgte ebenfalls nicht auf Grund eigener Aktivität, sondern wurde durch die griechische Kolonisation im westlichen Mittelmeer angeregt. Die Griechen bedrohten die bereits vorhandenen phönizischen Siedlungen, weshalb sich diese endgültig der karthagischen Oberhoheit unterstellten. Auch danach handelten die Karthager nicht zielgerichtet, sondern reagierten nur: sie versuchten, verschiedene Machtsphären zwischen Griechen, Etruskern und Phöniziern abzu-

---

Primitive War, Columbia 1949, 23; H. Volkmann, Endoxos Douleia, Berlin 1975, 251 ff.; W. Burkert, in: F. Stolz (Hrsg.), Religion zu Krieg und Frieden, Zürich 1986, 73 f. Weitere Lit. bei P. Cartledge, in: K. Christ (Hrsg.), Sparta, Darmstadt 1986, 389 A. 5.

31 RuK 84 ff.; vgl. auch id., (A. 2) 199 ff.; Römische Geschichte[4], Braunschweig 1976, 68 f.

32 Die Tribute an die Afrikaner sind bei vielen Autoren zentraler Baustein für die Charakteristik der Karthager; Mommsen, RG I 489 schließt z. B. daraus auf politische Passivität. Zum Hintergrund vgl. Spethmann (A. 11) 26: «Den Semiten fehlt in der Regel eine staatenbildende Kraft, ihrer Volksseele liegt ein kriegerisches Kämpfen um ein eigenes Land ferner als den Germanen.»

grenzen. Dadurch änderte sich die karthagische Existenzform nicht wesentlich: der Handel blieb im Mittelpunkt ihres Interesses und stellte auch weiterhin das Ziel staatlicher Tätigkeit dar. Nachdem die Karthager ihren neuen Machtbereich gegen fremde Eingriffe gesichert hatten, überließen sie seine weitere Stabilisierung der Diplomatie. Zahlreiche Handelsabkommen wurden geschlossen, deren einziges Ziel es war, wirtschaftliche Konkurrenten auszuschalten; um politische Macht ging es nicht.[33]

Da die politische Herrschaft nicht das primäre Ziel der Karthager war, entstand auch kein ausgebautes, einheitlich verwaltetes karthagisches Reich. Besonders deutlich zeigt sich das in der Behandlung des afrikanischen Hinterlandes und der sizilischen Griechen. In Afrika beseitigte Karthago die alten Strukturen völlig und beutete die Einheimischen rücksichtslos aus; deshalb haßten die Afrikaner ihre karthagischen Herren und waren ständig zu Revolten bereit. Ein Fundament für ein fruchtbares Miteinander entstand nicht.[34] Karthago zeigte damit, «daß ihm das Organ für eine spezifisch echte Politik im Sinne eines herrschaftlichen Aufbauens und Gestaltens fehlte» (103).[35] Ähnlich wie in Afrika gingen die Karthager auch in Sizilien und Sardinien vor, weshalb sie ihre eigene Herrschaft fortwährend gegen einheimische und griechische Widerstände verteidigen mußten, was wiederum ständigen militärischen Einsatz erforderte.

Das karthagische Heer in Übersee war in erster Linie ein Söldnerheer; Aushebungen bei den Untertanen spielten für seine Zusammensetzung nur eine zweit-, das Bürgeraufgebot nur eine drittrangige Rolle. Die Untergebenen wurden auf individueller Basis ausgehoben; Städte oder Stämme waren nicht gezwungen, geschlossene Bundeskontingente zu stellen – auch das ein Zeichen für die fehlende organisatorische Durchdringung des karthagischen Reiches.

Die Haltung der Karthager zu den verschiedenen Bereichen der Politik war in sich konsequent; sie zeugt von einheitlicher, langfristig stabiler Leitung durch

---

33 Das hängt natürlich mit dem alten Cliché zusammen, daß der Semit nicht zum Ackerbürger taugt, wozu R. Erb, FS Strauss, Berlin 1987, 99ff.

34 E.g. Hoffmann (A. 14) 348: «Das Unvermögen der Karthager, die Einheimischen ihrem Staat zu integrieren, wurde für die Zukunft zu einer schweren Hypothek.» Vgl. auch Ehrenberg (A. 5) 569f., der das Fehlen einer Staatsnation bemängelt.

35 Vgl. e.g. Mommsen, RG I 488: «Mangel an staatlichem Sinn». Auch Ehrenberg (A. 5) 553f. erklärte, daß den Phöniziern «der eigentlich politische Wille fehlte, wie er die griechische Polis ebenso in ihrem Freiheitsdrang und Autonomiestreben wie in ihrer kriegerischen Außenpolitik auszeichnete. Vielleicht hat das Phönikertum diesen schöpferischen politischen Willen nicht besessen, weil es überhaupt nicht im eigentlichen Sinne schöpferisch war ...» S. aber Finley (A. 13) 129f., der konstatiert, daß politische Machtlosigkeit einer Gruppe kein Beweis für deren Desinteresse an Politik ist. Heute wird gerade das Produktive und Schöpferische an der phönizischen Zivilisation betont, zumal im Künstlerischen; s. etwa S. Moscati, Scritti Fenici Minori, Rom 1988, 34ff.; E. Gubel, in: H.-G. Niemeyer/U. Gehrig (Hrsgg.), Die Phönizier im Zeitalter Homers, Mainz 1990, 75ff.

eine traditionsbewußte Aristokratie. Da für die Karthager Reichsbildung und -beherrschung keine primären Ziele waren, sondern nur dazu dienten, geeignete Voraussetzungen für den Handel zu schaffen, und weil der herrschende Adel ein ‹Kaufmannsadel› war, der eine seinen Interessen dienende Wirtschaftspolitik betrieb,[36] gab es weder im Staat noch in der Gesellschaft einen Platz für die hohe Generalität. Politische Leitung und militärische Führung hatten nichts miteinander zu tun;[37] das Amt des Strategen war nur unzureichend in die karthagische Gesellschaft eingebunden, da es für die Bürgerschaft keine Pflicht zum Dienst mit der Waffe gab und da dem Adel das militärische Ethos fehlte. Weil die Bürger weder über Waffen verfügten, noch der Militärpflicht unterlagen, gab es auch von dieser Seite keinen Zusammenhalt zwischen Offizierskorps, Heer und Staat.[38]

Karthago führte erst spät in seiner Geschichte Kriege, weshalb dann das Militär neben dem Staat aufgebaut wurde; das Nebeneinander wurde durch die große Entfernung der Kriegsschauplätze von der Heimat nur begünstigt. Ein produktives Verhältnis zwischen zivilem und militärischem Bereich gab es nicht, es entstand «die uralte Kluft zwischen ziviler und militärischer Gewalt.» Der General bei seinem Söldnerheer mußte bald die Bindungen an die Heimat verlieren und sich ganz auf das Heer als eigenes Machtinstrument stützen.[39] Um dem entgegenzutreten, wurde in Karthago ein eigener Staatsgerichtshof eingerichtet, d.h. man verewigte den Zwiespalt zwischen ziviler und militärischer Gewalt, statt ihn durch einen Umbau der Verfassung zu beheben. Man sieht, «daß hier mehr als ein einzelner innenpolitischer Konfliktstoff vorlag und es sich vielmehr um eine Erscheinung handelt, die sich aus dem Gesamtbau des karthagischen Staatswesens, wie er nach innen und außen sich ausgebildet hatte, ergibt» (120).

So weit Heuß.[40] Mögen andere einzelne Akzente anders setzen als er, so gibt es doch bis jetzt niemanden, der einen wesentlichen Zug des Bildes anders gesehen

---

36 Vgl. Gsell IV 113: «La République eut donc une politique commerciale, que l'on peut résumer ainsi: soit par la force, soit par des traités, soit par des fondations de colonies, ouvrir aux Carthaginois des marchés, leur en réserver l'exploitation dans les contrées d'ou il était possible d'écarter toute concurrence ...»

37 Ganz anders die Theorie; s. S. Andreski, Military Organization and Society², Berkeley 1968, 26: «the pure plutocracy, that is to say, the rule of the rich who do not control the military power, can only be a temporary phenomenon ... it is almost always those who wield the military power who form the supreme stratum of society.»

38 Vgl. in positiver Formulierung für Rom und andere Staaten Weber (A. 13) 756f.; Andreski (A. 37) 34f.; 98f.; Finley (A. 13) 35.

39 W. Hoffmann, Hannibal, Göttingen 1962, 12; cf. auch Scullard, CAH VII² 2, 496.

40 Teile dieser Rekonstruktion sind natürlich anderen Modellen entnommen; die doppelte Entfremdung, die nicht nur das Söldnerheer, sondern auch dessen Führer von der Polis trennt, wird für die griechische Geschichte des 4. Jhrdts. spätestens seit J. Burckhardt angenommen, Griechische Kulturgeschichte IV, Basel 1957, 302f.

oder gedeutet hätte.[41] Mit aller nur wünschenswerten Klarheit führt Heuß vor, daß die Frage nach dem Militär das Zentrum karthagischer Staatlichkeit und karthagischen Wesens trifft. Das Besondere an dieser Rekonstruktion ist es, daß sie im Jahr 1943 (!) die Vernachlässigung des Militärs in Karthago nicht aus dem «Volkstum» und angeblichen Charaktereigenschaften der semitischen Rasse ableitet, sondern statt dessen eine in sich geschlossene historische Deutung versucht. Dem «Militär», wie es Heuß versteht, ist nicht mit einer klassisch – positivistischen Auflistung aller Einzelheiten über Heer und Flotte Karthagos beizukommen;[42] für ihn ist «Militär» vielmehr Chiffre für ein gesellschaftliches Beziehungsgeflecht. Die Interdependenzen von Militär und Gesellschaft lassen sich heute etwas besser verstehen, als in früherer Zeit; in den letzten Jahrzehnten hat sich auf Anregung André Aymards eine neue Art gebildet, den Krieg zu untersuchen:[43] in einem eher soziologischen Ansatz wird versucht, die technischen, wirtschaftlichen, gesellschaftlichen, ideologischen, juristischen und politischen Aspekte des Krieges zu erfassen. Das ist weit von der Schlachtfelderforschung alter Provenienz entfernt – paßt aber eben deshalb präzise zu dem von Heuß skizzierten Zusammenhang. Dieser Ansatz wäre nun auch für Karthago zu versuchen.

## 4. Stellung Karthagos unter anderen Staaten der Mittelmeerwelt

Treffen die hier referierten Vorstellungen zu, so bestehen grundlegende Differenzen zwischen Karthago und den italischen oder griechischen Stadtstaaten. Dies kann man natürlich von vornherein für selbstverständlich halten und sagen, daß Karthago als Gründung von Phöniziern zur semitischen Welt gehöre, die eben keine Stadtstaaten gekannt habe.[44] Eine solche Ansicht beruht aber nicht nur auf einer falschen Vorstellung von der staatlichen Organisation des Vorderen Orients,

---

[41] So auch M. Koch, GGA 239, 1987, 285: seit Meltzer, Kahrstedt, Gsell hat das «historische Gesamtbild ... über marginale Erkenntnisse heraus keine wirklich tiefgreifenden Veränderungen erfahren.».

[42] Mit aller wünschenswerten Vollständigkeit bei Gsell II 331–460.

[43] Nicolet, in: id. (A. 15) 2, 600: «Depuis Gsell, aucune étude d'ensemble n'a été consacrée à la puissance militaire qui a été la seule vraie rivale de Rome ... Il est vrai que le chapitre que Gsell lui consacre est à peu près exhaustif: pourtant, une comparaison plus poussée avec ce que nous savons désormais des armées antiques serait sans doute utile.» Zur Zusammenfassung der neueren Forschungsrichtungen s. Y. Garlan, La guerre dans l'antiquité, Paris 1972; id., Guerre et économie en Grèce ancienne, Paris 1989; bezeichnend auch die Existenz eines Bulletin, R. Lonis, REG 98, 1985, 321 ff.

[44] Die Rede ist von der semitischen Welt, «qui a ignoré en Phénicie comme en Israël l'organisation poliade» (W. Seston, Scripta Varia, Rom 1980, 396). Ausführlich werden die Positionen referiert bei M. B. Sakellariou, The Polis-State, Athen 1989, 55 f.

sondern geht ganz besonders in Hinblick auf die Phönizier in die Irre: gerade die Organisation in Stadtstaaten verbindet Phönizien mit den anderen Völkern der Mittelmeerwelt,[45] vielleicht haben die Griechen die Idee der Polis sogar von dort übernommen.[46] Daß Kultur und politische Entwicklung phönizischer und griechischer Städte der Archaik gut miteinander zu vergleichen sind, ist oft konstatiert worden;[47] Aristoteles beispielsweise klassifizierte Karthago zuerst als ἔθνος, nach näherer Beschäftigung mit dem Phänomen aber als πόλις.[48]

Wie immer man die Polis definieren will, eines ihrer wichtigsten Charakteristika war die Einbeziehung ihrer ganzen Bürgerschaft als Wehrgemeinschaft in den Krieg, weshalb das Ethos eines solchen Staates eher politisch denn ökonomisch war.[49] Die karthagischen «Handelskriege», die «Mentalität der karthagischen Kaufleute-Aristokratie» und der «wirtschaftspolitisch motivierte» karthagische Imperialismus führen dagegen alle zu einem Staat,[50] der existentielle Grundgegebenheiten nicht mehr mit der Polis teilt.

Mit der Haltung zum Militär, mit der Funktion des Politischen ist also auch im Vergleich mit anderen Staaten etwas Zentrales in der karthagischen Geschichte angesprochen: es geht darum, die Stellung Karthagos in der staatlichen Entwicklung

---

[45] Vgl. e.g. Picard, Karthago 64: «Als Stadtbewohner gehörten die Karthager ungeachtet vieler Gegensätze zum gleichen sozialen Typus wie die Griechen und Römer. Die Trennungslinie in dieser Hinsicht verläuft nicht zwischen indoeuropäischer und semitischer Welt, sondern im inneren Asiens ...» Momigliano, CAH VII² 2, 53 attestiert Phöniziern und Griechen, «many basic attitudes to social life» geteilt zu haben. Diese Idee liegt wohl auch bei K.A. Raaflaub, in: id. (Hrsg.), Social Struggles in Archaic Rome, Berkeley 1986, 28 zu Grunde, wenn er die phönizischen Städte als fruchtbares Gebiet zur «comparative analysis» des frühen Rom bezeichnet; vgl. allgemein J.B. Tsirkin, RSF 14, 1986, 129ff.

[46] F. Gschnitzer, OA 27, 1988, 287ff.; vgl. schon Burckhardt (A.40) I 57.

[47] E.g. A.M. Snodgrass, Archaic Greece, London 1980, 32; O. Murray, Das frühe Griechenland, München 1982, 89; F. Kolb, Die Stadt im Altertum, München 1984, 44; H.G. Niemeyer, Das frühe Karthago und die phönizische Expansion, Göttingen 1989, 32f. Vgl. zur Ähnlichkeit der religiösen Praktiken R. Yerkes, Sacrifice in Greek and Roman Religions and Early Judaism, New York 1952; W. Burkert, Wilder Ursprung, Berlin 1990, 35 A.34.

[48] Weil (A.18) 100; 228f.; 251ff. Zur Problematik der Einordnung vgl. allerdings W. Gawantka, Die sogenannte Polis, Stuttgart 1985, 83f.

[49] Vgl. hierzu S.C. Humphreys, Anthropology and the Greeks, London 1978, 160; 299 A.64 in starker Anlehnung an Vorstellungen Webers (e.g. [A.13] 809; vgl. auch J.-P. Vernant, in: id. [Hrsg.], Problèmes de la guerre en Grèce ancienne, Paris 1968, 29; M. Detienne, ibid. 140).

[50] In der Reihenfolge der Zitate: Th. Pekary, Die Wirtschaft der griechisch-römischen Antike, Wiesbaden 1976, 13; Koch (A.41) 286; 288. Typisch ist auch W. Dahlheim, Die griechisch-römische Antike II, Paderborn 1992, 47: «Von ihnen (scil. den Militärs) drohte dem Staat die meiste Gefahr: gestützt auf Söldnerarmeen trieben sie häufig ihre eigene Politik und nährten den Krieg, den die herrschende Kaufmannsaristokratie, die vom friedlichen Handel lebte, immer zu vermeiden trachtete.»

der antiken Mittelmeerwelt zu definieren, d.h. um Einordnung und Wesensbestimmung des ganzen Staates. Ist die Polis ein Modell, das zum besseren Verständnis Karthagos benutzt werden kann, oder müssen unsere mageren Daten nach anderen Kriterien geordnet werden?

Will man sich also dem Phänomen Karthago nähern, so hat man vom Militär auszugehen.[51] Bei der Charakterisierung der Überlieferung wurde deutlich, daß Kriege in unseren Quellen einen besonders wichtigen Platz einnehmen. Das spezifische Interesse unserer Autoren kann man auf Grund des Zusammenhanges zwischen Krieg und Gesellschaft über die Fragen der reinen Militärgeschichte hinaus nutzbar machen; ausgehend von diesem relativ reichhaltigen Material kann man versuchen, die strukturellen Probleme der karthagischen Geschichte einer Lösung näherzubringen.

## 5. Vorgehen

Picard und Huß verneinten zu Recht die Möglichkeit, karthagische Geschichte in einem umfassenden Sinn zu schreiben. Hier sollen daher zentrale Probleme in Einzeluntersuchungen verfolgt werden.[52] Die verschiedenen Studien konzentrieren sich auf die Zeit bis zum ersten punischen Krieg. Damit wird der «schrecklichste der Schrecken» umgangen: die Quellenforschung zum zweiten punischen Krieg.[53] Das ist natürlich nur ein – willkommener – Nebeneffekt. Den eigentlichen Grund formulierte bereits Heeren:[54] «Gleichwohl ist jene letzte Periode keineswegs diejenige, nach der man eigentlich Carthago beurtheilen darf. Von dem Zeitpunkt an, wo der Kampf mit Rom anfing, hörte Carthago auf zu seyn, was es gewesen war.» Mit dem Staat änderte sich auch das Heerwesen: die Armee, die Hannibal in Spanien und Italien schuf, glich nicht mehr den karthagischen Heeren früherer Zeiten, sondern war in den meisten Zügen nach dem Vorbild der hellenistischen Heere geformt.[55] Der Transformationsprozeß des karthagischen Heeres soll im letzten Kapitel wenigstens an einem Beispiel gezeigt werden.

---

[51] Vgl. z.B. Ph.B.Manville, The Origins of Citizenship in Ancient Athens, Princeton 1990, 87f., der vom anthropologischen Standpunkt aus betont, wieviel der Krieg zur Bildung staatlicher Strukturen beiträgt.

[52] Mancher Bereich mußte ausgeklammert werden, weil sich kein hinreichend sicherer Ausgangspunkt bot. Hier ist z.B. an den großen und kleinen Rat zu denken oder an die von Aristoteles erwähnten Pentarchien. Reine Spekulation ist es, wenn F.Decret/M.H.Fantar, L'Afrique du Nord dans l'antiquité, Paris 1981, 77 die fünf Gesandten des Bocchus (Sall. Iug. 103, 2) als Zeichen der Punisierung, i.e. als Reflex der Pentarchien, verstehen.

[53] Kahrstedt X.

[54] Heeren (A.6) 22; vgl. auch 271f.

[55] Nicolet, in: id. (A.15) 2, 600f.

Da es hier um Struktur und Wesensbestimmung des karthagischen Staates gehen soll, spielt die Ereignisgeschichte im eigentlichen Sinn keine Rolle, mit einer Ausnahme: der Schlacht von Himera. Am Anfang der Untersuchungen steht das erste Ereignis der karthagischen Militärgeschichte, für das die Quellen etwas reichlicher zu fließen scheinen. Die Korrekturen, die an dem bisherigen Bild dieser Schlacht und ihrer historischen Einordnung angebracht werden müssen, bestimmen dann das weitere Vorgehen.[56]

---

[56] S. 64 f.

# I. Die Schlacht von Himera

## 1. Einleitung

Die karthagische Militärgeschichte wird bis zum Ende des 5. Jhrdts. nur durch einzelne Notizen und den dürftigen Abriß Iustins aufgehellt. Es gibt in dieser Zeit nur ein Ereignis, über dessen Vorgeschichte und Verlauf einiges bekannt ist: die Schlacht von Himera im Jahr 480. Diese Auseinandersetzung zwischen sizilischen Griechen und Karthagern wird von antiken und modernen Autoren gleichermaßen an einen welthistorischen Wendepunkt gestellt: das Jahr 480 soll im Osten wie im Westen die Abwehr des barbarischen Ansturms gegen die griechische Kultur gesehen haben. Salamis, Plataiai und Himera – das sind die Orte, an denen die Grundlagen für die griechische Klassik gelegt wurden, attische Demokratie wie Blüte des sizilischen Griechentums ermöglicht wurden. Fast noch wichtiger als diese welthistorischen Perspektiven könnte für unseren Zweck der militärische Vorgang als solcher sein. Die Quellen nennen z. B. erstmals die Zusammensetzung eines karthagischen Heeres aus verschiedenen Nationalitäten und scheinen damit die hochstehende militärische Organisation der Karthager zu belegen,[1] weshalb die Überlieferung zur Schlacht von Himera nach allgemeiner Ansicht eine wertvolle Momentaufnahme des karthagischen Militärwesens zu Beginn des 5. Jhrdts. darstellt. Dieser Einblick sollte dann auch Rückschlüsse auf die Lage im 6. Jhrdt. ermöglichen.

Um eine größere Klarheit der Darstellung zu erreichen, sollen zuerst die wichtigsten Quellen kurz referiert werden (a: Hdt. 7, 153–67; b: Ephoros, FGrHist 70 F 186; c: Diod. 11, 1, 4 f.; 20–6).

a) Herodots eigentliches Interesse galt dem Perserkrieg, und nur im Zusammenhang mit diesem Krieg werden die sizilischen Ereignisse überhaupt erwähnt. Die griechischen Staaten des Mutterlandes hatten sich im Jahr 481 in Korinth versammelt, um das gemeinsame Vorgehen gegen den Großkönig zu beraten. Unter anderem wurde beschlossen, Gesandtschaften nach Kreta, Argos, Korkyra und zu Gelon nach Syrakus zu schicken, um Hilfe gegen die Perser zu gewinnen. Die Boten erhielten überall abschlägige Auskunft. Der Gesandtschaft nach Syrakus antwortete Gelon auf ihre Bitten mit Vorhaltungen: als er früher gegen die Karthager gekämpft

---

[1] G. Picard, SP 6, 1988, 120; vgl. auch H. Lüdemann, Untersuchungen zur Verfassungsgeschichte Karthagos bis auf Aristoteles, Bottrop 1933, 28.

habe, um Dorieus zu rächen,[2] habe ihm niemand geholfen. Er aber wolle nicht Gleiches mit Gleichem vergelten und sei bereit, mit 200 Kriegsschiffen, 20000 Hopliten und je 2000 Reitern, Bogenschützen, Schleuderern und Leichtbewaffneten zu kommen , ferner für die Dauer des Krieges die Lieferung des Getreides für alle Bundestruppen zu übernehmen. Dafür wolle er aber auch oberster Heerführer sein (στρατηγὸς καὶ ἡγεμὼν τῶν Ἑλλήνων πρὸς τὸν βάρβαρον). Dieses Angebot scheiterte an der Weigerung der Spartaner und Athener, den Oberbefehl abzugeben, weshalb die Gesandten unverrichteter Dinge wieder abziehen mußten.

Von den Bewohnern Siziliens wurde – so sagt Herodot – noch eine andere Geschichte erzählt. Eigene Probleme hielten Gelon davon ab, den Griechen zu helfen: einige Zeit vorher war Terillos, der Tyrann von Himera, von Theron, dem Tyrannen von Akragas, aus seiner Heimat vertrieben worden; gerade im Jahr 480 führte dann Terillos ein Heer von 300000 Soldaten unter Führung seines Gastfreundes, des Karthagers Hamilkar, und mit Hilfe des Anaxilaos von Rhegion nach Himera. Gelon unterstützte Theron. Die Entscheidungsschlacht fand am selben Tag statt wie die Schlacht von Salamis. Gelon siegte, Hamilkar hingegen verschwand spurlos und wurde nie wieder gesehen. Herodot fügt noch eine karthagische Variante zum Tod des Hamilkar an.

Im Mittelpunkt dieses Berichtes stehen die Gesandtschaften der Griechen, zu denen auch die Gesandtschaft nach Syrakus gehört. Zu einem Punkt, nämlich der Absage Gelons, wird eine Variante gegeben, die im Bericht von der Schlacht gipfelt. Eine Einzelheit dieses Berichtes, nämlich der Tod des Hamilkar, wird durch die Erzählung einer weiteren Version variiert.

b) Aus der verlorenen Darstellung des Ephoros besitzen wir ein Fragment (FGrHist 70 F 186 [Σ Pind. Pyth. 1, 146 b]): als Xerxes den Zug gegen Griechenland vorbereitete, reisten Boten der Griechen zu Gelon, die ihn um Hilfe bitten sollten. Aus Persien und Phönizien aber kamen Gesandte nach Karthago: sie brachten den Karthagern den Befehl des Großkönigs, mit größtmöglicher Streitmacht nach Sizilien überzusetzen, die dortigen Griechen zu unterwerfen und zur Peloponnes weiterzufahren. Beide Seiten beantworteten die Botschaften positiv: Hieron, der Bruder Gelons, war begierig, auf Seiten der Griechen zu kämpfen,[3] und die Karthager waren bereit, dem Großkönig zu folgen. Gelon hatte 200 Schiffe, 2000 Reiter und 10000 Fußsoldaten versammelt,[4] als er erfuhr, daß eine karthagi-

---

[2] Zur Person s. etwa A.S.v. Stauffenberg, Macht und Geist, München 1972, 62ff.; vgl. P. Poralla, Prosopographie der Lakedaimonier[2], Chicago 1984, 48f.

[3] Ἱέρωνος συμμαχῆσαι ... προθυμουμένου: Γέλωνος? Jacoby; P.A. Brunt, Historia 2, 1953/4, 159. Der Text wird gehalten von Berve, Tyrannis II 605.

[4] Πεζοὺς ⟨δὶς⟩ μυρίους? Meltzer I 501; L. Pareti, Studi siciliani ed italioti, Florenz 1914, 133; Brunt (A.3) 159 A.2; Huß 94 A. 2. H.W. Parke, Greek Mercenary Soldiers, Oxford 1933, 11 entscheidet sich willkürlich für 15000 als realistische Größe des Heeres. Es spricht

sche Flotte in Sizilien landen wollte. Er besiegte die Karthager in der Schlacht und befreite so nicht nur Sizilien, sondern ganz Hellas.

c) Diodor berichtet nach Timaios so:[5] als Xerxes den Beschluß zum Krieg gefaßt hatte, schickte er Boten zu den Karthagern, mit denen er folgenden Vertrag schloß:[6] er werde Griechenland angreifen, die Karthager aber sollten sich zur selben Zeit gegen die Griechen in Sizilien und Italien wenden. Innerhalb von drei Jahren sammelten die Karthager ein Heer von 300000 Fußsoldaten und eine Flotte von 200 Kriegsschiffen; danach wählten sie den Hamilkar zum Feldherrn, dem für die Invasion Siziliens eine Flotte von 3000 Frachtschiffen zur Verfügung stand. Durch einen Sturm verlor er seine Reiterei und seine Streitwagen. Zuerst lagerte das Heer bei Panormos; dann zogen die Karthager nach Himera, wo sie ein Lager für die Schiffe und ein anderes für das Heer aufschlugen. Gelon kam den Bewohnern von Himera mit 50000 Fußsoldaten und über 5000 Reitern zur Hilfe. Es gelang ihm, einige seiner Reiter, als karthagische Bundesgenossen verkleidet, ins punische Lager eindringen zu lassen, wo sie Hamilkar töteten. Im Gegensatz zu den anderen Quellen bietet Diodor eine ausführliche Schilderung der nun folgenden Schlacht. Nach dem Sieg Gelons schlossen die Karthager sofort Frieden, da sie eine Invasion Afrikas durch die Syrakusaner befürchteten. Der Hauptartikel des Friedensvertrages sah eine Zahlung von 2000 Talenten als Erstattung der Kriegskosten vor.[7]

Schon beim ersten Blick auf diese Berichte wird klar, daß hier verschiedene Traditionen vorliegen. Dies wird aber nicht immer in seinen Konsequenzen verstanden: neuere Darstellungen übernehmen von Diodor das Gerüst der Erzählung[8] und kombinieren diese – in verschiedenem Maße – mit den anderen Bruchstücken der Überlieferung. Die Quellenkontamination erfolgt ganz nach individuellem Geschmack; es hat bisher keine vollständige Analyse der Quellen gegeben, die die Entstehung der Überlieferung in ihren unterschiedlichen Formen

---

einiges dafür, die 10000 zu halten: das Kontingent der Spartaner bei Plataiai war so groß (Hdt. 9, 10f.; 28f.); da Himera auch sonst an die Perserkriege angeglichen wurde, kann es sich hier um eine entsprechende Erscheinung handeln. Für die 10000 im Text kann man auch anführen, daß diese Idealzahl für ein militärisches Aufgebot öfters verwendet wurde, H. Schaefer, Probleme der alten Geschichte, Göttingen 1963, 410ff. Beides spricht natürlich gegen die Historizität der Angabe.

[5] Zur Vorlage s. H. Ender, Programm Dillingen 1912/3, 7; K. Meister, Die sizilische Geschichte bei Diodor, Diss. München 1967, 42f.; L. Pearson, Historia 33, 1984, 16ff.

[6] StV II² 129. Hier ist das Ephorosexzerpt zu Unrecht aufgenommen, da in ihm ja von einem Befehl des Großkönigs die Rede ist; s. noch 27f. mit A. 58. Doxographie zu diesem Bündnis bei K. Meister, Historia 19, 1970, 607f.; cf. E. Lo Cascio, Helikon 13/4, 1973/4, 210 A. 1; G. Walser, Hellas und Iran, Darmstadt 1984, 43ff. Vgl. jetzt auch E. Lipinski, AncSoc 22, 1991, 9: «Il n'y a nulle raison de douter l'historicité de ce traité.» S. hierzu 26ff.

[7] Diod. 11, 26, 2 (StV II² 131). «20000» bei Huß 96 ist wohl ein Druckfehler.

[8] S. an neueren Gesamtdarstellungen vor allen Dingen Huß 93ff. und – etwas anders akzentuierend – Asheri, CAH IV² 771ff.

klärt und Kriterien zur Benutzung der verschiedenen Traditionen an die Hand gibt. Dies soll hier nachgeholt werden, wobei der Verbindung der Schlacht von Himera mit den Perserkriegen besondere Aufmerksamkeit gelten muß.[9]

## 2. Quellenanalyse

### 2.1 Die vorherodoteische Überlieferung

a) Gelon weihte zur Erinnerung an seinen Sieg einen Dreifuß nach Delphi. Die Aufschrift (Meiggs/Lewis 28) nennt ihn als Privatmann, dem allein der Sieg zu verdanken ist:[10] Γέλον ὁ Δεινομέν[εος] ἀνέθεκε τὀπόλλονι Συραφόσιος. Der Text enthält keinen Hinweis auf die Perserkriege,[11] aber das Monument läßt den erstrebten Bezug zweifelsfrei erkennen: der Dreifuß Gelons stand auf einer ebensolchen Bronzesäule wie der Dreifuß, mit dem die mutterländischen Griechen ihren Sieg über den Perserkönig feierten (Schlangensäule). Diese Art der Aufstellung ist

---

[9] S. hierzu auch Ph. Gauthier, REA 68, 1966, 6ff.

[10] Auf Gelon als Privatperson ist noch einmal ausführlich zurückzukommen, s. 39ff. – In Simonides 106a Diehl: φημὶ Γέλων' Ἱέρωνα Πολύζηλον Θρασύβουλον,/ παῖδας Δεινομένεος, τοὺς τριπόδας θέμεναι / βάρβαρα νικήσαντας ἔθνη, πολλὴν δὲ παρασχεῖν / σύμμαχον Ἕλλησιν χεῖρ' ἐς ἐλευθερίην stellt das zweite Distichon, genau wie in 106b, einen späteren Zusatz dar; s.e.g. U.v. Wilamowitz-Moellendorff, Sappho und Simonides, Berlin 1913, 193ff.; 199f. und vor allem A. Wilhelm, Abhandlungen und Beiträge I, Leipzig 1984, 15ff. zu solchen Erweiterungen in simonideischen Gedichten (in diesem Sinne zu unserem Gedicht auch der letzte Herausgeber, D.L. Page, Epigrammata Graeca, Oxford 1975, S. V; 22; id., Further Greek Epigrams, Cambridge 1981, 247ff. Nr. XXXIV). Damit erledigen sich auch alle Versuche, die verschiedenen Versionen in Einklang zu bringen und entsprechend zu interpretieren, wie es zuletzt Lo Cascio (A. 6) 246ff. versucht hat. Die Zusätze stammen aus hellenistischer Zeit, setzen also bereits eine voll entwickelte Tradition über die Schlacht von Himera voraus. – Es ist außerdem archäologisch nicht nachweisbar, daß die vier Dreifüße zu einem einzigen Votivmonument gehörten; sicher ist das nur für die Weihungen Hierons und Gelons. Schließlich spricht der Stil des Epigramms gegen seine Verwendung als gemeinsame Aufschrift: bei dem φημί redet nicht das Denkmal, sondern der Dichter – und eine solche dichterische Eigenmächtigkeit auf einem Staatsdenkmal ist im frühen 5. Jhrdt. nicht zu erwarten. Das Epigramm selbst scheint vor allem wegen seines kunstvollen ersten Verses geschrieben zu sein und reiht sich damit in die Gruppe von Gedichten ein, die mit den Schwierigkeiten von Eigennamen im Versmaß spielen (cf. R. Kassel, Kleine Schriften, Berlin 1991, 131ff.). Es entstand demnach erst, als die Dreifüße bereits alle geweiht waren, und faßt die aus verschiedenen Anlässen entstandenen Votive zu einer Einheit zusammen.

[11] Früher nahm man einen direkten topographischen Bezug des Denkmals zur Schlangensäule an, e.g. J.G. Frazer, Pausanias' Description of Greece V, London 1898, 311; Meiggs/Lewis S. 61. Dies läßt sich nicht beweisen, da seit den Untersuchungen von P. Amandry, BCH 111, 1987, 102ff. der Standort der Schlangensäule wieder unsicher ist, vgl. auch D. Laroche, BCH 113, 1989, 185f.; 198. R. Krumeich, JdI 106, 1991, 60 A. 154 weist auf Hdt. 9, 81, 1, wo ihre Nähe zum Altar betont wird.

so selten, daß die Nachahmung der Schlangensäule sicher ist.[12] Die Weihung Gelons setzt daher die Existenz des Denkmals von Plataiai voraus, kann also frühestens 479, vermutlich sogar erst 478 erfolgt sein.[13]

Festhalten läßt sich, daß der erste Ansatz zu einer Gleichstellung Himeras mit den Siegen der Perserkriege aus der Selbstdarstellung der syrakusanischen Tyrannen stammt.[14] Nach der Chronologie der delphischen Denkmäler muß es sich um eine Reaktion auf die Ansprüche der mutterländischen Griechen gehandelt haben.

b) Pindar schrieb seine erste pythische Ode im Jahr 470, als Hieron, Bruder und Nachfolger Gelons, mit seinem Viergespann in Delphi siegte. Dort heißt es Z. 72–80: «Zu dir flehe ich, Kronide: gewähre, daß der Phoiniker und der Schlachtruf der Tyrsener zahm zu Hause halte die übermütige Kampfflotte, angesichts dessen, was vor Kyme geschah, wo sie Arges litten, geschlagen vom Führer der Syrakuser, der ihre Jugend aus raschen Schiffen in die See warf, Hellas erlösend von schwerer Knechtschaft. Salamis wäre mein Stichwort, wollte ich der Athener Dank als Lohn verdienen; in Sparta werde ich von der Schlacht am Kithairon (scil. Plataiai) reden, wo die Meder, die Rundbogenkämpfer, hinsanken: aber von den Ufern des rauschenden Himeras hole ich den Preis für die Söhne des Deinomenes, den sie durch Mannheit erwarben, als ihre Feinde niederbrachen.»[15]

Es ist von vier Schlachten die Rede: Kyme,[16] Salamis, Plataiai und Himera. Da bei Kyme unter der Führung Hierons gekämpft wurde und das Ereignis zum Zeitpunkt der Dichtung nur vier Jahre zurücklag (474), wird es ausdrücklich erwähnt und seine Bedeutung breit ausgemalt. Zumal das berühmte Ἑλλάδ'

---

[12] Amandry (A. 11) 81 ff. zur Rekonstruktion des syrakusanischen Weihgeschenks; ibid. 89 die Betonung der Abhängigkeit von der Schlangensäule; so auch Laroche (A. 11) 196. Anders jetzt Krumeich (A. 11) 50; 51 f., der für Gelons Dreifuß eine bronzene Säule, aber keine Schlangensäule annimmt. Mir scheint die Interpretation auch dann nicht falsch, wenn wir keine sklavische Nachahmung der Schlangensäule durch Gelon vor uns haben.

[13] Pareti (A. 4) 175. Das Denkmal kann daher auch nach dem Tod des Gelon vollendet worden sein, wodurch sich vielleicht die Doppelbasis für die Weihungen Gelons und Hierons erklärt. Auf Diod. 11, 26, 5 ff. ist nichts zu geben.

[14] S. e. g. Maddoli, Sicilia antica II 1, 27 über Himera: «epocale per la tradizione storiografica ispirata dei Dinomenidi.» Auch die Verknüpfung mit Simonides, der ja der repräsentative Epigrammatiker der Perserkriege war (A. J. Podlecki, Historia 17, 1968, 257 ff.; Epigraphica 35, 1973, 24 ff.) weist auf Selbstdarstellung in dieser Richtung.

[15] Λίσσομαι νεῦσον, Κρονίων, ἥμερον / ὄφρα κατ' οἶκον ὁ Φοίνιξ ὁ Τυρσα/νῶν τ' ἀλαλατὸς ἔχῃ, ναυ/σίστονον ὕβριν ἰδὼν τὰν πρὸ Κύμας,/ οἷα Συρακοσίων ἀρχῷ δαμασθέντες πάθον,/ ὠκυπόρων ἀπὸ ναῶν ὅ σφιν ἐν πόντῳ βάλεθ' ἁλικίαν,/ Ἑλλάδ' ἐξέλκων βαρείας δουλίας. ἀρέομαι / πὰρ μὲν Σαλαμῖνος Ἀθαναίων χάριν / μισθόν, ἐν Σπάρτᾳ δ' ἀπὸ τᾶν πρὸ Κιθαιρῶνος μαχᾶν,/ ταῖσι Μήδειοι κάμον ἀγκυλότοξοι,/ παρὰ δὲ τὰν εὔυδρον ἄκταν / Ἱμέρα παίδεσσιν ὕμνον Δεινομένεος τελέσαις,/ τὸν ἐδέξαντ' ἀμφ' ἀρετᾷ, πολεμίων ἀνδρῶν καμόντων. Die Übersetzung stammt von H. Fränkel, Dichtung und Philosophie des frühen Griechentums³, München 1976, 519.

[16] S. ausführlich 46 ff.

ἐξελκὼν βαρείας δουλίας bezieht sich nur auf die Schlacht von Kyme.[17] Erst in einem weiteren Schritt werden die drei anderen Schlachten genannt.[18] Diese Dreierkette ist eine Priamel, ein von Pindar häufig benutztes Stilmittel,[19] mit dem ausgedrückt werden soll, «daß gewisse hohe Werte einander entsprechen, jeder in seinem besonderen Geltungsbereich».[20] Die Schlacht von Kyme gehört nicht in den Vergleichsbereich der Priamel: die dort genannten Schlachten geben vielmehr zusammen die Folie für die Bewertung des Sieges bei Kyme ab. Himera wird so gleichrangig neben Salamis und Plataiai gestellt, und Pindar betont die Verbindung mit den Perserkriegen noch weiter dadurch, daß er die beiden letzten Verse eines offiziellen attischen Perserkriegsepigrammes paraphrasiert.[21]

Insgesamt werden die Verbindungslinien zwischen der Schlacht von Himera und den Schlachten des Perserkrieges bei Pindar kräftiger gezogen, als es noch bei der Weihung in Delphi geschah.[22] Da die Ode im Umkreis der sizilischen Tyrannen

---

[17] Dies wird oft falsch gesehen; ich nenne nur zwei der neueren Interpretationen. Maddoli, Sicilia antica II 1, 44 bezieht es auf alle vier Siege, während K. A. Raaflaub, Die Entdeckung der Freiheit, München 1985, 75 schreibt: «Die beiden Siege, in denen der (sic) König (sic) der Syrakusaner ‹Hellas bewahrte vor schwerer Knechtschaft› (71 ff.), sind denen von Salamis und Plataiai gleichgeordnet ...» Wörtlich fast identisch: id., in: E. Ch. Welskopf (Hrsg.), Soziale Typenbegriffe IV, Berlin 1981, 199. Vgl. auch A. Köhnken, Hermes 98, 1970, 5; G. Privitera, FS Brelich, Rom 1980, 405 f. Richtig erkennt M. Cristofani, Saggi di storia etrusca arcaica, Rom 1987, 70 ff., daß Kyme in Analogie zu den Perserkriegen gesehen wurde.

[18] Ich kann mich Gauthier (A. 9) 8 f. nicht anschließen, der meint, Kyme werde als zweites Salamis gefeiert, weshalb er einen doppelten Chiasmus sieht: je zwei See- und zwei Landschlachten, von denen zwei die Deinomeniden, zwei die Griechen gewonnen haben. Ähnlich allerdings auch Pareti (A. 4) 113; 120; E. D. M. Fraenkel, Kleine Beiträge zur klassischen Philologie I, Rom 1964, 256 f. und wohl auch Raaflaub (A. 17); Krumeich (A. 11) 40; 54; 56; 58.

[19] Allgemein: W. H. Race, The Classical Priamel from Homer to Boethius, Leiden 1982, 73 ff.

[20] Zitat: Fränkel (A. 15) 524. Die Stelle wurde schon von F. Dornseiff, Pindars Stil, Berlin 1921, 97 ff. als Priamel erkannt; in diesem Sinne W. Kierdorf, Erlebnis und Darstellung der Perserkriege, Göttingen 1966, 42; G. Kirkwood, Selections from Pindar, Chico 1982, 137. Stilistisch richtig bewertet wird die Passage auch bei R. W. B. Burton, Pindar's Pythian Odes, Oxford 1962, 106 f., der es aber versäumt, S. 91 die entsprechenden Konsequenzen zu ziehen.

[21] Meiggs/Lewis 26; P. A. Hansen, Carmina Epigraphica Graeca, saec. VIII–V a. Chr. n., Berlin 1983, 1 ff. Nr. 2 (demnächst IG I[3] 503): ἔσχον γὰρ πεζοί τε [καὶ] ὀκυπόρον ἐπὶ νεõν / hελλά[δα μ]ὲ πᾶσαν δούλιον ἐ͂μαρ ἰδε͂ν. Zur Verbindung mit Pindar s. J. P. Barron, FS Dover, Oxford 1990, 141.

[22] Letztlich nicht beweisbar ist die interessante Ansicht von C. Carey, FS Page, Cambridge 1978, 21 ff., der den Philoktet-Mythos in Pyth. 1, 47 ff. auf Himera und Kyme beziehen will; die Einbeziehung des Trojastoffes könnte eine weitere Parallele zu den Perserkriegen darstellen, die ja als Wiederholung des trojanischen Krieges gesehen wurden.

entstand, vertritt sie eine von diesen sanktionierte, wenn nicht sogar geförderte Sicht der Geschichte.

c) Für die gelegentlich geäußerte Meinung, Aischylos habe in einem Stück seiner Perser-Tetralogie den Sieg bei Himera verherrlicht, gibt es nirgends eine Stütze.[23] Für unser Thema von Bedeutung ist es dagegen, daß Hieron die aischyleischen «Perser» wiederaufführen ließ, wodurch noch einmal die Beziehung der sizilischen Tyrannen zu den Perserkriegen dokumentiert werden sollte.[24]

## 2.2 Herodot

Bisher hatten wir es mit Fragmenten zu tun, die sich ohne den ausführlichen Bericht Herodots nicht einordnen ließen. Herodot hat die Erzählung der sizilischen Ereignisse auf komplizierte Art in sein Werk eingebunden: da die Vorgänge um die Schlacht von Himera die Perserkriege, das Thema Herodots, nicht direkt betreffen, werden sie nur in einem Exkurs angeführt.[25] Die Festlandsgriechen schickten Gesandtschaften nach Kreta, Argos, Kerkyra und Syrakus – alle ohne Erfolg. Die Kapitelreihe soll erklären, weshalb keiner der vier Staaten mit den anderen Griechen gegen die Perser kämpfte. Die Verhandlungen in Argos und Syrakus sind einander sehr ähnlich: sie kreisen um die Hegemoniefrage – ein auch sonst beliebtes Thema bei Herodot[26] – und werden als Gelegenheit genutzt, sonst überschüssiges Material in das Werk einzubinden. Mit einem Wort: die ganze Rahmenerzählung, der Bericht von den vier Gesandtschaften, ist eine Erfindung.[27] Dieser Kunstgriff ermöglicht es erst, die Ereignisse in Ost und West in eine Verbindung zu bringen.

---

[23] Aischylos hat einen Γλαῦκος Πόντιος und einen Γλαῦκος Ποτνιεύς geschrieben; in F 25a Radt wird ein Bad im Fluß Himeras erwähnt, was e.g. Meltzer I 213 zu der oben zitierten Meinung veranlaßte (von einer Glorifizierung Plataiais ist, gegen Maddoli, Sicilia antica II 1, 53 nirgends die Rede). Es ist nicht sicher, zu welchem Stück das Fragment gehört; zur Persertetralogie zählt nur der Ποτνιεύς, in dessen sicheren Fragmenten, F 34–42 Radt, sich kein Hinweis auf die Schlacht oder etwas ähnliches findet (vgl. schon A. Holm, Geschichte Siziliens im Altertum I, Leipzig 1870, 422). Zuletzt ausführlich zu diesen Stücken K. Deichgräber, SB Mainz 1974, 18ff. (Ποτνιεύς) und 65ff. (Πόντιος). Gerade das oft als Beleg für eine Schlachtschilderung zitierte F 38 Radt (ἐφ' ἅρματος γὰρ ἅρμα καὶ νεκρῷ νεκροί,/ ἵπποι δ' ἐφ' ἵπποις ἦσαν ἐμπεφυρμένοι) wird von Deichgräber passend auf eine Szene des Mythos bezogen.

[24] Aischylos T 1, 68f.; 56a Radt mit J. Bremer, in: H. Hofmann/A. Harder (Hrsgg.), Fragmenta Dramatica, Göttingen 1991, 41. Vgl. auch G. Weber, Klio 74, 1992, 55.

[25] Vgl. W. Schuller, in: J. Alonso-Núñez (Hrsg.), Geschichtsbild und Geschichtsdenken im Altertum, Darmstadt 1991, 92.

[26] S. z. B. die Interpretation von C. W. Fornara, Herodotus, Oxford 1971, 82ff.

[27] R. Bichler, FS Betz, Wien 1985, 59ff.; s. schon früher P. Treves, ClPh 36, 1941, 321ff.; Gauthier (A. 9) 14ff. Vgl. auch R. Vattuone, RSA 13/4, 1983/4, 206f. Die Debatte hielt schon Meyer, GdA IV 1, 335 A. 1 für unecht; K. H. Waters, Herodotus the Historian, London

Innerhalb des herodoteischen Exkurses zur Schlacht von Himera fällt als erstes auf, daß sie auf denselben Tag datiert wird wie die Schlacht von Salamis.[28] Mit unseren Mitteln läßt sich natürlich nicht strikt beweisen, daß die beiden Schlachten nicht am selben Tag stattfanden. Eine präzise Feststellung dieser Art dürfte – bei weiten Wegstrecken und unterschiedlichen Kalendersystemen – schon im Jahr 480 schwer gefallen sein. Entscheidend für unser Mißtrauen ist aber, daß sich bei antiken Schriftstellern häufig Synchronismen finden, die einzig zu dem Zweck konstruiert wurden, verschiedene Ereignisse in Interpretation und Deutung aufeinander zu beziehen.[29] Im Vergleich mit dem delphischen Siegesdenkmal und der Ode Pindars ist durch diesen Synchronismus die Verbindung zu den Perserkriegen so stark betont, daß wir berechtigt sind, nach weiteren Anzeichen für die Angleichung der beiden Feldzüge zu suchen.

Die Zahl von Hamilkars Truppen (300000) ist nicht nur unglaublich hoch, sondern entspricht auch genau der Größe der Armee des Mardonios bei Plataiai.[30] Ob die Größe von Gelons Heer eine historische Basis hat, ist ebenso fraglich.[31] Die Zahlen sind ja allein deshalb unglaubwürdig, weil sie aus einem nicht realisierten Angebot stammen, das zudem in einem fiktiven Kontext steht. Schon die 200 Schiffe, die Gelon den Griechen angeboten haben soll (Hdt. 7, 158, 4), entsprechen auffallend der Größe der attischen Flotte (Hdt. 7, 144, 1), falls die Zahl nicht ganz einfach als Äquivalent zu den 20000 Hopliten[32] und je 2000 Soldaten anderer Waffengattungen, die Gelon ebenfalls stellen wollte, erfunden wurde.

---

1985, 140 hat bemerkt, daß die Gesandtschaft zu Gelon ausführlich erzählt wird und trotzdem völlig folgenlos bleibt, was ein guter Ansatzpunkt für die Kritik ist. Dem Verfahren, das natürlich auch für die anderen Gesandtschaftsreisen gilt, werden wir auch später noch begegnen.

[28] C. Hignett, Xerxes' Invasion of Greece, Oxford 1963, 17 meint wegen Hdt. 7, 166 (λέγουσι, ὡς συνέβη τῆς αὐτῆς ἡμέρας . . .), daß Herodot den Synchronismus für zufällig gehalten habe. M.E. wird der Charakter des Zufälligen, den das Verb ja auch tragen kann, bei dieser Interpretation überbetont. – Zu dem anderen Synchronismus der Perserkriege, zwischen den Schlachten von Plataiai und Mykale, s. Gauthier (A. 9) 6ff.; Bichler (A. 27) 61. Hier muß die Übereinstimmung bereits auf die sizilischen Gewährsmänner des Herodot zurückgeführt werden. Vgl. noch D. Fehling, Die Quellenangaben bei Herodot, Berlin 1971, 149.

[29] R. Hennig, ZPs 151, 1941/2, 289ff.

[30] E.g. W. W. How/J. Wells, A Commentary on Herodotus II, Oxford 1912, ad 7, 165; Maddoli, Sicilia antica II 1, 43. Die Darstellung Herodots impliziert auch 300000 Perser für die Schlacht von Marathon, s. J. Labarbe, La loi navale de Thémistocle, Paris 1957, 166. Vgl. Fehling (A. 28) 159 zu 300000 als stereotyper Zahl. Zwar lassen sich auch anderswo Heere dieser Größe finden (e.g. Diod. 10, 23; 1 Sam 11, 8), doch bei Herodot kommt sie nur für diese beiden Heere vor, was die Verbindung augenfällig macht.

[31] Dafür z.B. T. J. Dunbabin, The Western Greeks, Oxford 1948, 419; dagegen Meltzer I 218. Skeptisch auch K. H. Waters, Herodotus on Tyrants and Despots, Wiesbaden 1971, 40 A. 116.

[32] Das doppelte der πόλις μυρίανδρος wird als ideale Kriegerzahl genannt bei Plat. Krit.

Hamilkar, so sagte man in Sizilien, sei während der Schlacht verschwunden und nie mehr gesehen worden, obwohl Gelon ihn lange habe suchen lassen. Die Karthager erzählten aber ganz anders; für die sizilische Version drängt sich der Vergleich mit dem Verschwinden des Mardonios auf, dessen Leiche nach der Schlacht von Plataiai ebenfalls nicht mehr gefunden wurde (Herodot gibt dafür nur die rationalisierende Erklärung einer heimlichen Bestattung [9, 84]).

Die Perser wurden während des 5. Jhrdts. im Geschichtsbild der Griechen zu den archetypischen Barbaren, der Perserkrieg zu dem Barbarenkrieg schlechthin; Herodot stellt auch hier den Bezug her, indem er als erster überhaupt die Karthager als Barbaren bezeichnete.[33]

Vor dem Hintergrund einer so weitgehenden, mit deutlich einheitlicher Tendenz erfolgten Angleichung stellt sich eine Frage besonders dringend: ist der Katalog der Völker, deren Angehörige am Heerzug des Hamilkar teilgenommen haben sollen, echt, oder ist auch er nur eine Parallele zu den viel ausführlicheren Völkerkatalogen, mit denen das Heer des Xerxes beschrieben wurde?

Genannt werden im Heer des Hamilkar Phöniker,[34] Libyer, Iberer, Elisyker,[35] Sarden und Korsen. Kataloge solcher Art stammen ihrer Form nach aus der mündlichen Überlieferung oder dem Epos,[36] von wo sie ihren Weg in die ionische Historiographie gefunden haben.[37] Der Inhalt der Kataloge ist ihrer ganzen Natur nach verdächtig, weshalb die Aufzählung Herodots auch nicht einhellig akzeptiert worden ist. Manchmal wird die Teilnahme von Völkern erwogen, die er nicht nennt,[38] manchmal wird gegen die Anwesenheit der einen oder anderen ethnischen

---

112 d/e. H. T. Wallinga, Ships and Sea-Power before the Great Persian War, Leiden 1993, 161 A. 77 akzeptiert die 200 Schiffe von Syrakus.

[33] V. Merante, Kokalos 18/9, 1972/3, 81; I. Weiler, GRBS 9, 1968, 25.

[34] Karthager nach Meltzer II 509; de Sanctis III 1, 56 A. 146; Picard (A. 1) 119. *Auch* Karthager habe das Heer enthalten nach L. M. Hans, Karthago und Sizilien, Hildesheim 1983, 160 A. 44.

[35] Vgl. Hekataios, FGrHist 1 F 53; Avien, ora m. 586 ff.; K. Müllenhoff, Deutsche Altertumskunde I$^2$, Berlin 1890, 186 f.; Meyer, GdA III 635 f.; How/Wells (A. 30) ad loc.: ligurischer Stamm in Südfrankreich (diese Lokalisierung wird dadurch bestätigt, daß Diod. 11, 1, 4 in seiner Aufzählung des karthagischen Heeres Gallier nennt).

[36] Vergleichbare Kataloge werden aus der epischen Tradition abgeleitet: Hdt. 2, 164–6 (e. g. A. B. Lloyd, Entretiens Hardt 35, 1990, 227); 3, 91, 2; 7, 71 (id. 241); vgl. auch W. Burkert, ibid. 109 zum herodoteischen Katalog des Perserheeres.

[37] Zu einem Einsatz solcher Kataloge, der dem hier vorliegenden vergleichbar ist, s. Hdt. 5, 36, 2 (Hekataios, FGrHist 1 T 5): καταλέγων τά τε ἔθνεα πάντα τῶν ἦρχε Δαρεῖος καὶ τὴν δύναμιν αὐτοῦ. Allgemein: O. K. Armayor, TAPhA 108, 1978, 8 f.

[38] Pareti (A. 4) 125 f. meint, daß die von Hdt. 7, 167 zitierte Karthagerquelle in Wirklichkeit eine Erzählung von Griechen ist, die bei der Kampagne von Himera im karthagischen Heer gedient haben. – Hans (A. 34) 10 vermutet noch die Teilnahme von Elymern, die bei Herodot nicht genannt sind; dazu berechtigt ihrer Ansicht nach, daß die bei Diodor als karthagische Bundesgenossen genannten Selinuntier bei Herodot ebenfalls nicht vorkommen.

Gruppe Einspruch erhoben, je nachdem, was man über die Beziehungen der Karthager zu den jeweiligen Heimatländern zu wissen glaubt.[39] Diese allgemeinen Bedenken verstärken sich noch, wenn man sieht, daß mit dem Katalog ein bestimmter Zweck verfolgt wird. In einer für Feindvölker typischen, rhetorischen Siebenzahl werden hier die Bewohner des ganzen westlichen Mittelmeerraumes genannt:[40] die beiden großen Inseln, Italien, Gallien, Spanien und Afrika sind vertreten.[41] Wie der ganze Orient gegen Griechenland zog,[42] so der ganze Okzident gegen Sizilien.[43] Herodot hat diese Bewertung des Xerxeszuges noch in die Rede der griechischen Gesandten vor Gelon eingebaut (7, 157, 1): Xerxes führte

---

Selbst wenn man unsere generellen Bedenken nicht teilt, so ist doch die Teilnahme der Selinuntier gerade wegen ihres Fehlens bei Herodot zweifelhaft. Ganz fragwürdig ist es, wenn Pareti (A. 4) 154 die Abwesenheit der selinuntischen Truppen bei Herodot dadurch erklären will, daß ihnen die Aufgabe zugewiesen worden sei, Truppen an der Grenze zu Akragas zu binden. Picard (A. 1) 120 zählt neben Selinunt noch Segesta und die Elymer zu den karthagischen Verbündeten. – Huß 93 A. 4; id., RSF 16, 1988, 161 erwägt wegen Diod. 11, 1, 5 und Σ Pind. Pyth. 2, 2 (cf. Timaios, FGrHist 566 F 20) die Teilnahme von Etruskern; anders schon Meltzer I 216 f. und neuerdings G. Colonna, Atti 2° Congr. int. etrusco I, Rom 1989, 362 A. 8; das Fehlen von Etruskern wird hervorgehoben von Ed. Will, Le monde grec et l'orient I², Paris 1980, 235 A. 2. Das Pindarscholion, das allein ausdrücklich die Etrusker nennt, ist ausgesprochen konfus und bringt m. E. Himera und Kyme zusammen; vgl. 47 f. A. 154. – Front. Strat. 1, 11, 18 sagt über einen Truppenteil: *qui nigerrimi erant.* Dies wird mit negroiden Typen auf karthagischen Friedhöfen verbunden von J. Desanges, in: M. G. Moktar (Hrsg.), Histoire générale de l'Afrique II, Paris 1980, 459; akzeptierend und deutend W. Huß, in: H. Duchhardt/J. A. Schlumberger/P. Segl (Hrsgg.), Afrika, Köln 1989, 5. Berechtigte Zweifel an der Historizität schon bei Gsell II 367.

39 Gegen Kelten: Meltzer I 216; gegen Korsen und Sarden: Gsell II 376. Für allgemeine Glaubwürdigkeit plädiert Meltzer I 215, da eines der Rekrutierungsgebiete zu weit von dem Bereich entfernt liege, aus dem willkürliche Erfindung ihr Material bezogen hätte (ohne nähere Spezifizierung). Iberer werden noch Polyain 1, 28 erwähnt; allerdings setzen Holm (A. 23) I 415 und G. F. Unger, RhM 37, 1882, 183 das dort geschilderte Strategem in die Zeit von 488–6; aber auch dies würde, wenn es stimmt, iberische Söldner in so früher Zeit belegen.

40 Zur stereotypen Siebenzahl in Feindvölkerlisten s. F. Stolz, Jahwes und Israels Kriege, Zürich 1972, 22 f.; ein weiteres Beispiel in einem Orakel aus Mari (Archives Royales de Mari XIII 23, 4–15; s. zur Stelle M. Weippert, ZAW 84, 1972, 475 A. 68).

41 Diese Tendenz wird in der Liste Diodors fortgesetzt, dessen Änderungen nur eine Umstellung auf die Verhältnisse des 4. Jhrdts. sind (11, 1, 5): ἔκ τε τῆς Ἰταλίας καὶ Λιγυστικῆς, ἔτι δὲ Γαλατίας καὶ Ἰβηρίας, πρὸς δὲ τούτοις ἐκ τῆς Λιβύης ἁπάσης καὶ Καρχηδόνος.

42 Nach O. Schröder, De laudibus Athenarum a poetis tragicis et ab oratoribus epidicticis excultis, Diss. Göttingen 1914, 28 war der Katalog der Perser bei Herodot genau nach diesem Gesichtspunkt zusammengestellt.

43 Der Zusammenhang wird dann von Diod. 11, 2, 1 ausgeschmückt: Ξέρξης ἁμιλλώμενος πρὸς τὴν τῶν Καρχηδονίων σπουδήν, ὑπερεβάλετο πάσαις ταῖς παρασκευαῖς τοσοῦτον ὅσον καὶ τῷ πλήθει τῶν ἐθνῶν ὑπερεῖχε Καρχηδονίων.

die gesamte Kriegsmacht des Ostens (πάντα τὸν ἠῷον στρατόν) aus Asien gegen Griechenland.[44]

Bis zum Ausgang des 5. Jhrdts. gibt es keine anderen Angaben über die Zusammensetzung eines karthagischen Heeres, weshalb man nicht behaupten kann, es habe sich hier um ein typisches Karthagerheer gehandelt.[45] Sicher läßt sich nur sagen, daß in den meisten der genannten Gebiete keine karthagische Herrschaft existierte; dies gilt besonders für Spanien. Nimmt man alles zusammen, so muß wohl offen bleiben, wie sich das karthagische Heer tatsächlich zusammensetzte. Eine Stelle bei Diodor spricht dafür, daß es sich hauptsächlich um Punier und Libyer handelte, doch ist fraglich, wieviel Gewicht auf diese späte Quelle gelegt werden kann.[46] Über den Status der Soldaten, ob Söldner oder Untertanen, läßt sich natürlich erst recht nichts sagen.[47] Söldnerwerbung größten Stils, wie die bisherige Forschung einmütig angenommen hat, läßt sich mit Hilfe des herodoteischen Kataloges kaum begründen.[48]

Die bei Herodot berichtete Version verstärkt durch den Vergleich Himeras mit den Perserkriegen eine Tendenz, die bereits in der Inschrift Gelons, und dann verstärkt bei Pindar anklang. Die Syrakusaner konnten sich dabei zwar auf tatsächlich Vergleichbares in den beiden Kriegen stützen,[49] aber entscheidend war wohl die Ab-

---

44 Dieser Eindruck ist auch überall erweckt worden; man vgl. nur E. A. Freeman, Geschichte Siziliens II, Leipzig 1897, 148: «wir wissen, dass die ganze Barbarenwelt an ihren beiden Enden in Bewegung gesetzt wurde». Vgl. zu einer ähnlichen Rhetorik betreffs eines karthagischen Heeres Plut. Tim. 20, 4: ἢ δοκεῖτε τούτους στρατὸν ἀγείραντας ἀπὸ στηλῶν Ἡρακλείων καὶ τῆς Ἀτλαντικῆς ἥκειν θαλάττης δεῦρο κινδυνεύσαντας ὑπὲρ τῆς Ἱκέτου δυναστείας; Eine ähnliche Entwicklung läßt sich Hdt. 9, 27, 5 fassen, wo aus der Schlacht von Marathon in der Selbstdarstellung der Athener der Kampf gegen die traditionellen 46 Völker wird.

45 Meyer, GdA III 645 A. 2; Lüdemann (A. 1) 28; H. W. Haussig, Herodot Historien, Stuttgart 1971, 739 A. 214. In diesem Sinne auch Asheri, CAH IV$^2$ 772 f.: «multi racial army» als Ergebnis der Entwicklung Karthagos vom Stadtstaat zum «empire». Die einzige andere Information über die Zusammensetzung eines frühen karthagischen Heeres führt übrigens zu einem ganz anderen Bild (Malchus, s. 74 A. 28).

46 Diod. 11, 25, 5: ἐπήγετο γὰρ αἰχμαλώτων τοσοῦτο πλῆθος, ὥστε δοκεῖν ὑπὸ τῆς νήσου γεγονέναι τὴν Λιβύην ὅλην αἰχμάλωτον.

47 Jede Spekulation über den Status der afrikanischen Soldaten Hamilkars ist damit hinfällig; über die Art der Truppenrekrutierung hat nur Diodor etwas überliefert, klar nach dem Vorbild des 4. Jhrdts. geformt; die Überlegungen zur Unterteilung in ausgehobene und angeworbene Libyer werden ebenfalls hinfällig (vgl. Meltzer I 195; II 124; Gsell II 357; 376 f.; Beloch, GG II$^2$ 1, 71; V. Ehrenberg, RE XIV 1, 495; R. Werner, Der Beginn der römischen Republik, München 1963, 325 mit A. 1); richtig B. Wollner, Die Kompetenzen der karthagischen Feldherrn, Frankfurt 1987, 21 A. 21.

48 Vgl. 43 f.; 187 f.

49 In Sizilien ging es um die Wiedereinsetzung des Terillos, während das offizielle Programm des Perserkönigs ja in der Rückführung des Spartanerkönigs Damaratos bestand, s. W. Burkert, Wilder Ursprung, Berlin 1990, 86 ff.

sicht, spartanischer und attischer Selbstdarstellung etwas entgegenzusetzen. Herodot nennt einen λόγος der Σικελιῶται, also eine mündliche Überlieferung, als Quelle; nach der ganzen Tendenz seiner Erzählung steht zweifelsfrei fest, daß diese Angabe nicht beanstandet werden kann. Was zuerst als offizielle Version der Ereignisse durch Inschrift und Siegeslied verbreitet und von den Deinomeniden gefördert wurde, ist zur Zeit Herodots also bereits in den Bestand mündlich überlieferter Geschichten eingegangen[50] – und wurde von ihm wieder schriftlich fixiert.

Festzuhalten bleibt, daß selbst unsere älteste erzählende Quelle Elemente enthält, die tendenziell entstellt sind; dies ist bei der Rekonstruktion der historischen Ereignisse zu berücksichtigen. Trotzdem ist – und das verdient Beachtung – der historische Ablauf bei Herodot weitgehend frei von diesen Traditionen und nicht zu beanstanden.

### 2.3 Ephoros und Timaios

Herodot weiß nichts von einem Befehl des Großkönigs oder einem Vertrag zwischen Persern und Karthagern als Auslöser für den Zug des Hamilkar,[51] was manchmal mit der Ökonomie des Autors erklärt wird: weder habe Herodot sizilische Geschichte erzählen wollen noch habe die Erwähnung des koordinierten Vorgehens der Barbaren in Ost und West in sein Konzept gepaßt. Aber wenn sizilische Geschichte auch um ihrer selbst willen bei Herodot keinen Platz hatte, so wäre die Erwähnung einer umfassenden Koalition doch die Pflicht eines Historikers der Perserkriege gewesen. Betrachtet man im übrigen unsere sizilische Tradition und ihre Anstrengungen, Himera und die Perserkriege miteinander zu verbinden, so hätte gerade sie den konkreten Konnex der kriegerischen Auseinandersetzungen aufs stärkste herausstreichen müssen. Daß dies nicht geschah, ist geradezu der Beweis dafür, daß ein solcher Zusammenhang in Sizilien unbekannt war – und wer will schon an besondere Informationsquellen des Ephoros glauben.[52] Und noch ein drittes: Gelon bereitete ja ge-

---

[50] Natürlich kannte Herodot auch Pindar (Belege zuletzt bei J. Heinrichs, Ionien nach Salamis, Bonn 1989, 194 mit Lit.), doch tut das hier nichts zur Sache. Schon W. Burkert, FS Wyss, Basel 1985, 15 forderte die Suche nach Herodot als dem «Historiker von Traditionen».

[51] Will (A. 38) I 234. Dies läßt sich auch direkt zeigen: In der frei gestalteten Rede der Griechen am Hofe Gelons heißt es (Hdt. 7, 157, 3): μὴ γὰρ ἐλπίσῃς (scil. Gelon) ... ὡς οὐκὶ ἥξει (scil. Xerxes) παρὰ σέ γε, ἀλλὰ πρὸ τούτου φύλαξαι. Bestand der Zusammenhang bereits, mußte Gelon nicht in dieser Form gewarnt werden. Das Argument der Griechen kann daher nicht von jemandem erfunden worden sein, der von einem durch den Großkönig inspirierten Zug der Karthager gegen Sizilien wußte.

[52] M. Pfalz, Persien und Karthago, Diss. Leipzig 1869, 15 f. meint allerdings, Ephoros und Timaios hätten auf Ktesias gebaut, der tief genug in die Pläne persischer Politik eingeweiht

radezu seine Unterwerfung unter den Perserkönig vor, falls dessen Griechenlandunternehmen von Erfolg gekrönt sein sollte.[53] Abwehr des Angreifers auf der einen Seite, Unterwerfung unter denselben Angreifer auf der anderen Seite – das paßt nicht zusammen.

Ephoros kannte natürlich Herodot, so daß er auch den Synchronismus Himera – Salamis kannte,[54] auch wenn in dem erhaltenen Fragment (FGrHist 70 F 186) davon nicht die Rede ist. Eine Bemerkung des Aristoteles zeigt ferner, daß im 4. Jhrdt. vielerorts geglaubt wurde, beide Schlachten hätten am selben Tag stattgefunden.[55] Hier liegt wohl auch der Auslöser zur endgültigen Verbindung der Schlacht von Himera mit den Perserkriegen: seinem universalhistorischen Anliegen entsprechend wollte Ephoros die Gleichzeitigkeit der beiden Feldzüge, die man seit Gelons Zeiten aufeinander bezog, erklären.[56] Wie ein moderner Historiker schließt er von der Gleichzeitigkeit auf die Kausalität; für ihn ist dies naheliegend, denn eine große, letztlich vom Perserkönig ausgehende Bedrohung des Griechentums in Ost und West entspricht ziemlich genau den panhellenischen Vorstellungen, wie sie Isokrates und in seinem Gefolge Ephoros vertraten.[57] Bei Ephoros ergriff der Perserkönig mit einem Befehl die Initiative zur Koordination der Feldzüge; der stärker auf Sizilien fixierte Timaios, für den das Perserreich im Gegensatz zu Karthago keine erfahrbare politische Macht mehr darstellte, machte dagegen aus dem Befehl des Großkönigs einen

---

gewesen sei, um hier ein glaubwürdiges Faktum neu in die Tradition einzuführen. V. Ehrenberg, From Solon to Socrates², London 1973, 430 A. 90 meint, Timaios sei hier als Sizilianer besonders vertrauenswürdig; die Willkürlichkeit einer solchen Argumentation wird besonders deutlich, wenn man sieht, daß Lüdemann (A. 1) 31 f. das Fehlen entsprechender Nachrichten bei Herodot damit erklärt, daß die sizilischen Griechen von dieser weltumspannenden Verbindung eben nichts gewußt hätten.

53 Hdt. 7, 163; cf. B. Niese, RE VII 1, 1009.

54 An Antiochos von Syrakus als Quelle denkt Freeman (A. 44) II 466, während z. B. D. Thomas, Aristotle's Treatment of Historical Material in the Politics, Diss. Cambridge 1978, 77 von Philistos spricht. Zu Herodotkenntnissen s. dagegen Ed. Schwartz, RE VI 1, 13 f.

55 Aristot. Poet. 1459 a 24: ὥσπερ γὰρ κατὰ τοὺς αὐτοὺς χρόνους ἥ τ' ἐν Σαλαμῖνι ἐγένετο ναυμαχία καὶ ἡ ἐν Σικελίᾳ Καρχηδονίων μάχη οὐδὲν πρὸς τὸ αὐτὸ συντείνουσαι τέλος. Daß sich die Kritik des Aristoteles direkt gegen Ephoros richte, nehmen Pareti (A. 4) 132 f.; Hackforth, CAH IV 378; G. F. Else, Aristotle's Poetics, Leiden 1957, 575 ff. an; dagegen B. Niese, Hermes 44, 1909, 171. Gegen Will (A. 38) 235 läßt sich aus der Stelle nicht schließen, daß Aristoteles den Zusammenhang der beiden Kriege in seiner Gesamtheit kritisiert hätte.

56 Schwartz, RE VI 1, 15; Meister (A. 6) 611; vgl. zum folgenden Gauthier (A. 9) 30.

57 Nach Y. Garlan, BCH 94, 1970, 630 ff. spielte es bei der Erfindung des karthagisch-persischen Zusammenhanges auch eine Rolle, daß man in Griechenland zwischen 390 und 370 an ein konzertiertes Eingreifen des Perserkönigs und Dionysios' I. glaubte; also wieder eine umfassende sizilisch-persische Verbindung gesehen hat – allerdings mit anderen Vorzeichen.

Vertrag – wodurch Karthago zum politisch gleichberechtigten Bündnispartner der Perser wurde.[58]

Die Differenz zwischen Befehl und Vertrag bei Ephoros und Timaios hat noch eine weitere Konsequenz. Während der Universalhistoriker Ephoros davon sprach, daß die Karthager nach der Unterwerfung der sizilischen Griechen dem Perserkönig zu Hilfe kommen sollten (καταστρεψαμένους τοὺς τὰ τῶν Ἑλλήνων φρονοῦντας πλεῖν ἐπὶ Πελοπόννησον), weiß Timaios nur etwas von der Absprache, nach der die Karthager die Griechen auf der Insel und in Italien niederkämpfen sollten.[59]

Nach unserem Fragment ist unklar, wann Ephoros den persischen Befehl an Karthago ergehen ließ;[60] Timaios ist hier präziser: bei ihm schickte Xerxes sofort nach seiner Entscheidung zum Krieg, d.h. im Jahr 483, nach Karthago; daraus ergibt sich von selbst die dreijährige Vorbereitungszeit auch für den karthagischen Feldzug gegen Sizilien (Diod. 11, 1, 4f.).[61] Timaios hatte keine eigene Quelle für

---

[58] Bei Ephoros, FGrHist 70 F 186 (Σ Pind. Pyth. 1, 146b) heißt es nur προστάσσοντας, weshalb manchmal gesagt wurde, daß auch Ephoros von einem Vertrag spreche (zuletzt M.A.Dandamaev, A Political History of the Achaemenid Empire, Leiden 1989, 189). In dem kürzeren Auszug Σ Pind. Pyth. 1, 146a, der eindeutig auf dieselbe Quelle zurückgeht, heißt es deutlicher: πρέσβεις ἦλθον πρὸς Καρχηδονίους κελεύοντες ... οἱ μὲν οὖν Καρχηδόνιοι ὑπήκουσαν. Bei Ephoros, der dies aus seiner eigenen Zeit kannte, ist noch die Art zu fassen, in der der Perserkönig mit anderen Völkern verkehrte, wie V.Martin, MH 20, 1963, 230ff. (232 zu unserer Stelle) hervorgehoben hat: in der Form eines ultimativ formulierten Diktats; vgl. hierzu auch H.H.Schaeder, in: Die Weltreiche der Geschichte und die Großraumidee der Gegenwart, Breslau 1943, 32; F.Altheim, Alexander und Asien, Tübingen 1953, 40; id., Propyläen Weltgeschichte II, Frankfurt 1962, 167f.

[59] Niederwerfung Siziliens wird in späteren Zeiten als karthagisches Kriegsziel genannt, Diod. 13, 79, 8; 80, 1. Falsch ist m.E. die Ansicht von C.R.Whittaker, in: P.Garnsey/C.R.Whittaker (Hrsgg.), Imperialism in the Ancient World, Cambridge 1978, 65, daß schon Herodot von einem solchen Kriegsziel ausgehe.

[60] Die Gesandtschaften der Perser nach Karthago und der Griechen nach Sizilien fanden statt παρασκευαζομένου Ξέρξου τὸν στόλον (FGrHist 70 F 186); der von Meister (A.6) 610 konstatierte Widerspruch zwischen 481 als Datum der Gesandtschaft und einer dreijährigen Vorbereitungszeit ist hier noch nicht vorhanden. Offen bleibt nur, ob Ephoros für beide Gesandtschaften in Anschluß an Herodot 481 als Termin wählte oder ob er beide in das Jahr 483 setzte. Mit dem Aufweis dieser und anderer Differenzen zwischen Ephoros und Timaios fällt auch die These, auf die Meister für Diod. 11, 1f. aufbaut, daß nämlich Diodor hier noch Ephoros benutzt habe (frühere Lit. bei Meister). Vgl. auch G.Gottlieb, Das Verhältnis der außerherodoteischen Überlieferung zu Herodot, Bonn 1963, 69ff.

[61] So bereits Hignett (A.28) 17 A.6; Will (A.38) 234. Schon bei Dareios spricht Hdt. 7, 1, 2 von einer dreijährigen Vorbereitungszeit; für Xerxes muß sie aus dem Datum erschlossen werden; explizit aber dann bei Diod. 11, 2, 1. Woher G.Pugliese Carratelli, ASSO 28, 1932, 427 die zweijährige Vorbereitungszeit nimmt, weiß ich nicht. K.W.Welwei, HZ 245, 1987, 415 hat zuletzt zwar die Verbindung mit dem Perserkrieg geleugnet, aber trotzdem die dreijährige Vorbereitungszeit für historisch erklärt. – Völlig verkannt werden diese Zusammen-

die Dauer der karthagischen Vorbereitungen, sondern schloß dies nur aus der Zusammenarbeit mit den Persern. Auf diese Art hat die Parallelisierung der beiden Feldzüge eine neue Stufe erreicht.

Noch in einem anderen Punkt haben Ephoros und Timaios den Bericht Herodots verschieden umgearbeitet: beide kennen sie Verhandlungen der Griechen mit Gelon, aber mit anderem Ergebnis.[62] Ausgangspunkt ist eine kurze Bemerkung Herodots,[63] die sich so verstehen läßt, als habe Gelon den Griechen trotz seiner anfänglichen Absage helfen wollen und sei nur durch die akute Bedrohung daran gehindert worden. An eine solche Interpretation knüpfen die späteren Historiker an und entwickeln diesen Ansatz weiter. Möglicherweise bot Gelon bei Timaios den Griechen unaufgefordert seine Unterstützung an.[64] Timaios verbindet die Zusage Gelons in herodoteischer Manier mit einer Hegemoniedebatte,[65] wes-

hänge von Ehrenberg (A. 52) 166, der mit Hilfe der Vertreibung des Terillos im Jahre 483 (s. hierzu aber 42 A. 133) ein dreijähriges Warten der Karthager konstruiert; dies wiederum kann er sich nur unter der Voraussetzung erklären, daß die Karthager auf den Zug des Xerxes warteten.

[62] Ephoros: πρέσβεις παραγενέσθαι πρὸς Γέλωνα ... ἱκετεύοντας εἰς τὸν τῶν Ἑλλήνων σύλλογον ἐλθεῖν; für Timaios s. FGrHist 566 F 94; Diod. 10, 33; 11, 1, 1 mit der Diskussion weiter unten. Wie aus dem Wortlaut klar wird, hat L. Pearson, The Greek Historians of the West, Atlanta 1987, 133 Unrecht, wenn er für Ephoros Gesandte Gelons nach Korinth annimmt.

[63] 7, 165: ὡς ὅμως καὶ μέλλων ἄρχεσθαι ὑπὸ Λακεδαιμονίων ὁ Γέλων ἐβοήθησε ἂν τοῖσι Ἕλλησι, εἰ μὴ ... Τήριλλος.

[64] So jedenfalls wird Timaios, FGrHist 566 F 94 (Pol. 12, 26 b) oft interpretiert (e. g. HCP II 404): ὅτι Γέλωνος ἐπαγγελομένου τοῖς Ἕλλησι ... βοηθήσειν, ἐὰν αὐτῷ τῆς ἡγεμονίας ἢ τῆς κατὰ γῆν ἢ τῆς κατὰ θάλατταν παραχωρήσωσι, φασὶ τοὺς προκαθημένους ἐν Κορίνθῳ τῶν Ἑλλήνων πραγματικώτατον ἀπόκριμα δοῦναι τοῖς παρὰ τοῦ Γέλωνος πρεσβευταῖς. Vom ganzen Aufbau des Exzerptes her (vgl. K. Meister, Historische Kritik bei Polybios, Wiesbaden 1975, 41 ff.; Vattuone [A. 27] 201 ff.) ist allerdings nicht sicher, ob dies ein Referat aus Timaios ist (anders Jacoby, Walbank und Brunt [A. 3] 160). Polybios legt einen Sachverhalt dar, den er dann mit der Großsprecherei des Timaios kontrastiert; er sagt nicht, daß Timaios hier aus sich selbst heraus widerlegt werde. Die Rekonstruktion des timäischen Berichtes wird durch Diodor kompliziert: während sich Diod. 11, 1, 4 noch mit einer Gesandtschaft Gelons nach Korinth vereinbaren ließe, spricht Diod. 10, 33 expressis verbis von den Gesandten der Griechen an Gelon (falsch ist die Ansicht von Pearson [A. 62] 132 f., daß Diodor 11, 1, 4 direkt behaupte, Gesandte Gelons seien in Korinth gewesen). Ist Pol. 12, 26 b auch im Anfang ein Exzerpt aus Timaios, so müßten wir folgern, daß Diodor in Buch 10 für die Sikelika den Timaios noch nicht benutzte, es in Buch 11 aber tat (vgl. A. 60; für die Benutzung des Timaios in Buch 10 z. B. Meyer, GdA IV 1, 376 A. 1). – Lo Cascio (A. 6) 236 verbindet Polybios und Diodor dergestalt, daß er zuerst eine Gesandtschaft der Griechen an Gelon annimmt, auf die dann eine Gesandtschaft Gelons zu den Griechen gefolgt sein soll.

[65] Gegen die Führungsdebatte bei Ephoros K. v. Fritz, Die griechische Geschichtsschreibung I, Berlin 1967, Anmerkungsband 212 f. v. Fritz stellt die Sachlage auf den Kopf, wenn er sagt, Herodot habe den Vertrag Karthagos mit dem Großkönig verschwiegen, weil er sonst die Hegemoniedebatte nicht hätte unterbringen können.

halb er von einem Nachgeben der Athener und Spartaner in dieser Frage ausgehen mußte.[66]

Bei Ephoros erfährt Gelon von dem karthagischen Angriff erst kurz vor dem Eintreffen der gegnerischen Flotte. Nach dieser Darstellung war er also beim Angriff der Karthager nur deshalb gerüstet, weil er den Griechen zu Hilfe eilen wollte, nicht aber, weil er von den großen Rüstungsanstrengungen der Karthager erfahren hätte. Dieselbe Ansicht findet sich – nicht ganz so deutlich – auch bei Timaios: nachdem wir von der Zusage Gelons an die Griechen erfahren haben, wird der Tyrann von Syrakus erst wieder erwähnt, als Theron ihn von Himera aus gegen Hamilkar zur Hilfe ruft. An dieser Stelle heißt es von Gelon (Diod. 11, 21, 1): καὶ αὐτὸς ἡτοιμακὼς ἦν τὴν δύναμιν. Da bei Diodor nirgends Vorbereitungen der Griechen gegen einen Karthagereinfall erwähnt werden, kann vielleicht in Analogie zur Darstellung bei Ephoros angenommen werden, daß das Heer des Gelon auch bei Timaios für den Einsatz in Griechenland ausgerüstet wurde.

Selbst das Kriegsziel mußte in der Tradition manche Umgestaltung erfahren. Die Rückführung des Terillos nach Himera, die Herodot nennt, kommt bei Ephoros und Timaios nicht mehr vor. Die großen karthagischen Rüstungen werden bei diesen Autoren nur durch die Verbindung mit dem Perserkönig begründet,[67] weshalb sie das Hilfsgesuch des Terillos nicht einmal mehr erwähnen.[68] Wenn heute manchmal behauptet wird, daß die Karthager die Bitte des Terillos als Vorwand zum Eingreifen benutzt hätten,[69] so ist das eine unzulässige Klitterung der beiden Traditionen. Zuverlässig ist hier einzig der Bericht Herodots, der auch allein erklärt, weshalb der großangelegte Feldzug ausgerechnet mit der Belagerung von Himera beginnt.

Einige Abweichungen von Herodot gibt es nur bei Diodor, wobei sich nicht immer sagen läßt, ob erst Timaios für die Änderung verantwortlich zu machen ist, oder ob nicht das eine oder andere schon auf Ephoros zurückgeht, dessen F 186 für eine Entscheidung zu kurz und gerafft ist. Gelons Aufgebot wird weiter vergrößert: jetzt sind es 50 000 Fußsoldaten und 5000 Reiter.[70] Die

---

66 Diod. 10, 33: τὸ δὲ μέγεθος τῆς βοηθείας καὶ ὁ τῶν πολεμίων φόβος προέτρεπε μεταδοῦναι τῆς δόξης τῷ Γέλωνι.

67 Meister (A. 6) 609 f.

68 Daß die Motivation bei Ephoros und Timaios nicht mit der sizilischen Tradition bei Herodot vereinbar ist, hat R. W. Macan, Herodotus II, London 1908, 71 A. 5; 186 f. hervorgehoben. Die Anwesenheit Therons bei Himera wird von Diod. 11, 20, 5 überhaupt nicht motiviert.

69 E.g. Freeman (A. 42) 158 f.; Gsell I 433; A. R. Hands, in: L. A. Thompson/J. Ferguson (Hrsgg.), Africa in Classical Antiquity, Ibadan 1969, 84; Huß 97 f.

70 H. Berve, FS Robinson II, St. Louis 1953, 542 weist auf das jeweils wiederkehrende Verhältnis von 10 : 1 zwischen Fußvolk und Reiterei hin, doch ist das oft anzutreffen, s. z. B. Schaefer (A. 4) 415 f. A. 6.

3000 Frachtschiffe, mit denen die Karthager übersetzten, entsprechen der Zahl der Frachtschiffe des Xerxes (Hdt. 7, 97; 104).[71] Ein Teil der Schiffe ging in einem Sturm unter, mit ihnen die karthagischen Streitwagen und die Kavallerie. Eine solche Flottenkatastrophe zu Beginn einer sizilischen Expedition der Karthager ist geradezu ein timäischer Topos.[72] Direktes literarisches Vorbild war hier wohl der Sturm, der die persische Flotte am Kap Artemision traf.[73] Die Tradition, die dem Timaios vorlag, sagte nichts über karthagische Kavallerie in der Schlacht aus.[74] Nach den Erfahrungen des 4. Jhrdts. war das erklärungsbedürftig, weshalb Timaios den Seesturm einschaltete. Diese Erfindung verlangte keine weitere Veränderung der Tradition, was dem Schriftsteller ihre Präsentierung besonders erleichterte.

Neuerdings wurde sogar behauptet, Timaios habe auch den Vormarsch der Karthager von Panormos nach Himera mit dem Vormarsch der Perser in Griechenland verglichen;[75] hier ist allerdings Vorsicht angebracht.[76] Die strategische Leistung Gelons wird bei Diodor mit der des Themistokles verglichen, die Bedeutung der Schlacht von Himera mit der von Plataiai (Diod. 11, 23).

Timaios/Diodor führt einen neuen Synchronismus ein: die Schlacht von Himera fand nicht mehr am selben Tag statt wie die Schlacht von Salamis, sondern wird jetzt auf den Termin der Schlacht an den Thermopylen gelegt (Diod. 11, 24, 1).[77]

---

[71] Es ist also nicht einfach so, wie G. Busolt, RhM 40, 1885, 156f. meinte, der die Zahl 3000 aus den 300 000 Soldaten herausgesponnen sein läßt (gegen seine Vermutung spricht auch die ganz andere Zahlenrelation in Diod. 16, 77, 4; Plut. Tim. 25, 1). Was die Zahl der Kriegsschiffe angeht, so ist in den Mss. von 2000 die Rede, was die Editoren in 200 umänderten. Pareti (A. 4) 140 und T. S. Brown, AJPh 73, 1952, 349 akzeptieren die Zahl der Mss. als übertriebene Größe des Timaios, doch liegt dies wirklich außerhalb jeder Glaubwürdigkeit.

[72] Meister (A. 5) 42. Zum folgenden s. Lit. bei Huß 94 A. 7 und z. B. Meyer, GdA IV 1, 376 A. 2; H. Meier-Welcker, Himera, Boppard 1980, 31 A. 110. Huß selbst bezweifelt die Angabe nicht.

[73] So z. B. Brown (A. 71) 351; Pearson (A. 62) 136.

[74] E. g. Meltzer I 217; Meyer, GdA IV 1, 376 A. 2; Meier-Welcker (A. 72) 37. Manchmal wird auch gesagt, die Karthager hätten wegen der Schwierigkeiten des Pferdetransportes auf den Einsatz dieser Waffengattungen verzichtet, Meier-Welcker 37; Busolt (A. 71) 157. Das war aber im 5. Jhrdt. kein wirkliches Problem mehr.

[75] Pearson (A. 62) 136 hält Diod. 11, 20, 3 συμπαραπλέοντος τοῦ ναυτικοῦ für eine Parallele zu Diod. 11, 5, 1 συμπαρέπλει πᾶς ὁ στόλος.

[76] Nicht überzeugend sind folgende Fälle: Pearson (A. 5) vergleicht Diod. 13, 85ff. (Belagerung von Akragas); Pareti (A. 4) 164 vergleicht die Verteilung der Kriegsgefangenen (Diod. 11, 25) mit der Verteilung nach der Schlacht von Plataiai (Diod. 11, 33, 1).

[77] Ähnlich wie hier zur Verschiebung des Datums Meltzer I 496; Busolt, GG $II^2$ 790f. A. 1; Pareti (A. 4) 158f.; Pearson (A. 62) 138; K. S. Sacks, Diodorus Siculus and the First Century, Princeton 1990, 123f.; weitere Lit. bei Lo Cascio (A. 6) 241. Andere Synchronismen bei Timaios bespricht R. Laqueur, RE VI A 1, 1199f.

Dies ergibt einen schönen Aphorismus (περὶ τὸν αὐτὸν καιρὸν ... γενέσθαι τήν τε καλλίστην νίκην καὶ τὴν ἐνδοξοτάτην ἧτταν), läßt sich aber auch weiter ad maiorem gloriam Gelonis verwenden: eine Vorverlegung der Schlacht von Himera ermöglicht es Gelon, nach Ordnung der wichtigsten Angelegenheiten auf der Insel erneut Vorbereitungen zu einem Hilfszug nach Griechenland zu treffen (Diod. 11, 26, 4f.). Gerade will er aufbrechen, als er vom Sieg bei Salamis und dem Abzug des Großkönigs hört. Die Ausfahrt kann daher unterbleiben, d.h. mit Hilfe der Verschiebung des Termins wird wieder eine Tat erfunden, die keine weitere Veränderung der Tradition nach sich ziehen mußte, aber den panhellenischen Patriotismus Gelons ins schönste Licht rückte. Ferner hilft das neue Datum auch bei dem Vergleich, den der Sikeliot Timaios zwischen den Perserkriegen und der Leistung Gelons anstellt: die Sieger von Salamis und Plataiai konnten sich am Vorbild der Schlacht von Himera moralisch aufrichten (Diod. 11, 23, 2). Auch sonst wird das Bemühen des Timaios sichtbar, die Überlegenheit der sizilischen Leistung zu beweisen.[78]

Der Verlauf der Schlacht wird nur von Diodor/Timaios geschildert; daher fehlt fast jede Möglichkeit, seine allgemein für glaubhaft gehaltene Darstellung[79] zu überprüfen. Eine Kontrolle ist nur an einem Punkt möglich – und da ist das Ergebnis negativ.[80] Was Kriegsverlauf und Friedensschluß angeht, muß daher alles mit großer Vorsicht betrachtet werden,[81] wie einige Beispiele deutlich machen sollen: die Zahl der beim Fouragieren gefaßten Karthager ist nach der (falschen) Zahl der syrakusanischen Reiterei berechnet.[82] Daß die Karthager nach der

---

[78] Diod. 11, 22, 5–23, 3. Hierzu Pol. 12, 26b, 4, wo dies Verfahren des Timaios anschaulich geschildert wird; vgl. kurz F.W. Walbank, SCI 10, 1989/90, 43.

[79] Ausnahmen: Busolt (A.71) 158; Meltzer I 218; Ender (A.5) 8f.; Meyer, GdA IV 1, 376f.; Pearson (A.62) 136f.

[80] Dies ist der Tod des Hamilkar, der später analysiert wird, 50ff. (es gibt keine Version, die über Herodot hinausgeht, sondern nur rationalisierende Varianten der von Herodot erzählten Geschichte). – Die falsche Darstellung dieses Ereignisses zwingt Diodor etwas später (11, 25, 1), eine Ehrung für die Reitertruppe zu erfinden, der Hamilkar zum Opfer gefallen sein soll, d.h. die Umgestaltung der herodoteischen Tradition erforderte Änderungen, die über die Passage vom Tod des Hamilkar hinausgehen.

[81] Ein paar Möglichkeiten: Herodot und Diodor kennen keine Reiterei der Karthager in der Schlacht, wie oben erörtert wurde. Der Tod des Hamilkar setzt bei Diodor syrakusanische Reiter im karthagischen Lager voraus; diese kamen am besten als sizilische Bundesgenossen hinein – also schickten die Karthager, die ja ihre Reiterei verloren hatten, nach Selinunt und baten dort um Unterstützung durch Kavallerie. Ausgerechnet dieser Brief wird von Gelon abgefangen und ermöglicht es seinen Reitern, Hamilkar zu töten – was ja wiederum erfunden ist. So leitet eine Erfindung zur nächsten über; Kritik am Eindringen der Reiter in das karthagische Lager schon bei Busolt (A.71) 158.

[82] 5000 Reiter und 10000 Gefangene; s. hierzu Pareti (A.4) 147f.; J.A. de Waele, Acragas Graeca I, 's Gravenhage 1971, 112 A.571. Der Verlust beim Fouragieren wird von Ender (A.5) 5 ausgerechnet mit dem Verlust der Reiterei erklärt.

Schlacht eine Landung Gelons in Afrika befürchtet hätten, ist ein mehrfach von Timaios verwendetes Motiv.[83] Und zuletzt erzählt Diodor, wie die begeisterten Syrakusaner den Gelon als βασιλεύς, εὐεργέτης und σωτήρ feierten. Das ist für das beginnende 5. Jhrdt. völlig anachronistisch und deutlich an Gestalten wie Agathokles orientiert.[84]

Das Ergebnis der Quellenanalyse sei kurz zusammengefaßt: der Vergleich der Schlacht von Himera mit dem griechischen Sieg in den Perserkriegen setzte früh ein. Schon in der Darstellung Herodots gibt es Elemente, die nur so zu verstehen sind. Der gesamte Rahmen seiner Erzählung bleibt aber von dieser Tendenz unberührt. Ephoros und Timaios griffen dann diese Einzelheiten auf und entwickelten sie weiter; beide verknüpften, wenn auch aus unterschiedlichen Gründen (Konstruktion der Universalgeschichte/sizilischer Patriotismus), die sizilianischen Ereignisse eng mit den Perserkriegen. Jede Änderung gegenüber Herodot ist hierauf zurückzuführen.[85]

## 3. Die Schlacht von Himera – «a minimalist view»

Das Bündnis Karthagos mit Persien, das angebliche Vorgehen der beiden Mächte nach gemeinsamer Verabredung hat, wie wir gesehen haben, keine Basis in den Quellen.[86] Wer dies früher einmal ahnte, versuchte trotzdem, diese welthistorische Konstellation zu halten,[87] und zwar mit Hilfe eher allgemein gehaltener Überlegungen.

---

[83] Diod. 11, 24, 2f. mit Meister (A. 5) 43; H. Meier-Welcker, Militärgeschichtliche Mitteilungen 34/2, 1983, 27 A. 114. An die Historizität dieser Absicht glaubt A. S. v. Stauffenberg, Trinakria, München 1963, 200, weil er ein solches Landungsunternehmen für eine logische Fortsetzung eines früheren Afrikaplans gegen die karthagischen Emporien hält. Seine Lokalisierung der Emporien in Afrika hat sich allerdings nicht durchgesetzt, s. G. Maddoli, FS Arias I, Pisa 1982, 245 ff.; Hans (A. 34) 161 f. A. 50.

[84] A. R. Burn, Persia and the Greeks, London 1962, 486; Meister (A. 5) 43 vergleicht noch Diod. 16, 20, 6, wo Dion als μόνος σωτήρ gefeiert wird; Pearson (A. 62) 139 denkt an ptolemäische Titel als Vorbild. Vgl. Privitera (A. 17) 405 f. S. auch Diod. 11, 26, 5 f., wo die Ernennung des Gelon zum στρατηγὸς αὐτοκράτωρ berichtet wird: B. Caven, Dionysius I, New Haven 1990, 56 hält dies Detail für eine Fälschung aus der Zeit und zugunsten des Dionysios.

[85] Schon Meyer sagte, daß Herodot die einzig brauchbare Quelle zu Himera sei (GdA IV 1, 376 A. 1). Erstaunlicherweise läßt selbst seine eigene Darstellung die Konsequenzen aus dieser Feststellung vermissen.

[86] Eine neuzeitliche Klitterung von Herodot, Ephoros und Timaios besagt, daß die Karthager sich den Perserkrieg zu Nutze gemacht hätten, um die sizilischen Griechen anzugreifen, die zu diesem Zeitpunkt ja keine Hilfe aus dem Mutterland zu erwarten hatten; s. U. J. H. Becker, in: J. S. Ersch/J. G. Gruber (Hrsgg.), Allgemeine Encyclopädie der Wissenschaften und Künste I 21, Leipzig 1830, 66.

[87] Typisch ist z. B. Holm (A. 23) 197: die Aufforderung des Xerxes an Karthago ist «eine so natürliche Thatsache, dass sie gegen die Zweifel, welche dagegen erhoben worden sind,

Die dreijährige Vorbereitungszeit soll auf übergreifende politische Zusammenhänge als Hintergrund der militärischen Kampagne weisen.[88] Die drei Jahre sind aber keine verläßliche Tatsache, sondern nur ein Produkt der konstruierten Überlieferung; sie kamen zustande, als Timaios das Bündnis Karthago – Persien an den Kriegsentscheid des Xerxes koppelte.[89]

Das karthagische Heer wird als eine riesige Kampfmaschine vorgestellt, die Größe eines durchschnittlichen antiken Heeres weit übertreffend. Dieser besondere Aufwand muß – so heißt es jedenfalls – auch durch einen besonderen Umstand, eben das Bündnis mit Persien, hervorgerufen worden sein.[90] Nun befinden wir uns gerade im Hinblick auf die Größe und Zusammensetzung des karthagischen Heeres auf ganz unsicherem Boden, da schon Herodot, wie oben gezeigt, kein brauchbares Material hierzu bietet, sondern sich am Vorbild des Perserheeres orientiert.[91]

---

nicht erst vertheidigt zu werden braucht.» Meltzer I 210: «Es ist nicht in letzter Instanz die Quellenfrage,» von der aus über die Realität des Bündnisses zu entscheiden sei; cf. auch 213f. Ed. Meyer wird immer wieder zitiert (GdA IV 1, 335 A. 1): «Aber auch wenn Ephoros darüber keine Überlieferung hatte ... hat er richtig kombiniert»; F. Schachermeyr, Indogermanen und Orient, Stuttgart 1944, 593 A.47; Burn (A. 84) 306f. A. 30: «It would be scarcely conceivable, even with no evidence whatever, that Persia and Carthage were not in communication.» G. Pugliese Carratelli, Scritti sul mondo antico, Neapel 1976, 29f. glaubt sogar im Anschluß an Iust. 19, 1, 12, daß bereits Darius die Karthager gegen Sizilien mobilisieren wollte. M. Pallotino, Italien vor der Römerzeit, München 1987, 104f. bemerkt, daß Massalia mit Unterstützung des Herakleides von Mylasa im Jahr 490 einen Sieg über die Karthager errungen habe, und notiert die Koinzidenz mit Marathon: «Offensichtlich war die gesamte hellenische Welt damals gezwungen, sich gegen zwei kolossale ‹barbarische› Mächte zur Wehr zu setzen. Wir können auch ein bewußtes und gezieltes Interessenzusammenspiel nicht völlig ausschließen.» Grundlage hierzu ist Sosylos, FGrHist 176 F 1; dort wird aber vermutlich die Schlacht am euböischen Kap Artemision behandelt, H. Bengtson, Kleine Schriften, München 1974, 141ff.; G. A. Lehmann, Entretiens Hardt 20, 1974, 177ff.; vgl. – ohne Bengtson zu nennen – P. A. Barceló, Karthago und die iberische Halbinsel vor den Barkiden, Bonn 1988, 107f.

88 Z. B. M. I. Finley, Das antike Sizilien, München 1979, 78; Huß 97; Barceló (A. 87) 156.

89 Damit erledigen sich auch Ansichten, wie sie z. B. von Dunbabin (A. 31) 416; 418 vertreten werden: «The years 483–482 to 480 are then left for the preparations against the Carthaginians» und: «It was clear in the late eighties that the time for a decisive conflict with the Phoenicians and Etruscans was approaching.»

90 Meltzer I 213f. Ein Teil des Aufwandes ist natürlich die lange Vorbereitungszeit – über die wir ja gerade gesprochen haben.

91 Moderne Schätzungen können die Quellen nicht ersetzen: Meyer, GdA IV 1, 376 nahm z. B. an, griechische und karthagische Truppen seien etwa gleich stark gewesen; so auch auf Grund des Schlachtberichtes (bei Diodor) Pareti (A. 4) 126. Da wir aber auch über die Zahl von Gelons Truppen nichts wissen, läßt sich aus der Größe der Aufgebote nicht auf die Bedeutung des Zuges schließen, kann noch nicht einmal ausgeschlossen werden, daß die versammelte Macht des Theron und Gelon in der Realität größer war als die Armee des Hamilkar.

Das letzte Argument, das seit Meltzer für eine Verbindung von Karthagern und Persern angeführt wird, ist die Eile, mit der Karthago nach Himera Frieden geschlossen haben soll, ohne die Möglichkeiten zu einer Fortsetzung des Krieges auszunutzen: dies sei Folge der gleichzeitigen Niederlage des Perserkönigs gewesen, die die Zusammenarbeit von Ost und West endgültig vereitelt habe.[92] In Wirklichkeit wurden die griechischen Kräfte im Mutterland auch nach Salamis noch durch das persische Heer gebunden,[93] weshalb die Karthager keine Unterstützung Gelons durch andere Griechen hätten befürchten müssen.

Damit gibt es im Augenblick keine Argumente mehr, die eine Verbindung Karthago – Persien so stützen können, daß sie gegen das Zeugnis Herodots wahrscheinlich würde. Generell ist natürlich auch zu überlegen, ob es bei der derzeitigen Quellenlage überhaupt ein Argument der modernen Forschung geben kann, das Herodot entwerten und der durchsichtig konstruierten Tradition den Besitz historischer Wahrheit zuschreiben kann. Aus methodischen Gründen ist diese Frage wohl zu verneinen.

Wenn die späte Tradition ein falsches Bild der Schlacht und ihrer Begleitumstände gibt, so muß ein in sich stimmiges Bild der Vorgänge mit den Resten vertrauenswürdiger Überlieferung bei Herodot entwickelt werden. Von den quellenkritischen Überlegungen ist folgender Kern des herodoteischen Berichtes nicht angetastet worden: Theron von Akragas vertrieb Terillos aus Himera; dieser wandte sich an seinen mächtigen Gastfreund Hamilkar, der βασιλεύς in Karthago war, und bat ihn um Unterstützung. Auch Anaxilaos, der Schwiegersohn des Terillos, drängte den Karthager zum Zug nach Himera.[94] Hamilkar eilte daraufhin dem Terillos zu Hilfe.[95] Theron andererseits war, was uns Herodot verschweigt, Schwiegervater Gelons, so daß jener aus familiären Gründen verpflichtet war, Theron zu helfen.[96] Mit der Niederlage und dem Tod des Hamilkar hatte Terillos

---

92 Meltzer I 214, danach e.g. Meyer, GdA IV 1, 377f.

93 Besonders unsinnig ist diese Erklärung für den Frieden, wenn man die Timaiostradition akzeptiert und das Datum der Schlacht von Himera in die Nähe der griechischen Niederlage an den Thermopylen setzt: gerade dann war ja angesichts der Niederlage im Mutterland jeder Friedensschluß in Sizilien verfrüht.

94 Stauffenberg (A. 83) 196 charakterisiert den Hamilkar denn auch als «Gastfreund der Herrscher von Himera und Rhegion-Messana». Ein persönliches Vasallitätsverhältnis des Anaxilaos zu Hamilkar nimmt Lüdemann (A. 1) 29 an.

95 Hamilkar ist Leiter des Feldzuges, weil er von Terillos angesprochen wurde. Anders Diod. 11, 20, 1: ὡς δ' εὐτρεπῆ πάντα αὐτοῖς (scil. den Karthagern) ὑπῆρχε, στρατηγὸν εἵλοντο Ἀμίλκωνα. Dies widerspricht Herodot und ist daher falsch; es geht außerdem von der dreijährigen Vorbereitungszeit aus und verwendet staatsrechtliche Formen, die wir sonst erst im Karthago des 4. Jhrdts. nachweisen können; falsch daher Wollner (A. 47) 21 f., der schon hier von einer Wahl des Feldherren nach den Kriegsvorbereitungen spricht.

96 Zum Zusammenhang zwischen Deinomeniden und Emmeniden s. G. Vallet, FS Manni VI, Rom 1980, 2146ff.

seine Chance zur Rückkehr nach Himera verloren; wenn außer dem verstorbenen Hamilkar kein Karthager dem Terillos verpflichtet war, entfiel der Grund für eine Fortsetzung des Krieges – im Gegenteil, Karthago konnte sich von dem Unternehmen distanzieren, das Hamilkar aus privaten Gründen begonnen hatte, und verbannte einen seiner Söhne.[97]

Damit fallen endgültig die meisten modernen Motivierungen des Feldzuges: diese persönliche Politik hat nichts mit dem großen Gegensatz zwischen Ost und West zu tun, kennt keine Verbindung zwischen Himera und Salamis[98] und keinen Präventivkrieg der Karthager gegen die aus dem sizilischen Osten heraufziehende Macht griechischer Tyrannen.[99] Erst recht gab es keinen Versuch, ganz Sizilien in ein karthagisches Reich einzugliedern[100] oder irgendwelche Handelswege zu schützen.[101] Weder hat Karthago an einer antisyrakusanischen Koalition teilgenommen, noch war die Vertreibung des Terillos eine bewußte Herausforderung Karthagos durch Gelon.[102]

Für diese Rekonstruktion spricht zunächst einmal, daß Herodot nie «die Karthager» oder «die Syrakusaner» als handelnde Parteien nennt. Gesprochen wird immer nur von den fürstlichen Herren und ihren Motiven, was für Herodot selbst völlig ausreichend zu sein scheint. Dies könnte man als Zufall abtun, paßte es nicht so gut in die Schemata archaischer Politik.[103] Betont wird die aktive Rolle des

---

[97] Diod. 13, 43, 5. Ehrungen für den Vater nach seinem Tod und Verbannung des Sohnes müssen nicht mit Huß 95f. A. 21 als einander ausschließend betrachtet werden. Die Verehrung Hamilkars basiert nicht auf der Akzeptanz seiner Politik oder seiner Leistung, sondern auf seinem übernatürlichen Tod.

[98] Allgemeine Wertungen können auf sich beruhen, e.g. Burn (A. 84) 306 A. 1: «on the stage of history the two campaigns, even if not concerted, did conduce to a common end, which was the whole character of the classical age in Greece.» Ähnlich spricht auch heute noch J. M. Alonso-Núñez, AC 56, 1987, 248 von «threatening Hellenism.»

[99] Vgl. Meltzer I 203; Busolt, GG II$^2$ 788f.; Beloch, GG II$^2$ 1, 71; G. Vallet, Rhegion et Zancle, Paris 1958, 362; A. Heuß, Propyläen Weltgeschichte III, Frankfurt 1962, 236; W. Hoffmann, ANRW I 1, Berlin 1972, 347; Finley (A. 88) 78. Ex eventu zeigen schon die Friedensbedingungen, daß Gelon seine Hand nicht nach den westsizilischen Städten ausstrecken wollte. Etwas nuancierter P. Anello, Kokalos 32, 1986, 130, die von einer Wiederherstellung des status quo ante gegen eine expansionistische Politik der Emmeniden spricht.

[100] Dagegen schon, von anderer Warte, Hans (A. 34) 107.

[101] Gauthier (A. 9) 270 und Hans (A. 34) 225 A. 114 nahmen an, das karthagische Bündnis mit Terillos und Anaxilaos habe dem Schutz der Handelswege durch die Meerengen gegolten; Will (A. 38) 283 (cf. L. Maurin, Semitica 12, 1962, 21 A.) glaubte sogar, daß das geheime Ziel karthagischer Politik eine Annexion des Territoriums an den Meerengen gewesen sei; vgl. auch Maddoli, Sicilia Antica II 1, 42.

[102] Koalition: P. A. Barceló, Gymnasium 96, 1989, 25; Herausforderung: Stauffenberg (A. 83) 193.

[103] Kurz angedeutet bei Hans (A. 34) 36; Barceló (A. 87) 157.

Terillos und des Theron; Terillos holte das fremde Heer und dessen Führer Hamilkar herbei (ἐπῆγε). Möglich ist das nur wegen der engen persönlichen Verbindungen zwischen allen Handelnden. Beziehungen zu «Barbaren» waren für die griechischen Aristokraten nie ausgeschlossen,[104] so daß die Gastfreundschaft zwischen Hamilkar und Terillos nicht verwunderlich ist.[105] Hamilkar war in besonderem Maße in die aristokratische Welt Siziliens eingebunden, da sein Vater eine Syrakusanerin geheiratet hatte.[106] Terillos richtete jedenfalls seine Bitte um Hilfe an den Privatmann Hamilkar, nicht an den karthagischen Staat.[107]

Das Verhältnis Hamilkars zu Terillos mit seinen praktischen Konsequenzen ist ein weiteres Beispiel dafür, daß der diplomatische Verkehr dieser Zeit auf persönlichen Beziehungen beruhte, der Staat keine scharf gezogenen Grenzen besaß, sondern so weit reichte, wie die ihn tragende Adelsgesellschaft.[108] Der Staat besaß noch kein Gewaltmonopol; noch konnten die adligen Herren auf eigene Faust handeln. Herodot kennt eine Reihe von Vorgängen, die mit dem Versuch der Rückführung des Terillos verglichen werden können. Als z. B. Peisistratos wieder einmal aus Athen vertrieben war, fand er Rückhalt in einem Netz persönlicher Beziehungen: aus Theben bekam er von seinen Freunden Geld, aus Argos kamen

---

[104] E. g. H. Berve, Gestaltende Kräfte der Antike², München 1966, 238. Allgemein, ohne unseren Fall zu erwähnen, zu solchen Beziehungen: G. Herman, Ritualised Friendship and the Greek City, Cambridge 1987.

[105] Es ist angesichts der weiten Verbreitung solcher Bindungen unter Adligen nicht nötig, sie auf frühere Kriegsführung des Hamilkar in Sizilien zurückzuführen (Gsell I 435) oder einen Besuch des Terillos in Karthago zu postulieren (Burn [A. 84] 306). Es ist z. B. nicht ausgeschlossen, daß beide Seiten die Bindungen geerbt hatten (vgl. Hans [A. 34] 34 zu den karthagisch-himeräischen Beziehungen im 7./6. Jhrdt.). I. König, PP 44, 1989, 330f. A. 34: «Gastfreundschaft zwischen dem Tyrannen Terillos und dem *Handelsherrn* Hamilkar.»

[106] Hdt. 7, 166. Der Name des Vaters ist umstritten, Huß 93 mit A. 2; als Magonide war er jedenfalls von höchstem karthagischen Adel. Die Heirat ist für das Fehlen von Berührungsängsten und Vorurteilen auf beiden Seiten bezeichnend. Die Bindung Hamilkars an Syrakus hörte offenbar auf, ein politisch wirksamer Faktor zu sein, als sich dort Gelon als Tyrann etablierte. Als Indiz für die sizilischen Bindungen der Familie darf es auch gewertet werden, daß Hamilkars Sohn Geskon später Selinus als Ort für sein Exil wählte.

[107] Dies wird z. B. von Dunbabin (A. 31) 419 verkannt: «Terillos was a Carthaginian ally, having ξεινίη with Hamilcar.» Maddoli, Sicilia antica II 1, 30: «amico e alleato dei Cartaginesi.» S. Lancel, Carthage, Paris 1992, 106: «un allié des Carthaginois». Barceló (A. 102) 26 denkt, daß hier auch das Bestehen zwischenstaatlicher Verhältnisse reflektiert werde. Ohne Halt ist die Ansicht von H. D. Westlake, Gnomon 53, 1981, 489, der die Verbindung der beiden Staaten so eng sieht, daß sogar die Tyrannis des Terillos «under Carthaginian sponsorship» errichtet worden sei.

[108] A. Heuß, in: F. Gschnitzer (Hrsg.), Zur griechischen Staatskunde, Darmstadt 1969, 62f.; 72. Dem folgenden liegen die Ausführungen von Heuß 75–84 zugrunde. Zur Kriegshilfe auf Grund von ξεινίη s. auch H. Drexler, Herodot-Studien, Hildesheim 1972, 165f.; Herman (A. 104) 97ff. Vgl. zu ξενία-Kriegen in der samischen Geschichte G. Shipley, A History of Samos, Oxford 1987, 46f.

Söldner, und ein einzelner Adliger von Naxos brachte Geld und Männer (Hdt. 1, 61). Der spartanische König Kleomenes versuchte als Privatmann, nicht in seiner staatlichen Funktion, die Herrschaft seines ξένος Isagoras in Athen durchzusetzen.[109] Diese und andere vergleichbare Hilfeleistungen kamen nicht von offizieller, staatlicher Stelle, sondern waren Ausdruck einer neben dem Staat herlaufenden «Außenpolitik» einzelner Adliger.

Wurde ein Staat durch die eigentlich unverbindliche Privatpolitik eines Fremden geschädigt, so übte er oft Sanktionen gegen dessen Heimatstadt aus. Mit fortschreitender Entwicklung der Staatlichkeit wurden solche Gegenmaßnahmen zunehmend als eine Art Haftung in der Politik anerkannt.[110] Umgekehrt gab es aber auch Fälle, in denen das private Vorgehen eines Adligen von der Gemeinde unterstützt wurde: das bekannteste Beispiel ist die Expedition des Miltiades nach Paros.[111] Die Strafe, die den Miltiades nach dem Mißlingen des Zuges traf, ist ebenfalls als Haftbarmachung des Urhebers von staatlicher Seite zu begreifen.

So ist auch die Schlacht von Himera zu verstehen. Am Anfang der Verwicklungen steht die ξεινίη zwischen Hamilkar und Terillos. Im Gegensatz zur προξενία, die auf dem Prinzip der Zwischenstaatlichkeit beruht, ist dies eine persönliche Beziehung, wie sie zwischen einzelnen Familien oder Personen gleichen Ranges geschlossen wurde. Ξεινίη ist eine Institution mit festen Verpflichtungen,[112] und einer solchen Verpflichtung kam Hamilkar nach. Nach seinem Tod fand das Unternehmen keine Unterstützung mehr im offiziellen Karthago, weshalb es sofort beendet wurde. So erklärt sich auch, weshalb dem Gelon die «ideological severity» fehlte, seinen Sieg zur Säuberung der Insel von semitischen Elementen zu nut-

---

109 Ein «Freischärlerunternehmen» nach A. Heuß, FS Marg, München 1981, 16. Vgl. z. B. noch Aktionen mit privaten Kriegsschiffen 135 A. 94.

110 Nur als Beispiele: Hom. Od. 21, 17; Hdt. 5, 35, 1; 6, 92; vgl. Y. Garlan, La guerre dans l'antiquité, Paris 1972, 22 ff.; F. Gschnitzer, in: J. Latacz (Hrsg.), 200 Jahre Homer-Forschung, Stuttgart 1991, 197.

111 H. Berve, Miltiades, Berlin 1937, 92 ff.; zuletzt etwa Walser (A. 6) 39; H. J. Gehrke, HZ 239, 1984, 546; zu Sparta vgl. Hdt. 6, 74 mit Heuß (A. 108) 78. Wenigstens erwähnt werden muß, daß die von Berve und Heuß vorgetragene Konzeption von Politik in archaischer Zeit von marxistischer Seite abgelehnt worden ist, s. e. g. E. Kluwe, in: K. H. Kinzl (Hrsg.), Die ältere Tyrannis, Darmstadt 1979, 286 ff. Vgl. zum folgenden Berve (A. 104) 100.

112 M. I. Finley, Die Welt des Odysseus, München 1979, 102 ff.; Ph. Gauthier, Symbola, Nancy 1972, 20 ff.; G. Herman, PCPhS 216, 1990, 189 ff. Die ganz auf die persönliche Bindung abgestellte Wesensart archaischer Politik wird z. B. von den A. 107 zitierten Autoren verkannt, die Hamilkar als Repräsentanten des karthagischen Staates ansehen. Mißverstanden wird der Beweggrund von Hamilkar auch von de Waele (A. 82) 111: «Es wäre allerdings falsch, wollte man der punischen Kaufmannsrepublik edle Hilfsbereitschaft als erste Triebfeder für ihr Eingreifen unterstellen.» Mit «edler Hilfsbereitschaft» kann es noch nicht einmal bezeichnet werden, wenn Hamilkar seinen aus der ξεινίη erwachsenen Verpflichtungen nachgekommen ist.

zen.[113] Hamilkar und Gelon teilten dieselben aristokratischen Vorstellungen: ideologische Unterschiede gab es zwischen ihnen nicht.[114] Hamilkars Kriegsziel war begrenzt und damit auch sein militärischer Aufwand, und Gelon nutzte seinen Sieg nicht weiter, weil sein einziges Ziel eben darin bestand, Theron in Himera an der Macht zu halten. Dies war mit der Abwehr Hamilkars erreicht.

Die Nachrichten über den Friedensschluß (StV $II^2$ 131) kennen neben der Erstattung der Kriegskosten keine nennenswerten Auflagen für die Karthager.[115] Außerdem verbannten diese, wie bereits erwähnt, Geskon, einen Sohn des Hamilkar. Diese Fakten lassen sich – unter Berücksichtigung der Eigenheiten spätarchaischer Politik – so verstehen: der karthagische Staat war nach der Niederlage Hamilkars gezwungen, die Haftung für dessen private Expedition zu übernehmen.[116] Das Schicksal des Geskon zeigt deutlich, daß die Karthager den Zug als eine private Angelegenheit des Hamilkar und seiner Familie betrachteten.[117] Auch die spätere Vernichtung Himeras durch einen Enkel des Hamilkar wird von der Überlieferung als private Rache erklärt.[118]

Einige Hinweise in den Quellen lassen die Schlacht von Himera auch von Seiten Gelons als privates Unternehmen erscheinen, was die gerade vorgetragene Interpretation weiter stützt: am Anfang steht wieder die Beobachtung, daß Herodot nur von Gelon, nicht aber von den Syrakusanern spricht. Mit dieser personalisierten Ausdrucksweise übernimmt der Historiker das bereits von Gelon vertretene Verständnis der Schlacht. Auf dem delphischen Weihgeschenk Gelons heißt es (Meiggs/Lewis 28): Γέλον ὁ Δεινομέν[εος] ἀνέθεκε Συραϙόσιος. Dies ist ein offizi-

---

113 Dieser Vorwurf bei Burn (A. 84) 482; cf. Dunbabin (A. 31) 430.

114 Wo S. Luria, Acta Antiqua 12, 1964, 55 hier einen «Klassenkampf» findet, in dem die «aristokratenfeindliche Partei» die Karthager gerufen hat, sehe ich nicht.

115 Es werden noch der Bau zweier Tempel zur Aufstellung der Stelen mit dem Friedensvertrag und das Verbot von Menschenopfern in Karthago angeführt; beides ist nicht glaubwürdig. Die Kriegskosten werden mit 2000 Talenten beziffert; gegen diese Zahl s. Meyer, GdA IV 1, 378 A. 1. – Das χρήματα εἰσφέρειν (Timaios, FGrHist 566 F 20) könnte auf den Friedensvertrag zu beziehen sein, bedeutet jedenfalls nicht – gegen T. S. Brown, Timaeus of Tauromenium, Berkeley 1958, 63 – die Zahlung eines fortlaufenden Tributs an Gelon.

116 F. Hampl, Geschichte als kritische Wissenschaft III, Darmstadt 1979, 16 stellt fest, daß noch der zweite römisch-karthagische Vertrag das Prinzip der staatlichen Haftung in ähnlich gelagerten Fällen kennt.

117 Es gibt keinen Grund, Geskons Exil mit der Einrichtung des Gerichtshofes der Einhundertvier zu verbinden, wie dies gelegentlich geschieht, Meltzer I 128; Beloch, GG $III^2$ 2, 115; Gsell II 190 A. 7.

118 S. 102 A. 9. – Lipinski (A. 6) 9f. A. 22 meint: «Ce sont les anciens de Carthage qui sollicitent un traité de paix . . . (Hamilkar) n'avait donc pas de successeur ‹dynastique› et n'était par conséquent qu'un suffète ou un général». Diesem Argument entzieht die hier vorgetragene Interpretation von Himera die Grundlage; ganz abgesehen davon heißt es in Diod. 11, 26, 2 – ohnehin keiner ganz zweifelsfreien Quelle – nur: Παραγενομένων γὰρ . . . ἐκ τῆς Καρχηδόνος τῶν ἀπεσταλμένων πρεσβέων.

elles Dokument – und gerade hier wird keine Beteiligung der Syrakusaner oder anderer erwähnt.[119] Auszuschließen ist, daß der Herr des Staates hier an Stelle des Staates und ihn miteinschließend genannt wird.[120] Sechs Jahre später, nach der Schlacht von Kyme, lautet die Inschrift auf einer Weihung in Olympia nämlich: *h*ιάρον ὁ Δεινομένεος καὶ τοὶ Συρακόσιοι τõι Δὶ Τυράν' ἀπὸ Κύμας.[121] Es wird also differenziert zwischen einem vom Herrscher allein durchgeführten Feldzug (Gelon) und einem solchen, den der Tyrann gemeinsam mit der Stadt unternahm.[122] Vor der Schlacht von Kyme hatte die Bürgerschaft beschlossen, sich am Krieg zu beteiligen, weshalb ihr auch ein Beuteanteil zustand.[123] Bei Himera war das anders: als Gelon Geld für den Krieg haben wollte, weigerten sich die Bürger und erklärten sich nur zu einer Anleihe bereit, die Gelon nach dem Krieg zurückzahlen mußte (Plut. Mor. 175 A). Wenigstens die Bewohner von Syrakus fühlten sich durch Hamilkar nicht bedroht, und deutlicher läßt sich wohl nicht zum Ausdruck bringen, daß es hier um eine Privatsache ging, zu der Gelon durch verwandtschaftliche und freundschaftliche Bande getrieben wurde. Auch die «Friedensverhandlungen» der Karthager, d.h. ihre Haftung für den Feldzug des Hamilkar, waren nur eine Sache zwischen den Gesandten und Gelon, wie durch das Eingreifen von Gelons Frau Damarete besonders deutlich wird (Diod. 11, 26, 2f.).[124] So löst sich auch leicht die alte Frage, weshalb in dem Vertrag von Sanktionen gegen die angeblichen karthagischen Bundesgenossen nicht die Rede ist:[125] eine offizielle Beteiligung anderer Staaten an diesem Feldzug hat es nicht gegeben.

Auch Pindar gibt diese Tatsache noch wieder (Pyth. 1, 77ff.): der Ruhm von Salamis gebührt den Athenern, der von Plataiai den Spartanern, aber die Ehre der Schlacht von Himera den Deinomeniden – und nur ihnen.[126]

---

[119] Besonders auffällig ist dies im Vergleich mit der Schlangensäule, bei deren Errichtung die Nennung des eigenen Namens dem Spartaner Pausanias große Schwierigkeiten bereitete; Meiggs/Lewis 27 u. Thuk. 1, 132, 2f.

[120] Hier zeigt sich wieder, daß der Tyrann neben und außerhalb der Stadt stand, wie Berve und Heuß annahmen; vgl. zu dieser Position e.g. Ch. Meier, Gnomon 41, 1969, 375f.; D. Lanza, Il tiranno e il suo pubblico, Turin 1974, 163f.; M. I. Finley, Das politische Leben in der antiken Welt, München 1986, 182 A. 34.

[121] Meiggs/Lewis 29; vgl. die Parallelstücke SEG 23, 253; 33, 328. Abb. zuletzt bei R. Seider, Paläographie der griechischen Papyri III 1, Stuttgart 1990, 67 Abb. 27 und zum Text O. Hansen, Hermes 118, 1990, 498. Vgl. auch Antike Helme, Ausstellungskatalog Berlin 1988, 97f.; 248f.; M. Egg, Italische Helme, Mainz 1986, 198 Nr. 185/6, Taf. 108/9a.

[122] Hier ist der «Sprachgebrauch der offiziellen Texte» zu fassen, den noch F. Gschnitzer, OA 27, 1988, 291 für die Tyrannenzeit vermißt.

[123] Berve (A. 70) 547; das folgende nach Berve 543; vgl. auch id., Tyrannis I 144; 146 (unbegründeter Widerspruch bei Stauffenberg [A. 83] 334).

[124] Zu ihrer Rolle vgl. zuletzt J. Bremmer, Mnemos. 33, 1980, 366ff.

[125] Als Problem formuliert von B. Niese, RE VII 1, 1010; Whittaker (A. 59) 65.

[126] Dies Argument hat nur subsidiäre Bedeutung, da man Pindar durchaus zutrauen

Ein Teil des Geldes, mit dem Gelon den Syrakusanern seine Schulden zurückzahlte, konnte identifiziert werden: es handelt sich um die als Demarateion bekannte Dekadrachme mit der ihr zugeordneten Reihe von Tetradrachmen und Obolen.[127] Die Historizität der Anekdote, die den Namen des Geldes erklärt, mag zweifelhaft sein – wichtig ist nur, daß die aus der karthagischen Kriegskontribution[128] geprägten Münzen deutlich mit Gelon und seiner Familie verknüpft waren. Dies erklärt sich leicht, wenn das Geld der Karthager an ihn persönlich gefallen war.

Bei der Kampagne von 480 ging es also nur um die Macht in der Stadt Himera. Die Auseinandersetzung ist auf einer halbstaatlichen Ebene geführt worden, und weitausgreifende imperialistische Ziele der Karthager hat es dabei nicht gegeben. Vor diesem Hintergrund wollen wir noch einmal die militärischen Anstrengungen der beiden Seiten betrachten.

Über die Stärke von Gelons Heer wissen wir nichts. Die Angaben bei Diodor sind eindeutig eine Vergrößerung der herodoteischen Zahlen. Aber auch die Zahlen Herodots sind nicht brauchbar: sie stehen in dem Hilfsangebot, das Gelon den Griechen machte (Hdt. 7, 158), also in einem fiktiven Kontext.[129] Ein Schluß von dieser Zahl auf die Größe des Heeres vor Himera ist daher nicht statthaft, und schon Thukydides scheint gegen ihre Höhe polemisiert zu haben.[130]

---

kann, daß er Hieron, dem die Ode gilt, besonders ehren will. Auch Kyme ist für ihn ja ein Sieg Hierons (1, 73), die Beteiligung der Syrakusaner verschweigt er. In dieselbe Richtung weist Σ Pind. Nem. 9, 93b: ἐνίκησε γὰρ (Chromios) ἐνταῦθα Καρχηδονίους συμμαχῶν Γέλωνι τῷ τυράννῳ. – Völlig unhaltbar ist nach allem, was wir über den Krieg gesagt haben, die Darstellung bei Polyain 1, 27, 1.

127 Diese Rückzahlung war der besondere Anlaß, wie es ihn nach M. Radnoti-Alföldi, Dekadrachmon, Wiesbaden 1976, für die Prägung von Dekadrachmen generell gegeben haben soll. Ibid. 25ff. ausführliche Diskussion und Datierung in die Jahre 480–74; zu einer späteren Datierung vgl. jetzt allerdings H. B. Mattingly, Chiron 22, 1992, 1ff.

128 Einer Korrektur bedarf ganz sicher die Behauptung, die Emission sei nur aus dem Metall des Kranzes geprägt worden. Wir kennen heute sieben verschiedene Stempel, was bei einer angenommenen Lebenszeit von 10000 Münzen pro Stempel (Lit. 224 A. 211), einen Ausstoß von weit höherem Wert ergibt, als ihn ein Goldkranz im Gewicht von 100 Talenten repräsentiert (um vom möglichen Auftauchen weiterer Stempel ganz zu schweigen). Völlig unwahrscheinlich ist die Deutung der Stelle auf einen Kranz von 100 Goldtalenten, was einer Summe von 1200–1500 Silbertalenten entspräche.

129 Vgl. bereits Ed. Meyer, Kl. Schriften II, Halle 1924, 520 A. 1. Diod. 11, 72, 3 ist von 10000 Söldnern die Rede, die Gelon zu einem ungenannten Zeitpunkt in Syrakus einbürgerte (vgl. zur Zahl A. 4; dies gehört sicher auch in den Bereich der πόλις μυρίανδρος; Schaefer [A. 4] 401ff. bespricht die zahlreichen Belege aus Sizilien ohne unsere Stelle zu nennen). Ein Bezug auf das Heer von Himera läßt sich nur vermuten; Einbürgerung nach Himera nimmt Stauffenberg (A. 83) 193f.; 339 A. 17 an. Vgl. Berve, Tyrannis II 599 zu diesen Söldnern. Die Tradition über die Größe des syrakusanischen Heeres bei Himera läßt sich natürlich nicht demographisch verwerten.

130 In einer Rede des Alkibiades heißt es Thuk. 6, 17, 5 über Sizilien und speziell über Syrakus: οὐδ' ὁπλῖται οὔτ' ἐκείνοις ὅσοιπερ κομποῦνται ...

Da der Ruhm der Schlacht Gelon zufiel, wird er mehr Truppen ins Feld geführt haben als Theron von Akragas. Übertrieben hohe Zahlen für Söldner dürfen wir nicht annehmen.[131] Bürger der Stadt Syrakus können höchstens als Gefolgsleute Gelons oder um der Beute willen an der Schlacht teilgenommen haben.[132] Zudem hatten beide Seiten nicht die Zeit, ausgedehnte Werbungen zur Vorbereitung des Kriegszuges zu unternehmen.[133] In Syrakus ist in den Jahren vor dem Krieg kein erhöhter Münzausstoß nachzuweisen, so daß auch unter diesem Gesichtspunkt von einer dreijährigen Vorbereitungszeit nicht die Rede sein

[131] Private Söldnerheere e.g. bei Peisistratos am Pangaion: Hdt. 1, 61, 3; Ath. Pol. 15, 2; Rückkehr der Alkmaioniden nach Athen: Philochoros, FGrHist 328 F 15 mit Kommentar; ansonsten s. Thuk. 2, 33, 1; 4, 76, 3; Plut. Alk. 36, 4; Xen. Hell. 7, 1, 45f.; Diod. 15, 70, 3; 16, 63, 4f. Ausgelassen sind hier die meisten Fälle, bei denen Söldnertruppen zum Erwerb einer Tyrannis genutzt wurden. – Wenn es aber in diesem Umfang private Söldnerheere gab, so kann die (angenommene) Teilnahme von Söldnern auf karthagischer Seite den offiziellen Charakter des Krieges nicht beweisen (gegen Hans [A. 34] 36).

[132] Teilnahme der Bürger: Berve, Tyrannis I 143f. und auch sonst oft vorausgesetzt. Die Verteilung der Beute, wie sie Diod. 11, 21, 1; 25, 5 schildert, kann das nicht beweisen, da der Bericht selbst suspekt ist. Meltzer I 502 bezieht sich auf Simonides 106b Diehl, wo es von den Dreifüßen der Deinomeniden in Delphi heißt: τᾶς δεκάτας δεκάταν und meint, hier einen Beleg für den Gemeindeanteil an der Beute in der Hand zu haben (an Gelon sei nur ein Zehntel gefallen). Die Stelle gehört aber nicht zum ursprünglichen Bestand des Gedichtes, s. 18 A. 10. Aus dem Löwen auf dem Demarateion schließen E. Boehringer, Die Münzen von Syrakus, Berlin 1929, 80f.; H. Chantraine, JNG 8, 1957, 15 A. 38; 17 A. 43; 44; Stauffenberg (A. 83) 200f. auf die Teilnahme eines Söldnerkontingentes unter Leitung des Ainesidemos von Leontinoi.

[133] Es gibt keinen Anhaltspunkt für das Datum der Vertreibung des Terillos aus Himera, aber die Erzählung Herodots spricht für einen raschen Ablauf der Ereignisse, die sicher kein ganzes Jahr in Anspruch genommen haben. Als Datum der Vertreibung wird oft 483 angegeben (e.g. Dunbabin [A. 31] 421; Meier-Welcker [A. 72] 21; de Waele [A. 82] 111 A. 562 [unpräziser ibid. 110]; Stauffenberg [A. 83] 193 [spätestens (!) 483; Hamilkar soll auch genau in diesem Jahr Sufet gewesen sein]; Hans [A. 34] 36 [um 484]; C. M. Kraay, Greek Coins and History, London 1969, 32f.; id., The Archaic Coinage of Himera, Neapel 1983, 15; A. Tusa Cutroni, Quaderno Imerese I, Rom 1972, 112; Krumeich [A. 11] 38; Asheri, CAH IV$^2$ 771: 482). Es ist klar, daß sich diese Daten auf keinen Fall halten lassen. Ihre Grundlage ist die Fiktion von der dreijährigen Vorbereitungszeit des Krieges; vgl. Hans (A. 34) 51f. Anello (A. 99) 130 mit A. 67 hat zwar die Herkunft des Datums aus der Perserkriegstradition bemerkt, zieht aber keine Konsequenzen. Dabei läßt sich eine Vertreibung des Terillos um 483 mit Herodot nur dann vereinbaren, wenn man – die Quellen kontaminierend – die Vertreibung des Terillos als Vorwand für ein Eingreifen versteht, das ohnehin schon längst geplant war, s. 30. Methodisch völlig unzulässig ist es nun, auch die Vertreibung des Terillos in dasselbe Jahr zu setzen, das die angebliche Gesandtschaft des Xerxes nach Karthago gesehen hat. Als Nebenprodukt dieser Überlegung ergibt sich 1., daß die Reihe der archaischen Münzen von Himera erst 481 oder 480 endete und nicht 483, wie Kraay, Archaic Coinage 16 annahm, und 2., daß die bis 472 in Himera geprägten «coins of Acragantine type» (G. K. Jenkins, AIIN 15/6, 1971, Suppl. 21ff.) auf einen etwas kürzeren Zeitraum verteilt werden müssen.

kann.[134] Des weiteren zeigt Diodor, daß zwar Theron in Erwartung der Karthager bei Himera stand, Gelon aber noch nicht da war.[135] Oft werden taktische Gründe als Ursache für die Abwesenheit Gelons angegeben: es sei eben nicht abzusehen gewesen, wo die Καρχηδόνιοι θαλαττοκρατοῦντες landen würden.[136] War aber die Wiedereinsetzung des Terillos das Ziel des Feldzuges, so mußte die Landung Hamilkars bei Panormos und sein anschließender Zug nach Himera selbstverständlich sein. War Gelon noch nicht am Ort, so wurde entweder Hamilkar zu diesem Zeitpunkt noch nicht erwartet, oder die Teilnahme des Syrakusaners war kurz vor der Schlacht noch nicht sicher.

Zu der Deutung des Krieges als Privatunternehmen paßt, was wir über seine maritime Seite wissen; aus dem Fehlen von Seegefechten[137] läßt sich schließen, daß die Kriegsflotten beider Seiten nicht engagiert waren (ihr Einsatz hätte der Kampagne von Himera einen offizielleren Charakter verliehen, wie z.B. das Paros-Unternehmen des Miltiades zeigt).

Nirgends zeigt sich eine Unterstützung Hamilkars durch seine Heimatstadt. Zur Größe und Zusammensetzung seines Heeres gibt es, wie oben besprochen, praktisch keine glaubwürdige Überlieferung. Karthager und Phönizier werden am Zug teilgenommen haben; darauf weist der von Hamilkar während der Schlacht vorgenommene Opferritus, vielleicht auch die Erwähnung libyscher

---

[134] Aus Boehringer (A. 132) 75 ff. läßt sich keine kriegsvorbereitende Prägung der Stadt ableiten; Kraay, Coins (A. 133) 26 ff. nimmt vor 480 nur eine minimale Emission an, so auch G. K. Jenkins, The Coinage of Gela, Berlin 1970, 23 ff.

[135] Diod. 11, 20, 5; 21, 1. Zu Diod. 11, 21, 1 s. 30.

[136] Burn (A. 84) 478; Stauffenberg (A. 83) 196; Huß 94; cf. Dunbabin (A. 31) 425.

[137] Anders Burn (A. 84) 481 f.; 482 A. 17; Dunbabin (A. 31) 425 f.; 431. Zwei Zeugnisse werden angeführt: 1. Σ Pind. Pyth. 1, 146 a: κατεσκευασάμενοι διακοσίας ναῦς καὶ δισχιλίους ἱππέας καὶ μυρίους πεζοὺς τὸν τῶν Καρχηδονίων στόλον κατεναυμάχησαν κατὰ τῆς Σικελίας ὁρμῶντα, ὥστε καὶ τοὺς Σικελιώτας καὶ τοὺς ἄλλους Ἕλληνας ἐλευθερῶσαι. Hierbei handelt es sich in Wirklichkeit aber nur um eine schlechte Variante von Σ Pind. Pyth. 1, 146 b (Ephoros, FGrHist 70 F 186). Dort ist die Rede davon, daß Gelon keine Hilfstruppen für die Griechen stellen konnte, κατακοῦσαι στόλον Καρχηδονίων καταπλεῖν ἐπὶ Σικελίαν καὶ διαμαχησάμενον μὴ μόνον κτλ. Die Entscheidungsschlacht bei Himera ist gemeint (es kann also nicht die Rede davon sein, daß die Scholien die Schlacht von Himera in eine Doppelschlacht zu Land und See umgefälscht hätten – so aber Stauffenberg [A. 83] 340 A. 46). 2. Paus. 6, 19, 4 (in einem Schatzhaus in Olympia befinden sich) θώρακες λινοῖ τρεῖς ἀριθμόν, Γέλωνος δὲ ἀνάθημα καὶ Συρακουσίων Φοίνικας ἤτοι τριήρεσιν ἢ καὶ πεζῇ μάχῃ κρατησάντων. Irgendeine konkrete historische Situation, auf die sich dies bezieht, wird nicht angegeben, da Pausanias selbst darüber nichts mehr sagen konnte; Γέλωνος καὶ Συρακουσίων widerspricht der Aufschrift der Weihung von Himera in Delphi, weshalb sich dies auf eine andere Auseinandersetzung beziehen muß; vgl. hierzu 41 (ich will gar nicht zu sehr die Möglichkeit betonen, daß es sich gar nicht um Kämpfe mit Karthagern gehandelt haben muß [Φοίνικας!]; Krumeich [A. 11] 61 ist sich dieses Bezuges viel zu sicher: er spricht dort u. ö. von einem «Karthager-Schatzhaus»).

Kriegsgefangener (Diod. 11, 25, 5) – und nicht zuletzt die Übernahme der Haftung durch Karthago. Aller Wahrscheinlichkeit nach handelte es sich um den Anhang, den eine Familie wie die Magoniden in großem Umfang gehabt haben muß.[138] Daneben kann es einige Söldner gegeben haben.[139]

Mittels der unverdächtigen Partien der herodoteischen Überlieferung, vor allem der Wendung κατὰ ξεινίην, läßt sich die sizilische Expedition Hamilkars als privates Unternehmen eines Adligen bestimmen. Für die Umformung in unserer Tradition lassen sich vor allem zwei Gründe verantwortlich machen: schon Gelon, und erst recht die nach ihm kommenden Syrakusaner suchten aus der zeitlichen Verbindung zum Perserkrieg Kapital zu schlagen, um den ins ungeheure gewachsenen Ansprüchen der Griechen des Mutterlandes etwas entgegenstellen zu können. Außerdem verschwand der archaische Privatkrieg im Laufe des 5. Jhrdts. immer mehr aus der historischen Realität der griechischen Poleis; als Ephoros im 4. Jhrdt. die endgültige Fixierung der Tradition vornahm, wurde ein Krieg, den nicht der Staat in seiner Gesamtheit führte, als historische Erscheinung schon nicht mehr verstanden.[140] Einige Fragen bleiben aber noch: bestätigt sich die hier vorgetragene Sicht, wenn wir sie in den Rahmen der karthagisch-sizilischen Beziehungen zu Beginn des 5. Jhrdts. stellen? Vor allen Dingen aber: lassen sich die historischen Folgen dieses früher als weltgeschichtlich bedeutsam angesehenen Sieges des Westgriechentums mit dieser Minimallösung vereinbaren?[140a]

## 4. Der historische Kontext der Schlacht von Himera

Einige kurze Notizen sprechen von kriegerischen Auseinandersetzungen zwischen Karthagern und Griechen in der Zeit vor und nach Himera, genauer gesagt, zwischen Karthagern und Syrakusanern; die Überlieferung konzentriert sich nämlich auf Syrakus, sieht man einmal vom Unternehmen des Dorieus ab.

Herodot läßt Gelon in seiner fiktiven Rede an die griechischen Gesandten sagen (Hdt. 7, 158, 2), daß er früher selbst einmal die Griechen um Hilfe bei einem Feld-

---

138 Vgl. zum Heeresaufgebot aus dem eigenen Anhang 75.

139 Vgl. ausführlicher 187f. Nur als Vorgriff: die Aktivitäten karthagischer Söldnerheere an der Wende vom 5. zum 4. Jhrdt. haben zur Einführung der Münzprägung in Karthago geführt. In der Zeit vor 480 oder in diesem Jahr selbst gibt es nichts dergleichen; noch nicht einmal die westsizilischen Städte prägten in größerem Umfang. Schon allein deshalb kann man weder mit einer langen Vorbereitungszeit noch mit einem riesigen Söldnerheer rechnen.

140 Vgl. Hampl (A. 116) 35 A. 17, der am Beispiel der Fabier zeigt, wie im Zuge der Überlieferung aus einem Privatkrieg eine staatliche Angelegenheit werden konnte.

140a So oder so ist jedenfalls die Idee von E. Francis abzulehnen, der im Tempel des Apollon Lykeios in Metapont ein «thanks-offering for the recent victory at Himera» sieht (Image and Idea in Fifth Century Greece, London 1990, 105).

zug gegen die Karthager gebeten habe. Damals sei es ihm um die Emporia gegangen; gleichzeitig habe er den Tod des Dorieus rächen wollen. Hierauf lassen sich zwei Bemerkungen Iustins beziehen, deren historischer Gehalt trotz aller Unklarheiten in der Regel nicht bestritten wird:[141] *itaque Siciliae populis propter adsiduas Karthaginiensium iniurias ad Leonidam fratrem regis Spartanorum concurrentibus grave bellum natum in quo et diu et varia victoria fuit proeliatum* (19, 1, 9) und hierauf bezogen *imperium Siciliae etiam Karthaginienses temptavere diuque varia victoria cum tyrannis dimicatum* (4, 2, 6). Der Tod des Kleomenes und die damit verbundene Thronbesteigung des Leonidas geben einen terminus ante quem von 489. Gelon errang 491/0 die Macht in Gela. Ist seine Bitte um Hilfe wirklich historisch, so muß sie etwa 490 erfolgt sein. Bei diesem Datum ist es nicht weiter verwunderlich, daß er kein Gehör fand.[142] Mehr ist diesen Passagen nicht zu entnehmen. *Diu et varia victoria* wird von Iustin häufig gebraucht;[143] darauf ist also nicht viel zu geben. Von Verlauf und Ausgang des Krieges wissen wir nichts; sehr intensiv und lang kann die Auseinandersetzung allerdings nicht gewesen sein, da sich sonst die vielfältigen Aktivitäten Gelons in der Folgezeit nicht erklären lassen.

485 wurde Gelon Tyrann von Syrakus. In diese Zeit müssen die Gefechte mit den Karthagern fallen, von denen Weihungen nach Olympia berichten.[144] Daß Damarete mit ihrem Schmuck einen weiteren Krieg gegen die Karthager finanziert habe, gehört allerdings in den Bereich der Legende.[145]

---

141 Zuletzt Hans (A. 34) 46ff.; auf zwei verschiedene Kriege bezogen bei Gsell I 432. Ich verzichte im folgenden auf eine eingehende Auseinandersetzung mit der teilweise abweichenden Rekonstruktion von Hans.

142 Bei dem Gesuch an Leonidas muß es sich ebenfalls um das Anliegen privater Hilfe gehandelt haben, von staatlicher Unterstützung ist nicht die Rede (dies verkennt T. J. Figueira, QUCC 28, 1988, 68f., der an eine offizielle Regentschaft denkt; seine weiteren Überlegungen sind daher hinfällig).

143 Vgl. 2, 5, 4: *cum varia victoria.* 3, 6, 9: *diu et varia victoria fuit.* 37, 1, 7: *bellaque ... varia victoria gesserit.* 3, 7, 12: *aut terra aut mari varia proeliorum fortuna.*

144 S. 43 A. 137. In den Jahren 480–78 (Tod Gelons) ist diese Auseinandersetzung wenig wahrscheinlich, wenn auch nicht ausgeschlossen. Erwähnt werden drei Leinenpanzer; dies ist der früheste Beleg, den wir für die Ausrüstung karthagischer (?) Truppen besitzen – und stimmt genau mit dem überein, was wir über die Ausstattung der Phönizier im Perserheer hören, Hdt. 7, 89 (zu Leinenpanzern vgl. M. Picard, FS Deonna, Brüssel 1957, 363ff.; J. K. Anderson, Military Theory and Practice in the Age of Xenophon, Berkeley 1970, 22f.).

145 Diese Legende (e.g. Dunbabin [A. 31] 420 A. 4; Kraay, Coins [A. 133] 21) hängt mit der Überlieferung über das Demarateion zusammen, die berühmte Dekadrachme, die bei Diodor, Hesych und Pollux erwähnt wird (Σ Pind. Ol. 2 init. und Eustath. Od. S. 1567, 63 sind zu unspezifisch). Diod. 11, 26, 3 berichtet von einem Kranz der Karthager für Damarete: αὕτη γὰρ ὑπ' αὐτῶν ἀξιωθεῖσα συνήργησε πλεῖστον εἰς τὴν σύνθεσιν τῆς εἰρήνης καὶ στεφανωθεῖσα ὑπ' αὐτῶν ἑκατὸν ταλάντοις χρυσίου, νόμισμα ἐξέκοψε τὸ κληθὲν ἀπ' ἐκείνης Δαμαρέτειον. Hesych s. v.: νόμισμα ἐν Σικελίᾳ ὑπὸ Γέλωνος κοπέν, ἐπιδούσης αὐτῷ Δημαρέτης

Dann folgt die Schlacht von Himera – und auch nach der Niederlage Hamilkars setzten sich die militärischen Auseinandersetzungen fort: es gab das eine oder andere Gefecht zur See (Pind. Nem. 9, 34), Krieg zwischen Akragas und Motya, allerdings ohne daß hierbei eine Beteiligung der Syrakusaner oder Karthager erwähnt wird (auch ist das Datum unsicher).[146] In den 70er Jahren sah man die Gefahr eines neuen Karthagerkrieges.[147] Am Ende dieser Zeit steht die Schlacht von Kyme (474).

Teilnahme der Karthager an der Schlacht von Kyme ist oft bestritten worden,[148] obwohl Σ Pind. Pyth. 1, 137c sie bezeugt: Τυρσηνοὶ καὶ Καρχηδόνιοι ... διεμάχοντο πρὸς Κυμαίους κτλ. Dies wird in der Forschung aus drei Gründen abgelehnt: 1. Ein entsprechender Hinweis bei Diodor/Timaios fehlt. 2. Auf einem Weihgeschenk Hierons in Olympia werden nur Etrusker, nicht aber Karthager als Besiegte genannt (Meiggs/Lewis 29).[149] 3. Die Koalition mit den Etruskern würde eine

τῆς γυναικὸς εἰς αὐτὸ τὸν κόσμον. Vergleicht man die beiden Fassungen, so wird – von kleinen Unterschieden abgesehen, die in der Verkürzung ihre Ursache haben – klar, daß bei Hesych στέφανος und κόσμος gleichgesetzt sind, vgl. Chantraine (A. 132) 16 A. 42. Auf dieser Gleichsetzung basiert dann der weitere Ausbau bei Pollux, Onom. 9, 84f., der Anlaß zur Erfindung eines neuen Karthagerkrieges war: ἴσως δὲ ὀνομάτων καταλόγῳ προσήκουσιν οἱ Κροίσειοι στατῆρες καὶ Φιλίππειοι καὶ Δαρεικοί, καὶ τὸ Βερενίκειον νόμισμα καὶ Ἀλεξάνδρειον καὶ Πτολεμαικὸν καὶ Δημαρέτειον, ὧν τοὺς ἐπωνύμους γνωρίζόντων ἁπάντων, ἡ Δημαρέτη Γέλωνος οὖσα γυνή, κατὰ τὸν πρὸς τοὺς Λιβύας πόλεμον ἀποροῦντος αὐτοῦ τὸν κόσμον αἰτησαμένη παρὰ τῶν γυναικῶν, συγχωνεύσασα νόμισμα ἐκόψατο. Seltsamerweise läßt Busolt, GG II$^2$ 789 A. 3 – und in seinem Gefolge Freeman (A. 44) II 164 – die Entstehung dieser Legende bei Pollux anfangen und bei Diodor enden. Im übrigen wird Kraay 21 bei seinem Versuch, das Demarateion als Goldmünze zu erweisen, durch Pollux nicht gestützt: der gemeinsame Nenner dieser Aufzählung ist nicht der Metallwert, sondern die Art der Namensbildung; s. M. Caltabiano/P. Colace, NAC 16, 1988, 39f.

146 Paus. 5, 25, 5. Das Weihgeschenk der Akragantiner aus diesem Krieg wird auf 480–50 datiert, weil Kalamis es anfertigte (Overbeck 523). Sein einziges datierbares Werk, nach dem die Schaffenszeit angesetzt wird, stammt von 468, Paus. 6, 12, 1 (Overbeck 524; unbrauchbar ist Paus. 1, 3, 3 [Overbeck 508], wo Kalamis mit dem Ausbruch des peloponnesischen Krieges verbunden wird).

147 So wird jedenfalls Pind. Nem. 9, 28f. oft interpretiert, s. z. B. U. v. Wilamowitz-Moellendorff, Kl. Schriften VI, Berlin 1972, 244; Dunbabin (A. 31) 431. Auch Pyth. 1, 72 könnte, selbst nach der Schlacht von Kyme, so gedeutet werden.

148 Meltzer I 503; Busolt, GG II$^2$ 804 mit A. 3; Gsell I 437 A. 5; Werner (A. 47) 478 A. 3; Berve, Tyrannis II 605; Merante (A. 33) 84; O. R. J. Weber, Etruskisch-karthagische Beziehungen, Diss. Wien 1983, 224ff.; Pallotino (A. 87) 105; Huß 100f. mit Lit.; anders etwa B. L. Gildersleeve, Pindar: The Olympian and Pythian Odes, New York 1890, 249; E. Colozier, MEFRA 65, 1953, 74f.; Kierdorf (A. 20) 40; Kirkwood (A. 20) 136; Heinrichs (A. 50) 193 (alle ohne nähere Begründung bzw. Auseinandersetzung mit dem Problem).

149 Zitiert 40. Cristofani (A. 17) 69f. ergänzt FD III 4, 124 so: [hιάρων ὁ Δεινομένεος καὶ τοὶ Συρακόσιοι δεκάτα]ν ἀνέθεκαν τὀπόλλονι Τυρρανῷ, was sich auf den Sieg von Kyme beziehen soll; andere Überlegungen zum Text werden in SEG 34, 405 referiert. Vehement und mit Recht gegen Cristofani: J. Bousquet, REG 101, 1988, 403f. nr. 639f.

völlige Neuorientierung der karthagischen Außenpolitik voraussetzen. Das ist natürlich nur ein subsidiäres Argument; wenn der Beweis für das Fehlen der Karthager erst einmal erbracht ist, kann man über Kontinuität oder Diskontinuität karthagischer Außenpolitik nachdenken. Nähere Betrachtung verdienen daher nur die beiden ersten Punkte.

1. Timaios, dem Diodor auch hier folgt,[150] hat Gelon sehr freundlich, Hieron dagegen sehr unfreundlich dargestellt. Diese Tendenz wird durch das Auslassen der Karthager als Gegner in Kyme unterstützt.[151] Gelon hatte die Karthager bei Himera geschlagen; dieser von Timaios noch vergrößerte Sieg mußte zum Ruhm Gelons so durchschlagend sein, daß die Karthager für lange Zeit Ruhe gaben (cf. Iust. 4, 2, 7). Nur sechs Jahre nach Himera durften sie daher nicht als Gegner auftreten.[152]

2. Meiggs/Lewis 29 steht, genau wie die nur fragmentarisch erhaltenen Gegenstücke, auf einem etruskischen Helm. Mit der Aufschrift auf diesem Beutestück kann man das Fehlen der Karthager bei der Schlacht nicht beweisen, wie ähnliche Weihungen zeigen. Als Pyrrhos im 3. Jhrdt. makedonische Truppen, die von galatischen Söldnern unterstützt wurden, schlug, weihte er makedonische Schilde ins thessalische Heiligtum Iton, galatische nach Dodona. In den Weihinschriften nahm er jeweils nur auf die Partei Bezug, von der auch die Waffen stammten.[153] Dementsprechend konnte auf dem etruskischen Helm schlecht behauptet werden, daß er von «Etruskern und Karthagern» stamme.

Die Behauptung des Scholiasten läßt sich daher nicht widerlegen; selbst wenn die Information von einem späten Autor kommt, sollten wir ihr deshalb Glauben schenken.[154] Mit dem Bezug auf das Scholion muß man es aber nicht bewenden

---

150 Huß 101 mit A. 13 unterscheidet seltsamerweise Timaios und Diodor und erhält so zwei verschiedene Quellen, die die Karthager bei Kyme nicht erwähnen.

151 Meister (A. 5) 46: «Bei Diodor dagegen wird er» (scil. Hieron) «überhaupt nicht erwähnt. Es wird lediglich betont, daß die Syrakusier den Kymäern eine Anzahl von Trieren zur Hilfe schickten und daß die Führer dieser Schiffe zusammen mit den Einheimischen gesiegt hätten.» S. aber Diod. 11, 51, 1: Ἱέρων μὲν ὁ βασιλεὺς τῶν Συρακοσίων παραγενομένων πρὸς αὐτὸν πρεσβέων ἐκ Κύμης ... καὶ δεομένων βοηθῆσαι πολεμουμένοις ὑπὸ Τυρρηνῶν θαλαττοκρατούντων ἐξέπεμψεν αὐτοῖς συμμαχίαν τριήρεις ἱκανάς. S. allgemein zu Diodor und Gelon: Sacks (A. 77) 122 ff.

152 Weber (A. 148) 227 f. argumentiert wie Timaios: die Karthager nahmen an Kyme nicht teil, weil sie noch wegen der Niederlage von Himera geschwächt waren.

153 Iton: Paus. 1, 13, 2; Dodona: Paus. 1, 13, 3. Zur Verteilung auf die Heiligtümer s. W. W. Tarn, Antigonus Gonatas, Oxford 1913, 265; F. W. Walbank, A History of Macedonia III, Oxford 1988, 261 f.

154 Ich bin nicht sicher, ob Σ Pind. Pyth. 2, 2 nicht hierhin gehört: τοῦτο εἴρηκε διὰ τὸ νεωστὶ Καρχηδονίους καὶ Λίβυας καὶ Τυρρηνοὺς ὑπὸ τῶν περὶ Γέλωνα καὶ Ἱέρωνα μὴ μόνον τῇ νήσῳ ἐπιπλεύσαντας καθῃρῆσθαι, ἀλλὰ καὶ ὑπ' αὐτοῖς τὴν Καρχηδόνα γενέσθαι, ὥστε ὑπακούειν· τὸ γοῦν ἀνθρωποθυτεῖν φησιν ὁ Θεόφραστος ἐν τῷ περὶ Τυρρηνῶν παύσασθαι

lassen. In Pindars erster pythischer Ode werden nämlich die Karthager vier Jahre nach der Schlacht gleichberechtigt neben den Etruskern als Gegner Hierons bei Kyme genannt.[155] Will man diese Aussage Pindars widerlegen, bedarf es besserer Argumente als der bisher vorgebrachten.[156]

Zusammenfassend kann man also feststellen: die Schlacht von Himera war nur einer unter vielen grundsätzlich ähnlichen Konflikten zwischen Karthagern und Syrakusanern. Die militärische Macht Karthagos wurde durch die Niederlage bei Himera nicht gebrochen, was nicht zuletzt die Teilnahme an der Schlacht von Kyme demonstriert. In politischer Hinsicht war es ähnlich: die Stadt Himera blieb unter der Herrschaft Therons. Gelon zog außer der Kriegsentschädigung und seinem Teil an der Beute[157] keine nennenswerten materiellen Vorteile aus dem Sieg. Als der Nachfolger Therons in Himera, Thrasydaios, gestürzt wurde, bemächtigte sich Hieron nicht der Stadt.[158] Anaxilaos regierte weiter in Rhegion, wenn auch nun in enger Anlehnung an Hieron. Territorial änderte sich also kaum etwas, wenn auch der Einfluß der Herren von Syrakus in Sizilien zunahm. Was nun die Städte im Westen der Insel angeht, so liest man oft, daß die Münzprägung von Motya und Eryx nach 480 die Abhängigkeit von Akragas dokumentiere, weshalb Theron in der Folge der Schlacht von Himera der oberste Herr des westlichen Siziliens geworden sein soll.[159] Die Datierung dieser Münzen ist aber sehr unsicher: sie schwankt zwischen 480/60 und 415/05. Außerdem läßt die Übernahme des Münzbildes noch andere Interpretationen als die der politischen Abhängigkeit

αὐτοὺς Γέλωνος προστάξαντος (vgl. StV II$^2$ 131). ὅτι δὲ καὶ ἐκέλευσεν αὐτοὺς χρήματα εἰσφέρειν, Τίμαιος (FGrHist 566 F 20) διὰ τῆς ιδ' ἀνέγραψεν. So sicher sich hier einiges auf Himera mit seinen Folgen bezieht, so scheint doch gerade der erste Satz und die Erwähnung des Faktums in einem Werk περὶ Τυρρηνῶν (W. W. Fortenbaugh et al., Theophrastus of Eresus II, Leiden 1992, 434 F 586; 445 F 589, 23) für Kyme zu sprechen. Pyth. 2 wurde 472 gedichtet, also gerade zwei Jahre nach der Schlacht von Kyme. Wer die Kriegstaten Hierons und der Syrakusaner ehren wollte, mußte diesen Sieg zumindest mitbedenken.

155 Die Stelle wurde 19 ausführlich mit Übersetzung zitiert. Einer der wenigen, die dies Problem gesehen haben, war Freeman (A. 44) II 217, doch vermag seine Erklärung nicht zu überzeugen, da sie schon sprachlich nicht zu halten ist («Der Dichter selbst hat höchst wahrscheinlich nur die Niederlage der Phoeniker bei Himera und die der Etrusker bei Kyme als Rettung des Hellenenthums vor dem Barbarenthum zusammenstellen wollen»). Weshalb sich Pindar hier geirrt haben soll, Meltzer I 503, sehe ich nicht. – Der Bezug von Simonides 97 a Diehl ist unsicher, s. auch die Diskussion bei Page, Further Epigrams (A. 10) 295 f. Nr. LXXVI.

156 Damit fällt zumindest jeder positive Beleg für eine untergeordnete Rolle der Karthager im Raum zwischen Sardinien, Sizilien und Italien (gegen Huß 101 A. 9).

157 Der größte Teil der Gefangenen soll sogar an Theron gegangen sein, Diod. 11, 25, 2.

158 Freiheit Himeras: Pind. Ol. 12 mit Wilamowitz (A. 147) 244 f.; Raaflaub (A. 17) 131.

159 E. g. Burn (A. 84) 484. Gegen eine lang andauernde Abhängigkeit spricht der oben, 46 mit A. 146 zitierte Krieg.

zu.[160] Auch im elymisch-karthagischen Verhältnis läßt sich in den Jahren nach 480 kein Bruch nachweisen.[161]

Die Niederlage hatte auch keine erkennbaren wirtschaftlichen Konsequenzen für Karthago.[162] Zwar wird das Ende des griechischen Keramikimportes in Karthago mit Himera in Zusammenhang gebracht,[163] doch läßt sich dessen Rückgang ab 490 auch in Spanien beobachten:[164] es kann sich also nicht um eine Rezession im Gefolge eines verlorenen Krieges handeln. Die wirkliche Erklärung ist viel einfacher: die Karthager wickelten ihren Handel mit Griechenland, wenigstens was die Töpfereiwaren anging, nicht direkt ab, sondern über die Etrusker.[165] In Etrurien ist in der entsprechenden Zeit auf Grund einer Geschmacksänderung ebenfalls ein starker Rückgang an Importkeramik zu beobachten.[166] In Karthago handelte es sich mithin um eine sekundäre Folge der veränderten etruskischen Gewohnheiten.[167] Andere Anzeichen einer wirtschaftlichen Rezession werden in ärmlicheren Grabbeigaben gesehen.[168] In den Gräbern von Motya, Ibiza, Sardini-

---

160 Hans (A. 34) 23f.; 43f.; de Waele (A. 82) 23; 120 A. 608: Handelsbeziehungen.

161 Hans (A. 34) 10.

162 So zuletzt noch, wenn auch bereits abschwächend, Anello (A. 99) 131f.

163 E. g. B. H. Warmington, Carthage, London 1960, 51; Hands (A. 69) 93; M. Sznycer, in: C. Nicolet (Hrsg.), Rome et la conquête du monde méditerranéen 2, Paris 1978, 551; das Phänomen zeigt sich auch bei anderen importierten Waren, am deutlichsten aber bei der Keramik.

164 Barceló (A. 87) 52; vgl. ausführlich P. Cintas, Karthago 5, 1954, 144ff., der das Fehlen griechischer Keramik auch in Zypern und Rhodos konstatiert; seine Erklärung – Handelsboykott der Griechen durch den Perserkönig – ist allerdings unhaltbar. Griechischer Handel mit al-Mina ist z. B. für die Zeit der Perserkriege nachweisbar, C. Wooley, JHS 58, 1938, 22f. Die Handelsbeziehungen Athens wurden durch den peloponnesischen Krieg nicht weiter gestört, s. P. Kracht, MBAH 9, 1, 1990, 95ff.; id., Studien zu den griechisch-etruskischen Handelsbeziehungen, Bochum 1991, 30ff. Der oft postulierte Gegensatz zwischen Krieg und Handel scheint offenbar nicht so pointiert gewesen zu sein, wie man heutzutage gerne annimmt.

165 H. G. G. Payne, Necrocorinthia, Oxford 1931, 187f.; F. W. v. Bissing, SE 7, 1933, 99f.; R. M. Cook, JHS 66, 1946, 83 mit A. 147; Dunbabin (A. 31) 412; D. Harden, The Phoenicians$^3$, Harmondsworth 1980, 164; gegen direkte Kontakte auch J. N. Coldstream, Greek Geometric Pottery, London 1968, 368f.; J. B. Salmon, Wealthy Corinth, Oxford 1984, 140f.; cf. 146.

166 A. Hus, Vulci etrusque et etrusco-romain, Paris 1971, 86ff.; A. Alföldi, Römische Frühgeschichte, Heidelberg 1976, 104ff.; G. Riccioni u. M. Frederiksen, in: D. u. F. Ridgway (Hrsgg.), Italy before the Romans, London 1979, 268ff.; 284ff.; J. Meyer, AnalRom 9, 1980, 47ff.; Kracht, Studien (A. 164) 8ff. Für Rom speziell s. z. B. E. Gjerstadt, Entretiens Hardt 13, 1967, 7 unter Berufung auf id., Early Rome IV, Lund 1966, 514ff.

167 Ob man wirklich mit G. Picard, Les Religions de l'Afrique antique, Paris 1954, 60ff.; Hands (A. 69) 96ff. einen religiösen Wandel als Folge von Himera bezeichnen kann, möchte ich dahingestellt sein lassen.

168 E. g. Hands (A. 69) 93ff.; C. Picard, Karthago 12, 1963/4, 17ff.; ead., Kokalos 18/9,

en und Kerkouane – also in Bereichen, die von einem wirtschaftlichen Rückschlag noch stärker betroffen gewesen sein müßten als Karthago selbst, gibt es aber weiterhin Luxusgegenstände.[169] Dieser Befund legt es nahe, für den Rückgang des Gräberluxus in Karthago nach einer anderen, bisher unbekannten Ursache zu suchen.[170] Wenigstens ein Teil der großen urbanistischen Neugestaltung im Karthago des 5. Jhrdts. muß in die Zeit direkt nach 480 gehören.[171] Himera war – genauso wie Kyme für die Etrusker[172] – kein Einschnitt, dessen Folgen sich archäologisch beobachten ließen.

Politische Geschichte und wirtschaftliche Verhältnisse der Zeit lassen sich also mit der These vereinbaren, daß die Schlacht von Himera nicht die Bedeutung hatte, die ihr gerne zugeschrieben wird.[173]

## 5. Der Tod des Hamilkar

Die Geschichte Hamilkars wird in Untersuchungen zum karthagischen Staatsrecht oft zitiert, da Herodot ihn als βασιλεὺς τῶν Καρχηδονίων und als στρατηγός bezeichnet. Man hielt ihn für einen Strategen, einen Sufeten oder nahm gar an, daß er beide Ämter in Personalunion bekleidet habe.[174]

Während sich Hamilkars Königstitel auf Karthago bezieht, wird von Herodot deutlich gemacht, daß er στρατηγός des anrückenden Heeres gewesen ist,[175] also

---

1972/3, 105 f.; B. Quillard, Karthago 16, 1970/1, 13; 28 A. 172; Sznycer (A. 163) 551. Dagegen notiert C. G. Wagner, Fenicios y Cartagineses en la Peninsula Iberica, Madrid 1983, 184 ff. reich verzierte Gräber noch nach 480.

[169] Hervorgehoben von Whittaker (A. 59) 65 f. Vgl. mit Lit.: J. B. Tsirkin, in: E. Lipinski (Hrsg.), State and Temple Economy in the Ancient Near East II, Louvain 1979, 560 f.

[170] Im Gefolge von Picard denkt H. Benichou-Safar, Les tombes puniques de Carthage, Paris 1982, 306 an eine *lex sumptuaria*. Gegen einen Zusammenhang der Verarmung der Gräber mit einer Verarmung der Gesellschaft s. auch M. H. Fantar, Eschatologie phénicienne-punique, Tunis 1970, 10 f.; Lancel (A. 107) 153.

[171] Zur Neugestaltung s. F. Rakob, RM 91, 1984, 5 f.; id., RM 94, 1987, 340. Die Datierung in die zweite Hälfte des 5. Jhrdts. ist archäologisch nicht zwingend, sondern hängt von der Einschätzung der politischen Situation ab (i. e. der angeblich vernichtenden karthagischen Niederlage bei Himera, von der sich die Karthager nur langsam erholt haben sollen).

[172] Cristofani (A. 17) 70 ff.; Kracht, Studien (A. 164) 11; 44.

[173] In diesem Sinne zuletzt auch kurz Barceló (A. 87) 158.

[174] Zuletzt W. Huß, FS Bengtson, Wiesbaden 1983, 30 f.; 39; Wollner (A. 47) 20 ff.; Lipinski (A. 6) 9 f. Wer von einer dreijährigen Vorbereitungszeit des Krieges ausgeht, muß annehmen, daß Hamilkar die ganze Zeit über Sufet war, was nur geht, wenn die Sufeten in der Frühzeit Karthagos länger als ein Jahr amtierten. Für Karthago ist das zwar nicht belegt, aber immerhin für Tyros in einer Ausnahmesituation, Jos. c. Ap. 1, 157.

[175] Hdt. 7, 165: στρατηγὸν αὐτῶν Ἀμίλκαν τὸν Ἄννωνος, Καρχηδονίων ἐόντα βασιλέα. 166: βασιλεύσαντά τε κατ' ἀνδραγαθίην Καρχηδονίων. Zur monarchischen Stellung vgl. 7,

kein karthagisches Amt gemeint ist, sondern nur die militärische Führerschaft im anstehenden Krieg.[176] Diesem Befund entspricht die historische Situation: Himera war ein Privatkrieg Hamilkars, in dem er nicht als staatlicher Stratege agieren konnte. Im Gegensatz zu στρατηγός meint βασιλεὺς τῶν Καρχηδονίων eine offizielle, nicht an irgendeinen Feldzug gebundene Position Hamilkars in seiner Heimat.[177] Will man die Bedeutung des Titels feststellen, muß man sich mit dem Tod des Hamilkar befassen, da darüberhinaus ja nichts Spezifisches zur Person erzählt wird.

Über den Tod des Hamilkar in der Schlacht gibt es vier Berichte; zwei finden sich bei Herodot, je einer bei Diodor und Polyain. Auch hier verdient die herodoteische Überlieferung den Vorzug gegenüber den anderen Varianten.

1. Die Bewohner Siziliens sagten, daß Hamilkar während der Schlacht verschwunden sei und nirgends auf Erden mehr gesehen wurde, weder lebend noch tot. Dies wisse man deshalb so genau, weil Gelon die Leiche des Hamilkar überall gesucht habe (Hdt. 7, 166).

2. Die Karthager selbst erzählten eine andere Geschichte: die Schlacht zwischen Griechen und Karthagern habe vom Morgen bis zum Abend gedauert; Hamilkar soll während der ganzen Zeit im Lager geblieben sein, wo er hingebungsvoll geopfert[178] und sich in die Flammen gestürzt habe, als sein Heer die Flucht ergriff. Herodot fügt selbst noch hinzu, daß dem Hamilkar geopfert werde und es in allen Pflanzstädten Karthagos Denkmäler für ihn gebe, das größte aber in Karthago selbst.[179]

---

166 die Parallelisierung mit Xerxes; auch Hdt. 5, 39 legt die Vorstellung nahe, daß es sich um eine Form der Monarchie handelt, kein untergeordneter Kult- oder Jahresbeamter gemeint ist. S. auch Polyain 1, 27, 2, wo der Führer der Karthager bei Himera ebenfalls als βασιλεύς benannt wird.

[176] Das ist der Fehler Diodors, bei dem aus dem Privatkrieg schon ein staatlicher Feldzug geworden ist; vgl. 11, 20, 1 (35 A. 95). Zur Möglichkeit, mit στρατηγός nicht nur einen Beamten zu bezeichnen s. Schwahn, RE Suppl. VI 1071; C. W. Fornara, The Athenian Board of Generals, Wiesbaden 1971, 7 mit A. 22.

[177] Hdt. 7, 165 wird deutlich zwischen Hamilkar als στρατηγός in dieser einmaligen Situation und seiner Funktion als βασιλεύς, die auf Dauer angelegt ist, unterschieden.

[178] Die Handschriften haben hier ἐθύετο καὶ ἐκαλλιερέετο, was auch von einigen Herausgebern, e. g. Legrand, übernommen wurde. Abicht schrieb [ἐθύετο καὶ] ἐκαλλιερέετο, und bemerkte, daß mediales καλλιερεῖσθαι die Bedeutung von θύειν habe; ihm folgte Hude. Stein druckte ἐθύετο [καὶ ἐκαλλιερέετο]. Die Junktur ist nicht ganz ohne Beispiel, s. die mehrmalige Erwähnung von θύειν δὲ καὶ καλλιερεῖν in einem auf Paros gefundenen Orakel, N. Kontoleon, AE 1952, 32 ff. und θύσας καὶ καλλιερήσας in einer Inschrift aus Demetrias, AD 21, 1966, Χρον. 257. Gerade im Zusammenhang mit einem Holokaust verwendet Xen. Anab. 7, 8, 5 die Junktur; vgl. auch Plut. Arist. 17, 7.

[179] Hdt. 7, 167. G. Falsone, FS Labarbe, Liège 1987, 426 und G. Picard, in: La statua marmorea di Mozia, Rom 1988, 102; id., Atti II 1, 389 f. halten den Jüngling von Motya für ein solches μνῆμα; ebenso B. Servais-Soyez, in: Statua 127 ff.; dagegen schon A. M. Bisi, ibid. 76. Nicht mehr Wahrscheinlichkeit hat die Vermutung von A. di Vita für sich, es handele sich hier um den Hamilkarenkel Hannibal.

3. Diodor berichtet so (11, 21, 4–22, 1): Gelon fing einen Boten ab, der dem Hamilkar Unterstützung aus Selinus ankündigen sollte. Deshalb konnte es einer Gruppe syrakusanischer Reiter gelingen, sich als Selinuntier verkleidet bei Sonnenaufgang Einlaß in das Schiffslager der Karthager zu verschaffen. Dort zündeten sie die Schiffe an und töteten den Hamilkar, der gerade im Begriff war, dem Poseidon ein großes Opfer darzubringen. Das karthagische Fußvolk sei in einem zweiten Lager gewesen, von dem aus es ohne die Führung Hamilkars in die Schlacht ging.

4. Polyain 1, 27, 2 erklärt, daß Gelon es nicht gewagt habe, die Schlacht gegen Hamilkar zu eröffnen. Er habe daher zu einer List gegriffen und einer Gruppe von Bogenschützen befohlen, auf etlichen Altären vor dem Lager zu opfern. Ihre Waffen sollten sie im Opfergerät verbergen; sollte Hamilkar dadurch ebenfalls zu einem Opfer vor sein Lager gelockt werden, so hatten die Bogenschützen den Befehl, ihn zu töten, wie es dann auch geschehen sei. Es besteht allgemeine Einigkeit, daß Polyain «eine Verkleidungsgeschichte im Stil des Duris» bietet, mit der «überhaupt nichts anzufangen» ist.[180]

Herodot und Diodor lassen sich nicht harmonisieren; gemeinsam ist beiden nur, daß sie den Tod des Hamilkar mit einer Opferhandlung verbinden.[181] In der Regel schenkt man heute der Version Diodors mehr Glauben, als der fremdartigen Geschichte der Karthager, von der es zu allem Überfluß heißt, sie sei ad maiorem gloriam familiae Hamilcaris erfunden.[182] Wer Herodot ernst nimmt, kommt aber leicht zu einer anderen Ansicht:[183] er erklärt ja ausdrücklich, daß die Bewohner Siziliens nichts über den Tod Hamilkars wußten; Gelon – der ja bei Diodor die zum Tod des Hamilkar führende Kriegslist in Gang setzte – ließ Hamilkar überall suchen. Zur Zeit Herodots war die von Diodor erzählte Geschichte also noch unbekannt.[184] Diodor/Timaios können daher in diesem Punkt nicht auf eine alte sizilische Überlieferung zurückgehen.

---

[180] Th. Lenschau, RE VII 2, 2298; cf. Busolt, GG II$^2$ 790 («ganz tolle Fabel») und z. B. Gsell I 436 A. 5; mir scheint übrigens (gegen Ender [A. 5] 27f.), daß Polyain nicht ausschließlich eine Weiterführung und Umarbeitung des Timaios ist; die Diskrepanz im Titel des Hamilkar (s. 50f. A. 175) spricht dafür, daß er von einer anderen Quelle ausgeht, die aber mit Timaios die Umformung der für die Griechen unverständlichen karthagischen Geschichte gemein hatte.

[181] Irreführend ist es, wenn Pareti (A. 4) 143 A. 2 sagt: «Erodoto pone il sacrificio . . . nel campo dei fanti». Einige Differenzpunkte: Diodor nennt zwei Lager; er legt das Opfer an den Morgen vor der Schlacht, während Herodot es während des Kampfes hat. Bei Herodot begeht Hamilkar Selbstmord, bei Diodor wird er getötet.

[182] Burn (A. 86) 481.

[183] Freeman (A. 44) II 474; Busolt (A. 71) 158; id., GG II$^2$ 793 A. 5.

[184] Freeman (A. 44) II 474 und Lenschau, RE VII 2, 2298 überlegen, ob Diodor nicht eine syrakusanische Version überliefert, die Herodot gekannt hat, der er aber die karthagische vorzog (so auch Picard [A. 1] 121 A. 7). Sie gehen dabei von 7, 167, 2 aus: ἀφανισθέντι δὲ

Ernsthaft beschäftigen muß man sich daher nur mit den beiden bei Herodot überlieferten Varianten, von denen die eine von sizilischen Griechen, die andere von Karthagern stammen soll.[185] Beide wurden oft gegeneinander ausgespielt, um zu zeigen, daß schon Herodot keine einwandfreie Information mehr gehabt habe. Die Versionen sind aber nicht nur in sich widerspruchsfrei, sondern widersprechen sich auch nicht unbedingt gegenseitig.[186]

Da der griechische Teil der Überlieferung nichts weiter Ungewöhnliches enthält, bleibt der karthagische: in ihm werden drei verschiedene, charakteristische Vorgänge genannt, die im folgenden analysiert werden sollen: a) der Feldherr opferte während der ganzen Dauer der Schlacht, d.h. ἐξ ἠοῦς ... μέχρι δείλης ὀψίης;[187] b) auf einem großen Scheiterhaufen wurden σώματα ὅλα geopfert;[188] c) als die Karthager am Abend geschlagen wurden, stürzte sich Hamilkar in das Feuer. Von Herodot wird noch hinzugefügt, daß d) Hamilkar in Karthago und den karthagischen Kolonien öffentlich als Heros verehrt wurde.

a) Das Verhalten Hamilkars während der Schlacht ist oft kritisiert worden: der Feldherr gehöre an die Spitze seiner Truppen und habe die Zeit des Kampfes nicht hinter den Linien zu verbringen.[189] Wer Hamilkar einen so groben Schnitzer nicht

---

Ἀμίλκᾳ τρόπῳ εἴτε τοιούτῳ, ὡς Φοίνικες λέγουσι, εἴτε ἑτέρῳ, ὡς Καρχηδόνιοι καὶ Συρηκόσιοι. Der letzte Zusatz ist aber eine Glosse, die sich auf 7, 166 u. 167, 1 bezieht, weshalb mit Stein und anderen zu schreiben ist: [ὡς Καρχηδόνιοι καὶ Συρηκόσιοι]. Damit ist der Ansicht von Freeman und Lenschau aber der Boden entzogen: Herodot kannte nur die von ihm zitierten Versionen.

185 Herodot selbst entscheidet sich nicht, wie die Formulierung εἴτε ... εἴτε in 7, 167, 2 zeigt (vgl. hierzu H. Montgomery, Gedanke und Tat, Lund 1965, 34).

186 Es gibt nur einen minimalen Unterschied: bei den Syrakusanern verschwindet Hamilkar während der Schlacht, während die Karthager von einem Verschwinden nach dem Kampf sprechen. Da aber die sizilische Variante das Opfer Hamilkars nicht kennt, ist diese Verschiebung nur zu verständlich.

187 Falsch J. Casabona, Recherches sur le vocabulaire des sacrifices en grec, Aix-en Provence 1966, 202, der das Opfer des Hamilkar nur auf die Vorzeichensuche vor der Schlacht bezieht; vgl. ibid. 200ff. zu καθαγίζειν (mit anschließender Libation: Plat. Krit. 120 a).

188 Burkert (A. 36) 32 verweist auf die σπονδή am Ende des Opfers; hier sollen griechische Elemente in die einen karthagischen Ritus wiedergebende Erzählung eingeflossen sein. Dies ist nicht ganz korrekt; der Text spricht nicht vom Tod Hamilkars am *Ende* des Opfers, sondern nur davon, daß er die Wende der Schlacht sah, ὡς ἔτυχε ἐπισπένδων τοῖσι ἱροῖσι; das läßt sich mit dem Blutsprengen beim *'olah* in Verbindung bringen, gehört also noch in die ablaufende Opferhandlung hinein, s. hierzu R. Rendtorff, Studien zur Geschichte des Opfers im alten Israel, Neukirchen 1967, 97ff.; Ch. Dohmen, ThWAT 5, 1986, 491; vgl. auch R. de Vaux, Das Alte Testament und seine Lebensordnungen II, Freiburg 1962, 47 zum Wein im west-semitischen Opfer.

189 E. g. Ender (A. 5) 27: «Da läßt der Oberfeldherr, durch dessen Person allein das bunt zusammengewürfelte karthagische Heer hätte zusammengehalten werden können, den ganzen Tag seine Leute kämpfen, ohne sich sehen zu lassen.» Ähnlich z. B. Schachermeyr, RuK 26: «Hamilkar leitete während der Schlacht von Himera nicht die Armee, sondern ver-

zutraut, will mit der Opfergeschichte beweisen, daß die Karthager nicht Angreifer sondern Angegriffene gewesen seien: Hamilkar habe das Lager nicht mehr verlassen können, um seine Truppen zu ordnen.[190] Diese beiden entgegengesetzten Interpretationen zeigen zumindest eines: das Opfer während der Schlacht fällt völlig aus dem Rahmen römischen oder griechischen Feldherrnverhaltens.[191] Aber gerade dieser Vergleich führt in die Irre: wir müssen akzeptieren, daß dem Hamilkar – im Gegensatz zu griechischen oder römischen Feldherren – die sakrale Pflichterfüllung ungleich wichtiger für den Ausgang der Schlacht zu sein schien als die militärische.

Sieht man sich nach Analogien für ein Opfer um, das die ganze Zeit einer Schlacht in Anspruch nimmt, so stößt man auf das Verhalten des Moses beim Kampf gegen die Amalekiter (Exodus 17, 8–13):[192] als die Schlacht zwischen Israel und Amalek bevorstand, sagte Moses zu Josua, er solle sich Soldaten aussuchen, mit ihnen ausziehen und am nächsten Tag den Kampf gegen die Gegner Israels beginnen: מחר אנכי נצב על ראש הגבעה ומטה האהלים בידי. «Ich aber werde mich auf dem Gipfel des Hügels aufstellen mit dem Gottesstabe in der Hand» (Übers. Kautzsch). Solange Moses seine Hände aufrecht halten konnte, siegte Israel, ließ er sie aber sinken, so siegte Amalek.[193] Mit Hilfe seiner Begleiter gelang es Moses, die schwer gewordenen Hände aufrecht zu halten: ואהרן וחור תמכו בידיו מזה אחד ומזה אחד ויהי ידיו אמונה עד בא השמש. «Aaron und Chur aber stützten seine Arme, der eine auf dieser, der andere auf jener Seite; so blieben seine Arme unbewegt bis zum Sonnenuntergang» (übers. Kautzsch). Die Schlacht dauerte, wie im letzten Satz zum Ausdruck kommt, den ganzen Tag. Der Sieg Israels war vollständig.

Ganz ähnlich geht es beim Kampf Israels gegen den König von Ai zu (Josua 8, 18–26).[194] Jahwe befahl dem Josua, eine Waffe auszustrecken; von Josuas weiterer

---

schwendete all die kostbare Zeit in seinem Opferritual.» Macan (A. 68) ad loc. versucht eine Mittelposition.

190 Pareti (A. 4) 126.

191 Der Erwartungshorizont wird treffend geschildert bei E. L. Wheeler, in: V. D. Hanson (Hrsg.), Hoplites, London 1991, 121 ff.

192 Gesehen wurde dieser Vergleich von Freeman (A. 44) II 167; Taeger, RuK 59; Burn (A. 84) 481, ohne daß sie ihm nachgegangen wären; vgl. Burkert (A. 36) 31 A. 74. – Zur Exegese von Ex 17, 8 ff. s. Stolz (A. 40) 97 ff.; O. Keel, Wirkmächtige Siegeszeichen im Alten Testament, Zürich 1974, 91 ff.; H. Valentin, Aaron, Göttingen 1978, 141 ff.; E. Zenger, Israel am Sinai, Altenberge 1982, 76 ff. (dessen theologischer Interpretation der Stelle wohl niemand folgen wird); G. Coats, Moses, Sheffield 1988, 125 ff.; S. Kang, Divine War in the Old Testament, Berlin 1989, 125 ff.; A. v. d. Lingen, Les guerres de Yahvé, Paris 1990, 61 ff.; A. Schart, Mose und Israel im Konflikt, Göttingen 1990, 186 ff.; H. Schmitt, ZAW 102, 1990, 335 ff.

193 Die Bedeutung der Hände gilt zu Recht als Indiz dafür, daß der «Gottesstab» hier erst eine späte Einfügung ist.

194 In einigen Kommentaren wird die Parallele notiert, e. g. M. Noth, Das Buch Josua$^2$, Tübingen 1953, 51; J. Kroeze, Het Boek Josua, Kampen 1968, 107; J. Miller/G. Tucker, The

Beteiligung am Kampf ist nicht die Rede. Als aber die Schlacht siegreich beendet war, hielt Josua diese Waffe immer noch in der Hand: der Sieg wurde durch seine fortdauernde Geste errungen.[195]

Die Ähnlichkeiten mit der Schlacht von Himera fallen sofort ins Auge: der eigentliche Anführer betätigt sich nicht als Schlachtenlenker, sondern hat diese Aufgabe an einen anderen delegiert.[196] Während des Kampfes muß er eine heilige Handlung vollbringen. Wie die Schlacht gegen Amalek den ganzen Tag dauerte, so auch die Schlacht von Himera; die Entscheidung der Schlacht muß auch im Denken Hamilkars ganz von der Fortdauer der religiösen Handlung abgehangen haben. Es gibt also Parallelen zum Verhalten Hamilkars im westsemitischen Bereich. Von den beiden zitierten Passagen ist der Exodustext bei weitem ausführlicher. Die Suche nach weiteren Übereinstimmungen und Implikationen hat sich daher mit ihm zu beschäftigen.[197]

Exodus 17, 8ff. gehört in den weiten Bereich von Stellen, die solare Elemente im Jahweglauben belegen.[198] Es gibt im vorderen Orient – und damit auch im alten Israel – die Vorstellung vom Sonnengott als universalem, souveränem Richter. Als der Gott, der alles sieht, ist er der Richter des Himmels und der Erde, der Vermittler der Gerechtigkeit. Die Funktion des Rettens und Richtens ist besonders mit dem Morgen, dann aber auch ganz allgemein mit dem Lauf der Sonne verbunden. Das rettende und richtende Eingreifen des Sonnengottes, das sich in vielen Lebensbereichen manifestiert, gibt es auch im Militärischen.[199] Die Nacht ist die Zeit des Unheils und des Chaos, der Sonnengott aber ist der Chaoskämpfer par excel-

---

Book of Joshua, Cambridge 1974, 70; M. Lind, Yahweh is a Warrior, Scottdale 1980, 83; vgl. weiter Keel (A. 192) 91 A. 2. Ibid. verweist er auf 1 Sam 7 als weitere Parallele, doch ist die Situation dort ebenso wenig eindeutig genug wie bei 1 Sam 8, 9ff.

195 Keel (A. 192) 19; 80f. Für unsere Belange ist es bedeutungslos, ob man mit Keel 21 die Verse 18 u. 26 für interpoliert hält.

196 Für die Schlacht von Himera wurde diese Konsequenz von Wollner (A. 47) 23 gesehen.

197 Stimmt dieser Vergleich, so ist die Erklärung von J. Morgenstern, VT 10, 1960, 169f. hinfällig, der meint, Hamilkar habe die religiöse Zeremonie vollziehen müssen, weil die Schlacht genau am Tag des Herbstaequinoktiums stattgefunden habe. Dies war aber seiner Ansicht nach das Datum eines so bedeutenden Festes, daß dahinter alle militärische Notwendigkeit habe zurückstehen müssen; ibid. 173 vergleicht er noch den Tod des Hamilkar mit der Himmelfahrt des Elias, 2 Reg 2, 11-8, was im wesentlichen verfehlt zu sein scheint.

198 S. vor allem H. P. Stähli, Solare Elemente im Jahweglauben des Alten Testaments, Göttingen 1985; B. Janowski, Rettungsgewißheit und Heil I, Neukirchen 1989.

199 Stähli (A. 198) 35; H. Niehr, Der höchste Gott, Berlin 1990, 150; vgl. auch M. Weinfeld, in: H. Tadmor/M. Weinfeld (Hrsgg.), History, Historiography and Interpretation, Jerusalem 1983, 146f. Der bekannteste Fall ist Jos 10, die Schlacht von Gibeon, s. ansonsten Iud 9, 33 und 1 Sam 11. Vgl. allerdings Kang (A. 192) 157f. zu einer nicht religionsgeschichtlich ausgerichteten Interpretation von Jos 10.

lence, der durch sein Erscheinen die Mächte der Dunkelheit überwindet. Der Krieg Israels ist nur eine irdische Widerspiegelung des göttlichen Chaoskampfes; die Feinde Israels vertreten die Mächte des Chaos. Solange also die Sonne als Helfer Israels am Himmel steht, kann der Kampf nicht verloren gehen. Dies findet seinen Ausdruck in der Angabe, daß der Kampf mit dem Abend, d.h. dem Untergang der Sonne entschieden ist. Die Sonne verschwindet erst, wenn der Feind besiegt ist, der Beistand also nicht mehr benötigt wird (Jos 10!). Im Gegensatz zu dieser Bedeutung der Sonne und des Tages stehen die negativen Attribute des Abends als Zeit des Schreckens und Unheils.[200]

Die magische Geste des Moses,[201] das Ausstrecken einer Waffe durch Josua und das Opfer Hamilkars sind nur Variationen derselben religionspsychologischen Verhaltensweise. Auch bei Himera dauerte der Kampf vom Morgen bis zum Abend, der Tod Hamilkars und die τροπή des karthagischen Heeres fielen zusammen. Die Flucht der Karthager gerade zu diesem Zeitpunkt ist leicht zu erklären: bei Einbruch der Dunkelheit fühlten sie sich der göttlichen Hilfe beraubt.[202] Diese Interpretation erhielte eine zusätzliche Bestätigung, wenn sich auch in Karthago Elemente eines solaren Glaubens nachweisen ließen.

Ein solcher Sonnenglaube findet sich tatsächlich. Schon bei den Phoinikern hatten Baal-Schamem und der Melqart von Tyros solare Konnotationen;[203] in Karthago sind die bekanntesten Belege hierfür das Pferd und die geflügelte Sonnenscheibe auf den Münzen der Stadt.[204] Bei diesen Beispielen fällt der solare Charak-

---

200 H. Niehr, ThWAT 6, 1987, 365.

201 Stolz (A. 40) 98: «numinose Kräfte». Keel (A. 192) 93 spricht von «numinosen Fähigkeiten», E. Auerbach, VT Suppl. 17, 1969, 43 von Moses als «Zauberpriester». S. ansonsten die ausführliche und überzeugende Darlegung von Valentin (A. 192) 78 ff.; von einer magischen Gestik sprechen hier auch J. Hempel, ZDMG 79, 1925, 24 ff.; A. Bertholet, Das Dynamistische im AT, Tübingen 1926, 27 f.; H. Schmid, Mose, Berlin 1968, 63; E. Aurelius, Der Fürbitter Israels, Stockholm 1988, 89.

202 Man kann die Erwähnung von Sonnenaufgang und -untergang nicht einfach als normale Zeitangabe werten; bei Längenangaben von Schlachten werden Anfangs- und Endpunkt sonst nie so in Relation zur Sonne gesetzt, vgl. die Zusammenstellung bei W. K. Pritchett, The Greek State at War IV, Berkeley 1985, 47 ff.

203 Zum solaren Aspekt Melqarts s. z. B. K. Preisendanz, RE Suppl. III 296; W. v. Baudissin, Adonis und Esmun, Leipzig 1911, 25 f.; Gsell IV 314; R. Dussaud, Syria 14, 1946/8, 207; Seyrig, Antiquités Syriennes IV 11; id., Syria 48, 1971, 336; J. B. Tsirkin, RSF 9, 1981, 26 f.; M. E. Aubet, Tiro y las colonias fenicias de occidente, Barcelona 1987, 134. S. allgemein zum Sonnengott bei den Phöniziern Janowski (A. 198) 106 A. 499 (ausführl. Lit.); Niehr (A. 199) 143 zum solaren Aspekt des «Retters am Morgen» bei den Phöniziern. Den Gott Shamash als «dieu solaire» bespricht C. Bonnet, Studi Epigrafici e Linguistici 6, 1989, 97 ff.

204 Allgemein J. Ferron, Africa 1, 1966, 41 ff.; zu Baal bes. 51 ff.; G. Garbini, I Fenici, Neapel 1980, 168 f.

ter des Gottes mit dem kriegerischen zusammen,[205] auch Melqart war ein «dieu guerrier.»[206]

Die wichtigsten Übereinstimmungen mit dem Krieg Israels gegen Amalek sind also gegeben. Bei den Phöniziern und Puniern gab es – wie bei den Israeliten – eine solare Gottheit, in deren Hand die Entscheidungen des Krieges lagen. Die wesentliche Aufgabe Hamilkars während der Schlacht war es, sich diese Gottheit geneigt zu machen. Den ganzen Tag über mußte geopfert werden, da dies die Zeit der Hilfe des Gottes war. Mit dem Untergang der Sonne verloren die Karthager ihren Beistand und damit ihre Hoffnung auf den Sieg – was nicht zuletzt den Zusammenbruch der Schlachtreihe herbeigeführt haben kann. Hamilkar stürzte sich ins Feuer.

b) Hamilkar opferte σώματα ὅλα. Vernichtungsopfer vor einer Schlacht, die der Bewältigung der Angst durch nach außen gerichtete Aggression dienten, kannten auch die Griechen.[207] Da die Ganzopfer Hamilkars auch während der Schlacht fortgesetzt wurden, können sie kaum dieselbe Funktion gehabt haben wie der Holokaust vor der Schlacht bei den Griechen. Ganzopfer dieser Art waren bei den Westsemiten weit verbreitet, haben also bei einem karthagischen Heerführer ihren ganz natürlichen Platz.[208]

---

205 Vgl. nur Iust. 18, 5, 15 f.: *equi caput . . . bellicosum potentemque populum futurum significans.* Verg. Aen. 1, 444 f.: *caput acris equi: sic nam fore bello / egregiam et facilem victu per saecula gentem* (vgl. 7 A. 28 zur Stelle); zum ganzen Prodigium s. U. W. Scholz, Studien zum altitalischen und altrömischen Marskult und Marsmythos, Heidelberg 1970, 122 f. Zur kriegerischen Bedeutung des Pferdes s. Verg. Aen. 3, 357 ff.; Plut. Mor. 287 B; Paulus 71 L; s. des weiteren Picard (A. 167) 52 ff. Zum Pferd als Sonnentier s. allgem. M. Troussel, RSAC 58, 1953, 123 ff. Ist Macrob. Sat. 1, 20, 12 ein entfernter Reflex des solaren Kriegsgottes?

206 E. Lipinski, Actes de la XVIIe Rencontre Assyriologique Internationale, Brüssel 1970, 39. Zu Darstellungen Melqarts als «smiting-god» s. W. Culican, Abr-Nahrein 2, 1960/1, 41 ff.

207 S. W. K. Pritchett, The Greek State at War I, Berkeley 1971, 109 ff.; III, 1979, 83 ff.; W. Burkert, Homo Necans, Berlin 1972, 78; id., Entretiens Hardt 27, 1980, 114; A. Henrichs, ibid. 215 f. (vgl. 210 A. 1: Beispiele von Menschenopfern vor einer Schlacht). Vgl. allgemein zum Holokaust bei den Griechen K. Meuli, Ges. Schriften II, Basel 1975, 924 ff. mit den Einschränkungen von Burkert, Griechische Religion der archaischen und klassischen Epoche, Stuttgart 1977, 112.

208 S. e. g. Lev. 1, 3–17; de Vaux (A. 188) II 259 ff.; id., Les sacrifices de l'Ancien Testament, Paris 1964, 28 ff.; M. G. Amadasi Guzzo, in: C. Grottanelli/N. F. Parise (Hrsgg.), Sacrificio e società nel mondo antico, Bari 1988, 98 f. Für Karthago sind Ganzopfer in den Opfertarifen von Marseille und Karthago bezeugt, KAI 69; 74. – Ὁλοκαύτωμα wird als verdrängtes Menschenopfer aufgefaßt von L. Rost, FS Eissfeldt, Berlin 1958, 181 ff.; vgl. auch D. Kellermann, ThWAT 6, 1987, 117; es herrscht hier der Glaube, daß es sich um eine Übernahme des chthonischen Opfers von den Griechen bzw. aus einem anatolisch-ägäischen Substrat handele. Dies Opfer habe einen besonderen «acte d'hommage», ein «sacrifice parfait» (de Vaux 36) dargestellt. Diese, nicht sehr weiterführende Interpretation findet sich im Prinzip schon in der Antike, Theophrast, περὶ εὐσεβείας Frg. 13 Pötscher (F 584 A, S. 422 bei W. W. Fortenbaugh et al., Theophrastus of Eresus II, Leiden 1991 [Porphyr. de abst. 2, 26]).

c) In welchen Zusammenhang gehört nun der Selbstmord des Hamilkar? Es gibt im wesentlichen zwei verschiedene Erklärungen, die aber beide nicht ganz befriedigen können.

1. Der Selbstmord Hamilkars schloß einen Tag voller Opfer ab.[209] Hamilkar bewies durch die Opfergaben seine εὐσέβεια, aber die Götter gewährten ihm nicht den gerechten Lohn. Durch seinen Freitod, das höchste Opfer, habe er die Götter zwingen wollen, ihm endlich ihr Wohlwollen zu erweisen und damit das übliche Verhältnis zum opfernden Menschen wiederherzustellen. Die Antwort der Unsterblichen auf dies letzte Opfer des Hamilkar sei der ἀφανισμός und seine Aufnahme unter die Götter gewesen.[210] Die ganze Zeremonie wird so als «potlatch» verstanden, bei dem die Götter ihr Gesicht nur wahren konnten, wenn sie die letzte Gabe Hamilkars noch übertrafen; dies sei nur durch seine Apotheose noch möglich gewesen.

Bei dieser Interpretation wäre der Tod des Hamilkar nicht anders zu beurteilen als der Tod eines Privatmannes, dessen Opfer nicht angenommen wurde. Weder seine soziale Stellung noch die konkrete Situation, die Niederlage in der Schlacht, werden berücksichtigt. Auch ist nicht ersichtlich, weshalb der angeblich den Göttern abgezwungene neue Status auch von den Karthagern akzeptiert worden sein soll. Es gibt jedenfalls kein anderes Beispiel bei dem die fehlende Dankbarkeit der Götter – ein an sich bekanntes Motiv – in dieser Weise bezwungen worden wäre und einen offiziellen Kult zur Folge gehabt hätte.[211]

2. Das Opfer Hamilkars wird auch mit dem Opfer *mlk* zusammengestellt,[212] bei dem es sich normalerweise um die Opferung eines oder mehrerer Kinder handelt.[213]

---

Vgl. zuletzt zum Sinn des israelitischen Brandopfers A. Hultgård, in: T. Linders/G. Nordquist (Hrsgg.), Gifts to the Gods, Uppsala 1987, 90f.

209 Grottanelli, Atti I 2, 437ff.

210 Grottanelli, Atti I 2, 439 vergleicht auch das Verschwinden des Empedokles, andere zitieren entsprechende Vorgänge bei den Schamanen (s. hierzu Meuli [A. 207] 856ff. u. ö.).

211 Gegen Grottanelli schon Picard (A. 179) 102 A. 15; id., Atti II 1, 389 A. 20. Der Fall des Kroisos in Bacch. Epin. 3, 58ff. (zum Lied zuletzt G. Tarditi, RFIC 117, 1989, 276ff.) ist trotz Grottanellis Behauptung nicht äquivalent: hier wird Zeus angerufen (37) und Zeus handelt (58), während Apollons Wirken, dem ja die Opfer des Kroisos galten, nur sekundär ist. Außerdem hat die Entrückung des Kroisos zu den Hyperboreern keinen offiziellen Kult in der Heimat zur Folge, liegt also auf einer ganz anderen Ebene als der ἀφανισμός des Hamilkar. Burkert (A. 50) 10ff. konnte zeigen, daß bei Bakchylides auch nur eine späte, sekundäre Variante vom Tod des Kroisos vorliegt, also ein literarisches Motiv, was den Vergleich weiter erschwert. Die direkte Anrufung Apollons und dessen folgendes Handeln bei Hdt. 1, 86f. ist literarisch noch später.

212 E. g. Heuß, RuK 88; Picard (A. 167) 36f.; id., Karthago 72; Maurin (A. 101) 22.

213 S. allgemein H. Müller, ThWAT 4, 1984, 957ff.; G. C. Heider, The Cult of Molek, Sheffield 1985. Nicht überzeugt hat mich der Versuch von S. Moscati, Il sacrificio dei fanciulli: realtà o invenzione, Rom 1987, die Kinderopfer bei den Karthagern als griechisch-römisches Mißverständnis und Propaganda zu erklären.

Während die literarische Überlieferung solche Opfer nur für Zeiten großer Bedrängnis erwähnt, hat der archäologische Befund für Karthago und andere westphönizische Städte eine gewisse Regelmäßigkeit des *mlk* ergeben.[214] Am Anfang stand wohl das Opfer in der Notsituation; in Monarchien wurde oft der Sohn des Königs geopfert,[215] was aber vermutlich bloß ein Substitut für das Selbstopfer des Königs war.[216]

Gegen diese Interpretation gibt es einige Einwände: a) in historischen Zeiten ist *mlk* kein Selbstopfer. b) So wie *mlk* in den sonst bekannten Fällen verstanden wird, ist es ein Opfer in Zeiten der Krise, auf den Umschlag der Situation berechnet, ein Löseopfer.[217] Gerade dies kann es bei der Schlacht von Himera nicht gewesen sein: die τροπή einer Schlacht unter den Bedingungen der archaischen Kriegsführung war eine irreversible Entscheidung. Auch fiel das Opfer mit dem Sonnenuntergang zusammen: für Hamilkar muß dies – entsprechend den oben besprochenen solaren Vorstellungen – bedeutet haben, daß göttlicher Beistand nicht mehr möglich war – also auch keine Wendung der Schlacht. c) Zu jeder scape-goat-Zeremonie, und in diesen Bereich fällt das *mlk*, gehört eine Öffentlichkeit, auf die das Ritual berechnet ist. Das ist mit unserem Fall ebenfalls nicht zu verbinden. d) m.E. opferte Hamilkar dem Melqart, während *mlk* – Opfer in Karthago sonst nur dem Baal Hammon galten.[218] e) Von einer Vergöttlichung oder anderen Ehren für die Opfer eines *mlk* ist sonst nichts bekannt.

Trotzdem ist nicht auszuschließen, daß der Vergleich mit *mlk* in einem wichtigen Punkt weiterführt. *Mlk* geht letztlich auf das Selbstopfer eines Königs zurück, und Hamilkar stürzte sich als βασιλεύς in die Flammen. Das Motiv des besiegten Königs, der auf einen Scheiterhaufen steigt, ist im Osten weit verbrei-

---

[214] Diod. 13, 86, 3; 20, 14, 4 ff. Für Ugarit ist der Brauch inschriftlich bezeugt, CRAI 1972, 693 ff. (vgl. aber P. Xella, RSF 6, 1978, 127 ff.); s. ferner 2 Reg 3, 26 f.; Porphyr. de abst. 2, 56 (Philon v. Byblos, FGrHist 790 F 3 a; s. auch b); Curt. 4, 3, 23.

[215] Neben einigen Texten aus der vorhergehenden Anmerkung s. Libanios, or. 42, 26 mit Σ.

[216] Picard (A. 167) 42; 47 f.; s. allgemein J. G. Frazer, The Golden Bough III, Cambridge 1911, 160 ff. Vgl. zum Königsopfer etwa Ephoros, FGrHist 70 F 69; Belege zum Opfer des Kodros finden sich RE XI 1, 984 f.; Leonidas, Hdt. 7, 220; des weiteren etwa 1 Clem 55, 1; zu anderen Königssubstituten s. R. Goosens, EThL 25, 1949, 383; H. Kümmel, ZAW 80, 1968, 293. Darauf könnte auch die von A. Henrichs, Die Phoinikika des Lollianos, Bonn 1972, 15 A. 24 vorgenommene linguistische Verbindung von *mlk* (= *molk,* Opferbegriff) und *mlk* (= *melek,* König) weisen, falls sie tragfähig sein sollte.

[217] Zum Löseopfer s. Burkert (A. 207) 119 ff.; C. Bonnet, Melqart, Namur 1988, 110 spricht von einem «rite de passage» zu einer höheren Existenz, doch trifft das den Kern des *mlk* nicht.

[218] E. g. Plat. Min. 315 b; Diod. 20, 14, 4; cf. Porphyr. de abst. 2, 26; Heider (A. 213) 404 A. 799.

tet.[219] Der Gedanke an eine Umkehr des Kriegsglückes ist darin nicht enthalten. Es handelt sich vielmehr um den letzten Versuch, die persönliche Niederlage zu überwinden und durch das Feuer zu einer neuen Existenz zu finden.[220] Es gab den Brauch, das Bild eines Gottes zu verbrennen, nur um nachher desto feierlicher seine Auferstehung zu begehen.[221]Dies Ritual wird von Hamilkar nachempfunden und nachgeahmt. Für ihn wird Melqart das göttliche Vorbild gewesen sein.[222]

In Tyros, der Mutterstadt Karthagos, wurden der Tod Melqarts im Feuer und seine Auferstehung gefeiert,[223] wobei die Könige den Gott vertraten.[224] Ezechiel

---

[219] Burkert (A. 50) 8 ff. (durch die von ihm zitierten Fälle werden auch die Bemerkungen von Bonnet [A. 217] 173 f. widerlegt). Ein wichtiges Beispiel ist der Liste Burkerts noch hinzuzufügen, nämlich der – allerdings mißglückte – Versuch Iubas, seinem Leben auf diese Art ein Ende zu setzen, Bell. Afr. 91, 2. Dies Beispiel ist in unserem Kontext besonders wichtig, da Iuba sich von Herakles-Melqart ableitete, also den Tod und die Auferstehung seines mythischen Ahnherren nachbilden wollte.

[220] Nur als Beispiele seien Herakles, Sandon und die Feuerbestattung der hethitischen Könige genannt, die «Gott – Werden» heißt und mit einem Kult der verstorbenen Könige verbunden ist, der sich aus Opferlisten nachweisen läßt, H. Otten, Hethitische Totenrituale, Berlin 1958; L. Christmann-Franck, RHA 39, 1971, 61 ff. Bei Frazer nennt sich das «immortalization through fire», The Golden Bough V, Cambridge 1912, 172 ff.; vgl. auch 110 ff. und zum «burning of Melkart» noch Nonn. Dion. 11, 358 mit O. Eissfeldt, Ras Schamra und Sanchunjaton, Halle 1939, 128 ff. Burkert (A. 50) 9 nennt es «bewußt gewählte Vernichtung als letzte heroische Tat, Sich-Erheben über die Katastrophe in ihrem Vollzug». Vgl. C. Edsman, Ignis divinus, Lund 1949.

[221] Hierauf könnte auch Ez 28, 18 anspielen, falls sich die Passage nicht (unter plötzlichem Subjektswechsel) auf die Stadt Tyros statt auf den König beziehen sollte: ואוצא אש מתוכך היא אכלתך ואתנך לאפר על הארץ לעיני כל ראיך «Da ließ ich Feuer hervorbrechen aus deiner Mitte, das verzehrte dich, und ich verwandelte dich in Asche ...» (Übers. Kautzsch). Auf den König bezogen wird dies von Lipinski (A. 206) 43; C. Bonnet, SP 1/2, 1983, 196; ead. (A. 217) 45 f.; C. Auffarth, Der drohende Untergang, Berlin 1991, 98.

[222] Diod. 11, 21, 5 nennt als einziger den Namen des Gottes: Poseidon – schließlich findet das Opfer im (von Diodor erfundenen) Schiffslager statt. Eine Identifikation mit Yam oder El qone ares (G. Picard, Recueil Société J. Bodin 23, 1968, 131; allgemein zu karthagischen Seegöttern M. H. Fantar, Africa 1, 1966, 29 ff.; id., Le dieu de la mer chez les Phéniciens et les Puniques, Rom 1977; id., Kerkouane III, Tunis 1986, 331 ff.; zu einer interpretatio Graeca des Yam s. B. Zannini Quirini, Atti II 1, 431 ff.) ist völlig aussichtslos. Demgegenüber scheint mir alles für Melqart zu sprechen. Selbst Diodor ließe sich mit einer Identifikation des Gottes als Melqart verbinden: in Larnaka wurde Melqart als Poseidon Narnakios verehrt, A. Parmentier, SP 5, 1987, 405 A. 18; Bonnet (A. 217) 335 f. cf. 98 zur «vocation maritime» des Melqart; J. Bayet, Les origines de l'Hercule romain, Paris 1926, 93 ff. bespricht mögliche Einflüsse Melqarts auf den etruskischen «Hercle navigateur» (gegen eine Verbindung von Melqart mit dem Meer s. allerdings R. du Mesnil du Buisson, RHR 164, 1963, 156). Zu überlegen bleibt, ob Poseidon hier nicht aus Diod. 13, 86, 3 stammt.

[223] Ausführlich Lipinski (A. 206) 30 ff., der 39 auf Nonn. Dion. 40, 369 ἄναξ πυρός hinweist und dies mit einer Inschrift *b'l kr* verbindet. Vgl. Bonnet (A. 217) 104 ff.; Auffarth

geißelt die Selbstdarstellung des tyrischen Königs als Gott (c.28). Dieselbe Feier ist auch in Karthago nachzuweisen, wo in historischer Zeit die höchsten Beamten (als Nachfolger des Königs?) das Amt des ἐγερσίτης inne hatten.[225] All dies scheint mir darauf hinzuweisen, daß Hamilkar in seiner Niederlage sich dem Melqart als Opfer darbrachte, gleichzeitig aber die Rolle Melqarts übernahm – und so auch dessen Auferstehung erwartete.

d) Herodot berichtet (7, 167, 2), daß dem Hamilkar geopfert werde; außerdem gebe es μνήματα, das größte in Karthago, kleinere in allen karthagischen Pflanzstädten.[226] Diese Information wurde schon oft für falsch gehalten: man nahm wohl immer an, daß der Verantwortliche für eine Niederlage Karthagos keine göttlichen Ehren erhalten konnte.[227] Movers, Meltzer und andere dachten daher, daß Herodot den Hamilkar (Abd – Melqart) mit Melqart verwechselt habe.[228] Wider Er-

---

(A.221) 86ff. – Nur in einem Punkt muß man die Ausführungen Lipinskis korrigieren: er polemisiert 43f. gegen Morgenstern (A.197) 145, der zur Charakterisierung des Melqart auch Orph. Hymn.12, 9 heranzieht. Lipinski liest dort αὐτοθύης, was vom Sinn her sehr schön paßt; Quandt druckt aber αὐτοφύης und notiert keine Manuskriptvarianten. Vgl. hierzu auch Bonnet (A.217) 107 A.371.

224 «Les rois de Tyr ne sont en quelque sort que les hypostases du roi mythique de la cité, Milk qart», Bonnet (A.221) 196; cf. ead. (A.217) 428: «représentant terrestre». Die Ergebnisse Bonnets werden noch einmal bekräftigt von P.Xella, SP 4, 1986, 37f., und für die Zeit Alexanders in Tyros: A.Lemaire, Atti II 1, 146f.; 149. Der Zusammenhang zwischen König und Melqart wird auch schön in einer Tradition verdeutlicht, die den Priesterkönig Melchisedek als Sohn des Herakles (Melqart) und der Astarte nennt, Epiph. adv. haer.55, 2 (zur Verbindung von Melqart und Astarte s. e.g. W.Fauth, SB Mainz 1966, 46ff.; Bonnet [A.217] 34ff.).

225 S. 90 A. 115. Der «Tag des Begräbnisses der Gottheit» wird in den Pyrgi-Täfelchen genannt (KAI 277; J.Gibson, Textbook of Syrian Semitic Inscriptions III, Oxford 1982, 42; F.Stéphan, Les inscriptons phéniciennes et leur style, Beirut 1985, 80f. Nr.7); s. M.Pallottino, ArchClass 16, 1964, 49ff.; S.Ribichini, Saggi Fenici 1, 1975, 41ff. Sollten die Täfelchen wirklich mit Karthago in Verbindung stehen, was ja nicht sicher ist, so bewiesen sie, daß auch im westphönizischen Bereich dies Fest mit dem Stadtoberhaupt assoziiert wurde.

226 Vgl. 51 A.179. Von Herodot (indirekt) abhängig ist Athenagoras, Legatio 14, 1 Schodel: Ἀμίλκαν (θεὸν ἵδρυνται) Καρχηδόνιοι; ebenso Ambrosius ep.18, 37: *quem etiam magis sacrificiis deditum quam Carthaginensium ducem Hamilcarem repperimus? qui cum toto proelii tempore inter acies positus dimicantes sacrificium faceret, ubi partem suorum victam esse cognovit, in ipsos, quos adolebat, se praecipitavit ignes, ut eos vel corpore suo restingueret, quos sibi nihil profuisse cognoverat ...*

227 Cf. 36 A.97 und e.g. H.Stein, Herodotos: Vierter Band[6], Berlin 1908, ad loc.; Huß, Atti II 1, 119. Bonnet (A.217) 173 spricht von einem «modèle grecque de l'heroisation» (vgl. bereits Lüdemann [A.1] 30) und vergleicht den Kult des Brasidas in Amphipolis, Thuk.5, 11. Das ist aber ein Kult als οἰκιστής und σωτήρ, der durchaus berechtigt war und mit dem Kult des Hamilkar nicht zu vergleichen ist (zu Brasidas Ch.Habicht, Gottmenschentum und griechische Städte[2], München 1970, 169f.).

228 D.Raoul-Rochette, Memoire sur l'Hercule assyrien et phénicien, Paris 1848, 280; F.C.Movers, Die Phönizier I, Bonn 1841, 612; Meltzer I 215f.; Busolt, GG II[2] 795; Gsell IV

warten sind die Belege für den Melqart-Kult in Karthago zur Zeit Herodots eher spärlich[229] (was mit einer religiösen Reform während des 5. Jhrdts. zusammenhängen kann), weshalb eine solche Verwechslung für ihn gerade nicht nahe lag. Wie oben gesehen, verlangte die Art, in der Hamilkar Selbstmord beging, geradezu eine göttliche oder heroische Verehrung.

Die Existenz eines Kultes für Hamilkar muß Herodot von Puniern erfahren haben; es handelt sich aber nicht um dieselbe Quelle, aus der der Bericht über den Tod des Hamilkar stammt. Erst Herodot hat beide Informationen miteinander kombiniert. Wenn aber die Verehrung des Hamilkar aus der Art seines Todes folgt, so bestätigt die von Herodot unabhängig gefundene Information über den Kult die karthagische Version von der Schlacht – wenn diese nach den zahlreichen Parallelen aus Brauchtum und Glauben des Vorderen Orients noch eine Bestätigung nötig hat.[230]

Diese Feststellung ist nicht nur für die Interpretation der Passage von Bedeutung, sondern generell für die Bewertung der herodoteischen Quellenangaben. Herodot hat für seine Darstellung der Schlacht von Himera neben sizilischen Griechen auch Karthager als Quelle genannt. Angaben dieser Art sind jüngst pauschal für unglaubwürdig erklärt worden, wobei der Schlacht von Himera sogar die Funktion eines besonders wichtigen Beispiels zukam. Das Hauptargument hierbei war «der allgemein griechische Charakter von Erzählungen, die nichtgriechischen (‹epichorischen›) Quellen zugeschrieben sind».[231] Die Analyse der Passage hat aber gezeigt, daß von einem griechischen Charakter der Erzäh-

---

302; Benichou-Safar (A. 170) 284; Legrand, ed. Hdt. ad loc. Der Bericht Herodots wird von Hans (A. 34) 36 akzeptiert, die darin wiederum einen Beweis für den offiziellen Charakter des Krieges sehen will. Dabei wird übersehen, daß er nicht geehrt wurde, weil er fürs Vaterland gefallen war, sondern wegen der besonderen Art seines Todes.

[229] Huß 517 f.; Bonnet (A. 221) 200 ff.; ead., SP 4, 1986, 209 ff.; vgl. auch C. u. G. Picard, FS Bayet, Brüssel 1964, 569 ff.

[230] Etwas skeptischer bin ich, wenn G. Picard, REL 41, 1963, 272 A. 3 den Tod des Himilko, Diod. 14, 76, 4, mit 2 Sam 15, 24–30 vergleicht; zweifelnd auch Maurin (A. 101) 37. Picard, Atti II 1, 389 verweist im Zusammenhang mit der Frage nach der Existenz eines Heroenkultes in Karthago auf die Geschichte der Philaeni, Sall. Iug. 79.

[231] Fehling (A. 28) passim; zu Himera s. 11 ff.; bes. 14 f.; vgl. Hampl (A. 116) 229 ff.; 259 ff.; das Zitat von J. Cobet, Gnomon 46, 1974, 738. Gegen unsere Stelle führt Fehling 14 an, daß Herodot kaum als erster Grieche die Information von den Karthagern erhalten haben könnte, «während sich die Sizilier noch immer wunderten, wo Hamilkar bloß geblieben war.» Die Alternative ist so falsch: Herodot berichtet nur von zwei verschiedenen, in Umlauf befindlichen Geschichten, die durchaus beide bei allen Griechen bekannt gewesen sein können. Angegeben wird jeweils der Ursprung der verschiedenen Fassungen; es wird noch nicht einmal behauptet, daß ihm die karthagische Variante direkt von Puniern erzählt worden sei, cf. Pareti (A. 4) 125 f. Vgl. noch zu Καρχηδονίων αὐτῶν als übliche Betonung des epichorischen Charakters eines Zeugnisses bei Herodot H. Verdin, De historisch-kritische Methode van Herodotus, Brüssel 1971, 138.

lung nicht die Rede sein kann. Alle Einzelheiten sind so fest in karthagischen bzw. semitischen Traditionen verwurzelt, daß man eine karthagische Quelle selbst dann postulieren müßte, wenn Herodot nicht ausdrücklich von ihr spräche.

Wir wollen zusammenfassen: was wir an Parallelen zum Verhalten des Hamilkar gefunden haben, führt in den Bereich der semitischen Führer- und Königsvorstellungen. Das Verhalten des Moses beim Kampf gegen Amalek war ein «Segenszauber während der Schlacht».[232] Von einem Mitwirken Jahwes ist nicht die Rede; genau wie in der Josua-Tradition werden die Feinde von der magischen Kraft des Anführers bezwungen.[233] Die Erben der charismatischen Heerführer waren die ersten Propheten; hatte der frühisraelitische Charismatiker einzig die Aufgabe, den Krieg zu führen, so wurde diese Funktion später auf König und Propheten verteilt.[234] Am Anfang steht also das religiöse Charisma, dessen Wirken sich auch im Krieg erweist; so erklärt sich die Doppelrolle, die das Amt des Priesters mit dem des Königs verbindet. Herodot bezeichnet den Hamilkar als βασιλεύς, und der Zusatz κατ' ἀνδραγαθίην bezieht sich auf ein solches Charisma.[235] Dies kann nicht durch Wahl verliehen werden[236] und kennt keine zeitliche Grenze; es kann nur, wie im Fall des Hamilkar, verloren gehen.[237] Die Königswürde und mit ihr das religiöse Charis-

---

232 M. Weber, Gesammelte Aufsätze zur Religionssoziologie III, Tübingen 1921, 99.

233 Stolz (A. 40) 172 f. Zu Moses als charismatischem Heerführer vgl. noch R. Smend, Jahwekrieg und Stämmebund[2], Göttingen 1966, 92 ff.

234 S. allgemein R. Bach, Die Aufforderungen zur Flucht und zum Kampf im atl. Prophetenspruch, Neukirchen 1962, 92 ff.; R. Rendtorff, ZThK 59, 1962, 160 f. Als Beispiel mag die Rolle der Debora (Stolz [A. 40] 102 ff.) angeführt werden, oder die des Bileam (Num 22 ff.), der den König begleitet, um den Feind durch sein magisches Wort zu bezwingen.

235 Vgl. Picard (A. 230) 272 A. 4; Kokalos 28/9, 1982/3, 273, der bereits in diese Richtung geht (Kritik hieran bei Huß [A. 174] 30 f.; Wollner [A. 47] 24 A. 34; vgl. schon früher Lüdemann [A. 1] 29 f.). Bei ihm steht allerdings nicht das religiöse Charisma im Vordergrund, sondern das kriegerische, als quasi-wörtliche Übersetzung Herodots. Ἀνδραγαθίη kann nicht die Eigenschaft des Kriegsmannes bezeichnen, da Hamilkar ja nicht in die Schlacht eingriff.

236 Von Wahl reden aber z. B. Gsell II 185; A. v. d. Branden, RSF 5, 1977, 143. M. Sznycer, BCTH 17/8, 1981/2, 295 (cf. [A. 163] 571) meint sogar, daß Herodot von einer Wahl des Hamilkar *spreche:* da es aber in semitischen Städten keine gewählten Könige gegeben habe, könne Hamilkar auch kein König gewesen sein. Herodot erwähnt natürlich keine Wahl, und Picard (A. 1) 122; id., Karthago 130 f. hält eine Wahl auch für unnötig und weist auf die hellenistischen Könige und römischen Kaiser hin, die ihre Herrschaft mit ihrer ἀρετή bzw. *virtus* legitimierten.

237 Das Wirken im Kriege läßt sich mit Bonnet (A. 217) 433 erklären; sie beschreibt ganz allgemein die Rolle des Königs: der König sei «comme interlocuteur privilégié du dieu et des hommes, comme médiateur capable de garantir à chacun le bien-être et l'intégrité.» Dies beschreibt ganz präzise die Funktion, die Hamilkar bei Himera inne hatte. Vgl. auch ganz in dieselbe Richtung M. G. Amadasi Guzzo, WO 15, 1984, 109 ff.

ma befand sich also im Besitz einer Familie. Von Kollegialität oder gar Annuität kann nicht die Rede sein, weshalb Hamilkar – im Gegensatz zur verbreiteten Ansicht – kein normaler Beamter gewesen sein kann: mit dem Titel βασιλεύς muß sich eine Form des Königtums verbinden.[238]

## 6. Ausblick

Bei der Interpretation des Himerakrieges standen bisher folgende Faktoren im Vordergrund:

- man nahm in Analogie zu den syrakusanisch-karthagischen Kriegen des späten 5. und 4. Jhrdts. an, daß die Karthager bereits 480 versucht hätten, einen großen Teil Siziliens unter ihre Herrschaft zu bringen.
- wie in den späteren Kriegen der Karthager, vor allem dem zweiten punischen Krieg, soll das Heer der Karthager vor Himera aus Söldnern vieler Nationalitäten zusammengewürfelt worden sein.
- war Himera ein Ausdruck offizieller Politik, so muß Hamilkar karthagischer General gewesen sein, wie ein Himilko im Krieg gegen Dionysios I. oder wie Hamilkar Barkas und Hannibal.

Es hat sich aber herausgestellt, daß die Schlacht von Himera nicht eine Folge staatlicher Außenpolitik Karthagos war, sondern ein Privatkrieg, wie ihn archaische Epochen kennen. Die Konsequenzen hieraus sind klar: das Heer des Hamilkar kann kein großes Söldnerheer gewesen sein, das in eine Reihe mit den späteren karthagischen Heeren zu stellen wäre. Hamilkar selbst kann den Feldzug nicht als staatlicher Funktionär geleitet haben.

Die Fehldeutung war bereits in der griechischen Überlieferung angelegt, die Himera in Parallele zum Perserkrieg sah. Eine zweite Fehlerquelle liegt in der Annahme, von Himera aus könne eine kontinuierliche Linie karthagischer Politik und karthagischen Heerwesens bis zum zweiten punischen Krieg gezogen werden. Ist die Entwicklung aber nicht kontinuierlich, so bieten sich Möglichkeiten, eine neue Vorstellung vom karthagischen Militärwesen zu entwickeln. Die Ergebnisse dieses Kapitels sind daher weder rein negativer Art noch auf die Rekonstruktion der Geschichte des Jahres 480 beschränkt. Sie stellen vielmehr die Basis für weitere Überlegungen dar.

---

238 Dazu würde es bestens passen, wenn A. v. d. Branden, FS Höfner, Graz 1981, 36 recht hat, der aus CIS I 5510, 1 folgert, daß es in Karthago einen «heiligen Krieg» gab (die Stelle in seiner Übersetzung: «ces hommes-la n'ont pas tenu en honneur notre dame Tinnit . . .»). Es soll die Beschreibung eines Krieges folgen. – Rendtorff (A. 188) 78 ff. erklärt übrigens das *'olah*, also den Opfertyp, den wir bei Hamilkar vorfinden, zu einem spezifischen «Königsopfer».

Die neue Interpretation der Schlacht von Himera rückt zwei Gegenstände in den Mittelpunkt des Interesses: den Privatkrieg und die Aristokratie. Ein Kapitel wird sich der Suche nach weiteren Spuren des Privatkriegs widmen, während ein anderes der Frage nachgeht, wie sich die Tatsache eines privaten Kriegszuges mit der Annahme einer Kaufmannsaristokratie verbinden läßt – oder ob sich nicht unsere Ansichten vom Wertgefüge der punischen Adligen zu ändern haben (Kap. IV u. VI).[239]

Seit dem 6. Jhrdt. soll es karthagische Söldnerheere gegeben haben. Neben einer Bemerkung Iustins ist das Heer des Hamilkar bei Himera die wichtigste Stütze für die Annahme eines so frühen Überganges von der Bürgermiliz zum Soldwesen. Nach den hier erzielten Ergebnissen empfiehlt es sich, den ganzen Komplex des karthagischen Söldnerwesens noch einmal eingehend zu untersuchen (Kap. VII).

Herodot nannte Hamilkar στρατηγός und βασιλεὺς τῶν Καρχηδονίων. Mit στρατηγός wird seine Funktion als militärischer Anführer bei Himera gekennzeichnet, während βασιλεύς eine staatliche Funktion in Karthago bezeichnet. Bei unserer Untersuchung drängte sich die Identifikation des βασιλεύς mit einem durch sein sakrales Charisma legitimierten König auf. Daß dieser «König» einen Krieg führte, der privaten Charakter hatte und seinen Staat nicht mit einbezog, ist mit einer absolutistischen Stellung kaum zu vereinbaren. Dies deutet auf Entwicklungen in der karthagischen Monarchie, die ausführlich untersucht werden müssen (Kap. II u. III).

---

239 Die Untersuchung (Kap. V) zum ersten römisch-karthagischen Vertrag hat sich bei der Behandlung der Piraterie ergeben.

# II. Königtum und Strategie

## 1. Einleitung

In den ersten Jahren nach der Gründung Karthagos soll Dido als Königin über die Stadt geherrscht haben – als die punische Metropole im Jahr 146 durch die Römer zerstört wurde, gab es keine Monarchie in Karthago. Vielleicht täuscht uns der Mythos, und es hat nie einen König in Karthago gegeben; vielleicht steckt aber doch ein kleiner Kern an Wahrheit in der Dido-Geschichte, und die Monarchie hat nur im Laufe der Zeit der Aristokratie Platz gemacht. Dann müßte man herausfinden, wann und wie das geschehen ist.[1] Bis heute werden verschiedene Möglichkeiten kontrovers diskutiert, doch neigen die meisten Forscher dazu, das karthagische Königtum ins Reich der Fabel zu verweisen.[2]

Der Grund für diesen Dissens liegt in den Quellen: die punischen Texte tragen zur Klärung nichts bei,[3] und es gibt keinen Karthager, der sich mit amtlichem Titel in einer griechischen oder gar lateinischen Inschrift genannt hätte.[4] Die klassi-

---

[1] Dido als Reflex eines realen Königtums: Meltzer II 15; Gsell II 191f.; E. Cavaignac, Histoire de l'Antiquité I, Paris 1917, 106; Heuß, RuK 108 A. 1; B. H. Warmington, Carthage, London 1960, 119f.; Huß 459; J. B. Tsirkin, RSF 14, 1986, 136f.; id., Karfagien i iégo kultura, Moskau 1986, 100; C. Bonnet, Melqart, Namur 1988, 174; W. Elliger, Karthago, Stuttgart 1990, 95; cf. W. Hoffmann, ANRW I 1, Berlin 1972, 343. Eine sprachliche Verwandtschaft zwischen «Dido» und «David» will P. Cintas, Manuel d'archéologie punique I, Paris 1970, 16 erkennen; er hält beides für typische Königsnamen (andere Etymologien bei Huß 41 A. 15).

[2] Ausführlicher Literaturüberblick bei M. Sznycer, BCTH 17/8, 1981/2 (1984), 291ff. Seitdem noch *für* die Existenz des Königtums: G. Picard, Kokalos 28/9, 1982/3, 271ff.; id., SP 6, 1988, 119ff.; L. J. Sanders, Historia 37, 1988, 72ff.; B. Caven, Dionysius I, New Haven 1990, 28; F. Rakob, in: id. u. a., Karthago I, Mainz 1991, 228 A. 91; *dagegen:* M. H. Fantar, Actes Ier Congr. d'Histoire et de la Civilisation du Maghreb I, o. O. 1979, 33ff.; R. Drews, AJPh 100, 1979, 54; C. G. Wagner, Fenicios y Cartagineses en la Peninsula Iberica, Madrid 1981, 142ff.; W. Huß, FS Bengtson, Wiesbaden 1982, 28ff.; id., Atti II 1, 122; S. F. Bondi, Entretiens Hardt 35, 1990, 282f.; Ph. Ch. Schmitz, Epigraphic Contributions to a History of Carthage in the 5th Century B. C., Diss. Ann Arbor 1990, 201ff.

[3] S. 80ff. Die Bedeutung der punischen Quellen und die alleinige Kompetenz der ‹historiens sémitisants› wurde besonders von Sznycer betont, s. vor allem (A. 2) 291; 293; 294; vgl. aber für die Existenz der Monarchie, gerade von den punischen Inschriften ausgehend, H. Niehr, Herrschen und Richten, Würzburg 1986, 66f.

[4] O. Masson, Semitica 29, 1979, 53ff. wies auf das (ἀνάθημα) Ἰωμίλκου βασιλέως hin, das in delischen Inventaren genannt wird; Belege bei J. Tréheux, Inscriptions de Délos, Index I,

schen Autoren standen vor den bekannten Problemen: wenn sie überhaupt Funktion und Bedeutung der fremden Verfassungseinrichtungen richtig verstanden, mußten sie immer noch nach einem Analogon in der eigenen Sprache suchen.[5] Klar und unproblematisch war ihnen – entsprechend der Theorie vom γένος συμβουλευτικόν und ἡγεμονικόν – die Trennung von Rat und Beamten. Diodor z.B. spricht von σύγκλητος, συνέδριον oder γερουσία, Appian redet von βουλή, und wir können grundsätzlich sicher sein, daß ein Rat gemeint ist[6] – doch weiter führt der Schluß aus der Terminologie nicht.[7] Den historischen Erzählungen läßt sich nämlich entnehmen, daß der karthagische Rat bedeutende exekutive Möglichkeiten besaß, also eher dem römischen Senat ähnelte als den zum Vergleich herangezogenen Beratungsgremien der griechischen Staatstheorie.

Die Vielzahl von Exekutivorganen war durch die antiken Autoren noch schwieriger zu interpretieren als der Rat: so ist z.B. weder sicher, ob Aristoteles, Diodor, Polybios und Nepos dasselbe meinen, wenn sie von βασιλεύς oder *rex* sprechen,[8] noch läßt sich definitiv sagen, daß diese Ausdrücke als Beleg für die Monarchie in Karthago gelten können.

Die Terminologie kann die Frage nach dem Königtum also nicht entscheiden,

---

Paris 1992, 55. Der Dedikant wird in einer der Notizen als Karthager bezeichnet. Die Weihung stammt aus dem letzten Viertel des 4.Jhrdts. Huß (A.2) 40 hat ihn zuletzt als Sufeten bezeichnet; dagegen konnte E.Lipinski, SP 1/2, 1983, 219ff. wahrscheinlich machen, daß ‹Iomilkos› aus dem zyprischen Karthago stammte.

[5] Die entsprechenden Techniken können an einem viel besser dokumentierten Beispiel studiert werden bei D.Magie, De Romanorum iuris publici sacrique vocabulis sollemnibus in Graecum sermonem conversis, Leipzig 1905; H.J.Mason, Greek Terms for Roman Institutions, Toronto 1974. Seltsam ist, daß ganz naheliegende Übersetzungen von klassischen Autoren nicht benutzt wurden: z.B. wird ‹Sufet› nur in wenigen Texten aus dem semitischen Raum als δικαστής wiedergegeben: Jos. c. Ap.1, 157 (u.ö.) und die von E.J.Bikerman, FS Dussaud I, Paris 1938, 91ff. besprochene Inschrift aus Sidon (zuletzt bei J.Ebert, Griechische Epigramme auf Sieger an gymnischen und hippischen Agonen, Berlin 1972, 188ff. Nr.64). κριτής wird in LXX zur Übersetzung von Sufet benutzt. Vgl. W.Bauer/ K.u.B. Aland, Wörterbuch zum NT[6], Berlin 1988, s.vv. – Erstaunen über den bloßen Gebrauch des Fremdwortes *sufes* in den lateinischen Texten äußert B.Bell, AClass 32, 1989, 29ff.

[6] Das Beispiel nach Fantar (A.2) 36. Ich will hier nicht auf die Frage eingehen, ob γερουσία und σύνκλητος unter Umständen zwei verschiedene Institutionen vorstellen (vgl. e.g. Huß 462f.), ganz zu schweigen von dem aparten Terminus βουλὴ τῆς γερουσίας bei Diod.20, 9, 4; zum Durcheinander der Ausdrücke bei Polybios vgl. HCP I 76.

[7] M.E. ist es eine Mißdeutung des Befundes, wenn G.Picard, Archéologie vivante I 2, 1968/9, 151 erklärt, der Ältestenrat sei eine späte Einrichtung, weil es kein punisches Wort gebe, daß sie «en tant que corps» bezeichne; zur Bezeichnung *'drm*, i.e. ‹die Großen›, s. Huß 462 A.37, vor allem id., Klio 60, 1978, 327ff.

[8] Die Belege werden im Laufe der Untersuchung zitiert. Ganz eindeutig von einer Monarchie spricht Iulian, or.1, 14 b, doch ist auf sein Zeugnis wohl wenig zu geben. Ein Beispiel für die Verwirrung der Ausdrücke: der βασιλεύς Hanno des Periplus wird bei Plin. n. h.5, 8 als *Carthaginiensium dux,* 6, 200 als *Poenorum imperator* bezeichnet.

so daß mit Ehrenberg zu sagen ist: «Ein eigentliches karthagisches Königtum kann nie aus den Worten βασιλεύς oder *rex* der Überlieferung, sondern höchstens durch äußere Sachgründe erwiesen werden.»[9]

Äußere Sachgründe lassen sich aber nur finden, wenn man bereits eine gewisse Vorstellung davon hat, wie sie auszusehen haben. Es empfiehlt sich daher, einen Blick auf die Verfassungen der phönizischen Städte zu werfen. Karthago war tyrische Kolonie, jedoch politisch unabhängig von der Mutterstadt.[10] Wie die meisten Kolonien, so wird auch Karthago seine Institutionen aus der Heimat genommen haben.[11] Es ist daher legitim, sich ein erstes, notwendig vages Modell für die karthagischen Zustände in Phönizien zu bilden.

In phönizischen Städten gab es einen Rat, eine Aristokratie[12] – und eben Köni-

---

[9] RE IV A 1, 645.

[10] Vgl. 239ff. de Sanctis III 1, 45 führt als Argument gegen das Königtum die Abhängigkeit von Tyros ins Feld («nominare un altro re sarebbe stato atto di ribellione»). Für die Abhängigkeit s. allerdings G. Bunnens, L'expansion phénicienne en méditerranée, Brüssel 1979, 286ff.; id., in: E. Acquaro/L. Godard/M. Mazza/D. Musti, Momenti precoloniali nel Mediterraneo, Rom 1988, 231, der aber bei seiner Argumentation davon *ausgeht,* daß die Sufeten ursprünglich bevollmächtigte Repräsentanten des Königs von Tyros gewesen seien (wie Bunnens auch M. Liverani, Antico Oriente, Rom 1988, 709; M. E. Aubet, Tiro y las colonias fenicias de occidente, Barcelona 1987, 128; M. Baslez, in: R. Lonis [Hrsg.], L'étranger dans le monde grec, Nancy 1987, 151 A. 25; Huß, Atti II 1, 122). Auf Zypern werden solche königlichen Beauftragte als *skn* bezeichnet, s. KAI 31 mit O. Masson/M. Sznycer, Recherches sur les Phéniciens à Chypre, Paris 1972, 75 mit A. 1 (daher meint dann E. Lipinski, BO 45, 1988, 78, daß auch Karthago zu Anfang von einem *skn* regiert worden sei). Dies ist natürlich ein Zirkelschluß, der von der erst noch zu beweisenden Abhängigkeit ausgeht. Gegen Bunnens s. bereits Huß 38 A. 166; J. Alvar/C. G. Wagner, Gerion 3, 1985, 92.

[11] Es gibt allerdings nur wenige Stellen, an denen ausdrücklich von der Ähnlichkeit der Institutionen bei einer phönizischen Mutterstadt und ihrer Kolonie gesprochen wird; Iud 18, 7: ויראו את העם אשר בקרבה יושבת לבטח כמשפט צדנים שקט ובטח ואין מלכים דבר בארץ יורש עצר ורחקים המה מצדנים «Da sahen sie, wie die Leute darin sorglos lebten nach der Weise der Sidonier, ruhig und sorglos und an nichts Mangel war, was es auf Erden gibt, und in Besitz von Reichtum. Auch waren sie fern von den Sidoniern . . .» (Übers. Kautzsch). Sall. Iug. 78, 4 heißt es von Leptis, einer sidonischen Kolonie: *eius civitatis lingua modo convorsa conubio Numidarum, legum cultusque pleraque Sidonica.* In vielen phöniko-punischen Städten gab es Sufeten, waren andere Beamtentitel identisch, was auf die gleiche Grundstruktur der Verfassungen hinweist; im Hinblick auf Zypern: Huß, Atti II 1, 122 A. 48.

[12] Es läßt sich nicht generell feststellen, in welchem Verhältnis diese Verfassungselemente zueinander standen; unsere Dokumentation ist nach Zeit und Ort zu unterschiedlich und nicht umfangreich genug (so können z. B. keine strukturellen Unterschiede zwischen tyrischem, sidonischem und allgemein phönizischem Königtum festgestellt werden). Zum Sidon der Zeit Alexanders s. S. F. Bondi, RSF 2, 1974, 149ff.; vgl. ansonsten zu einem Rat in Phönizien Arr. An. 2, 15 (aber s. Bondi 159f.); zur Aristokratie: Drews (A. 2) 48; H. J. Katzenstein, The History of Tyre, Jerusalem 1973, 31 A. 13; 14; 188f.; 272; zur Volksversammlung: allgemein J. Elayi, Recherches sur les cités phéniciennes à l'époque perse, Neapel 1987, 39ff. und vor allem M. Sznycer, Semitica 25, 1975, 47ff.

ge. Das phönizische Königtum war wesentlich von religiösen und militärischen Aufgaben geprägt: die Könige führten nicht nur das Gemeindeaufgebot, sondern entschieden auch über dessen Einsatz, i. e. über Krieg und Frieden, und damit über die Außenpolitik.[13] Der Monarch war nicht absolut, sondern vielfältigen Zwängen und Einflüssen von Seiten des Adels ausgesetzt.[14]

Eine karthagische Monarchie müßte vom phönizischem Königtum vor allem die sakralen und militärischen Aufgaben übernommen haben. An dieser Stelle ist kurz zu rekapitulieren, was sich im vorhergehenden Kapitel über Hamilkar ergeben hat: bei ihm verband sich mit dem Titel βασιλεὺς τῶν Καρχηδονίων ein religiöses Charisma, das nicht durch einen Wahlakt verliehen worden sein kann; dementsprechend ist er nicht mit einem Beamten zu vergleichen, der durch Annuität und Kollegialität seine Grenzen gewiesen bekam (wie z. B. ein Sufet[15]). Die Untersuchung seines Verhaltens während der Schlacht von Himera führte in den Bereich semitischer Herrschervorstellungen, weshalb wir den Titel bei Herodot nicht auf ein beliebiges staatliches Amt, sondern eben – dem Wortlaut entsprechend – auf das Königtum bezogen haben.

Dem steht scheinbar eine Schwierigkeit entgegen: Hamilkar war bei der Schlacht von Himera nicht der Leiter des staatlichen Aufgebotes, sondern führte einen Privatkrieg. In Phönizien hingegen waren die Kriege des Königs Gemeindekriege. Diese Diskrepanz bedarf einer vorerst hypothetischen Erklärung:

An zahlreichen Beispielen läßt sich beobachten, wie der Adel dem Königtum die Macht im Staate nahm. Dabei gelang es nicht immer, den König ganz zu beseitigen: in manchen Fällen behielt er einen Teil seiner Kompetenzen. Mit der Schwächung der Zentralgewalt wurde auch die Unterscheidung zwischen Privat- und Gemeindekrieg möglich. Ein König, der inmitten einer neu erstarkten Aristokratie stand, konnte – als Mitglied dieser Aristokratie – einen Privatkrieg führen und konnte gleichzeitig – in Ausübung ihm verbliebener monarchischer Rechte – bei

---

13 G. Garbini, I Fenici, Neapel 1980, 55 f.; 57 im Rahmen einer wichtigen Diskussion über das phönizische Königtum; Aubet (A. 10) 128 f.; Elayi (A. 12) 28 f.; M. Gras/P. Rouillard/J. Teixidor, L'univers phénicien, Paris 1989, 35; vgl. zu den militärischen Aufgaben des phönizischen Königs J. Elayi, JANES 12, 1980, 19. – Zum religiösen Aspekt bei den anderen westsemitischen Monarchien vgl. man Überblicke wie K. Seybold, ThWAT 4, 1984, 933 ff. oder J. Elayi, SP 4, 1986, 249 ff., wo der Zusammenhang sehr deutlich betont wird. Der König mit priesterlichen Funktionen in Ugarit z. B.: D. Urie, PEQ 10, 1948, 42; seine militärischen Aufgaben ebd.: J. Gray, The Legacy of Canaan², Leiden 1965, 222. Vgl. zur «royauté sacrée» Bonnet (A. 1) 112 f.; 417 ff.

14 M. Sznycer in: C. Nicolet (Hrsg.), Rome et la conquête du monde méditerranéen 2, Paris 1978, 565 f.: «un roi phénicien, même si le principe d'hérédité est respecté, n'est, le plus souvent, qu'un primus inter pares, soumis aux pressions de diverses couches de la population.» Vgl. auch Elayi (A. 10) passim und L. Handy, UF 20, 1988, 57 ff. (sehr ähnlich dem homerischen Modell mehrerer βασιλεῖς in einer Stadt).

15 Zu Königen und Sufeten vgl. 90 ff.

einem staatlichen Krieg der obligatorische Führer des Gemeindeaufgebotes sein.[16] Ein Beispiel aus der griechischen Geschichte kann das illustrieren: die spartanischen Könige waren ex officio die Heerführer des Gemeindebannes, sie konnten aber auch einen Privatkrieg führen, wie man an Kleomenes sieht, der auf eigene Faust versuchte, den Isagoras in Athen zu installieren.

Nach einem solchen Modell läßt sich auch die Führung eines Privatkrieges durch Hamilkar mit seinem Königtum in Einklang bringen. Zu seiner Zeit besaß der König nicht mehr alle Kompetenzen eines phönizischen Monarchen, aber es ist nicht auszuschließen, daß er auf Grund seines Charismas weiter als obligatorischer Heerführer in staatlichen Kriegen amtierte. Gleichzeitig eröffnete ihm die Einreihung unter die anderen Adligen die Möglichkeit, wie diese einen Privatkrieg zu führen. Theoretisch läßt sich also folgende Vorstellung von einer Geschichte der karthagischen Monarchie entwickeln:

Am Anfang stand ein dynastisches Königtum nach phönizischem Vorbild. Wie der phönizische König, so besaß auch der karthagische sakrale und militärische Aufgaben, war daneben aber auch für die Iurisdiktion und weite Bereiche der Politik zuständig. Spätestens zur Zeit des Hamilkar gab es in Karthago die Monarchie in ihrer reinen Form nicht mehr; statt dessen herrschte eine Aristokratie, in die der König nun eingebettet war. Eine solche Entwicklung mag in der phönizischen Gesellschaft bereits angelegt gewesen sein,[17] muß aber im wesentlichen aus Gründen erklärt werden, die in Karthago zu suchen sind.[18] Geblieben sind dem König sakrale und vermutlich damit zusammenhängende militärische Kompetenzen. Gegen Ende der karthagischen Geschichte gab es keine Könige mehr. Die Kompetenzen der Könige müssen daher auch nach der Zeit des Hamilkar weiter verringert worden sein.

So ergeben sich – mindestens – drei Entwicklungsstufen. Manches ist ungesichert, aber man erhält zumindest eine kohärente Verbindung der drei wichtigsten Punkte: phönizische Monarchie, Königtum des Hamilkar und Fehlen von Königen am Ende der karthagischen Geschichte. Jetzt müssen wir sehen, ob die wenigen Nachrichten zur karthagischen Frühgeschichte zu dieser Hypothese von der Natur des Königtums und der Art seines Niederganges passen.

---

[16] Vgl. z.B. Argos, wo die Könige in historischer Zeit zwar keine politische Macht mehr besaßen, aber immer noch den militärischen Oberbefehl inne hatten, M. Wörrle, Untersuchungen zur Verfassungsgeschichte von Argos im 5. Jhrdt., Diss. Erlangen 1964, 79ff.

[17] Vgl. oben 70.

[18] Vgl. die entsprechende Vermutung 249f.

## 2. Vom Königtum zur Aristokratie

Nicht genügend beachtet wurde bisher, daß eine Bemerkung des Aristoteles (Pol. 1316 a 29–34) einen Übergang von der Monarchie zur Aristokratie in Karthago belegt. In der betreffenden Passage geht es um Wandlungen der Verfassungen,[19] und Aristoteles nennt etliche Beispiele, deren Bekanntheit offenbar vorausgesetzt wird, u.a. ἀλλὰ μεταβάλλει ... τυραννὶς ... εἰς ἀριστοκρατίαν, ὥσπερ ἡ Χαρίλλου ἐν Λακεδαίμονι, καὶ ἐν Καρχηδόνι.[20] Aristoteles hielt Charillos für den letzten spartanischen König vor der Reform des Lykurg.[21] Das zeigt, daß es an dieser Stelle der Politika um grundlegende Veränderungen geht: um den Ersatz der Alleinherrschaft durch die Aristokratie, nicht um die Wiedereinführung der Aristokratie nach kurzer Unterbrechung durch eine Tyrannis.[22] Mit dem hohen Alter dieser Nachricht über Karthago mag es zusammenhängen, daß Aristoteles an dieser Stelle keinen Namen nennen kann.[23]

---

[19] Vgl. H. Ryffel, ΜΕΤΑΒΟΛΗ ΠΟΛΙΤΕΙΩΝ, Bern 1949, 143f.; 154f.

[20] In Pol. 1272 b 32f. heißt es dagegen über Karthago und Sparta: μήτε στάσιν, ὅτι καὶ ἄξιον εἰπεῖν, γεγενῆσθαι, μήτε τύραννον. E. Schütrumpf, Aristoteles' Politik II, Berlin 1991, 349f. bemerkt, daß keiner der für Karthago belegten Umstürze vom Demos ausging – worum es Aristoteles in 1272 b gerade ging; die Stelle ist also nicht mit dem Hinweis auf andere Umsturzversuche als wertlos zu erklären. – Seit Kluge wurde angenommen, daß hier der Name eines Karthagers ausgefallen ist; nach vielen anderen Vorschlägen schrieb zuletzt W. Huß, Latomus 47, 1988, 55f. ⟨ἡ Μάλκου⟩. Der Vergleich mit der später zu diskutierenden Passage bei Iustin (73ff.) bereitet allerdings interpretatorische Schwierigkeiten, wie Huß, ibid. 57 implizit anerkennt (der byzantinische Autor Theodoros Metochites [FGrHist 744 F 12] ist nicht geeignet, die Konjektur «Malchus» zu stützen. In seinem korrupten ΜΟΛΗΝ [v.l. ΜΟΚΛΗΝ] können auch andere Namen stecken. M.E. ist auch nicht ausgemacht, ob dieser Autor die Politika kannte). Entscheidend für die Behandlung der Stelle ist die Einsicht, daß hier nicht unbedingt ein Name gestanden haben muß: schon W. L. Newman, The Politics of Aristotle IV, Oxford 1902, 125 sagt zur Vermutung einer Lücke nur «is perhaps right», und Dreizehnter in der neuesten Ausgabe der Politika druckt den oben zitierten Text; O. Gigon (Zürich 1971) und F. F. Schwarz (Stuttgart 1989) übersetzten entsprechend.

[21] Pol. 1271 b 24ff. Zur Figur bei Aristoteles s. D. Thomas, Aristotle's Treatment of Historical Material in the Politics, Diss. Cambridge 1978, 53ff.

[22] Die Unterscheidung von Tyrannis und Monarchie ist hier nicht wesentlich, vgl. Pol. 1314 a 31-5, wonach die Rettung der Tyrannis im königlichen Verhalten, der Untergang der Monarchie im tyrannischen Verhalten angelegt ist.

[23] Pol. 1316 b 5 schreibt Aristoteles über das Karthago seiner Zeit: ἐν Καρχηδόνι δὲ δημοκρατουμένῃ χρηματίζονται καὶ οὔπω μεταβεβλήκασιν. An der Stelle ist verschieden konjiziert worden: [δημοκρατουμένῃ] Welldon, ἀριστοκρατουμένῃ Schneider, τιμοκρατουμένῃ, Newman, Weil. Hält man den überlieferten Text, wie zuletzt Schütrumpf (A. 20) 347, so muß Aristoteles neben den beiden Pol. 1316 a 34 genannten Stadien der karthagischen Geschichte bis zum 4. Jhrdt. noch ein drittes angenommen haben.

Die kurze Notiz des Aristoteles bestätigt also die oben hypothetisch erschlossene Verfassungsänderung in der karthagischen Frühzeit.[24]

## 3. Malchus

Malchus ist die erste historisch faßbare Person der karthagischen Geschichte. Er hat in der Mitte des 6. Jhrdts. Armeen in Afrika, Sizilien und Sardinien geführt und leitete durch sein Wirken eine erste Expansionsphase in der karthagischen Geschichte ein.[25] Im Zusammenhang hiermit interessierten sich die Griechen verstärkt für die Karthager, und dem verdanken wir letztlich die Informationen zur frühen karthagischen Geschichte: der Überlieferung bei Trogus, die Iustin (18, 7) verkürzt wiedergibt, liegt die Darstellung des Timaios zu Grunde.[26]

Malchus gilt manchen Forschern als karthagischer König, obwohl Iustin ihn nirgends mit diesem Titel bezeichnet.[27] Nachdem oben am Beispiel des Hamilkar gezeigt werden konnte, daß es in Karthago Könige gab, wird man auch für Malchus a priori kaum eine andere Stellung annehmen können. Nach einem kurzen

---

[24] Huß, Atti II 1, 121 A. 41 erklärt willkürlich, daß sich hier kein historischer Tatbestand widerspiegele.

[25] Die Datierung beruht auf Oros. 4, 6, 9: *temporibus Cyri Persarum regis* (i. e. 559-29); s. vor allem P. Meloni, SS 7, 1947, 105 ff.; V. Merante, Kokalos 16, 1970, 115 ff.; Maddoli, Sicilia Antica II 1, 9 f. und den Literaturüberblick bei B. Wollner, Die Kompetenzen der karthagischen Feldherrn, Frankfurt 1987, 17 A. 1. Die übrige Darstellung des Orosius ist von Iustin abhängig; seine Datierung gilt als glaubwürdig, weil es entsprechende, über Iustin hinausgehende Synchronismen zwischen persisch-griechischer und karthagischer Geschichte auch in 4, 6, 15; 20 gibt. Dort können die Datierungen kontrolliert werden und sind richtig. Orosius hat demnach für sein chronologisches Gerüst neben Iustin noch eine andere Quelle benutzt.

[26] Timaios als Quelle des Iustin zur karthagischen Geschichte: cf. G. Forni/M. Angeli Bertinelli, ANRW II 30, 2, Berlin 1982, 1335 f.; 1337; J. M. Alonso-Núñez, Karthago 22, 1988/89, 14 A. 8 (Lit.). – Von Iustin hängt wiederum Oros. 4, 6, 6–9 ab. Orosius geht an zwei Stellen mit der Iustin'schen Handschriftenklasse πιC zusammen gegen die Klasse τ. Iustin 18, 7, 1: *cum in Sicilia diu feliciter* (τ, edd., *infeliciter* πιC) *dimicasset* ~ Oros. 4, 6, 7: *cum in Sicilia diu infeliciter dimicassent,* was eindeutig falsch ist. Iustin 18, 7, 1 und öfter: *Maleus* τ, *Mazeas* πιC, Oros. 4, 6, 7, *Malchus* coni. Voss. Die Konjektur wird von de Sanctis III 1, 26 A. 70 für unsicher gehalten; Bunnens, expansion (A. 10) 288 f. will dementsprechend *Mazeus* lesen; für eine Verschreibung aus *Mago* spricht sich C. R. Whittaker, in: P. Garnsey/C. R. Whittaker (Hrsgg.), Imperialism in the Ancient World, Cambridge 1978, 64 aus. Der Name Malchus wird mit zahlreichen Parallelen gestützt von Huß (A. 20) 56 f.; 58. Daß ganz generell bei einem Gegensatz zwischen τ und πC die Familie τ zu bevorzugen ist, hat H. Hagendahl, Orosius und Iustinus, Göteborg 1941 gezeigt; 32; 42 f. zu unserer Stelle (auch mit der Erklärung der Verschreibung: *maleum* ⟨ *malc(h)um* ).

[27] Belege für diese Ansicht: 78 A. 57. Wie sich nachher noch zeigen wird, sind die bisherigen Argumente hierfür unzureichend. Auf das Fehlen des Titels weisen besonders eindringlich V. Ehrenberg, RE XIV 1, 851 und E. Bacigalupo Pareo, FS Garzetti, Genua 1976, 64 f. hin. Huß, Atti II 1, 118; 120 f. hält Malchus für einen Sufeten.

Referat dessen, was Iustin berichet, soll an drei Motivkomplexen gezeigt werden, daß das Königtum des Malchus dem oben entworfenen Modell entspricht. Dabei handelt es sich um: 1. die Verbannung des Heeres, 2. das Priestertum des Karthalo und 3. die Erblichkeit des militärischen Führeramtes.

Nach Iustin kämpfte Malchus als Feldherr *(dux)* lange und erfolgreich in Afrika und Sizilien, wurde aber nach einer Niederlage in Sardinien mit seinem ganzen Heer ins Exil geschickt.[28] Als die Karthager sich nicht zur Aufhebung der Verbannung bewegen ließen, belagerte Malchus mit seinen Truppen die Stadt. Während der Belagerung kehrte Karthalo,[29] der Sohn des Malchus, aus Tyros zurück, wohin er als Priester des Melqart die jährliche Gabe an den Gott gebracht hatte. Er verweigerte seinem Vater eine Unterredung, was er mit dem Vorrang religiöser Pflichten in Karthago begründete. Nach einigen Tagen erbat sich Karthalo die Erlaubnis der Bürgerschaft und ging, in vollem priesterlichen Ornat,[30] in das Lager seines Vaters. Malchus ließ den eigenen Sohn ans Kreuz schlagen, weil er immer noch über den Hochmut erzürnt war, den dieser kurz zuvor an den Tag gelegt hatte.[31] Nicht lange danach nahm Malchus Karthago ein; er gab sich mit der Bestrafung von zehn Mitgliedern des Ältestenrates zufrieden und stellte den alten Rechtszustand wieder her.[32] Kurz darauf wurde er wegen *adfectatio regni* angeklagt und (zum Tode?) verurteilt.[33] Sein Nachfolger wurde Mago.[34]

---

[28] Dies ist ein deutliches und oft hervorgehobenes Indiz dafür, daß das karthagische Heer zu dieser Zeit aus Bürgertruppen bestand (e. g. Meyer, GdA III 645; Gsell II 185; 344; anders offenbar Heuß, RuK 116; G. Picard, Atti II 1, 388). Auch Iustin geht davon aus, da er des öfteren von *cives* und *patria* spricht. Gegen die von Garcia Bellido vorgetragene Ansicht, daß sich spanische Söldner im Heer des Malchus befunden hätten, s. J. Luqué Álvarez, AEA 57, 1984, 3 ff.

[29] Karthalo = Stadt des Gottes; zum Personennamen s. F. Vattioni, StudMagr 12, 1980, 113.

[30] Zum Ornat des Melqart-Priesters s. G. Falsone, FS Labarbe, Liège 1987, 417 ff. Gegen Falsone 426 findet sich bei Iustin nirgends die Spur von einem «vêtement rituel particulier» des karthagischen Feldherrn.

[31] Hier leuchtet ein altes Motiv auf: Bestrafung des pflichtvergessenen Sohnes durch den Vater, dessen Amt nicht geehrt worden ist, cf. Iustin 18, 7, 12: *non dico patrem, ducem certe civium tuorum superbe sprevisti;* s. O. Seel, Eine römische Weltgeschichte, Nürnberg 1972, 117 f.

[32] *Urbem legibus suis reddidit.* I. Schiffmann, Phönizisch-punische Mythologie und geschichtliche Überlieferung, Rom 1986, 85 versteht hier die Unterwerfung Karthagos unter «seine», i. e. des Malchus Gesetze – und zieht weitere Konsequenzen aus der (angenommenen) Existenz eines Gesetzescorpus des Malchus. Gemeint ist natürlich die Aufhebung des Ausnahmezustandes und Rückkehr zur Normalität.

[33] Die *adfectatio regni* ist kein Argument gegen die hier vorgetragene These vom Königtum des Malchus. Da Iustin den Malchus nicht als König bezeichnet, ist für ihn der Ausdruck logisch und verständlich.

[34] P. A. Barceló, Karthago und die iberische Halbinsel vor den Barkiden, Bonn 1988, 153

1. Einer der interessantesten Punkte dieser Erzählung ist nie gewürdigt worden: nach verlorener Schlacht verbannten die Karthager nicht nur den Feldherrn Malchus, sondern auch den Rest seines Heeres (Iust. 18, 7, 2: *ducem suum Malchum ... cum parte exercitus, quae superfuerat, exulare iusserunt*). Erklärungsbedürftig ist hier die Verbannung des Heeres. Es bestand aus Bürgern, deren Exilierung sich nur erklärt, wenn man in Karthago fürchtete, daß ihre Loyalität mehr der Person des Malchus als dem Staat gelte. Diese enge Bindung zwischen den Bürgern und dem Feldherrn läßt nur eine Folgerung zu: das Heer des Malchus bestand zur Hauptsache aus seinen Klienten.[35] Wie man an anderen Beispielen sieht, konnte das Haupt eines Clans bzw. einer gens eine in die Tausende zählende, waffenfähige Klientel aufbieten.[36] Ein archaischer Staat führte oft Krieg, indem er ein Gentilhaupt (und damit auch dessen Klienten) mit der Kriegsführung beauftragte, also die staatliche Kompetenz an einen Adligen delegierte.

Die Verbannung des Heeres weist auf eine stark ausgebildete Gefolgschaftsstruktur in der karthagischen Gesellschaft des 6. Jhrdts.[37] Der Gemeindeauftrag zur Kriegsführung an Malchus legt Zeugnis vom Umfang seines Anhangs ab; seine Klientenschar muß sogar so groß gewesen sein, daß man annahm, sie nach der Verbannung ihres Oberhauptes nicht wieder erfolgreich in den Staat integrieren zu können. Mit anderen Worten: es spricht vieles dafür, daß Malchus der mächtigste und einflußreichste Adlige in Karthago gewesen ist.

2. Karthalo, der Sohn des Malchus, war Priester des Melqart.[38] In der karthagi-

---

weist darauf hin, daß Trogus bei seiner Darstellung des Malchus eine Gestalt wie Sulla im Auge gehabt haben könnte. Eine vergleichbare römische Färbung entdeckt Seel (A. 31) bei Iust. 21, 4, 1 ff. (Hochzeit des Hanno).

[35] A. v. d. Branden, FS M. Höfner, Graz 1981, 39 findet in CIS I 5510, 2 einen Beleg für Gefolgschaftswesen in Karthago; M. H. Fantar, CT 20, 1972, 9 ff. zieht eine von ihm edierte Inschrift ebenfalls als Beleg für Klienten heran; vgl. allgemein Huß 497 zu ‹patronus-cliens›-Beziehungen in Karthago.

[36] Vgl. für Rom etwa die Fabier und Claudier, Liv. 2, 16, 4 ff.; 49, 3; 50, 11; 3, 16, 5; Dion. Hal. 5, 40, 3; 48, 3; 9, 15; 10, 14, 2; Festus p. 450 L; Serv. Aen. 7, 706.

[37] Verbannung eines Adligen mit seinem Anhang ist auch in der griechischen Geschichte häufig genug belegt; die bekanntesten Fälle sind wohl in Athen Kylon, Peisistratos, die Alkmaioniden und in Korinth der Bakchiade Demaratos (hierzu J. Seibert, Die politischen Flüchtlinge und Verbannten, Darmstadt 1979, 413 A. 38), doch ist der Anhang nie so zahlreich, daß durch seine Verbannung die Gesellschaftsordnung des Staates generell gefährdet gewesen wäre.

[38] Mißverständlich ist es, wenn Scullard, CAH VII$^2$ 2, 515 von Malchus selber als dem Priester spricht. Zur Bedeutung des Königssohnes in Phönizien s. Elayi (A. 12) 22 f.; 48 f.; in Ugarit: P. Xella, Studi epigrafici e linguistici 5, 1988, 219 ff. – Picard wollte mehrmals zeigen, daß der Tod des Königssohns Karthalo ein *mlk*-Opfer sei, wodurch man wieder in den monarchischen Bereich geführt würde, Karthago 75; id., Recueil Société J. Bodin 23, 1968, 131; id., Kokalos (A. 2) 276. In unserer – vielleicht übermäßig verformten – Überlieferung

schen Mutterstadt Tyros stand dieser Gott in einem besonders engen Verhältnis zum König und seiner Familie.[39] Die Könige galten fast als Personifikation des Melqart; bei wichtigen Festen übernahmen sie im Ritual die Rolle des Gottes.[40] Weil er so nah am Gott stand, konnte der König nicht gleichzeitig sein Priester sein;[41] das Priestertum stand wiederum so nah an der Königswürde, daß Fremde in diesem Amt eine dauernde Gefahr für den regierenden Monarchen bedeutet hätten: «the priestly class in Tyre was generally related to the royal family».[42] Die Zusammengehörigkeit von Königtum und Priesteramt drückt sich auch in der offiziellen Repräsentation aus: wie die Bildwerke zeigen, trugen Priester und König denselben Ornat und unterschieden sich nur in ihrer Frisur.[43] Auch Iustin, der die Malchusgeschichte erzählt, kennt den engen Zusammenhang von königlicher Dynastie und Melqartpriestertum in Tyros.[44]

3. Malchus hat über lange Jahre (Iust. 18, 7, 1: *diu*) die verschiedenen Feldzüge der Karthager in Afrika, Sizilien und schließlich Sardinien allein geführt. So lange er lebte, war er der karthagische Feldherr schlechthin. Das wird auch anläßlich seines Todes noch einmal deutlich (Iust. 18, 7, 19): *huic* (scil. dem Malchus) *Mago imperator successit.*[45] Einen *successor* kann es nur bei einer institutionell verankerten Stellung geben. Wenn in dieser Weise generaliter ein Feldherr bestimmt wird, kann dessen Amt nicht an einen bestimmten Zeitraum oder an eine bestimmte Aufgabe gebunden gewesen sein: auch Mago wurde ex officio *der*

---

gibt es hierauf keinen Hinweis. Picards Vergleich mit der Kreuzigung der Söhne Sauls (2 Sam 21) ist verfehlt.

39 Cf. C. u. G. Picard, FS Bayet, Brüssel 1964, 517f.; F. Verkinderen, SP 5, 1987, 288: «garant du charisme royal».

40 S. 60f.

41 Bonnet (A. 1) 112f.; cf. auch 418 A. 7.

42 Katzenstein (A. 12) 129f.; für Byblos s. KAI 11, für Sidon KAI 13; 14 (cf. C. Krahmalkov, JSS 26, 1981, 186f.); vgl. 2 Sam 8, 18: die Söhne Davids als Priester und allgemein z. B. J. Gray, VT 2, 1952, 208f.; H. Lüdemann, Untersuchungen zur Verfassungsgeschichte Karthagos bis auf Aristoteles, Bottrop 1933, 73f. spricht von der Erblichkeit des Priestertums des «Jupiter-Melkarth» (sic), was auch nur im Zusammenhang mit der Dynastie möglich ist.

43 Seyrig, Antiquités Syriennes II 12f. A. 4; dies änderte sich erst unter persischem Einfluß. Vgl. die Purpurfarbe im Ornat des karthagischen Priesters und die Verbindung «Porphyrios-Malchus-*mlk*» (s. oben 79 A. 58).

44 Iust. 18, 4, 5: *Elissa quoque Acherbae, avunculo suo, sacerdoti Herculis, qui honos secundus a rege erat, nubit.* Allerdings meint E. Lipinski, Actes de la XVII Rencontre Assyriologique Internationale, Brüssel 1970, 57, hier werde die Situation am Ende der Seleukidenzeit dargestellt, als es in Tyros keinen König mehr gab und der Melqartpriester wichtigste Person der Stadt war.

45 Über eventuelle Verwandtschaft zwischen Mago und Malchus läßt sich nichts sagen; vielleicht läßt sie sich annehmen, weil in der Zukunft dies Amt zwar nicht in direkter Erbfolge, aber immer innerhalb der Familie weitergegeben wurde; sonst müßte mit dem Tod des Malchus und seines Sohnes das Amt an eine andere Familie übergegangen sein.

Feldherr Karthagos und hatte bei jeder anstehenden Kampagne das Heer zu führen.

Was Iustin über die Nachfahren des Mago sagt, zeigt ebenfalls, daß es in Karthago jeweils nur einen Feldherrn gab: die Magoniden werden von ihm nämlich alle als Feldherren charakterisiert, die einander ablösten.[46] Er weist einem von ihnen, dem Hasdrubal, insgesamt elf Diktaturen zu (*dictaturae undecim et triumphi quattuor insignem fecere*, 19, 1, 7);[47] das kann nur bedeuten, daß Hasdrubal elf Kriegszüge unternahm, während wir in dieser Zeit nichts von einem anderen Feldherren hören.[48]

Nach Iustin regierten die Söhne des Hasdrubal und die Söhne des Hamilkar ihre Heimatstadt *(regere)*.[49] Zwischen Karthagern und sizilischen Griechen herrschte zwischen 470 und 410 Frieden, weshalb unsere ausführlichsten Quellen versagen. Eine kurze Notiz spricht von Kriegen in Afrika, die Hanno, der Sohn Hamilkars, geführt haben soll.[50]

Da es in Karthago sicher mehrere große Adelsfamilien gab, ist es erstaunlich, daß die Heerführer bis zum Ende des 5. Jhrdts. alle aus einer einzigen Familie stammten. Das Monopol der Magoniden hat noch einen weiteren seltsamen Zug: noch nicht einmal innerhalb derselben Familie gab es eine Alternative zum jeweiligen Amtsinhaber. Direkte Erbfolge vom Vater auf den Sohn ist nicht zu beobachten; so kam nach Hasdrubal sein Bruder Hamilkar, und in welcher Reihenfolge[51] die Söhne der beiden aufeinander folgten, ist nicht zu erkennen. Die Erblichkeit ist ein deutliches Zeichen für die außergewöhnliche Position der Magoniden im Staat.[52]

Faßt man diese Beobachtungen zusammen, so erhält man von der Position des Malchus (und seiner Nachfolger) folgendes Bild:

---

46 Iust. 19, 1, 1–8. Hamilkar, der Verlierer von Himera, ist bei Iustin ein Sohn des Mago, während Herodot ihn als Sohn eines Hanno bezeichnet. Es kann daher nicht ausgeschlossen werden, daß Mago noch einen bei Iustin nicht genannten Sohn besaß und Hamilkar ein Enkel Magos war.

47 Der karthagische Feldherr wird des öfteren als *dictator* bezeichnet, so daß aus dem Terminus keine besonderen Konsequenzen zu ziehen sind; s. InscrIt XIII 3, 69: *praesente[d Hannibaled] dictatored;* Cato F 86; 87 Peter = IV 13; 14 Chassignet für Hannibal, als dessen magister equitum Maharbal gilt. Front. Strat. 2, 1, 4: *dictatores Carthaginensium.* Korrupt ist vermutlich Liv. 23, 13, 8. Vgl. allgemein Meltzer II 486; C. Nicolet, in: F. Hinard (Hrsg.), Dictatures, Paris 1988, 43 ff.

48 V. Merante, Kokalos 13, 1967, 112 will hieraus auf ein Jahresamt schließen.

49 Iust. 19, 2, 3: *per hos res Karthaginiensium ea tempestate regebantur.*

50 Sizilien: S. 45 f.; Afrika: Trogus, Prol. XIX: *continentur res Carthaginensium in Africa per Sabellum Annonem gestae.*

51 Vgl. hierzu, Beloch, GG III$^2$ 2, 113 f.

52 «Les rois chefs de guerre sont toujours rois héréditaires ou au moins des rois à vie,» P. Carlier, La royauté en Grèce avant Alexandre, Straßburg 1984, 488; das Prinzip schon formuliert bei Beloch, GG I$^2$ 2, 194.

Nach Ausweis seiner Klientel war Malchus der mächtigste und einflußreichste Adlige in Karthago; er ist der Feldherr des Staates und weder zu ihm noch zu seinen Nachfolgern gibt es in diesem Amt eine Alternative. Die Familiensukzession in einer wichtigen staatlichen Funktion hebt die Magoniden von allen anderen Adligen ab. Das Priestertum des Karthalo zeigt die enge Verbindung des Malchus mit dem religiösen Bereich, insbesondere mit Melqart, dem Gott der Königsdynastie.

Das paßt alles zu dem oben konstruierten Modell vom karthagischen Königtum. Hamilkar und Malchus hatten dieselben religiösen und militärischen Funktionen, was die Existenz der Monarchie im 6. Jhrdt. sichert. Gleichzeitig findet man in der Malchusgeschichte Anzeichen für eine mächtige Aristokratie und staatliche Institutionen neben und über dem Königtum: es gab einen Senat, bei dem vermutlich die Entscheidung über Krieg und Frieden lag,[53] und der wohl auch die Verbannung des Malchus aussprach und wieder aufhob.[54] Auch das Volk hatte bereits eine gewisse Bedeutung (Iust. 18, 7, 9; 16).[55] Ohne den Einzelheiten zuviel Gewicht beimessen zu wollen,[56] spricht doch alles für eine Situation, in der die Aristokratie das Königtum bis zu einem gewissen Grade entmachtet und auf bestimmte Bereiche beschränkt hatte. Die Analogie zu Hamilkar ist damit vollkommen.

Dies sind äußere Sachgründe; hinzu kommt vielleicht noch der Titel: frühere Forscher hielten Malchus für einen König, weil in seinem Namen das Wort für König *(mlk)* stecken soll.[57] Im Vorderen Orient wurde die Verbindung dieses Na-

---

[53] Cf. G. Picard, in: G. Cambier (Hrsg.), Conférences de la société d'Etudes Latines de Bruxelles 1965/8, Brüssel 1968, 115.

[54] Bei der Verbannung des Malchus in Iust. 18, 7, 1 sind die *Carthaginienses* das grammatische Subject, doch kann man daraus nicht auf die Bürgerversammlung als ausführendes Organ schließen. Bezeichnet wird der Gemeindebeschluß, gleichgültig bei wem die legale Kompetenz lag.

[55] Unklar ist, weshalb M. H. Fantar, Kerkouane I, Tunis 1984, 209 meint, die Volksversammlung sei erst in der Zeit nach den Magoniden eingeführt worden.

[56] Vor allem muß man sich hüten, in den hingerichteten *decem senatores* irgendeinen inneren Zirkel, Gentilhäupter oder sonst eine besondere Institution zu sehen (gegen Meltzer II 59ff.; zuletzt wurden sie noch als höchstes regierendes Gremium bezeichnet von Schiffmann [A. 32] 85).

[57] P. Meloni, SS 7, 1947, 1; G. Picard, Les religions de l'Afrique antique, Paris 1954, 44; id., in: Soc. Bodin (A. 38) 131 u. ö.; Warmington (A. 1) 38; F. Barreca, La civiltà di Cartagine, Cagliari 1964, 35; M. Pallottino, ArchClass 16, 1964, 109; J. Heurgon, JRS 66, 1966, 12; id., Archéologie vivante I 2, 1968/9, 26; A. R. Hands, in: L. A. Thompson/J. Ferguson (Hrsgg.), Africa in Classical Antiquity, Ibadan 1969, 87; Hoffmann (A. 1) 345; L. Foucher, in: R. Chevallier (Hrsg.), Présence de Virgile, Paris 1978, 13; Aubet (A. 10) 196; S. Moscati, in: I Fenici. Ausstellungskatalog Venedig 1988, 54; vgl. schon id., Il mondo dei Fenici, Mailand 1969, 169; Elliger (A. 1) 214 A. 20. Widerspruch: L. Maurin, Semitica 12, 1962, 16 A. 2.

mens mit dem Königstitel noch in der Kaiserzeit empfunden, wie etliche Beispiele zeigen.[58]

Es gibt tatsächlich, wenn auch nicht in der spärlichen karthagischen Überlieferung,[59] das eine oder andere Beispiel dafür, daß die Bezeichnung eines Amtes zum Namen des Amtsinhabers geworden ist, bzw. daß Titel als Namen mißverstanden wurden.[60] Dies kann auch hier der Fall sein: es wäre doch ausgesprochen seltsam, wenn jemand, der aus anderen Gründen als König erwiesen worden ist, den Titel auch in seinem Namen – und sei es nur als Anklang – führen sollte.[61] Die Gleich-

---

[58] Besonders signifikant ist der Fall Porphyrios (Belege bei R. Beutler, RE XXII 1, 276; besonders wichtig sind Porph., v. Plot. 17 u. Eunap, VS p. 456): er stammte aus Tyros und sein Vater nannte ihn Malchos; Amelios übersetzte den Namen ins Griechische und nannte ihn Βασιλεύς; wegen der Farbe des königlichen Gewandes wurde er schließlich von Longinos als Porphyrios bezeichnet. Einige Nabatäerkönige trugen den Namen Malichos (u. ä.) vgl. M. Fluß, RE XIV 1, 857f.; E. Schürer, The History of the Jewish People in the Age of Jesus Christ² I, Edinburgh 1973, 580; 583; D. Graf, in: Geographie historique au proche – orient, Paris 1988, 200. In Spanien gibt es den mythischen König Milichus, Sil. It. 3, 104, und eine Imilce als Gattin Hannibals, 3, 97. Vgl. noch Plut. Mor. 357 B (de Iside 15, Fund des Osiris bei Byblos): ὄνομα δὲ τῷ μὲν βασιλεῖ Μάλκανδρον εἶναί φασιν· αὐτῇ δὲ (scil. τῇ βασιλίσσῃ) οἱ μὲν Ἀστάρτην, οἱ δὲ Σάωσιν, οἱ δὲ Νεμανοῦν ... (zu den Namen Saosis und Nemanoys s. H. J. Thissen, Göttinger Miszellen 90, 1986, 79ff.). E. A. W. Budge, Osiris and the Egytian Resurrection I, London 1911, 5 identifiziert ihn mit Melqart; vgl. Bonnet (A. 1) 119f. – Lipinski (A. 4) 225f. zitiert noch das Συναξάριον ἁγίων τῆς Κύπρου α΄. Ἅγιος Ῥηγῖνος καὶ Ὀρέστης, Limassol 1902, 16–8: Ῥηγῖνος, ὀνομάζετο Βονομίληξ τὸ πρότερον.

[59] Sanders (A. 2) 81 A. 16 führt den Namen Sapho, Iust. 19, 2, 2, an, in dem er den Sufeten findet. Weitere vergleichbare punische Namen bei F. Vattioni, Annali del seminario di Studi del mondo classico 1, 1979, 186 Nr. 227; id., Stud Magr 11, 1979, 108. Selbst wenn die Wurzel *špṭ* diesem Namen zugrunde läge, muß die Bildung hier nicht über die Amtsbezeichnung des Sufeten vorgenommen worden sein. An einen theophoren Namen nach Baal Zaphon denken F. L. Benz, Personal Names in the Phoenician and Punic Inscriptions, Rom 1972, 401f.; C. Bonnet, SP 5, 1987, 119f.; E. Lipinski, ThWAT 6, 1989, 1097.

[60] Ein schlagendes Beispiel ist Battos von Kyrene. Barceló (A. 34) 153 A. 7 vergleicht Macstarna, doch ist nicht völlig sicher, ob es sich hier wirklich um einen Titel *magister* handelt, A. Alföldi, Das frühe Rom und die Latiner, Darmstadt 1977, 198f.; cf. id., Römische Frühgeschichte, Heidelberg 1976, 74f.; E. Gjerstad, ANRW I 1, Berlin 1972, 152. Ob der etruskische Titel *lucumo* wirklich als Name verwendet wurde ist umstritten: nach C. O. Thulin, RE XIII 2, 1706 handelt es sich um Mißverständnisse der Autoren; F. Münzer, ibid. 1707f. verteidigt und erklärt dagegen den Übergang vom Titel zum Namen (mit Beispielen für Βασιλεύς und *Rex* als Namen); zur Frage des hethitischen *labarna/tabarna* s. J. Tischler, FS Otten, Wiesbaden 1988, 356f.

[61] Dagegen ist eingewandt worden, daß *mlk* im Punischen anders hätte vokalisiert werden müssen, aber Pallottino (A. 57) 109 und Bonnet (A. 1) 19 A. 4 halten die Vokalisation auf - a - für möglich; vgl. allerdings anders etwa Bunnens, expansion (A. 10) 289. Außerdem gibt es in Afrika auch Träger dieses Namens, die keine Könige waren: vgl. die unvokalisierten Belege bei G. Halff, Karthago 12, 1965, 121 und Benz (A. 59) 138f.; 234; K. Jongeling, Names in Neo-Punic Inscriptions, Groningen 1984, 40; 182. Vokalisiert: W. Enßlin, RE

setzung von Malchus und *mlk* gewinnt daher vor dem skizzierten Hintergrund neues Interesse.[62]

Zusammenfassend zeigt sich, daß die bisherigen Ergebnisse mit dem anfangs skizzierten Modell zur Entwicklung des karthagischen Königtums übereinstimmen und dessen beide ersten Stufen bestätigen: In Karthago hat es eine Monarchie gegeben, die anfangs nach phönizischem Muster gebaut war. Noch vor der Zeit des Malchus war es der karthagischen Aristokratie gelungen, den König aus einem Teil seiner Funktionen zu verdrängen. Zivile und jurisdiktionelle Aufgaben sind ihm genommen worden.[63] Institutionell blieben dem Monarchen nur Teile seiner alten Prärogativen, nämlich die sakrale Funktion und – vielleicht daraus abgeleitet – die Führung des staatlichen Aufgebotes im Krieg;[64] in der karthagischen Gesellschaft aber blieb der Monarch weiter mächtig: Malchus verfügte über mehr Anhänger als die anderen Adligen.

### 3.1 Exkurs: Sufeten, CIS I 5632 und die Bedeutung punischer Inschriften für die Geschichte der Monarchie

Entwickelte sich die Monarchie in dieser Form, so müssen andere Institutionen die Aufgaben übernommen haben, die der König verlor; sie müssen entweder neu geschaffen oder in ihren Kompetenzen entscheidend gestärkt worden sein. Von

---

XV 2, 1664; AE 1933, 44 (allerdings ein Syrer). In Kyrene bezeugt SEG 9, 743 einen Malichos, vgl. F. Vattioni, SCO 37, 1988, 536f.

[62] Manchmal liest man, der Tyrann von Kyme, Aristodemos ὁ Μάλακος, habe den phönizischen Königstitel als Beinamen geführt, Pallottino (A. 57) 109; G. Radke, Gymnasium 73, 1966, 350; id., RE IX A 1, 805; E. Manni, Σικελικὰ καὶ Ἰταλικά, Rom 1990, I 234; II 843ff.; zögernd in dieselbe Richtung G. Colonna, Kokalos 26/7, 1980/1, 166. Gemeint ist hier sicher der Topos des verweichlichten Tyrannen, s. K. Warner, Der Tyrann Aristodemos Malakos von Kyme, Diss. Freiburg 1971, 111ff.; aus anderem Grund lehnt K. W. Welwei, Talanta 3, 1971, 49f. die Gleichsetzung von Μάλακος/*mlk* ab; cf. Berve, Tyrannis I 161.

[63] Iust. 19, 2, 6 sagt, der Gerichtshof der 104 sei eingerichtet, *ut hoc metu ita in bello imperia cogitarent* (scil. die Magoniden), *ut domi iudicia legesque respicerent.* Gesetze und Gerichtsentscheidungen sollen respektiert werden, was deutlich zeigt, daß die Magoniden eben keine Herren über *iudicia legesque* waren.

[64] Der Magonide Hanno wird oft mit dem Afrikafahrer des Periplus gleichgesetzt, e.g. R. Hennig, Terrae Incognitae $I^2$, Leiden 1944, 92; A. N. Oikonomides, Antipolis 1, 1974, 74; dagegen e.g. Huß 78f. Wenn man aber mit Huß und J. Blomqvist, The Date and Origins of the Greek Version of Hannos Periplus, Lund 1979, die Entstehung des Periplus spätestens ins 5. Jhrdt. setzt, so kommt man an dieser Identifikation kaum vorbei. Huß 78 hat sehr richtig gesehen, daß dieser Hanno, der im Text βασιλεύς genannt wird, kein Sufet gewesen sein kann, sondern eher ein Feldherr war. Ein Feldherr mit dem Titel eines Königs und der für ihn bezeugten Unterordnung unter das Volk (ἔδοξε ...) paßt bestens zu den hier angenommenen Umständen.

dieser Neuverteilung der Macht war wohl auch das Sufetat betroffen, dessen spätere Bedeutung im Staat in dieser Zeit angelegt sein muß.[65]

Schon die Zweizahl der Sufeten läßt sich am leichtesten durch den antimonarchischen Affekt erklären.[66] Die Kompetenzen des Monarchen überschnitten sich in historischer Zeit nicht mit denen der Sufeten. Die Teilung ist reinlich vorgenommen worden.[67] Der König hat mit dem zivilen Bereich nichts (mehr) zu tun, und in der ganzen karthagischen Geschichte gibt es keinen Beleg für die Übernahme des militärischen Kommandos durch einen Sufeten.[68] Diese Tatsache hat ihren Grund im anfänglichen Miteinander und Gegeneinander von Sufetat und Monarchie.

In manchen Darstellungen der frühen karthagischen Verfassungsgeschichte spielt CIS I 5632 eine große Rolle.[69] C. Krahmalkov setzte den Text nach paläographischen Kriterien etwa in die Mitte des 5. Jhrdts.[70] und schlug folgende Lesung und Ergänzung vor: *bʿsrm št l[špṭ] špṭm bqrthš[t].* Er übersetzt: «made in the twentieth year of

---

[65] Gegen Meltzer II 69 u. Gsell II 199 gibt es keinen Hinweis dafür, daß der militärische Oberbefehl ursprünglich beim Sufeten lag, der ihn dann schon vor dem 4. Jhrdt. wieder verloren haben müßte. Vgl. allerdings G. Schrot, Der Kleine Pauly III, München 1975, 136 zu den Sufeten: «urspr. Ritter» (sic), «sie hatten militär. Oberbefehl, waren Exekutive».

[66] Heuß, RuK 107 f. Deshalb kann die Ansicht von Drews (A. 2) 56 ff. nicht richtig sein, der im Doppelsufetat das Vorbild des spartanischen Doppelkönigtums sehen will; zum indoeuropäischen Hintergrund des Doppelkönigtums s. A. Alföldi, Die Struktur des voretruskischen Römerstaates, Heidelberg 1974, 151 ff. Wissenschaftshistorisch ist interessant, daß Drews die genaue Umkehr der Lüdemann'schen These vertritt, nach der ja die karthagischen Institutionen von den spartanischen abstammen sollen (Anlehnung der Karthager an griechische Modelle nimmt auch A. D. Momigliano an: in: S. C. Humphreys, Anthropology and the Greeks, London 1978, 102; deutlicher noch in CAH VII$^2$ 2, 111).

[67] Im sakralen Bereich datieren die Texte, die Sufeten in der Rolle des «Erweckers Melqarts» zeigen, erst aus späterer Zeit, s. 90 A. 115 – Diese Entstehung des Sufetates zeigt deutlich, daß die Sufeten nicht mit den isrealitischen Richtern verglichen werden dürfen (s. M. Clauss, Chiron 10, 1980, 17 A. 66; Huß [A. 2] 31 A. 39; anders Heuß, RuK 108 A. 1; vgl. auch id., ZRG 64, 1944, 90).

[68] S. 93 f.

[69] C. Krahmalkov, RSF 4, 1976, 153 ff.; vgl. ferner Sznycer (A. 14) 575; id., (A. 2) 296.

[70] A. v. d. Branden, RSF 5, 1977, 144; id. (A. 35) 43 A. 4 setzte wegen dieser Datierung die Entstehung des Sufetats in das Jahr 470, verbindet es mit der Schlacht von Himera und identifiziert diese Sufeten mit dem Gerichtshof der Einhundertvier. Daran ist so gut wie alles methodisch unzulässig. 1. Eine so präzise Rechnung mit einem nur auf paläographischen Kriterien beruhenden Datum ist unmöglich: Schwankungen um mehrere Jahrzehnte nach oben oder unten sind nicht auszuschließen (Sznycer [A. 14] 574 ist sogar bereit, bis 400 zu gehen). Damit entfällt aber auch die direkte Verbindung mit der Schlacht von Himera (bei 470 hätte man ohnehin eher an Kyme zu denken). 2. Was Iustin über die Einhundertvier sagt, zeigt deutlich, daß deren Einsetzung nicht mit irgendeiner militärischen Niederlage zu verbinden ist. 3. Die Identifizierung der Sufeten mit den Einhundertvier ist völlig willkürlich; unsere Quellen gestatten es nicht, von einer wie immer gearteten Herrschaft («rule») der Einhundertvier zu sprechen.

the [rule][71] of the *softim* in Carthage». W. Huß hat dagegen diese Inschrift ins 3. Jhrdt. datiert, und folgenden Text geboten:[72] *...]rt bn Ṣrbj r'ś Rmš [...] šp̣ṭm bqrtḥd[št].* Das wäre der Anfang einer normalen karthagischen Weihinschrift: «...*]rt*, der Sohn des *Ṣrbj*, des *r'ś*, als *Rmš* [und ...] Sufeten in Karthago waren». Aber selbst wenn sich Krahmalkovs Lesung und Datierung durch eine erneute Revision des Steines bestätigen sollte (was eher unwahrscheinlich ist), so hat das keine Bedeutung für die Frage nach der Monarchie. Ein Nebeneinander von Sufetat und Königtum ist ja nicht ausgeschlossen, und die Herrschaft der Sufeten im 5. Jhrdt. läßt sich mit einem Königtum, das wesentliche Kompetenzen verloren hat, gut verbinden.[73] Alle eventuellen Folgerungen aus dieser Inschrift betreffen nicht das Königtum, sondern nur die Frage nach dem Datum und der Art, in der die Sufeten ihre Macht erwarben.

An dieser Stelle kann endlich der Beitrag der punischen Inschriften zu unserem Problem richtig eingeschätzt werden: in der punischen Epigraphik gibt es keinen gesicherten Beleg[74] für die Monarchie in Karthago.[75] Sufeten hingegen finden sich in den Texten ab dem 5. Jhrdt. Dieser Befund gilt als wichtiges Argument gegen die Existenz der Monarchie in Karthago.[76] Dort gibt es aber vor dem

---

[71] Sznycer (A. 14) 575 und W. Huß, FS Lauffer II, Rom 1986, 440 wandten gegen diese Übersetzung von *l[špṭ]* ein, daß das Phönizische keine derartigen Abstrakte kenne. Dagegen erklärte Niehr (A. 3) 65 A. 223, daß wir es hier mit dem status constructus des Verbes zu tun haben, sprachliche Bedenken gegen die Übersetzung daher nicht vorliegen.

[72] (A. 71) 439 ff.; gegen Huß s. jetzt Schmitz (A. 2) 217 A. 27. Vgl. aber auch die allgemeinen Bedenken gegen Krahmalkovs Vorschlag bei Picard, Kokalos (A. 2) 271 f. und vor allem G. Garbinis Bemerkung, daß die Lücken im Text größer gewesen sein müssen, als Krahmalkov in seiner Ergänzung annahm, RSF Suppl. 14, 1986, 25 f.

[73] Elayi (A. 13) 20 meint, der tyrische Sufet sei mit dem König identisch, weil dies so in Karthago gewesen sei. Schon die Voraussetzung ist falsch; von Identität des Monarchen mit dem Sufeten kann keine Rede sein. Fraglich ist auch, ob sich das tyrische Sufetat mit dem karthagischen vergleichen läßt, s. Gsell II 195 A. 3; V. Ehrenberg, RE IV A 1, 645. Zumindest die Ergebnisse von J. Teixidor, Semitica 29, 1979, 9 ff. zu Phönizien sprechen gegen einen direkten Vergleich. – Über die Sufeten in Zypern (KAI 36) ist nichts näheres bekannt.

[74] Picard (A. 53) 124 f.; cf. Kokalos (A. 2) 271 will aus der Pyrgi-Inschrift (KAI 277, ein etruskischer König als *mlk*) schließen, daß auch der Oberbeamte in Karthago so hieß. Für Numiderkönige war *mmlk* üblich, Huß 471 A. 44 (e. g. CIS I 307 mit Gsell II 195 A. 2; V. Ehrenberg, RE IV A 1, 644). Dieser Ausdruck findet sich im AT häufig auch für Stammeshäuptlinge. B. Rocco, AION 31, 1971, 430; 433 edierte Inschriften des 6. und 5. Jhrdts. aus Palermo, wo ebenfalls ein *mmlk* vorkommt, den sie als karthagischen König interpretiert (etwas phantasievoll ist 434 ihre Interpretation dieser Inschriften: «iniziano la serie delle ‹visite pastorali›, destinate a mantenere saldo il vasto impero coloniale nel Mediterraneo occidentale»); dagegen Huß 459 A. 7; id. (A. 2) 31 A. 38; Atti II 1, 121 f.

[75] Dies haben besonders Sznycer (A. 14) 565; id., (A. 2) 295 f. und Huß, Atti II 1, 120 hervorgehoben.

[76] Sznycer (A. 14) 565; id., (A. 2) 295 f. G. Picards Widerspruch, BCTH 17/8, 1981/2, 299, der König sei wegen der Kriegsführung oft abwesend, daher nicht in den Inschriften erwähnt, geht wenigstens ansatzweise in die Richtung der folgenden Argumentation.

5. Jhrdt. kaum Inschriften; die ganze Dokumentation stammt aus einer Zeit, in der das Königtum nach den hier entwickelten Vorstellungen seine wesentliche Rolle im städtischen Leben bereits eingebüßt hatte. Das Königtum ist nicht die einzige staatliche Institution, die in punischen Inschriften fehlt; die Strategie kommt z. B. auch nicht vor:[77] die Analogie zeigt deutlich, wie prekär das argumentum e silentio ist.[78] Weil es sich bei den Inschriften ganz überwiegend um standardisierte, formelhafte Weih- und Sepulkraltexte handelt, fehlen auch noch andere Ämter.

Als Fazit läßt sich sagen: die Existenz eines Königtums läßt sich nur nach der Prüfung der klassischen Quellen bejahen oder verneinen.

## 4. Die Entwicklung der Strategie

Der König unterschied sich in zwei wesentlichen Punkten von einem regelkonformen, staatlichen Beamten: er wurde weder gewählt noch abgesetzt, und er hatte niemandem Rechenschaft zu geben. Er blieb, auch nach der Beschneidung seiner Macht, der Führer des Gemeindeaufgebotes. Da sich diese Position aus der – ehemals – monarchischen Stellung ableitete, war er auch als General keiner Wahl oder Rechenschaftspflicht unterworfen.

Im Hinblick auf die Feldherrntätigkeit wurden beide Vorrechte des Königs im Laufe des 5. Jhrdts. abgeschafft. Iustin berichtet von der Einführung der Rechenschaftspflicht für die Feldherren in der Mitte des 5. Jhrdts.;[79] im Jahr 410 wurde der Feldherr dann schon gewählt, wie aus den Quellen erschlossen werden kann.[80] Damit wurde die Strategie vom Königtum getrennt, und der Stratege wurde zu einem staatlichen Beamten: die wichtigste Machtposition, die dem König geblieben war, fiel.[81] Eine zeitliche Abfolge dieser Änderungen läßt sich nicht ausma-

---

[77] Zu CIS I 5510 s. 86 A. 90. M. Sznycer, in: Carthage et son territoire dans l'antiquité, Paris 1990, 119f. nimmt jetzt allerdings an, daß einige der *RBM* in karthagischen Inschriften das Amt eines *RB MḤNT* inne gehabt hätten; dies bleibt eine reine Vermutung, zumal *RB MḤNT* erst in augusteischer Zeit als Übersetzung für *consul* belegt ist.

[78] Zum Fehlen von Königen und Strategen auch Picard, SP (A. 2) 123 f.; gegen den Schluß e silentio auch Bacigalupo Pareo (A. 27) 63.

[79] Gegen die Umdatierung von Maurin s. Hands (A. 57) 86 und ausführlich Sanders (A. 2).

[80] Sieht man einmal von Iustin ab, so haben wir vor 410 keine Überlieferung, die man zu staatsrechtlichen Fragen nutzen könnte. Die Quellen geben daher nur einen terminus ante quem.

[81] Beloch, GG III$^2$ 2, 115; Hands (A. 57) 91; 92 f. erkannten richtig, daß der Ersatz der Könige als Heerführer die einschneidendste Änderung für die Monarchie darstellt, die wir in historischer Zeit noch ausmachen können (falsch daher Maurin [A. 57] 14: «on ne voit pas qu'il y ait eu une difference quelconque de situation dans l'Etat entre un Hannibal ou un Hi-

chen; da sie aber beide dasselbe Ziel verfolgten, darf man einen chronologischen Zusammenhang wenigstens erwägen.[82]

Nach der Erwähnung von Erfolgen, die die Söhne Hamilkars und Hasdrubals in Afrika gegen die Numider erzielt hatten, heißt es (Iustin 19, 2, 5 f.): *dein, cum familia tanta imperatorum gravis liberae civitati esset omniaque ipsi agerent simul et iudicarent, centum ex numero senatorum iudices deliguntur, qui reversis a bello ducibus rationem rerum gestarum exigerent, ut hoc metu ita in bello imperia cogitarent, ut domi iudicia legesque respicerent.*[83] Bei dieser Verfassungsänderung, die kein Vorbild in den phönizischen Zuständen hat,[84] kann von der Einsetzung einer oligarchischen Regierung nicht die Rede sein, obwohl dies oft behauptet wird. Schon die bisherige Regierungsform in Karthago trug deutlich die Züge einer aristokratisch-oligarchischen Gesellschaft. Dagegen wird die Autonomie des monarchischen Heerführers endgültig und radikal eingeschränkt: der General ist jetzt auch während eines Kriegszuges an die in der Heimat geltenden Gesetze und juristischen Prozeduren gebunden, ein eigenes Kriegsrecht, durch das die militärische Führung die Möglichkeit gehabt hätte, in die inneren Verhältnisse Karthagos einzugreifen, wird dadurch ausgeschlossen.[85]

---

milcon et leurs ancêtres». Auch Caven [A.2] 195 irrt, wenn er den Ersatz des Königtums durch zwei Sufeten erst in die Zeit nach dem Tod des Himilko setzt).

[82] Vielleicht kam zuerst die Rechenschaftspflicht und dann die Wahl. Nach Einführung der Wahl wird die Ablegung der Rechenschaft natürlich nicht unnötig, wie sich an vielen vergleichbaren Beispielen des Beamtenrechts zeigt, s. allgemein W.K. Pritchett, The Greek State at War II, Berkeley 1974, 4 ff.; 34 ff.; für Athen e.g. G. Busolt/H. Swoboda, Griechische Staatskunde II, München 1926, 1069 ff.; 1079 f. Das Fehlen eines solchen Verfahrens in Rom beklagt Cic. leg. 3, 20, 46 f.; Aristot. Pol. 1271 a 5 für den Ältestenrat in Sparta, 1272 b 37 in Kreta. – Eine Liste angeklagter spartanischer Könige bei Carlier (A.52) 276 f. A.216; G.E.M. de Ste. Croix, The Origins of the Peloponnesian War, London 1972, 350 ff.

[83] Der zweite ut-Satz ist vom ersten abhängig; daher übersetzte Seel: «... damit diese aus Furcht davor im Krieg nur solche wohlüberlegten Befehle gäben, daß dabei die in der Heimat gültigen Gerichte und Gesetze berücksichtigt würden.»

[84] KAI 4, 6 f.; 10, 9 zur Gerechtigkeit als phönizischer Königstugend; Elayi (A.12) 36 f. zur iurisdiktionellen Kompetenz der phönizischen Könige; zu Israel s. K. Whitelam, The Just King, Sheffield 1979. – Gegen C. Clermont-Ganneau, Recueil d'archéologie orientale 2, 1898, 206 und N. Jidejian, Tyre, Beirut 1969, 83 hat der «Führer der Hundert», Abdbaal, in RES 1502 (cf. Semitica 30, 1980, 17 ff.) nichts mit einer dem karthagischen Gerichtshof vergleichbaren Institution zu tun; vgl. zu «Führern von Fünfzig/Hundert» E.W.B. Fentress, Numidia and the Roman Army, Oxford 1979, 53 f.; Elayi (A.12) 51 f.

[85] Der sog. Staatsgerichtshof der Einhundert hatte wenigstens z.Zt. des Aristoteles 104 Mitglieder, was W. Huß damit erklärt, daß in ihm die beiden Sufeten und die beiden Strategen Sitz und Stimme supra numerum gehabt hätten, WO 9, 1977/8, 253 f.; cf. auch Bacigalupo Pareo (A.27) 73 f. und schon früher F.C. Movers, Die Phönizier II 1, Berlin 1849, 552; vgl. Meltzer II 44 und Kahrstedt 585, die annehmen, daß die Sufeten von Amts wegen Mitglieder der Gerusie waren (anders aber E. Groag, Hannibal als Politiker, Wien 1929, 118 A.5). Gegen die Annahme von Huß spricht, daß es 1. wohl kein dauerndes Strate-

Der Gerichtshof war ein Ort der Rechenschaftspflicht im strengsten Sinne; es wurde nicht nur die Möglichkeit geschaffen, einen aus dem Krieg heimkehrenden General zu verklagen: jeder heimkehrende General mußte vor dem Gericht erscheinen.[86] Weitere Kompetenzen dieses «Staatsgerichtshofs» lassen sich nicht feststellen.[87] Seine Einrichtung zeigt nur deutlich, wie ungewöhnlich und herausragend – eben monarchisch – die Stellung der karthagischen Heerführer bisher war.

Die Einführung der Wahl des Feldherrn ist ab dem Jahr 410 zu beobachten, wie die im folgenden zitierten Quellen zeigen.

Für das Jahr 410 heißt es: εἰς δὲ τὴν τούτων διοίκησιν, ἂν ᾖ χρεία πολεμεῖν, στρατηγὸν κατέστησαν τὸν Ἀννίβαν κατὰ νόμους τότε βασιλεύοντα. Kurz vorher wurde gesagt, daß dieser Hannibal zu den vornehmsten karthagischen Aristokraten zählte, was nicht verwundert, denn er war ein Enkel des bei Himera gefallenen Hamilkar (Diod. 13, 43, 5).

Einige Jahre später, 406, wurde Hannibal wieder zum Strategen gewählt, wollte die Wahl aber wegen seines hohen Alters ablehnen. Offenbar einigte man sich in Karthago auf einen Kompromiß: Hannibal übernahm zwar die Strategie, neben ihm wurde aber ein zweiter Stratege aus seiner Verwandtschaft gewählt, Himilko.[88] Eine aus diesem Jahr stammende attische Inschrift zeigt,[89] daß die beiden Strategen gleichberechtigt waren.[90]

---

genkollegium gab, und daß 2. die Strategen kaum Sitz und Stimme in dem Gremium haben konnten, dessen einzige Pflicht eben in ihrer Kontrolle bestand. Gegen Meltzer II 49 ist auch keine Rechenschaftspflicht der Sufeten vor diesem Gericht anzunehmen.

86 Diod. 20, 10, 3 zeigt ebenso wie die von Wollner (A. 25) 65 f. notierten Passagen, daß das Gerichtsverfahren erst nach Ende des Krieges möglich wurde, der Feldherr unangreifbar war, solange er sich im Amt befand.

87 Aristot. Pol. 1273 a 15 bezeichnet die Hundert als μεγίστη ἀρχή; diese hohe Bedeutung des Gerichtshofes muß nach dem Modell der attischen δικαστήρια gebildet sein, die im Athen des 4. Jhrdts. als quasi-souveräne Instanzen angesehen wurden (κύρια τῆς πόλεως/πολιτείας, cf. M. H. Hansen, in: O. Murray/S. R. F. Price [Hrsgg.], The Greek City, Oxford 1990, 239 ff.). Die reale Bedeutung des Gerichtshofes in Karthago war wohl geringer, als der Ausdruck vermuten läßt; selbst wenn man Aristoteles ernst nimmt, kann nicht behauptet werden, die Hundert hätten die Tätigkeit aller Beamten überwacht (Hoffmann [A. 1] 349) – um von anderen Konstruktionen ganz zu schweigen.

88 Diod. 13, 80, 1 f.: ἑλόμενοι δὲ στρατηγὸν τὸν Ἀννίβαν . . . ἅπασαν αὐτῷ τὴν κατὰ τὸν πόλεμον ἐξουσίαν ἐπέτρεψαν, παραιτουμένου δὲ διὰ τὸ γῆρας, προκατέστησαν καὶ ἄλλον στρατηγὸν Ἰμίλκωνα τὸν Ἄννωνος ἐκ τῆς αὐτῆς ὄντα συγγενείας. Zu den verschiedenen möglichen Verwandtschaftsgraden Huß 115 A. 48.

89 B. D. Meritt, HStClPh Suppl. 1, 1940, 247 ff. (SEG 10, 136; StV II$^2$ 208); Meiggs/Lewis 92; IG I$^3$ 123 (Stoich. 36; vollständig ergänzt von Meritt, sehr zurückhaltend von Meiggs/Lewis; Z. 9 f.; 14 f. stimmen sie aber überein; 21 f. erwägen Meiggs/Lewis, was Meritt später druckt). 9 f.: ἐς Σικελ[ίαν πέμφσαι πρὸς στρα]/[τεγὸς Ἀννίβα]γ Γέσκον[ος καὶ Ἰμίλκονα Ἄννον]/[ος . . . 14 f.: [π]/[ρὸς στρατεγὸς Ἀννίβαγ Γέσκονος καὶ Ἰμ]ίλκο/[να Ἄννονος . . . 21 f.:

Derselbe Himilko ist auch im Jahr 397 Stratege der Karthager (Diod. 14, 49, 1), ohne daß von einer erneuten Wahl die Rede wäre.[91] Für 396 berichtet Diodor dann, die Karthager hätten die Rüstungsanstrengungen des syrakusanischen Tyrannen Dionysios übertreffen wollen (14, 54, 5): διόπερ Ἰμίλκωνα βασιλέα κατὰ νόμον καταστήσαντες ... Schon Meltzer hat gesehen, daß dieser Satz nicht korrekt ist und Beloch emendierte in Analogie zu der oben zitierten Passage: Ἰμίλκωνα ⟨τὸν⟩ βασιλέα κατὰ νόμον ⟨στρατηγὸν⟩ καταστήσαντες.[92]

In ähnlicher Formulierung wird zum Jahr 383 von der Wahl des βασιλεύς Magon zum Strategen berichtet.[93] Er fiel im Kampf, und zum neuen Strategen wurde sein Sohn gewählt.[94]

Im Jahr 345/4 bereiteten die Karthager den Krieg gegen Timoleon vor. Nachdem sie eine große Streitmacht versammelt hatten, wurde ein Hanno zum Strategen bestimmt (Diod. 16, 67, 1: Ἄννωνα στρατηγὸν ἐπιστήσαντες). Die Verhältnisse

---

[Καρχηδονίον οἵδε ὄμνυον τὸν ὅρκον· Ἀνν]ίβας / [ Γέσκονος, Ἰμίλκον Ἄννονος ... Gegen die Gleichberechtigung der Strategen meint Wollner (A. 25) 32 A. 72: «Himilco war als Stellvertreter des Hannibal und eventueller Nachfolger sicher auch bei Vertragsverhandlungen zugegen.» Weder ist irgendwo davon die Rede, daß Himilko Stellvertreter Hannibals gewesen sei, noch berichtet die Inschrift von Verhandlungen. Es geht vielmehr um einen Staatsakt, weshalb die gleichzeitige Nennung der beiden Strategen protokollarische Gründe hat. – Nach Wollner 32 spricht auch Diod. 13, 80, 2 für eine Gleichberechtigung der Strategen, was er dann aber wegen Iust. 19, 2, 7 ablehnt. Gegen Drews (A. 2) 56 A. 36 ist aus unserer Inschrift nicht abzuleiten, daß Hannibal und Himilko im Jahr 406 Sufeten gewesen sind.

[90] CIS I 5510, 7–11 heißt es: *wṭnt 'mtnt z bḥdš [p]ʿlt št 'šmn'ms bn 'dnbʿl hrb wḥn' bn bdʿštr[t] bn ḥn' hrb wylk rbm 'dnbʿl bn grskn hrb wḥmlkt bn ḥn' hrb ʿlš wtmk hmt 'yt 'grgnt wšt [']t šlm.* Die Inschrift wird von C. Krahmalkov, RSF 2, 1974, 171 ff. ins Jahr 407/6 datiert und so übersetzt: «and I installed this gift (at the time of) the new moon of *Pʿlt* (in) the year of Esmunamos son of Adnibal the magistrate and Hanno son of Bostar son of Hanno the magistrate and the general Adnibal son of Gisco the general and Himilco son of Hanno the general banished *'lš* (Personenname); and they seized Agrigentum and pacified it.» Vgl. auch v. d. Branden (A. 70) 139 ff. Gegen diese Interpretation und Übersetzung s. G. Garbini, StudMag 6, 1974, 14 f.; L. M. Hans, Karthago und Sizilien, Hildesheim 1983, 165 A. 70; Huß 117 A. 63; id., ZDMG 129, 1979, 224. Vgl. auch J. Teixidor, Bulletin d'épigraphie sémitique, Paris 1986, 374 f.; Garbini (A. 72) 24 f.; id. (A. 13) 165 A. 13. Krahmalkovs Erklärung wird nun in aller Ausführlichkeit von seinem Schüler Schmitz (A. 2) passim vertreten.

[91] Anders Wollner (A. 25) 40.

[92] Meltzer II 482; Beloch, GG III$^2$ 2, 116; dagegen de Sanctis III 1, 47 A. 126; V. Ehrenberg, RE IV A 1, 646. Bei Oros. 4, 6, 10 ist von *Himilco, rex Carthaginiensium* die Rede, was Beloch aber als eigene Zutat des Orosius ansieht und daher nicht weiter verwendet.

[93] Diod. 15, 15, 2: καταστήσαντες δὲ στρατηγὸν Μάγωνα τὸν βασιλέα. Nach Huß 138 ist nicht sicher, daß er mit dem im Jahr 392 operierenden Mago identisch ist; s. V. Ehrenberg, RE XIV 1, 497 zu den verschiedenen Versuchen, ihn in die Familie der Magoniden einzuordnen.

[94] Diod. 15, 15, 3: ἔπεσε δὲ καὶ Μάγων ὁ βασιλεὺς αὐτῶν ἀγωνισάμενος λαμπρῶς. 15, 16, 2: ἀντὶ δ' ἐκείνου στρατηγὸν κατέστησαν τὸν υἱὸν αὐτοῦ.

sind hier nicht ganz klar, weil im Jahr 344 ein gewisser Mago als Feldherr genannt wird.[95] Herrscht keine Konfusion in den Quellen, so muß man entweder annehmen, daß Mago den Hanno ablöste,[96] oder daß die beiden gleichberechtigt waren.[97] Nach der Niederlage am Krimisos wurde Gesko, der Sohn des Hanno, zum neuen Strategen gewählt.[98]

Im Jahr 311 wählten die Karthager einen ihrer herausragendsten Adligen, einen gewissen Hamilkar, zum Strategen (Diod. 19, 106, 2). Er kommandierte die karthagischen Truppen in Sizilien,[99] wo er im Kampf gegen Agathokles fiel. Als die Karthager deshalb seinen Untergebenen das Kommando übertrugen (20, 31, 2), erfahren wir, daß er den Titel eines βασιλεύς führte.[100] Diese Bezeichnung findet sich bei keinem anderen Feldherrn des Agathokleskrieges.

Während Hamilkar von 311–309 in Sizilien operierte, wurden im Jahr 310 zwei Strategen für den afrikanischen Kriegsschauplatz gewählt, die aus schon lange miteinander verfeindeten Familien stammten.[101]

---

[95] Plut. Tim. 13, 1 u. ö.; s. V. Ehrenberg, RE XIV 1, 497 ff.; Wollner (A. 25) 51 f.; 57.

[96] So Th. Lenschau, RE VII 2, 2353; Gsell II 246 A. 2; M. Sordi, Diodori Siculi Bibliothecae liber sextus decimus, Florenz 1969, 115 f.; cf. ead., Timoleonte, Palermo 1961, 14 f.; 39.

[97] Plut. Tim. 25, 2: Ἀσδρούβα καὶ Ἀμίλκα στρατηγούντων. Gsell II 422 A. 4; anders Huß 163 A. 59; cf. Wollner (A. 25) 54 f. zur Doxographie. Die Annahme könnte durch eine Notiz aus dem Jahr 342 gestützt werden, deren Wortlaut für die Gleichberechtigung der beiden Strategen spricht, Diod. 16, 73, 3: Καρχηδόνιοι δὲ τοὺς κατὰ τὴν Σικελίαν στρατηγοὺς ὁρῶντες ἀγεννῶς τὸν πόλεμον διοικοῦντας ἔκριναν ἑτέρους ἀποστέλλειν.

[98] Diod. 16, 81, 3: εὐθὺ δὲ Γέσκωνα τὸν Ἄννωνος πεφυγαδευμένον κατήγαγον καὶ στρατηγὸν ἀπέδειξαν διὰ τὸ δοκεῖν τόλμῃ τε καὶ στρατηγίᾳ διαφέρειν. Polyain 5, 11 nennt ihn αὐτοκράτωρ στρατηγός (aus diesem Zusatz läßt sich leider nichts weiter schließen).

[99] Diod. 20, 15, 1; 29, 2: Ἀμίλκας ὁ τῶν ἐν Σικελίᾳ δυνάμεων στρατηγός. Vgl. 30, 1: ἐπιφανέστατον τῶν πολιτῶν.

[100] Diod. 20, 33, 2: οἱ δὲ Καρχηδόνιοι περιαλγεῖς γενόμενοι καὶ βαρβαρικῶς προσκυνήσαντες συμφορὰν ἑαυτῶν ἐποιοῦντο τὸν τοῦ βασιλέως θάνατον καὶ πρὸς τὸν ὅλον πόλεμον ἄθυμοι καθειστήκεισαν. Vgl. Iust. 19, 1, 8 (über Hasdrubal): *veluti cum duce vires Poenorum cecidissent.* Die Diodorstelle reiht sich gut in andere Berichte über die Trauer beim Tod eines Königs (durch einen solchen Todesfall kommt es zum Ausbruch von Chaos und Unordnung), wäre beim Tod eines einfachen Feldherrn auch schwer erklärlich. Beispiele für die Trauer bei L. Koenen, ZPE 5, 1970, 253 f.

[101] Diod. 20, 10, 1 f.: στρατηγοὺς δὲ ἀπέδειξαν τῶν δυνάμεων Ἄννωνα καὶ Βόρμιλκαν πατρῴαν ἔχθραν ἔχοντας. Huß 186 A. 75 hält dies für den ersten Fall gleichberechtigter Strategen, doch s. 85. Auch Aristot. Pol. 1273 a 30, geschrieben zwischen 334 und 322 (H. Flashar, in: id. [Hrsg.], Die Philosophie der Antike [Ueberweg] III, Basel 1983, 182; Schütrumpf [A. 20] II 95 ff.), bezeugt eine Mehrzahl von Strategen. – Iustin 22, 7, 7 spricht von *Bomilcar rex* (τπι, *dux C,* Oros. 4, 6, 32) *Poenorum,* doch ist hiermit wenig anzufangen; zur Überlieferungslage vgl. 73 A. 26; vgl. auch Beloch, GG $III^2$ 2, 119 f.; Bacigalupo Pareo (A. 27) 65. – Diod. 20, 60, 3; 4 werden ein Hanno und ein Himilko als karthagische Generäle genannt. Auch wenn ihre Verbindung unklar ist, so kann man dies immerhin wieder als Hinweis auf zwei gleichberechtigte Strategen interpretieren.

Das ist alles, was wir über die Ernennung karthagischer Strategen aus der Zeit vor dem ersten punischen Krieg erfahren. Hinzu tritt noch eine allgemeine Bemerkung Diodors, daß die Karthager ihre angesehensten Bürger zu Offizieren und Generälen wählten (τοὺς γὰρ ἐπιφανεστάτους τῶν ἀνδρῶν ἐν μὲν τοῖς πολέμοις προάγουσιν ἐπὶ τὰς ἡγεμονίας, 20, 10, 3).

Die vorgeführten Quellen zeigen, daß der König am Ende des 5. Jhrdts. nicht mehr automatisch Feldherr der Karthager war. Es handelt sich hier um die Einführung der Strategie als Amt, die genausowenig wie die Einrichtung des «Staatsgerichtshofes» mit der Einsetzung einer neuen, oligarchischen Regierung identisch war.[102] Die Veränderung der Verfassung ging nicht mit einem abrupten sozialen Umsturz einher, der die Königsfamilie zusammen mit ihrer Stellung vernichtet hätte. Die ersten Strategen, von deren Wahl unter den neuen Verhältnissen wir hören, waren weiterhin Magoniden, d.h. Angehörige der Königsfamilie.[103] Die genauen Verwandtschaftsverhältnisse sind schwer zu bestimmen, doch kommt es darauf auch nicht so sehr an, da das Königtum selbst auch keine direkte Vater – Sohn – Folge erforderte.

Erst während der Auseinandersetzung mit Timoleon, d.h. in der Mitte des 4. Jhrdts., ist von Strategen die Rede, die keine Magoniden waren. Gleichzeitig hören wir zum ersten Mal von zwei Strategen auf demselben Kriegsschauplatz,[104] von einer Absetzung der Feldherren im Krieg und von einer Neuwahl. Während des Krieges gegen Agathokles waren die Verhältnisse ähnlich. Die einzige Ausnahme bildet die zeitweilige Existenz von drei Strategen, die sich aber leicht durch die Verteilung des Krieges auf zwei Schauplätze erklärt (Sizilien und Afrika). So weit wir sehen können, waren diese Strategen gleichberechtigt, wie es bereits im Jahr 406 der Fall war.

Aber 406 teilte der alternde Hannibal seine Macht freiwillig mit einem Verwandten, während in der Mitte des 4. Jhrdts. eine institutionelle Änderung anzunehmen ist. Von nun an gibt es keinen einzelnen στρατηγός mehr, sondern nur noch ein Zweierkollegium. Neben sachlichen Notwendigkeiten hat sicher auch der von Diodor genannte Grund eine große Rolle gespielt: die Karthager sollen Zwietracht zwischen ihren Feldherren für ein Mittel zum Schutz der Stadt gehalten haben.[105] Demnach wäre die doppelte Strategie von den Karthagern als bewußte Schwächung der Generalität verstanden worden. Eine doppelte Spitze im militärischen Oberkommando, die notwendig Mißverständnisse und Reibereien

---

102 Anders Picard, Karthago 87f.

103 Cf. Sanders (A.2) 81f.; Maurin (A.57) 7 drückt noch seine Verwunderung über ein weiteres Auftreten der Magoniden aus.

104 Isokr. Nikokl. 25 sagt noch: ἕνα μόνον στρατηγόν.

105 Diod. 20, 10, 2: ἡγοῦντο γὰρ διὰ τὴν ἰδίαν τούτοις (scil. τοῖς στρατηγοῖς) ἀπιστίαν καὶ διαφορὰν κοινὴν ἔσεσθαι τῆς πόλεως ἀσφάλειαν. Skeptisch allerdings Gsell II 244 A.1.

verursachen mußte, war ja auch mehr als nur eine Halbierung der Macht. In dauernder Konkurrenz mit dem Kollegen hatte sich jeder General der Rückendeckung durch den Adel zu versichern, der der eigentliche Nutznießer der Änderungen war.[106]

Der Monarch hatte seine politische Macht verloren, aber es gab immer noch Träger dieses Titels, die wichtige Funktionen im karthagischen Staat ausübten.[107] Die letzte Bezeugung eines Königs stammt aus der Zeit des zweiten punischen Krieges. Anläßlich des Rhone-Übergangs Hannibals erwähnt Polybios einen Offizier Ἄννων ὁ Βοαμίλκου τοῦ βασιλέως (3, 42, 6). Kaum zu vertreten ist die Ansicht, daß Bomilkar gerade in diesem Jahr Sufet gewesen sei,[108] während er oder sein Sohn sonst ohne diesen Zusatz genannt worden seien. Da die Bezeichnung sonst nirgends verwendet wird, verbietet sich auch die Annahme, Polybios habe den Hanno als Sohn eines ehemaligen Sufeten vorstellen wollen.[109] In diesem Fall müßten wir nämlich ähnliche Ausdrücke auch bei anderen Offizieren Hannibals finden. Scheidet aber diese Interpretation aus, so muß Hanno der Sohn des letzten uns bezeugten karthagischen Königs gewesen sein.[110] Königsamt und Titel haben, wie auch schon oben an Hand der Strategen des 4. Jhrdts. zu sehen war, die Trennung vom Militärkommando überlebt.

Ein Königtum, das seine letzte politische Funktion verloren hatte, konnte eigentlich nur eine sakrale Würde behalten haben.[111] Dies ist zwar nicht direkt zu beweisen, wird aber plausibel durch Erscheinungen wie den ἄρχων βασιλεύς in Athen oder den *rex sacrorum* in Rom.[112] Erwähnenswert ist immerhin, daß es zu

---

[106] Von einer Erstarkung der Aristokratie spricht auch Maurin (A. 57) 16.

[107] Zur Behauptung, daß die bei Diodor und anderswo erwähnten βασιλεῖς Sufeten seien, wird im nächsten Abschnitt Stellung genommen.

[108] So aber z. B. B. Niese, RE III 1, 680; Th. Lenschau, RE VII 2, 2357 und verschiedene Polybiosübersetzungen (e. g. Paton, Drexler, de Foucault). Falsch zur Stelle auch Meltzer I 485 f.; richtig A. H. L. Heeren, Ideen über die Politik[4] II 1, Göttingen 1825, 136.

[109] So Huß (A. 2) 27; Sznycer (A. 14) 573 hat allerdings behauptet, daß der Titel Sufet dem Beamten für den Rest des Lebens bleibe. Er schließt dies aus den zahlreichen uns bekannten Sufeten, doch darf man sich da von der großen Zahl nicht täuschen lassen (zusammengestellt bei Huß [A. 2] 36 ff.): es handelt sich in der Regel um Angaben auf Grabinschriften, in Genealogien, wo ganz natürlich der höchste Titel genannt wird, den die Vorfahren des Toten geführt haben – doch läßt sich daraus kein Argument für ein Weiterführen dieses Titels konstruieren.

[110] Cf. G. Picard, REL 41, 1963, 279 A. 3; id., Soc. Bodin (A. 38) 134; Bacigalupo Pareo (A. 27) 83.

[111] Picard (A. 7) 151 meint, daß die Könige Vorsitzende des Ältestenrates gewesen seien. Nach allem, was wir wissen, übten aber die Sufeten diese Funktion aus.

[112] In anderen Städte gab es gar ein sakrales Kollegium von βασιλεῖς, P. Herrmann, IM 15, 1965, 89 f. Ein schönes Beispiel für die wesentlich religiösen Aufgaben und Ehrenvorrechte einer entmachteten Königssippe bei Strab. 14, 1, 3 p. 633; vgl. für Rom z. B. A. Heuß, NGA 1982, 435 ff.

römischen Zeiten in einigen afrikanischen Städten ebenfalls einen *rex sacrorum* gab,[113] der seinen Ursprung nicht in Rom gehabt haben kann.[114]

Über die Zustände in Karthago zur Zeit des dritten punischen Krieges liegen uns dank Appian recht ausführliche und verläßliche Angaben vor. Ein König wird nirgends genannt, so daß das Amt entweder ganz untergegangen oder völlig bedeutungslos geworden ist.[115]

## 5. Βασιλεὺς κατὰ νόμους

Diodor nennt im 5. und 4. Jhrdt. eine Reihe von Magoniden als Feldherrn der Karthager. Da diese Familie im 6. und 5. Jhrdt. die Könige Karthagos stellte, lag der Schluß nahe, daß es sich bei diesen Personen ebenfalls um karthagische Könige handelte. Als eher indirekte Bestätigung dieser Ansicht ist es zu verstehen, wenn sie bei Diodor mit dem Titel βασιλεύς (κατὰ νόμους) ausgezeichnet wurden.[116] Diese Könige, denen der Titel keine reale Macht mehr verlieh, konnten – wie jeder andere Adlige – zum Strategen gewählt werden. In der ersten Zeit nach Einfüh-

---

[113] P. Pouthier, MEFRA 68, 1956, 216 f.; Lüdemann (A. 42) 74 erklärt auch den *rab cohanim* zum Überbleibsel des alten, erblichen Königtums.

[114] Vgl. die Vermutung von Garbini (A. 13) 155; id., in: La religione fenicia, Rom 1981, 35, daß die Erhebung der *Tnt* im Karthago des 5. Jhrdts. zur Schwächung der religiösen Komponente des Königtums vorgenommen worden sei. Umgekehrt überlegt C. Bonnet, SP 4, 1986, 214 f., daß Melqart wegen des in Karthago fehlenden Königtums an Bedeutung verloren habe, cf. ead. (A. 1) 186.

[115] Folgendes nur als unsichere Vermutung: es ist vielleicht nicht ausgeschlossen, daß mit der Zeit die sakrale Komponente des Königtums auf die Sufeten überging. In Tyros übte der König das Amt eines ἐγερσίτης des Melqart aus, vgl. 60 A. 224 u. 225. Auch in Pyrgi/Caere wurde es vom Oberhaupt der Stadt ausgeübt, s. nach KAI 277 e. g. J. Ferron, ANRW I 1, Berlin 1972, 197 ff. In der Zeit des zweiten und dritten punischen Krieges ist in Karthago ein Sufet oder ein Rab der ἐγερσίτης (Lipinski [A. 44] 57 f.; Huß 461; id., SP 4, 1986, 235; Gnomon 61, 1989, 144 u. Atti II 1, 123 A. 49).

[116] Ich wiederhole hier noch einmal die oben zitierten Stellen. Diod. 13, 43, 5: στρατηγὸν κατέστησαν τὸν Ἀννίβαν κατὰ νόμους τότε βασιλεύοντα. 14, 54, 5: Ἰμίλκωνα ⟨τὸν⟩ βασιλέα κατὰ νόμον ⟨στρατηγὸν⟩ καταστήσαντες. 15, 15, 2: καταστήσαντες δὲ στρατηγὸν Μάγωνα τὸν βασιλέα. Des weiteren wird der Feldherr Hamilkar anläßlich seines Todes i. J. 309 als βασιλεύς genannt, 20, 33, 2. – Auf den entsprechenden Angaben in Autoren des 4. Jhdts. beruht Theophrast (?), in: W. W. Fortenbaugh et alii, Theophrastus of Eresus II, Leiden 1992, 604 ff. Nr. 7, 221 ff.: εἰ δὲ δή ποτ᾽ ἐπ᾽ αὐτῷ ἡ πολιτεία, δεῖ οὖν ἕνα ἀεὶ ἄνδρα πολλοῖς ἁπαξάπασιν προσάρχειν τὰς μεγίστας ἀρχάς, οἷον . . . ἐν Καρχηδόνι βασιλεῦσαι καὶ στρατηγῆσαι. Der folgende Satz bezieht sich nicht mehr auf Karthago, wie etwa J. H. Oliver, The Civic Tradition and Roman Athens, Baltimore 1983, 49 hervorgehoben hat. – Wie die Texte zeigen, ist die gelegentlich zu findende Behauptung (Maurin [A. 57] 16 f.; Bacigalupo Pareo [A. 27] 66; Sznycer [A. 2] 295; Wollner [A. 25] 40 cf. 49 A. 168), der Titel βασιλεύς sei anläßlich der Kriegssituation verliehen worden, falsch.

rung der Strategenwahl zog man die Mitglieder der königlichen Familie bei der Vergabe der militärischen Aufgaben sogar vor.

Im Gegensatz dazu versteht der größte Teil der modernen Forschung unter den hier genannten βασιλεῖς die karthagischen Sufeten.[117] Die Wahl des Sufeten zum Strategen in besonders kritischen Situationen soll eine Art von Notstandsrecht gewesen sein.[118] Behauptet wurde sogar, daß «sie als Generale gar nicht anders denn als Sufeten tätig werden konnten», d.h. daß diese Personalunion für jeden Kriegsfall zwingend vorgeschrieben gewesen sein soll.[119]

Wichtigste Stütze für die Identifikation des βασιλεὺς κατὰ νόμους mit einem Sufeten ist ein Passus in der Platonvita des Diogenes Laertios.[120] Dieser Autor des 3. Jhrdts. n. Chr. schreibt (3, 82 f.): τῆς δὲ βασιλείας ἡ μὲν κατὰ νόμον, ἡ δὲ κατὰ γένος ἐστίν. ἡ μὲν οὖν ἐν Καρχηδόνι κατὰ νόμον· πωλητὴ γάρ ἐστιν. ἡ δὲ ἐν Λακεδαίμονι καὶ Μακεδονίᾳ κατὰ γένος· ἀπὸ γάρ τινος γένους ποιοῦνται τὴν βασιλείαν. Aus der Käuflichkeit der karthagischen βασιλεία (κατὰ νόμον) wird der Schluß gezogen, daß es sich nicht um eine erbliche Stellung, sondern eben um ein immer wieder zu besetzendes Staatsamt handelt: das Sufetat. Bei der Bewertung der Passage darf man allerdings nicht aus dem Auge verlieren, daß der Bezug auf Karthago erst durch eine – keinesfalls sichere – Platoninterpretation des Diogenes hergestellt wird.[121]

---

[117] Allgemein Huß (A. 2) passim; zu Hannibal i. J. 410 s. z. B. Th. Lenschau, RE VII 2, 2318; Huß 109; zu Himilko s. Th. Lenschau, RE VIII 2, 1642; zu Mago s. V. Ehrenberg, RE XIV 1, 497; Huß 138; Himilko u. Mago, Drews (A. 2) 55.

[118] S. hierzu bes. Huß (A. 2) 28 f.; id., Ἀναγέννησις 2, 1982, 236; cf. Tsirkin (A. 1) 138. Abzulehnen sind einige Mischungen dieser beiden Varianten: Movers (A. 85) 540 und Meltzer II 71 glaubten, ein Feldherr mit besonderer Kompetenz, ein στρατηγὸς αὐτοκράτωρ, sei mit dem Titel βασιλεύς belegt worden. I. Hahn, in: E. Ch. Welskopf (Hrsg.), Hellenische Poleis II, Berlin 1974, 854 A. 57 meint, βασιλεύς habe anfangs den Feldherrn, später jeden einflußreichen Politiker bezeichnet.

[119] Huß (A. 2) 29 cf. 28: «Zwar war diese Trennung der Gewalten grundsätzlich in der Tat in Geltung – jedoch nur in Friedenszeiten.» Nachgewiesen werden müßten erst einmal die Existenz eines stehenden Heeres in jeder Epoche der karthagischen Geschichte, ferner die jährlichen Wahlen von Strategen. Zumindest unsere Quellen erwecken den Eindruck, daß die Karthager Strategen jeweils nur für einen bestimmten Krieg wählten, und es kein dauernd amtierendes Strategenkollegium gab; cf. 104 f. (Wahl des Strategen erst nach den Rüstungsbeschlüssen der Gerusie).

[120] S. e. g. Meltzer II 482; Bacigalupo Pareo (A. 27) 66.

[121] Die Passage stammt aus einer Paraphrase der platonischen Staatslehre, die sich in diesem Teil auf Rep. 544 c/d beziehen muß: δυναστεῖαι γὰρ καὶ ὠνηταὶ βασιλεῖαι καὶ τοιαῦταί τινες πολιτεῖαι μεταξύ τι τούτων πού εἰσιν (scil. Zwischenformen der vorher aufgeführten Staatsformen), εὕροι δ' ἄν τις αὐτὰς οὐκ ἐλάττους περὶ τοὺς βαρβάρους ἢ τοὺς Ἕλληνας. Mit Hinweis auf Aristot. Pol. 1273 a 36 f.; wo über die Karthager gesagt wird: φαῦλον τὸ τὰς μεγίστας ὠνητὰς εἶναι τῶν ἀρχῶν, τήν τε βασιλείαν καὶ τὴν στρατηγίαν, wird bei Plato gerne ein Hinweis auf Karthago gesehen, wobei βασιλεία dem Sufetat entspreche, e. g. J. Adam,

Der Vergleichspunkt zwischen Diogenes Laertios und Diodor liegt in dem Ausdruck βασιλεία κατὰ νόμους, der von beiden Autoren auf Karthago bezogen wird. Bei der terminologischen Unsicherheit hinsichtlich der karthagischen Institutionen kann es weder für die eine noch für die andere Ansicht von Bedeutung sein, ob andere Autoren mit βασιλεύς oder *rex* einen Monarchen, Sufeten oder Inhaber anderer Staatsämter bezeichneten.

Wenn Diodor bei der Darstellung der sizilischen Geschichte des 5. und 4. Jhrdts. mehrmals von einem βασιλεὺς κατὰ νόμους spricht, so hat er den Ausdruck seinen Quellen entnommen, d. h. dem Ephoros oder dem Timaios. Nach Parallelen sollte man daher nicht bei einem Schriftsteller des 3. Jhrdts. n. Chr. suchen, sondern bei den Zeitgenossen von Diodors Quellenautoren. Dabei gerät man in die politische Diskussion der ausgehenden Klassik und des beginnenden Hellenismus, in der die Frage nach der idealen Königsherrschaft eine große Rolle spielte. Zunehmend wurde die Führung durch einen König als nötig empfunden, zunehmend geriet man aber auch unter den Druck der Könige: unter diesen Umständen entwickelte sich das Ideal eines an die Gesetze gebundenen Alleinherrschers, das schließlich in letzter Steigerung dahin führte, im König den νόμος ἔμψυχος zu sehen.

Schon dies zeigt, daß der βασιλεὺς κατὰ νόμους bei einem Autor des 4. oder 3. Jhrdts. kein Beamter eines Staates gewesen sein kann. In der frühen Akademie[122] und bei Xenophon stellt der an die Gesetze gebundene König einen Gegensatz zum Tyrannen dar. In den Memorabilien wird so definiert:[123] τὴν μὲν γὰρ ἑκόντων τε τῶν ἀνθρώπων καὶ κατὰ νόμους τῶν πόλεων ἀρχὴν βασιλείαν ἡγεῖτο, τὴν δὲ ἀκόντων τε καὶ μὴ κατὰ νόμους, ἀλλ' ὅπως ὁ ἄρχων βούλοιτο, τυραννίδα.[124] Der

---

The Republic of Plato II, Cambridge 1907, ad loc.; A. Bloom, The Republic of Plato, New York 1968, 467. Diogenes Laertios scheint auch so gedacht zu haben. Mit Verweis auf diese beiden Stellen überlegt M. Gigante, Diogene Laerzio, Vite dei filosofi, Bari 1962, 564, ob im Text des Diogenes nicht zu schreiben ist: ὠνητὴ γάρ ἐστιν (ältere Ausgaben drucken sogar πολιτικὴ γάρ ἐστιν). Zur «Käuflichkeit» karthagischer Ämter s. 171 f. – Vgl. auch Bacigalupo Pareo (A. 27) 66; Movers (A. 85) 482.

122 Ps. Plat. Def. 415 b: βασιλεὺς ἄρχων κατὰ νόμους ἀνυπεύθυνος. Der König ist hier an die Gesetze gebunden; das Fehlen jeglicher εὐθύνη unterscheidet ihn wesentlich von einem Magistrat. Die Parallelen aus dem Werk Platons notiert H. G. Ingenkamp, Untersuchungen zu den pseudoplatonischen Definitionen, Wiesbaden 1967, 90.

123 Mem. 4, 6, 12; zur Funktion s. H. R. Breitenbach, RE IX A 2, 1833. Vgl. zur Stelle H. Volkmann, Endoxos Duleia, Berlin 1975, 71. Bezeichnend sind auch die Ausführungen Ages. 7, 2: besonders vorteilhaft für Sparta sei es, ὅτι δυνατώτατος ὢν ἐν τῇ πόλει φανερὸς ἦν μάλιστα τοῖς νόμοις λατρεύων. τὶς γὰρ ἂν ἠθέλησεν ἀπειθεῖν ὁρῶν τὸν βασιλέα πειθόμενον; τίς δ' ἂν ἡγούμενος μειονεκτεῖν νεώτερόν τι ἐπεχείρησε ποιεῖν εἰδὼς τὸν βασιλέα νομίμως καὶ τὸ κρατεῖσθαι φέροντα.

124 Ähnliche Ideen gibt es natürlich auch an anderen Stellen, nur sind sie nicht mit dieser terminologischen Präzision ausgedrückt worden, e. g. Thuk. 1, 13, 1 (vgl. 5, 66, 2?); Σ Aristoph. Ach. 61 a; Plat. Nom. 684 a/b; Xen. Ages. 2, 16 mit Carlier (A. 52) 275 f.; Isokr. Ni-

König unterscheidet sich vom Tyrannen, da er mit Zustimmung seiner Untertanen regiert; die Zustimmung erlangt er, indem er sich an die Gesetze gebunden fühlt und sie nicht willkürlich überschreitet. Auch wenn hier nicht der Gegensatz zwischen einem Beamten und einem König im Mittelpunkt steht, ist dennoch deutlich, daß Xenophons βασιλεύς eben kein Beamter ist.

Aristoteles unterscheidet in den Politika mehrere Arten des Königtums und sagt dabei (1285 a 2–8; 14–16): ἡ γὰρ ἐν τῇ Λακωνικῇ πολιτείᾳ δοκεῖ μὲν εἶναι βασιλεία μάλιστα τῶν κατὰ νόμον. οὐκ ἔστι δὲ κυρία πάντων, ἀλλ' ὅταν ἐξέλθῃ τὴν χώραν ἡγεμών ἐστι τῶν πρὸς τὸν πόλεμον· ἔτι δὲ τὰ πρὸς τοὺς θεοὺς ἀποδέδοται τοῖς βασιλεῦσιν. αὕτη μὲν οὖν ἡ βασιλεία οἷον στρατηγία τις αὐτοκρατόρων καὶ ἀΐδιός ἐστιν.[125] ... ἓν μὲν οὖν τοῦτ' εἶδος βασιλείας, στρατηγία διὰ βίου, τούτων δ' αἱ μὲν κατὰ γένος εἰσίν, αἱ δ' αἱρεταί. Bei Aristoteles lautet der Gegensatz anders als bei Diogenes: βασιλεία κατὰ γένος oder κατὰ νόμους stehen einander nicht gegenüber. Die βασιλεία κατὰ νόμους kann auf Wahl oder auf Erbschaft[126] beruhen, da es bei diesem Begriff nicht um die Art der Erwerbung eines Amts geht, sondern um die konstitutionelle Einbindung des Monarchen in den Staat.[127] In Sparta z. B. wird ja gerade die Erbfolge der Könige durch einen νόμος striktester Art geregelt.[128] Die βασιλεία ist in dieser Form wenig mehr als eine Magistratur.[129]

In der oben beschriebenen Form ist das karthagische Königtum – wie z. B. auch das spartanische – ein Königtum im gesetzlichen Rahmen gewesen, das sein langes Bestehen eben mit der zunehmenden Einbuße an Macht bezahlte.[130] So ist es wohl keine Frage, daß auch die karthagischen Monarchen als βασιλεῖς κατὰ νόμους bezeichnet werden konnten und die entsprechenden Passagen bei Diodor eben nicht die Sufeten meinen.[131]

---

kokl. 18. Später spricht Ps. Aristeas 279 davon, das κατακολουθεῖν τοῖς νόμοις sei Aufgabe eines guten Königs.

125 Gut interpretierende Paraphrase bei E. Braun, Das dritte Buch der aristotelischen «Politik», Wien 1965, 161 f.

126 Dies zeigt auch 1285 a 19 noch einmal, wo es von einigen Königsherrschaften bei den Barbaren heißt: εἰσὶ δὲ κατὰ νόμον καὶ πάτριαι.

127 Die verfassungsmäßige Verankerung der βασιλεία κατὰ νόμους findet auch darin ihre Bestätigung, daß dies Amt in einem aristokratischen Staat genauso auftauchen kann wie in einem demokratischen, Pol. 1287 a 3–6; cf. Braun (A. 125) 196 f.

128 Carlier (A. 52) 240 ff.; hierauf verweist jetzt auch G. Picard, Karthago 22, 1988/89, 84.

129 Pol. 1286 a 2–4; G. J. D. Aalders, Entretiens Hardt 11, 1965, 209 f.; cf. id., Die Theorie der gemischten Verfassung im Altertum, Amsterdam 1968, 61. Zu Aristoteles und Sparta s. E. Braun, Die Kritik der lakedaimonischen Verfassung in den Politika des Aristoteles, Klagenfurt 1956; id., ÖJh 43, 1956/8, 131 ff.; R. A. de Laix, JHPh 12, 1974, 21 ff.

130 Nach Aristot. Pol. 1313 a 18 ff. die einzige Art, in der eine Monarchie sich langes Überleben sichern konnte.

131 In der Kaiserzeit nimmt Dio Chrysostomos die Definition der Akademie in einer seiner Kaiserreden wieder auf, or. 3, 43 (I p. 41 v. Arnim): λέγεται γὰρ ἡ μὲν ἀρχὴ νόμιμος

Es gibt somit kein einziges Beispiel für die Bekleidung von Sufetat und Strategie durch dieselbe Person.[132] Starke Indizien sprechen vielmehr dafür, daß die Karthager diese Ämter sorgfältig voneinander getrennt hielten.[133] Gegen die Einführung eines Notstandsrechtes in Kriegszeiten (als solches wurde ja die Kombination von Strategie und Sufetat vorgestellt) spricht vor allem der Befund aus der Zeit des zweiten und dritten punischen Krieges: gerade für diese Epoche besitzen wir ja relativ viel Material und gerade damals wäre die Anwendung eines Notstandsrechtes des öfteren angebracht gewesen. Es ist nirgends zu finden.

## 6. Zusammenfassung

Alle früheren Stellungnahmen zur Frage der Monarchie in Karthago hatten den Nachteil, die jeweiligen Ansichten in extremer Zuspitzung zu präsentieren. Entweder wurde angenommen, daß es gar keine karthagischen Könige gab, oder man ging von einer absoluten Herrschaft der Könige aus, die bis zum Ende des 4. Jhrdts. bestanden haben soll – um dann später (unter den Barkiden) wieder aufzuleben. Es fiel den Vertretern der verschiedenen Seiten nicht schwer, Argumente

---

ἀνθρώπων διοίκησις καὶ πρόνοια ἀνθρώπων κατὰ νόμον, βασιλεία δὲ ἀνυπεύθυνος ἀρχή, [βασιλεὺς δὲ καὶ αὐτοκράτωρ ὁ αὐτὸς ἀνυπεύθυνος ἄρχων] ... In c. 45 werden drei Verfassungsformen genannt, die κατὰ νόμον sind, die erste von ihnen ist die Herrschaft eines ἀνὴρ ἀγαθὸς γνώμῃ καὶ ἀρετῇ. Zur Beziehung auf Trajan s. etwa C. P. Jones, The Roman World of Dio Chrysostomos, Cambridge 1978, 119f. und vgl. B. Maier, Philosophie und römisches Kaisertum, Diss. Wien 1985, 246f.; s. ansonsten V. Valdenberg, REG 40, 1927, 157ff.; ibid. 159ff. zur Bindung des Königs durch die Gesetze. Aus der Beziehung auf die Adoptivkaiser kann schließlich die Bedeutung entstanden sein, in der Diogenes Laertios den Terminus benutzte.

[132] Huß (A. 2) 39 zitiert Hamilkar Barkas in seiner Liste von Sufeten, da Diod. 24, 5, 2 von ihm sagt: ἀμφότερον, βασιλεύς τ' ἀγαθὸς κρατερός τ' αἰχμητής (Hom. Il. 3, 179). Diese Deutung ist natürlich unzulässig.

[133] Vgl. 114ff. Isokrates vergleicht in einer Rede (Nikokl. 24) die karthagische mit der spartanischen Verfassung; beide hält er für vorbildlich (G. Dobesch, Der panhellenische Gedanke im 4. Jhrdt., Wien 1968, 196 A. 7. Zum ganzen Kontext s. Chr. Eucken, Isokrates, Berlin 1983, 255ff.; ibid. 215 zum Datum: zwischen 374 und 367. Zur Verbindung von Monarchie und Heerwesen bei Isokrates s. W. Lengauer, Greek Commanders in the 5th and 4th Centuries B. C., Warschau 1979, 129ff.): ἔτι δὲ Καρχηδονίους καὶ Λακεδαιμονίους ... οἴκοι μὲν ὀλιγαρχουμένους, περὶ δὲ τὸν πόλεμον βασιλευομένους. Gedankenführung und Vergleich mit Sparta sprechen für eine Trennung von ziviler und militärischer Gewalt. – In seiner Diskussion der karthagischen Verfassung bezeichnet Aristoteles den Sufeten als βασιλεύς: seine βασιλεῖς werden nicht nur gewählt, sondern führen zusammen mit dem Rat die politischen Geschäfte und leiten die Volksversammlung. In Pol. 1273 a 30 werden die Sufeten neben und getrennt von den Strategen genannt: τὰς μεγίστας (scil. ἀρχὰς) τούς τε βασιλεῖς καὶ τοὺς στρατηγούς. Cf. Pol. 1273 a 36f.; vgl. hierzu Schmitz (A. 2) 203.

gegeneinander zu finden. Ausgehend vom «Modell Hamilkar» lassen sich die wenigen Quellenzeugnisse zu einem differenzierteren Bild zusammenfügen.

Der karthagische König war ursprünglich ein mächtiger Monarch, aber seine Befugnisse wurden im Laufe der Zeit immer weiter beschnitten. Im 6. und beginnenden 5. Jhrdt. war der König nicht viel mehr als ein primus inter pares unter den karthagischen Adligen; ihn zeichnete vor allem noch sein Königscharisma aus. Für uns erkennbar wird seine Entmachtung durch die Existenz eines mächtigen Adelsrates, dem – neben anderen Kompetenzen – die Entscheidung über Krieg und Frieden oblag. Außer diesem Adelsrat müssen auch andere Institutionen von der Neuverteilung der Zuständigkeit im zivilen Bereich profitiert haben (z.B. das Sufetat). Der König selbst blieb der unumschränkte Heerführer; wurde ein Krieg beschlossen, so lag dessen Führung – ohne personelle Alternative – bei ihm. Der wichtigste Grund für diese Regelung ist wohl in der sakralen Komponente des karthagischen Königtums zu finden,[134] aber eine Reihe anderer Momente werden ebenfalls eine Rolle gespielt haben: auch nach seiner Entmachtung blieb der König einer der großen Herren in der Stadt; wollte ein archaischer Staat Krieg führen, so beauftragte er oft einen mächtigen Adligen mit der Unternehmung. Die Größe seines Gefolges wird den König empfohlen haben; zudem hatte er mehr Chancen als sonst jemand, eine bedeutende Zahl seiner Standesgenossen zu mobilisieren.

Die wachsende Macht des Adels verringerte das zentrale Gewaltmonopol des Staates, wodurch Privatkriege möglich wurden.[135] Der König, der nicht mehr mit dem Staat identisch, sondern nur noch sein Feldherr war, konnte ebenso wie die anderen Adligen auf eigene Rechnung zu Felde ziehen. Seine Rolle ist nach dieser Vorstellung zweigeteilt, was aber nicht ohne Parallelen ist; man kann an die Aktionen einzelner Mitglieder des spartanischen Königshauses (Dorieus, Leonidas, vor allem aber Kleomenes) erinnern; schon in der Odyssee wird das Nebeneinander der beiden Möglichkeiten als normal empfunden.[136]

---

[134] Bezeichnend ist hier wieder der Vergleich mit den spartanischen Königen, Carlier (A. 52) 297: «Mais si l'un des deux rois doit obligatoirement accompagner l'armée civique, c'est parce que les rois sont seuls capables, par leurs sacrifices, d'obtenir l'appui des dieux, c'est parce qu'ils sont, d'une certaine façon, des talismans de supériorité.» Ibid. A. 343: «La présence du roi sur le champ de bataille est au centre d'une série complexe d'interactions magiques. Le roi est d'une certaine manière le salut de l'armée, mais la vie même du roi parait liée au feu sacré qui précède les troupes. C'est aussi, au moins en partie, par l'intercession du roi que s'exerce la protection des Dioscures . . .»

[135] Für Griechenland und Rom nimmt F. Hampl, Geschichte als kritische Wissenschaft III, Darmstadt 1979, 18 f. an, daß sich die Gemeinde nur für Verteidigungskriege zuständig fühlte; dies läßt sich nicht unbedingt auf Karthago übertragen, wo ja auch zu Beginn eine festere Staatlichkeit existiert haben muß.

[136] Zu den Spartanern s. 45 (Leonidas), 38 (Kleomenes). Homer: Od. 14, 229 ff. (über einen kretischen König) mit Hampl (A. 135) 15: «eine sozusagen offizielle staatliche Aktion also, zu welcher der adlige Herr gleichsam eingezogen wurde, während jene Beutefahrten

Im Laufe des 5. Jhrdts. änderten sich die hier besprochenen, archaischen Verhältnisse radikal; von nun an wurden die Strategen gewählt und waren einem vom Adelsrat konstituierten Gericht rechenschaftspflichtig. Daß in den ersten Jahrzehnten nach dieser Reform weiterhin Angehörige der Königsfamilie als Generäle fungierten, ändert nichts an dem grundlegenden Charakter dieses Vorganges: von nun an war das Königtum verfassungsmäßig von der militärischen Gewalt getrennt; der Monarch hatte seine letzte wichtige Machtposition verloren und war auf den sakralen Sektor zurückgedrängt; aber auch in diesem Bereich muß er mit der Zeit an Kompetenz verloren haben, wie sich aus der Tatsache ergibt, daß wir im 2. Jhrdt. von keinem König mehr hören. Der Erbe des Königs war der Stratege, aber selbst dessen Machtfülle schien der Aristokratie noch zu groß. Vielleicht war ihre Furcht vor den Strategen sogar berechtigt: jeder uns bekannte Umsturzversuch in Karthago ging von einem kommandierenden General aus.[137] Daher wurde die Strategie nicht nur fest in den Staat eingebunden,[138] sondern auch nach einer gewissen Zeit geteilt; die Entwicklung war vom Primat der Innenpolitik diktiert und unter rein militärischen Gesichtspunkten von Übel, da sie die Entscheidungsfreiheit des Strategen begrenzte.[139] Die alte Furcht vor der Kombination von militärischer und ziviler Gewalt, einer typischen Erscheinung der Monarchie, zeigt sich noch darin, daß der Sufet auch in Momenten der größten Krise nicht zum Strategen gemacht wurde.

Damit haben wird das Rüstzeug in der Hand, uns einem Grundproblem der karthagischen Geschichte zuzuwenden. Die bisherige communis opinio läßt sich

---

nichts weiter waren als seine und seiner Gefolgsleute Privatsache.» Zum Nebeneinander von πρῆξις ἰδίη und δήμιος s. auch Od. 3, 82.

[137] Iust. 18, 7, 18; 21, 4, 1; Aristot. Pol. 1307 a 5; Diod. 20, 43f.; weiteres bei Huß 496 A. 4; vgl. auch Schütrumpfs Bemerkung, 72 A. 20. – Hier muß auch der Löwenbändiger Hanno erwähnt werden. Plin. n.h. 8, 55: *primus autem hominum leonem manu tractare ausus et ostendere mansuefactum Hanno e clarissimis Poenorum traditur; damnatusque illo argumento, quoniam nihil non persuasurus vir tam artificis ingenii videbatur et male credi libertas ei, cui in tantum cessisset etiam feritas.* Plut. Mor. 799 E: Ἄννωνα λέοντι χρώμενον σκευοφόρῳ παρὰ τὰς στρατείας αἰτιασάμενοι τυραννικὰ φρονεῖν ἐξήλασαν (theophrastisch nach K. Mittelhaus, De Plutarchi «praec. ger. reip.», Diss. Berlin 1911, 46f.). Cf. Aelian, NA 5, 39; Maxim. Tyr. 31, 3: ἀλλὰ ἀπέκτεινάν γε αὐτὸν Καρχηδόνιοι μισήσαντες τῆς παρανομίας, ὡς τύραννον μὲν τῇ φύσει, ἰδιώτην δὲ τῇ δυστυχίᾳ. H. Daebritz, RE VII 2, 2363 nennt ihn einen «Tierfreund und Sonderling, den ersten Löwenbändiger». Verständlich wird die Geschichte, deren Kern Plutarch am besten erhalten hat, nur, wenn sich in der Verbindung mit einem Löwen besondere tyrannische Gelüste manifestierten. Und tatsächlich ist der Löwe ein bekanntes Herrschaftssymbol, s. etwa F. F. Schwarz, FS Vermaseren III, Leiden 1978, 1131ff.; H.-R. Baldus, Chiron 17, 1987, 395ff. Hier könnte also ein wirklicher Okkupationsversuch zu suchen sein.

[138] S. 114ff.

[139] Spuren der Zweiteilung finden sich noch zur Zeit des ersten punischen Krieges, besonders deutlich aber im Söldnerkrieg. Der eigentliche Sinn der Teilung wurde mit der Zeit durch die große Entfernung der Kriegsschauplätze zunichte gemacht.

am besten mit Heuß folgendermaßen resümieren: das Militärwesen «hat keinen eigentlichen Platz im Gefüge des karthagischen Staates», die politische Leitung hat mit der militärischen Führung nichts zu tun. «Als sich Karthago dann doch genötigt sah, Kriege zu führen, war die militärische Funktion nicht aus der Mitte der Staatsverfassung heraus zu entwickeln. Das Kriegswesen wurde deshalb gleichsam neben dem Staat aufgebaut.» Die Spannung zwischen Bürgertum und Militärwesen sei nicht konstitutionell gelöst, sondern im Gerichtshof der 104 quasi institutionalisiert worden. «Das Militärwesen war ein wilder Trieb am Baum des karthagischen Staatswesens.»[140]

Was wir über die Geschichte des Königtums und der Strategie in Erfahrung gebracht haben, läßt diese moderne Konstruktion fragwürdig erscheinen. Am Anfang der karthagischen Geschichte waren zivile und militärische Gewalt in einer Hand vereint, nämlich in der des Königs. Die militärische Funktion entwickelte sich also nicht gegen den ursprünglichen Willen der Staatsgründer in einem Gemeinwesen, dem diese Seite der Staatlichkeit ursprünglich ganz fremd war.

---

140 Paraphrase nach Heuß, RuK 114; 118.

# III. Militärische und zivile Gewalt

## 1. Einleitung

Im vorhergehenden Kapitel haben wir gesehen, wie der Monarch im Konflikt mit der Aristokratie entmachtet wurde; der Prozeß ließ sich an der Entwicklung des Kommandos über das Gemeindeaufgebot zeigen. Der Stratege wurde zu einem Wahlbeamten, der nach Ablauf seines Kommandos Rechenschaft abzulegen hatte. Die Einbindung der Strategie in die Struktur eines aristokratischen Staates ist Sinnbild für den endgültigen Sieg des Adels im inneren Machtkampf und ein wesentlicher Schritt zur Verstärkung der zivilen Kontrolle im Staatswesen, als dessen Folge militärische und zivile Gewalt institutionell getrennt wurden.

Dies Faktum hat in den modernen Vorstellungen vom karthagischen Staat zentrale Bedeutung gewonnen, vor allen Dingen im Zusammenhang mit der Ansicht, das Militär sei für die Karthager und ihren Staat etwas generell Fremdes gewesen. Die Generalität soll im wesentlichen ungebunden gewesen sein; der Staat habe sie nicht kontrollieren können, habe vor allem auch keinen Versuch dazu unternommen. Die «Kaufmannsaristokratie» habe eben kein Interesse an diesem Amt gehabt, weshalb man sich die karthagischen Strategen gerne als «schwarze Schafe» in ihrer eigenen Gesellschaft vorstellt. Wenn sich die eine oder andere große Familie dem Kriegshandwerk widmete, habe sie die gesellschaftliche Bindung an ihre Standesgenossen verloren; das wiederum habe zur Isolierung der Strategen geführt, die keiner sozialen Kontrolle mehr unterworfen gewesen seien.

Neben diesen Überlegungen sind vor allen Dingen zwei Gründe ausschlaggebend für die Vorstellung vom militärischen Amt als eigener Macht neben, nicht im Staat:[1]

1. Man erklärte, daß sich karthagische Strategen als Führer großer Söldnerheere von der staatlichen Autorität emanzipiert hätten und so zu politischen Größen eigenen Rechts geworden seien. Die persönliche und finanzielle Bindung eines

---

[1] Cf. Heuß, RuK 114; Römische Geschichte⁴, Braunschweig 1976, 68; J. Bleicken, Geschichte der römischen Republik, München 1980, 144; vgl. z. B. noch Meyer, GdA IV 1, 649, der von dem Gegensatz «zwischen den Feldherrn und der bürgerlichen Gewalt» spricht. K. Christ, Römische Geschichte und Wissenschaftsgeschichte I, Darmstadt 1982, 3: das Heer stand «außerhalb der normalen Staatsorganisation als ein unterhaltener Fremdkörper mit seinen eigenen Gesetzen». Meist wird diese Argumentation in der Literatur vorausgesetzt, ohne thematisiert oder gar begründet zu werden.

Söldnerheeres an seinen Führer ist allgemein bekannt;[2] die griechische Geschichte des 4. Jhrdts. und die der ausgehenden römischen Republik zeigen zahlreiche Erscheinungen, die man hier als Vergleich vor Augen hatte.[3]

2. Das karthagische Reich bestand aus Gebieten, die räumlich weit voneinander getrennt waren (Afrika, Sizilien, Sardinien). Die Entfernung eines Verwaltungsbezirkes (oder Kriegstheaters) von der politischen Zentrale kann jederzeit zur Verselbständigung der Generalität führen, weshalb man in diesen Gebieten gerne eine «separierte Machtbastion» der Strategen sieht.[4]

Die moderne Vorstellung von dem Eigenbereich des Heeres und seines Führers, der – einem Condottiere ähnlich – seiner Heimatstadt gegenüber gestanden haben soll, hat also im wesentlichen drei Wurzeln: das unverbundene Nebeneinander der zivilen und militärischen Gewalt; die Vorstellung vom Söldnerheer, das nur seinem General verpflichtet ist und ihm so Handlungsfreiheit der politischen Zentrale gegenüber bietet; ferner die Überlegung, daß die politische Kontrolle in den überseeischen Besitzungen Karthagos nicht so stark gewesen sei wie in Afrika.

Das Nebeneinander der Gewalten war, wie wir im letzten Kapitel gesehen haben, das Ergebnis eines längeren historischen Prozesses, des Machtkampfes zwischen Adel und Königtum. Die Trennung der Gewalten beruht also nicht auf einem immanenten Charaktermerkmal des Staates oder gar der Karthager selber. Die militärische Macht in der Hand der Könige erschien dem Adel gefährlich; logisch wäre es daher, wenn auch nach der Einrichtung der Strategie diese Magistratur einer strengen Aufsicht durch den Adelsrat unterworfen worden wäre,[5] um das Militär ganz in den Staat einzuordnen. Dies wäre kein unverbundenes Nebeneinander, sondern stellte das Militärische an einen festen, ihm gebührenden Platz in der staatlichen Ordnung.

Um die Richtigkeit dieser Gedankenfolge zu überprüfen, müssen wir sehen, was die Historiker über Entscheidungsfindungen und Kompetenzen im Umfeld des Krieges berichten (Kriegserklärung, Rüstung, Kriegsführung, Friedensschlüsse). Wenn der karthagische Stratege Rechte und Möglichkeiten besaß, die das sachlich Notwendige überschritten, so wäre das Desinteresse der Oberschicht am Militärischen geradezu institutionalisiert worden. Sollte sich aber herausstellen, daß der Stratege keine eigenmächtigen politischen Handlungen vornehmen konnte und von Karthago aus streng kontrolliert wurde, so ließe sich das als Zeichen der konstitutionellen Einbindung der Strategie werten.

---

[2] Vgl. neben vielen anderen M. Weber, Wirtschaft und Gesellschaft[5], Tübingen 1972, 811.

[3] E. g. W. K. Pritchett, The Greek State at War II, Berkeley 1974, 59ff.; W. Lengauer, Greek Commanders in the 5th and 4th Centuries B. C., Warschau 1979; Y. Garlan, Guerre et économie en Grèce ancienne, Paris 1989, 150ff.

[4] Bleicken (A. 1) 144.

[5] Andeutungen in diese Richtung bei Meltzer II 47; Gsell II 222f.

Wesentlich schwerer ist die Frage zu beantworten, in welchem Maße eine lockere Verwaltung der überseeischen Besitzungen den Strategen die Möglichkeit gab, eine eigene Machtposition aufzubauen. Bei diesem Argument wird gerne vorausgesetzt, daß die sizilischen Verhältnisse für das gesamte karthagische Reich typisch gewesen seien. Eine solche Generalisierung beruht auf der prekären Quellenlage: das auf Sizilien gerichtete Interesse unserer Autoren kann leicht den Eindruck erwecken, diese Insel sei der einzige oder wichtigste Einsatzort des karthagischen Militärs gewesen.[6] Demgegenüber muß natürlich angenommen werden, daß das Zentrum der militärischen Aktivitäten Karthagos in Nordafrika lag.[7]

Zuerst sind daher die Verwaltungs- und Militärverhältnisse in Nordafrika zu klären, um sie mit denen in Sizilien oder Sardinien zu vergleichen. Bei Differenzen müßte gezeigt werden, daß sie durch die Absonderung der Generalität in den verschiedenen Verwaltungsbezirken bedingt waren oder diese förderten. Das theoretische Programm ist natürlich nicht zu bewältigen; wir werden uns mit verschiedenen Ansätzen zur Klärung des Verhältnisses zwischen militärischer und ziviler Gewalt zufriedengeben müssen und sehen, in welche Richtung sie führen.[8] Ziel ist die Beantwortung der Frage, ob diese beiden Sektoren politischen Lebens in Karthago voneinander unabhängig waren, oder ob das Militärische ins Zivil-Politische integriert war.

## 2. Zu den Befugnissen der Strategen

Jeder General muß in der Kriegsführung einen gewissen Handlungsspielraum besitzen, um in unvorhersehbaren Lagen situations- und sachgerecht handeln zu können. Zeichen eigenverantwortlicher Tätigkeit auf den Kriegsschauplätzen können daher kein entscheidendes Kriterium für die Eigenständigkeit karthagischer Strate-

---

[6] Selbst hier liegt vieles im Dunkeln; s. z.B. zu bisher unbekannten Verwicklungen zwischen Karthago und Entella D. Knoepfler, Annales. Université Neuchâtel 1985/6, 280ff. Von einem fast unbekannt gebliebenen Krieg zwischen Karthago und Kyrene in der zweiten Hälfte des 4. Jhrdts. spricht A. Laronde, Cyrène et la Libye hellénistique, Paris 1987, 202f.

[7] Vgl. 231.

[8] Für eine Erfassung der Beziehungen von ziviler zu militärischer Gewalt gibt es natürlich noch andere Wege. Bei S. Huntington, The Soldier and the State, Cambridge 1967, 3 heißt es einmal: «the principal focus of civil-military relations is the relation of the officercorps to the state.» Die römische Geschichte bestätigt diesen Satz in jeder ihrer Phasen. Für Karthago ist wegen mangelnder Quellen eine Untersuchung in dieser Richtung nicht einmal in Ansätzen möglich. Wahrscheinlich waren die Offiziere von Adel, was für den Sohn des Königs Bomilkar (s. 89) auch belegt ist; dies Beispiel spricht für eine enge Verbindung beider Sektoren – aber dies muß eben Vermutung bleiben. S. auch Diod. 20, 10, 3 (zitiert 88).

gen sein. Natürlich gibt es Beispiele willkürlichen Verhaltens,[9] so wie es auch die gelegentliche Festlegung eines Kriegsplanes durch die Gerusie gibt (Diod. 20, 59, 1), doch das sind Ausnahmen, aus denen sich keine Regel ableiten läßt.

Die Handlungsfreiheit eines Strategen kann also nicht an den Details seiner Kriegsführung überprüft werden, sondern nur an Hand politisch bedeutsamer Entscheidungen. Konnten die Strategen unabhängig von ihrer Zentrale einen Krieg beginnen oder beenden, konnten sie unabhängig von Karthago ein Heer oder gar eine Flotte aufstellen?[10] Nur in diesem Fall läßt sich von einer Absonderung des Militärs vom eigentlichen Kern des Staatswesens sprechen.

Die ersten Zeugnisse hierzu betreffen das Bündnis zwischen Karthago und Segesta im Jahr 410: die Gesandten aus Segesta trugen ihr Hilfsgesuch bei der Gerusie in Karthago vor. Dort wurde das Beistandsversprechen gegeben, später fiel auch die endgültige Entscheidung zum Krieg gegen Selinunt in Karthago. Eine Beteiligung des Volkes wird nicht erwähnt.[11] Die – geschickten – diplomatischen

---

[9] Eine Eigenmächtigkeit: Plut. Tim. 20, 5. Willkür sei es z.B. gewesen, als Hannibal im Jahr 409 die Stadt Himera angriff – angeblich nur, um die Niederlage seines Großvaters Hamilkar zu rächen (Diod. 13, 59, 4ff.). Vgl. e.g. H. Meier-Welcker, Himera, Boppard 1980, 93. Dagegen könnte man einwenden, daß Himera ja mit Syrakus, dem damaligen Gegner Karthagos, verbündet war (cf. Diod. 13, 61, 2; 75, 2). Der Angriff gegen die Stadt empfahl sich, weil so den Syrakusanern der direkte Landweg nach Panormos versperrt wurde. Das Rachemotiv kann leicht eine sekundäre Wucherung in den Quellen darstellen; vgl. bereits Meltzer I 260f. Unentschlossen in der Frage, ob Eigenwilligkeit oder rechtmäßiges Handeln vorliegt ist B. Wollner, Die Kompetenzen der karthagischen Feldherrn, Frankfurt 1987, 30. – Die besondere Bedeutung der Lage von Himera zeigt sich noch mehrfach in der Geschichte der karthagisch-griechischen Auseinandersetzungen: A. Cascia, in: L'espansione fenicia nel Mediterraneo, Rom 1971, 73 hält z.B. die Gründung von Selinus und Himera für das Zeichen einer «chiara e decisa volontà da parte dei Greci di bloccare e controllare dappresso l'area fenicia della Sicilia occidentale.» Wenn diese Deutung auch falsch ist, da die beiden Orte von verschiedenen Mutterstädten abstammen (Zankle und Megara Hyblaia), so ist doch die Einschätzung der geostrategischen Bedeutung Himeras als Pendant zu Selinus richtig. Dementsprechend besetzte auch Agathokles, als er wieder in Sizilien war, zuerst Selinunt und Herakleia an der Südküste, um sich dann nach Himera zu wenden (Meltzer I 399). Der kombinierte Angriff Hannibals auf Selinus und Himera war strategisch sinnvoll. Vgl. ferner die Gründung von Thermae am Orte von Himera im Jahr 406 – wie Huß 116 nach anderen vermutet als Militärkolonie (sed cf. C. R. Whittaker, in: P. Garnsey/C. R. Whittaker [Hrsgg.], Imperialism in the Ancient World, Cambridge 1976, 76; L. M. Hans, Karthago und Sizilien, Hildesheim 1983, 141ff.). Zur Bedeutung der Grenzfestung Himera aus syrakusanischer Sicht s. Ain. Takt. 10, 21f. mit K. F. Stroheker, Dionysios I, Wiesbaden 1958, 130.

[10] Dies ist ohnehin nur möglich, wenn man der Vorstellung folgt, daß das karthagische Heer zum größten Teil aus Söldnern bestanden habe; dazu s. 183ff.

[11] Diod. 13, 43, 4f.; cf. 44, 4. L. J. Sanders, Historia 37, 1988, 84ff. will hier und an entsprechenden anderen Stellen den Ausdruck Καρχηδόνιοι auf die karthagische Volksversammlung als beschließendes Gremium beziehen. Dies ist vom Wortgebrauch aber nicht gedeckt, so daß seine Folgerungen hinfällig sind.

Aktionen des Strategen Hannibal bewegten sich innerhalb des von Karthago gesteckten Rahmens.

Auch in den Jahren 407 und 406 wurden die Entscheidungen in Karthago getroffen; unsere Quellen benennen die entscheidende Instanz aber nicht präzise.[12]

Im Jahr 397 findet sich wieder ein klarer Beleg für die politischen Kompetenzen der karthagischen Gerusie. Dionysios von Syrakus schickte dem Ältestenrat einen Brief, in dem er den Karthagern mit Krieg drohte und ihnen ultimative Forderungen stellte. Für Dionysios, der es ja wissen mußte, war die Gerusie der Ort der Entscheidung; an den Implikationen dieser Einschätzung ändert auch die spätere Präsentation des Briefes vor dem δῆμος nichts.[13]

Für die Jahre 392, 383 und 345/4 gibt es keine brauchbaren Angaben.[14] Auch über den Ausbruch des Agathokleskrieges ist nichts Eindeutiges bekannt. Man sieht nur, daß die Entscheidungen nicht in Sizilien, sondern in Karthago getroffen wurden (Diod. 19, 72, 2; 106, 1f.; 20, 10, 1; 59, 1).

Wenn unsere Quellen mit genügender Deutlichkeit reden, so bezeugen sie die Zuständigkeit der Gerusie für die Entscheidung über den Krieg;[15] es gibt keinen gegenteiligen Hinweis. Daß dieses Detail der karthagischen Verfassung über das 4. Jhrdt. hinaus seine Gültigkeit behielt, zeigen die Berichte über den Ausbruch des zweiten punischen Krieges zur Genüge: ausführlich wird von den Auftritten der römischen Gesandten vor dem karthagischen Ältestenrat berichtet. Selbst wenn man Livius beiseite läßt, ist die Szene bei Polybios doch bezeichnend:[16] die Römer verhandelten ausschließlich mit der Gerusie und erklärten dort, daß die

---

[12] Diod. 13, 79, 8; 80, 1. Ob 80, 2 οὗτοι (scil. die beiden Strategen) κοινῇ συνεδρεύσαντες sich auf eine gemeinsame Beratung mit der Gerusie oder nur auf eine Besprechung der Feldherren untereinander bezieht, läßt sich kaum entscheiden.

[13] Diod. 14, 47, 2. Meltzer I 285; II 22 nimmt an, daß es sich hier um einen Fall gehandelt habe, wo sich Sufeten und Gerusie uneinig waren, was nach Aristot. Pol. 1273 a 7–9 die Vorlage bei der Volksversammlung nötig machte; anders z. B. H. Lüdemann, Untersuchungen zur Verfassungsgeschichte Karthagos bis auf Aristoteles, Bottrop 1933, 79 f., der meint, die von Aristoteles beschriebene Regelung habe zu dieser Zeit noch nicht existiert. Vgl. auch L. Maurin, Semitica 12, 1962, 19 A. 1; unentschlossen ist E. Schütrumpf, Aristoteles' Politik II, Berlin 1991, 355.

[14] Diod. 14, 95, 1; 15, 15, 2; 16, 67, 1; 73, 3 nennt jeweils die Καρχηδόνιοι als Entscheidungsträger. Vgl. A. 11.

[15] Für die Zeit des Malchus vgl. 78.

[16] Pol. 3, 20, 9: παραγενομένων δὲ τῶν Ῥωμαίων καὶ παρελθόντων εἰς τὸ συνέδριον. 3, 33, 2–4: ὁ δὲ πρεσβύτατος αὐτῶν δείξας τοῖς ἐν τῷ συνεδρίῳ τὸν κόλπον, ἐνταῦθα καὶ τὸν πόλεμον αὐτοῖς ἔφη καὶ τὴν εἰρήνην φέρειν· ἐκβαλὼν οὖν, ὁπότερον ἂν κελεύσωσιν ἀπολείψειν. ὁ δὲ βασιλεὺς τῶν Καρχηδονίων, ὁπότερον αὐτοῖς φαίνεται, τοῦτ' ἐκβαλεῖν ἐκέλευσε· τοῦ δὲ Ῥωμαίου φήσαντος τὸν πόλεμον ἐκβαλεῖν, ἀνεφώνησαν ἅμα καὶ πλείους τῶν ἐκ τοῦ συνεδρίου, δέχεσθαι φάσκοντες. οἱ μὲν οὖν πρέσβεις καὶ τὸ συνέδριον ἐπὶ τούτοις ἐχωρίσθησαν.

Entscheidung zwischen Krieg und Frieden bei den Karthagern im Rat läge. Der Sufet, der offenbar die Verhandlungen des Rates führte, überließ den Römern die Entscheidung, und diese erklärten den Krieg. Sofort riefen mehrere Ratsmitglieder, daß sie ihn annähmen. Genauso verhielt es sich auch bei Ausbruch des dritten punischen Krieges.[17]

Als nächstes stellt sich die Frage, wer für die Rüstungen verantwortlich war, nachdem die Gerusie den Krieg beschlossen hatte. Nach allgemeiner Ansicht[18] soll im Jahr 410 der Stratege Hannibal die entsprechenden Kompetenzen besessen haben; als entscheidend gilt Diod. 13, 44, 5 f.: οἱ δὲ Καρχηδόνιοι[19] προορώμενοι τὸ μέγεθος τοῦ πολέμου τὴν ἐπιτροπὴν ἔδωκαν Ἀννίβᾳ τῷ στρατηγῷ περὶ τοῦ μεγέθους τῆς δυνάμεως καὶ πάντα προθύμως ὑπηρέτουν. Hier wurden also die entsprechenden Rechte an den Strategen delegiert, weil die Bedeutung des Krieges dies wünschenswert erscheinen ließ. Gerade das Faktum der Delegation beweist aber, wie die Dinge in Wirklichkeit lagen: die Aufstellung des Heeres war nicht Sache des Strategen, sondern der Gerusie.

In dieselbe Richtung weisen auch die Ereignisse des Jahres 407/6. Die Rüstungsmaßnahmen wurden noch vor der Wahl des Feldherren angeordnet. Eine Kombination zweier Diodorstellen zeigt die Strategen in Rüstungsfragen als Ausführende eines Beschlusses, der bereits vor ihrer Wahl getroffen wurde.[20] Genauso ist es im Jahr 397: Mitglieder der Gerusie werden zur Söldnerwerbung ausgeschickt, bevor der Stratege überhaupt gewählt ist (Diod. 14, 47, 3). Wenn es später vom Feldherrn heißt (14, 49, 1), er habe sich selbst um die Sammlung der Truppen und alle anderen Vorbereitungen gekümmert, so kann dies auf Grund der zeitlichen Abfolge nur die Ausführung bereits erfolgter Anordnungen betroffen haben. Auch im Jahr 383 wiederholt sich die Reihenfolge: Kriegsbeschluß, Einleitung der Rüstungsmaßnah-

---

[17] App. Lib. 93, 439: ἡ δὲ βουλὴ πολεμεῖν μὲν ἐψηφίσατο ...

[18] E.g. Wollner (A.9) 27f.

[19] Der Logik nach muß hier die Gerusie gemeint sein, da 13, 53, 4 der endgültige Kriegsbeschluß referiert wird. Aber selbst wenn dies nur allgemein erzählend gedacht ist, behält das folgende Argument seine Gültigkeit.

[20] Diod. 13, 79, 8 (aus der Übersicht über das Jahr 407): Συρακόσιοι πέμψαντες ἐς Καρχηδόνα πρέσβεις ... οἷς οἱ Καρχηδόνιοι τὰς ἀποκρίσεις ἀμφιβόλους δόντες, ἐν μὲν τῇ Λιβύῃ μεγάλας παρεσκευάζοντο δυνάμεις, ἐπιθυμοῦντες ἁπάσας τὰς ἐν τῇ νήσῳ καταδουλώσασθαι ... 13, 80, 1 gehört bereits zur Darstellung des Jahres 406; hier wird noch einmal das Ende der vorherigen Jahresbeschreibung aufgenommen (zur Technik vgl. z.B. 14, 46, 5 mit 47, 1; es handelt sich in beiden Fällen nicht um Dubletten [so aber Huß 115 A.49; Wollner (A.9) 32 A.75], sondern um Anpassungen an die annalistische Form Diodors): Καρχηδόνιοι ... σπεύδοντες ἁπάσης τῆς νήσου κυριεῦσαι, μεγάλας δυνάμεις ἐψηφίσαντο παρασκευάζεσθαι· ἑλόμενοι ... Die Wahl der Strategen erfolgte nach dem Beschluß, und die 13, 80, 2f. beschriebenen Aktivitäten der Strategen zur Truppenanwerbung können kaum etwas anderes gewesen sein als die Ausführung des oben genannten Beschlusses; falsch aufgefaßt von Lüdemann (A.13) 57f.

men, Wahl des Strategen (Diod. 15, 15, 2); in derselben Art kann eine Passage über den Ausbruch des Krieges gegen Timoleon interpretiert werden (Diod. 16, 67, 1 f.).[21] Der zweite punische Krieg ist ein einziges großes Beispiel dafür, daß die Kompetenzen in Rüstungsangelegenheiten bei der Gerusie, nicht beim Strategen lagen.[22] Auch beim Ausbruch des dritten punischen Krieges wurden vom Rat die ersten militärischen Maßnahmen getroffen, bevor der Stratege gewählt wurde.[23]

Nicht nur der Entscheid über den Kriegseintritt lag in Karthago, sondern auch die Anordnung und erste Ausführung der Rüstung – was auch bedeutet, daß der karthagische Feldherr keine unumschränkte Verfügungsgewalt über die Staatskasse hatte.[24] Wurden Anwerbung und Aushebung von Soldaten dem gewählten Strategen übertragen, so handelt es sich um eine Delegation von Rechten der Gerusie an den Strategen. Möglicherweise wurde, aus praktischen Gründen, eine solche Übertragung sofort mit der Wahl vorgenommen. Das ändert aber nichts daran, daß diese Rechte des Strategen sekundär sind und nicht auf den Kompetenzen des Amtes beruhen.

Dieser Ansicht scheint die Tatsache zu widersprechen, daß Strategen in einigen Fällen ohne Rückfrage in Karthago Friedensverträge abschlossen:[25] Himilko schloß im Jahr 406 Frieden mit Dionysios;[26] im Jahr 383 führte man die Friedensverhandlungen ebenfalls nicht in Karthago, sondern auf Sizilien.[27] Der Friede mit Agathokles hingegen wurde in Karthago geschlossen.[28] Der Lutatiusvertrag wurde vom Strategen Hamilkar ausgehandelt, doch wird seine Legitimation eigens betont.[29]

---

[21] Wenn Diod. 16, 81, 3f. erst die Ernennung des Gisgo zum Strategen und danach die Anwerbung von Söldnern durch ihn nennt, so ist das kein Gegenbeispiel, da der Krieg bereits seit mehreren Jahren im Gange war.

[22] Statt vieler Stellen sei nur App. Hann. 16, 70 zitiert: ὁ δ᾽ Ἀννίβας ἐπέστελλε μὲν αἰεὶ τὰ γιγνόμενα Καρχηδονίοις ὑπερεπαίρων, τότε δὲ ἀπολωλότων αὐτῷ πολλῶν ἠπόρει καὶ στρατιὰν ᾔτει καὶ χρήματα.

[23] App. Lib. 93, 439 wird der Krieg erklärt, dann die Sklaven zum Wehrdienst befreit und zuletzt erst der Stratege gewählt.

[24] Anders Wollner (A. 9) 28; 32f. Daß die Finanzen in der Gewalt des Sufeten lagen, nimmt Huß 461 generell an (daneben hat es natürlich noch untergeordnete Finanzbeamte, «Quaestoren», gegeben).

[25] Zum Normalverfahren, der Entscheidung des συνέδριον, s. e.g. Diod. 15, 16, 1, was man nicht so leicht als Kriegslist abtun kann; Pol. 1, 31, 8, wo die Gerusie die Friedensverhandlungen mit Regulus führt.

[26] StV II$^2$ 210 (Diod. 13, 114; 14, 16, 4); cf. Wollner (A. 9) 38f.

[27] StV II$^2$ 261 (Diod. 15, 17, 5). Meltzer I 309 redet hier z.B. von mangelnder Kompetenz und nimmt II 70 an, daß generell die Zustimmung des Rates nötig war, auch wenn dies in der Überlieferung nicht erwähnt wird; anders aber zuletzt M. Zahrnt, ZPE 71, 1988, 226 mit A. 80.

[28] StV III 437. Hier wird Diod. 20, 79, 5 gegen Iust. 22, 8, 15 der Vorzug zu geben sein.

[29] StV III 493 (Pol. 1, 62, 3): διαπεμψάμενοι πρὸς τὸν Βάρκα ἐπέτρεψαν ἐκείνῳ περὶ τῶν

Neben den Friedensverträgen haben die karthagischen Generäle auch eine Reihe von Bündnisverträgen abgeschlossen,[30] was manchmal ebenfalls als Beweis für ihre Eigenständigkeit gewertet wird; dabei ist nicht berücksichtigt, wie häufig solche Entscheidungen im Laufe eines Feldzuges angestanden haben müssen.

Die beiden bekanntesten Feldherrnverträge der karthagischen Geschichte waren der sog. Ebrovertrag (StV III 503) und der «Eid des Hannibal» (StV III 528).[31] Bickerman identifizierte beide als Berit, eine im Alten Orient weit verbreitete Vertragsform,[32] die keine speziellen staatsrechtlichen Befugnisse der Feldherren voraussetzt.[33] Hasdrubal bzw. Hannibal hatten sich für ihren Kommandobereich persönlich gebunden; dergestalt abgeschlossene Vereinbarungen mußten von Karthago nicht unbedingt eingehalten werden, wie die Diskussion um den Ebrovertrag zeigt.[34]

Bickerman beobachtete ferner, daß im Hannibaleid alte und neue Formulierungen nebeneinander stehen. Eine solche Entwicklung des Formulars setzt eine häufigere Anwendung voraus, weshalb es vielleicht nicht falsch ist, die Berit als Rechtsform in Karthago auch vor dem 3. Jhrdt. anzunehmen.[35] Die Bündnisverträge, die Strategen mit Städten oder Völkern auf Sizilien abschlossen, lassen sich

---

ὅλων ... (zur anderen Überlieferung Wollner [A. 9] 86 f.). Der Vertrag, den Hamilkar als Stratege mit den aufständischen Söldnern schloß (StV III 496), kann hier als reines Kapitulationsinstrument, wie es jeder General aushandeln konnte, beiseite bleiben.

[30] E. g. Diod. 14, 56, 1 f.; 90, 2 f. Gegen Wollner (A. 9) 33 f. ist IG I³ 123 (Lit. 85 f. A 89) hier nicht heranzuziehen, da dort nur von Verhandlungen der Strategen mit Athen die Rede ist, die ohne weiteres im Auftrag der Gerusie o. ä. durchgeführt worden sein können. Der Text sagt ja gerade nicht, daß die beiden Feldherren mit Athen einen Vertrag geschlossen haben. – Ansonsten zu Feldherrnverträgen Wollner 35; 37 f.; 41 f.; 43 ff.; 47 f.; 57 f.; 68 etc.

[31] Zum Eid ist vor allem wichtig E. J. Bickerman, Religion and Politics in the Hellenistic and Roman Periods, Como 1985, 255 ff.; 373 ff.; vgl. noch HCP II 42 ff.; M. L. Barré, The God List in the Treaty between Hannibal and Philip V of Macedonia, Baltimore 1983. Lit. zum Ebrovertrag: Wollner (A. 9) 102 ff.

[32] Neuere Lit. zur Berit bei M. Weinfeld, ThWAT 1, 1973, 781 ff. Zum folgenden s. dann Bickerman (A. 31) 391–3.

[33] Daß auch Hannibal nicht mit umfassenden Befugnissen zum Vertragsschluß ausgestattet war, zeigen die Verhandlungen mit Syrakus, die in Karthago zu Ende geführt werden mußten, Pol. 7, 2, 6; Liv. 24, 6, 7 (StV III 529) mit W. Hoffmann, Hermes 89, 1961, 482 ff.

[34] Pol. 3, 21. Die manchmal vorgetragenen Bedenken hinsichtlich der Verbindlichkeit des Hannibaleides nach der Interpretation Bickermans (e. g. Schmitt, StV III S. 250; HCP II 43; 45) sind unnötig, da sie die oben zitierte Debatte um den Ebrovertrag nicht berücksichtigen. Bindung Karthagos durch die anwesenden Senatoren oder das Heer ist ebenfalls nicht anzunehmen, da der Eid von diesen nicht stellvertretend geleistet wurde (so aber z. B. E. Groag, Hannibal als Politiker, Wien 1929, 29 f. A. 5; A. H. Chroust, in: K. Christ [Hrsg.], Hannibal, Darmstadt 1974, 296; Wollner [A. 9] 122 f.; cf. 104 f.).

[35] Schon G. Picard, SP 6, 1988, 120 f. postulierte auf der Grundlage des Hannibaleides eine analoge Möglichkeit für Hamilkar im Jahr 480.

jedenfalls ohne Schwierigkeiten nach diesem Muster erklären. Dasselbe gilt für Friedensverträge – wenn man annimmt, daß die von den Strategen getroffenen und beeideten Vereinbarungen später in Karthago bestätigt werden mußten (was unsere Quellen nicht mehr interessierte).[36]

Diese Hypothese über die Vertragsabschlüsse karthagischer Feldherren erklärt, weshalb die Strategen einerseits an staatliche Weisungen gebunden waren und andererseits mit scheinbarer Machtvollkommenheit Verträge schließen konnten: wenn ein Feldherrnvertrag auf die hier angenommene Art zustande kam, so handelte es sich – formal – um eine Selbstbindung des Strategen, von der der Staat nicht betroffen war. Auf einer solchen Grundlage konnte kein Krieg begonnen, konnten keine staatlichen Hoheitsrechte im Bereich der Rüstung usurpiert werden. Rechte und Pflichten eines Strategen waren vermutlich präzise festgelegt; eine Berit konnte so aber nicht verhindert werden, da ihr Abschluß gerade jenseits der verfassungsrechtlich definierten Kompetenzen lag. Daß die Abmachung während der Amtszeit des Strategen eingehalten wurde, versteht sich von selbst; in der Regel wird sie von Karthago sanktioniert worden sein, sei es aus Gründen des eigenen Vorteiles, sei es, weil ein aus der Aristokratie stammender Stratege auch nach Ablauf seiner Amtszeit Einfluß genug hatte, den Umsturz seiner Abmachungen zu verhindern.

## 3. Die karthagische Territorialstrategie

Wie oben festgelegt, soll nun die zivile und militärische Verwaltung der verschiedenen Bezirke des karthagischen Reiches überprüft werden, wobei von besonderem Interesse ist, ob die dortigen Zustände die Bildung «separierter Machtbastionen» des Militärs begünstigten, oder ob sich sogar deren Existenz nachweisen läßt.

Grundlegend für die neueren Ansichten zur karthagischen Verwaltung Afrikas ist eine Studie Bengtsons. Er beschreibt den στρατηγὸς τῆς Λιβύης – in Konsequenz seiner Ansichten zur hellenistischen Strategie – als «Militär- und Zivilgouverneur», in dessen Hand eine «Summe von Hoheitsrechten» gelegen habe.[37] Die Verwaltung der ptolemäischen Außenbesitzungen (Kyrene!) soll das direkte Vorbild für diese Insti-

[36] Zur vergleichbaren Rolle griechischer oder römischer Feldherren bei Vertragsabschlüssen s. A. Heuß, Abschluß und Beurkundung des griechischen und römischen Staatsvertrags, Darmstadt 1967, 18f.

[37] Kleine Schriften, München 1974, 110ff.; zuletzt noch Huß 479; Wollner (A. 9) 93ff. Vgl. bereits andeutungsweise Groag (A. 34) 24 und von neueren S. F. Bondi, in: I Fenici. Ausstellungskatalog Venedig 1988, 131: «poteri militari e civili». – Zur hellenistischen Strategie s. H. Bengtson, Die Strategie in hellenistischer Zeit I–III, München 1964/67; für Ägypten E. van't Dack, Ptolemaica Selecta, Louvain 1988, 247ff.; 288ff.; J. D. Thomas, The Epistrategos in Ptolemaic and Roman Egypt I, Opladen 1975.

tution in Karthago gewesen sein.[38] In Anlehnung an Bengtson definierte Wollner die Aufgaben des karthagischen Territorialstrategen zuletzt so: Eintreibung der Steuern, Niederwerfung von Aufständen, Eroberung neuer Gebiete. Hat Bengtson recht, so wäre es spätestens im 3. Jhrdt. wieder zu einer Vereinigung von zivilen und militärischen Aufgaben in der Hand eines einzelnen Beamten gekommen.[39]

Verläßliche Auskunft zur libyschen Strategie bietet uns allein der Bericht des Polybios über den «Söldnerkrieg».[40] Läßt sich daraus ein Amt der oben geschilderten Art ableiten?

Als der «Söldnerkrieg» ausbrach, war Hanno στρατηγὸς ἐν τῇ Λιβύῃ τότε τῶν Καρχηδονίων (Pol. 1, 67, 1). Die Strategen wechselten während des ersten punischen Krieges öfters,[41] woraus man vielleicht auf eine geregelte Amtszeit schließen darf. Sie hatten die Höhe von Steuern und Tributen festzusetzen und diese auch einzutreiben (Pol. 1, 72, 3 f.). Daran müssen von der Sache her gewisse zivil- und strafrechtliche Kompetenzen gebunden gewesen sein, wohl auch eine Form von Polizeigewalt: Steuerschuldner konnten von ihnen ins Gefängnis geworfen werden.[42] Ob aber mit dieser Strategie größere militärische Kompetenzen verbunden waren, wie immer angenommen wird,[43] ist ganz unsicher.

---

[38] Zu den karthagisch-ägyptischen Beziehungen allgemein s. W. Huß, AncSoc 10, 1979, 119 ff.; 131 zur Strategie (wie Bengtson).

[39] Seltsamerweise ist nie bemerkt worden, welche Folgen es hat, wenn man die These Bengtsons akzeptiert. A. H. L. Heeren, Ideen über die Politik[4], II 1, Göttingen 1825, 73; 90 setzt ebenfalls militärische und zivile Verwaltung der Provinzen in eins, sagt aber auch, daß er die Trennung der Gewalten in Karthago als Vorzug gegenüber dem römischen System empfinde. Als Vorteil versteht dies auch Christ (A. 1) 3.

[40] Diod. 25, 8 ist zu sehr mit textkritischen und interpretatorischen Problemen belastet, als daß uns die Stelle hier weiter helfen könnte. M. E. beruht der dort gebrauchte Ausdruck στρατηγὸς τῆς Λιβύης auf einem Mißverständnis des Autors.

[41] Hierfür, wie für die meisten anderen Aspekte der libyschen Strategie, ist Pol. 1, 72, 3 besonders wichtig: θαυμάζοντες (scil. die Karthager) δὲ καὶ τιμῶντες τῶν γε στρατηγῶν οὐ τοὺς πρᾴως καὶ φιλανθρώπως τῷ πλήθει χρωμένους, ἀλλὰ τοὺς αὐτοῖς μὲν ἑτοιμάζοντας πλείστας χορηγίας κἀπισκευάς, τοῖς δὲ κατὰ τὴν χώραν πικρότατα χρωμένους, ὧν εἷς ἦν Ἄννων. – E. Täubler, Die Vorgeschichte des zweiten punischen Krieges, Berlin 1921, 70 A. 118 liest mit Büttner-Wobst an dieser Stelle τῶν ἀεὶ στρατηγῶν ... ὧν κτλ. Überliefert ist τῶν τε, weshalb Schweighäuser, Hultsch, Paton, Pédech so korrigierten wie hier angegeben; s. vor allen Dingen Hultsch, Berlin 1888, XLVII f. gegen Büttner-Wobst. Täubler schließt aus dieser Lesart auf eine immerwährende Strategie (so auch Groag [A. 34] 24 A. 1); aber selbst wenn man den Text von Büttner/Wobst akzeptiert, kann man ihm den von Täubler postulierten Sinn nicht entnehmen. οἱ ἀεὶ στρατηγοί sind die jeweiligen Strategen; eine immerwährende Strategie müßte mit εἰς ἀεί oder διὰ βίου bezeichnet werden.

[42] Die weite Verbreitung des *clamor agrestis* in Nordafrika (Liv. 29, 28, 6 f.; A. W. Lintott, Violence, Civil Strife and Revolution in the Classical City, London 1982, 20) zeigt, daß der Stratege kaum Schutzfunktionen wahrnahm.

[43] Vgl. A. 37 und noch Gsell III 102: «gouverneur militaire»; J. H. Thiel, A History of Roman Sea-Power before the Second Punic War, Amsterdam 1954, 295 A. 755: «military go-

Obwohl Hanno zu Beginn des «Söldnerkrieges» Stratege Libyens war, ist er noch eigens mit der Führung dieses Krieges beauftragt worden.[44] Hätte er als Stratege Libyens wirklich eine umfassende militärische Gewalt besessen, so wäre diese erneute Wahl überflüssig gewesen.[45] Hanno kumulierte vielmehr zwei Ämter;[46] Kriegführung und Territorialstrategie waren zumindest in Libyen voneinander getrennt.

Das Kommando des Hanno und des Hamilkar im «Söldnerkrieg» beruhte auf separater Ernennung, d.h. der weitere Bericht des Polybios ist für die Frage nach der Territorialstrategie nicht verwertbar.[47] Nach dem Söldnerkrieg verschwindet die libysche Strategie aus den Quellen; während des zweiten punischen Krieges ist sie nicht nachweisbar; militärische Operationen in Libyen wurden damals, genau wie im Söldnerkrieg, von eigens hierzu ernannten Generälen geführt.[48] Die Territorialstrategie ist daher kein Beispiel für eine Vereinigung ziviler und militärischer Kompetenzen in einem Amt.

Wann wurde die Territorialstrategie eingerichtet? Pol. 1, 72, 3 spricht dafür, daß sie bereits einige Zeit vor dem Ende des ersten punischen Krieges bestand. Ein anderes Argument erlaubt es vielleicht, das Datum der Einrichtung noch weiter nach

---

vernor»; G. Picard, Archéologie vivante I 2, 1968/9, 152: «gouverneur général militaire des territoires».

44 Pol. 1, 73, 1: οἱ Καρχηδόνιοι προστησάμενοι τὸν Ἄννωνα στρατηγόν. Richtig gesehen von Täubler (A. 41) 70 A. 119 gegen C. Neumann, Das Zeitalter der punischen Kriege, Breslau 1883, 166; vgl. auch J. Schneider, Die Kriegsschuldfrage im zweiten punischen Krieg, Diss. Innsbruck o.J. 67; Huß 257 A. 34.

45 Als Beleg für die militärischen Kompetenzen Hannos wird meist sein Krieg gegen Hekatompylos angeführt, Pol. 1, 73, 1; Diod. 24, 10, 2 (Const. Excerp.; Meltzer II 336 hat richtig gesehen, daß sich Diod. 24, 10, 1 nicht auf diese Episode beziehen muß). Dies war nach Diod. 4, 18, 1 ein eigener Feldzug; nachdem wir hierfür noch nicht einmal ein Datum sicher bestimmen können, ist die Annahme kaum zu halten, daß Hanno ihn als στρατηγὸς τῆς Λιβύης geführt habe. Hierfür ist ebenso ein eigenes Kommando anzunehmen wie für den Söldnerkrieg.

46 Vgl. Aristot. Pol. 1273 b 9.

47 Hamilkar wird trotzdem als Territorialstratege genannt bei W. Hoffmann, Hannibal, Göttingen 1962, 214f.; Christ (A. 1) 4. Im übrigen finde ich weder einen Beleg noch einen Grund für die Annahme (Huß 262f. A. 82), daß Hannibal irgendwann einmal die libysche Strategie innegehabt haben soll (gegen Wollner [A. 9] 131f.). – Es gibt ebenfalls keinen Beleg, der es erlauben würde, mit Wollner 127f. und anderen – zuletzt W. Huß, SP 10, 1989, 187 – zu erklären, Hasdrubal, der Sohn des Geskon, sei nach 205 libyscher Stratege gewesen – weshalb aus seinen Handlungen auch nicht irgendwelche Rechte libyscher Strategen herausdestilliert werden können.

48 Bengtson (A. 37) 112, meinte, es genüge, für den militärischen Aspekt der Territorialstrategie «auf die Taten Hamilkars und der Barkiden zu verweisen». Daß die Handlungen des Feldherrn Hannibal im zweiten punischen Krieg hierzu nicht herangezogen werden können, sollte klar sein.

vorne zu verlegen: der karthagische Herrschaftsbereich in Afrika war in kleinere Verwaltungsbezirke geteilt, sog. «Gaue»,[49] die ja in irgendeiner Weise unter karthagischer Herrschaft zusammengefaßt werden mußten: dazu bietet sich am ehesten die Territorialstrategie an. Diese «Gaue» hat es schon vor der Regulusinvasion gegeben, wie im folgenden zu zeigen sein wird.[50]

Als Regulus in Afrika stand, wurden in Sizilien Münzen mit der Aufschrift *b'rṣt* geprägt. Der Umlauf sizilischer Prägungen war eigentlich auf ihr Herkunftsland beschränkt; deshalb nahm man hier die Übersetzung «(gültig/umlauffähig) im (ganzen) Land/Reich» an,[51] was als Ausdehnung des Umlaufbezirkes aufgefaßt wurde (i.e. eine Finanzierung des Abwehrkampfes in Afrika durch Prägungen aus Sizilien). Nun handelt es sich hier aber um einen Plural, «(gültig) in den Ländern».[52] Sizilien ist in dem Plural nicht mit eingeschlossen;[53] der auch aus KAI 141 bekannte Ausdruck für die karthagischen «Gaue» soll besagen, daß diese Emission nicht nur auf der Insel, sondern auch im gesamten afrikanischen Bereich Gültigkeit besaß. Mit dem Plural «Länder» sind die aus späterer Zeit bekannten Verwaltungseinheiten in Afrika gemeint, deren Existenz damit bereits für das Jahr 256/5 bezeugt ist. Damit gehört vielleicht auch die Strategie in diese Zeit.[54]

---

[49] KAI 141: *'rṣt Tsk't* (mit M. Sznycer, AEHE IVe sect. 108, 1976, 177ff.; cf. Huß 470); App. Lib. 68, 309: χώρα πεντήκοντα πόλεων, ἣν Τύσκαν προσαγορεύουσιν (zur Entsprechung von *'rṣ* und χώρα s. Ch. F. Jean/J. Hoftijzer, Dictionnaire des inscriptions sémitiques de l'ouest, Leiden 1965, s. v.); AE 1963, 69: *civitates LXIIII pagi Thusci et Gunzuzi;* Dessau 6095: *pagus Gurzenzis;* 9482: *pagi Muxsi, Gususi, Zeugei.*

[50] Oft wird allerdings die Entstehung dieser Organisation erst kurz vor dem Ausbruch des 3. punischen Krieges angenommen, G. Picard, Karthago 15, 1969, 11 A. 45; C. Nicolet in: id. (Hrsg.), Rome et la conquête du monde méditerranéen 2, Paris 1978, 598. C. R. Whittaker, Klio 60, 1978, 338 hält diese Strategie für einen Versuch, die Verwaltung in Afrika als Folge des Verlustes von Sizilien und Sardinien zu intensivieren. Diese Konstruktion kann aus chronologischen Gründen nicht richtig sein. Die Behauptung, daß die Belege alle erst aus der Zeit der römischen Herrschaft stammen, ist natürlich unrichtig.

[51] H.-R. Baldus, Chiron 12, 1982, 178.

[52] Betont von L. Mildenberg, in: H. A. Cahn u. a., Griechische Münzen aus Großgriechenland und Sizilien. Katalog Antikenmuseum Basel, Basel 1988, 153; 157; vgl. aber schon die Übersetzung von M. Sznycer in: Nicolet (A. 50) 2, 559; G. Bunnens, L'expansion phénicienne en méditerranée, Brüssel 1979, 168 mit A. 73.

[53] Das hat Baldus (A. 51) 177 hervorgehoben.

[54] Stimmt diese Überlegung, dann kann man noch ein weiteres Argument für die rein zivilen Kompetenzen des Territorialstrategen anschließen: Pol. 1, 30, 1 berichtet, daß die Karthager nach der Landung des Regulus in Afrika erst zwei Strategen wählen mußten, die den Kampf gegen ihn führen sollten. In Analogie zu der oben angeführten Interpretation von Pol. 1, 73, 1 heißt das, daß der Krieg eben nicht von einem mit militärischen Kompetenzen ausgestatteten Territorialstrategen geführt werden konnte; vgl. bereits – ohne weitere Konsequenzen – G. Picard, REL 41, 1963, 271.

Akzeptiert man die Datierung, so können die Karthager die Territorialstrategie kaum von den Ptolemäern übernommen haben,[55] bei denen eine Strategie mit ausschließlich ziviler Kompetenz vor dem Jahr 243 nicht nachweisbar ist.[56] Die Zeit scheint für eine Übernahme durch Karthago zu knapp zu sein, weshalb viel dafür spricht, daß wir es hier mit einer genuin karthagischen Institution zu tun haben,[57] nicht mit der Adaption eines hellenistischen Originals. Wenn Polybios dies Amt, trotz der rein zivilen Konnotationen, die er ja deutlich erkannt haben muß, als Strategie bezeichnet, so ist das für einen Autor des zweiten Jahrhunderts kein schwerer Lapsus: zu seiner Zeit war die zivile στρατηγία bereits wesentlich weiter verbreitet als im 3. Jhrdt.

In der Forschung ist ebenfalls von einer sizilischen und einer iberischen Strategie die Rede, obwohl ein entsprechender Ausdruck (στρατηγός/στρατηγία τῆς Σικελίας/Ἰβηρίας) in den Quellen nicht auftaucht. Man darf daher nicht a priori annehmen, daß die Verwaltungsverhältnisse in diesen Gebieten denen in Libyen glichen.[58] Dies gilt ganz besonders für Spanien: vor den Barkiden gab es dort keine karthagische Herrschaft, und es spricht alles dafür, daß die Errichtung des karthagischen Machtbereiches in Spanien durch Hamilkar und seine Nachfolger im Rahmen eines militärischen Kommandos unternommen wurde. Bis zum Beginn des zweiten punischen Krieges blieb der grundlegend militärische Charakter der barkidischen Herrschaft jedenfalls erhalten: die Rolle des Heeres bei der Einsetzung Hasdrubals und Hannibals läßt sich nur so befriedigend erklären. Aus diesem Grund liegt die karthagische Machtausübung in Spanien nicht nur außerhalb des chronologischen Rahmens dieser Arbeit, sondern kann auch keine Territorialstrategie von der Art gewesen sein, wie es sie in Libyen gab.

Die Charakterisierung der karthagischen Herrschaft in Sizilien ist auf Grund des Quellenmangels nicht leicht; hier müssen aber nicht alle Einzelheiten diskutiert werden, da dies erst vor kurzem unternommen worden ist.[59] Man weiß, daß die karthagischen Untertanen, die in der Epikratie zusammengefaßt wurden, ver-

---

[55] Gegen das hellenistische Vorbild hat sich bereits Wollner (A. 9) 61 A. 229 ausgesprochen, allerdings mit der ganz anderen Begründung, daß es die Territorialstrategie bereits im 4. Jhrdt. in Sizilien gegeben habe; dazu s. unten.

[56] Thomas (A. 37) I 52 f. mit A. 309.

[57] Punisch mag dies Amt *rb 'rṣt* geheißen haben; vgl. KAI 43 (Zypern) in der Lesung von E. Lipinski (ausführlich A. Parmentier, SP 5, 1987, 408 ff., der unter dem dort erwähnten *rb 'rṣ* den ptolemaischen στρατηγὸς τῆς νήσου versteht; der Gau entspricht hier der Insel).

[58] Meltzer II 195 nahm sogar die Gleichheit der Verwaltungsverhältnisse für Sardinien an. Zur sizilischen Strategie s. Huß 472 f.; G. K. Jenkins, SNR 57, 1978, 36 nahm auf Grund seiner Interpretation der «*b'rṣt*-Münzen» an, daß Sizilien genau wie Afrika in Gaue eingeteilt gewesen sei; dagegen s. Baldus (A. 51) 171; 188 A. 66.

[59] Hans (A. 9) passim; Entlehnungen aus dieser Arbeit sind im folgenden nicht eigens gekennzeichnet; vgl. auch Wollner (A. 9) 56 ff.

schieden organisiert waren: es gab griechische, punische und sikelische Städte, dazu eingeborene Stämme. Sie alle behielten eine gewisse Form von Eigenständigkeit, was sich am deutlichsten in der Münzprägung zeigt, die von einzelnen Orten bis ins 4. Jhrdt. hinein weitergeführt werden konnte. Sogar das Ende der Prägungen muß nicht notwendig das Ende der Autonomie bezeichnen, sondern läßt sich auch mit wirtschaftlichen Gründen erklären.

Wenigstens die griechischen Städte mußten einen φόρος zahlen, wie nicht nur in einem Vertrag erwähnt (StV II² 210 [Diod. 13, 114, 1]), sondern auch in der – freilich fiktiven – Rede des Syrakusaners Theodoros bei Diodor impliziert wird.[60] Auch wenn der φόρος wegen der unterschiedlichen Strukturen der Epikratie kein allgemein einigendes Band gewesen sein kann,[61] muß es doch Institutionen zu seiner Einziehung und Verwaltung gegeben haben. Dabei denkt man in Analogie zu den vorherrschenden Anschauungen über die Territorialstrategie an eine Kombination von ziviler und militärischer Verwaltung.[62] Nachdem die libysche Strategie aber keine hinreichende Parallele mehr für ein solches Amt ist, fällt auch diese Annahme. Weitere zivile Institutionen der Epikratie lassen sich nicht fassen.

Ein wenig besser steht es im militärischen Bereich. Es gibt, wenigstens in der zweiten Hälfte des 4. Jhrdts., Garnisonen, vielleicht auch noch andere dauernd in Sizilien stationierte Truppen, die einem Strategen unterstanden.[63] Die Münzen, die für diese Truppen geprägt wurden, bezeichnen sie als *'m mḥnt* («Volk des Heerlagers»). Mit *'m* wird in offiziellen Texten der Phönizier normalerweise die Volksversammlung als politische Institution bezeichnet;[64] deshalb muß man davon ausgehen, daß die karthagischen Truppen – und ihr Stratege – politisch keiner der bestehenden Einheiten zugeordnet waren.[65] Der oben bereits festgestellten Vielfalt

---

[60] Diod. 14, 65, 2; vgl. zur ganzen Rede A. Scarpa Bonazza Buora, Libertà e tirannide in un discorso «siracusano» di Diodoro Siculo, Rom 1984. Diod. 13, 59, 3; Plat. ep. 7, 333 a. Zum φόρος s. Whittaker (A. 9) 72, der allerdings meint, hiervon seien nur im Krieg besiegte Gegner, nicht aber Bündner betroffen.

[61] Auch ist völlig unsicher, worauf der Tribut beruhte; Meltzer I 260 nahm z. B. an, daß die sizilischen Städte einen «Grundzins für die Benutzung von (karthagischem) Staatsland» gezahlt hätten.

[62] E. g. Ensslin, RuK 268; cf. Hans (A. 9) 145 f.

[63] Garnisonen: Gsell II 310 f.; D. Roussel, Les Siciliens entre les Romains et les Carthaginois, Paris 1970, 55; Hans (A. 9) 138 f.; andere Truppen: Hans 137 f.

[64] M. Sznycer, Semitica 25, 1975, 47 ff. Zur Bezeichnung einer religiösen Korporation mit *'m* s. G. Garbini, AION 19, 1969, 323 ff.

[65] Zur Eigenständigkeit des Heeres auf Grund dieser Legende vgl. Jenkins (A. 58) 7. Hans (A. 9) 233 A. 97 wollte dagegen einwenden, daß mit *'m mḥnt* nicht die Prägeautorität, sondern der Empfänger bezeichnet werde (vgl. Huß 493 A. 32), doch sehe ich nicht, was das an den Implikationen des Wortes *'m* hier ändern soll. Vgl. zuletzt L. Mildenberg, SP 10, 1989, 6; 8. – Ganz unsicher scheint mir die von M. Sznycer, in: Carthage et son territoire dans l'an-

politischer Formen in der Epikratie gesellt sich also noch das Heer hinzu. Von der Schaffung eines einheitlichen Verwaltungsbezirkes, entsprechend der libyschen Strategie, kann auf Sizilien nicht die Rede sein.

Offenbar waren die verschiedenen Provinzen karthagischer Herrschaft verschieden organisiert. Die Sonderrolle Iberiens ist deutlich und einsichtig: dort ist die karthagische Herrschaft noch jung, ihre Aufrichtung durch militärische Eroberung stand im Vordergrund des Interesses. Demgegenüber konnte die Entwicklung ziviler Einrichtungen vernachlässigt werden.

Wie ist aber der Unterschied zwischen der Herrschaftsorganisation in Sizilien und Afrika zu erklären? Weshalb handelte es sich bei der karthagischen Epikratie in Sizilien um eine Gemengelage verschiedener politischer Formen ohne nachweisbare zivile Zentralverwaltung (aber mit dauernder militärischer Komponente), während in Afrika ein einheitlich durchorganisierter Herrschaftsbereich ohne nachweisbare militärische Zentralinstanz (aber mit dauernder ziviler Komponente) existierte?

Die Betonung des militärischen Elementes in Sizilien hängt sicher mit der fortwährenden Gefährdung der Epikratie durch Syrakus zusammen.[66] In Afrika gab es zwar etliche schwere Revolten,[67] aber keine dauernd präsente Macht, die Karthago zur Einsetzung eines Militärgouverneurs gezwungen hätte: im Gegenteil – es gab nur kleinteilige, sich auf Familie und Clan stützende Gesellschaftsformen. Nur selten kam es zu größeren Zusammenschlüssen solcher Gruppen; es gab keinen Ansatz zu einer Machtbildung, die Karthago hätte gefährden können.[68] In einem solchen Gebiet konnte man sich zur Ausübung von Herrschaft nicht auf die vorhandenen Infrastrukturen stützen, sondern mußte neue, eigene Institutionen aufbauen – was die Karthager mit der Einrichtung der *pagi* und einer zivilen Oberinstanz ja auch getan haben. In Sizilien sah dies anders aus. Als die Epikratie entstand, gab es bereits die politischen Strukturen von Stadt und Stamm, die die Karthager bestehen ließen, und auf denen sie ihre Herrschaft gründeten. Die Verwendung bereits bestehender Strukturen ließ den Aufbau einer eigenen zivilen Verwaltung weniger dringend erscheinen, so daß er hier unterblieb.

---

tiquité, Paris 1990, 121 vorgeschlagene Übersetzung von *(RB) MŠṬR* als «(chef d')» bzw. «secrétaire (militaire), officier d'intendance» nach einer alttestamentlichen Nebenbedeutung des Verbums.

[66] Hans (A. 9) 141. Dem widerspricht auch das von Bondi, Sicilia antica I 1, 184 konstatierte Fehlen einer einheitlichen Fortifikationslinie nicht.

[67] Whittaker (A. 50) 339 meint, daß die Karthager mit ihren afrikanischen Untertanen Probleme hatten, weil sie versucht hätten, «to fossilize elites and to check the balancing mechanisms of the clans». Während ein solches Verhaltensmuster von Kolonialmächten prinzipiell gut belegt ist, fehlt jeder Hinweis in den Quellen darauf, daß es die Karthager ebenso gemacht hätten.

[68] S. etwas ausführlicher 246.

Lokale Gegebenheiten können daher als Ursache für die unterschiedlichen Formen, in denen die Karthager ihre Herrschaft ausübten, angesehen werden; der Rekurs auf das beliebte Cliché der politischen Unfähigkeit braucht nicht bemüht zu werden.

## 4. Zusammenfassung

In Bezug auf die anfangs skizzierte Problemlage haben wir mehrere, divergierende Hinweise erhalten: nach dem Sturz der Könige gab es in Karthago kein Amt mehr, das zivile und militärische Kompetenzen miteinander verband. In Sizilien besaß das Militär eine gewisse Eigenständigkeit: die Münzlegenden zeigen, daß *'m mḥnt* eine eigene politische Größe darstellte, und im 4. Jhrdt. finden sich dann Anzeichen für eine bescheidene politische Aktivität der Strategen auf der Insel.[69] Von Autonomie und Selbständigkeit kann aber kaum gesprochen werden. Um die materielle Basis eines von der Heimatstadt weitgehend unabhängigen militärischen Machtbereiches war es ebenfalls schlecht bestellt: eine dauernde Truppenpräsenz in Sizilien läßt sich erst ab der zweiten Hälfte des 4. Jhrdts. nachweisen.[70] Ein selbständiger Militärbefehlshaber konnte sich vor dieser Zeit überhaupt nicht ausbilden (und wenn man dem Bild trauen darf, das Polybios vom Ausbruch des ersten punischen Krieges zeichnet, so hat es dies Phänomen auch bis ins 3. Jhrdt. hinein nicht gegeben).

Die Antwort auf die anfangs gestellten Fragen lautet also: die militärische Gewalt wurde zwar nicht wieder mit einem zivilen Amt verbunden, aber bildete auch kein zweites Machtzentrum. Das führt zum nächsten Problem: wie verhinderten die Karthager die Ausbildung eines solchen Machtzentrums, für das es ja zumindest einige Voraussetzungen gab?

Folgende Strategien lassen sich noch erkennen:

1. Die territoriale Organisation des karthagischen Herrschaftsbereiches war den lokalen Bedingungen angepaßt: die Herrschaftsmittel wurden flexibel gehandhabt. Dies setzt einen politischen Willen und die politische Kontrolle der Provinzen durch die Zentrale voraus.
2. Fragen des Kriegseintritts und des Friedensschlusses lagen im wesentlichen beim Adelsrat. Über die Anlässe zur Kriegsführung und über die zu erreichen-

---

[69] Belege bei Hans (A. 9) 137 f. Einige dieser Handlungen sind in dem hier gestellten Rahmen aber nicht aussagekräftig. Wenn karthagische Beamte auf Sizilien als «Vermittler» (Wollner [A. 9] 64 mit den Stellen) zwischen streitenden griechischen Parteien auftreten, dann sagt dies nichts über ihre Stellung Karthago gegenüber. Sie sind von den Griechen – aus uns unbekannten Gründen – als διαλλακταί oder «fremde Richter» gerufen worden.

[70] S. Hans (A. 9) 136 f.

den Ziele des militärischen Einsatzes entschied nicht der General (anders sieht es mit der konkreten Kriegsführung aus, die ihm aus praktischen Gründen weitgehend überlassen war).

3. Sehr wichtig ist ferner, daß die Aufstellung der Heere, i. e. die gesamte Rüstung, bei der Gerusie lag. Dies verhinderte, daß bereits bei der Aushebung und Anwerbung von Soldaten die Loyalitäten zum General eine wichtige Rolle spielen konnten. Zudem ist die Entscheidung über Größe und Zusammensetzung eines Heeres für denjenigen unerläßlich, der über Zweck und Art des Einsatzes entscheiden will. Sorgsame Anwendung dieses Instrumentes konnte Eigenmächtigkeiten eines Strategen im Keim ersticken (die beiden letzten Punkte gehören in den Bereich der Ausübung außenpolitischer Rechte der Gerusie).
4. Die Karthager hatten kein großes, stehendes Heer,[71] auch wenn es in Afrika und Sizilien einzelne Garnisonen geringen Umfanges gab. Bis zum ersten punischen Krieg kennen wir auch keine militärische Aktion der Karthager, die fünf oder gar zehn Jahre gedauert hätte.[72] Da das Kommando eines Strategen auf die Dauer der Kampagne beschränkt war, verminderte dies die Möglichkeiten der Truppenführer, Loyalität und Einfluß beim Heer zu erwerben oder gar auszubauen.[73]
5. Es gab verschiedene Möglichkeiten, den Strategen und seine Heerführung zu kontrollieren. Während Karthago in der Regel in die konkreten Fragen der Kriegsführung nicht eingriff, konnte der General doch nach Belieben abgesetzt werden.[74]

Es gibt einige Hinweise, daß dem Feldherrn eine besondere Kommission des Ältestenrates beigegeben war.[75] Auch wenn sich über die Entstehung dieses Brau-

---

[71] Gsell II 331 f.

[72] Man denkt natürlich sofort an die Kriege gegen Dionysios von Syrakus; aber gerade hier handelte es sich um eine Reihe einzelner Kampagnen, für die jedesmal neu gerüstet werden mußte.

[73] Daß es dann im ersten punischen Krieg anders kam, zeigt Pol. 1, 68, 12f.

[74] Diod. 16, 73, 3: Καρχηδόνιοι δὲ τοὺς κατὰ τὴν Σικελίαν στρατηγοὺς ὁρῶντες ἀγεννῶς τὸν πόλεμον διοικοῦντας ἔκριναν ἑτέρους ἀποστέλλειν. 23, 9, 2: Ἄννωνα δὲ οἱ Καρχηδόνιοι ἐζημίωσαν . . . ἀντὶ δὲ τούτου στρατηγὸν ἀπέστειλαν εἰς Σικελίαν Ἀμίλκαν.

[75] Pol. 3, 20, 8: die Römer fordern, Ἀννίβαν καὶ τοὺς μετ᾽ αὐτοῦ συνέδρους auszuliefern; cf. 34, 8: αὐτὸν . . . καὶ πάντας τοὺς τοῦ στρατοπέδου προεστῶτας (zur mißverständlichen Formulierung hier s. Huß 294 A. 2). 71, 5: κοινολογηθεὶς Μάγωνι τἀδελφῷ καὶ τοῖς συνέδροις. 7, 9, 1; 10, 18, 1: μετὰ δὲ ταῦτα Μάγωνα καὶ τοὺς ἅμα τούτῳ Καρχηδονίους ἐχώριζε. δύο μὲν γὰρ ἦσαν κατειλημμένοι τῶν ἐκ τῆς γερουσίας, πέντε δὲ καὶ δέκα τῶν ἐκ τῆς συγκλήτου. Plut. Fab. Max. 15, 2 wird ein Gisco als ἰσότιμος Hannibals bezeichnet; vgl. W. Kolbe, SB Heidelberg 1934, 10; HCP I 334 f.; II 44 f.; 218. Zu ähnlichen Kommissionen bei den Griechen vgl. Pritchett (A. 3) 36 ff. (man denke besonders an die spartanischen Ephoren, die den König auf dem Kriegszug begleiteten, P. Carlier, La royauté en Grèce avant Alexandre, Straßburg 1984, 277 f.).

ches und die Kompetenzen der Ratsherren nichts sagen läßt, muß allein ihre Anwesenheit zur Kontrolle der Feldherren beigetragen haben.

Zuletzt gab es den sog. «Staatsgerichtshof der Einhundertvier»: er war nicht eingerichtet worden, um erfolg- und glücklose Kriegsführung zu bestrafen, sondern um gegen Kompetenzüberschreitungen und Anmaßungen der Feldherrn vorzugehen.[76]

Diese Kontrollmechanismen wurden noch dadurch ergänzt, daß die Wahl des Strategen beim Volk lag,[77] während die Aufsicht durchweg von der Aristokratie und ihren Organen vorgenommen wurde. Einerseits wurde damit Vorsorge getroffen, daß kein General auf das Volk gestützt zur Macht kommen konnte, andererseits wurde das Amt nicht nur im Rahmen von Parteiungen innerhalb der Gerusie vergeben.

Auf mehreren Ebenen wurde so die Abhängigkeit des Strategen von zivilen Institutionen wie Volksversammlung, Gericht und Gerusie verankert. Von einer fehlenden Einbindung in die Verfassung kann daher ebensowenig die Rede sein, wie von einem Außenseitertum des Militärs, obwohl es eine Verbindung von ziviler und militärischer Gewalt in einem Amt nach dem Sturz des Monarchen nicht mehr gegeben hat.

An diesem Punkt muß man nun überlegen, ob die Frage nach der Integration der beiden Gewalten in einer obersten Magistratur überhaupt richtig gestellt ist. In den meisten πόλεις der mediterranen Welt stand das Kollegium der Generäle neben den obersten zivilen Beamten.[78] Die Vereinigung des zivilen und militärischen Oberbefehls in einer Hand ist keine zwingende Notwendigkeit antiker Staatlichkeit, ist keineswegs das Normale. Die entgegengesetzte Annahme, die der Kritik an Karthago zu Grunde liegt, ist ganz eindeutig von dem Vergleich mit Rom bestimmt.[79] Das bedeutet allerdings nicht, daß die Frage nach dem fehlenden

---

[76] Iust. 19, 2, 5; vgl. 83 ff.

[77] Gsell II 222 f. A. 9; 229 A. 5; Sznycer, in: Nicolet (A. 50) 2, 582 f.; (allerdings sind alle einschlägigen Texte aus der Zeit nach dem ersten punischen Krieg). Vgl. Gsell 222 A. 9 zu der textkritisch schwierigen Passage Diod. 20, 10, 1 (W. Huß, RSF 16, 1988, 261 nahm gegen die mehrfach geäußerte Ansicht von Picard Wahl durch die Volksversammlung an). Von einer Wahl durch die Gerusie spricht App. Lib. 93, 439, weshalb wohl Mommsen, RG I 496 generell von einer Ernennung, Meltzer II 222; Gsell II 230 von einem Vorschlagsrecht der Gerusie sprechen (ähnlich Heeren [A. 39] 121 A., der meint, die Ernennung durch die Gerusie schließe die Bestätigung durch das Volk nicht aus).

[78] Cf. e. g. V. Ehrenberg, The Greek State$^2$, London 1969, 82. Die Interferenzprobleme, die er erwähnt und die die Trennung nicht ganz reinlich erscheinen lassen, gelten in gleichem Maße auch für Karthago.

[79] Explizit z. B. bei W. Hoffmann, ANRW I 1, Berlin 1972, 346: «Selbst wenn es ursprünglich ähnlich wie in Rom eine Verbindung von militärischer und ziviler Führung gegeben haben sollte . . » Der in dieser Hinsicht besonders wichtige Aufsatz von Heuß, RuK 83 ff. heißt gar «Die Gestaltung des römischen und karthagischen Staates . . .»

Zusammengehen der Gewalten unberechtigt wäre. Man darf nur nicht von vornherein annehmen, daß eine Lösung nach römischem Vorbild unter den Voraussetzungen der antiken Staatlichkeit zwingend notwendig gewesen sei, weshalb ein Abweichen von diesem Modell als Defizit verstanden werden müßte.[80]

Weshalb kam es in Karthago nicht zur «römischen Lösung»? Ein Grund ist bereits angeführt worden: die Angst des Adels vor einer erneuten Erstarkung des monarchischen Elementes. Des weiteren war die Stadt seit dem 6. Jhrdt. relativ häufig in Überseekriege verwickelt. Es muß die politische Spitze gestärkt haben, wenn sie in der Hauptstadt blieb – und nicht weit davon entfernt sich den Gefahren des Krieges aussetzte. Ganz anders in Rom: dort trieben die bis ins 4. Jhrdt. eher kleinteiligen, auf Mittelitalien beschränkten Operationen die Integration der Gewalten voran. Schließlich ermöglichte die Trennung der beiden Sphären jeweils die Wahl von Fachleuten zur Erledigung der anstehenden Aufgaben.

Zusammenfassend kann man sagen, daß die Karthager nach dem Fall der Monarchie das oberste militärische Amt sehr wohl in die Struktur ihres Staates einbanden: es wurde zu einer wichtigen Magistratur, die sich neben den anderen Ämtern in die Strukturen aristokratischer Herrschaft einfügte.

---

80 Wenn man aber unbedingt daran festhalten will, hier ein Defizit zu sehen, so muß man wenigstens erkennen, daß kein spezifisch karthagisches Defizit vorliegt. Die Interpretation darf dementsprechend auch nicht von – angeblich – spezifisch karthagischen Eigentümlichkeiten ausgehen. Es gibt allerdings auch Forscher, die gerade die Trennung als Vorteil gegenüber der römischen Verfassung empfinden, 108 A. 39.

# IV. Piraterie in Karthago

## 1. Einleitung

Die Existenz von Piraterie setzt einen Zustand voraus, in dem das staatliche Machtmonopol noch nicht endgültig ausgebildet ist, es kein staatliches Recht über privater Gewalt gibt. So betrachtet ist Piraterie ein Analogon zu Beute- und Raubzügen auf Land,[1] also eine Unterform des Privatkrieges.[2] In den meisten Gegenden der alten Welt verschwand der Privatkrieg zu Lande weit rascher als auf der See,[3] doch wurden mit der Zeit auch die Seeräuber zurückgedrängt:[4] Illyrien, Aitolien, Kreta und Kilikien waren ihre letzten großen Zentren. Diese Gebiete wurden schon von den Griechen einer unterentwickelten Staatlichkeit geziehen – wofür eben die Ausübung des Seeraubes als Indiz galt.[5]

Privatkriege zu Lande störten ganz empfindlich das immer dichter werdende Geflecht der zwischenstaatlichen Beziehungen. Beutezüge wurden nicht nur zu einer Gefahr für die Bandenführer, sondern auch für deren Staat, weshalb die im Inneren erstarkende Gemeinschaft die Privatunternehmen immer stärker ein-

---

[1] E. F. Bruck, Totenteil und Seelgerät im griechischen Recht, München 1926, 45; Y. Garlan, Guerre et économie en Grèce ancienne, Paris 1989, 177. Terminologisch: W. K. Pritchett, The Greek State at War I, Berkeley 1971, 54 ff.; V 1991, 315 ff. Dem. 4, 23 nennt ληστεύειν als eine Form des πόλεμος.

[2] Wie nah Piraterie an anderen Formen des archaischen Krieges steht, zeigt eine Inschrift aus Delphi (ISE I 71 nr. 29 [Daochos – Monument]) in der Herstellung von R. Merkelbach, ZPE 8, 1971, 39 f. (J. u. L. Robert, Bull. épigr. 1972, 214; der Text wird falsch interpretiert bei R. u. M. Brophy, AJPh 106, 1985, 172 ff.; J. P. Thuillier, Les jeux athletiques dans la civilisation étrusque, Paris 1985, 285 ff.; id., MEFRA 97, 1985, 639 ff.): eine thessalische Schar ist einer Gruppe tyrrhenischer Seeräuber entgegengetreten; die Entscheidung wurde nicht durch allgemeinen Kampf, sondern durch einen Zweikampf gefällt: Τυρσηνῶν δὲ ἄνδρα κράτιστον κτεῖνα ἐθελοντο[μαχῶν].

[3] Dieser Prozeß am Beispiel Roms: D. Timpe, in: W. Eder (Hrsg.), Staat und Staatlichkeit in der frühen römischen Republik, Stuttgart 1990, 368 ff.

[4] Zur Piraterie s. Garlan (A. 1) 173 ff. mit früherer Literatur; dazu jetzt etwa noch H. H. Schmitt, in: H. H. Schmitt/E. Vogt (Hrsgg.), Wörterbuch des Hellenismus, Wiesbaden 1989, 619; P. McKechnie, Outsiders in the Greek Cities in the 4th Century B. C., London 1989, 101 ff.; Pritchett (A. 1) V 312 ff. – Eine ausführliche Bibliographie zur mediterranen Piraterie in Mittelalter und Frühneuzeit bei J. H. Pryor, Geography, Technology and War, Cambridge 1986, 153 A. 81.

[5] Daneben sind in der Antike hauptsächlich moralische und wirtschaftsgeographische Phänomene für den Seeraub verantwortlich gemacht worden.

schränkte. Piraterie aber galt hauptsächlich überseeischen Zielen, Rückwirkungen auf den eigenen Staat waren daher nicht in demselben Ausmaß zu befürchten. Es ist kein Zufall, daß in Rom die Piraterie noch lange nach dem Privatkrieg zu Lande existiert,[6] wie es weiter sicher kein Zufall ist, daß die letzten römischen Piraten, von denen wir hören, noch nach dem Ende des ersten punischen Krieges an den Küsten Afrikas operierten – gegen Karthago[7] (auch etruskische Piraten sind noch in der zweiten Hälfte des 3. Jhrdts. bezeugt[8]).

Über weite Zeiträume war der Krieg einer der wichtigsten Erwerbszweige in der Antike[9] – was schon von Thukydides auf die Piraterie übertragen wurde (1, 5). Wichtiger als diese Kongruenz ist für den Zusammenhang von Seeraub und Handel aber die Beobachtung, daß schon bei Homer beides von denselben Personen,[10] nämlich von Angehörigen der Oberschicht betrieben wurde.[11]

---

[6] Römische Piraten im 5. und 4. Jhrdt.: s. 144; zur Zeit Timoleons: Postumius in Diod. 16, 82, 3 (Lit. bei Ch. G. Starr, The Beginnings of Imperial Rome, Ann Arbor 1980, 37 A. 13; M. Gras, Trafics tyrrhéniens archaiques, Paris 1985, 514 mit A. 106); zur Zeit des Demetrios Poliorketes: Strab. 5, 3, 5 p. 232 (die Diskussion bei McKechnie [A. 4] 125 ist verfehlt). Zu den beiden letzten Stellen vgl. noch M. Giuffrida Ientile, La pirateria tirrenica, Rom 1983, 89ff. – In wie weit Plut. Cam. 8, 4 (mit den von Ziegler notierten Parallelen) historische Tradition über die frühe Verbreitung römischer Piraterie wiedergibt, soll hier nicht ausführlich diskutiert werden. Die Bewohner von Lipari hielten jedenfalls ein römisches Schiff für ein Piratenschiff – und Verwechslung mit einem etruskischen Schiff (z. B. angenommen von J. H. Thiel, A History of Roman Sea-Power before the Second Punic War, Amsterdam 1954, 6f.) ist ein allzu gewaltsamer Ausweg. Vgl. F. Cassolà, I Gruppi politici romani nel secolo III A. C., Trient 1962, 271.

[7] Zon. 8, 16, 8 (I 172 Boissevain): οἱ τὰς ναῦς ἔχοντες ἰδιῶται τὴν Λιβύην ἐπόρθησαν; römische Piraten während des Krieges in Zon. 8, 16, 3 (I 171). Man muß sich die Sache vermutlich so vorstellen: während des Krieges wurden italisch-römische Freibeuter ermuntert, ihre Aktivitäten gegen die Karthager zu richten. Bei der anhaltenden Schwäche des karthagischen Staates nach dem Friedensschluß (Söldnerkrieg) fuhren sie fort, ihr lukratives Gewerbe in afrikanischen Gewässern zu betreiben.

[8] Sylloge[3] 1225 (Rhodos; von Hiller auf Grund der Buchstabenformen in das letzte Drittel des 3. Jhrdts. datiert): ἀγω[νιζόμενος] ποτὶ Τυρρανοὺς ἐτελεύτασε; gegen die Deutung von M. Torelli, PP 30, 1975, 424 hat sich Giuffrida Ientile (A. 6) 95ff., bes. 99ff. zu Recht gewandt.

[9] Aristot. Pol. 1256 b 23: διὸ καὶ ἡ πολεμικὴ φύσει κτητικὴ πῶς ἔσται. 1256 a 40–b 2: οἱ μὲν οὖν βίοι τοσοῦτοι σχεδόν εἰσιν, ὅσοι γε αὐτόφυτον ἔχουσι τὴν ἐργασίαν καὶ μὴ δι' ἀλλαγῆς καὶ καπηλείας πορίζονται τὴν τροφήν, νομαδικός, ληστρικός, ἁλιευτικός, θηρευτικός, γεωργικός. Vgl. auch Ps. Aristot. Oik. 1343 a 29f.; Hdt. 5, 6, 2: τὸ ζῆν ἀπὸ πολέμου καὶ ληιστύος κάλλιστον.

[10] H. Hasenfratz, in: G. Binder/B. Effe (Hrsgg.), Krieg und Frieden im Altertum, Trier 1989, 215 sieht die Dinge wohl falsch, wenn er erklärt, daß ursprünglicher Handel zum bewaffneten Raub werde, und dies als Beispiel der Auflösung und Pervertierung sippenübergreifender sozialer Bindungen nimmt.

[11] Frühe Händler als Aristokraten: e. g. Ch. G. Starr, Economic and Social Growth of Early Greece, New York 1977, 51f. Vgl. präzise und nuanciert C. M. Reed, AncW 10, 1984,

Bei diesem Konnex zwischen Krieg, Handel und Piraterie wird die Bedeutung des Themas für die karthagische Geschichte sofort klar. Die Verbindung der Karthager mit dem Handel ist ein Allgemeinplatz in der neueren Literatur. Läßt sich karthagische Piraterie nachweisen,[12] so hätten wir in diesem Privatkrieg zur See eine Parallele zu der Schlacht von Himera als Privatkrieg zu Lande.[13] Eine Untersuchung der karthagischen Piraterie ist daher geeignet, sowohl auf den Krieg, wie auf den Handel Licht zu werfen. Zuerst sollen dabei die Zeugnisse zur phönizischen Piraterie vorgelegt werden, um den Hintergrund eines Phänomens karthagischer Geschichte deutlich zu machen, das erst in der Zeit des ersten punischen Krieges sein Ende nimmt.

## 2. Phönizische Piraten

Piraterie und Seefahrt hingen immer eng zusammen. Dieser Sachverhalt gilt auch für die phönizischen Seestädte. Schon die Amarnabriefe nennen Seeräuber aus Berytos, Sidon und Tyros,[14] und einige Zeit später, im Bericht des Wen-Amun, ist von Freibeutern die Rede, die vor Byblos kreuzen; hier handelte es sich aber um Tjeker, Angehörige der Seevölker, mit Wohnsitz in Dor.[15] Ein nicht ganz eindeutiger Brief aus Zypern wird manchmal ebenfalls in diesem Kontext angeführt.[16] Die Amarnatafeln mögen aus der Zeit vor der eigentlichen Ethnogenese des phönizischen Volkes stammen,[17] während es sich bei Wen-Amun ganz eindeutig nicht um Phönizier handelte; nimmt man diese beiden Stellen aber mit den griechischen Zeugnissen zusammen, so liegt der Schluß nahe, daß – über Generationen und Völker hinweg – der Seeraub zum Verhaltensrepertoire der Menschen an der libanesisch-syrischen Küste zählte.

---

31ff. Bei P. Brulé, La piraterie crétoise hellénistique, Paris 1978, 180 wird konstatiert, daß «les élites économiques et politiques des cités» die Protagonisten der Piraterie gewesen sind.

[12] Nichts z. B. bei Picard, Huß und in den zahlreichen Überblicken von Moscati. Eine Ausnahme bilden die kurzen Bemerkungen bei Meltzer I 176; 338; 343; Gsell IV 126ff. Vgl. U. v. Wilamowitz-Moellendorff, Aristoteles und Athen II, Berlin 1893, 383 A. 4: «mit dem seeraub pflegen die historiker zu wenig zu rechnen».

[13] S. 33ff.

[14] J. Knudtson, Die El-Amarna-Tafeln II, Leipzig 1915, 1212f. (Brief 114). Vgl. auch H. Klengel, Handel und Händler im Alten Orient, Wien 1979, 170f.

[15] ANET$^3$ 25–9.

[16] Palais Royal d'Ugarit V, Paris 1965, 81; cf. e. g. H. W. Catling, CAH II$^2$ 2, 204 unter Verweis auf J. Nougayrol, CRAI 1960, 165f.; A. Altmann, in: M. Heltzer/E. Lipinski (Hrsgg.), Society and Economy in the Eastern Mediterranean, Louvain 1988, 233f.

[17] Dies ist sehr unsicher; O. Eißfeldt, RE XX 1, 350ff. geht z. B. schon im 3. Jahrtausend von «Phöniziern» aus; Schrift und Sprache, die eigentlich entscheidenden Kriterien, sind erst ab ca. 1000 v. faßbar; vgl. die ausführliche Diskussion bei W. Röllig, Berytus 31, 1983, 79ff.

Phönizische Piraterie war so verbreitet, daß die Griechen sie sogar mit dem Volksnamen in Verbindung brachten:[18] Φοίνιξ παρὰ τὸ φόνος· φόνιοι γὰρ Φοίνικες καὶ λῃστρικοὶ τὸν τρόπον (Et. Mag. 797, 23 ff.). Dieselbe Idee findet sich bei Ps. Aristot. mir. 843 b 10–4 (vielleicht nach Timaios): τοὺς Φοίνικας ὑπὸ τῶν Ἑλλήνων φασί τινες προσαγορευθῆναι διὰ τὸ πρώτους πλέοντας τὴν θάλασσαν, ᾗ ἂν ἀποβαίησαν, πάντας ἀποκτείνειν καὶ φονεύειν. καὶ κατὰ γλῶσσαν δ' ἐστὶ τὴν Περραιβῶν τὸ αἱμάξαι φοινίξαι. Geradezu sprichwörtlich zu verstehen ist es, wenn phönizische Piraten in den kaiserzeitlichen Romanen des Longus[19] und des Xenophon von Ephesos[20] auftauchen.[21]

In der Welt Homers haben phönizische Piraten ihren festen Platz,[22] versuchter und ausgeführter Menschenraub wird ihnen zugeschrieben.[23] Auch die Rationalisierung der Io-Sage bei Herodot geht vom Phänomen des phönizischen Menschenraubes aus (Hdt. 1, 1, 3) – wie er dergleichen auch später erwähnt (2, 54; 56).[24]

---

[18] Die beiden Stellen schon bei P. Stein, Programm Cöthen 1891, 9. Die von ihm außerdem zitierte Passage Diod. 5, 38, 3 gehört allerdings in einen anderen Kontext; sie betrifft die Ausbeutung von Bodenschätzen durch die Karthager: δεινοὶ γάρ, ὡς ἔοικεν, ὑπῆρξαν οἱ Φοίνικες ἐκ παλαιῶν χρόνων εἰς τὸ κέρδος εὑρεῖν, οἱ δ' ἀπὸ τῆς Ἰταλίας εἰς τὸ ⟨μηδὲν⟩ μηδενὶ τῶν ἄλλων καταλιπεῖν. Der Nachsatz ist wichtig, da er gegen jede ethnische Interpretation phönizischer und karthagischer φιλαργυρία spricht. – Mit der Etymologie wird auch in Plut. Tim. 20, 3 gespielt, wie Huß 161 A. 43 gesehen hat: τοὺς κακίστους καὶ φοινικωτάτους Καρχηδονίους.

[19] Longus 1, 28, 1 (Τύριοι nach Hs. V, deren Lesart R. Merkelbach, Die Hirten des Dionysos, Stuttgart 1988, 161 A. 2 verteidigt). Das Schiff ist eine karische Hemiole, also nach Herkunft und Bauart als Seeräuberschiff gekennzeichnet.

[20] Xen. Eph. 1, 13 (bei dem Seeräuberschiff handelt es sich um eine Triere!). L. Robert, Opera Minora III, Amsterdam 1969, 1379 A. erklärt zum Schiffstyp und zur tyrischen Herkunft, es handele sich um ein «souvenir de lecture emprunté à la litterature classique». Vgl. auch Ach. Tat. 2, 16 f., wo die Entführung mit Hilfe eines tyrischen Schiffes vorgenommen wird.

[21] Ob hier noch der Einfluß des Epos (s. unten) zu spüren ist? Zum Zusammenhang zwischen Epos und Roman s. neuerdings U. Hölscher, Die Odyssee, München 1988, 222 ff. – Sprichwörtlich ist es auch, wenn der phönizische γαῦλος gelegentlich als Piratenschiff bezeichnet wird; Philemon p. 299 Osann: γαῦλος παρ' Ἀττικοῖς πλοῖον λῃστρικόν. Et. Mag. 222, 28: λέγεται δὲ καὶ τριήρης γαῦλος, διὰ τὸ πλεῖστα δέχεσθαι, ὡς φησὶν Ἡρόδοτος ἐν τῇ τρίτῃ τῶν ἱστορίων (3, 136 f., wo aber γαῦλος und Triere nicht identisch sind, sondern nebeneinander genannt werden). ἔστι δὲ εἶδος πλοίου λῃστρικοῦ, ἥτις καὶ Λίβυρνος καλεῖται.

[22] Homer und Phönizier: V. Bérard, Les Phéniciens et l'Odyssée², Paris 1927 (mit Vorsicht zu benutzen); J. D. Muhly, Berytus 19, 1970, 19 ff.; H. G. Niemeyer, JRGZM 31, 1984, 62 ff. – Homer braucht die Ausdrücke «Phönizier» und «Sidonier» weitgehend parallel, e. g. O. Eißfeldt, RE XX 1, 354; 359; F. Gschnitzer, Chiron 1, 1971, 6 A. 8; anders erklärt Od. 4, 83 ff. allerdings W. v. Soden, WSt 72, 1959, 26 ff.

[23] Versuch: Od. 14, 287 ff.; ausgeführt: 15, 415 ff.

[24] Vgl. A. B. Lloyd, Herodotus Book II. Commentary 1–98, Leiden 1976, 254: «The piratical bent of the Phoenicians was notorious.»

Die Gründung von Gela soll durch phönizische Piraten einige Zeit behindert worden sein – wenn man der Überlieferung eines Paroimiographen Glauben schenken will.[25] Thukydides spricht schließlich eindeutig von phönizischen Seeräubern.[26]

Diese Belege haben nicht jeden überzeugt. Die Haupteinwände gehen alle in dieselbe Richtung:[27] die Phönizier können keine Piraten gewesen sein, da Piraterie bei einem alten Kulturvolk nicht zum normalen Gewerbe gehört habe, außerdem seien alle seebeherrschenden Völker (θαλασσοκρατοῦντες) bestrebt gewesen, die Piraterie zum eigenen Vorteil zu unterdrücken.[28] Weiter heißt es, daß die von den Phöniziern in früheren (scil. unzivilisierten) Zeiten ausgeübte Piraterie nicht weiter fortgeführt worden sei, «da sie sonst die Handelsbeziehungen geschädigt hätte, auf die die Phöniker besonderes Gewicht legten. Außerdem müssen Seeräuberei und organisierter Sklavenhandel unterschieden werden, da dieser für erlaubt galt und als ein Sondergeschäft des Handels angesehen wurde».[29] Um diesen Einwänden, die sich auf Quellen allerdings nicht stützen können, zu begegnen, muß etwas weiter ausgeholt werden.

Bei Homer gibt es praktisch keine griechischen Kaufleute; dieser Tätigkeit gehen fast ausschließlich Phönizier nach. Eine solche Akzentuierung ist sicher falsch, wobei es keine Rolle spielt, wann man die Gesellschaft der Epen ansetzt. Das bekannte Bild der Phönizier entsteht nur durch die Auslassung griechischen Handels;[30] sonst gleichen sie nämlich den Helden des Epos, vor allem geben und

---

[25] Zenobios (Corp. Paroem. Graec. I) I 54: ἄκουε τοῦ τὰ τέσσαρα ὦτα ἔχοντος ἐπὶ τῶν ἀπειθούντων. χρησμὸς γὰρ ἐδόθη Ἐντίμῳ τῷ Κρητὶ καὶ Ἀντιφήμῳ τῷ Ῥοδίῳ, φυλάξασθαι τὸν τετράωτον· ἦν δὲ οὗτος λῃστὴς Φοῖνιξ. Vgl. hierzu F. Becker, Der Seeraub im Mittelmeer in den ersten zwei Jahrhunderten nach Alexanders des Großen Tod, Diss. Greifswald 1922, 14 unter Verweis auf de Sanctis I 320; E. Pais, Storia della Sicilia I, Turin 1894, 235 A. 4; s. auch J. Berard, La colonisation grecque de l'Italie méridionale², Paris 1957, 233 mit A. 3; G. Bunnens, L'expansion phénicienne en méditerranée, Brüssel 1979, 225; Bondi, Sicilia antica I 1, 169f.

[26] Thuk. 1, 8, 1: καὶ οὐχ ἧσσον λῃσταὶ ἦσαν οἱ νησιῶται, Κᾶρές τε ὄντες καὶ Φοίνικες. Gomme, HCT I 117 bezieht dies auf die Zeit kurz nach 1000 v. Chr. – App. Mithr. 92, 421 nennt Syrer als Piraten, was auch Phönizier einschließen kann.

[27] Mittelstellung bei M. M. Austin/P. Vidal-Naquet, Gesellschaft und Wirtschaft im alten Griechenland, München 1982, 34; nur bei Gelegenheit sollen die Phönizier zu Piraten geworden sein und ihre Passagiere verkauft haben; so auch R. J. Hopper, Handel und Industrie im klassischen Griechenland, München 1982, 34.

[28] So zuletzt Hölscher (A. 21) 207, zur Idee s. 7; im Hintergrund von Hölschers Argument steht die minoische Thalassokratie, wie Thuk. 1, 4 sie beschreibt; dazu Ch. G. Starr, Essays on Ancient History, Leiden 1979, 87ff.; id., The Influence of Sea-Power on Ancient History, New York 1989, 12ff.; Chr. Doumas, AA 1982, 5ff.; vgl. den Sammelband: The Minoan Thalassocracy: Myth and Reality, Stockholm 1984.

[29] S. Moscati, Die Phöniker, Essen 1975, 164; so auch Stein (A. 18) 7. Zum Sklavenhandel z. B. noch F. C. Movers, Die Phönizier II, Berlin 1849, 3f.

[30] Od. 8, 159ff. scheint Handel auch als Tätigkeit der Griechen zu implizieren; ansonsten

nehmen sie auch Geschenke, d.h. sie stehen auf einer Stufe mit den griechischen Aristokraten.[31] Auch ist es nicht einfach Sklavenhandel, der hier eine Rolle spielt; bezeichnend ist vielmehr der Erwerb dieser Sklaven; die Phönizier sind keine Zwischenhändler, sondern selber Räuber. Neben dem Handel, der ohnehin nur Luxusgegenstände betraf,[32] stand also der Menschenraub und Überfall – ähnlich den Unternehmungen der homerischen Helden.[33]

Nach Ansicht mancher Archäologen und Historiker waren Kriegs- und Handelsschiffe bis ins späte 6.Jhrdt. weder in der griechischen noch in der phönizischen Welt differenziert.[34] Eine Unterscheidung konnte ohnehin erst mit der Erfindung des Rammsporns stattfinden,[35] der vor 700 nicht nachweisbar ist.[36] Bis zu diesem Zeitpunkt waren wegen der Größe der Besatzung weder Ladekapazität noch Wirtschaftlichkeit der Fahrzeuge besonders hoch. Entsprechend muß man sich auch die Besatzungen der Schiffe vorstellen: Leute, die andere Interessen als den bloßen Handel hatten, bewaffnete Abenteurer, die sich auf der Fahrt in ein Gebiet begaben, in dem die Normen und Regeln der eigenen Gesellschaft nicht mehr galten – und damit auch Bindungen und Garantien hinter sich ließen, ande-

---

muß hier nur auf Hesiod verwiesen werden – der ja nach West, Burkert u.a. älter als Homer ist. Zum verzeichneten Bild der Phönizier s. S.C.Humphreys, Anthropology and the Greeks, London 1978, 70f.; implizit schon H.Strasburger, Studien zur alten Geschichte I, Hildesheim 1982, 498; vgl. auch H.Kaletsch, FS Lauffer II, Rom 1986, 476; P.A.Barceló, Tyche 3, 1988, 22; J.Latacz, in: H.G.Niemeyer/U.Gehrig (Hrsgg.), Phönizier im Zeitalter Homers, Mainz 1990, 21. An eine Überbetonung phönizischer Aktivitäten in der neueren Forschung denkt auch C.R.Whittaker, PCPhS 200, 1974, 58ff.

[31] Ilias 23, 741ff.; Od. 4, 612ff.; 15, 113ff. Vgl. A.Mele, Il commercio greco arcaico, Neapel 1979, 87; M.E.Aubet, Tiro y las colonias fenicias de occidente, Barcelona 1987, 110ff.

[32] E.g. Mele (A.31) 89.

[33] Heuß, RuK 90.

[34] Keine Differenzierung: e.g. J.Hasebroek, Staat und Handel im alten Griechenland, Tübingen 1928, 69; S.C.Humphreys, CPh 72, 1977, 350; J.S.Morrison, Long Ships and Round Ships, London 1980, 13 (für Ägypten); A.M.Snodgrass, Archaic Greece, London 1980, 137; J.Velissaropoulos, Les nauclères grecs, Genf 1980, 27f.; J.Rougé, Fleets and Ships of the Ancient Mediterranean, Middletown 1981, 80; 81; Garlan (A.1) 189; vgl. auch Starr, Essays (A.28) 89; L.Casson, Ships and Seamanship in the Ancient World$^2$, Princeton 1986, 42 A.4; 65; H.T.Wallinga, Ships and Sea-Power before the Great Persian War, Leiden 1993, 4. Für Phönizien wichtig in diesem Zusammenhang ist L.Basch, Le musée imaginaire de la marine antique, Athen 1987, 315. Vgl. auch D.Gray, Archaeologica Homerica G, Göttingen 1974, 62: «Entweder waren die Künstler an Handelsschiffen nicht interessiert, oder es wurde zu der Zeit ein Typ für alle Zwecke verwendet.» Für die zweite Alternative entscheidet sich Wallinga 38.

[35] Dies Kriterium z.B. bei G.E.M.de Ste.Croix, The Origins of the Peloponnesian War, London 1972, 394 A.4; Casson (A.34) 65; vgl. Humphreys (A.30) 166.

[36] Homer kennt noch keinen Sporn; das Relief, das phönizische Schiffe mit Sporn zeigt, wird von R.D.Barnett, Archaeology 9, 1956, 91ff. um 700 datiert. – Non vidi: F.v.Doorninck, IJNA 11, 1982, 277ff.

rerseits aber auch nicht mehr an die Konventionen gebunden waren, die regelmäßiger Verkehr zwischen benachbarten Staaten mit sich brachte. «le don, le troc ou la rapine» (Garlan) lagen daher gleichermaßen im Bereich ihrer Möglichkeiten.

Über die ersten ‹Handelsschiffe›, mit denen Fernfahrten unternommen wurden, wissen wir so gut wie nichts. Wie rasch die Differenzierung bei den Phöniziern erfolgte, wie z. B. die berühmten Tarschisch-Schiffe beschaffen waren,[37] ob die Griechen die Idee des Handelsschiffes von den Phöniziern übernahmen[38] – alles ist ungewiß.[39] Auf griechischer Seite ist immerhin bekannt, daß die Phokäer noch im 6. Jhrdt. mit Pentekonteren, d.h. Kriegsschiffen, zum Fernhandel aufbrachen.[40] Dieselbe Mehrdeutigkeit gab es auch in Karthago: das Siedlungsunternehmen, über das der Periplus des Hanno berichtet, wurde ebenfalls mit Pentekonteren durchgeführt,[41] und als Kriegsschiff verwendeten die Karthager diesen Typ noch

---

37 A. Göttlicher, Die Schiffe der Antike, Berlin 1985, 87f. überlegt noch, ob der Begriff nicht von der Ladung (über *ršš* «Erzverhüttung») her genommen ist; dagegen s. aber M. Koch, Tarschisch und Hispanien, Berlin 1984, 2.

38 So Humphreys (A. 30) 168f. unter Berufung auf E. Masson, Recherches sur les plus anciens emprunts sémitiques en grec, Paris 1967, 39ff. Der sprachliche Befund ist in dieser Hinsicht aber nicht eindeutig.

39 Das oben zitierte Relief (e.g. Casson [A. 34] Abb. 78) zeigt Schiffe mit zwei Ruderreihen, mit und ohne Rammsporn. Die Schiffe ohne Sporn wurden oft als Handelsschiffe bezeichnet; dagegen spricht m. E. a) die Reihe von Schilden, die das Deck säumt; b) die Schiffe zeigen keinen Mast, d.h. sie haben keine Segelmöglichkeit, so daß ihnen das wichtigste Kriterium eines reinen Handelsschiffes fehlt; c) aus der Antike sind sonst keine Handelsschiffe mit zwei Ruderreihen bekannt; vgl. ähnlich Gray (A. 34) 68f.; Basch (A. 34) 313ff.; Rougé (A. 34) 142. Anders jetzt nur M. de Graeve, The Ships of the Ancient Near East, Louvain 1981, 128ff., die diese Schiffe als «passenger-boats» einordnet, aber doch hervorhebt, daß die Ähnlichkeit mit sonst bekannten Rundschiffen gering ist.

40 Hdt. 1, 163; vgl. zum Phänomen A. M. Snodgrass, in: P. Garnsey/K. Hopkins/C. R. Whittaker (Hrsgg.), Trade in the Ancient Economy, London 1983, 16f. mit den archäologischen Belegen und dem Hinweis auf die Charakteristik der Samaina in Plut. Per. 26, 4. Kaum zu halten ist die Ansicht von M. Fernandez-Miranda, Atti II 1, 94, der wegen des Einsatzes von Pentekonteren meint, die Phokaier hätten eine militärische Auseinandersetzung mit den Phöniziern in Spanien befürchtet.

41 Hanno 1: καὶ ἔπλευσεν πεντηκοντόρους ἑξήκοντα ἄγων· καὶ πλῆθος ἀνδρῶν καὶ γυναικῶν εἰς ἀριθμὸν μυριάδων τριῶν καὶ σῖτα καὶ τὴν ἄλλην παρασκευήν. Die Zahl der Siedler ist natürlich übertreibende Erfindung, was A. N. Oikonomides, Hanno the Carthaginian, Chicago 1977, 11 und F. Coarelli, Il Foro Boario, Rom 1988, 124 nicht gesehen haben. Oikonomides schließt aus der Zahl der Siedler, daß die Pentekonteren nur den Geleitschutz für einen ganzen Convoy abgegeben hätten, während Coarelli meint, diese Menschenmenge sei auf den genannten 60 Schiffen transportiert worden – um daraus zu schließen, daß Pentekonteren ausgesprochene Lastschiffe gewesen seien (dementsprechend ist auch seine Interpretation von Thuk. 6, 103, 2 zu korrigieren). B. B. Shefton, in: H. G. Niemeyer (Hrsg.), Phönizier im Westen, Mainz 1982, 344; 346 spricht ebenfalls von den «carrying capacities» der Pentekontere; er verweist dabei auf Hdt. 1, 164, 3, doch ist nicht zu sehen, weshalb diese Stelle so interpretiert werden sollte; ferner nennt er J. S. Morrison/R. Williams, Greek Oared

bis ins 4. Jhrdt. hinein (Diod. 14, 73, 2). Eine Vase aus der Mitte des 7. Jhrdts., der Aristonothos-Krater,[42] zeigt mehrere bewaffnete Krieger auf einem Handelsschiff[43] punischer oder etruskischer Konstruktion.[44] Diese können, wie im vorliegenden Fall, zur Abwehr von Piraten an Bord gewesen sein,[45] aber das war wohl nicht ihr einziger Zweck.

Dies ist in etwa der Hintergrund der oben besprochenen Nachrichten über phönizische Piraten. Die Phönizier werden, wie alle ihre Zeitgenossen, nicht nur gekauft und verkauft, sondern auch die vielfältigen Gelegenheiten zur gewaltsamen Bereicherung genutzt haben – ganz entsprechend dem Wesen des frühen Handels.

Der Überfall auf einen Küstenstrich mit dem Raub von Menschen und Gütern war in der Antike sicher die häufigste Form der Piraterie.[46] Das heißt aber nicht, daß das Aufbringen von Schiffen in der Antike unbekannt gewesen wäre; Vasen aus dem 7. und 6. Jhrdt. zeigen, wie solche Überfälle vor sich gingen,[47] desgleichen literarische Texte.[48] Die durch Strömungs- und Windverhältnisse weitgehend fest-

---

Ships, Cambridge 1966, 131 – wo zwar die Pentekontere besprochen wird, nicht aber eine Verwendung dieses Typs im Handel. – Als phönizisches Schiff wird die Pentekontere noch Eur. Hel. 1412 f. 1532 f.; genannt, doch kann es sich dort einfach um Reminiszenzen an die Schiffe Homers handeln; s. R. Kannicht, Euripides' Helena, Heidelberg 1969, ad 1412.

[42] Abgebildet z. B. bei E. Simon/M. Hirmer, Die griechischen Vasen, München 1976, 43 f. mit Taf. 18 f.; zum Maler s. B. Schweitzer, RM 62, 1955, 78 ff.; Gras (A. 6) 523 f. – Wenn Giuffrida Ientile (A. 6) 57 A. 46 hier nicht ausschließt, daß es sich um die Darstellung zweier Kriegsschiffe handelt, so zeigt dies nur, wie eng noch im 6. Jhrdt. die Typen beieinander lagen.

[43] O. Höckmann, Antike Seefahrt, München 1985, 44 zitiert eine spartanische Fibel mit einer ähnlichen Darstellung.

[44] A. Köster, Das antike Seewesen, Berlin 1923, 153 (mit interessanter Interpretation); Basch (A. 34) 233 f.; 398; der Schiffstyp ist phönizisch bzw. punisch, aber Schiffe dieser Art wurden auch von Etruskern benutzt (vgl. M. Cristofani, Gli Etruschi del mare, Mailand 1983, 28 f.).

[45] Später führten viele Schiffe Bogenschützen mit, nur um sich gegen die Angriffe von Piraten zu schützen, L. Robert, Hellenica XI/XII, Paris 1960, 270 ff.

[46] E. g. McKechnie (A. 4) 106 f.; Garlan (A. 1) 177.

[47] Enterhaken sind schon auf dem Schiffsfresko von Thera zu sehen, Marinatos bei Gray (A. 34) 150 (schon Homer erwähnt ναύμαχα ξυστά, Il. 15, 388 f.; 676 f.); ansonsten vgl. Casson (A. 34) Abb. 80 – 2. Morrison/Williams (A. 41) 75 zitieren eine etruskische Pyxis im Louvre mit einer dem Aristonothos-Krater entsprechenden Darstellung. Vgl. auch die verstreuten Bemerkungen bei H. A. Ormerod, Piracy in the Ancient World, Oxford 1924, 15 ff. Auch die Konstruktion der Hemiole wird ganz auf die nautischen Bedürfnisse der Piraten zurückgeführt, L. Casson, JHS 78, 1958, 14 ff. – Archäologische Hinweise – wie geborstene Helme an Bord von antiken Wracks u. ä. – hat P. A. Gianfrotta, MEFRA 93, 1981, 235 ff. gesammelt.

[48] Hier können nicht die literarischen Belege gesammelt werden; sie beginnen mit dem Überfall der Freier auf das Schiff des Telemachos. Die verschiedenen Belege aus den Roma-

gelegten Handelsrouten und die Abhängigkeit der Handelsschiffe von der Küste[49] erleichterten diese Form der Piraterie sehr.

Braudel schrieb einmal:[50] «The list of privateering centres in the Mediterranean (scil. in der Zeit Philipps II. von Spanien) is a roll-call of strategic cities: in Christendom, Valetta, Leghorn, and Pisa, Naples, Messina, Palermo and Trapani, Malta, Palma de Majorca, Almeria, Valencia, Segna, and Fiume; on the Moslem side, Valona, Dufrazzo, Tripoli in Barbary, Tunis – La Goletta, Bizerta, Algiers, Tetouan, Larache, Salé [Sallee].» Etliche dieser Orte waren in der Antike von Phöniziern besiedelt. Sicher galt ihr Interesse nicht in erster Linie den Möglichkeiten zum Seeraub entlang den Schiffahrtslinien, sondern den Fahrtrouten selber, aber trotzdem sollte es wundern, wenn deren geographische Vorteile nicht auch zum Seeraub genutzt worden wären. Aus der Spätantike gibt es Hinweise auf die günstige geographische Lage gerade Karthagos zu diesem Zweck – die Vandalen unternahmen ihre zahlreichen Razzien, die bis nach Rhodos führten, erst nachdem sie den Hafen von Karthago benutzen konnten.[51] Wie im folgenden zu zeigen sein wird, praktizierten die Karthager beide Formen der Piraterie: das Aufbringen von Schiffen und den Überfall vom Schiff auf die Küste.

## 3. Karthagische Piraten

### 3.1 Ein angeblicher «Fischereikrieg»

Pompeius Trogus beschrieb in seinem 43. Buch *Massiliensium res gestae* (Prol.); uns sind davon nur die Auszüge Iustins (43, 3, 4–5, 10) erhalten. Dabei heißt es auch (43, 5, 2): *Karthaginiensium quoque exercitus, cum bellum captis piscatorum navibus ortum esset, saepe fuderunt pacemque victis dederunt, cum Hispanis amicitiam iunxerunt, cum Romanis prope ab initio conditae urbis foedus summa fide custodierunt auxiliisque in omnibus bellis industrie socios iuverunt.*

Thukydides und Pausanias berichten von Kämpfen zwischen Phokaiern und Karthagern anläßlich der Gründung Massalias um 600,[52] was allerdings nicht mit

---

nen bei Gianfrotta (A. 47) 233 f.; als kurze Blütenlese seien genannt: Hdt. 6, 17 cf. 104; 6, 89 mit A. Heuß, in F. Gschnitzer (Hrsg.), Zur griechischen Staatskunde, Darmstadt 1969, 80; Demosth. 17, 19; 52, 5; Plut. Per. 17; Caes. 1 f.; Suet. Iul. 4; Anth. Pal. 7, 640; 654; 11, 162; Isid. Et. 10, 219 f.

[49] Pryor (A. 4) 156 ff.

[50] The Mediterranean and the Mediterranean World in the Age of Philipp II, New York 1973, II 870. Zu den «pirate coasts of the Mediterranean» vgl. auch E. Semple, Geographical Review 2, 1916, 134 ff.

[51] M. Reddé, Mare Nostrum, Paris 1986, 649. Noch zu Beginn des 19. Jhrdts. wurde vom Kap Bon aus Piraterie betrieben s. R. Brunschvig, Encycl. d. Islam IV, Leipzig 1934, 907 ff.

[52] Thuk. 1, 13, 6: Φωκαῆς τε Μασσαλίαν οἰκίζοντες Καρχηδονίους ἐνίκων ναυμαχοῦντες.

der oben zitierten Iustin-Passage zu verbinden ist.[53] Der Auslöser der Kämpfe ist verschieden, vor allem aber präsentiert Iustin diese Episode an einer Stelle der *res gestae Massiliensium,* die schon weit von der Gründung der Stadt entfernt ist.[54] Das nächste sicher datierte Ereignis gehört in das Jahr 386 (Iust. 43, 5, 8 ff.).[55] Am ehesten hat man die bei Iustin genannten Zwischenfälle in die Zeit von 550–450 zu setzen.[56]

Einigkeit herrscht in der Forschung, daß Iustin die Karthager als Aggressoren darstellen wollte. Als Ort der Auseinandersetzung wird manchmal die Süd- bzw. Südostküste Spaniens angenommen,[57] was aber ganz unwahrscheinlich ist.[58] Hin-

---

Paus. 10, 8, 6: οἱ δὲ Μασσαλιῶται Φωκαέων εἰσὶν ἄποικοι τῶν ἐν Ἰωνίᾳ, μοῖρα καὶ αὕτη τῶν ποτε Ἅρπαγον τὸν Μῆδον φυγόντων ἐκ Φωκαίας· γενόμενοι δὲ ναυσὶν ἐπικρατέστεροι Καρχηδονίων, τήν τε γῆν ἣν ἔχουσιν ἐκτήσαντο καὶ ἐπὶ μέγα ἀφίκοντο εὐδαιμονίας. 10, 18, 7: ὁ δὲ Ἀπόλλων ὁ ἐγγυτάτω τοῦ λέοντος Μασσιλιωτῶν ἐστιν ἀπὸ τῆς πρὸς Καρχηδονίους ἀπαρχὴ ναυμαχίας. Wegen des bestimmten Artikels wird in 18, 6 meist ein Rückbezug auf 8, 6 gesehen. Vgl. auch Strab. 4, 1, 5 p. 180: ἀνάκειται δ' ἐν πόλει συχνὰ τῶν ἀκροθινίων, ἃ ἔλαβον καταναυμαχοῦντες ἀεὶ τοὺς ἀμφισβητοῦντες τῆς θαλάττης ἀδίκως. – Ich denke nicht – ohne das hier ausführlich begründen zu können –, daß man mit M. Gras, DHA 13, 1987, 162 f.; P. A. Barceló, Karthago und die iberische Halbinsel vor den Barkiden, Bonn 1988, 99 ff. die Thukydidesstelle auf die Schlacht von Alalia beziehen darf. Bei Thukydides gibt es vielleicht, bei Pausanias ganz sicher einen Fehler in der Chronologie; in beiden Fällen ist die Auseinandersetzung mit den Karthagern aber fest mit der Gründung der Stadt verbunden, was nicht geändert werden darf. – Der Sosylos-Papyrus gehört nicht an diese Stelle; s. kurz die Lit. 34 A. 0.

53 So richtig Huß 67 A. 94 gegen P. Bosch–Gimpera, La nouvelle Clio 3, 1951, 288 ff. Zu der Begründung von Huß, Thukydides spreche von ναυμαχία, Iustin hingegen von *exercitus,* s. 130 A. 66. – Thukydides, Pausanias und Iustin werden auch zusammengestellt von R. v. Scala, Die Staatsverträge des Altertums. Leipzig, 1898, 26 f.; H. G. Wackernagel, RE XIV 2, 2132; J. B. Tsirkin, Oikumene 4, 1983, 210.

54 Daher kann diese Passage nicht mit Gras (A. 52) 163 ff. auf die Schlacht von Alalia bezogen werden – wie überhaupt die meisten Stellen, die Gras anführt, mit Alalia nichts zu tun haben; s. jetzt auch Wallinga (A. 34) 81 f.

55 Dabei tut es nichts zur Sache, daß das foedus von 386 in Wirklichkeit unhistorisch ist, R. Werner, Der Beginn der römischen Republik, München 1963, 363 A. 3; W. Dahlheim, Struktur und Entwicklung des römischen Völkerrechts, München 1968, 139 A. 36. Iustin und seine Vorlage wollten es jedenfalls an diese Stelle setzen.

56 Geht man zu nah an die Endpunkte des oben beschriebenen Zeitabschnittes heran, so bleibt nicht genügend Zeit für die anderen, von Iustin zwar überlieferten, aber nicht datierten Ereignisse in der Geschichte Marseilles. M. Clerc, Massalia I, Marseille 1927, 166 datiert daher um 500. S. Mazzarino, Introduzione alle guerre puniche, Catania 1947, 20 ff. nimmt die Zeit um 490 an, da den Karthagern danach die Hände wegen ihrer Offensive in Sizilien gebunden gewesen seien; dies Argument kann allerdings nicht gelten, s. 33 ff.

57 E. g. Meltzer I 164; Gsell I 444; Huß 68 A. 104.

58 Vgl. Barceló (A. 52) 102 f. Barceló wie auch Gsell und F. Villard, La céramique grecque de Marseille, Paris 1960, 90 A. 2 ziehen Iustins *cum Hispanis amicitiam iunxerunt* zu dem Bericht über die karthagisch-massaliotischen Auseinandersetzungen; hier beginnt aber eindeutig ein neues Thema: *cum Hispanis . . . cum Romanis.*

weise auf den Fischreichtum dieser Gewässer verkennen die Situation: es handelt sich gerade nicht um einen «Fischereikrieg» oder «Fischereikonflikt».[59] Streit um Fischereirechte oder um die Ausbeutung eines Fischfanggebietes, das nicht in direkter Nähe der betreffenden Stadt lag, hat es in der Antike nicht gegeben.[60] Schon allein aus technischen Gründen ist die Vorstellung abzulehnen, daß massaliotische und karthagische Fischer zur Ausübung ihres Gewerbes bis an die Südküste Spaniens gefahren seien,[61] zumal die französische Küste vor Marseille selbst ein bekanntes Fischereigebiet war.[62] Da Karthago kaum staatliches Interesse an der Ausbeutung der Fischgründe vor der Côte d'Azur gehabt haben kann, waren diese Vorfälle nichts anderes als die Übergriffe karthagischer Piraten, die massaliotische Fischkutter aufbrachten, um deren Besatzung in die Sklaverei zu verkaufen.[63]

Der weitere Verlauf der Auseinandersetzung muß sich etwa so abgespielt haben: Massalia ließ den Piraten nicht einfach freie Hand, sondern versuchte, ihr Unwesen zu unterbinden. Die Griechen können sich ausschließlich gegen die Piraten gewandt haben, können aber auch eine Forderung nach Wiedergutmachung an Karthago gerichtet haben – mit der Drohung, widrigenfalls zu den Waffen zu greifen. Dies hätte dem weitverbreiteten Usus entsprochen, selbst bei Schädigung durch Privatleute Recuperationsforderungen an den ganzen Staat zu stellen.[64] Da es zu Kriegshandlungen gekommen ist, müssen die Karthager erst einmal ihre räubernden Landsleute gedeckt haben. Umfang und Bedeutung dieser Auseinandersetzung sollten trotzdem nicht überschätzt werden – schließlich stammte Trogus aus der Narbonensis und hatte daher ein Interesse daran, die Taten seiner Lands-

---

[59] Huß 68 A. 104; Barceló (A. 52) 103 zu diesen Ausdrücken.

[60] Vgl. Plat. Nom. 824 b mit J. Dumont, RD 55, 1977, 53 f.

[61] T. W. Gallant, A Fisherman's Tale, Gent 1985, 12 betont, daß die antiken Fischerboote weitgehend außer Stande waren, längere Reisen auf See zu unternehmen. Fischprodukte wurden nur in konservierter Form exportiert, ein Überfall auf Fischerboote lohnte sich also nur, wenn es in der Nähe die Möglichkeit zur Haltbarmachung gab. Karthagische Präsenz in Spanien ist zu dieser Zeit alles andere als sicher, Barceló (A. 52) passim. Bei Clerc (A. 56) I 162 wird dieser Konflikt so mit Spanien in Verbindung gebracht: «on ne voit pas bien à propos de quoi cette rivalité aurait pu se produire tant que l'empire carthaginois resta confiné en Afrique.» Diese Schwierigkeit entfällt bei der hier vorgetragenen Interpretation.

[62] H. G. Wackernagel, RE XIV 2, 2149; Clerc (A. 56) I 284 ff.; T. J. Dunbabin, The Western Greeks, Oxford 1948, 219; F. Benoît, Recherches sur l'hellénisation du midi de la Gaule, Aix-en-Provence 1965, 207 ff.

[63] Bei Iustin steht nichts, was die Ansicht von G. Nenci, RSL 24, 1958, 83 («contese fra le due città par ragioni di carattere commerciale») rechtfertigen könnte.

[64] Vgl. 38 f.: zur römischen *rerum repetitio* in diesem Kontext s. Timpe (A. 3) 375 ff. In Genua gab es im Mittelalter ein *officium robarie*, eingesetzt, um durch genuesische Piraten entstandene Schadensfälle zu kompensieren, L. de Mas Latrie, BECh 53, 1892, 262 ff.

leute möglichst großartig darzustellen;[65] vielleicht handelte es sich nur um Repressalien gegen karthagische Schiffe.[66]

Der Friedensschluß zwischen den beiden Städten wurde schon längst in die Tradition der σύμβολα zwischen Etruskern und Karthago gestellt,[67] in die man auch die römisch-karthagischen Verträge reihte.[68] Heuß sprach in diesem Zusammenhang von «Rechtshilfeverträgen, welche die Kaperei einschränkten.»[69] Über die Berechtigung dieser Bezeichnung werden wir uns im folgenden Abschnitt klar werden.

### 3.2 Die römisch-karthagischen Verträge

Die Verträge zwischen Rom und Karthago sind ein dorniges und viel beackertes Feld. Da hier nur einige Aspekte dieser Dokumente interessieren, sollen am Anfang zwei wichtige Prämissen geklärt werden: 1. ich halte die traditionelle Datierung der Verträge für richtig (I. Vertrag [StV II$^2$ 121]: um 509; II. Vertrag [StV II$^2$ 326]: 348);[70] 2. die Verträge sind darauf abgestellt, bestehende Mißstände zu unterbinden, mögliche Verhaltensweisen der beiden Vertragspartner auszuschließen.

Zu Beginn des ersten Vertrages wird eine an gewisse Bedingungen geknüpfte φιλία zwischen Rom, Karthago und den jeweiligen Bundesgenossen vereinbart; darauf folgen (Pol. 3, 22, 5–10) die für die Römer geltenden Vertragsklauseln. Den Karthagern wird folgendes auferlegt:

(11) Καρχηδόνιοι δὲ μὴ ἀδικείτωσαν δῆμον Ἀρδεατῶν, Ἀντιατῶν, Λαρεντίνων, Κιρκαιιτῶν, Ταρρακινιτῶν, μηδ' ἄλλον μηδένα Λατίνων, ὅσοι ἂν ὑπήκοοι· (12) ἐὰν δέ τινες μὴ ὦσιν ὑπήκοοι, τῶν πόλεων ἀπεχέσθωσαν· ἂν δὲ λάβωσι, Ῥωμαίοις ἀποδιδότωσαν ἀκέραιον.[71] (13) φρούριον μὴ ἐνοικοδομείτωσαν ἐν τῇ Λατίνῃ. ἐὰν ὡς

---

[65] Richtig Barceló (A. 52) 102 f.

[66] Schon Meltzer I 164; 486 hat das *exercitus* Iustins als ungenaue Ausdrucksweise betrachtet und an Seekämpfe gedacht; so auch Gras (A. 52) 164. Vgl. auch OLD 641 s.v.: «military force, army (or navy)».

[67] Aristot. Pol. 1280 a 36–40 (StV II$^2$ 116): καὶ γὰρ ἂν Τυρρηνοὶ καὶ Καρχηδόνιοι καὶ πάντες οἷς ἔστι σύμβολα πρὸς ἀλλήλους, ὡς μιᾶς ἂν πολῖται πόλεως ἦσαν· εἰσὶ γοῦν αὐτοῖς συνθῆκαι περὶ τῶν εἰσαγωγίμων καὶ σύμβολα περὶ τοῦ μὴ ἀδικεῖν καὶ γραφαὶ περὶ συμμαχίας. S. auch die ganz ähnliche Formulierung über die τροφή einer Stadt in Rhet. 1360 a 12. Vgl. ausführlich S. Cataldi, ASNP 1974, 1253 ff. Gauthier und andere datierten diese Symbola in die Zeit des Aristoteles; für eine frühere Zeit s. Gras (A. 6) 449 f. mit A. 178.

[68] E.g. Huß 486; L. M. Hans, Karthago und Sizilien, Hildesheim 1983, 216 A. 24 mit Lit.; vgl. auch F. Schachermeyr, Forschungen und Betrachtungen, Wien 1974, 340. Die Zusammenstellung ist durchaus berechtigt, weil nach Dion. Hal. 1, 29, 2 auch Rom als etruskische Stadt galt.

[69] Propyläen Weltgeschichte III, Frankfurt 1962, 200.

[70] E.g. Huß 86 ff.; 149 ff.; B. Scardigli, I trattati Romano-Cartaginesi, Pisa 1991, 26 ff.; 30 ff.

[71] Zu ἀκέραιος vgl. M. Dubuisson, Le latin de Polybe, Paris 1985, 150 f.

πολέμιοι εἰς τὴν χώραν εἰσέλθωσιν, ἐν τῇ χώρᾳ μὴ ἐννυκτερευέτωσαν. Der folgende Kommentar des Polybios betrifft fast ausschließlich den ersten, hier unwichtigen Teil des Vertrages.[72]

Ausdrücklich werden eine Reihe von Küstenstädten genannt, dazu noch mit Ardea und Aricia zwei Orte, die nicht weit von der Küste entfernt lagen. Die verbotenen Unternehmungen einzelner Karthager können nur räuberische Überfälle durch Piraten sein,[73] wobei ἀδικεῖν so etwas wie ein terminus technicus ist.[74] Selbst für den Fall einer Vertragsverletzung wird Vorsorge getroffen, die allerdings nicht so sehr den betroffenen Personen als der Unversehrtheit der Städte galt.[75] Jede Form einer länger dauernden Präsenz karthagischer Raubgruppen in Latium soll unterbunden werden. Das Verbot des Nachtquartiers sollte die Karthager daran hindern, «ihre Seeräuberzüge ... in das Binnenland auszudehnen»;[76] verboten wird damit auch der nächtliche Raubzug und der Überraschungsangriff bei Morgengrauen – durch Truppen, die im Schutze der Nacht an Land gegangen sind.[77]

---

[72] Pol. 3, 23 1–6. Nur in 6 wird gesagt, daß von Latium, nicht von ganz Italien die Rede ist.

[73] Staatlich organisiert, wie K.E. Petzold, ANRW I 1, Berlin 1972, 381; Huß 90 annehmen, müssen diese Fahrten allerdings nicht gewesen sein.

[74] Petzold (A. 73) 379 unter Berufung auf G. Prachner, Untersuchungen zu Überlieferungsproblemen der frührömischen Sklaverei, Diss. Münster 1966, 41 f.; W. Ziegler, Symbolai und Asylia, Diss. Bonn 1975, 28 f.; Scardigli (A. 70) 62.

[75] E. Ferenczy, RIDA 16, 1969, 270 verkennt die Situation, wenn er aus diesem Paragraphen und seiner Formulierung ὅσοι ἂν ὑπήκοοι schließt, daß bei dem Abfall einer latinischen Stadt von Rom die beiden Vertragspartner gemeinsam gegen den Abtrünnigen vorgehen sollten. Im Rahmen dieses Vertragswerkes ist die einzige Konsequenz für einen von Rom abfallenden Bündnispartner der Verlust des Vertragsschutzes.

[76] Mommsen, RG I 414. Zu Unrecht meinen beispielsweise A. Scharf, Der Ausgang des tarentinischen Krieges, Diss. Rostock 1929, 36; Werner (A. 55) 338 mit A. 1; Huß 90, daß hier durch die Hintertür das Raubverbot eingeführt werden sollte, da es unmöglich gewesen sei, eine Stadt in einem Tag zu erobern. Schon Ismaros, die Stadt der Kikonen (Prototyp eines solchen Unternehmens), ist im Verlaufe eines einzigen Tages erobert worden; manche latinische Stadt wird gar nicht die Möglichkeiten gehabt haben, einen Überraschungsangriff abzuwehren, von Raubüberfällen auf Herden und einzelne Gehöfte ganz zu schweigen (vgl. zu den militärischen Möglichkeiten der Zeit Liv. 9, 45, 17: *ad singulas urbes circumferendo bello unum et triginta oppida intra dies quinquaginta, omnia oppugnando, ceperunt; quorum pleraque diruta atque incensa*). A. Moret, Histoire ancienne de l'Orient II, Paris 1936, 609 spricht daher auch von den «camps volants de pirates». – Petzold (A. 73) 379 zu Städtebelagerungen und Anlage von φρούρια durch Piraten (er zitiert Pol. 2, 5, 4; 9, 2 ff.; 7; 10, 8; 11, 8; 4, 6, 3). Schön ist auch das Beispiel Diod. 16, 82, 2, wo es über Söldner, die Timoleon aus Syrakus vertrieben hatte, heißt: οὗτοι δ' εἰς τὴν Ἰταλίαν διαβάντες καὶ χωρίον τι παραθαλάττιον ἐν τῇ Βρεττίᾳ καταλαβόμενοι διήρπασαν (vgl. hierzu Giuffrida Ientile [A. 6] 90); cf. auch Scardigli (A. 70) 62.

[77] Daß dies zur üblichen Praxis der Piraten gehört, zeigen Hdt. 6, 16, 2; Diod. 15, 14, 4; Syll.$^{3}$ 521 (Amorgos). Als Beispiele für einen mißglückten Piratenzug, der sich über Nacht

Gewisse rechtlich vertretbare Formen des συλᾶν mögen in diese Bestimmungen eingeschlossen worden sein,[78] haben aber kaum die Hauptrolle gespielt.

Solche Übergriffe scheinen im ausgehenden 6. Jhrdt. an der Tagesordnung gewesen zu sein, da sie sonst nicht so breiten Raum im Vertrag eingenommen hätten. Neuerdings wurde dagegen eingewandt, daß bei dem besonderen Charakter des Seeraubes eine vertragliche Einschränkung nur dann realistisch sein könne, wenn die Piraterie entweder bedeutungslos oder ganz und gar staatlich organisiert gewesen sei.[79] Nun befindet sich die Piraterie zwar außerhalb des staatlichen Machtmonopols, was aber nicht heißt, daß auch die Piraten außerhalb des Staates und seiner politischen Kompetenz gestanden haben müssen. Wenn man sich daran erinnert, daß Piraterie durchaus als angesehenes Geschäft gelten konnte (e.g. Thuk. 1, 5), so können die «Piraten» sowohl aktiv wie auch passiv in die Entscheidungsprozesse ihrer Gemeinde eingebunden gewesen sein. Der aitolische Bund führt mit der langen Reihe seiner Asylieurkunden beeindruckend vor, daß auch Piraterie von staatlicher Seite her eingeschränkt werden konnte, bzw. daß der Bund befreundete Staaten vor den Übergriffen seiner Angehörigen schützen konnte.[80] Ebenso sind die kretischen Asyliedekrete zu interpretieren.[81] Gerade die Tatsache, daß Piraterie in manchen Gemeinwesen eine staatlich anerkannte Lebensweise war, ermöglichte Verträge wie den römisch-karthagischen.[82]

Im zweiten Vertrag, etwa 150 Jahre später, stand folgendes (Pol. 3, 24, 5 f.): ἐὰν δὲ Καρχηδόνιοι λάβωσιν ἐν τῇ Λατίνῃ πόλιν τινὰ μὴ οὖσαν ὑπήκοον Ῥωμαίοις, τὰ χρήματα καὶ τοὺς ἄνδρας ἐχέτωσαν, τὴν δὲ πόλιν ἀποδιδότωσαν. ἐὰν δέ τινες

---

in dem überfallenen Gebiet aufhielt, seien IG XII 3, 1291; 8, 150 erwähnt. Scharf (A.76) 56 ff. hat die ganze Klausel 3, 22, 13 zu Unrecht abgetrennt.

78 Petzold (A.73) 380.

79 Petzold (A.73) 371 f.

80 E.g. H. Benecke, Die Seepolitik der Aitoler, Diss. Hamburg 1934; und zu dieser Bedeutung der Asylie M. Segre, Historia 5, 1931, 245; Seyrig, Antiquités Syriennes III 1 ff.; P. Herrmann, Anadolu 9, 1965, 130 ff.; Cl. Préaux, Le monde hellénistique II, Paris 1978, 434 f.; Ziegler (A.74) 248 f.; 255 f.; vgl. z.B. noch aus Athen die Verträge in IG I³ 75, 7–9; 67 (mit T.J. Figueira, RhM 133, 1990, 26 [Lit.]).

81 Zusammenstellung bei A. Petropoulou, Beiträge zur Wirtschafts- und Gesellschaftsgeschichte Kretas in hellenistischer Zeit, Frankfurt 1985, 35 ff.

82 Anders – so könnte man denken – allerdings die Illyrerin Teuta in Pol. 2, 8, 7 f.: ἡ δὲ Τεύτα καθόλου μὲν παρ' ὅλην τὴν κοινολογίαν ἀγερώχως καὶ λίαν ὑπερηφάνως αὐτῶν διήκουε. καταπαυσάντων δὲ τὸν λόγον, κοινῇ μὲν ἔφη πειρᾶσθαι φροντίζειν ἵνα μηδὲν ἀδίκημα γίνηται Ῥωμαίοις ἐξ Ἰλλυριῶν· ἰδίᾳ γε μὴν οὐ νόμιμον εἶναι τοῖς βασιλεῦσι κωλύειν Ἰλλυριοῖς τὰς κατὰ θάλατταν ὠφελείας. Nach der Darstellung des Polybios ist Teuta aber gar nicht gewillt, die Piraterie ihrer Untertanen zu verbieten, weshalb sie einen Vorwand gebraucht; auch ist in unserem Zusammenhang immerhin bemerkenswert, daß die Römer eine vertragliche Regelung ebenfalls für erfolgversprechend hielten. Interessant ist auch die Unterscheidung zwischen privatem und öffentlichem Krieg.

Καρχηδονίων λάβωσί τινας, πρὸς οὓς εἰρήνη μέν ἐστιν ἔγγραπτος Ῥωμαίοις, μὴ ὑποτάττονται δέ τι αὐτοῖς, μὴ καταγέτωσαν εἰς τοὺς Ῥωμαίων λιμένας· ἐὰν δὲ καταχθέντος ἐπιλάβηται ὁ Ῥωμαῖος, ἀφιέσθω.[83] Hier wird immer noch eine aktive karthagische Piraterie vorausgesetzt; wenn der Schutz Latiums nicht mehr so weit geht wie im ersten Vertrag, so bezeugt das nicht einen allgemeinen Rückgang der Piraterie[84] – wie auch das Fehlen karthagischer Piraten in der annalistischen Tradition kein Beweis gegen ihre Existenz im 4. Jhrdt. ist.[85] Die weitgehende Handlungsfreiheit, die den Karthagern hier zugestanden wird, mag aus der Sicht Roms und seiner Bundesgenossen verschieden interpretierbar sein,[86] setzt aber vermutlich gespannte Verhältnisse voraus. Mit anderen Worten: karthagische Piraten sollten durch größere Freiheiten geradezu ermuntert werden.[87] Unbestreitbar ist jedenfalls, daß der Vertrag karthagische Piraterie voraussetzt und ihre Folgen und Begleiterscheinungen ausschließlich für Rom einschränken will.[88] Bewegliche Güter werden überhaupt nicht geschützt; der Schutz vor Versklavung betrifft nur eine ausgewählte Gruppe (und ist selbst für diese nicht obligatorisch). Wie im ersten Vertrag, der im wesentlichen nur präzisiert wird, geht es den Römern vor allem darum, eine dauernde Präsenz karthagischer «Seeräuber» im Land zu verhindern.

---

[83] Im Kommentar 3, 24, 15 nennt Polybios bis auf Larentium dieselben Städte, die auch im ersten Vertrag angeführt worden sind. Vgl. allgemein zu Piraten im zweiten Vertrag Ormerod (A. 47) 160.

[84] So Petzold (A. 73) 380f.

[85] F. Hampl, RhM 101, 1958, 68; Petzold (A. 73) 375. Beide berufen sich zusätzlich auf Cic. rep. 2, 9: *nam e barbaris quidem ipsis nulli erant antea maritumi praeter Etruscos et Poenos, alteri mercandi causa, latrocinandi alteri.* Dies sei – nach Hampl – «nur bei der Annahme verständlich, daß der gänzliche Verzicht der Karthager auf Piraterie in Friedenszeiten zugunsten des Handels, der neben dem Seeraub und mit diesem verbunden naturgemäß keine volle Entfaltungsmöglichkeit hatte, schon in sehr früher Zeit erfolgt, schwerlich also frühestens in der zweiten Hälfte des vierten vorchristlichen Jahrhunderts.» Der Quellenwert Ciceros in diesen Dingen ist überaus beschränkt; die Interpretation Hampls folgt genau dem Gedankengang, den wir oben schon hinsichtlich der phönizischen Piraterie kennengelernt haben – und stellt daher eine pure petitio principii dar. Im übrigen bemerkt P. Kracht, MBAH 7, 2, 1989, 90 A. 3; id., Studien zu den griechisch-etruskischen Handelsbeziehungen, Bochum 1991, 179 A. 2, daß Cicero es an dieser Stelle dem Leser überlasse, ob er die Konstruktion chiastisch oder parallel versteht.

[86] Ferenczy (A. 75) 262 nimmt m. E. zu Unrecht an, daß hier für den Kriegsfall der Beistand der karthagischen Flotte gegen die Latiner versprochen werde; sein Hinweis auf Liv. 7, 38, 2 ist keine Parallele.

[87] In diesem Sinne z. B. Ed. Meyer, Kl. Schriften II, Halle 1924, 296; W. Hoffmann, Rom und die griechische Welt im 4. Jhrdt., Leipzig 1934, 13; E. Ferenczy, AAnt Hung 1, 1951, 136ff.; M. Sordi, I rapporti romani-ceriti, Rom 1960, 103ff.; Werner (A. 55) 342f.; cf. Dahlheim (A. 55) 50 A. 59.

[88] E. g. Ormerod (A. 47) 160; M. David, FS v. Oven, Leiden 1946, 241; vor allem aber Werner (A. 55) 345f.

Zur Zeit des II. römisch-karthagischen Vertrages sind die karthagischen Piraten offenbar noch genauso aktiv wie gegen Ende des 6. Jhrdts. Mehr als zwei Generationen später (κατὰ τὴν Πύρρου διάβασιν, i.e. 280–78) erneuerten Karthager und Römer ihre Abmachungen, ἐν αἷς τὰ μὲν ἄλλα τηροῦσι πάντα κατὰ τὰς ὑπαρχούσας ὁμολογίας (Pol. 3, 25, 2); zusätzlich zu den bestehenden Klauseln wurden Bedingungen für einen gemeinsamen Kampf gegen Pyrrhos ausgehandelt.[89] Wollte man die Formulierung pressen, so hätten wir hier einen Beleg für die Existenz karthagischer Piraten im 3. Jhrdt., da die entsprechenden Klauseln des II. Vertrages weiter galten.[90] Ein solches Verfahren nähme aber keine Rücksicht darauf, daß der Vertrag in erster Linie eine Zusatzabsprache zu den bereits bestehenden Abkommen enthielt, gleichgültig, wie relevant deren einzelne Paragraphen noch waren.

Der hier vorgestellte Vertragsinhalt paßt zu den oben erschlossenen Vereinbarungen Karthagos mit Massalia, wie auch zu den karthagischen Symbola mit etruskischen Städten. Die Verbreitung solcher Verträge legt ein eindrucksvolles Zeugnis von der Verbreitung karthagischer Piraterie im westlichen Mittelmeerraum ab, deren wichtigste Basen wohl die großen Inseln, vor allem Sardinien und Sizilien, gewesen sein müssen.[91]

### 3.3 Hannibal der Rhodier

Während des ersten punischen Krieges, im Jahr 250 v. Chr. (Pol. 1, 41, 3), belagerten die Römer die karthagische Seefestung Lilybaion. Als die Karthager wissen wollten, wie es um die eingeschlossene Stadt stand, versprach Hannibal der Rhodier, ihnen die entsprechenden Nachrichten zu beschaffen (ἐπηγγείλατό τις ἀνὴρ τῶν ἐνδόξων, Ἀννίβας ἐπικαλούμενος Ῥόδιος, εἰσπλεύσας εἰς τὸ Λιλύβαιον καὶ

---

[89] StV III 466; Huß 210f.

[90] K. Meister, Riv. fil. 98, 1970, 421 meint allerdings, der Rückbezug gelte dem Philinos-Vertrag; dagegen s. aber E. Badian, FS Manni I, Rom 1980, 164ff.; B. D. Hoyos, Historia 33, 1984, 422; 437. Vgl. auch Scardigli (A. 70) 148ff.

[91] Bedenkt man, daß auch Phokaier und Etrusker über viele Jahrzehnte in demselben Gebiet Piraterie betrieben, so ergibt sich von selbst eine neue Perspektive auf die Schlacht von Alalia (von Karthagern und Etruskern als «Ordnungsmächten» gegenüber den phokäischen Piraten kann z. B. gar keine Rede sein [so aber Kaletsch (A. 30) 479f.]); auch ist Alalia kein Anzeichen für das karthagische Streben nach Seeherrschaft, wie F. Altheim, Römische Geschichte II, Frankfurt 1953, 102f.; G. Prachner, FS Altheim, Berlin 1969, 161 meinen; das alte Wort vom «Krieg aller gegen alle» (Meltzer I 164) in dieser Region hat viel für sich (dem entspricht natürlich genauso ein ‹Handel aller mit allen› und ein ständiger, teilweise vielleicht sogar freundschaftlicher Kontakt aller Parteien). Vgl. C. G. Wagner, Fenicios y Cartagineses en la Peninsula Iberica, Madrid 1983, 152f. Daher muß man auch für die Schlacht von Alalia keine Vorbereitungszeit von 5 Jahren auf karthagischer und etruskischer Seite annehmen, die der Bau einer Flotte in Anspruch genommen haben soll (gegen H. T. Wallinga, in: H. Sancisi-Weerdenburg [Hrsg.], Achaemenid History I, Leiden 1987, 51).

γενόμενος αὐτόπτης ἅπαντα διασαφήσειν). Die Karthager hörten dies zwar gern, glaubten ihm aber nicht, da die römische Flotte Lilybaion blockierte. Hannibal aber rüstete sein eigenes Schiff aus (ὁ δὲ καταρτίσας τὴν ἰδίαν ναῦν ἀνήχθη), gelangte wirklich in den Hafen von Lilybaion – und konnte ihn sogar gegen die schnellsten Schiffe der Römer wieder verlassen. Das brachte er mehrere Male fertig, so daß bald auch andere Karthager seinem Vorbild folgten. Dabei kam ihm die besondere Qualität seines Schiffes zugute (bei Polybios ist die Rede von ταχυναυτεῖν, τὸ τάχος τῆς εἰρεσίας). Später gelang es allerdings den Römern – mit Hilfe einer erbeuteten karthagischen Tetrere – das Schiff des Rhodiers zu kapern und es gegen andere Blockadebrecher einzusetzen (Pol. 1, 46, 4–47, 10). Polybios sagt noch, daß die Römer eine Flotte von Penteren bauten, ὧν ἐποιήσαντο τὴν ναυπηγίαν πρὸς παράδειγμα τὴν τοῦ Ῥοδίου ναῦν (1, 59, 8).

Die Episode hat wenig Beachtung gefunden,[92] weil ihre reale Bedeutung für den Krieg gering war.[93] Für uns bedeutsam ist die Tatsache, daß der Rhodier seine Blokkadefahrten mit dem eigenen Schiff unternahm (ἰδία ναῦς).[94] Manchmal wurde das so verstanden, daß alle Schiffe der karthagischen Flotte Privateigentum reicher Karthager gewesen seien.[95] Gegen diese, wohl von der attischen Trierarchie inspirier-

---

[92] Eine knappe Erwähnung bei Zon. 8, 15, 13 (I 170 Boissevain); nur 11 Zeilen bei Th. Lenschau, RE VII 2, 2322 Nr. 5. In dem Hamilkar *Rhodinus* aus Front. Strat. 1, 2, 3 (Iust. 21, 6, 1: *Rodanus,* danach Oros. 4, 6, 21 f. Huß 170 A. 12 überlegt die Konjektur *Rhodius* an diesen Stellen) wird manchmal ein Vorfahre gesehen, Th. Lenschau, RE VII 2, 2300; Gsell IV 125 A. 6; HCP I 110; Huß 243 A. 204. Rhodische Abkunft wird angenommen von H. Lüdemann, Untersuchungen zur Verfassungsgeschichte Karthagos bis auf Aristoteles, Bottrop 1933, 67 A. 235; Schachermeyr, RuK 39; Taeger, RuK 59 A. 2; Miltner, RuK 216; Picard, Karthago 200. Besser scheint mir der Vorschlag von Wilamowitz (apud E. Norden, Ennius und Vergilius, Leipzig 1915, 87 A. 1) zu sein, der an das iberische Rhode/Rhodos erinnert. – Viele karthagische Beinamen sind von geographischen Begriffen abgeleitet, doch läßt sich leider in kaum einem Fall die Beziehung des Karthagers zu den entsprechenden Gegenden präzisieren; s. Hanno Sabellus, Trogus Prol. 19; Hamilkar Σαυνίτης, App. Lib. 68, 305; Mago Σαυνίτης, Pol. 9, 25, 4; Mago ὁ Βρέττιος, Pol. 36, 5, 1 ff. Unklar ist m. E. immer noch, ob Barkas nicht von der libyschen Stadt Barke abzuleiten ist. S. ansonsten Geskon Strytanos, Pol. 36, 3, 8; Himilko Phameas, Pol. 36, 8, 1 ff.; Hannibal ψάρ, App. Lib. 68, 305; Hasdrubal der Kahle, Liv. 23, 32, 12; ein ἔριφος in App. Lib. 34, 145; ein Hannibal μονόμαχος in Pol. 9, 24, 5.

[93] Am besten noch Thiel (A. 6) 270 f., der hervorhebt, daß die Römer eine generelle Blockade von Lilybaion nie durchsetzen konnten – jedenfalls nicht, wenn die Karthager es mit einer ganzen Flotte und nicht nur mit einem einzelnen Blockadebrecher versuchten.

[94] Weitere «Privatschiffe» bei Hdt. 5, 47, 1; 8, 17; Is. 11, 48; Plut. Per. 35, 1 f.; Alex. 34, 3; vgl. Thuk. 6, 50, 1; 61, 6, wo es nicht sicher ist, ob es sich um ein Kriegsschiff handelt. In diesen Fällen gibt es kein Anzeichen dafür, daß es sich um «voluntary contributions» handelt, wie B. Jordan, The Athenian Navy in the Classical Period, Berkeley 1975, 91 meint. Vgl. noch G. Herman, PCPhS 216, 1990, 101 A. 27.

[95] Gsell II 318; 443 f. (anders IV 125 A. 6); G. G. Lapeyre/A. Pellegrin, Carthage punique, Paris 1942, 190 (im Hintergrund stehen hier wohl manche Vorstellungen von den attischen

te Ansicht gibt es mehrere Einwände: a) Hannibal war ein versierter Seemann, nicht einfach ein reicher Trierarch; b) in allen anderen Berichten, die wir von der Aufstellung karthagischer Flotten haben, ist von staatlicher Tätigkeit ohne Einschaltung von Privatleuten die Rede; c) das Schiff des Rhodiers war schneller und seetüchtiger als die meisten karthagischen Kriegsschiffe, d. h. es kann nicht im Rahmen eines der üblichen Flottenbauprogramme erstellt worden sein, sondern muß wenigstens in einigen Punkten anders gebaut gewesen sein, als die anderen karthagischen Penteren[96] – zumal die Römer diesen Schiffstyp schon einmal nachgebaut hatten (Pol. 1, 20, 9; vgl. auch 1, 47, 10 [auf das Schiff des Rhodiers bezogen]: ταύτης τῆς νεὼς εὖ κατεσκευασμένης); d) die Aktionen Hannibals – und seiner Nachahmer – waren freiwillig, d. h. ihre Schiffe können nicht der normalen Kriegsflotte angehört haben.

Es bleibt nur eine Möglichkeit: Hannibal der Rhodier war ein karthagischer Pirat, der sich darauf spezialisiert hatte, andere Schiffe zur See aufzubringen. Wenn sein Schiff wirklich eine Pentere war, woran leichte Zweifel immerhin möglich sind,[97] so handelte es sich dabei um ein ausgesprochen großes und kostspieliges Schiff für einen Piraten.[98] Ein Schiff dieser Art muß in erster Linie zur Kape-

---

Naukrarien; zu diesen T. J. Figueira, Historia 35, 1986, 371 ff.). – Lapeyre/Pellegrin erwägen, «que l'Etat obligeait les citoyens riches à construire et à équiper des galères». Diese seien in Friedenszeiten zur Piraterie und zum Geleitschutz genutzt worden. Damit kommen sie der hier vorgetragenen Ansicht schon sehr nahe. Wenn wir sonst in der Antike von Geleitschutz hören, vgl. e. g. Velissaropoulos (A. 34) 135 f.; Pritchett (A. 1) V 331, so ist das eine staatliche Angelegenheit, die besonders wichtigen Versorgungsgütern, meistens Getreide, gilt.

[96] H. T. Wallinga, The Boarding-Bridge of the Romans, Groningen 1956, 89 meint, das Schiff des Rhodiers sei der erfolgreiche staatliche, karthagische Gegenzug gegen die Erfindung der Enterbrücke durch die Römer. Nach der Darstellung des Polybios ist diese Ansicht unbegründet. – Die Ausgrabungen an den punischen Wracks von Marsala haben gezeigt, daß die karthagischen Schiffe wenigstens gegen Ende des 1. punischen Krieges in einer Art von «Fließbandarbeit» hergestellt worden sind, die keinen Platz für irgendwelche Abweichungen ließ; s. H. Frost, NSA 30 Suppl. 1976. Gegen Frost meinen allerdings L. Casson, American Neptune 45, 1980, 17 f.; id., (A. 34) 446 und J. Rougé, REL 65, 1987, 355, daß es sich nicht um ein Kriegsschiff handele. Für unser Argument ist das nicht entscheidend, da ein karthagisches Handelsschiff aus der Endzeit des ersten punischen Krieges sicher nicht anders verfertigt wurde als ein Kriegsschiff.

[97] Polybios spricht nur von einer Ähnlichkeit in der ναυπηγία, was einfach die «Bauart» bezeichnen kann, nicht das präzise Nachahmen eines Modells, s. Mauersberger s. v.; außerdem benutzt Polybios πεντήρης oft bloß als Terminus für ‹Kriegsschiff›, W. W. Tarn, JHS 27, 1907, 59 f.; HCP I 74; zum dritten gibt es noch einen weiteren Bericht über das Kopieren karthagischer Schiffe durch die Römer während des 1. punischen Krieges, Pol. 1, 20, 15; eine Dublette an einer der beiden Stellen ist daher nicht völlig auszuschließen, de Sanctis III 1, 125 A. 61 (contra: Thiel [A. 6] 174). – Unbegründet ist es, wenn P. Bartoloni, Antiqua 4, 1979, 19 in diesem Zusammenhang von einer Tetrere spricht.

[98] App. Mithr. 92, 417 erwähnt immerhin Trieren als Piratenschiffe, ebenso Is. 11, 48; vgl. auch A. 20; 21. Falsch ist daher Pritchett (A. 1) V 76: «Samian acts of piracy were committed with warships . . ., the use of which suggests public policy.»

rung von Handelsschiffen, nicht für Raubzüge auf Land gedacht gewesen sein. Hannibals exzellente Kenntnis der schwierigen Gewässer um Lilybaion zeigt, daß er schon einige Zeit von diesem Hafen aus operiert hatte.[99] Das wiederum – wie auch seine Anwesenheit in Karthago – ist ein deutliches Zeichen für die soziale Akzeptanz des Seeraubes in Karthago. Der Besitzer einer Pentere muß ein sehr reicher, d. h. auch sehr erfolgreicher Mann gewesen sein. Dem entspricht die Charakteristik, die Polybios von dem Rhodier gegeben hat: τὶς ἀνὴρ τῶν ἐνδόξων, i. e. Hannibal war ein karthagischer Aristokrat.[100] In der Mitte des dritten Jahrhunderts war es in Karthago also noch möglich, daß einer der höchsten Herren, von vornehmer Abstammung, einem Gewerbe nachging, das in anderen Städten längst verpönt war. Auch war Hannibal keine vereinzelte Erscheinung, denn seine Nachahmer (Pol. 1, 47, 3) als Blockadebrecher müssen ebenfalls demselben Berufsstand angehört haben.

### 3.4 Das Ende der karthagischen Piraterie

Mit Hannibal dem Rhodier scheint das Ende der karthagischen Freibeuter gekommen zu sein. Piraterie war nur so lange für einen Staat unschädlich, wie sie seine Beziehungen zur Umwelt nicht unerträglich belastete. Lange Zeit war diese Voraussetzung für Karthago erfüllt: an den Grenzen gab es keine Staaten, die vom Seeraub gestört werden konnten, d. h. die direkten Beziehungen zu den Nachbarn wurden nicht tangiert. Alle wirklich betroffenen Staaten waren entweder zu weit entfernt oder nicht mächtig genug, um auf das Verhalten der Karthager Einfluß zu nehmen. Mit einigen – sicher nicht allen – Städten hatte man Abkommen geschlossen, die den Piraten zwar einen gewissen Einhalt boten, ihre Handlungsweise aber grundsätzlich legitimierten.

Mit dem Sieg Roms im ersten punischen Krieg änderte sich die Situation in den traditionellen Gewässern karthagischer Piraterie grundlegend. Es gab dort nun einen Staat, dessen Haltung für Karthago von entscheidender Bedeutung war, der der punischen Stadt einen gewissen Zwang auferlegen konnte und sicher jeden Überfall karthagischer Seeräuber als neuen Grund zum Krieg oder zu anderen Repressalien verwendet hätte. Gleichzeitig verloren die Karthager durch den Friedensvertrag ihre wichtigsten Operationsbasen: die großen Inseln. Selbst wenn eine – zugegeben apokryphe – Überlieferung nicht von einer vertraglichen Einschrän-

---

[99] Die Schiffahrtsrouten machten die tyrrhenische See nördlich Siziliens und die sizilische Ostküste im Mittelalter zu bevorzugten *strike-zones* der Piraten, s. Pryor (A. 4) 184; cf. 91. Die Situation wird in der Antike nicht wesentlich anders gewesen sein.

[100] Zu den verschiedenen Bezeichnungen für die karthagische Aristokratie s. die Literatur in 176 A. 119.

kung der Fahrt karthagischer Kriegsschiffe sprechen würde,[101] so mußte jedem klar sein, daß der Lutatiusvertrag das Ende karthagischer Piraterie im tyrrhenischen Meer bedeutete. Das politische Umfeld hatte sich durch den Sieg Roms zu Ungunsten des Seeraubes geändert,[102] und nur während der Kriege gegen Rom konnten punische Freibeuter wieder auslaufen.[103] Ähnliche Prozesse lassen sich im Verlauf der römischen Expansion öfters nachweisen. Das Ende der illyrischen und der aitolischen Piraterie (Pol. 30, 11) ist nur auf den Druck Roms zustande gekommen – durch die Vereinheitlichung der Machtverhältnisse in den entsprechenden Landstrichen. Es ist daher schwerlich Zufall, daß wir nach Hannibal dem Rhodier keine karthagischen Piraten mehr kennen.

## 4. Zusammenfassung

Die in Nordafrika siedelnden Phönizier waren seit Menschengedenken daran gewöhnt, in der Piraterie einen normalen Teil ihrer Erwerbstätigkeit zu sehen, der auch nach der Gründung Karthagos nicht aufgegeben wurde. Im 6./5. Jhrdt. finden wir Karthago in Auseinandersetzungen mit anderen Staaten verstrickt, weil die Stadt ihre räubernden Bürger deckte. Mit manchem Gemeinwesen schlossen die Karthager Verträge, die die Piraterie nicht abschaffen, sondern regulieren sollten – sie geradezu voraussetzen. Gewisse Beschränkungen, was Vertragspartner und deren Verbündete anging, ließen sich die Karthager mit einer völkerrechtlichen Unbedenklichkeitserklärung des Seeraubes in allen anderen Fällen bezahlen. Dieser Zustand herrschte auch noch in der Mitte des 4. Jhrdts. Etwa hundert Jahre

---

[101] Zon. 8, 17, 6 (I 173 Boissevain): μήτε τὴν Ἰταλίαν μήτε τὴν ἔξω συμμαχίδα σφῶν μακραῖς ναυσὶ παραπλεῖν. Die Historizität wird bestritten von Schmitt, StV III S. 180.

[102] Als die Römer im Vorfeld des dritten punischen Krieges die Verlegung Karthagos ins Binnenland forderten, findet sich in einer Rede auch folgender Passus (App. Lib. 88, 414): die Karthager sollten umsiedeln, damit der Blick auf das Meer sie nicht daran erinnere, τοῦ πλήθους ὧν εἴχετε νέων, καὶ λαφύρων ὅσων ἐφέρετε, καὶ ἐς οἵους γε τοὺς λιμένας καθήγεσθε σοβαροὶ καὶ τὰ νεώρια καὶ τὰ τῶν σκευῶν ταμιεῖα ἐνεπίμπλατε. Nach dem Kontext müssen λάφυρα Beutestücke aus Piratenzügen darstellen. Der Rhetorik Appians sollte aber kein großer Wert beigemessen werden.

[103] Vgl. App. Lib. 25, 104 zum Jahr 203: Ἰτυκαῖοι δὲ καὶ Καρχηδόνιοι λιμώττοντες ἐλῄστευον τοὺς ἐμπόρους, μέχρι Ῥωμαίων νῆες ἄλλαι ... ἐφώρμουν τοῖς πολεμίοις καὶ τὰς λῃστρικὰς ἐκώλυον. Genauso ist wohl App. Lib. 110, 520 zu verstehen, wo über Hippou Akra während des dritten punischen Krieges gesagt wird: μέση δ' οὖσα Καρχήδονος καὶ Ἰτύκης τὴν ἀγορὰν ἐλῄστευεν τὴν Ῥωμαίοις διαπλέουσαν· ὅθεν καὶ πάνυ ἐπλούτουν, καὶ ὁ Καλπούρνιος ἀμύνασθαί τε αὐτοὺς ἐπενόει καὶ τό γε κέρδος ἀφελέσθαι ... Es ist natürlich nicht auszuschließen, daß hier eine «interpretatio Romana» vorliegt, die Kriegshandlungen als Piraterie ausgibt.

später finden wir in Hannibal dem Rhodier den ersten (und letzten) namentlich bekannten Piraten – einen Angehörigen der Oberschicht.

Zusammenfassend läßt sich also sagen: a) In der Haltung des karthagischen Staates und seiner Oberschicht zur Piraterie gibt es zwei verschiedene Aspekte: fremder Seeraub wurde bekämpft (Alalia),[104] während man versuchte, die Rahmenbedingungen für die eigenen Raubzüge zu verbessern. – b) Schon in der Antike galt Piraterie (wie auch der Raub zu Lande) als Zeichen eines niedrigen staatlichen Organisationsgrades.[105] Die karthagische Gesellschaft wies noch lange Zeit archaische Strukturen auf. Die weit über die nachweisbare Dauer des Privatkrieges zu Lande hinaus anhaltende Piraterie ist ein weiteres Zeichen für die fehlende staatliche Verfestigung und das langsame Wachsen des staatlichen Machtmonopols in Karthago. – c) Polybios bezeichnet die Karthager als habgierig.[106] Derselbe Vorwurf trifft bei ihm Aitoler und Kreter.[107] Hier liegt die Vermutung nahe, daß sich diese Völker ihren Ruf – unter anderem – auf vergleichbare Art erworben haben. Kreter und Aitoler waren die verrufensten Piratenvölker; eine solche Mißachtung zwischenstaatlicher und handelspolitischer Konventionen mag auch die Karthager in Mißkredit gebracht haben – jedenfalls bei den Staaten, die dieses Stadium bereits überwunden hatten. – d) Wir sind mehrfach dem Argument begegnet, daß Thalassokratie nebst den Interessen eines Handelsstaates nicht mit Piraterie vereinbar gewesen seien; der Kreter Minos, das Athen des 5. Jhrdts., Rhodos und Rom werden als Beispiele zitiert (man findet sogar die Behauptung, daß es eine karthagische ‹Meerespolizei gegen Seeraub› gegeben habe[108]). Von Nach-

---

[104] Nur dies erwähnt bei Huß 486; wie hier Gsell II 437.

[105] E. g. W. Nowag, Raub und Beute in der archaischen Zeit der Griechen, Frankfurt 1983, 183. Wie lange dies Bewußtsein erhalten blieb, zeigt sehr schön Σ Aristid. III S. 87 Dindorf.

[106] S. die Diskussion 169; 171 ff. Pol. 6, 56, 2: παρ' οἷς μὲν οὖν οὐδὲν αἰσχρὸν τῶν ἀνηκόντων πρὸς κέρδος.

[107] Pol. 6, 46, 3: καθόλου θ' ὁ περὶ τὴν αἰσχροκέρδειαν καὶ πλεονεξίαν τρόπος οὕτως ἐπιχωριάζει παρ' αὐτοῖς ὥστε παρὰ μόνοις Κρηταιεῦσι τῶν ἁπάντων ἀνθρώπων μηδὲν αἰσχρὸν νομίζεσθαι κέρδος. Die weiter verstreuten Stellen zu den Aitolern bei Ormerod (A. 47) 141; ansonsten zu seinem Aitolerbild K. S. Sacks, JHS 95, 1975, 92 ff; D. Mendels, AncSoc 15/17, 1984/86, 63 ff. Vgl. H. van Effenterre, La Crète et le monde grec, Paris 1948, 312.

[108] E. g. Gsell II 437; IV 126; 474; Starr, Essays (A. 28) 91; Hans (A. 68) 116. Die einzige Quelle, auf die sich diese Behauptung stützen könnte, ist Aristot. Rhet. 1372 b 27 f.: τῶν δ' ἡ τιμωρία βραδεῖα οἷον οἱ συλῶντες τοὺς Καρχηδονίους (der Text ist nicht völlig sicher; die griechische Überlieferung spricht eindeutig für Karthago, aber die «vetus translatio latina» und Wilhelm v. Moerbeke nennen statt dessen Kalchedon, was einige Edd. zur Änderung im griechischen Text veranlaßte, zuletzt Dufour; Angaben bei Kassel, app. crit. ad loc.). Es ist klar, daß diese Passage nicht die Last einer ‹Meerespolizei› tragen kann, zumal ja auch mit Freese, ed. Loeb und Pritchett (A. 1) V 119 eine andere Deutung möglich ist: «the Carthaginians were too far off to retaliate» (völlig absurd sind die Überlegungen von J. G. Demerliac/J. Meirat, Hannon et l'empire punique, Paris 1983, 192 ff. zur Meerespolizei). – Auch

teil für die Wirtschaft einer Stadt sei auch, daß Piraterie keine Exportmärkte schaffe.[109] Nun war letzteres für eine Wirtschaft antiken Zuschnittes nicht unbedingt nötig;[110] wichtig war nur ein Markt für die Beute der Piraten – und den konnte jede größere Stadt bieten.[111] Daß aber Handel und Piraterie sich nicht ausschließen, haben wir schon an den Phöniziern gesehen; weitere Beispiele finden sich bis ins Mittelalter.[112] Der Handel einer Stadt wie Karthago wurde nicht notwendig von den eigenen Piraten gestört; besser: wir dürfen uns hier keinen Handel nach Art und Umfang der Moderne vorstellen, für den ein ungehinderter Warenfluß bei jedem Beteiligten eine essentielle Voraussetzung ist.[113] Karthagische Politik war daher auch nicht in besonderem Maße auf die Sicherung von Handelswegen oder -gebieten angelegt; andere Einkommensarten (wie die Piraterie) standen mindestens gleichberechtigt neben dem Handel. Auch galt in der Antike, daß sich Handelsbeziehungen und gegenseitige Raubüberfälle nicht ausschlossen: die archäologische Dokumentation der etruskisch-phokäischen Handelsbeziehungen zeigt dies überdeutlich.[114]

---

Ausdrücke wie ἡγεμονία τῆς θαλάττης können hierzu nichts beitragen; dabei geht es nicht um Aufrechterhaltung irgendeiner Ordnung, sondern nur um die Überlegenheit im Kriegsfall, s. W. W. Tarn, Hellenistic Military and Naval Developments, Cambridge 1930, 142; HCP I 74.

[109] J. B. Salmon, Wealthy Corinth, Oxford 1984, 148.

[110] Vgl. hierzu auch Heuß, RuK 91, der behauptet, daß der phönizische Handel konsumptiv und erwerbsorientiert gewesen sei, nicht dem Absatz von Waren gedient habe.

[111] Pritchett (A. 1) V 323. Zur Einbindung der Piraterie in den ökonomischen Kreislauf s. M. Gras, Kokalos 26/7, 1980/1, 137 – was mit einer Entwicklung – nicht dem Ende der Piraterie zu tun hat.

[112] Die Verbindung von Piraterie und einem der «chief commercial states» bespricht auch Ormerod (A. 47) 99 f. Beispiele aus dem Mittelalter z. B. in Pryor (A. 4) 154; 157. Zu den Genuesen s. neben 129 A. 64 noch G. Morgan, ByzZ 69, 1976, 422 f.

[113] Es dürfte klar geworden sein, daß ich die Ansicht von Giuffrida Ientile (A. 6) 7 nicht teile, die von einem wirtschaftlich bedingten Ende der Piraterie im 6. Jhrdt. ausgeht.

[114] Vgl. die Dokumentation bei Tsirkin (A. 53) 210 ff.; es gibt keinen Grund (und keinen Hinweis im Material), der eine Zweiteilung in eine Zeit der gegenseitigen Überfälle und eine Zeit des Handels erlaubt. Allgemein vgl. man die Studie von M. Gras, FS Heurgon, Paris 1976, 341 ff., bes. 367 f., der nachweist, daß etruskische Piraterie und etruskischer Handel sich bis weit in den Hellenismus hinein vermischen und überlagern.

# V. Drei Klauseln des ersten römisch-karthagischen Vertrages

Überreich ist die Literatur zu den Karthagerverträgen.[1] Trotzdem soll hier versucht werden, drei Klauseln des ersten Vertrages (StV II$^2$ 121) einen neuen Sinn abzugewinnen.

(Klausel I; Pol. 3, 22, 5–7) μὴ πλεῖν[2] Ῥωμαίους μηδὲ τοὺς Ῥωμαίων συμμάχους ἐπέκεινα τοῦ Καλοῦ ἀκρωτηρίου, ἐὰν μὴ ὑπὸ χειμῶνος ἢ πολεμίων ἀναγκασθῶσιν· (6) ἐὰν δέ τις βίᾳ κατενεχθῇ, μὴ ἐξέστω αὐτῷ μηδὲν ἀγοράζειν μηδὲ λαμβάνειν, πλὴν ὅσα πρὸς πλοίου ἐπισκευὴν ἢ πρὸς ἱερά, (7) ⟨ἐν πέντε δ' ἡμέραις ἀποτρεχέτω.⟩[3]

(Klausel II; Pol. 3, 22, 8–9) τοῖς δὲ κατ' ἐμπορίαν παραγινομένοις μηδὲν ἔστω τέλος πλὴν ἐπὶ κήρυκι ἢ γραμματεῖ· (9) ὅσα δ' ἂν τούτων παρόντων πραθῇ, δημοσίᾳ πίστει[4] ὀφειλέσθω τῷ ἀποδομένῳ, ὅσα ἂν ἢ ἐν Λιβύῃ ἢ ἐν Σαρδόνι πραθῇ.

(Klausel III; Pol. 3, 22, 10): ἐὰν Ῥωμαίων τις εἰς Σικελίαν[5] παραγίνηται, ἧς Καρχηδόνιοι ἐπάρχουσιν, ἴσα ἔστω τὰ Ῥωμαίων πάντα.[6]

---

[1] Lit.: Huß 86ff.; P. A. Barceló, Karthago und die iberische Halbinsel vor den Barkiden, Bonn 1988, 86ff.; F. Wieacker, Römische Rechtsgeschichte I, München 1988, 266 A. 140; J. L. Ferrary, Philhellénisme et impérialisme, Paris 1988, 33ff.; Scullard, CAH VII$^2$ 2, 517ff.; D. Nörr, SB München 1989, 104ff. und jetzt vor allem B. Scardigli, I trattati Romano-Cartaginesi, Pisa 1991.

[2] μὴ πλεῖν ⟨μακραῖς ναυσί⟩ Paton; vgl. 142f.

[3] Nach Pol. 3, 23, 3 (und der lateinischen Übersetzung des N. Perot [1472; danach Casaubon und Schweighäuser I 51];) muß ein so oder ähnlich lautender Satz ausgefallen sein (allerdings vermutete A. Piganiol, Scripta Varia II, Brüssel 1973, 246 [cf. L. Wickert, Klio 31, 1938, 360f.], daß Polybios hier fälschlich eine Bestimmung des zweiten Vertrages [3, 24, 11] kommentiert habe). A. Garcia Bellido, Fenicios y Cartagineses en Occidente, Madrid 1942, 41 nimmt eine ausgefallene Spanienklausel an. R. Rebuffat, REA 68, 1966, 260ff. findet hier und in Hdt. 2, 115 einen phönizischen Rechtssatz.

[4] Gegen die von A. Scharf, Der Ausgang des tarentinischen Krieges, Diss. Rostock 1929, 53 vorgeschlagene Trennung von δημοσίᾳ und πίστει s. F. Taeger, BPhW 1932, 873.

[5] HCP I 345 überlegt hier ⟨καὶ εἰς Καρχηδόνα⟩, das offenbar auch E. Täubler, Imperium Romanum I, Leipzig 1913, 258 bei seiner Gliederung vorschwebte; nach den Überlegungen oben 151ff. ist das nicht nur unnötig, sondern wäre sogar falsch.

[6] In der Übersetzung von Drexler: (I) «Die Römer und die Bundesgenossen der Römer sollen nicht über das schöne Vorgebirge hinausfahren, es sei denn, daß sie durch Sturm oder Feinde dazu gezwungen werden. Wenn aber einer durch Gewalt verschlagen und zu landen genötigt ist, soll es ihm nicht gestattet sein, etwas zu kaufen oder zu nehmen, außer was zur Ausbesserung des Fahrzeuges oder zu Opfern nötig ist. ⟨Innerhalb von fünf Tagen soll er wieder auslaufen.⟩» – (II) «Die aber, die des Handels wegen kommen, sollen kein Geschäft rechtskräftig abschließen dürfen, es sei denn im Beisein eines Herolds oder eines Schreibers.

## 1. Das Fahrverbot

Der größte Teil der Forschung nimmt an, das Fahrverbot habe in erster Linie einem handelspolitischen Protektionismus gedient; weitere Einzelheiten im selben Sinne sollen von Klausel II geregelt worden sein. Polybios interpretierte die Bestimmung allerdings ganz anders (3, 23, 2): οὗ (scil. τοῦ Καλοῦ ἀκρωτηρίου) καθάπαξ ἐπέκεινα πλεῖν ὡς πρὸς μεσημβρίαν οὐκ οἴονται δεῖν οἱ Καρχηδόνιοι τοὺς Ῥωμαίους μακραῖς ναυσί κτλ. Polybios benutzt einen terminus technicus für Kriegs- und Piratenschiffe,[7] und auch der eher allgemein gehaltene Ausdruck πλεῖν ist im Vokabular der Piraterie häufig anzutreffen, so daß Polybios diese Klausel als Fahrverbot für römische Kriegs- und Piratenschiffe verstand[8] (vgl. auch 3, 22, 6: μηδὲ λαμβάνειν).[9]

Wegen dieser Interpretation wird dem Polybios manchmal vorgeworfen, er habe einen archaischen Vertrag nach den Gegebenheiten seiner Zeit ausgelegt.[10] Dies ist aber nicht richtig: es gibt überhaupt keine andere Auslegung, die mit der Gestaltung antiker Verträge übereinstimmt.[11] Mustert man nämlich die internatio-

---

Was aber in deren Gegenwart verkauft wird, dafür soll die Schuld dem Verkäufer vom Staat verbürgt sein, bei allem, was entweder in Libyen oder Sardinien verkauft wird.» – (III) «Wenn ein Römer nach Sizilien kommt, so weit es unter der Hoheit der Karthager steht, sollen die Römer in allem Gleichberechtigung genießen.»

7 K.E. Petzold, ANRW I 1, Berlin 1972, 371 mit Verweis auf Plut. Cam. 8, 5f.; Liv. 5, 28, 2.

8 F. Cassola, I gruppi politici romani nel IIIo secolo a.c., Triest 1962, 27f.; 35 A. 27; A. Milan, CS 13, 1976, 596; andere Interpretation bei M. David, FS v. Oven, Leiden 1946, 233 A. 11. Zahlreiche Belege zu πλεῖν finden sich in der Quellensammlung von E. Ziebarth, Beiträge zur Geschichte des Seeraubs und Seehandels im alten Griechenland, Hamburg 1929, 100ff. – Nahe an der hier vorgetragenen Ansicht ist bereits L. M. Hans, Karthago und Sizilien, Hildesheim 1983, 114, die die Sperrgebiete als Zonen politischen Einflusses interpretiert, in denen die Karthager den Handelsverkehr kontrollierten und z.B. gegen ein Eindringen «von Piraten- und fremden Schiffen» absicherten. W. Dahlheim, Struktur und Entwicklung des römischen Völkerrechts, München 1968, 157 sah ebenfalls, daß die Karthagerverträge auch eine militärische Verkehrsgrenze darstellen sollten.

9 Die Verwendung von πλεῖν ist auch ein wichtiges Argument gegen die ökonomische Interpretation des Fahrverbotes von Klausel I. Verboten war eine bestimmte Art von Schifffahrt. Es ist nicht die Rede davon, daß die Römer nichts einführen oder sich in diesem Gebiet nicht zu Lande bewegen durften, i.e. Karawanen von einem Punkt außerhalb der Sperrzone organisieren konnten.

10 E.g. Meltzer I 489 A. 56; HCP I 345; Petzold (A. 7) 371.

11 Vielleicht gibt es sogar eine Erklärung für das einfache μὴ πλεῖν in der Klausel I: Polybios lag ein nur schwer verständliches, lateinisches Original vor; es ist nun möglich – im Einklang mit der Entwicklung von Schiffstypen (s. 124ff.) –, daß die lateinische Sprache im 6. Jhrdt. noch keinen Unterschied zwischen *navis* und *navis longa* o.ä. machte (die Duilius-Inschrift als ältester Beleg eines besonderen Ausdrucks für Kriegsschiff läßt sich hier nicht

nalen Verträge der Antike, so stellt man fest, daß es keine Fahrverbote für Handelsschiffe, sondern nur für Kriegsschiffe gab.[12]

Im einzelnen sind folgende Verträge mit Fahrverboten zu nennen: der Kalliasfrieden,[13] der Waffenstillstand zwischen Athen und Sparta im Jahr 423,[14] der Vertrag der Bündner von Korinth,[15] der Vertrag zwischen Rom und Tarent aus dem Jahr 303/2,[16] der Lutatiusvertrag,[17] der Vertrag zwischen Rom und Teuta,[18] der Ebrovertrag[19] und der Friede von Magnesia.[20] Die Rhodier verboten jedem

---

verwenden; selbst wenn man die allgemeinen Bedenken gegen das Alter des Textes [R. Wachter, Altlateinische Inschriften, Frankfurt 1987, 359ff.] nicht teilt, so ist er doch schon Jahrhunderte von dem ersten römisch-karthagischen Vertrag entfernt). Polybios hätte dann nur die fehlende Differenzierung des Vertragstextes in seinem Kommentar nachgetragen (zur Verständlichkeit archaischer Dokumente vgl. die aufschlußreiche Bemerkung über die Gesetzgebung des Diokles im Syrakus des 5. Jhrdts., Diod. 13, 35, 3: οἱ δ' οὖν Συρακόσιοι κατὰ τοὺς νεωτέρους χρόνους ... οὐδέτερον αὐτῶν ὠνόμασαν νομοθέτην, ἀλλ' ἢ ἐξηγητὴν τοῦ νομοθέτου διὰ τὸ τοὺς νόμους γεγραμμένους ἀρχαίᾳ διαλέκτῳ δοκεῖν εἶναι δυσκατανοήτους).

[12] Auch der zweite römisch-karthagische Vertrag (StV II² 326) ist keine Gegeninstanz; die eigentlich den Handel betreffende Passage Pol. 3, 24, 11–13 ist nicht als Fahrklausel formuliert, sondern operiert – genau wie unsere Klausel II – mit den Ausdrücken Libyen, Sardinien und Sizilien. Die Beispiele bei J. Velissaropoulos, Les nauclères grecs, Genf 1980, 138ff. ergeben ebenfalls keine Parallele zu einem so verstandenen Fahrverbot. Bei StV III 456 handelt es sich nur um Zollbestimmungen. – Nicht ganz vergleichbar, außerdem chronologisch weit außerhalb unseres Rahmens ist der Šanšgamuwa-Vertrag (edd. C. Kühne/H. Otten, Wiesbaden 1971), wo es Rs. IV 23f. heißt: «Kein Schiff des Landes Aḫḫijawa soll zu ihm (scil. dem feindlichen Assyrer, F. Sommer, Die Aḫḫijawa-Urkunden, München 1932, 326) fahren! [...] Sollte er doch einmal aussenden ...» Vgl. zuletzt G. A. Lehmann, in: J. Latacz (Hrsg.), Zweihundert Jahre Homer-Forschung, Stuttgart 1991, 111 A. 11.

[13] Isokrates, Paneg. 118: ὥστε μακρὸν πλοῖον ἐπὶ τάδε Φασήλιδος μὴ καθέλκειν (StV II² 185, wo auch die weiteren Belege verzeichnet sind).

[14] Thuk. 4, 118, 5 (StV II² 185).

[15] Demosth. 17, 26; 28 (StV III 403 S. 10).

[16] App. Samn. 7, 1 (StV III 444): μὴ πλεῖν Ῥωμαίους πρόσω Λακινίας ἄκρας. Täubler (A. 5) 77 A. 2; Dahlheim (A. 8) 154 erwarten eine entsprechende Verkehrsgrenze auch zu Lande. Daß Kriegsschiffe gemeint sind, zeigen u. a. J. H. Thiel, A History of Roman Sea-Power before the Second Punic War, Amsterdam 1954, 21f.; Cassola (A. 8) 38; R. E. Mitchell, Historia 20, 1971, 638 A. 22 (Lit.); nicht nur Kriegs-, sondern auch Piratenschiffe: G. Marasco, Economia, commerci e politica nel Mediterraneo fra il III e il II sec. a. C., Florenz 1988, 39.

[17] Zonaras 8, 17, 6 (s. 137f.).

[18] Pol. 2, 12, 13: μὴ πλεύσειν πλέον ἢ δυσὶ λέμβαις ἔξω τοῦ Λίσσου, καὶ τούτοις ἀνόπλοις (vgl. App. Ill. 7, 22; Pol. 3, 16, 3 [StV III 500]).

[19] Pol. 2, 13, 7 (StV III 503).

[20] Pol. 21, 42, 14: μηδὲ πλείτωσαν ἐπὶ τάδε τοῦ Καλυκάδνου ⟨καὶ Σαρπηδονίου?⟩ ἀκρωτηρίου, εἰ μὴ φόρους ἢ πρέσβεις ἢ ὁμήρους ἄγοιεν. Durch die Bestimmung selbst wie durch 21, 43, 13 ist klar, daß Kriegsschiffe gemeint sind; vgl. HCP III 160. – Die Perfektion dieses Prinzips findet man – wenn auch nicht als Fahrtgrenze zur See – im Friedensvertrag

Kriegsschiff die Einfahrt in ihren Hafen.[21] Nicht zuletzt der römisch-karthagische Vertrag κατὰ Πύρρου διάβασιν (StV III 466) scheint für eine solche Interpretation des Fahrverbotes zu sprechen.[22]

Der Vergleich mit den analogen Bestimmungen antiker Staatsverträge zeigt, daß den Römern in Klausel I verboten wird, mit einem bestimmten Schiffstyp über eine bestimmte Grenze hinauszufahren: damit sollte militärische Intervention in karthagischem Gebiet unterbunden werden, vor allem aber römische Piraterie.[23]

Karthago und seine Umgebung sind in historischer Zeit ebenso von menschenraubenden Piraten heimgesucht worden, wie andere Teile des Mittelmeerraumes.[24] Die Klausel ist daher ein Gegenstück zu den entsprechenden Abschnitten desselben Vertrages, die das Verhalten der Karthager in Latium regelten.[25] Dem gänzlichen Verbot römischer – und etruskischer[26] – Piraterie stehen die

---

zwischen Rom und Karthago nach dem zweiten punischen Krieg (StV III 548 S. 296); Pol. 15, 18, 4: πόλεμον μηδενὶ τῶν ἔξω τῆς Λιβύης ἐπιφέρειν καθόλου. App. Lib. 32, 135: μηδὲ πολυπραγμονεῖν τι πέραν ὧν ἔχουσιν ἐντὸς τῶν λεγομένων Φοινικίδων τάφρων.

[21] Cic. inv. 32, 98 mit J. Rougé, FS Piganiol III, Paris 1966, 1472.

[22] Pol. 3, 25, 3: ἐὰν συμμαχίαν ποιῶνται πρὸς Πύρρον ἔγγραπτον ποιείσθωσαν ἀμφότεροι, ἵνα ἐξῇ βοηθεῖν ἀλλήλοις ἐν τῇ τῶν πολεμουμένων χώρᾳ. Nach K. Meister, Riv. fil. 98, 1970, 417 folgt hieraus, daß die jeweilige χώρα normalerweise gesperrt war; Kontext und Sinn des Vertrages machen darüberhinaus klar, daß es sich nur um eine Sperrung für Soldaten handelte; so auch Hans (A. 8) 109; cf. Scullard, CAH VII$^2$ 2, 535; vgl. die verschiedenen Interpretationen bei Scardigli (A. 1) 187.

[23] Scardigli (A. 1) 74 wandte dagegen ein, daß Polybios als Grund für die Sperre angab διὰ τὸ μὴ βούλεσθαι γινώσκειν αὐτούς ... μήτε τοὺς κατὰ τὴν Βυσσάτιν μήτε τοὺς κατὰ τὴν μικρὰν Σύρτιν τόπους ... διὰ τὴν ἀρετὴν τῆς χώρας (3, 23, 2). Dies verbindet Polybios aber gerade mit seiner Bemerkung, das Fahrverbot habe Kriegsschiffen gegolten, so daß das μὴ βούλεσθαι γινώσκειν κτλ. nach der Ansicht des Polybios heißt, daß die Karthager den Römern die Kenntnis dieser Gebiete vorenthalten wollten, weil sie ein lohnendes Ziel für Raubüberfälle abgeben könnten.

[24] Konkret gesagt wird dies z. B. Plaut. Poen. 66. In Athen schrieben Alexis und Menander (C. Austin, Comicorum Graecorum fragmenta in papyris reperta, Berlin 1973, 157) einen Καρχηδόνιος; der des Alexis diente als Vorlage des Plautus, W. G. Arnott, RhM 102, 1959, 252 ff.; id., GRBS 11, 1970, 43 ff. Die Handlung beider Stücke beruht auf der Voraussetzung, daß es auch an Karthagos Küsten zu Menschenraub kam.

[25] Vgl. schon Meltzer I 176: «Es wird nicht leicht bestritten werden können, daß ihnen im Original des Vertrags, obwohl der Wortlaut des Polybios hier Nichts davon enthält, entsprechende Bestimmungen mit Rücksicht auf Angriffe auf karthagisches Gebiet ... auferlegt gewesen sein müssen ...» Zum römischen Menschenraub s. G. Prachner, Untersuchungen zu Überlieferungsproblemen der frührömischen Sklaverei, Diss. Münster 1966, 48. Fehlen einer solchen Klausel wurde von W. Hoffmann, Rom und die griechische Welt im 4. Jhrdt., Leipzig 1934, 8 mit der Fähigkeit der karthagischen Flotte erklärt, ganze Teile des Meeres völlig abzusperren; vgl. die 148 A. 46 zitierte Literatur zur Unmöglichkeit einer solchen Sperre.

[26] Etruskische Piraterie ist ebenfalls betroffen, wenn zu Recht eine Verbindung von Aristot. Pol. 1280 a 34–8 (StV II$^2$ 116) mit den Karthagerverträgen gesehen wird; vgl. 130; 134.

weitgehenden Konzessionen an die Karthager gegenüber;[27] dies beleuchtet die realen Machtverhältnisse und zeigt, zu wessen Gunsten der Vertrag aufgesetzt worden ist.[28]

Bei dieser Interpretation der Klausel I löst sich die alte Streitfrage, welches Gebiet mit τὰ ἐπέκεινα τοῦ Καλοῦ ἀκρωτηρίου gemeint ist, von selbst. Die Forschung identifizierte das «Schöne Vorgebirge» sowohl mit dem Kap Bon östlich von Karthago, als auch mit dem Kap Farina im Westen der Stadt.[29] Polybios spricht in seinem Kommentar vom Kap Farina (3, 23, 1): τὸ μὲν οὖν Καλὸν ἀκρωτήριόν ἐστι τὸ προκείμενον αὐτῆς τῆς Καρχηδόνος ὡς πρὸς τὰς ἄρκτους. Gegen seine Identifikation wurde eingewandt,[30] daß ein Verbot südlicher Fahrt vom Kap Farina aus auch die Fahrt nach Karthago unmöglich gemacht hätte. Also müsse – so wird seit Mommsen und Meltzer argumentiert – Polybios sich geirrt haben; verboten sei die Fahrt westlich vom Kap Farina.[31] Diese Fahrtrichtung impliziert aber ein karthagisches Interesse an der algerischen Küste, vielleicht sogar an Spanien – das aber anderweitig für diese Zeit noch nicht zu belegen ist.[32] Alternativ wird erwogen, vom Kap Bon aus die Syrte als gesperrten Raum zu erklären;[33] dies rettet zwar die Interpretation des Polybios, tut aber der bei weitem wahrscheinlichsten Identifikation des Kaps Gewalt an.

Der wirksame Schutz Karthagos vor fremden Angriffen war nur gegeben, wenn die Stadt selbst in der Schutzzone lag. Unter dieser Voraussetzung müßte man bei einer Identifikation des Καλὸν ἀκρωτήριον mit dem Kap Farina geradezu fordern,

---

Weil für manche Forscher römische Piraterie jenseits des Vorstellbaren zu liegen scheint, wird manchmal die These vertreten, diese Klausel solle in erster Linie für die Griechen von Massalia und Velia gelten (e.g. P. Ebner, PP 21, 1966, 112 A. 1). Die richtige Interpretation findet sich dagegen schon bei A. H. L. Heeren, Ideen über die Politik, den Verkehr und den Handel[4] II 1, Göttingen 1825, 168; s. jetzt W. K. Pritchett, The Greek State at War V, Berkeley 1991, 323. Von einem relativ großen Umfang römischer Piraterie an der afrikanischen Küste geht auch W. V. Harris, in: W. Eder (Hrsg.), Staat und Staatlichkeit in der frühen römischen Republik, Stuttgart 1990, 500 aus. Zur römischen Flotte s. jetzt Scardigli (A. 1) 63 f.

[27] S. 130 ff.

[28] Vgl. hierzu nach formalen Kriterien schon Täubler (A. 5) 263 f.; R. Laqueur, Hermes 71, 1936, 471 f.; mit der Kategorie des römischen Rechts operiert hingegen J. Hasebroek, Staat und Handel im alten Griechenland, Tübingen 1928, 126.

[29] Aus der unendlichen Literatur seien nur R. Werner, Chiron 5, 1975, 21 ff.; Chr. Marek, Chiron 7, 1977, 1 ff. genannt.

[30] E. g. E. Colozier, MEFRA 65, 1953, 91; R. Werner, Der Beginn der römischen Republik, München 1963, 316; Marek (A. 29) passim; Huß 88.

[31] Vgl. zuletzt etwa Huß 89. Wie im weiteren hier – ohne nähere Begründung – H. Bengtson, Grundriß der römischen Geschichte[2], München 1970, 47.

[32] C. R. Whittaker, in: P. Garnsey/C. R. Whittaker (Hrsgg.), Imperialism in the Ancient World, Cambridge 1978, 81; C. G. Wagner, MHA 6, 1985, 213.

[33] Zuletzt etwa Hans (A. 8) 106; Marek (A. 29) passim; Barceló (A. 1) 88; die Sperrung der Syrte nimmt auch C. G. Wagner, SP 10, 1989, 148 an.

daß der verbotene Bereich in Richtung Süden – und damit gleichzeitig auch nach Osten in Richtung auf die Syrte – lag.[34] Die Angaben des Polybios sind daher in sich richtig und sinnvoll.

Utica lag ebenfalls in der verbotenen Zone. Der Vergleich der Formulare des I. und II. römisch-karthagischen Vertrages in der überlieferten Form[35] legt nahe, daß Utica erst nach dem Abschluß des ersten Vertrages in den karthagischen Herrschaftsbereich eingegliedert wurde. Der Einschluß Uticas in die Sperrzone hat aber keine politischen, sondern geographische Gründe: sollte Karthago selbst geschützt werden, so bot sich nur das Kap Farina als von See aus erkennbarer Demarkationspunkt.[36] Ein weiterer wichtiger Faktor, der für das Kap Farina spricht, wird meist übersehen: die Seeroute von Etrurien oder Rom nach Karthago

---

[34] Aus dem II. Vertrag ist gegen diese Interpretation kein Argument zu gewinnen, wie ein Blick auf die Karte bei Marek (A.29) 5 mit seinen Erläuterungen S.7 zeigt. – F. Schachermeyr, Forschungen und Betrachtungen, Wien 1974, 340 dachte allerdings, die Fahrt nach Osten sei nicht verboten worden, weil man den Römern ein Unternehmen in diese Richtung nicht zugetraut habe.

[35] Nur eine kurze Bemerkung zu Pol. 3, 24, 3: ἐπὶ τοῖσδε φιλίαν εἶναι Ῥωμαίοις καὶ τοῖς Ῥωμαίων συμμάχοις καὶ Καρχηδονίων καὶ Τυρίων καὶ Ἰτυκαίων δήμῳ καὶ τοῖς τούτων συμμάχοις. Daß dieser Text dem Verständnis des Polybios entspricht, ist klar (3, 24, 1): ἐν αἷς προσπεριειλήφασι Καρχηδόνιοι Τυρίους καὶ τὸν Ἰτυκαίων δῆμον. Genauso klar ist aber auch, daß die Erwähnung der Tyrier aus Phönizien im Vertrag nichts zu suchen hat. Es gibt zwei Versuche, den Text zu erklären: a) Καρχηδονίων κυρίων, was seit O. Hirschfeld, RhM 51, 1896, 475 ff. in Anlehnung an dieselbe Formel in Pol. 7, 9, 5 (StV III 528) geschrieben wird, wofür sich zuletzt sehr ausführlich Huß 151 A. 5 einsetzte; b) Καρχηδονίων {καὶ} Τυρίων, K. J. Beloch, Klio 1, 1901, 283 f., was als Kurialstil aufgefaßt werden kann; Beloch verbesserte entsprechend auch Pol. 7, 9, 5; vgl. Werner (A.30) 350 f. A. 3. Die bisherigen Versuche, die Verbesserung κυρίων zu stützen, kranken alle daran, daß man sich die Überlieferungslage nicht klar genug gemacht hat. Polybios hatte einen lateinischen Text vor sich (U. Kahrstedt, NGG 1923, 100; die Überlegung von G. Radke, Archaisches Latein, Darmstadt 1981, 100, daß auch ein punisches Exemplar zu Rate gezogen worden sei, kann wohl auf sich beruhen; R. Rebuffat, MEFRA 78, 1966, 33 mit A. 3 nimmt sogar ein etruskisches Exemplar an). Wenn man Καρχηδονίων κυρίων im eigentlichen Vertrag lesen will, so müßte man ein archaisches, lateinisches Wort hierfür suchen, das Polybios und seine römischen Gewährsleute als Τυρίων mißverstanden haben. Im übrigen verwies G. Levi della Vida bei E. J. Bickerman, Religions and Politics in the Hellenistic and Roman Periods, Como 1985, 267 A. 54 darauf, daß eine präzise Übersetzung κύριοι Καρχηδόνος lauten müßte. – Nicht weiterführend ist der Gedanke von H. Eucken, Probleme der Vorgeschichte des zweiten punischen Krieges, Diss. Freiburg 1968, 66 A. 1, der unter Verweis auf L. Robert, Opera Minora III, Amsterdam 1969, 1608 κύριοι Καρχηδόνιοι als bloße Höflichkeitsfloskel versteht, was aber erst kaiserzeitlicher Sprachgebrauch ist; in diese Zeit gehört auch OGIS 595 (Kaufleute aus Puteoli schreiben nach Tyros): ἄρχουσι βουλῇ δήμῳ τῆς κυρίας πατρίδος.

[36] Über Utica ist daher – gegen M. J. Pena, Ampurias 38/40, 1976/8, 528 – kein Argument gegen diese Interpretation zu gewinnen.

führte nicht über Sizilien, sondern über Sardinien.[37] Von dort aus war aber das Kap Farina der erste Punkt Afrikas, den man ansteuerte.[38]

## 2. Die Regelung des Handels

Die zweite Klausel setzt ein mit:[39] τοῖς δὲ κατ' ἐμπορίαν παραγινομένοις. Der neue Abschnitt wird nicht nur sprachlich markiert,[40] sondern auch dadurch von der vorhergehenden Bestimmung abgesetzt, daß er nicht mehr für alle Römer und Latiner gilt, sondern nur noch für eine bestimmte Gruppe: die Kaufleute. Dieser Neuansatz bestätigt geradezu die Tatsache, daß es in der Klausel I nicht um ἐμπορία ging.[41] Der unterschiedliche Charakter der beiden Klauseln zeigt sich auch in der geographischen Terminologie: Klausel I gibt einen einzigen Punkt an, der durch die Anforderungen des Seemannes an die Definition einer Fahrgrenze diktiert wird. In Klausel II werden verschiedene Landschaften genannt: Libyen und Sardinien. Λιβύη bezeichnet nach durchaus üblichem Gebrauch den afrikanischen Herrschaftsbereich der Karthager.[42] Mit diesen Gebieten wird das gesamte karthagische Reich bezeichnet[43] – wie es ja eigentlich für einen Vertrag selbstverständlich ist.[44]

---

[37] Direkt bezeugt ist diese Route Pol. 3, 96, 8f.; vgl. auch Liv. 30, 24, 7ff. mit Werner (A. 29) 37f. Strömungs- und Windverhältnisse sprechen neben der Entfernung für diesen Weg; das wurde allerdings noch nie auf die Interpretation des Karthagervertrages angewendet, obwohl das bloße Faktum schon oft konstatiert wurde: S. Moscati, Tra Cartagine e Roma, Mailand 1971, 75; M. Gras, Latomus 31, 1972, 708f.; L. M. Hans, MBAH 4, 2, 1985, 68 mit A. 13; M. E. Aubet, Tiro y las colonias fenicias de occidente, Barcelona 1987, 162f.; Barceló (A. 1) 163; id., Gymnasium 96, 1989, 31.

[38] Zu der Richtung des Fahrverbotes nach Süden und Osten würde die Vermutung von R. L. Beaumont, JRS 29, 1939, 79 A. 20 passen, daß ein karthagerfreundlicher Senator die Verträge als erster verwendet habe, um den Anspruch Karthagos auf die Syrte (gegen Massinissa) zu belegen; vgl. Pol. 31, 21; Petzold (A. 7) 369 A. 24.

[39] Ähnlich wie hier J. Heurgon, Scripta Varia, Brüssel 1986, 113f.

[40] Den Sprung an dieser Stelle bemerkte auch Wickert (A. 3) 363f., der sich mit einer gewaltsamen Einfügung hilft. Petzold (A. 7) 371 A. 41 meint allerdings, daß δέ hier keinen Gegensatz impliziere, sondern weiterführe; sprachlich scheint beides möglich; vgl. allgemein zur antithetischen Verwendung bei Polybios: Mauersberger s. v. 416.

[41] Die von Petzold vertretene These, Klausel I sei eine allgemeine Verkehrsgrenze, II habe spezielle Handelsbestimmungen enthalten, verstehe ich so nicht (vgl. wie Petzold schon Täubler [A. 5] 262; Scharf [A. 4] 47: «Der später angeführte Gegensatz τοῖς δὲ κατ' ἐμπορίαν παραγινομένοις betont den Unterschied zwischen jeder Schiffahrt ganz allgemein und dem Handelswesen, niemals aber zwischen Kriegsschiff und Handelsfahrer»). Aller Logik nach müßte eine *allgemeine* Verkehrsgrenze auch für jeden Sonderfall gelten, wenn sie nicht eigens aufgehoben wird.

[42] Cf. G. Camps, Libyca 8, 1960, 8; Petzold (A. 7) 374f. Die Annahme Λιβύη=Africa zuletzt bei Marek (A. 29) 3; Barceló (A. 1) 89.

[43] Diese Formulierung soll keine Stellungnahme in der Frage präjudizieren, ob der Ver-

Diese Feststellung hat mehrere Konsequenzen: Klausel I und II sind unabhängig voneinander zu verstehen, da in ihnen zwei verschiedene zwischenstaatliche Problembereiche geregelt werden. Das Fahrverbot von Klausel I läßt sich nicht auf Klausel II übertragen[45] (es wäre in dieser allgemeinen Form auch schwer aufrecht zu halten gewesen[46]).

Klausel II ist demnach der einzige Teil des Vertrages, der sich mit Handel beschäftigt.[47] Den römischen[48] Händlern wird vorgeschrieben, ihrem Geschäft nur in Anwesenheit eines Beamten nachzugehen. In der Forschung herrscht zu Recht weitgehende Einigkeit über diesen Passus: er soll keine Behinderung, sondern eine Erleichterung des Handels bewirken.[49] Das wird klarer, wenn wir uns erst einmal vor Augen halten, was die Klausel nicht leistet: es geht nicht um die rechtliche Form des Geschäftes[50] und nicht um die Preisfestsetzung durch einen Beam-

---

trag karthagisches Hoheits-, Einfluß-, Interessengebiet o.ä. abstecken will. Viel hängt hier von der Auslegung des Begriffes σύμμαχοι in der Anfangsformel ab. – Zur getrennten Nennung Siziliens, s. 151 ff.

[44] Das Fehlen Spaniens ist kein Argument gegen diese Ansicht, denn Karthago hatte zu dieser Zeit dort keine hoheitlichen Interessen, s. Barceló (A. 1) passim.

[45] Man hielt oft Klausel I für über-, II für untergeordnet, was den geographischen Geltungsbereich angeht. Bei dieser Konstruktion müßte man in Libyen zwei Bereiche verschiedenen Rechts annehmen, was in der Praxis kaum aufrecht zu halten gewesen wäre.

[46] Auf die Problematik von Überwachung und Sperrung offener Gewässer weisen in anderem Zusammenhang J. Taillardat, in: J. P. Vernant (Hrsg.), Problèmes de la guerre en Grèce ancienne, Paris 1968, 201; M. Reddé, Mare Nostrum, Rom 1986, 415; Ch. G. Starr, The Influence of Sea-Power on Ancient History, New York 1968, 5. Nur zwei Gegenbeispiele kennt F. E. Adcock, The Greek and Macedonian Art of War, Berkeley 1957, 38.

[47] Das ἀγοράζειν in Klausel I betrifft nicht den Handel, sondern die Versorgung mit lebensnotwendigen Gütern. Verboten wird der Kauf von Lebensmitteln, um die Festsetzung und Unterstützung von Piraten im eigenen Land zu verhindern.

[48] Prachner (A. 25) 48 f. Für die Existenz eines römischen Handels in dieser frühen Zeit spricht sich – prononciert gegen die communis opinio – vor allem Ch. G. Starr, The Beginnings of Imperial Rome, Ann Arbor 1980, 29 f. aus.

[49] Erleichterung: Meltzer I 160; Hasebroek (A. 28) 136; Hoffmann (A. 25) 6; F. Hampl, RhM 101, 1958, 65; Werner (A. 30) 319; Nörr (A. 1) 105. Als Hemmnis interpretiert allerdings z. B. A. Heuß, Die völkerrechtlichen Grundlagen der römischen Außenpolitik, Leipzig 1933, 7 diesen Artikel. Scharf (A. 4) 52 redet von «Schutzzollpolitik», Barceló (A. 1) 160 von «Abschottung». Vgl. auch G. Sautel, Essai sur la notion romaine de «commercium» à l'époque ancienne, Paris 1952, 67 A. 2; G. Gandolfi, in: Istituto di diritto intern. e straniero della Università di Milano. Communicazioni e Studi, Mailand 1960, 339: «È evidente che il loro intervento costituiva par i Romani una limitazione, non una concessione: la garanzia della pubblica fede era solo una conseguenza della forma pubblica.» Hier wird im folgenden ganz deutlich gesagt, was als Gedanke auch hinter den anderen, gleichlautenden Interpretationen steht: der – postulierte – kommerzielle Charakter des karthagischen Staates ist das Hauptargument für diese angenommene Wirtschaftspolitik.

[50] David (A. 8) 240: «purchase on credit and the guarantee of a third party». Petzold (A. 7) 381 A. 86 a: transitorische Form des Kaufabschlusses zwischen Barkauf und Konsensual-

ten.[51] Von einem Ausschluß fremden Handels ist nicht die Rede,[52] auch nicht von einer staatlichen Kontrolle, die über Art und Umfang des Handels gewacht hätte,[53] um handelspolitische Interessen der Karthager durch Importkontrolle oder -verbot zu schützen.[54] Der Vertrag sieht die Ablehnung eines Kaufes oder überhaupt die Notwendigkeit einer Zustimmung des Magistraten nicht vor. Marktregulierung wird durch den «Herold» nicht vorgenommen; er dient nur als Zeuge.[55]

Regelungen wie in Klausel II finden sich von Ugarit[56] bis Epidamnos;[57] Theophrast führte in einer verlorenen Schrift weitere Beispiele an.[58] Da es sich um einen weit verbreiteten Rechtssatz handelt,[59] besteht kein Grund, die Übernahme der Klausel speziell aus griechischer Rechtstradition anzunehmen.[60]

---

kontrakt; so auch E. Ferenczy, RIDA 16, 1969, 273 (Lit.); vgl. noch allgemein F. Pringsheim, RD 32, 1954, 477ff.; Gandolfi (A. 49) 341ff. (die präzise juristische Definition ist für unsere Fragen hier nicht von Bedeutung).

51 Mommsen, RG I 414; Gandolfi (A. 49) 340. Sie gehen wohl von der Vorstellung aus, der Staat habe eine Preiskontrolle eingerichtet, um den eigenen Landsleuten Handelsvorteile zu verschaffen – eine anderweitig völlig unbelegte Verhaltensform, wenn es sich nicht gerade um Grundnahrungsmittel handelt.

52 Hasebroek (A. 28) 127f.; vgl. in diese Richtung auch Th. Mommsen, Römisches Staatsrecht³ III, Leipzig 1888, 600.

53 So vor allem Sautel (A. 49) 67; M. Gras, Trafics tyrrhéniens archaiques, Paris 1985, 236; 243; er weist richtig darauf hin, daß hierdurch die Möglichkeiten des Handels auf Orte mit einer punischen Bürokratie beschränkt wurden – aber welche anderen Orte wären in Frage gekommen? An eine Kontrolle des Warenexports denkt Hans (A. 37) 69.

54 E. g. Heuß, RuK 98; David (A. 8) 236; Petzold (A. 7) 374; Barceló (A. 1) 92f.

55 Andere Ansicht z. B. bei Sautel (A. 49) 64: «concurrents commerciaux à surveiller, et à admettre d'une manière plus ou moin large suivant les circonstances, selon que leur trafic s'avère en dernière analyse profitable aux Carthaginois ou au contraire nuisible à l'activité des marchands puniques.»

56 M. Heltzer, in: M. Liverani (Hrsg.), La Siria nel Tardo Bronzo, Rom 1969, 41; id., The Internal Organization of the Kingdom of Ugarit, Wiesbaden 1987, 146; vgl. auch G. Boyer, in: Palais royal d'Ugarit III, Paris 1955, 286ff. und – in weiterer Entfernung – G. Driver/J. Miles, The Assyrian Laws, Oxford 1935, 428ff. Taf. B § 6; G. Cardascia, Les lois Assyriennes, Paris 1969, 269ff.

57 Plut. Mor. 297 F: Ἐπιδάμνιοι γειτνιῶντες Ἰλλυριοῖς ᾐσθάνοντο τοὺς ἐπιμιγνυμένους αὐτοῖς πολίταις γιγνομένους πονηροὺς καὶ φοβούμενοι νεωτερισμὸν ᾑροῦντο πρὸς τὰ τοιαῦτα συμβόλαια καὶ τὰς ἀμείψεις καθ' ἕκαστον ἐνιαυτὸν ἕνα τῶν δεδοκιμασμένων παρ' αὐτοῖς, ὃς ἐπιφοιτῶν τοῖς βαρβάροις παρεῖχεν ἀγορὰν καὶ διάθεσιν πᾶσι τοῖς πολίταις «πωλήτης» προσαγορευόμενος. Die Begründung dieser Regelung ist sichtbar eine moralisierende Konstruktion. Für das nahe gelegene Apollonia postuliert P. Kracht, MBAH 8, 1, 1989, 80; cf. id., Studien zu den griechisch-etruskischen Handelsbeziehungen, Bochum 1991, 110 ebenfalls die Existenz eines πωλήτης.

58 περὶ συμβολαίων Frg. 97 Wimmer (W. W. Fortenbaugh et al., Theophrastus of Eresus II, Leiden 1992, 492ff. F 650 [Stob. 4, 2, 20]).

59 Festus p. 166 L zum foedus Cassianum (StV II² 126) scheint mir, pace Petzold (A. 7)

Die Staaten der Mittelmeerwelt kannten in früher Zeit kein eigenes Fremdenrecht. Gegenüber einem Fremden konnte man seine Ansprüche mittels Selbsthilfe noch durchsetzen, als das innerhalb der eigenen Gemeinde längst nicht mehr möglich war. Dies war vor allem deshalb praktikabel, weil der Fremde als Kläger vor Gericht nicht zugelassen war. Ein Zustand, der noch keine festen zwischenstaatlichen Konventionen und Rechtsbeziehungen kannte, konnte durchaus Anlaß zu Unregelmäßigkeiten im Geschäftsgebaren sein.

Hier schafft Klausel II Abhilfe. Von einer Einklagbarkeit des Geschäftes[61] kann allerdings nur beschränkt die Rede sein: der Fremde hatte immer noch nicht das Recht, gegen einen Karthager zu klagen;[62] diesen ersten Schritt auf dem Weg zur juristischen Gleichberechtigung war man noch nicht gegangen. Die Anwesenheit von Beamten[63] beim Kaufabschluß verpflichtete im Zweifelsfalle den Staat, für seine Untertanen einzustehen oder sie zur Erfüllung ihrer Verpflichtung zu zwingen.[64] Das Ziel dieser Vertragsklausel war daher Rechtssicherheit auf der einen, Beendigung von Selbsthilfeverfahren auf der anderen Seite.

Während im allgemeinen Repressaillerecht (συλᾶν) jeder einzelne Bürger für die Verpflichtungen des ganzen Staates haftbar gemacht werden konnte,[65] findet

381 A. 86a, nicht ganz vergleichbar. Auch die Konstruktion eines phönizischen Seerechtes durch J. Dauvillier, RIDA 6, 1959, 33 ff. ist schwer zu akzeptieren.

60 So aber Hoffmann (A. 25) 6. Vgl. auch Nörr (A. 1) 108: «mediterranes oder ... griechisches Völkerrecht».

61 Meyer, GdA III 654 f.; Hasebroek (A. 28) 136; Scharf (A. 4) 50 ff.; Hampl (A. 49) 65; Werner (A. 30) 319.

62 Sautel (A. 49) 68. Auszuschließen ist wohl die Vermutung von Ferenczy (A. 50) 273, daß hier die Möglichkeit zu einem Schnellverfahren und zur Zwangsvollstreckung gegen einen zahlungsunwilligen Schuldner gegeben werde.

63 Vermutlich γραμματεύς = *spr;* Belege für das Amt bei Huß 86 A. 3; vgl. auch Gsell II 287 ff.; Whittaker (A. 32) 71; C. Bonnet, in: C. Baurain/C. Bonnet/V. Krings (Hrsgg.), Phoinikeia Grammata, Namur 1991, 150 f.; vgl. auch den *'rb,* was P. Martino, Arbiter, Rom 1986 als Grundlage des lateinischen Wortes *arbiter* sieht. Martino deduziert für den *arbiter* Funktionen, die den hier angegebenen sehr ähnlich sind, aber im privaten Bereich bleiben; vgl. 67 ff. ad loc. – Entspricht der κῆρυξ einem *praeco?* Zu dessen Bedeutung – im spätrepublikanischen Recht – als Zeuge bei öffentlichen Verkäufen s. Cic. leg. agr. 2, 56; vgl. F. Kniep, Societas Publicanorum, Jena 1890, 100; G. Thielmann, Die römische Privatauktion, Berlin 1961, 53 f.; N. K. Rauh, Historia 38, 1989, 461 f.; bei attischen Versteigerungen: K. Hallof, Klio 72, 1990, 411 f. – Ein Irrtum ist es wohl, wenn Scharf (A. 4) 51 von der Gegenwart zweier Beamter spricht.

64 So J. Strachan-Davidson, Selections from Polybius, Oxford 1888, 70 ff. (cf. HCP I 343), der eine Reihe von Beispielen aus dem europäischen Mittelalter vergleicht; hinzuzufügen etwa noch V. E. Hardung, HZ 28, 1872, 311. Vgl. auch Hdt. 6, 42, 1, wo der Satrap Artaphrenes die Ionier zu ähnlichen Regelungen zwingt. – Anders etwa Sautel (A. 49) 67 f., der davon ausgeht, daß der Staat in strittigen Fällen zahlt.

65 E. g. K. Latte, Kleine Schriften, München 1968, 307.

sich im ersten römisch-karthagischen Vertrag eine etwas spätere Vorstellung: der ganze Staat kann für die Schuld eines einzelnen Bürgers haftbar gemacht werden.[66] Nur nebenbei hören wir etwas von einer karthagischen Hafen- bzw. Marktbehörde.[67]

Indirekt bestätigt die Interpretation von Klausel II die oben vorgetragenen Überlegungen zum Fahrverbot: wenn schon der Teil des Vertrages, der sich ausdrücklich mit dem Handel beschäftigt, keine staatliche Leitung der Wirtschaft kennt, sollte man Klausel I erst recht nicht im Rahmen einer großen merkantilen Konkurrenz zwischen Griechen und Karthagern verstehen.[68]

## 3. Die Regelung für Sizilien

Ebenso umstritten wie der Rest des Vertrages ist die Bedeutung von ἴσα ἔστω τὰ Ῥωμαίων πάντα in Klausel III. E negativo läßt sich leicht sagen, daß kein direkter Rückbezug auf Klausel II vorliegt;[69] dies würde nämlich eine unnötige und gerade in den knapp formulierten Verträgen der Archaik ganz unerhörte Redundanz des Ausdrucks mit sich bringen. Eine entsprechende Bestimmung hätte einfach gelautet: ὅσα ἂν ἢ ἐν Λιβύῃ ἢ ἐν Σάρδονι ἢ ἐν Σικελίᾳ κτλ. πραθῇ. Andererseits ist aber auch deutlich, daß es weiter um Handel geht; dies zeigt nicht zuletzt eine parallele Klausel des zweiten Vertrages (Pol. 3, 24, 12):[70] ἐν Σικελίᾳ, ἧς Καρχηδόνιοι ἐπάρχουσι, καὶ ἐν Καρχηδόνι πάντα καὶ ποιείτω καὶ πωλείτω ὅσα καὶ τῷ πολίτῃ ἔξεστιν. Auf Grund dieser beiden Klauseln ist vom Sizilien des ersten Vertrages als einer Freihandelszone gesprochen worden, von einem «territorio di libero accesso per il commercio», von einer «Öffnung der sizilianischen Märkte».[71] Mehrere Gründe werden für die karthagische Sonderpolitik in Sizilien angeführt: Sizilien sei ein wirtschaftlich protegiertes Gebiet gewesen, das seine Rolle als Vermittler im Han-

---

66 Diese Vorstellung haben wir schon an anderer Stelle kennengelernt: Haftung des Staates für den verlorenen Privatkrieg des Hamilkar im Jahr 480; s. 38. Die Kongruenz zwischen dem I. karthagisch-römischen Vertrag und dem Schadenersatz nach der Schlacht von Himera ist ein weiteres, wenn auch nur leichtes Argument für die Frühdatierung des Vertrages.

67 Vgl. Velissaropoulos (A. 12) 33 f. zu solchen Beamten in Griechenland.

68 Gegen Prachner (A. 25) 49 f.

69 So aber Hoffmann (A. 25) 5 A. 9 und ihm folgend Hans (A. 8) 106, die 216 A. 22 Hoffmann auch in der Konsequenz gegen Hasebroek (A. 28) 127 folgt; s. auch Werner (A. 30) 320. Richtig zur Trennung der Klauseln bereits Schachermeyr (A. 34) 335 A. 2.

70 Ferenczy (A. 50) warnt allerdings vor einer Verbindung der beiden Klauseln des I. und II. Vertrages, was aber wohl übertrieben ist; s. Werner (A. 30) 312; L. Capogrossi Colognesi, FS Volterra V, Mailand 1971, 184.

71 Scardigli (A. 1) 75; Barceló (A. 37) 28; David (A. 8): «free trade»; Gandolfi (A. 49) 348: «mercato libero».

delsfluß besser ausüben konnte, wenn es dort keine Beschränkungen gab;[72] ebenso wird vermutet, die Karthager seien wegen der Nachbarschaft der Griechen nicht im Stande gewesen, fremde Kaufleute aus Sizilien herauszuhalten und hätten sich so der Macht des Faktischen gebeugt.[73]

Wenn eine Verbindung zu Klausel II vorliegt, so muß man zugeben, daß das Verfahren mit κῆρυξ und γραμματεύς in Sizilien offenbar nicht durchgeführt werden sollte.[74] Da wir oben gesehen haben, daß der Handel vor einem karthagischen Beamten nicht als Restriktion zu verstehen war, sondern dem Rechtsschutz diente, kommt man um die Folgerung nicht herum, daß eben dieser Rechtsschutz in Sizilien wegfiel. Hierfür wird kaum die Absicht entscheidend gewesen sein, römischen Handel auf Sizilien im rechtsfreien Raum zu belassen; ein viel näher liegender Grund ist das Fehlen entsprechender karthagischer Beamter auf der Insel.[75] Dies ist im Prinzip nicht weiter verwunderlich: selbst in späteren Jahrhunderten gab es keine einheitliche Verwaltung des karthagischen «Reiches», so daß dies für seine Anfänge im 6. Jhrdt. erst recht nicht vorausgesetzt werden darf. Gerade die sizilischen Städte behielten immer ein recht hohes Maß an Autonomie, was sich auch beim Übergang vom 6. zum 5. Jhrdt. noch beobachten läßt: obwohl an der Realität einer durch Malchus etablierten karthagischen Herrschaft nicht zu zweifeln ist, setzten einige Städte eine eigene Münzprägung fort, konnten sogar auf sich allein gestellt Nachbarschaftskriege führen.[76] Eine Oberaufsicht durch einen karthagischen Statthalter mit einem Stab untergeordneter Beamter in allen Städten gab es nicht, so daß Klausel II auf Sizilien keine Anwendung finden konnte.

Eine solche Autonomie[77] hatte natürlich auch Folgen: es gab keinen einheitlichen, karthagischen Rechtsraum auf Sizilien; hatten einzelne Städte außenpolitische Freiheiten und behielten sie ihre eigenen Beamten, so werden sie auch einen großen Teil ihres eigenen Rechts behalten haben. Da also auch kein einheitliches Bürgerrecht existieren konnte, mußten bestimmte Vorkehrungen getroffen wor-

---

[72] Hans (A. 8) 115.

[73] Meltzer I 178; Scharf (A. 4) 54 f.; W. Elliger, Karthago, Stuttgart 1990, 101.

[74] Gandolfi (A. 49) 348.

[75] Zu den spärlichen Belegen für karthagische Beamte in den Städten des Reiches s. Gsell II 295 f. A. 5; Werner (A. 30) 318; Barceló (A. 1) 90. Aus diesem Grund nahm auch Meltzer I 180 seine Zuflucht bei der unwahrscheinlichen Möglichkeit, daß es sich um Beamte der σύμμαχοι gehandelt haben könne.

[76] Whittaker (A. 32) 63 notiert daher auch ganz zutreffend die Zweideutigkeit des ἧς ἐπάρχουσιν gegenüber der simplen Formulierung für das auch nicht vollständig unterworfene Sardinien oder Libyen.

[77] Mit anderer Argumentation spricht auch S. F. Bondi in diesem Zusammenhang von Autonomie und milder Herrschaftsausübung: in H. G. Niemeyer (Hrsg.), Phönizier im Westen, Mainz 1982, 111; id., in: W. Huß (Hrsg.), Karthago, Darmstadt 1992, 119.

den sein, was die Rechte und Möglichkeiten karthagischer Bürger in diesen Gemeinden anging.

Von hier aus können wir uns dem ἴσα ἔστω der Klausel III zuwenden. Der größte Teil der Forschung nimmt an, die Römer seien hier mit den karthagischen Untertanen auf eine Stufe gestellt worden.[78] Dies ist schon allein deshalb unwahrscheinlich, weil jede Stadt, weil jeder Stamm sein eigenes Fremdenrecht haben konnte, *die* Untertanen eben nicht existierten. Sinn macht hingegen ein gleichförmiges Sonderrecht für Karthager, wie es ja auch von dem Wort πολίτης in der entsprechenden Klausel des zweiten Vertrages impliziert wird. Ein solches Sonderrecht, das ja durchaus auch karthagisches Herrschaftsinstrument gewesen sein kann, wird nun auf die Römer ausgedehnt.[79]

Diese Interpretation weist Sizilien zwar auch eine Sonderstellung zu, aber ganz anders als bisher gedacht. Von freiem Handel ist hier ebensowenig die Rede, wie in Klausel II von eingeschränktem Handel gesprochen wurde. Beide Klauseln haben ein einheitliches Ziel: die Beseitigung von rechtlichen Unsicherheiten. Daß dies Ziel für verschiedene Gebiete auf verschiedenen Wegen erreicht werden mußte, hängt mit den verschiedenen, teils sehr lockeren Strukturen karthagischer Herrschaft zusammen.

## 4. Zusammenfassung

Fassen wir zusammen: Klausel I und II galten nicht dem Versuch, fremde Waren und Händler vom karthagischen Einflußgebiet fernzuhalten, was auch unsinnig gewesen wäre. Fremde Waren konnte man weder durch ein Verbot der Schiffahrt aus dem Land halten,[80] noch ihren Import durch die Zeugenschaft eines Beamten verhindern. Wesentliche wirtschafts- oder handelspolitische Konsequenzen hätte nur ein generelles Importverbot für römische Waren haben können, aber gerade das wurde ja nicht verhängt – für Rom genauso wenig wie für andere Staaten: das

[78] Sautel (A. 49) 68 notiert ausdrücklich, daß für das ἴσα kein direkter Vergleich im Text genannt wird; Untertanen: Schachermeyr (A. 34) 335 A. 2; Bondi, in: Huß (A. 77) 119; Capogrossi Colognesi (A. 70) 184; noch anders David (A. 8) 239: «all kind of business allowed to subjects of other trading nations»; richtig Gandolfi (A. 49) 348.

[79] Ein τοὺς αὐτοὺς φίλους νομίζειν ὥσπερ κτλ. in einseitiger Formulierung könnte als rechtliche Handhabe hierfür schon ausgereicht haben.

[80] Dies hat zuletzt in ganz anderem Zusammenhang die Diskussion des megarischen Psephisma gezeigt, G. E. M. de Ste. Croix, The Origins of the Peloponnesian War, London 1972, 252f.; vgl. auch 393f. Die Bedenken gegen de Ste. Croix's Behandlung des Psephisma bei W. Schuller, Die Herrschaft der Athener im ersten attischen Seebund, Berlin 1974, 76ff.; Ph. Gauthier, Historia 24, 1975, 498ff.; Velissaropoulos (A. 12) 167ff. beziehen sich nicht auf diesen Teil des Arguments.

fragliche Gebiet war – wenigstens im 5. Jhrdt. – nicht für Handelsschiffe gesperrt, die von Osten kamen.[81]

Die Staaten der antiken Mittelmeerwelt kannten keinen Protektionismus; wirtschaftspolitische Maßnahmen galten immer nur der Frage einer genügenden Versorgung mit Nahrungsmitteln bzw. der Vermehrung der πρόσοδοι. Selbst Beschränkungen des Handels auf ein bestimmtes Gebiet, d.h. die Etablierung eines port of trade, hatten nur steuerpolitische Gründe.[82] Aber selbst ein solcher port of trade wird ja im I. Vertrag nicht vorgeschrieben. Da die Klausel über den Verkauf römischer Waren nicht auf einen bestimmten Teil des karthagischen Territoriums beschränkt war, fällt der wichtigste Beleg für eine punische Handelspolitik, die sich von derjenigen der anderen Mittelmeerstaaten unterschieden hätte: die Idee eines eigenen karthagischen Handelsrechtes ist eine Chimäre, ebenso wie die Idee eines zentralisierten, auf Handel ausgerichteten Staates der Karthager.[83] Damit entfällt aber einer der wichtigsten Beweise dafür, daß die karthagische Politik schon im 6. Jhrdt. von den Interessen der Kaufleute diktiert gewesen wäre: der erste römisch-karthagische Vertrag betrifft mit dem Schutz vor Piraterie und der Schaffung eines ersten Fremdenrechtes zwei weit verbreitete politische Erscheinungen der Archaik.

---

[81] Thuk. 7, 50, 2; Strab. 17, 3, 1 p. 825. Der Perser Sataspes ist kurz nach 479 von Ägypten aus kommend nach Westen gefahren, Hdt. 4, 43, 3f. (J. Colin, ZPE 82, 1990, 287ff.). Je nach Datierung ist hier auch die Kenntnis der afrikanischen Küste von Belang, die man bei Ps. Skylax findet (zu Datierungsvorschlägen und zur Zusammensetzung s. J. Desanges, Recherches sur l'activité des méditerranéens aux confins de l'Afrique, Paris 1978, 87ff.); vgl. H. Lüdemann, Untersuchungen zur Verfassungsgeschichte Karthagos bis auf Aristoteles, Bottrop 1933, 24. – Wenn Gsell IV 118 (ihm folgend zuletzt R. Duncan-Jones, Structure and Scale in the Roman Economy, Cambridge 1990, 36) dagegen einwendet, daß Herodot im 5. Jhrdt. nichts über den Westen jenseits Karthagos weiß, so verkennt er, daß der Libyen-Exkurs im Zusammenhang mit der persischen Expedition gegen Barke steht, also Informationen über den fernen Westen hier – wie sonst – überhaupt nicht am Platz sind.

[82] Statt vieler anderer: Velissaropoulos (A. 12) 189; 191; 204; 231; zur Beschränktheit staatlicher Möglichkeiten vgl. W. Nippel, Chiron 12, 1982, 22f.

[83] Vgl. Whittaker (A. 32) 80.

# VI. Aristokratie und Krieg

## 1. Die «heilige Schar» in Griechenland und Karthago

Wer nach Institutionen sucht, die einen Einblick in das archaische Kriegswesen Karthagos vermitteln, stößt auf eine Einheit des karthagischen Heeres, die von den griechischen Historikern als ἱερὸς λόχος, «heilige Schar», bezeichnet wurde. Sie wird anläßlich der Schlacht am Krimisos erwähnt (342 v. Chr.) und hat später gegen Agathokles in Afrika gekämpft (310 v. Chr.).[1] Phönizische, punische oder andere semitische Quellen nennen kaum Vergleichbares.[2] Man kann daher den karthagischen ἱερὸς λόχος nicht aus sich selbst heraus verstehen, sondern nur auf dem Umweg über die griechischen Quellen. Das Problem ist also – im wesentlichen – hermeneutisch: die Griechen, die die karthagische «heilige Schar» als Gegner kennenlernten, stellten den Vergleich mit Truppeneinheiten an, die sie aus ihrer eigenen Tradition kannten. Der karthagische ἱερὸς λόχος und ein griechischer ἱερὸς λόχος können natürlich nicht dasselbe gewesen sein, aber die Ähnlichkeit muß für die Griechen ausgereicht haben, um die karthagische Heereseinheit mit dem geläufigen Namen zu belegen. Zuerst ist daher festzustellen, was ein ἱερὸς λόχος in Griechenland war, danach muß die spärliche Überlieferung über Karthago betrachtet werden, um die Vergleichsmomente zu finden.

### 1.1 Die «heilige Schar» in Griechenland

Von einem ἱερὸς λόχος hören wir in der Überlieferung über das Theben des 4. Jhrdts. Bei Plutarch heißt es (Pelop. 18, 1): τὸν δ' ἱερὸν λόχον, ὥς φασι, συνε-

---

[1] Diod. 16, 80, 4; 20, 10, 6; Plut. Tim. 28, 10 f.; weiter s. unten 162 ff.

[2] In einer Legende aus Ugarit wird immerhin die Existenz einer «elite of the fighting men» neben dem normalen Heer erwähnt, J. Gray, The Legacy of Canaan$^2$, Leiden 1965, 137 f. In Israel, Ugarit und anderen Gebieten des Vorderen Orients sollen die *n*$^{e}$*ʿarim*, eine Kaste von Elitekriegern gebildet haben, international ausgerichtet und zahlenmäßig wohl weit unter dem karthagischen Vergleichsbeispiel; s. J. MacDonald, JNES 35, 1976, 147 ff.; id., FS Isserlin, Leiden 1980, 39 ff. Die Kereti als Elitetruppe der Philister, s. R. Wenning, in: J. Fossey (Hrsg.), The Hellenic Diaspora I, Amsterdam 1991, 210, waren Ausländer, nicht selbst Philister. Keinen Anklang hat die Vermutung von L. Manfredi, RIN 87, 1985, 3 ff. gefunden, der die Münzlegende *r'šmlqrt* nicht als geographischen Begriff versteht, sondern als «gli eletti di Melqart» übersetzt und dies mit dem ἱερὸς λόχος identifiziert; dagegen z. B. C. Bonnet, Melqart, Namur 1988, 268 A. 106; L. Mildenberg, SP 10, 1989, 8 A. 12.

τάξατο Γοργίδας πρῶτος ἐξ ἀνδρῶν ἐπιλέκτων τριακοσίων, οἷς ἡ πόλις ἄσκησιν καὶ δίαιταν ἐν τῇ Καδμείᾳ στρατοπεδευομένοις παρεῖχε ...[3] Ferner sagt er, daß diese Schar ἐξ ἐραστῶν καὶ ἐρωμένων gebildet wurde, was auch andere Autoren bestätigen.[4] Sie tritt – nach Plutarch – zum ersten Mal im Jahr 375 bei der Schlacht von Tegyra auf,[5] kämpfte bei Leuktra und wurde von Philipp II. in der Schlacht von Chaironeia ganz aufgerieben.

Jüngst hat allerdings Fehling behauptet, der thebanische ἱερὸς λόχος sei eine literarische Erfindung Plutarchs.[6] Eine Auseinandersetzung mit dieser These ist vor der eigentlichen Analyse der «heiligen Schar» nötig, weil sonst die ganze Behandlung des Problems in der Luft schweben würde. Zur Begründung führt Fehling einige Sachprobleme an[7] und fährt dann mit der Argumentation so fort: ein Sprecher in Platons Symposion (178 e) stelle die Bildung eines Heeres aus ἐρασταί und ἐρώμενοι als vorbildlich hin – und zwar im Irrealis.[8] Ein anderer Sprecher sagt später (182 b), daß man in Boiotien und Elis das χαρίζεσθαι ἐρασταῖς besonders hoch halte, weshalb sich jeder bemühe, eine schändliche Handlung (αἰσχρόν) zu vermeiden. Unter dem Einfluß dieser Stellen habe Xenophon (Symp. 8, 32 ff.) behauptet, daß ἐρασταί und ἐρώμενοι in Boiotien und Elis nebeneinander in der Phalanx stünden. Dies literarische Spiel soll Plutarch ganz ungehemmt in Wirklichkeit umgesetzt haben. «Bei dem Unterhalt auf Staatskosten mag an Sokrates' Antrag in der Apologie gedacht sein. Die Zahl 300 ist bei den Historikern stereotyp für kleine Kontingente, speziell aber für solche, die vernichtet werden.» Die Auslöschung der «heiligen Schar» bei Chaironeia habe bei Plutarch passend dazu gedient, sie wieder aus der Geschichte zu entfernen, d. h. ihr späteres Fehlen in der historischen Überlieferung zu erklären.

---

[3] Nicht vergleichbar sind die syrakusanischen ἐπίλεκτοι, da es sich bei ihnen nicht um eine ständige Truppe handelt, wie M. Wörrle, Untersuchungen zur Verfassungsgeschichte von Argos, Diss. Erlangen 1964, 130 A. 102 betont.

[4] Plut. Mor. 618 D; Polyain 2, 5, 1; Athen. 13, 561 F; 602 A; vgl. allgemein K. J. Dover, Greek Homosexuality, Cambridge 1978, 190 ff.; zuletzt ausführlich und eher wolkig B. Sergent, L'homosexualité initiatique dans l'Europe ancienne, Paris 1986, 42 ff. Vgl. auch G. Daverio Rocchi, in: M. Sordi (Hrsg.), Dulce et decorum est pro patria mori, Mailand 1990, 31 ff.

[5] War Gorgidas ihr Gründer, wie Plutarch sagt, so ist wohl an 378, das Jahr seiner Boiotarchie, zu denken.

[6] D. Fehling, Gnomon 57, 1985, 119; vgl. id., Die sieben Weisen und die frühgriechische Chronologie, Frankfurt 1985, 159.

[7] «Ein zum Kriegsdienst reifer Eromenos ist marginal denkbar, undenkbar aber, daß sich 18jährige junge Männer amtlich als Eromenoi in eine Liste eintragen ließen. Überhaupt ergeben sich komische Aspekte, wenn man sich vorzustellen versucht, wie die Aufnahme, die immerhin zum Unterhalt auf Staatskosten berechtigt haben soll, administrativ gehandhabt worden sein könnte.» Was z. B. die Deklarierung angeht, so muß man nur an die eidlichen Treueversprechen denken, die sich die Liebenden am Grab des Iolaos gaben, Plut. Pelop. 18, 4; Mor. 761 D/E; vgl. auch Aristot. frg. 1008 Gigon.

[8] Vgl. hierzu K. J. Dover, The Greeks and Their Legacy II, Oxford 1988, 96 f.

Auf der rein literarischen Ebene ist das Problem des ἱερὸς λόχος jedoch nicht zu lösen, da der Befund sich auch anders erklären läßt: so kann die «heilige Schar» Thebens schon für Platon als Anregung gedient haben.[9] Ebenso möglich ist – beim Stand unserer Kenntnisse – eine Chronologie, die das Symposion Platons in die Zeit vor 378 setzt, das Symposion Xenophons in die Zeit danach – also den Unterschied in der Darstellung mit der im Jahr 378 (?) erfolgten Gründung der «heiligen Schar» erklärt.[10] Plutarch, der aus einer boiotischen Kleinstadt stammte, kannte die historiographischen Traditionen seiner Heimat gut.[11] Wenn irgendeiner, so müßte gerade er Wissen über eine sonst fast vergessene thebanische Institution aufbewahrt haben.

Kommt man hier zu einem «non liquet», muß sich die Diskussion den genannten sachlichen Anstößen zuwenden. Den Unterhalt auf Staatskosten finden wir noch bei den argivischen λογάδες, ebenfalls einer «stehenden», d.h. ständig einsatzbereiten Truppe, bei der attischen Reiterei der klassischen Zeit und bei den Arkadern.[12] Nicht ganz identisch, aber immerhin vergleichbar, sind die kretischen ἀνδρεῖα, wo die – im kriegerischen Männerbund – zusammengeschlossene Mannschaft einer Stadt auf öffentliche Kosten (δημοσίᾳ) unterhalten wurde.[13] Das Phänomen ist also nicht ungewöhnlich; der Vergleich mit dem Antrag des Sokrates auf Speisung im Prytaneion ist ganz willkürlich.

300 ist sicher – wie alles von der Dreiheit Abgeleitete – eine rhetorische Zahl,[14] als deren Grundlage man das Mondjahr mit seinen 10 Monaten oder die Dreiteilung früher Gesellschaftsstrukturen annahm.[15] Manchmal aber wurden bedeutungsvolle Zahlen ganz bewußt eingesetzt, um etwas von der Wirkung der Zahl

---

9 Wilamowitz, Platon I$^3$, Berlin 1948, 286.

10 Dover (A. 8) 92ff.; zur Datierung des Symposions um 384 s. H. Thesleff, Studies in Platonic Chronology, Helsinki 1982, 117; 135f.

11 Dover (A. 8) 94.

12 Λογάδες: Wörrle (A. 3) 129f.; Gomme, HCT IV 105f. Arkader: Xen. Hell. 7, 4, 33. Vgl. Y. Garlan, Guerre et économie en Grèce ancienne, Paris 1989, 149f. Attische Reiterei: G. Bugh, The Horsemen of Athens, Princeton 1988, 39ff. (vgl. schon id., Phoenix 36, 1982, 306ff.).

13 Ephoros, FGrHist 70 F 149 (Strab. 10, 4, 16 p. 480); Aristot. Pol. 1272a 12ff. Es gehört dies zum Phänomen der materiellen Bevorzugung einer adligen Kriegerschicht im Staate, cf. A. Alföldi, FS Schefold, Bern 1967, 34ff.; d.h. es handelte sich gerade nicht um einen Kriegersozialismus, wie dies R. v. Pöhlmann, Geschichte des Sozialismus I$^3$, München 1925, 46ff. meint, und ist auch kein Zeichen für eine späte Entstehung dieser Gruppe.

14 Vgl. B. Lorenz, Sprachkunst 17, 1986, 236ff. Obwohl er 241 von dem «thematisch doch recht eng begrenzten Motiv von 300 Kämpfern, die im Gefecht gefallen sind», spricht, geht er 243f. sehr weit in Richtung Fehlings, die 300 als typische Gefallenenzahl zu sehen.

15 H. Usener, RhM 58, 1903, 352; A. Alföldi, Der frührömische Reiteradel, Baden-Baden 1952, 88f.

auf die Truppe zu übertragen.[16] Der angeblich rhetorische Charakter der «300» muß daher nicht notwendig ein Argument gegen die Historizität der Truppenstärke sein. Außerdem wurden sämtliche Vielfache von 100 häufig zur Bildung militärischer Einheiten benutzt, weshalb es natürlich auch Parallelen für eine Truppenstärke von 300 Mann gibt.[17] Hier ist vor allem die Eliteeinheit zu nennen, die dem thebanischen ἱερὸς λόχος strukturell am nächsten steht: die 300 spartanischen ἱππεῖς.[18] Es finden sich aber auch Beispiele aus Israel (Iud 7, 6ff.); die 300 equites des frühen Rom sind zu nennen,[19] und die erste staatliche Kavallerie Athens zählte ebenfalls 300 Reiter.[20] In der Zahl läßt sich daher kein Anstoß finden.[21]

Es bleibt, obwohl dies im Argument gegen die Historizität des ἱερὸς λόχος nicht ausdrücklich gesagt worden ist, die befremdliche Vorstellung eines Heeres von ἐρασταί und ἐρώμενοι.[22] Daß dies wenigstens für die Griechen des 4. Jhrdts. nichts Undenkbares war, zeigen die Überlegungen bei Platon und Xenophon (wenn es denn nur Überlegungen gewesen sein sollten). In jüngster Zeit ist diese Erscheinung mit Hilfe völkerkundlicher Vergleiche weiter geklärt worden.[23] Demnach haben gewisse Formen der griechischen Paiderastie Initiationscharakter: der ἐραστής führt den ἐρώμενος in die Männergesellschaft, d.h. in den Verband der Krieger, ein. Dies wird nach der Initiation dadurch besiegelt, daß der ἐρώμενος

---

[16] E.g. Xen. Hell. 2, 3, 19: βουλομένους τοὺς βελτίστους τῶν πολιτῶν κοινωνοὺς ποιήσασθαι τρισχιλίους, ὥσπερ τὸν ἀριθμὸν τοῦτον ἔχοντά τινα ἀνάγκην καλοὺς καὶ ἀγαθοὺς εἶναι.

[17] In Kyrene bezeichnete man das σύστημα τῶν ἐφήβων als τριακάτιοι, s. A. Laronde, Cyrène et la Libye hellénistique, Paris 1987, 134 mit Verweisen; auch in Gortyn war die νεότας 300 Mann stark, s. A. Petropoulou, Beiträge zur Wirtschafts- und Gesellschaftsgeschichte Kretas in hellenistischer Zeit, Frankfurt 1985, 108f. Zu anderen 300er-Zahlen vor allem P. Siewert, Die Trittyen Attikas, München 1982, 143. Vgl. auch hier 161f.

[18] S. 161.

[19] Zur 300 in Rom s. R. E. A. Palmer, The Archaic Community of the Romans, Cambridge 1970, 8f. Der Tod der 300 Fabii bei Cremera mag auch in diesen Kontext gehören (Zahl: J. C. Richard, in: W. Eder [Hrsg.], Staat und Staatlichkeit in der frühen Republik, Stuttgart 1990, 184f.).

[20] S. A. 40 und J. Neraudeau, La jeunesse dans la littérature et les institutions de la Rome republicaine, Paris 1979, 24.

[21] Weitere ähnliche Gruppierungen lasse ich aus, da es sich ja in dem einen oder anderen Fall wirklich um eine rhetorische Zahl handeln kann; m. E. gehören z. B. Hdt. 1, 182; Xen. Hell. 5, 3, 22f. ebenfalls hierhin – und nicht ins Reich der Fabel.

[22] Alföldi (A. 13) 18 A. 46 glaubt an die Existenz des ἱερὸς λόχος, hält aber Plutarchs Angaben über seine Zusammensetzung für ein «rein sekundäres Schlinggewächs».

[23] Vor allen Dingen H. Patzer, Die griechische Knabenliebe, Wiesbaden 1982, 70ff. (besonders zu Ephoros, FGrHist 70 F 149), in Wiederaufnahme von Ideen E. Bethes, jetzt in: A. Siems (Hrsg.), Sexualität und Erotik in der Antike, Darmstadt 1988, 17ff.; zu den ethnographischen Parallelen s. noch P. Cartledge, ibid. 414; B. Sergent, L'homosexualité dans la mythologie grecque, Paris 1984, 54ff. (ibid. 15ff. zu dem Ephoros-Fragment).

von seinem älteren Partner Waffen bzw. eine Rüstung erhält. In der Schlachtreihe standen beide nebeneinander, wie nicht zuletzt die Bezeichnung des ἐρώμενος als παραστάθενς zeigt. Der Brauch der Waffenschenkung ist auch für Boiotien belegt.[24] Hierdurch wird das Fortbestehen des Verhältnisses zwischen ἐραστής und ἐρώμενος für die Zeit nach der Initiation geradezu gefordert. Was Plutarch berichtet, fügt sich daher gut in wohlbekannte Formen; es gibt keine inneren Unwahrscheinlichkeiten, die dazu zwingen könnten, die Existenz des ἱερὸς λόχος zu leugnen.

Dies Ergebnis ist allein in Widerlegung von Fehlings Argumentation erzielt worden. Das entscheidende Argument für die Existenz des ἱερὸς λόχος ist dabei noch gar nicht berührt: er wird im Zusammenhang mit der Schlacht von Leuktra bei einem Autor des 4. Jhrdts. genannt, Deinarch 1, 73:[25] ὅτε Πελοπίδας, ὥς φασιν, ἡγεῖτο τοῦ ἱεροῦ λόχου καὶ Ἐπαμεινώνδας ἐστρατήγει. Die «heilige Schar» wird nur nebenher genannt, doch ist gerade das ein sicheres Zeichen für ihre Bekanntheit. Auch Hieronymos v. Rhodos, ein Aristoteliker des 3. Jhrdts. v. Chr., nennt die «heilige Schar» unter den Beispielen bedeutender Taten Liebender.[26] Vor Plutarch, ihrem angeblichen Erfinder, ist damit nicht nur die Existenz der «heiligen Schar», sondern auch ihre Zusammensetzung aus Liebespaaren bezeugt.[27]

Nach den bisher angestellten Überlegungen ist die besondere Zusammensetzung des ἱερὸς λόχος auf Initiationsriten zurückzuführen.[28] Unter dieser Voraussetzung kann man aber kaum mit Plutarch annehmen, daß die Truppe erst im 4. Jhrdt. gegründet wurde. Nun berichtet Diodor über die Schlacht von Delion im 5. Jhrdt. (12, 70, 1): προεμάχοντο δὲ πάντων (scil. τῶν Βοιωτῶν) οἱ παρ' ἐκείνοις ἡνίοχοι καὶ παραβάται καλούμενοι, ἄνδρες ἐπίλεκτοι τριακόσιοι. Diese ἐπίλεκτοι sind oft mit dem

[24] Plut. Mor. 761 B, angeführt von F. Buffière, Eros adolescent, Paris 1980, 97.

[25] Falls Plutarch, der ja die Teilnahme des ἱερὸς λόχος an der Schlacht von Leuktra breit ausführt (Pelop. 19, 3 ff.; 23, 3) einer Bestätigung bedurft hätte, so findet er sie hier.

[26] F 34 Wehrli (Athen. 13, 602 A).

[27] Die beiden zitierten Autoren sind völlig ausreichend, die Überlieferung für das 4. und 3. Jhrdt. nachzuweisen. Zwei nicht ganz so klare Fälle seien wenigstens genannt. 1. Xen. Hell. 7, 1, 19 τῶν Θηβαίων τοῖς ἐπιλέκτοις soll sich nach P. Cartledge, Agesilaos and the Crisis of Sparta, London 1987, 62 u. Daverio Rocchi (A. 4) 31 A. 66 auf die «heilige Schar» beziehen. 2. Nach weit verbreiteter Ansicht nennt Phaidimos, Anth. Pal. 13, 22 (2. Hälfte 3. Jhrdt.) in Melistion ein Mitglied der «heiligen Schar» (e. g. Paton, Beckby, Buffière [edd.], Buffière [A. 24] 99 f.; Sergent [A. 4] 243 A. 15; etwas vorsichtiger sind A. S. F. Gow/ D. L. Page, The Greek Anthology. Hellenistic Epigrams II, Cambridge 1965, 455, ohne aber die generelle Verbindung mit dem ἱερὸς λόχος zu leugnen). Statt wegen dieses Gedichtes zu überlegen, ob die «heilige Schar» noch im 3. Jhrdt. existierte, sollte man eher eine historische Reminiszenz annehmen.

[28] Allgemein zum Zusammenhang zwischen Elitetruppen und Initiation s. P. Vidal-Naquet, PCPhS 212, 1986, 134 f.; id., FS Lévêque II, Paris 1989, 397 f.

ἱερὸς λόχος identifiziert worden,[29] und das aus guten Gründen: es handelt sich auch hier um eine allen anderen Truppenteilen gegenüber herausgehobene Formation; auch sie besteht aus 300 Kämpfern; die Kämpfer sind ebenfalls paarweise organisiert.[30] Neben diesen Übereinstimmungen[31] gibt es noch eine in der Kampfweise: erst bei Leuktra ist der ἱερὸς λόχος von Pelopidas zu einer Truppe geformt worden, die geschlossen in der Phalanx kämpfte; vorher waren seine Mitglieder paarweise über die ganze Front verteilt (Plut. Pelop. 19, 3): τὸν ... ἱερὸν λόχον ... διαιρῶν εἰς τὰ πρῶτα ζυγά, καὶ παρ' ὅλην τὴν φάλαγγα τῶν ὁπλιτῶν προβαλλόμενος). Dies ist genau die Form der Aufstellung der 300 ἐπίλεκτοι in der Schlacht von Delion.[32]

Waren die ἐπίλεκτοι identisch mit dem ἱερὸς λόχος, so hätte sich die oben ausgesprochene Vermutung bestätigt, daß die «heilige Schar» wesentlich älter ist, als Plutarch dachte. Will man ihre Einrichtung durch Gorgidas nicht einfach als Fehler Plutarchs abtun, so war Gorgidas vielleicht der erste Kommandeur der Truppe, «when it was reformed after the liberation of Thebes».[33]

Sowohl die Zusammensetzung der «heiligen Schar» Thebens aus ἐρασταί und ἐρώμενοι, wie auch die Benennung der beiden als ἡνίοχος und παραβάτης spricht deutlich für die Zugehörigkeit ihrer Mitglieder zur Aristokratie.[34] Unsicher ist nur, ob sich die «heilige Schar», die ja als Fußtruppe agierte, aus Streitwagenkämpfern entwickelte, oder ob die Bezeichnung als ἡνίοχος und παραβάτης einem ursprünglichen Auftreten in Prozessionen oder bei Leichenfeiern entsprungen ist.[35]

---

29 E.g. Wilamowitz (A. 9) 287 A. 1; G. Busolt, Griechische Staatskunde I, München 1920, 344; 562; J. Kromayer, in: id./G. Veith, Heerwesen und Kriegführung der Griechen und Römer, München 1928, 64; Alföldi (A. 13) 18 A. 46.

30 Wilamowitz verweist auf Liebespaare auf Streitwagen, kann aber außer dem mythischen Beispiel von Achilleus und Patroklos (W. M. Clarke, Hermes 106, 1978, 381 ff.; Sergent [A. 4] 285 ff.) keine Parallelen anführen.

31 Cf. J. A. O. Larsen, Greek Federal States, Oxford 1967, 107 A. 1; Daverio Rocchi (A. 4) 32.

32 Die gelegentlich geäußerten Zweifel an der Darstellung Diodors (i. e. des Ephoros; Busolt, GG III 2, 1149 f. A. 3; Gomme, HCT III 568; R. J. Buck, ClPh 65, 1970, 219 ff.; G. L. Huxley, Philologus 135, 1991, 320 f.) sind nicht durchschlagend.

33 J. K. Anderson, Military Theory and Practice in the Age of Xenophon, Berkeley 1970, 312 A. 36; cf. 159. Auszuschließen ist auch nicht, daß Gorgidas diesen ἐπίλεκτοι eine einheitliche, neue Organisation gab.

34 So z. B. N. H. Demand, Thebes in the 5th Century, London 1982, 98; G. T. Griffith, A History of Macedonia II, Oxford 1979, 598 f. A. 7; zur Zweiergemeinschaft der Kämpfer vgl. Alföldi (A. 13) 19. – Vgl. W. Donlan, The Aristocratic Ideal in Ancient Greece, Lawrence 1980, 164: «our sources leave little room for doubt that in the popular conception the practice of pederasty was the almost exclusive preserve of the upper class.»

35 R. J. Buck, A History of Boeotia, Alberta 1979, 93 f. unter Berufung auf D. Kurtz/J. Boardman, Greek Burial Customs, London 1971, 60 f.; vgl. auch A. M. Snodgrass, Archaic Greece, London 1980, 74; W. K. Pritchett, The Greek State at War IV, Berkeley 1985, 121 f. A. 84.

Da heute die Realität eines Streitwagenkampfes nach dem Fall der mykenischen Paläste immer stärker angezweifelt wird,[36] besitzt die zweite Hypothese größere Wahrscheinlichkeit. Aber selbst dann zeigt der Besitz eines solchen Wagens und seine Zurschaustellung einen Adligen an.[37]

In Sparta gab es eine dem ἱερὸς λόχος vergleichbare Truppe, die 300 ἱππεῖς,[38] die trotz des Namens ihren Platz im Fußkampf hatten.[39] Die Benennung scheint die Entstehung in einer Zeit anzudeuten, in der ἱππεῖς noch nicht ausschließlich die Kavallerie bezeichnete. Die «Reiter», so wie sie sich am Übergang von den «dark ages» zur Archaik präsentieren, waren eben nicht Kavalleristen in der Schlacht, sondern diejenigen, die reich genug waren, Pferde zu halten.[40] Die spartanischen ἱππεῖς, die zumindest zeitweise die Leibgarde des Königs in der Schlacht bildeten, waren das Relikt einer archaischen Kampfformation spartanischer Aristokraten.

Zwischen dem thebanischen ἱερὸς λόχος und den spartanischen ἱππεῖς gibt es etliche Gemeinsamkeiten: es handelt sich um – auch zahlenmäßig – fest etablierte

---

36 E.g. J. Latacz, Kampfparänese, Kampfdarstellung und Kampfwirklichkeit, München 1977, passim; bes. 215 ff.; P. A. L. Greenhalgh, Early Greek Warfare, Cambridge 1973, 7 ff.; Pritchett (A. 35) 14 f. A. 44.

37 Noch ungeklärt ist die Frage, wie der Name ἱερὸς λόχος zu verstehen ist. O. Rossbach, Philologus 51, 1892, 12 A. 28 meinte, er habe seinen Ursprung in der Bewachung der Heiligtümer auf der Kadmeia. Bethe (A. 23) 30 sprach von der «Heiligkeit des Päderastenbundes», Patzer (A. 23) 84 von der «numinosen Wirkung des päderastischen Aktes». Beide können sich in gewisser Weise auf Plut. Pelop. 18, 6 stützen, wo der Name damit begründet wird, daß die φιλία ja ἔνθεος ist. Wichtiger scheint mir, daß Homer ἱερός manchmal für Wach- und Heeresabteilungen benutzt, s. P. Wülfing v. Martitz, Glotta 38, 1960, 300 f.; J. Locher, Untersuchungen zu ἱερός, Diss. Bern 1963, 56 ff. Ἱερός bedeutet ursprünglich «stark, überlegen, herausgehoben», W. Burkert, Griechische Religion der archaischen und klassischen Epoche, Stuttgart 1977, 403. Dies gäbe eine mögliche Erklärung. Im attischen Ephebeneid ist die Rede von den «heiligen Waffen», ὅπλα τὰ ἱερά, Stob. 43, 40; Lykurg, Leokrates 76; L. Robert, Etudes épigraphiques et philologiques, Paris 1937, 302 f. Demnach ist zu überlegen, ob beim ἱερὸς λόχος nicht die Stärke und Heiligkeit der Eidgemeinschaft im Vordergrund stehen kann. Vgl. die *milites sacrati*, die ebenfalls durch den Eid gebunden waren (F. Altheim, Lex sacrata, Amsterdam 1940; S. Tondo, SDHI 29, 1963, 1 ff.).

38 Hdt. 1, 67, 5; 8, 124, 3; Thuk. 5, 72, 4; Xen. Lac. Pol. 4, 3; Strab. 10, 4, 18 p. 481/2; cf. Plut. Lyk. 25, 6; Mor. 191 F; 231 B. Wichtigste Literatur bei M. Clauss, Sparta, München 1983, 202; dazu etwa noch H. Jeanmaire, Couroi et Courètes, Lille 1939, 541 ff.; Gomme, HCT IV 112; 121; U. Cozzoli, Proprietà fondiaria ed esercito nello stato spartiano, Rom 1973, 84 ff.; Neraudeau (A. 20) 18 ff.; S. Hodkinson, Chiron 13, 1983, 247; Cartledge (A. 27) 204 f.

39 Vgl. hierzu etwa J. F. Lazenby, The Spartan Army, Warminster 1985, 12; 77.

40 Greenhalgh (A. 36) 40 ff.; für Athen noch einmal ausführlich demonstriert von Bugh (A. 12) 20 ff.; zur Pferdehaltung als Statussymbol der Aristokratie E. Stein-Hölkeskamp, Adelskultur und Polisgesellschaft, Stuttgart 1989, 110 f. Gegen die These von M. Detienne, in: J. P. Vernant (Hrsg.), Problèmes de la guerre en Grèce ancienne, Paris 1968, 138, daß Vorläufer der 300 bei Homer zu finden seien, s. Latacz (A. 36) 143 f.

Eliteformationen, die in frühe Zeiten zurückreichen. Gebildet wurden diese Truppen von Aristokraten; sie kämpften zu Fuß. Letzteres ist kein Widerspruch, denn schon bei Homer findet sich der Adel in der Phalanx, und in Athen zählten auch die reichsten und angesehensten Männer immer zu den Hopliten.[41] Auch in anderen Staaten finden sich derartig begrenzte, konstitutionell festgeschriebene Gruppen,[42] die manchmal ebenfalls aus «Reitern» gebildet wurden; neben Sparta und Rom[43] sind z.B. Eretria, Tarent und Capua zu nennen.[44] Mancherorts wurde diese Gruppe, wie in Sparta und Theben, von 300 Mann gebildet.[45] Deutlich handelt es sich in jedem dieser Fälle – ob «Reiter» oder nicht – um die herrschende Schicht der betreffenden Staaten, deren Macht nicht nur im Reichtum, sondern auch in ihrer militärischen Überlegenheit bestand.[46]

### 1.2 Die «heilige Schar» in Karthago

Der ἱερὸς λόχος wird zweimal in der karthagischen Geschichte erwähnt, das erste Mal anläßlich der Schlacht am Krimisos gegen Timoleon, das zweite Mal während des Krieges gegen Agathokles. Zur Schlacht am Krimisos heißt es bei Diodor 16, 80, 4: τέλος δὲ τῶν Καρχηδονίων οἱ μὲν τὸν ἱερὸν λόχον ἀναπληροῦντες καὶ τὸν μὲν ἀριθμὸν ὄντες δισχίλιοι καὶ πεντακόσιοι, ταῖς δ' ἀρεταῖς καὶ δόξαις ἔτι δὲ ταῖς οὐσίαις πρωτεύοντες ἅπαντες ἀγωνισάμενοι λαμπρῶς κατεκόπησαν.[47] Auf eine ande-

---

[41] Latacz (A.36) 177 A.79; Bugh (A.12) 10 mit Verweis auf Aristot. Pol. 1321 a 12: die εὔποροι als Hopliten; vgl. auch A.M.Snodgrass, JHS 85, 1965, 114; Greenhalgh (A.36) 74f.; Cartledge (A.23) 408.

[42] Etliche Beispiele bei Busolt (A.29) 354ff.; Alföldi (A.13) 36f.; M.T.W.Arnheim, Aristocracy in Greek Society, London 1977, 54ff.

[43] Zu Rom Alföldi (A.15) 87ff.; id. (A.13) 33ff.; J.C.Richard, Les origines de la plèbe romaine, Paris 1978, 248ff.

[44] Eretria: 500 ἱππεῖς nach IG II$^2$ 230 (StV II$^2$ 340) mit D.Knoepfler, REG 98, 1985, 255ff. (bezeichnend ist die Häufigkeit der Namen vom Typ -ιππος in Eretria, die F.Bechtel, Kleine onomastische Studien, Königstein 1981, 98ff. festgestellt hat); 600 ἱππεῖς nach Strab. 10, 1, 10 p.448. Tarent: 1000 Hipparchen und 3000 Reiter, Strab. 6, 3, 4 p.280. Capua: 1600 *nobiles equites Campani*, Liv. 8, 11, 16 (vgl. allgemein M.Frederiksen, DdA 2, 1968, 3ff.). Vgl. weiter Arnheim (A.42) 54. – χίλιοι (scil. ἱππεῖς) noch in Kyme/Aiolis, Kolophon, Kroton, Lokroi, Rhegion, cf. H.Bengtson, Griechische Geschichte$^5$, München 1977, 109 A.1.

[45] Samos: Hdt. 6, 23, 6. Athen unter Isagoras: Hdt. 5, 72. Megara: W.Schwahn, RE VI A 2, 2384. Gortyn: A.J.Beattie, Kadmos 14, 1975, 15ff. Ibid. 16ff. (cf. R.F.Willets, Selected Papers I, Amsterdam 1986, 232ff.) erwägt er, ob die μικρὰ ἐκκλησία in Sparta nicht mit einer Versammlung der 300 ἱππεῖς zu identifizieren ist.

[46] Etwas anders nuancierend G.Hoffmann, Droit et cultures 9/10, 1985, 15ff.

[47] Huß 164 A.70 bezieht hierauf auch Diod. 16, 73, 3: εὐθὺς οὖν τῶν πολιτῶν κατέλεγον τοὺς ἀρίστους εἰς τὴν στρατείαν. Das ist ganz unsicher, da es implizieren würde, daß außer der «heiligen Schar» keine anderen Karthager an dem Feldzug teilgenommen hätten. – L.M.Hans, Karthago und Sizilien, Hildesheim 1983, 198 A.73 versteht Diod. 16, 80, 4

re Überlieferung geht Plut. Tim. 28, 10f. zurück: λέγονται γοῦν ἐν μυρίοις νεκροῖς τρισχίλιοι Καρχηδονίων γενέσθαι, μέγα τῇ πόλει πένθος. οὔτε γὰρ γένεσιν οὔτε πλούτοις οὔτε δόξαις ἕτεροι βελτίονες ἦσαν ἐκείνων. Es ist ganz klar, daß Plutarch von der «heiligen Schar» spricht,[48] auch wenn der Name nicht fällt und es einige Differenzen zur Darstellung Diodors gibt. Die wichtigste betrifft die Größe des ἱερὸς λόχος;[49] Harmonisierungsversuche führen hier kaum weiter.[50]

Die Erwähnungen der «heiligen Schar» im Agathokleskrieg sind weniger spezifisch.[51] Immerhin zeigt sich, daß die Truppe nach ihrer vollständigen Vernichtung am Krimisos wieder eingerichtet wurde, mithin als fester Bestandteil des karthagischen Heeres galt (ausgeschlossen ist allerdings eine Identifikation mit den ἀεὶ περὶ τὸν στρατηγὸν τεταγμένοι[52]).

Wenn wir das wenige zusammenfassen, was wir über den ἱερὸς λόχος in Karthago wissen, und es mit der Tradition der griechischen Welt vergleichen, so ergibt sich folgendes Bild: wie in den anderen Fällen, so stellt auch bei den Karthagern der ἱερὸς λόχος eine genau definierte Unterabteilung des Gesamtaufgebotes dar.[53] Die Zahl seiner Krieger ist fest.[54] Bei den Griechen handelte es sich um eine aus ar-

---

falsch, wenn sie schreibt: «die gesamte ‹Heilige Schar›, das aus vornehmen Karthagern bestehende Bürgeraufgebot, angeblich 15000 Mann ...»

[48] E.g. Gsell II 436.

[49] Cf. R.J.A. Talbert, Timoleon and the Revival of Greek Sicily, Cambridge 1974, 63f.

[50] Zwei Möglichkeiten seien nur präsentiert: a) in der Zahl 3000 bei Plutarch sind andere gefallene Karthager enthalten; die «heilige Schar» zählte nur 2500 Soldaten. b) die Zahl 3000 ist für den ἱερὸς λόχος passender als 2500, da sie eher in das mit 6er-Einheiten arbeitende karthagische Zahlensystem paßt. Ob die χίλιοι ... θώρακες ἐργασίᾳ καὶ κάλλει διαφέροντες unter der Beute (Plut. Tim. 29, 3; cf. Diod. 16, 80, 6) etwas mit der «heiligen Schar» zu tun haben?

[51] Diod. 20, 10, 6: καὶ τοῦ μὲν δεξιοῦ κέρατος Ἄννων εἶχε τὴν ἡγεμονίαν, συναγωνιζομένων αὐτῷ τῶν εἰς τὸν ἱερὸν λόχον συντεταγμένων. 20, 12, 3: Ἄννων μὲν ἔχων συναγωνιζόμενον τὸν ἱερὸν λόχον ἐπιλέκτων ἀνδρῶν. Cf. 20, 11, 2; 12, 7.

[52] Gegen A.H.L. Heeren, Ideen über die Politik$^{4}$ II 1, Göttingen 1825, 259; Mommsen, RG I 505; Huß 476 A.3; G. Picard, SP 6, 1989, 120 (bereits B. Wollner, Die Kompetenzen der karthagischen Feldherrn, Frankfurt 1987, 71 A.288 hält dies für nicht verifizierbar). Die Leibgarde des Feldherrn wird Diod. 20, 29, 5; 11 in Sizilien erwähnt. Der ἱερὸς λόχος befand sich 20, 12, 3 in Afrika; in 20, 15, 1 fordern die Karthager für den afrikanischen Kriegsschauplatz Truppenunterstützung aus Sizilien. 20, 16, 9 cf. 18, 3 wird diese Unterstützung auch geschickt. Truppenbewegungen in dieser Zeit gehen also von Sizilien nach Afrika; die Verlegung der «heiligen Schar» von Afrika nach Sizilien stünde dem strikt entgegen. – Ohne Rückhalt in den Quellen ist D. Armstrong, The Reluctant Warriors, New York 1966, 33, der meint, die «heilige Schar» sei eine «school for future staff» gewesen; ganz hypothetisch ist es, wenn er sie noch zu Beginn des Söldnerkrieges finden will (so auch W. Görlitz, Hannibal, Stuttgart 1970, 24).

[53] Dies geht mit aller wünschenswerten Deutlichkeit aus Plut. Tim. 27f. hervor; vgl. 192.

[54] Vgl. B. Müller, Beiträge zur Geschichte des griechischen Söldnerwesens, Frankfurt 1908, 19.

chaischer Zeit stammende Adelsformation. Diodor und Plutarch machen klar, daß sich die «heilige Schar» in Karthago aus den edelsten und hervorragendsten Bürgern zusammensetzte (ταῖς δ' ἀρεταῖς καὶ δόξαις ἔτι δὲ ταῖς οὐσίαις πρωτεύοντες / οὔτε γὰρ γένεσιν οὔτε πλούτοις οὔτε δόξαις ἕτεροι βελτίονες ἦσαν). Wenn es sich aber ebenfalls um eine Adelstruppe handelte,[55] so wird man in Analogie zu den Verhältnissen in Theben, Sparta und anderswo auch hier auf ein hohes Alter schließen können.[56]

Sucht man nach Unterschieden zwischen dem karthagischen ἱερὸς λόχος und seinem griechischen Pendant, so fällt zuerst die außergewöhnliche Größe der «heiligen Schar» in Karthago auf – auch wenn es bei den Griechen die eine oder andere Einheit mit mehr als 1000 Mitgliedern gab.[57] Wenn der karthagische ἱερὸς λόχος größer war als die Einheiten vergleichbarer Staaten, so vielleicht nur deshalb, weil die Schicht, aus der er sich rekrutierte, größer oder nach unten nicht so abgeschlossen war wie andernorts.[58] Nichts spricht für eine Entstehung aus einer Reiteraristokratie. Als weiteren Unterschied wird man das Fehlen der Päderastie (und damit der Initiation?) bei den Karthagern hervorheben müssen. Auch für einen staatlichen Unterhalt dieser Krieger gibt es keine Zeugnisse.[59]

## 2. Συσσίτια τῶν ἑταιριῶν

Eine weitere Institution, die in den Kontext einer kriegerisch-adligen Gesellschaft gehört, wird nur bei Aristoteles genannt. Er sagt (Pol. 1272b 33f.): ἔχει δὲ παραπλήσια τῇ Λακωνικῇ πολιτείᾳ τὰ μὲν συσσίτια τῶν ἑταιριῶν τοῖς φιδιτίοις.[60] Diese συσσίτια τῶν ἑταιριῶν sind Anlaß zu einer Vielzahl von Hypothesen geworden, und da Aristoteles sie in seinem kurzen Abriß erwähnt, können sie keine

---

[55] Um nur eine Stimme unter vielen zu zitieren: C. R. Whittaker, in: P. Garnsey/C. R. Whittaker (Hrsgg.), Imperialism in the Ancient World, Cambridge 1978, 87 spricht von einer «political elite».

[56] Picard (A. 52) 119f. nimmt die Existenz des ἱερὸς λόχος für die Schlacht von Himera an, doch ist hier nichts entsprechendes bezeugt.

[57] S. 162 A. 44.

[58] Genauso wie in Theben und anderswo kämpfte dieser Adel zu Fuß. Seit Heeren (A. 52) 258 wird auf Grund von Pol. 6, 52, 3 manchmal die Idee geäußert, daß man in Karthago die Kavallerie besonders gepflegt habe, weil es sich um eine Angelegenheit des Adels gehandelt habe; so sprachen Picard, Karthago 204 von einer «Elitekavallerie»; ähnlich Gsell II 348, der sich auf Liv. 29, 34, 17 stützt: *satis constabat non minus ducentos Carthaginiensium equites fuisse, et divitiis quosdam et genere inlustres.* Dies ist nach unseren Kenntnissen über den ἱερὸς λόχος schwer aufrecht zu halten.

[59] Pöhlmann (A. 13) I 52f.; vgl. aber den folgenden Abschnitt.

[60] Vgl. E. Braun, Die Kritik der lakedaimonischen Verfassung bei Aristoteles, Klagenfurt 1956, 33ff.

ganz unbedeutende Rolle in der karthagischen Gesellschaft gespielt haben.[61] Die ἑταιρίαι sind mit den *MZRḤM* verglichen worden, religiösen Vereinigungen in denen auch Gemeinschaftsmahle abgehalten wurden;[62] sie sollen die Vorläufer der *curiae* des römischen Afrika gewesen sein[63] – beides ausgesprochen unsichere Verbindungen, zumal bis jetzt noch nicht einmal Konsens in der Frage besteht, ob das ganze Volk oder nur der Adel in diese Gruppen eingeteilt war.[64] Da man in dieser Frage ganz auf Aristoteles angewiesen ist,[65] sollten punische oder phönizische Gemeinschaften, über die man kaum etwas weiß, nicht mit diesen ἑταιρίαι identifiziert werden – nur um ihnen dann (nach Aristoteles) eine besondere Bedeutung im karthagischen Staatsleben zuzuweisen.[66]

Die antike Überlieferung ist sich über den engen Zusammenhang der spartanischen φιδίτια, die Aristoteles mit den karthagischen συσσίτια vergleicht,[67] mit dem

---

[61] J. Gascou, AntAfr 10, 1976, 34 will ihre Bedeutung auch daraus erschließen, daß Aristoteles sie ganz am Anfang seiner Besprechung der karthagischen Verfassung erwähnt.

[62] KAI 69, 16; 145, 1; 12; 16; 147, 1; 159, 4. Zum Charakter der *MZRḤM* s. J. G. Février, Semitica 6, 1956, 15 ff.; Huß 503. Der Vergleich mit den συσσίτια zuerst bei C. Clermont-Ganneau, Récueil d'archéologie orientale 3, 1900, 22 ff.; zuletzt Huß 464.

[63] *Curiae:* e. g. Gsell II 232; T. Kotula, Les curies municipales en Afrique romaine, Breslau 1968, 9 ff.; leicht modifiziert id., Klio 54, 1972, 227 ff. Contra: G. Picard, Karthago 8, 1957, 62; M. Sznycer, Semitica 22, 1972, 36; Gascou (A. 61) 33 ff. (mit Bibliographie; wohl entscheidend). Huß 464 A. 55; 551 verbindet die συσσίτια mit den *portae,* denen W. Seston, Scripta Varia, Paris 1980, 379 ff. eine so große Rolle zugewiesen hat, vgl. auch J. Ilevbare, MusAfr 1, 1972, 48 ff. (generell gegen Seston s. G. Picard, in: G. Cambier [Hrsg.], Conférences de la Société d'Etudes Latines de Bruxelles 1965/6, Brüssel 1968, 130 A. 1; id., Acc. Naz. Lincei, Rom 1974, 131 f.; M. Sznycer, in: C. Nicolet [Hrsg.], Rome et la conquête du monde méditerranéen 2, Paris 1978, 583).

[64] Volk: Gsell II 232; Picard, Karthago 104 f.; Huß 464 f. Adel: F. C. Movers, Die Phönizier II 1, Berlin 1849, 494; 497; Meltzer II 34; Mommsen, RG I 498: «oligarchisch geleitete Zünfte». Viele Probleme sind entstanden, weil oft *MZRḤ* und *MRZḤ* miteinander verwechselt werden, s. Sznycer, Semitica (A. 63) 37 f.

[65] Zu unsicher ist der Bezug von Liv. 34, 61, 5 (zum Jahr 193), der von Diskussionen in Karthago *in circulis conviviisque* spricht; s. G. Grote, A History of Greece VII, London 1862, 351 A. 4. – Bei Theophrast (?), in: W. W. Fortenbaugh et al., Theophrastus of Eresus II, Leiden 1992, 604 ff. Nr. 7, 240 heißt es: ἔτι δὲ ἐν ἱεροῖς σιτήσονται. τοῦτο πειρατέον ἀνατρέπειν. Schon der Bezug auf Karthago ist ganz unsicher, s. 90 A. 116; ganz sicher aber kann man nicht mit R. P. Oliver, CPh 45, 1950, 118 annehmen, dies sei eine «definite allusion to the secret nocturnal meetings (συσσίτια) of the Carthaginian council in the temple of Eshmun». S. dagegen bereits J. Keaney/A. Szegedy-Maszak, TAPhA 106, 1976, 240.

[66] Gascou (A. 61) 36 f. hat sich mit Recht gegen eine Verbindung der karthagischen συσσίτια mit der von Iust. 21, 4, 4 erwähnten Volksspeisung anläßlich einer Heirat in aristokratischen Kreisen ausgesprochen (vgl. A. 115).

[67] Zum ebenfalls vorgenommenen Vergleich mit den kretischen ἀνδρεῖα s. etwa M. P. Nilsson, in: K. Christ (Hrsg.), Sparta, Darmstadt 1986, 116 f.; M. Lavrencic, Tyche 3, 1988, 147 ff.; zu den spartanischen φιδίτια C. Talamo, MGR 12, 1983, 9 ff.

Kriegswesen einig.[68] Es handelt sich um das Relikt einer ehemals weitverbreiteten Einrichtung, die aus der Tischgemeinschaft einer zusammengehörigen Gruppe adliger Krieger hervorgegangen ist (συσκήνιον).[69] In diesen kleinen Gemeinschaften konnte es leicht zur Bildung gefolgschaftsähnlicher Bindungen kommen.[70] Solche Mahlgemeinschaften, deren Zusammenhalt stiftendes Wesen in seiner Bedeutung für die Kriegergruppe oder den archaischen Staat auf der Hand liegt,[71] konnten sich in den verschiedensten Formen entwickeln. Staatliche Dauereinrichtungen wie in Sparta oder Kreta konnten daraus ebenso entstehen wie die nur einmal im Jahr stattfindende kultische Mahlzeit der gesamten Kriegerschar (ein Beispiel hierfür ist das gemeinsame Mahl der 30 römischen *curiae*[72]).

In diesen Kontext gehört es auch, wenn Platon (Nom. 637 d/e) über gemeinsame Trinkrituale bei den Karthagern spricht.[73] Solche Symposia sind im kriegerischen Zusammenhang weit verbreitet, da dies eine Form ist, in der sich der Zusammenhalt der aristokratischen Kriegerkaste auch in Friedenszeiten symbolisiert.[74] Für manchen Platz der punischen Welt haben die Ausgrabungen entsprechende Trinkgeschirre zu Tage gefördert,[75] und die Verbreitung der entsprechenden Sitte zeigt sehr schön ein anderer Passus bei Platon (Nom. 674 d), der ein karthagisches Gesetz zitiert, das für zahlreiche Beschäftigungen vom Kriegszug bis zur Ämterausübung Nüchternheit vorschreibt.[76] Eine solche Unterbrechung der Trinksitten ist von der Sache her nur logisch; für die Bedeutung der Gelage im sozialen Zusammenhang spricht es m. E., wenn die dazugehörigen Geschirre sogar auf Feldzügen mitgeführt wurden[77] – nicht mit Wein, sondern mit

---

[68] E. g. aus verschiedenen Epochen: Hdt. 1, 65; Plat. Nom. 625 e; 633 a; Dion. Hal. 2, 23; zu Sparta noch einmal eigens M. Lavrencic, Syssition, Diss. masch. Graz 1986, 140 ff.

[69] E. g. Jeanmaire (A. 38) 97 ff.; Nilsson, in: Christ (A. 67) 114; Cartledge, ibid. 401; Clauss (A. 38) 151 ff.; zum aristokratischen Element s. F. Gschnitzer, Griechische Sozialgeschichte, Wiesbaden 1981, 98 f.; J. M. Dentzer, Le motif du banquet couché dans le proche-orient, Paris 1982, 447 ff.

[70] S. etwa Gschnitzer (A. 69) 98; K. W. Welwei, Die griechische Polis, Stuttgart 1983, 49 f.; zur Verbindung Männerbund/Gefolgschaftswesen e. g. H. Hasenfratz, in: G. Binder/B. Effe, Krieg und Frieden im Altertum, Bochum 1989, 212 f.; wichtig ist H. S. Versnel, in: C. M. Stibbe/G. Colonna (Hrsgg.), Lapis Satricanus, 's Gravenhage 1980, 115 ff.

[71] E. g. J. Trumpf, ZPE 12, 1973, 139 ff.

[72] Dion. Hal. 2, 23, 2; allgemein A. Alföldi, Das frühe Rom und die Latiner, Darmstadt 1977, 23 ff.

[73] Nom. 639 d geht dann zu den spartanischen und kretischen συσσίτια über.

[74] O. Murray, in: W. Slater (Hrsg.), Dining in a Classical Context, Michigan 1991, 83 ff.

[75] G. Ugas/R. Zucca, Il commercio arcaico in Sardegna, Cagliari 1984, 168 f.; S. Lancel, Carthage, Paris 1992, 75.

[76] Zu dem minimalen Widerspruch zwischen den beiden Platonstellen s. R. Weil, Aristote et l'histoire, Paris 1960, 226 A. 132; vgl. ansonsten M. Gras, Trafics tyrrhéniens archaiques, Paris 1985, 225 A. 151.

[77] Diod. 16, 81, 1 über die Beute am Krimisos: τὸ τοὺς Καρχηδονίους ἐσχηκέναι πλῆθος

anderen Getränken wurde der gesellschaftliche Brauch fortgeführt. Indirekt scheint mir dies die Beteiligung der συσσίτια am Krieg wieder zu belegen.

Wie die συσσίτια τῶν ἑταιριῶν (schon dies ein aristokratischer Terminus) in Karthago genau ausgesehen haben, wird sich nicht weiter präzisieren lassen, da die möglichen Entwicklungen zu weit auseinanderführen. Der Vergleich des Aristoteles ist jedenfalls nur dann zutreffend, wenn es sich in irgendeiner Form um einen aristokratischen Männerbund oder eine Kriegergemeinschaft handelte. Warum sich die Forschung bei dieser Erklärung nicht beruhigt hat, wurde mit aller Deutlichkeit von W. Seston gesagt: «On sait (sic), en effet, que les marchands puniques n'avaient point vocation de soldats qui, entre deux guerres, mangeraient ensemble dans le cadre de leur unité de combattants.»[78] Dieses Argument sollte nach den Ausführungen über die «heilige Schar» seine Gültigkeit verloren haben.

Eine adlige Eliteformation, von der gesagt werden kann, daß sie von besonderer Kampfkraft war (ἀγωνισάμενοι λαμπρῶς), setzt notwendigerweise – ob dies nun belegt ist oder nicht – eine bestimmte Lebensform der Aristokraten voraus. Dazu gehört ständiges Üben und Exerzieren, ständiger Wettbewerb, aber auch ein dauerndes Beisammensein, so daß die Existenz der συσσίτια nur ein weiterer Aspekt der Lebensform ist, die auch den ἱερὸς λόχος hervorgebracht hat. Als die Griechen im 4. Jhrdt. von diesen Institutionen sprachen,[79] da waren sie beide Relikte einer archaischen Gesellschaft und ihrer Art, Krieg zu führen.[80]

Eine Lebensform, wie sie sich hier erschlossen hat, war in Griechenland mit der Einteilung der Gesellschaft in Altersklassen verbunden: die Art des Eintrittes in die verschiedenen Gruppen machte dies ebenso nötig, wie die verschiedenen Formen des Wettbewerbs und der Lebensführung. Auch für Karthago ist eine solche Altersklasse und ihr Zusammenhang mit dem Krieg belegt.[81]

Polybios berichtet, daß nach dem Ende des «Söldnerkrieges» (238 v. Chr.) einige der Aufständischen von den νέοι durch Karthago geführt worden seien (1, 88, 6).[82] Während z. B. Paton und Pédech darunter nur allgemein «junge Männer» verstan-

---

ἐκπωμάτων ἀργυρῶν τε καὶ χρυσῶν. Meltzer II 121 verband die gesamte reiche Beute nach dieser Schlacht mit der «heiligen Schar», nicht mit den anderen Truppen.

[78] (A. 63) 380. So schon H. Lüdemann, Untersuchungen zur Verfassungsgeschichte Karthagos bis auf Aristoteles, Bottrop 1933, 91: «in keiner Phönikerstadt finden wir solche Zusammenschlüsse, die letzten Endes doch militärischen Ursprungs sind».

[79] Unsere Bezeugungen von «heiliger Schar» und συσσίτια sind etwa gleichzeitig. συσσίτια als Mahlgemeinschaft während eines Feldzuges gab es übrigens in Theben, Polyain 2, 3, 11.

[80] Sogar die oben anhand der griechischen Vergleichsbeispiele festgestellte Gefolgschaftsbildung findet sich in Karthago; vgl. 75.

[81] Niemand wird allerdings etwas geben wollen auf Verg. Aen. 1, 497: *magna iuvenum stipante caterva*. 4, 130: *it portis iubare exorto delecta iuventus.*

[82] Vgl. zur Stelle noch 178 f.

den, nahmen Walbank und Mauersberger die Bedeutung «Soldaten» an,[83] was sie durch einige andere Polybiosstellen stützen.[84] In keinem Fall bezeichnet Polybios die Angehörigen eines der großen hellenistischen Söldnerheere als νέοι;[85] es ist vielmehr von Spartanern und Achaiern die Rede. Das einmal festgestellt, sieht man leicht, daß er diesen Ausdruck nicht als Terminus für «Soldaten» schlechthin verwendet, sondern nur die Angehörigen einer bestimmten Altersklasse so nennt[86] – und zwar derjenigen nach der Ephebie. Wurden die Epheben auf den Kriegsdienst vorbereitet, so waren die νέοι die ersten Jungmannschaften des Heeres. Das Wort bezeichnet also gerade nicht «Soldaten» im allgemeinen Sinn. Die Verbindung der Altersklassen mit militärischem Training, nicht zuletzt mit der Aufstellung des Heeres gab es in vielen Gesellschaften[87] – und eben auch in Karthago.

Bestätigt wird diese Interpretation durch eine Bemerkung Diodors. Im Zusammenhang mit der Abwehr eines Putschversuches in Karthago sagt er (20, 44, 2): συνέτρεχον οἱ νέοι καὶ εἰς τάξεις καταστάντες ὥρμησαν ἐπὶ τὸν τύραννον. Hier wird die Bildung der militärischen Gliederungen durch eine Altersklasse noch deutlicher bezeugt als bei Polybios.

Einteilung in Altersklassen zur militärischen Ausbildung und gemeinsame Mahlzeiten zur Stärkung des Zusammenhaltes sind typische[88] Erscheinungen archaischer, aristokratischer Gesellschaften, in deren Wertesystem der Krieg eine große Rolle spielte. Wir haben damit drei aufeinander abgestimmte Institutionen kennengelernt, die auch für Karthago die Existenz eines solchen kriegerischen Adels nahelegen. Sie müssen sehr früh entstanden sein, haben aber bis ins 4. bzw. 3. Jhrdt. überlebt. Der nächste Schritt soll nun darin bestehen, weitere Überreste eines Wertesystems zu finden, das zu einer derart charakterisierten Aristokratie paßt.

---

83 HCP I 148; Mauersberger s. v. (beide in langer Tradition, s. e. g. das Polybioslexikon von Schweighäuser, s. v.); M. Dubuisson, Le Latin de Polybe, Paris 1985, 188; 337 A. 409.

84 Pol. 5, 26, 8; 29, 9; 10, 22, 9; 11, 10, 9 (Konjektur von Hultsch, in späteren Ausgaben nicht übernommen); häufig wird auch die Jungmannschaft Roms so bezeichnet. Mauersberger und Walbank verweisen weiter auf den ganz ähnlichen Gebrauch von νεανίσκος.

85 Bei Pol. 5, 26, 8 kann man im Zweifel sein, ob es sich um Bewohner von Korinth oder um makedonische Soldaten handelt. Νέοι in Korinth: Ps. Dio Chrys. (Favorinus) 20, 8 (II 18 v. Arnim).

86 Allgem. C. A. Forbes, NEOI, Middletown 1933.

87 Generell: H. Schurtz, Altersklassen und Männerbünde, Berlin 1902 und heute B. Bernardi, Age Class Systems, Cambridge 1985; R. Sallares, The Ecology of the Ancient Greek World, London 1991, 160ff. Sparta: e. g. M. I. Finley, Economy and Society in Ancient Greece, New York 1982, 38; Kreta: Willets (A. 45) I 228 ff.

88 Das Typische verkennt Finley (A. 87) 25.

# 3. Wertvorstellungen des karthagischen Adels

## 3.1 Eine Kaufmannsaristokratie?

Man stellt sich die karthagischen Aristokraten gerne als Handelsherren vor, die – unter weitestgehender Ausschaltung alles Politischen – ihr Handeln nach dem Prinzip der Gewinnmaximierung bestimmten.[89] Einige Bemerkungen über die Geldgier einzelner,[90] über die Stellung des Gewinnstrebens im Wertesystem aller Karthager und die Bedeutung des Reichtums für den gesellschaftlichen Rang dienen dazu, diese Anschauung zu untermauern. Cicero meinte sogar, daß die Karthager *mercandi cupiditate et navigandi agrorum et armorum cultum reliquerant* (Rep. 2, 4, 7).[91] Wenn der Handel so stark im Vordergrund des Staatslebens stand, die durch den Krieg entstehende Unruhe für den Handel schädlich war – wie kommt es dann zu einer Elitetruppe adliger Krieger?

Zuerst einmal muß mit aller Deutlichkeit gesagt werden, daß wir über eine Handelstätigkeit karthagischer Adliger überhaupt nichts wissen. Es heißt zwar beispielsweise, die Magoniden seien nicht nur das mächtigste Adelsgeschlecht ihrer Zeit, sondern gleichzeitig auch die erfolgreichste Kaufmannsfamilie gewesen[92] – aber es gibt dafür keine Spur eines Beweises. Es gibt kein einziges Zeugnis für Gewinne, die ein karthagischer Adliger aus Handel oder Wirtschaft gezogen hätte[93] – ganz zu schweigen von der manchmal behaupteten Existenz ganzer Fabriken im Besitz des Adels.[94] Wo wir etwas über Einkünfte erfahren, da beruhen diese auf dem Besitz von Land, d.h. auf derselben Grundlage wie bei ihren griechischen und römischen Standesgenossen. Für eine Seefahrt treibende Handelsaristokratie – oder überhaupt für eine Handelsaristokratie gibt es keinen einzigen konkreten Beleg. Manchmal wird in diesem Zusammenhang auf den Hanno im

---

[89] Belege für das Konzept einer karthagischen Handelsaristokratie gibt es in beliebiger Menge; hier nur eine Auswahl aus neuerer Literatur: Picard, Karthago 89f.; J. Bleicken, Geschichte der römischen Republik, München 1980, 43; Whittaker (A. 55) 59f.; Nicolet, in: id. (A. 63) 2, 595. Vgl. 7ff.

[90] E.g. Pol. 9, 11, 1f.; 25, 1 (Hannibal und Mago). Stellen dieser Art werde ich ganz aus der Diskussion herausnehmen, da von dem Charakter einzelner Personen keine verallgemeinerbaren Schlüsse auf das Staatswesen gezogen werden können. Allgemein zur «avidità dei fenici» s. A. Capomacchia, Atti II 1, 267ff.

[91] Vgl. zur Stelle Gsell II 433; IV 2; R. Martin, Recherches sur les agronomes latins, Paris 1971, 38ff. Übrigens wird hier ein *cultus armorum* wenigstens für die Frühzeit angenommen, auch wenn er später durch den Handel pervertiert sein soll.

[92] B. H. Warmington, Carthage, London 1960, 122; vgl. Picard, Karthago 89.

[93] Heeren (A. 52) 113f. Nichts anfangen kann ich mit A. M. Bisi, Atti II 1, 243: «è illuminante anche il passo di Aristotele (Pol. V, 10, 4) sull' esercizio del commercio da parte della classe aristocratica cartaginese».

[94] Dagegen schon Gsell IV 54.

plautinischen Poenulus verwiesen; sein Auftreten (Szene V 2, Vers 961 ff.) wird aber wie das eines kleinen Krämers geschildert. Das mag komische Übertreibung sein; sicher lassen sich an diese Figur aber keine weitreichenden Theorien über den karthagischen Adel knüpfen.[95]

Die einzige, oft zitierte Verbindung zwischen Aristokratie und Handel findet sich im Alten Testament, d.h. es geht um Phönizier. Eine Verwendung dieser Stelle für die karthagische Geschichte impliziert zuerst einmal die Vorstellung einer weitgehenden Kontinuität von Wertvorstellungen und Sozialstruktur. Doch bevor man solche Probleme angeht, ist zu fragen, ob Is 23, 8 bisher überhaupt richtig interpretiert worden ist.[96] Dort heißt es: מי יעץ זאת על צר המעטירה אשר סחריה שרים כנעניה נכבדי ארץ «Wer hat das (scil. die Zerstörung) über Tyros beschlossen, die Gekrönte, deren Kaufleute Fürsten waren, die Geehrtesten auf Erden» (Übers. Kautzsch).[97]

Genau betrachtet wird hier nicht gesagt, daß die «Fürsten» der Stadt Kaufleute seien, sondern daß die Kaufleute (wie) Fürsten sind – was ja nicht dasselbe ist. Jetzt erkennt man leicht die Funktion des Verses: es handelt sich um eine rhetorische Übertreibung, die die Bedeutung der dem Untergang geweihten Stadt betonen soll. Außerdem ist zu bedenken, daß diese Worte aus der Perspektive Israels geschrieben sind, dessen Handel ja zu einem großen Teil durch eben diese tyrischen Kaufleute abgewickelt wurde. In Jerusalem und andernorts konnte man leicht zu einer Überschätzung dieser Herren gelangen, die über die Stellung der Kaufleute in ihrer Heimat nichts aussagt:[98] sie werden nur mit den Fürsten außer-

---

[95] V. 59 f. heißt es: *Carthaginienses fuere patrueles duo / fuere summo genere et summis ditiis.* Sie hatten Gastfreunde in Griechenland, mit denen sie Erkennungsmarken ausgetauscht hatten (V. 120; 934; 955 ff.; 1097 ff.). Zu 934 s. M. Sznycer, Les passages puniques en transcription latine dans le «Poenulus» de Plaute, Paris 1967, 80. Vgl. ibid. 126 f. zu V. 944. Gegen den Vorschlag in 955 *'dry* (= Großer, i.e. Senator; zu diesem Titel W. Huß, Klio 60, 1978, 327 ff.) zu lesen s. Sznycer 140. Schon Heeren (A. 52) 165 hatte die Verbindung des Hanno mit dem karthagischen Adel abgelehnt.

[96] Die ganze Passage wurde ausführlich behandelt von G. Bunnens, L'expansion phénicienne en méditerranée, Brüssel 1979, 66 f. Bei Ez. 28, 2 steht: ותאמר אל אני מושב אלהים ישבתי בלב ימים «Ein Gott bin ich (sagt der König von Tyros), einen Göttersitz bewohne ich mitten im Meere» (übers. Kautzsch). Picard, Karthago 89 sagt zu dieser Stelle: «Man sieht daran, wie sehr dem Propheten der phönizische Kultus mit dem Handel verbunden schien.» Ich verstehe diese Interpretation nicht.

[97] J. Elayi, Recherches sur les cités phéniciennes à l'époque perse, Neapel 1987, 40 diskutiert die präzise Bedeutung der einzelnen Worte; LXX ist hier sehr ungenau.

[98] Vgl. H. Wildberger, Jesaja II, Neukirchen 1978, 875: «Man wird das kaum so verstehen können, daß ‹Fürsten› in Tyros dem Kaufmannsstand zugehörten ...» S.F. Bondi, in: Stato Economia Lavoro nel Vicino Oriente antico, Mailand 1988, 355: «il che, se intendo bene, indica che principi in senso stretto non erano.» Elayi (A. 97) 58 lehnt wenigstens für die persische Zeit die Existenz einer Kaufmannsaristokratie als Mythos ab.

halb der Stadt verglichen. Die Pointe lautet: sogar die Kaufleute der Stadt Tyros können den Vergleich mit den Fürsten der Welt bestehen, so reich und mächtig ist die Stadt, und das, obwohl dieser Stand bei uns und anderswo eigentlich wenig geachtet ist. Die Pointe wird sogar dann besonders deutlich, wenn die Kaufleute in Tyros eher niedrigen Standes waren.

Reichtum und Macht der phönizischen Städte und ihrer Könige werden auch sonst oft betont, ebenso wie der Handel ihrer Einwohner, doch gibt es keine andere Stelle, die auf eine kaufmännische Tätigkeit der phönizischen Aristokratie gedeutet werden könnte.

Es gibt allerdings einige Passagen, die nach geltender Interpretation den Kaufmannsgeist und das Gewinnstreben der karthagischen Aristokratie widerspiegeln, besonders Aristoteles, Pol. 1273 a 21 ff. Nach seinem Verfassungsschema, das zwischen Aristokratie und Oligarchie unterscheidet, gehört die karthagische Staatsform näher an die Oligarchie als an die Aristokratie heran: οὐ γὰρ μόνον ἀριστίνδην ἀλλὰ καὶ πλουτίνδην οἴονται δεῖν αἱρεῖσθαι τοὺς ἄρχοντας . . . εἴπερ οὖν τὸ μὲν αἱρεῖσθαι πλουτίνδην ὀλιγαρχικὸν τὸ δὲ κατ' ἀρετὴν ἀριστοκρατικόν, αὕτη τις ἂν εἴη τάξις τρίτη, καθ' ἥνπερ συντέτακται τοῖς Καρχηδονίοις τὰ περὶ τὴν πολιτείαν. Diese παρέκβασις τῆς ἀριστοκρατίας ist nach Ansicht des Aristoteles ein Fehler des Gesetzgebers. Im folgenden diskutiert er dann die Auswirkungen dieser Verfassung auf Staat und Bevölkerung (1273 a 31–b 7). In diesem Abschnitt stellt Aristoteles theoretische Überlegungen an, die nicht auf weiteren Informationen über Karthago beruhen; vor allem aber sagt er nicht, woher der Reichtum der karthagischen Aristokratie stammt:[99] es finden sich nur Ableitungen aus dem Wahlprinzip ἀριστίνδην καὶ πλουτίνδην.[100] Weil bei der Wahl zu einem Amt nicht allein die ἀρετή eine Rolle spielt, sondern auch der Reichtum, bezeichnet Aristoteles die Ämter als ὠνηταί, der Staat als ganzer wird φιλοχρήματος genannt. Beide Behauptungen werden nicht weiter belegt und beruhen nicht auf weiterreichenden Erkenntnissen des Philosophen, weshalb wir auch nicht nach Erklärungsmustern suchen müssen, wie sie die Vorstellung allgemeiner Bestechlichkeit[101] der Karthager einerseits, die Verbindung des «Ämterkaufs» mit *summae honorariae* andererseits

---

[99] Ch. G. Starr, The Beginnings of Imperial Rome, Ann Arbor 1980, 67 A. 5.

[100] Vor einer Bewertung der karthagischen Gesellschaft ausschließlich nach dem ἀριστίνδην καὶ πλουτίνδην sollte auch Pol. 1272 b 36 f. über die ἀρχή der 104 warnen: αἱροῦνται . . . ἀριστίνδην.

[101] Nichts allerdings bei J. Noonan, Bribes, New York 1984. Das ganze Konzept der Wählerbestechung wird an Hand des Beispieles der späten römischen Republik relativiert von P. Veyne, Le pain et le cirque, Paris 1976, 419 ff.; zur spätantiken «Korruption» als Ausdruck von Klientelbeziehungen s. id., Annales ESC 36, 1981, 339 ff. (nicht unumstritten). – Von Bestechlichkeit im hier angenommenen Sinne kann aber wenigstens für Karthago nicht die Rede sein; Aristoteles spricht von einer Wahl πλουτίνδην und macht deutlich, daß dies Verfahren auf den (verfehlten) Vorgaben des Gesetzgebers beruht.

darstellen.[102] Dies soll natürlich nicht heißen, daß die Magistratur in Karthago nicht mit Kosten für den Amtsinhaber verbunden war – aber dies ist nichts besonderes, sondern läßt sich in jeder Stadt der alten Welt belegen.[103]

Ausgangspunkt für die Behauptung, der Reichtum werde in Karthago besonders hoch geschätzt,[104] ist also die Wahl der Beamten ἀριστίνδην καὶ πλουτίνδην.

---

[102] Korruption: e.g. Meltzer II 24; Mommsen, RG I 498; E. Groag, Hannibal als Politiker, Wien 1929, 115; Whittaker (A. 55) 86f.; Nicolet, in: id. (A. 63) 2, 596 (Zwischenstellung). *Summae honorariae:* Gsell II 198; cf. 235; K. v. Fritz, The Theory of the Mixed Constitution in Antiquity, New York 1954, 430 A. 56; G. Picard, Recueil Soc. J. Bodin 23, 1968, 130 (nicht verifizierbar sind die weitreichenden Behauptungen von id., Archéologie vivante I 2, 1968/9, 152). – Zu Gunsten der *summae honorariae* werden von Picard einige neopunische und lateinische Inschriften angeführt, die die Titel *ornator patriae, amator patriae* o.ä. tragen; s. vor allem IRT 318; 347 (zweisprachig; zum Text vgl. M. G. Amadasi Guzzo, StudMagr 11, 1974, 27ff.); dann e.g. IRT 95; 269; 275; 321–3; 567; 603; Dessau 5076. An ein punisches Original als Vorlage denken, wenn auch mit gewissen Zweifeln, ebenfalls M. Bertinelli Angeli, Nomenclatura publica e sacra di Roma nelle epigrafiche semitiche, Genua 1970, 51f.; 85f.; M. Corbier, in: A. Mastino (Hrsg.), L'Africa romana VII, Sassari 1990, 844ff.; für griechischen Einfluß allerdings P. Veyne, REL 38, 1960, 460; id., Pain (A. 101) 349 A. 219 (e.g. φιλόπατρις); W. Röllig zu KAI 121 u. 126 geht davon aus, daß diese Formel aus dem Lateinischen übersetzt ist (so auch M. G. Amadasi Guzzo, in: E. Campanile/R. Cardona/ R. Lazzeroni [Hrsgg.], Bilinguismo e biculturalismo nel mondo antico, Pisa 1988, 32f.). Herkunft aus phönizisch-punischer Tradition ist also alles andere als sicher. Zudem ist bei keiner dieser Inschriften ein konkreter Bezug zwischen dem – vielleicht aus dem Punischen stammenden – Titel und den *summae honorariae* zu sehen. Ohnehin ist ja nicht zu erwarten, daß jemand für die pflichtgemäße Erlegung seiner *summae honorariae* einen besonderen Titel erhalten haben soll. *Summae honorariae* sind zwar in Afrika besonders häufig bezeugt, R. Duncan-Jones, The Economy of the Roman Empire$^2$, Cambridge 1982, 82ff., punischer Einfluß ist aber keineswegs erwiesen; zum Vorkommen in Italien s. Duncan-Jones 147ff., so daß hier vielleicht die Ausbreitung einer römischen Institution zu sehen ist, wie zuletzt ausführlich von A. Giardina, in: A. Donati (Hrsg.), La terza età dell' epigrafia, Faenza 1988, 67ff. betont wurde.

[103] M. E. ist Pol. 6, 56, 4 von Aristoteles abhängig: παρὰ μὲν Καρχηδονίοις δῶρα μὲν φανερῶς διδόντες λαμβάνουσι τὰς ἀρχάς ... Allerdings meint F. W. Walbank, Polybius, Berkeley 1972, 32f. A. 3, daß Polybios die Politika nicht gekannt habe, cf. v. Fritz (A. 102) 49; 412 A. 32; s. aber die Parallelen bei W. L. Newman, The Politics of Aristotle II, Oxford 1887, XIVff.; übertrieben dürfte allerdings die Ansicht von Picard, Rec. Bodin (A. 102) 134 sein, der meint, Polybios habe außer Aristoteles keine Quellen benutzt.

[104] Pol. 6, 56, 2: παρ' οἷς (scil. τοῖς Καρχηδονίοις) μὲν γὰρ οὐδὲν αἰσχρὸν τῶν ἀνηκόντων πρὸς κέρδος ... soll aus zwei Gründen nicht in der Diskussion verwendet werden. 1. wie HCP I 732 notiert, widerspricht Polybios hier seiner eigenen Aussage über Kreta in 6, 46, 2f.: τό τε διάφορον (i. e. das Geld) ἐκτετίμηται παρ' αὐτοῖς ἐπὶ τοσοῦτον ὥστε μὴ μόνον ἀναγκαίαν, ἀλλὰ καὶ καλλίστην εἶναι δοκεῖν τὴν τούτου κτῆσιν. καθόλου θ' ὁ περὶ τὴν αἰσχροκερδείαν καὶ πλεονεξίαν τρόπος οὕτως ἐπιχωριάζει παρ' αὐτοῖς ὥστε παρὰ μόνοις (!) Κρηταιεῦσι τῶν ἁπάντων ἀνθρώπων μηδὲν αἰσχρὸν νομίζεσθαι κέρδος. 2. stammt diese Passage aus einer Gegenüberstellung des karthagischen und des in jeder Hinsicht idealisierten römischen Adels, bei dem es große Einschränkungen des Gelderwerbes gegeben haben soll.

Aristoteles hat dies so stark betont, weil er die – ohnehin als exemplarisch gedachte – karthagische Verfassung noch besonders als Beispielfall für seine τρίτη τάξις verwenden will. An ihr soll eine Mischung von Oligarchie und Aristokratie demonstriert werden. Dies, nicht etwa Abartigkeit oder besondere Verwerflichkeit der karthagischen Krämerseelen, ist für ihn von Bedeutung.[105] Die Verfassung der τρίτη τάξις entspricht allerdings nicht den Idealen einer an der ἀρετή orientierten Aristokratie. Bevor wir uns aber die Kritik des Aristoteles zu eigen machen, sollten wir fragen, woher die Idee einer Aristokratie stammt, die rein nach ἀρετή gebildet ist, für die der Reichtum keine Rolle spielt.

Anlaß zu dieser Frage bietet die Feststellung, daß nach Auskunft der aristotelischen Ἀθηναίων Πολιτεία (3, 1; 6) auch im Athen Drakons die Wahl der Beamten ἀριστίνδην καὶ πλουτίνδην erfolgte.[106] Dasselbe Prinzip findet sich in einer Inschrift aus Pagai.[106a] Die Berücksichtigung des Reichtums neben der ἀρετή ist also keine spezifisch karthagische Art der Bestimmung von Beamten. Auch kann ein solcher Wahlmodus nichts mit einer besonderen Wertschätzung von Händlern und Kaufleuten zu tun haben, da bisher niemand auf den Gedanken gekommen ist, das archaische Athen auf Grund einer identischen Formulierung als Kaufmannsstaat zu bezeichnen.[107] Wenn aber der Reichtum in einer «normalen» aristokratischen Gesellschaft seinen ganz unverfänglichen Stellenwert besitzt,[108] so muß

---

[105] Bedenkenswert ist übrigens, daß nach Aristoteles der Fehler, eher nach Geld denn nach ἀρετή zu streben, auch in Sparta besonders verbreitet ist. – Für die Gedankenwelt des Peripatos, in der ἀριστίνδην καὶ πλουτίνδην nicht notwendig negativ zu verstehen ist, s. auch Theophrast (?) (A. 65), 40ff.: φαίνεται δ' οὖν καθόλου τινὰ σκέψιν ἔχειν, τίνας δεῖ κατὰ πλοῦτον καὶ <ἀρετὴν αἱρεῖσθαι ἢ μᾶλλον κατ'> ἀρετὴν μόνον ἢ πλοῦτον ... καὶ ἔστι τρία ταῦτα περὶ τᾶς ἀρχᾶς, ἀρετή, κτῆσις ἀρκοῦσα, φρόνησις ... ὧν τὰ μὲν δύο δεῖ πάσαις.

[106] Alföldi (A. 13) 29 bezeichnet dies als Nebeneinander von alter militärischer Geburtsaristokratie und neuer Geltung nach Vermögen (eine ähnliche Unterscheidung für Karthago auch bei de Sanctis III 1, 48: «aristocrazia del sangue» / «aristocrazia del censo»). Ansonsten: Plut. Mor. 154 C: Μνησίφιλος δ' ὁ Ἀθηναῖος, ἑταῖρος ὢν καὶ ζηλωτὴς Σόλωνος, «ἐγώ τοι» εἶπεν «ὦ Περίανδρε, τὸν λόγον ἀξιῶ καθάπερ τὸν οἶνον μὴ πλουτίνδην μηδ' ἀριστίνδην, ἀλλ' ἐξ ἴσου πᾶσιν ὥσπερ ἐν δημοκρατίᾳ νέμεσθαι καὶ κοινὸν εἶναι. Lukian, Zeus trag. 7: πλουτίνδην κελεύεις, ἀλλὰ μὴ ἀριστίνδην καθίζειν καὶ ἀπὸ τιμημάτων. Synesios, π. βασιλείας 30 B: ἀριστίνδην οὖν, ἀλλὰ μὴ πλουτίνδην, ὥσπερ νῦν, ἡ τῶν ἀρξόντων αἵρεσις γινέσθω. – Zur Einordnung der Junktur in das aristotelische Verfassungsschema s. E. Braun, in: P. Steinmetz (Hrsg.), Politeia und Res publica, Wiesbaden 1969, 155ff.

[106a] IG VII 188 + 189, Z. 9: [αἱρε]τοὺς πλουτίνδα καὶ ἀριστίνδα; zum Text und seiner Datierung auf 192/1 s. L. Robert, Opera Minora II, Amsterdam 1969, 1250ff. und vgl. A. Aymard, Les assemblées de la confédération achaienne, Bordeaux 1938, 56 A. 4; 137 A. 4.

[107] Analoges gilt für das archaische Rom, wo ja ebenfalls die Auswahl der Reiterei πλουτίνδην bezeugt ist (Pol. 6, 20, 9). – In der lokrischen «Mädcheninschrift» heißt es Z. 25 f.: [... Λοκρῶν ὀμόσαι ἄν]δρας πεντήκοντα πλουτίνδαν; s. A. Wilhelm, Abhandlungen und Beiträge I, Leipzig 1984, 449 f.

[108] Willkürliche Beispiele: Hdt. 3, 68, 1 über den Perser Otanes: γένεϊ δὲ καὶ χρήμασι

doch eigentlich gefragt werden, wie aus dem Nebeneinander von πλοῦτος und ἀρετή ein ausschließlich an der ἀρετή orientiertes politisches Aristokratie-Ideal entstanden ist. Vor diesem Hintergrund, der hier aber nur kurz angedeutet werden kann, läßt sich auch das karthagische System besser verstehen.

Das Merkmal, das einen griechischen Aristokraten von einem einfachen «Bürger» unterschied, war in erster Linie sein Reichtum.[109] Schön und treffend drückt Alkaios dies aus (Z 37; 360 L/P): χρήματ' ἄνηρ, πένιχρος δ' οὐδ' εἶς πέλετ' ἔσλος οὐδὲ τίμιος. Vermögen und politische Macht fallen in eins. Dem Reichen wird auch ein Höchstmaß an ἀρετή zugesprochen. ἀριστίνδην καὶ πλουτίνδην nennt nur zwei verschiedene Aspekte derselben Sache; die Junktur betrifft keine voneinander verschiedenen Eigenschaften. Hinzu tritt noch, und das macht die Ausformung des Adels als eines Standes aus, die notwendig vornehme Abkunft des einzelnen Adligen. Diese ganze Ordnung wurde durch das Aufkommen neuer Gruppen mit politischem Anspruch in Frage gestellt, ebenso durch eine gesellschaftliche Entwicklung, die Leute außerhalb der geschlossenen Adelsgruppe zu Wohlstand gelangen ließ (Trennung von Wohlstand und ἀρετή z.B. bei Theognis und Solon frg. 4, 9ff. D). Die ἄριστοι waren danach nicht mehr notwendig mit den Reichen identisch, es gab eine Gruppe von πλούσιοι, die als κακοί qualifiziert werden konnten. Wenn aber der Reichtum kein exklusives Merkmal der Aristokratie mehr war, mußte diese notwendig ein neues Unterscheidungsmerkmal erhalten: nun wurde ganz einseitig die ἀρετή unter Ausschluß des materiellen Reichtums betont.[110] Hier begann die Entwicklung, die in der aristotelischen Vorstellung einer Aristokratie als Staatsform gipfelte, in der der Begriff der ἄριστοι gänzlich von Reichtum und Abstammung getrennt war, vielmehr der Staat für den Unterhalt seiner herrschenden Schicht σχολῆς ἕνεκεν aufkommen sollte.[111]

Eine Wahl ἀριστίνδην καὶ πλουτίνδην in Karthago bedeutet also in der Sicht des Aristoteles nicht mehr, als daß es diese Entwicklung dort nicht gegeben hat. Seine

---

ὅμοιος τῷ πρώτῳ Περσέων. 6, 73, 2 (über Aigina): δέκα ἄνδρας πλείστου ἀξίους καὶ πλούτῳ καὶ γένεϊ. Curt. 10, 1, 22: *Orsines, nobilitate ac divitiis inter omnes barbaros eminens.* Diod. 17, 47, 2 sagt über den Gastfreund des Hephaistion, der zum König von Sidon gemacht werden soll: ὁ δὲ πλούτῳ μὲν καὶ δόξῃ διαφέρων τῶν πολιτῶν, οὐδεμίαν δὲ συγγένειαν ἔχων πρὸς τοὺς γεγονότας βασιλεῖς οὐκ ἐδέξατο τὴν δωρεάν. Elayi (A. 97) 57 überlegt, ob hier die Wertung der Sidonier, des Hephaistion oder eines Historikers vorliegt.

[109] S. allgemein die Überblicke bei Donlan (A. 34); Gschnitzer (A. 69) 40f.; M. Stahl, Aristokraten und Tyrannen im archaischen Athen, Stuttgart 1987, 83ff.; Stein-Hölkeskamp (A. 40) 43ff.

[110] Ch. G. Starr, Individual and Community, Oxford 1986, 94f.; Stein-Hölkeskamp (A. 40) 87ff.; 100; 129. Bezeichnend für die frühere Zeit ist in etwa noch Plut. Sol. 2, 5ff.

[111] Zur σχολή bei Aristoteles s. E. Mikkola, Arctos 2, 1958, 72ff.; zur Frage Reichtum – Adel s. vor allem Aristot. frg. 69 Gigon; Pol. 1291 a 24f.: εὐγένειά ἐστιν ἀρχαῖος πλοῦτος καὶ ἀρετή.

Worte sind kein Beweis für eine Kaufmannsaristokratie, deren Angehörige sich in ihren Wertvorstellungen weit von einem griechischen Adligen der Archaik unterschieden hätten.

In einigen Punkten läßt unsere – hier besonders schlechte – Quellenlage erkennen, daß sich die Bezugssysteme der griechischen und karthagischen Gesellschaft berührten. Der Adel ist bei den Karthagern keine abgeschlossene Gruppe,[112] dennoch gibt es einen ausgeprägten Ahnenstolz, der in den langen Genealogien der Grabinschriften zum Ausdruck kommt.[113] Die karthagische Aristokratie kennt auch den ‹evergétisme›,[114] der sich in ‹conspicuous consumption› bzw. ‹spending› ausdrückte: die unteren Schichten waren Nutznießer dieser Wohltätigkeit, die darauf berechnet war, das Ansehen – und den Einfluß – des εὐεργέτης zu heben.[115] Untereinander bewirtete man sich beim Symposion.

Schon Arnold Heeren hatte gesagt: «Überhaupt war in der alten Welt der Kaufmannsstand nicht der am meisten geachtete Stand, und wahrscheinlich auch in Karthago nicht.»[116] Wenn man von den verschiedenen Zeugnissen absieht, die hier gerade interpretiert worden sind, so ist die Vorstellung der karthagischen Handelsaristokratie direkt vom Vorbild einer entsprechenden Schicht in Griechenland abhängig.[117]

---

[112] Das Senatorenbad, Val. Max. 9, 5 ext. 4, scheint mir fragwürdig.

[113] Zu den Genealogien s. A. Ferjoui, Atti II 2, 479 ff. Übernahme von Tyros ist auch hier nicht ausgeschlossen; vgl. RES 1204 in der Lesung von J. Teixidor, Semitica 29, 1979, 10.

[114] Aus der Literatur sind besonders der ‹Essai sur le don› von Mauss (Paris 1950) und Veyne (A. 101) hervorzuheben.

[115] Neben den ξενίαι ist sicher die Hochzeitsfeier bei Iust. 21, 4, 4 das bezeichnendste Beispiel. Vgl. hierzu etwa IG XII 5, 863 (Tenos): ἀγαθοί εἰσιν] καὶ φιλότιμ[οι] κ̣α̣[ὶ] Μ̣ή[δειο]ς [μὲ]ν ἐ̣γ[διδόμενος τὴν θυ]γ̣α̣τ̣έ̣ρ̣α̣ Φ̣[ι]λ̣[ίππην, Σουνιάδης δὲ λαμβάνων, τοῖς γάμοις ἐσιτομέτρη]σαν καὶ ἑστία̣[σ]αν̣ [τοὺς π]ολίτ[α]ς [πάντας καὶ τοὺς ξένους ἐφ᾽ ἡμέρα]ς πλείους. J. u. L. Robert, Claros I 1, Paris 1989, 11 ff. nr. 1, IV 24 ff.: γάμον δὲ συντελῶν γλυκισμὸν ἐπετέλεσεν καὶ τοὺς μὲν πολίτας ἠρίστισεν, διαμερίζων σὺν τοῖς λοιποῖς καὶ τὰ ἀπὸ τῶν καλλιερηθέντων ὑπὲρ τῆς κοινῆς σωτηρίας τοῖς θεοῖς ἱερήων καὶ διδοὺς ἀποφόρητα, τοῖς δὲ μετοίκοις καὶ ἰσοτέλεσιν καὶ ξένοις τοῖς παρεπιδημοῦσιν χάριν παιδήας ἐκρεαδότησε. In Kyme heißt es über den Bürger Kleanax (SEG 32, 1243): γάμοις τε τᾶς θυγατρὸς ἐπιτελέων ἀρίστισε τὸ πλᾶθος. Vgl. auch IPriene 109, Z. 162 ff. Diod. 13, 84, 1: γάμους ἐπιτελῶν τῆς θυγατρὸς εἱστίασε τοὺς πολίτας ἐπὶ τῶν στενωπῶν ὧν ᾤκουν ἕκαστοι. Cic. Cluent. 60, 166: *cum in nuptiis, more Larinatium, multitudo hominum pranderet.* Plin. ep. 10, 116, 1: *qui virilem togam sumunt vel nuptias faciunt vel . . . solent totam βουλήν atque etiam e plebe non exiguum numerum vocare binosque denarios vel singulos dare* (im folgenden schlägt Plinius Einschränkungen vor). Veyne (A. 101) 416 nennt dies einen «coutume presque universelle chez les riches».

[116] (A. 52) 113. Ähnliche Gedanken finden sich nur ganz vereinzelt, e. g. Ch. G. Starr, The Influence of Sea-Power on Ancient History, New York 1989, 4. Viel zu wenig beachtet ist die Beobachtung von Gsell IV 109, daß die meisten inschriftlich bezeugten karthagischen Händler nur einen niedrigen Sozialstatus besaßen.

[117] Ausdrücklich gesagt und belegt bei J. Alvar/C. G. Wagner, Gerion 3, 1985, 86 A. 36, die aber nicht die nötigen Konsequenzen ziehen.

Nachdem aber niemand mehr leichtfertig von einer «Handelsaristokratie» in der griechischen Geschichte sprechen wird, hätte man das Konzept für Karthago wenigstens einmal in Frage stellen müssen.[118]

## 3.2 Zu einigen Verhaltensmustern

Weder Fakten und Verhalten noch die Nomenklatur[119] sind mithin geeignet, die gängige Vorstellung vom karthagischen Adel zu stützen. Neben solchen eher allgemein gehaltenen Überlegungen zur modernen Vorstellung einer auf Gewinn bedachten Oberschicht ist die Untersuchung einiger Passagen zu stellen, die konkrete Hinweise auf eine positive Einordnung militärischer Leistungen in das karthagische Wertesystem geben.

Der erste Ansatz findet sich im religiösen Bereich. Die Karthager glaubten, wie ihre Grabsitten zeigen, an ein Weiterleben nach dem Tod.[120] In diesem Zusammenhang wird ein bemerkenswerter Ausspruch Hannibals zitiert,[121] und zwar aus einer Kampfparänese: ὡς οἱ κατὰ πόλεμον εὐψυχῶς ἀποθνήσκοντες ἀναβιώσκουσι μετ' οὐ πολὺν χρόνον. Auf die religiösen Implikationen der Stelle soll hier nicht eingegangen werden,[122] sicher ist jedenfalls, daß Tapferkeit im Kampf besonders belohnt werden sollte. Die Verklärung des Todes in der Schlacht trifft sich besonders häufig bei «kriegerischen Jägerstämmen ..., Bauernkriegern und militanten Hochkulturen aller Entwicklungsphasen».[123] Entsprechend den zahlreichen Analogien zu dieser, von Hannibal geäußerten Vorstellung muß bei den Karthagern ebenfalls eine positive Bewertung der kriegerischen Leistung vorgelegen haben.

---

118 Vgl. auch A. W. Lintott, Violence, Civil Strife and Revolution in the Classical City, London 1982, 48: «the existence of a powerful and wealthy commercial class, whose fortunes were not invested in land, has been disproved as late as the second and first century B. C. in Italy: it is hard to postulate it as early as the sixth century in Attica.»

119 Die griechischen und lateinischen Belege bei Gsell II 236 f.; Huß 496 f. Vgl. noch, was R. Drews, AJPh 100, 1979, 48 für Phönizien zitiert.

120 Wichtig hierzu jetzt G. Garbini, RSF 17, 1989, 48 ff., der einen Ring mit der Barke des Ra publiziert.

121 Excerpta Polyaini 14, 20; s. Huß 528 f.; id., SP 4, 1986, 230 ff.

122 Im Prinzip geht es nicht um ein Fortleben nach dem Tode, sondern um eine an bestimmte Konditionen gebundene, rasche Reinkarnation. Ein solcher Glaube scheint sonst nicht belegt zu sein, s. Gsell IV 459 ff.; M. H. Fantar, Eschatologie phénicienne-punique, Tunis 1970. Es sieht aber so aus, als seien die Ansichten der Karthager in diesem Punkt nicht ganz einheitlich gewesen; cf. Picard, Karthago 178; ibid. 204 zitieren sie die Interpretation eines Grabreliefs, die wenigstens in diese Richtung deuten könnte. Huß (A. 121) 231 A. 57 ist allerdings gegen eine Seelenwanderung an dieser Stelle; er meint, daß zwischen dem Tod und der Reise der Seele ins Jenseits eine gewisse Zeitspanne vergeht, die in diesem Fall eben besonders kurz sein soll (ἀναβιώσκουσι?). – Allgemein zur Privilegierung von Kriegsgefallenen im Glauben der Antike: B. Gladigow, Saeculum 37, 1986, 162.

123 G. Baudy, Exkommunikation und Reintegration, Frankfurt 1980, 363.

Für eine solche Verankerung des Militärischen im Leben der Karthager spricht auch eine Bemerkung Platons, die von besonderer Bedeutung ist, weil sie zeitlich vor der Klassifizierung der karthagischen Gesellschaft durch Aristoteles liegt. Bei einer Diskussion über die Trunkenheit heißt es (Nom. 637 d): λέγω δ' οὐκ οἴνου περὶ πόσεως τὸ παράπαν ἢ μή, μέθης δὲ αὐτῆς πέρι, πότερον ὥσπερ Σκύθαι χρῶνται καὶ Πέρσαι χρηστέον, καὶ ἔτι Καρχηδόνιοι καὶ Κελτοὶ καὶ Ἴβηρες καὶ Θρᾷκες, πολεμικὰ σύμπαντα ὄντα ταῦτα γένη, ἢ καθάπερ ὑμεῖς.[124] Das Interesse Platons an Karthago ist zum Teil sicher durch die sizilischen Kriege an der Wende vom 5. zum 4. Jhrdt. hervorgerufen worden, aber trotz dieses zeitgeschichtlichen Bezuges sind seine faktischen Kenntnisse relativ gering; die Karthager werden hier, was die Zusammenstellung augenfällig macht, noch als Barbaren klassifiziert. Dem entspricht ihre Einordnung in den frühen Schichten der aristotelischen Politik; Aristoteles klassifiziert die Karthager anfangs ebenfalls als Barbaren; erst später ordnet er sie anders ein.[125] In unserem Zusammenhang interessiert aber vor allem, daß die Karthager für Platon ein γένος πολεμικόν waren. Damit kann nicht gemeint sein, daß die Karthager mit Hilfe von Söldnern eine expansionistische, kriegsbetonte Politik trieben. Platon geht es hier nämlich um nationale Gesetzgebungen und Charaktereigenschaften, wie der Vergleich mit den anderen Völkern zeigt. Auch die zweite Stelle, an der er sich mit den Karthagern beschäftigt (Nom. 674 a/b), bestätigt die Richtigkeit dieser Deutung: dort wird davon gesprochen, daß eine bestimmte städtische Gesetzgebung auch auf das karthagische Heer übertragen wird. Deutlich vermittelt Platon hier die Ansicht, daß die Karthager selbst zu Felde zogen und daß für das karthagische Heerwesen dieselben Regelungen und Gesetze galten wie für den zivilen Bereich.

Ein weiteres Indiz bietet Aristoteles (Pol. 1324 b 13). Er sagt, daß es bei den Karthagern einen νόμος gegeben habe, der zur kriegerischen ἀρετή erziehen sollte, um ihnen eine bessere Beherrschung ihrer Nachbarn zu ermöglichen: ἐν Καρχηδόνι φασὶ τὸν ἐκ τῶν κρίκων κόσμον λαμβάνειν ὅσας ἂν στρατεύσωνται στρατείας.[126] In der Neuzeit hielt man dies für ein dürftiges Mittel, das durch die äußere Ehre die Abschwächung des militärischen Geistes verhindern sollte.[127]

[124] Wilamowitz (A. 9) 525 A. 2 will hier übrigens die Karthager athetieren; Grund: «formaler Anstoß» (!?). M. E. wird der Text durch Aristot. Pol. 1324 b 10 f. gestützt; s. vor allem auch Oik. 1344 a 33 f., wo dasselbe Gesetz erwähnt wird.

[125] S. 12.

[126] Auf denselben Brauch spielt auch der Paradoxographus Vaticanus 56 Giannini (61 Rohde) an: παρὰ Καρχηδονίοις οὐκ ἔξεστι τοῖς ἀστρατεύτοις φορεῖν ἐνώτιον χρυσοῦν· ὅσας δ' ἂν στρατεύσωνται στρατείας, τοσαῦτα ἀεὶ φοροῦσιν ἐνώτια. Vgl. zum weitgehend unbekannten Autor A. Giannini, Acme 17, 1964, 137 f.

[127] Meltzer II 118 f. Für eine gemeinphönizische Sitte hält ein solches Tragen von Ringen I. Schiffmann, Phönizisch-punische Mythologie und geschichtliche Überlieferung, Rom 1986, 76.

Dagegen spricht aber die Intention des Aristoteles bei dem Zitat dieses νόμος: die von ihm ebenfalls angeführten analogen Bräuche aus anderen Gesellschaften zeigen, daß es ihm um den kriegerischen und auf Herrschaft ausgerichteten Charakter einiger barbarischer Völker ging. Sein Beweisziel schließt aus, daß er bei seiner Bemerkung kriegerische Unternehmungen der Karthager gegen ihre Nachbarn unter Einsatz von Söldnern im Sinn gehabt haben könnte. Das Kriegerische gilt ihm hier nicht nur als Zug expansionistischer Politik, sondern als nationale Charaktereigenschaft.

Vor diesem Hintergrund dokumentiert das Tragen von Ringen eine besondere ἀρετή. In einer so geregelten Gesellschaft muß daraus zwangsläufig eine Art Rang- oder zumindest Wertabzeichen werden. Ein ähnliches Phänomen kennen wir aus Rom. Das Recht, einen Goldring zu verleihen, lag dort ursprünglich beim Feldherrn, was auf die enge Verbindung des sozialen Kennzeichens mit der militärischen Leistung hinweist. Die Eisenringe, die noch in historischer Zeit an die gemeinen Soldaten verliehen wurden, waren *virtutis bellicae insigne* (Plin. n. h. 33, 49).[128] Es scheint sich dabei um einen dem karthagischen wenigstens ähnlichen Brauch zu handeln. Ebenfalls aus Rom kennen wir die Bedeutung, die die Teilnahme an einer größeren Anzahl von Feldzügen für die politische Laufbahn haben konnte (Pol. 6, 19, 4). Dies läßt sich für Karthago zwar nicht präzise nachweisen, aber die Verknüpfung der Zahl der Ringe mit der Zahl der Feldzüge zeigt immerhin, daß das Sozialprestige des Einzelnen mit der Anzahl von Kampagnen, an denen er teilgenommen hatte, wuchs.

Iustin spricht an einer Stelle von den vier Triumphen Hasdrubals (19, 1, 7), eines karthagischen Heerführers des ausgehenden 6. Jhrdts. Die Passage ist stark römisch überformt, vor allem diese Erwähnung von Triumphen ist rätselhaft.[129] Ein ägyptisches Ritual wurde zum Vergleich herangezogen, doch ist dem zu Recht widersprochen worden.[130] Man könnte die Stelle daher übergehen, wenn es nicht eine Parallele bei Polybios gäbe (1, 88, 6).[131] Im Jahr 238 hatten die Karthager den

---

[128] Alföldi (A. 15) 27ff. Vgl. App. Lib. 32, 137 und aus der Kaiserzeit Dessau 2531: *clupeo, coronis, aenulis aureis donato a commilitonibus.* Zur Möglichkeit eines entsprechenden Rangzeichens bei den Persern s. D. B. Thompson, FS Goldman, Locust Valley 1956, 285 A. 31.

[129] Im semitischen Bereich gibt es hierfür kein bekanntes Vorbild. 1 Sam 18, 6f. ist manchmal in diese Richtung interpretiert worden, doch gibt es dafür keine richtige Handhabe. Nach Meltzer II 515 darf aus Iustin noch nicht einmal die Berechtigung zur Frage abgeleitet werden, ob es in Karthago Triumphe gegeben habe.

[130] Picard, Karthago 217; 275 A. 34 finden in Polyain 5, 11 Spuren eines ägyptischen und mesopotamischen Siegesrituals; contra: W. Huß, RSF 16, 1988, 261.

[131] Bemerkt von Huß 64 A. 65. Nur hingewiesen sei auf Verg. Aen. 4, 36ff.: *despectus Iarbas / ductoresque alii, quos Africa terra triumphis / dives alit.* Serv. Aen. 4, 37: *Plinius autem Secundus historiae naturalis* (7, 191) *et Pompeius Trogus* (F 118 a Seel) *Afros dicunt pompam*

«Söldnerkrieg» beendet: τὸ γὰρ πέρας ἀγαγόντες οἱ νέοι τὸν θρίαμβον διὰ τῆς πόλεως πᾶσαν αἰκίαν ἐναπεδείξαντο τοῖς περὶ τὸν Μάθω. Polybios beruht in diesem Abschnitt auf einer griechischen Monographie über den «Söldnerkrieg», die noch vor dem Ausbruch des zweiten punischen Krieges verfaßt worden ist, weshalb an dieser Stelle mit römischer Überformung kaum zu rechnen ist. Es gab also eine Siegesfeier, bei der die Soldaten durch die Stadt zogen und ihre gefangenen Feinde mitführten. Die oberflächliche Ähnlichkeit mit dem römischen Triumph ist damit gegeben. Nimmt man nun noch Iustin hinzu, so gab es solche Umzüge auch als exzeptionelle Ehrung für einen besonders erfolgreichen Feldherrn. Daneben ist auch ein ehrenvoller Empfang des heimkehrenden Generals vor den Toren der Stadt bezeugt.[132] Diese verschiedenen Ehrungen zeigen wieder, daß es in Karthago eine ausgeformte militärische Symbolik gegeben hat, die mehrere Arten des Ansporns für kriegerische Tüchtigkeit bereit hielt.[133] Bedeutung haben diese Zeichen nur bei einem stark ausgeprägten Konkurrenzdenken innerhalb des Adels;[134] die persönliche Rangstellung muß bis zu einem gewissen Grad vom Abschneiden in diesem Wettbewerb bestimmt worden sein.[135]

---

*triumphi primos invenisse, quam sibi Romam postea vindicaverunt. Livius autem Andronicus* (46 Morel) *refert eos de Romanis saepius triumphasse suasque porticus Romanis spoliis adornasse; merito ergo «dives triumphis».*

[132] Diod. 13, 62, 6: ἐπεὶ δ' εἰς Καρχηδόνα κατέπλευσε μετὰ πολλῶν λαφύρων, ἀπήντων αὐτῷ πάντες δεξιούμενοι καὶ τιμῶντες ὡς ἐν ὀλίγῳ χρόνῳ μείζονα πράξαντα τῶν πρότερον στρατηγῶν.

[133] Das archäologische Material bietet kaum etwas für unsere Fragestellung; immerhin sei an die Grabbeigabe eines wertvollen Schmuckpanzers erinnert, die Picard, Karthago 205 erwähnen; weiteres bei Gsell II 345 A. 12; IV 75. Waffen als Grabbeigaben in Phönizien: D. C. Baramki, Die Phönizier, Stuttgart 1965, 115. Im übrigen verschwinden auch in Griechenland mit der Hoplitenreform die Waffen aus den Gräbern, da sie nicht mehr als Beleg für den sozialen Status des Toten gelten können (M. I. Finley, Early Greece, London 1970, 102; eine andere Erklärung bei Snodgrass [A. 35] 99 f.). Eine ähnliche Interpretation wäre für Karthago auch denkbar. Ab dem 3. Jhrdt. tauchen dann Waffen unter den Ornamenten der *mlk*-Stelen auf, C. Picard, Karthago 17, 1976, 78 f.; 18, 1978, 19 f. mit verschiedenen Erklärungen. – Auch die 176 A. 122 zitierte Stele vom Übergang des Kriegers ins Jenseits ist hier zu nennen.

[134] Dies Denken findet sich auch beim Wettbewerb um Ämter; Aristot. Pol. 1273 b 9: φαῦλον δ' ἂν δόξειεν εἶναι καὶ τὸ πλείους ἀρχὰς τὸν αὐτὸν ἄρχειν· ὅπερ εὐδοκιμεῖ παρὰ τοῖς Καρχηδονίοις.

[135] Wenigstens verwiesen werden soll auf Hippagoras, FGrHist 743, 1 (Ath. 14, 630 A), wo in einem Buch über den karthagischen Staat die Entstehung eines Waffentanzes beschrieben wird.

## 4. Zusammenfassung

Schon für die phönizischen Städte ist die Existenz einer Kaufmannsaristokratie nicht zu beweisen. Es gibt auch sonst keinen Anlaß zu der Annahme, daß die Phönizier ein zutiefst unkriegerisches Volk gewesen seien.[136] Einige Anzeichen weisen sogar in die andere Richtung. Herodot notiert ein Τυρίων στρατόπεδον bei Memphis (2, 112, 2), i. e. ein Quartier, in dem phönizische Söldner wohnten.[137] Eumenes von Kardia schickte seine Werber nach Phönizien (Diod. 18, 6, 14), erwartete also Zulauf in größerer Zahl.[138] Basis für jede Rekrutierung war das in Phönizien gut ausgebildete Gymnasialwesen, und in den Quellen finden sich die Söldner auch verstreut.[139] Auch wenn es keine reichen Belege gibt, so ist doch allein die Existenz phönizischer Söldner bezeichnend, zumal in ihren Heimatstädten kaum jemals die wirtschaftlichen und gesellschaftlichen Bedingungen geherrscht haben, die andernorts die Männer dazu zwang, als Soldat den Lebensunterhalt zu verdienen.

Was Karthago angeht, so gibt es mehrere Indizien dafür, daß die übliche Klassifizierung der Karthager als Kaufleute zu kurz greift.[140] Schon die bloße Existenz

---

[136] Elayi (A. 97) 35: «c'est à tort qu'on se représente toujours les Phéniciens comme des commerçants et des marins réputés, jamais comme de bons soldats.» Vgl. ibid. 35 f. zur Häufigkeit bildlicher Darstellungen mit kriegerischen Themen. Wichtig scheint mir in diesem Zusammenhang Diod. 16, 44, 6 zu sein (über Sidon): εἶχον δὲ καὶ στρατιωτῶν ἱκανὸν πλῆθος πολιτικῶν ἐν γυμνασίαις καὶ πόνοις ἐνηθληκὸς καὶ ταῖς τῶν σωμάτων εὐεξίαις καὶ ῥώμαις διαφέρον. Ulpian, Dig. 50, 15, 1 nennt Tyrus *armipotens*.

[137] Unter dem Einfluß der herrschenden Ansichten über Phönizier wurde hier oft ein Kaufmannsviertel gesehen, e. g. N. Jidejian, Tyre, Beirut 1969, 62; H. J. Katzenstein, The History of Tyre, Jerusalem 1973, 58 A. 78; 124; 298 f.; W. W. How/J. Wells, A Commentary on Herodotus I, Oxford 1912, 223 (die im übrigen mit H. W. Parke, Greek Mercenary Soldiers, Oxford 1933, 5; M. Launey, Recherches sur les armées hellénistiques I$^2$, Paris 1987, 540 στρατόπεδον in 2,154,1 als Militärlager verstehen); P. Högemann, in: E. Olshausen/ H. Sonnabend (Hrsgg.), Stuttgarter Koll. zur hist. Geographie des Altertums 3/4, Bonn 1991, 540; Bunnens (A. 96) 279 f. ist noch unentschlossen, so auch S. F. Bondi, Entretiens Hardt 35, 1990, 269 f.; aber s. H. Kees, RE XV 1, 668; F. K. Kienitz, Die politische Geschichte Ägyptens vom 7. bis zum 4. Jhrdt. v. d. Z., Berlin 1953, 39; 41; M. M. Austin, Greece and Egypt in the Archaic Age, Cambridge 1970, 19; A. B. Lloyd, Herodotus Book II: Commentary 99–182, Leiden 1988, 44 f.; Schiffmann (A. 127) denkt an *mḥnt ṣrm* als Terminus, der bei Herodot zugrunde liegt. – Phönizisch sprechende Söldner des Psammetichos finden sich in CIS I 112 (Abu Simbel); vgl. auch Ez 27, 8 f.

[138] G. T. Griffith, The Mercenaries of the Hellenistic World, Cambridge 1935, 47; 261.

[139] Gymnasialwesen: E. J. Bikerman, FS Dussaud I, Paris 1938, 91 ff.; Launey (A. 137) II 872 f. Söldner allgemein: Launey I 79 f.; 82; 84; II 1231 f. (Prosopographie); ibid. I 536 ff. zu den Σύροι, zu denen auch Phönizier gehört haben können.

[140] Es ist noch nicht einmal nötig, wie manchmal geschehen (e. g. Launey [A. 137] I 541),

einer Adelstruppe hätte genügen müssen, die gängige Ansicht von der Handelsaristokratie einer Revision zu unterziehen. Daneben gab es aber noch weitere Unterteilungen der Gesellschaft, die vom Militärischen her ihren guten Sinn erhalten, nämlich die συσσίτια τῶν ἑταιριῶν und die νέοι. Zusammen mit einigen anderen Indizien zeigt das die große Bedeutung des Krieges im karthagischen Leben und beweist, daß Leistungen und Erfolge auf diesem Gebiet zu hohem Ansehen in weiten Kreisen der Bevölkerung führten.

Wichtig für unsere Beurteilung Karthagos ist es, daß sich diese Formationen und Einrichtungen bis ins späte 4. Jhrdt. (oder länger) gehalten haben; andere Staaten hatten zu einem vergleichbaren Zeitpunkt ihrer Entwicklung solche eher altmodischen Zustände längst überwunden. Man kann daher wohl von einer gewissen archaischen Retardation der staatlichen Entwicklung Karthagos sprechen.[141] Private und aristokratische Elemente sind erst langsam und relativ spät in die staatliche Organisation eingebunden worden.

---

die Leistungen der Flotte in den Perserkriegen, die Belagerung von Tyros durch Alexander und die Belagerung von Karthago durch die Römer oder die Existenz bedeutender karthagischer Generäle zur Rechtfertigung zu zitieren.

141 Ein weiteres Beispiel für eine solche Retardation ist die von Aristoteles als gebräuchlich bezeichnete Ämterkumulation (Pol. 1273 b 8 f.). In Rom wurde sie sehr früh durch Senatsbeschluß abgeschafft, Liv. 7, 42, 2 (cf. 39, 39, 4) – und zwar weil es sich um einen besonders wichtigen Rückhalt des aristokratischen Staates handelte. – Diese «Retardation» ist auch das wichtigste strukturelle Vergleichsmoment zwischen Karthago, Sparta und Kreta. Viele von den Alten bemerkte Gemeinsamkeiten dieser Staatswesen rühren daher.

# VII. Die Entstehung des karthagischen Söldnerheeres

## 1. Mago – die Einführung des Söldnerheeres im 6. Jhrdt.?

Polybios erklärt in seinem berühmten Vergleich des karthagischen und römischen Staates, daß die Karthager ihr Bürgerheer vollständig vernachlässigt hätten, weil sie zu allen militärischen Zwecken Söldner verwandten.[1] Livius spricht ihnen aus demselben Grund jeden *civilis robur* ab; Diodor, Plutarch und eine große Reihe anderer Autoren sagen dasselbe.[2] Die Anwerbung von Söldnern war natürlich keine Erfindung Karthagos; im Vorderen Orient gab es das Phänomen häufig genug – auch in ganz erstaunlichen Formen.[3] Spuren griechischer Söldner finden sich überall im Orient: in Mesopotamien, Ägypten, aber auch bei Juden[4] und Phöniziern (hier sind vor allem al-Mina und Sukas Kontaktpunkte gewesen[5]). Das Be-

[1] Pol. 1, 67, 4: Καρχηδόνιοι δὲ ἀεὶ χρώμενοι ποικίλαις καὶ μισθοφορικαῖς δυνάμεσι. 6, 52, 3: Καρχηδόνιοι δὲ τῶν μὲν πεζικῶν εἰς τέλος ὀλιγωροῦσι ... αἴτιον δὲ τούτων ἐστὶν ὅτι ξενικαῖς καὶ μισθοφόροις χρῶνται δυνάμεσι ... ἐν ταῖς τῶν μισθοφόρων εὐψυχίαις ἔχει τὰς ἐλπίδας ἀεὶ τῆς ἐλευθερίας. Liv. 28, 44, 5: *Carthaginiensi nihil civilis roboris est, mercede paratos milites habent.* Diod. 5, 38, 2 f.: ἐκ τούτων γὰρ ἔσχον τὴν ἐπὶ πλέον αὔξησιν, μισθούμενοι τοὺς κρατίστους στρατιώτας καὶ διὰ τούτων πολλοὺς καὶ μεγάλους πολέμους διαπολεμήσαντες. καθόλου γὰρ ἀεὶ Καρχηδόνιοι διεπολέμουν οὔτε πολιτικοῖς στρατιώταις οὔτε τοῖς ἀπὸ τῶν συμμάχων ἀθροιζομένοις πεποιθότες. Vgl. noch Pol. 1, 71, 1: Καρχηδόνιοι ... ἔτι πολεμεῖν εἰθισμένοι ξενικαῖς δυνάμεσι. Plut. Tim. 28, 11 über die Schlacht am Krimisos: οὐθ᾽ ἀποθανόντας ποτὲ μιᾷ μάχῃ πρότερον ἐξ αὐτῶν Καρχηδονίων τοσούτους μνημονεύουσιν, ἀλλὰ Λίβυσι τὰ πολλὰ καὶ Ἴβηρσι καὶ Νομάσι χρώμενοι πρὸς τὰς μάχας ἀλλοτρίαις βλάβαις ἀνεδέχοντο τὰς ἥττας. Cf. Diod. 5, 29, 6.

[2] Anders allerdings Platon, S. 166; 177.

[3] KAI 24, 7f.: «Ich aber mietete gegen ihn den König von Assyrien.» Vgl. ad loc. W. Röllig, Saeculum 37, 1986, 121.

[4] S. e.g. die Arad-Ostraka, A. Lemaire (Hrsg.), Inscriptions hebraïques I, Paris 1977, 155 ff. Nr. 1; 2; 4; 7; 10; 11; 14; 17 und allgemein S. 233 f.; unter Jojakim (?) sind sie archäologisch belegt, R. Wenning, in: F. L. Hossfeld (Hrsg.), Vom Sinai zum Horeb, Würzburg 1989, 169 ff.

[5] Dank der Ausgrabungen liefern diese Orte die besten Beispiele, d. h. aber nicht, daß sie einzig dastehen. S. vor allem P. J. Riis, in: H. G. Niemeyer (Hrsg.), Phönizier im Westen, Mainz 1982, 237 ff.; id., Atti II 1, 203 ff.; kurze allgemeine Bemerkungen bei A. D. Momigliano, Hochkulturen im Hellenismus, München 1979, 93 ff. Vgl. ansonsten etwa Ez. 27, 10; 2 Reg 14, 4; 19. – Schon dies sollte zeigen, daß die relativ seltene Verwendung griechischer Söldner durch Karthago keinesfalls auf «Abneigung der Semiten den Griechen gegenüber» oder auf «Konkurrenzneid der beiden Handelsvölker» beruhte, wie z. B. B. Müller, Beiträge zur Geschichte des griechischen Söldnerwesens, Frankfurt 1908, 121 sagt.

sondere an Karthago sei es aber gewesen, daß Bürgertruppen oder Verbündete resp. Untertanen kaum eingesetzt wurden, sondern daß statt dessen über Jahrhunderte hin Söldner die zahlreichen und bedeutenden Kriege der Punier führten. Rekrutierung der Bürger zum militärischen Dienst sei dagegen immer eine Ausnahme gewesen, bestimmt für Notsituationen wie die Invasionen Afrikas durch Agathokles oder Regulus.[6] Damit steht Karthago außerhalb der Koine mediterraner Staaten, die zwar die Beschäftigung von Söldnern durchaus kannten, für die aber die Identität von Bürger- und Wehrgemeinde essentiell war.[7]

Da es zu Zeiten des Malchus noch ein Bürgerheer gab, andererseits der Bericht Herodots über die Schlacht von Himera bereits das voll ausgebildete Söldnerheer zu dokumentieren scheint, ferner Iustin über die Zeit des Mago sagt *ordinata disciplina militari*,[8] ist man zu folgendem, naheliegendem Schluß gekommen:[9] dieser Mago, der Nachfolger des Malchus, führte in der zweiten Hälfte des 6. Jhrdts. das Söldnerheer in Karthago ein. Die verschiedenen Versuche, diese tiefgreifende Änderung der Heeresstruktur zu erklären, spiegeln in ganz besonderer Weise die nicht mehr hinterfragten Vorstellungen wieder, die sich die Neuzeit vom karthagischen Staat gemacht hat.

---

[6] Die Existenz von Bürgertruppen wird immer wieder erwähnt, z. B. Gsell II 324 u. Huß 475 f., aber ihr Einsatz auf Krisensituationen reduziert. Vgl. e. g. G. Picard, Hannibal, Paris 1967, 20; HCP I 92; Meister, CAH VII$^2$ 1, 395: «As always in times of greatest tribulation, the population was called to arms ... although admittedly in comparison with the Greeks they were completely untried.» R. J. A. Talbert, Timoleon and the Revival of Greek Sicily, London 1974, 81: «they (scil. Plutarch und Diodor) suggest that the invading force was intended to be unusually formidable because a levy was made from Carthaginian citizens: according to Plutarch ([Tim.] 28, 11; cf. 30, 5) Carthage rarely sent her own citizens on campaigns.» Eine rühmliche Ausnahme bildet C. R. Whittaker, Klio 60, 1978, 338 A. 39: «Why anyone believes the Carthaginian army was mainly mercenary, is a mystery.» Er hat dabei vor allem den Einsatz von Untertanen, weniger den von Bürgertruppen im Auge.

[7] Heuß, RuK 114: «Der karthagische Bürger kennt keine Pflicht zum Dienst in einer Miliz, die im Umkreis der abendländischen Stadtstaaten selbstverständliche Verbindung von Bürgertum und Wehrhaftigkeit gibt es in Karthago nicht.» Cf. 106; J. Bleicken, Geschichte der römischen Republik, München 1980, 43: «daß die Phönizier ungern als Soldaten dienten und folglich das Milizwesen nur unvollkommen ausgebildet war.» W. Dahlheim, Die griechisch-römische Antike I, Paderborn 1992, 278: «Karthago selbst, das seine Kriege niemals mit seinen eigenen Söhnen geführt hat.» S. 11 zur Polis als Wehrgemeinschaft.

[8] Zum Bürgerheer bei Malchus s. 74 mit A. 28. Zu Mago haben wir nur Iust. 18, 7, 19: *Huic* (scil. Malcho) *Mago imperator successit, cuius industria et opes Karthaginiensium et imperii fines et bellicae gloriae laudes creverunt.* 19, 1, 1: *Mago, Karthaginiensium imperator, cum primus omnium ordinata disciplina militari imperium Poenorum condidisset viresque civitatis non minus bellandi arte quam virtute firmasset, diem fungitur.* Zu seiner Stellung S. 76 f.; über mögliche Befugnisse im Zusammenhang mit der Heeresreform spekuliert B. Wollner, Die Kompetenzen der karthagischen Feldherrn, Frankfurt 1987, 20.

[9] Zuletzt etwa W. Elliger, Karthago, Stuttgart 1990, 81.

Fast alle Erklärungen lassen die Reform des Mago aus den Erfahrungen mit Malchus erwachsen. Die Niederlage, die Malchus in Sardinien erlitt,[10] soll den Anlaß zur Einführung eines Söldnerheeres mit straffer Disziplin und großer Leistungsfähigkeit gegeben haben;[11] um weitere Eroberungen zu realisieren, habe man nach einer militärischen Struktur mit größerer Effizienz gesucht – und sie im Söldnerheer gefunden. Eine andere Überlegung lautet etwa so: da unter der Führung des Malchus die Bürgertruppen gegen ihre Heimatstadt revoltiert hatten, habe man eine Wiederholung durch die Schaffung eines politisch indifferenten Heeres – als Gegengewicht gegen ehrgeizige Pläne der Feldherren – verhindern wollen.[12] Manchmal wurde Mago als Tyrann griechischer Art gesehen, der seine Macht – ganz nach Tyrannenart – auf Söldner stützte: waren die Truppen politisch indifferent und von den innerkarthagischen Gruppierungen unabhängig, waren ferner die Karthager des Waffendienstes entwöhnt, so konnten sich die Bürger kaum gegen die Herrschaft der Magoniden auflehnen.[13]

Auf einer anderen Ebene liegen Argumente, die die Einführung des Söldnerheeres mit der von Mago geplanten expansiven Außen- und Handelspolitik begründen. Meltzer sagte,[14] ein solches Heer hätte nur bezahlt werden können, wenn die Bürgerschaft in Ruhe und mit Erfolg ihren Geschäften nachging; umgekehrt heißt es, Söldner seien verwendet worden, um eine ungestörte Entwicklung von Handel und Gewerbe zu gewährleisten: die Bürger sollten nicht mit dem Militärdienst belästigt, sondern zum Gelderwerb freigestellt werden.[15] Außerdem soll das Bürgerheer für die von den Magoniden beabsichtigte Expansion zu schwach gewesen sein,[16] hätte sein Einsatz in einem längeren Krieg die

---

[10] Iust. 18, 7, 1: *cum in Sicilia diu feliciter dimicassent, translato in Sardiniam bello amissa maiore exercitus parte gravi proelio victi sunt.*

[11] H. Volkmann, Der kleine Pauly III, München 1969, 888. Hier und im folgenden werden Literaturhinweise jeweils nur exempli gratia gegeben.

[12] V. Ehrenberg, RE XIV 1, 495; Meyer, GdA III 646 f.

[13] Gsell II 344; H. Lüdemann, Untersuchungen zur Verfassungsgeschichte Karthagos bis auf Aristoteles, Bottrop 1933, 41; vgl. Scullard, CAH VII$^2$ 2, 487, der generell Söldner als Mittel der Oligarchie sieht, den δῆμος von der Macht fern zu halten; ebenso B. H. Warmington, Carthage, London 1960, 124 f. Ähnlich auch P. A. Barceló, Atti II 1, 21 f., der die Söldner Magos im karthagischen Übersee-Imperium eingesetzt sehen will.

[14] I 195 f. Um nur ein Beispiel für die dann möglichen Interpretationen zu nennen: Gsell I 435 schreibt über Hamilkars Zug nach Sizilien, der 480 mit der Schlacht von Himera endete: «s'inspirant de la politique impérialiste de sa famille».

[15] A. H. L. Heeren, Ideen über die Politik, den Verkehr und den Handel$^4$ II 1, Göttingen 1825, 258; F. C. Movers, Die Phönizier II 2, Berlin 1850, 35; V. Ehrenberg RE XIV 1, 495 f.; id., Polis und Imperium, Zürich 1965, 556 f.; F. Decret, Carthage ou l'empire de la mer, Paris 1977, 82; G. T. Griffith, The Mercenaries of the Hellenistic World, Cambridge 1935, 208; W. Hoffmann, ANRW I 1, Berlin 1972, 346; Scullard, CAH VII$^2$ 2, 494.

[16] E. g. G. Bunnens, L'expansion phénicienne en méditerranée, Brüssel 1979, 306. Mit

positive Wirkung einer Erschließung neuer Märkte für die Wirtschaft wieder aufgehoben.[17]

Ein weiterer Erklärungsversuch setzt die Eroberung des karthagisch-magonidischen Reiches vor die Heeresreform; die karthagische Bevölkerung soll dann für die militärische Beherrschung des neuen Reiches nicht ausgereicht haben,[18] was die Anwerbung von Söldnern erforderlich machte. Von ähnlichen Gedanken geht eine ganz entgegengesetzte Überlegung aus: die Karthager hätten zwar einen Teil Libyens beherrscht, dabei aber versäumt, ihre libyschen Untertanen zu integrieren und an sich zu binden; daher habe Karthago seine afrikanischen Untertanen nicht in demselben Maße zum Heeresdienst heranziehen können, wie dies beispielsweise Rom bei den Italikern konnte.[19] Dies habe dann zur Notwendigkeit des Söldnerheeres geführt.

Die Einführung des karthagischen Söldnerheeres wird meistens mit Vorstellungen vom Händlerstaat oder mit besonderen Charakterzügen der phönizisch-punischen Volksgruppe motiviert.[20] Besonders deutlich ist das, wenn man von einer «spezifischen Auffassung» der Karthager «vom Krieg» spricht, «den man nur als ein anderes Mittel ansah, um Geschäfte zu betreiben» – eine Umkehrung der berühmten Maxime von Clausewitz.[21] Problematisch ist an diesen Erklärungen, daß sie von Voraussetzungen ausgehen, die eigentlich unbewiesen sind – um von der wissenschaftsgeschichtlichen Ableitung aus deutlich antisemitischen Vorstellungen ganz zu schweigen.

Die Versuche, das neue Söldnerheer bereits durch die Ereignisse um Malchus zu erklären, widersprechen einander zwar, sind aber in sich stimmig und lassen sich deshalb nicht auf Grund interner Kriterien widerlegen. Schwierig steht es allerdings mit manchen Voraussetzungen: die expansive Außen- und Handelspolitik Magos (seine Nachfolger, die das Söldnerheer ja schon von ihm übernommen haben müßten, darf man nicht mit in die Überlegungen einschließen) erklärt nicht

---

einer systematischen Expansionspolitik verbinden auch Mommsen, RG I 490 und A. Heuß, Propyläen Weltgeschichte III, Frankfurt 1962, 200 die Entstehung des Söldnerheeres. In diese Richtung ging es wohl auch, wenn W. Bötticher, Geschichte der Karthager, Berlin 1827, 57 von einer «auf Eroberung ausgehenden Handelsrepublik» spricht.

17 Huß 475 f. (vgl. auch 63); Gsell II 344.

18 Warmington (A. 13) 40; Elliger (A. 9) 98 f.

19 J. H. Thiel, A History of Roman Sea-Power before the Second Punic War, Amsterdam 1954, 334.

20 Miltner, RuK 221 f. Solche Interpretationen übersehen leicht, daß z. B. für Sidon, also eine phönizische Stadt, πολιτικοὶ στρατιῶται bezeugt sind, Diod. 16, 42, 2; s. 180 A. 136. Für die Existenz von Bürgertruppen in den phönizischen Städten Motya und Panormos spricht auch Diod. 13, 63, 4.

21 Picard, Karthago 202; Scullard, CAH VII$^2$ 2, 493 f.: «the average citizen preferred trading to fighting, and only accepted war as a means of protecting the city and its commerce».

die Ausschließlichkeit, mit der die Karthager Söldnertruppen benutzt haben sollen, sondern spräche bestenfalls für ein Nebeneinander von Söldner- und Bürgerheer. Man darf nicht ohne weiteres vermuten, daß die Mehrzahl der Bürger einer Stadt des 6. Jhrdts. so eng an Industrie oder Handel gebunden waren, daß ihre Verwendung im Heer einer bedeutenden Produktions- oder Gewinneinbuße gleichgekommen wäre. Noch weniger selbstverständlich ist es, daß die Politik eines archaischen Staates solchen Überlegungen gefolgt wäre, ja überhaupt die Mittel zur Berechnung des volkswirtschaftlichen Nutzens eines Söldnerheeres an der Hand gehabt hätte. Was wir ferner über Magos Stellung in Karthago wissen, läßt sich kaum mit dem Streben nach einer Tyrannis verbinden, die dann durch ein Söldnerheer gefestigt werden sollte.

Zu bedenken ist auch die fehlende Präzision unserer einzigen Quelle zur «Heeresreform» des Mago: unter einem Ausdruck wie *ordinata disciplina militari*[22] lassen sich viele, ganz verschiedenartige Phänomene subsumieren, sogar bis zu der Einführung einer Hoplitenphalanx aus Bürgern.[23] Die gängige Interpretation der Stelle ist daher nicht «evident», wie Ed. Meyer meinte; für sie spricht nur die Annahme, daß ein oder zwei Generationen nach Mago bei der Schlacht von Himera ein voll ausgebildetes Söldnerheer aufgetreten sein soll.[24] Daß diese Annahme nicht richtig ist, wurde bereits an anderer Stelle gezeigt;[25] auch sind einige Eigentümlichkeiten der karthagischen Militär- und Gesellschaftsstrukturen schwer mit der Existenz eines weitestgehend auf Söldner gestützten Heeres im späten 6. und frühen 5. Jhrdt. zu verbinden:

a) die Fortdauer von Privatkriegsformen bis ins 5. Jhrdt. entzieht einem wesentlichen Erklärungsmuster die Grundlage: eine Übertragung des Krieges an Fremde um der Wirtschaft willen verträgt sich nicht mit der privaten Ausübung des Geschäftes durch einzelne Aristokraten – die man ja gerade für die wichtigsten Träger der Wirtschaft hält.

b) Mindestens bis ins 4. Jhrdt., teilweise sogar noch länger, haben sich in Karthago Verhaltensformen erhalten, die für einen hohen Rang militärischen Könnens und militärischer Erfolge im Kanon der gesellschaftlichen Werte sprechen. Es gab eine Elitetruppe des Adels, deren Kampfkraft nur durch ständige Übung aufrecht zu erhalten war. Militärisches hatte also nicht nur eine hohe Bedeutung

---

[22] Zum Ausdruck – und zur Tradition, aus der eine solche Bemerkung stammen kann – vgl. Aristot. frg. 539 Gigon über Timomachos: πρῶτος μὲν πάντα τὰ πρὸς πόλεμον διέταξε Λακεδαιμονίοις. S. allgem. A. Kleingünther, πρῶτος εὑρετής, Leipzig 1933; K. Thraede, RhM 105, 1962, 158 ff. und speziell zum Militärischen D. Fourgous, ASNP 1976, 1123 ff.; zu Hellanikos, FGrHist 4 F 189 s. J. Rusten, ZPE 35, 1979, 48.

[23] Notwendigkeit der staatlichen Regie hierbei betont M. Stahl, Aristokraten und Tyrannen im archaischen Athen, Stuttgart 1987, 160.

[24] Deutlich gesagt von Meltzer I 194 f.; Meyer, GdA III 645 A. 2.

[25] S. 23 ff.

für den sozialen Rang, sondern muß auch einen großen Teil der Zeit des Adels in Anspruch genommen haben. Dies spricht zwar nicht zwingend gegen die Existenz eines Söldnerheeres, läßt sich aber nur schwer mit den modernen Versuchen, dessen Ursprung zu erklären, vereinbaren.

c) Wenigstens bis in die Mitte des 5. Jhrdts. war der Oberbefehlshaber der karthagischen Armee ein König, der seine Legitimation aus einem sakralen Charisma zog. Der direkte Konnex zwischen Königscharisma, Religion und Heer ist überhaupt nur dann von Bedeutung, wenn der größte Teil der Armee aus Soldaten bestand, die in dieser Vorstellungswelt aufgewachsen waren.[26] Eine große Zahl von Ausländern und die Einschaltung der für das Söldnerheer unabdingbaren Bürokratie waren kaum mit einer Monarchie von der Art der karthagischen zu vereinbaren.

Die literarische Überlieferung spricht von der Anwerbung eines Söldnerheeres zum ersten Mal im Jahr 410. In demselben Jahr ist auch zum ersten Mal ein gewählter Stratege an Stelle des Königs bezeugt. Nach der Einrichtung des Gerichtshofes der «Einhundertvier» in der Mitte des 5. Jhrdts. unterlagen die karthagischen Oberkommandierenden einer Rechenschaftspflicht. Es ist verlockend, die Einführung von Söldnern mit den anderen Änderungen zu verbinden, die die karthagische Wehrverfassung im 5. Jhrdt. durchmachte. Klar sind jedenfalls die funktionellen Verbindungen zwischen der Abschaffung des monarchischen Oberkommandos und der Anwerbung fremder Soldaten, weil jetzt die oben genannten Hindernisse für eine solche Neuerung entfielen.

d) Auch ein weiteres Indiz spricht dafür, daß die Karthager gegen Ende des 5. Jhrdts. zum ersten Mal ein bedeutendes Kontingent von Söldnern in ihren Dienst nahmen: die Münzprägung. In vielen Staaten wurden Münzen eingeführt, um die immer gleichartigen Soldzahlungen an fremde Truppen zu leisten.[27] Die ersten karthagischen Münzen wurden nicht für den Gebrauch in Libyen oder in

---

26 Im alten Israel läßt sich gut beobachten, daß sich professionelles Söldnerheer und religiös-charismatische Führung nicht vereinbaren lassen: das Verschwinden des sakralen Aspektes unter David ist mit seinem neu organisierten Heer zu erklären, s. F. Stolz, Jahwes und Israels Kriege, Zürich 1972, 202.

27 Für die allerersten Münzprägungen in Lydien angenommen von R. M. Cook, Historia 7, 1958, 260 f.; allgemein als einer der wichtigsten Gründe zur Einführung der Münze genannt bei C. M. Kraay, in: M. Radnoti-Alföldi (Hrsg.), Methoden der antiken Numismatik, Darmstadt 1989, 206 f.; O. Murray, Das frühe Griechenland, München 1982, 292 f. Vgl. S. C. Humphreys, Anthropology and the Greeks, London 1978, 45 f. Anders M. Price, FS Grierson, Cambridge 1983, 6. Daß die ersten numidischen Könige, die Münzen schlugen, ebenfalls die ersten waren, die ein stehendes Heer unterhielten, betont E. W. B. Fentress, Numidia and the Roman Army, London 1979, 55. – Bei der Frage nach dem karthagischen Söldnerheer kann man wohl ethnologische Curiosa wie die Balearen, die kein Geld nehmen durften, außer acht lassen (Diod. 5, 17, 4 [Timaios, FGrHist 566 F 164 S. 655]; Ps. Aristot. mir. 837 b 1–7).

Karthago selbst hergestellt, sondern in Sizilien geprägt. Sie stammen aus der Zeit kurz vor 406; die Verbindung mit der Vorbereitung des großen Feldzuges von 409 liegt daher auf der Hand.[28] Allgemein gelten denn auch Soldzahlungen als Anlaß der ersten karthagischen Prägungen.[29] Seltsamerweise fiel nie auf, welche Implikationen das Fehlen einer Prägung vor dieser Zeit hat: zusammen mit allen anderen Indizien kann dies nur bedeuten, daß der erste größere Einsatz von Söldnern in karthagischen Diensten erst im ausgehenden 5. Jhrdt. stattfand.[30]

Gibt es keinen Hinweis auf die Existenz eines karthagischen Söldnerheeres vor dem Ende des 5. Jhrdts., so muß die Frage nach seiner Entstehung, den sie begleitenden Umständen und ihrem Sinn neu gestellt – und aus dem bisher Gesagten einige Konsequenzen gezogen werden: so kann z. B. das Bild von der Stadt nicht stimmen, die schon sehr früh in ihrer Geschichte dem Kriegshandwerk eine Absage erteilte, um ganz dem friedlichen Handel zu leben.

Das Cliché von den Karthagern, die nur in Notsituationen zu den Waffen griffen, darf nicht einfach übernommen werden, sondern bedarf der Überprüfung, gegebenenfalls sogar eines positiven Beweises. Einzig Meltzer hat hier ein etwas differenzierteres Bild gezeichnet. Er ging von drei Entwicklungsstufen aus: in der Zeit vor Mago sollen die karthagischen Bürger noch den größten Teil des Heeres gestellt haben; bis ins vierte Jahrhundert hinein soll wenigstens der Adel (e. g. die «heilige Schar») an den Feldzügen teilgenommen haben, während spätestens die Punischen Kriege eine reine Söldnerarmee sahen, in der nur noch die Offiziersstellen von Karthagern besetzt wurden. Nur in der Flotte habe man noch längere

---

[28] G. K. Jenkins, SNR 53, 1974, 23ff. Das von ihm S. 31 notierte Fehlen von «fractional coins» in dieser Emission ist ein weiteres wichtiges Indiz für die Richtigkeit der Verbindung mit den Lohnzahlungen.

[29] E. g. M. Weber, Wirtschaft und Gesellschaft$^5$, Tübingen 1972, 811; Heuß, RuK 91; W. Schuller, Griechische Geschichte, München 1980, 33; Ch. G. Starr, Economic and Social Growth of Early Greece, New York 1977, 113; Y. Garlan, in: L. P. Marinovic, Le mercenariat grec et la crise de la polis, Paris 1988; XIII f.; id., Guerre et économie en Grèce ancienne, Paris 1989, 64 f.; Ph. Grierson, The Origins of Money, London 1977, 36 f. A. 15; C. M. Kraay, in: W. Heckel/R. Sullivan (Hrsgg.), Ancient Coins of the Graeco-Roman World, Waterloo 1984, 6 f.; Scullard, CAH VII$^2$ 2, 507; O. Mørkholm, Early Hellenistic Coinage, Cambridge 1991, 2; vgl. Meltzer II 109; Gsell II 324; A. R. Hands, in: L. A. Thompson/J. Ferguson (Hrsgg.), Africa in Classical Antiquity, Ibadan 1969, 96; L. M. Hans, Karthago und Sizilien, Hildesheim 1983, 125; Huß 492. – Garlan 56 f. spricht über das Fehlen des Geldes in Karthago, «sans que l'on puisse aucunement y voir un obstacle au développement des opérations guerrières», aber diese Bemerkung gilt allgemein der Kriegsführung, nicht der spezielleren Frage der Bezahlung von Söldnern. Der Einsatz fremder Währungen zu diesem Zweck, wie ihn Hans 231 A. 63 erwägt, ist immer nur partiell möglich.

[30] Hans (A. 29) 127 f. erklärt die ikonographische und metrologische Angleichung der frühen karthagischen Prägungen an griechische Vorbilder mit handelspolitischen Gründen; tatsächlich wird die Akzeptanz bei der Klientel, i. e. den Söldnern, der eigentliche Grund für die Nachahmung bereits eingeführter Münzen gewesen sein.

Zeit Bürger verwendet. Diese Vorstellung konnte sich aber nicht durchsetzen: ihr ist sofort mit der Bemerkung widersprochen worden, daß hier das militärische Engagement der karthagischen Bürger überschätzt werde.[31]

Weiter ist zu fragen, welche Rolle die Aushebung von Untertanen und der Einsatz von Verbündeten im karthagischen Militärwesen spielte, vor allem in welcher Beziehung so gebildete Truppenteile zu Söldnern standen; schließlich ist zu überlegen, in welchen Waffengattungen Söldner eingesetzt wurden, um so vielleicht einen Anhaltspunkt für ihre Bedeutung im Heeresverband und den Grund ihrer Verwendung zu bekommen.

## 2. Karthagische Bürger in Heer und Flotte

### 2.1 Karthagische Bürger im Heer

Will man wissen, in welchem Umfang karthagische Bürger im Heer dienten,[32] so ist das größte Problem die Unzuverlässigkeit der Überlieferung. Die Größenangaben für karthagische Heere sind notorisch überhöht;[33] frühestens für die Zeit des Agathokles kann man mit einigermaßen brauchbaren Zahlen rechnen.[34] Man kann also weder die Größenordnung des militärischen Einsatzes karthagischer Bürger in präzisen Zahlen ausdrücken, noch kann man eine präzise Relation zwischen der Zahl der Fremd- und der Zahl der Bürgertruppen herstellen. Diese Voraussetzung muß im Auge behalten werden, wenn jetzt die Nachrichten über eine militärische Verwendung von karthagischen Bürgern zusammengestellt werden.

Bis zum Jahr 410 gibt es keine verwertbaren Angaben in den Quellen. Ob im Winter des Jahres 410 eine Truppe von 5000 Karthagern in Sizilien eingesetzt wurde, ist unsicher.[35] Im Winter 410/09 jedenfalls wurde eine große Zahl von Karthagern für den Kriegsdienst eingeschrieben (Diod. 13, 44, 6: οὐκ ὀλίγους δὲ

[31] Meltzer I 196; II 119. Flotte: II 135; contra: Meyer, GdA III 646 A. 1. – Meltzer II 510 stützt sich hierbei auch auf Diod. 16, 81, 4: αὐτοὶ (scil. die Karthager nach der Schlacht am Krimisos) δ' ἔκριναν πολιτικοῖς μὲν σώμασι μὴ διακινδυνεύειν, μισθοφόρους δὲ ἀλλοεθνεῖς ἀθροίζειν ... C. B. Welles (ed. Loeb) übersetzt hier stark interpretierend: «not to risk the live of citizens in the future», was zwar dem von Meltzer angenommenen Einschnitt, aber nicht der Einstellung Diodors zur Frage der Söldner im karthagischen Heer entspricht.

[32] Vgl. kurz Gsell II 345.

[33] Wichtig hierzu schon K. J. Beloch, Die Bevölkerung der griechisch-römischen Welt, Leipzig 1886, 467.

[34] So bereits Meltzer II 116; für frühere Zeiten gibt es nur Schätzungen, auf die kein besonderer Verlaß ist, z. B. M. Märker, Die Kämpfe der Karthager auf Sizilien in den Jahren 409/5 v. Chr., Diss. Leipzig 1930, 14 ff.

[35] Diod. 13, 44, 1 ist von 5000 Libyern die Rede, die ibid. 4 als Καρχηδόνιοι bezeichnet werden; vgl. Huß 110 A. 19.

καὶ τῶν πολιτῶν κατέγραψεν), daneben wurden noch Libyer ausgehoben und Söldner angeworben.[36] – Im Jahr 406 wurden wiederum neben Söldnern und Untertanen τῶν πολιτικῶν τοὺς κρατίστους aufgeboten (13, 80, 3).[37] – Die Bedeutung der karthagischen Bürgertruppen ist ebenfalls für 399 belegt,[38] und auch am folgenden Krieg gegen Dionysios nahmen wieder πολιτικοὶ (scil. στρατιῶται) teil: dies ist ausdrücklich für 396 bezeugt (14, 75, 2).[39] Eine Idee von der Größenordnung dieser Abteilung kann vielleicht die Notiz vermitteln, daß ihr Feldherr sie mit 40 Trieren nach Karthago übersetzen ließ (14, 75, 4). – Im Jahr 383 wurden wieder Bürgertruppen ausgehoben (15, 15, 2): τῶν τε πολιτῶν τοὺς εὐθέτους κατέλεγον στρατιώτας.

Besonders wichtig für den ganzen Komplex ist eine Erzählung aus dem Jahr 379/8. Damals kam es zu unerklärlichen Erscheinungen in Karthago, weshalb die Karthager dachten, es sei ihren Feinden gelungen, in die Stadt einzudringen. Sie liefen mit Waffen aus den Häusern auf die Straßen, wo sie untereinander ein großes Blutbad anrichteten.[40] Bezeugt wird hier – zumindest für einen großen Teil der Bürgerschaft – der private Waffenbesitz, was nur dann verständlich ist, wenn der Einsatz dieser Bürger im Krieg zu den normalen Gepflogenheiten gehörte.

---

[36] Die Größenangaben für das Gesamtheer, Diod. 13, 44, 5 (= Ephoros, FGrHist 70 F 201; Timaios, FGrHist 566 F 103 [vgl. Xen. Hell. 1, 1, 37]) sind viel zu hoch, wie schon Meyer, GdA V 62 A. 1 sah; auch ist über das Verhältnis der einzelnen Verbände zueinander nichts gesagt. – Wie die Angaben aus Ephoros und Timaios in das Werk Diodors gelangten, ist umstritten, s. z. B. G. L. Barber, The Historian Ephorus, Cambridge 1935, 169 A. 2; K. F. Stroheker, Dionysios I., Wiesbaden 1958, 15; K. Meister, Die sizilische Geschichte bei Diodor, Diss. München 1967, 3 f.; 74 ff.; L. Pearson, Historia 33, 1984, 4 f.; 10. Beide hatten wohl das Werk des Philistos vor sich (Meyer, GdA V 61), dessen Zahlen sie in verschiedenem Maße vergrößerten (auch die niedrigeren Angaben des Timaios sind noch viel zu hoch angesetzt, Gsell II 332). – Die Zahlen bei Xenophon sind aus Timaios interpoliert, stellen also keine eigene Überlieferung dar, Beloch, GG II$^2$ 2, 255.

[37] Ihre Teilnahme an Kampfhandlungen wird noch erwähnt Diod. 13, 88, 3; 110, 6; 114, 2.

[38] Diod. 13, 41, 1 f. Dionysios will eine Seuche wegen der vielen Todesopfer unter der karthagischen Bevölkerung zum Anlaß für einen neuen Krieg nehmen; indirekt ist dies ein Zeugnis für die Bedeutung der Bürgertruppen im Gesamtheer. Vgl. auch Diod. 14, 74, 2; 15, 73, 1. – J. Seibert, FS Bengtson, Wiesbaden 1982, 84 meint allerdings, Dionysios habe bei dieser Überlegung nicht hinreichend berücksichtigt, daß das karthagische Heer ja größtenteils aus Söldnern bestanden habe. Gerade die entgegengesetzte Folgerung drängt sich auf.

[39] Dies Zeugnis behält auch dann seine Gültigkeit, wenn man die Geheimabsprache zwischen Dionysios und den Karthagern für eine Fiktion hält (Huß 133 A. 73), da sonst die Reaktion der karthagischen Untertanen in Diod. 14, 77, 1 nicht genügend motiviert wäre.

[40] Diod. 15, 24, 3: ταραχαὶ γὰρ καὶ φόβοι καὶ πανικοὶ θόρυβοι συνεχεῖς ἐγίνοντο κατὰ τὴν πόλιν παράδοξοι, καὶ πολλοὶ μὲν μετὰ ὅπλων ἐξεπήδων τῶν οἰκιῶν, ὡς πολεμίων εἰσπεπτωκότων εἰς τὴν πόλιν, καὶ πρὸς ἀλλήλους διαπολεμοῦντες, οὓς μὲν ἀνῄρουν, οὓς δὲ κατετραυμάτιζον. S. aus späterer Zeit App. Lib. 80, 373: πάντα (scil. ὅπλα), ὅσα δημοσίᾳ τε καὶ ἰδίᾳ ἕκαστος ὑμῶν ἔχει . . . ἡμῖν παράδοτε. – Vgl. zu einer ähnlichen Szene Xen. Hell. 5, 1, 22.

Die überlieferten Zahlen für die Aufgebote zur Zeit des Timoleon sind genauso wenig zuverlässig wie die früheren, da 70 000 Soldaten im karthagischen Heer ganz unglaubwürdig sind.[41] Das ist besonders bedauerlich, weil hier zum ersten Mal präzise Zahlen für den Anteil der Karthager am Heer genannt werden. Als die Griechen ihre Gegner den Krimisos überschreiten sahen, marschierten hinter den Streitwagen angeblich 10 000 Hopliten mit weißen Schilden (μυρίοις ὁπλίταις λευκάσπισι). Diese erwiesen sich durch ihre glänzende Rüstung, das langsame, sichere Vorgehen und die Ordnung beim Marsch als Karthager. Unter ihnen befand sich die «heilige Schar», 2500 oder 3000 Mann stark.[42] Die «heilige Schar» war also nicht das einzige Kontingent karthagischer Bürger bei diesem Heer; und wenn der ἱερὸς λόχος auch eine Eliteformation war, so unterschied sich seine Bewaffnung nicht wesentlich von der anderer Karthager.[43] Die Karthager standen in vorderster Front und wurden von den Griechen als besonders wichtiger Teil des Heeres verstanden (vgl. auch Diod. 16, 73, 3: εὐθὺς οὖν κατέλεγον τοὺς ἀρίστους εἰς τὴν στρατείαν). Die genaue Größe des Kontingents läßt sich nicht feststellen; es waren sicher über 3000 Mann, da so viel Karthager in der Schlacht gefallen waren (Plut. Tim. 28, 5 f.).

Mehr erfahren wir über die Zeit des Agathokles. Schon im Jahr 311 wurden 2000 Karthager für die erste Sizilienexpedition ausgehoben (Diod. 19, 106, 2: ἔδωκαν αὐτῷ [scil. dem Hamilkar] τῶν μὲν πολιτικῶν στρατιωτῶν δισχιλίους, ἐν οἷς ἦσαν πολλοὶ καὶ τῶν ἐπιφανῶν). Ihr Einsatz im Kampf wird später erwähnt (19, 108, 6). Die Ausdrucksweise Diodors zeigt, daß es sich nur um einen Teil der Bürgertruppen handelte. Weitere Truppen ließen sich noch in Afrika rekrutieren, wie sich bei der Invasion des Agathokles zeigte. Als er Karthago belagerte, warteten die Karthager das Eintreffen der Soldaten vom Lande (ἀπὸ τῆς χώρας) und aus den verbündeten Städten (τῶν συμμαχίδων πόλεων) nicht ab;[44] sie führten die Bürgertruppen ins Feld: etwa 40 000 Fußsoldaten, dazu 1000 Reiter und 2000 Streitwagen.[45] Bei den Kampfhandlungen werden Libyer (20, 12, 7) bzw. *pagani* er-

---

[41] Anders Huß 158; 163. Sicher kann wohl nur angenommen werden, daß das karthagische Heer größer war als das des Timoleon, vgl. Pol. 12, 26 a, 1 (Timaios, FGrHist 566 F 31).

[42] Plut. Tim. 27, 2 f.: τούτους ἐτεκμαίροντο Καρχηδονίους εἶναι τῇ λαμπρότητι τῆς σκευῆς καὶ τῇ βραδύτητι καὶ τάξει τῆς πορείας. Zum ἱερὸς λόχος s. 162 ff.

[43] Gewisse Unterschiede oder Markierungen muß es gegeben haben, da sonst die Identifikation dieser Toten nach der Schlacht (Diod. 16, 80, 5) nicht möglich gewesen wäre; generell zur Identifikation von Schlachttoten s. P. Vaughn, in: V. D. Hanson (Hrsg.), Hoplites, London 1991, 38 ff. Eine Beschreibung der Bewaffnung karthagischer Hopliten findet sich bei Plut. Tim. 28, 1.

[44] Meltzer II 494 meinte, daß hier nur Bündner und städtische Truppen genannt seien, die Formulierung ἀπὸ τῆς χώρας spricht deutlich für Libyer.

[45] Diod. 20, 10, 5, wo es weiter heißt: αὐτοὺς δὲ τοὺς πολιτικοὺς ἐξήγαγον εἰς ὕπαιθρον, ὄντας πεζοὺς μὲν οὐκ ἐλάττους τετρακισμυρίων, ἱππεῖς δὲ χιλίους, ἅρματα δὲ δισχίλια. Be-

wähnt.[46] Verschiedene Kampfeinheiten werden sich natürlich in Karthago aufgehalten haben, doch kann unter diesen Umständen kein Zweifel daran bestehen, daß das Heer vorwiegend aus karthagischen Bürgern bestand.

Aus praktischen Gründen ist an der Zahl der Streitwagen gezweifelt worden;[47] ebenso wurde die Gesamtzahl von 40000 verdächtigt: zum einen nennt Iustin weniger Soldaten,[48] zum anderen sei die Überlegenheit den Griechen gegenüber dann zu hoch – die karthagische Schlachtreihe hätte an beiden Flügeln weit über die des Agathokles hinausreichen müssen. Man rechnet daher manchmal mit einem Heer von nur 20000 Mann.[49] Hierzu gehörte auch die «heilige Schar» (Diod. 20, 10, 6); zwischen 1000 und 6000 Karthagern sollen in der Schlacht gefallen sein.[50]

Bormilkar, der während dieses Krieges versuchte, sich zum Alleinherrscher von Karthago aufzuschwingen, schickte τοὺς ἐπιφανεστάτους τῶν πολιτῶν auf einen Zug gegen die Nomaden, um in der Heimat freie Hand zu haben (Diod. 20, 43, 2). Die in Karthago verbliebenen Truppen entließ er nach einem ἐξετασμός und behielt nur noch 500 ihm ergebene Bürger und 1000 Söldner unter Waffen (20, 44, 1). Als er dann versuchte, sich der Stadt zu bemächtigen, heißt es (ibid. 5): οἱ Καρχηδόνιοι τῶν πολιτῶν πάντων συνδραμόντων ἐν τοῖς ὅπλοις ἀντεστρατοπέδευσαν τοῖς ἀφεστηκόσι. Wie im Jahr 379/8 zeigt sich, daß die karthagischen Bürger ihre Waffen unter eigener Aufsicht und im eigenen Besitz hatten.

Später stellte Karthago noch einmal eine Armee von 30000 Soldaten auf (Diod. 20, 59, 4); ein Teil des Heeres wurde zur Bewachung der Stadt zurückgelas-

---

merkenswert ist auch eine Passage in der Motivierung des Agathokleszuges, Diod. 20, 3, 3: τοὺς μὲν ἐν τῇ Καρχηδόνι τετρυφηκότας ἐν εἰρήνῃ πολυχρονίῳ καὶ διὰ τοῦτ' ἀπείρους ὄντας τῶν ἐν ταῖς μάχαις κινδύνων. Wie andere Bemerkungen Diodors zeigen, ist mit der εἰρήνη πολυχρόνιος die Zeitspanne seit dem letzten Krieg zwischen Karthago und Syrakus gemeint, nicht die Zeit eines dauernden Einsatzes von Söldnern durch die Karthager. Unter diesen Umständen gewinnt die Art seiner Begründung neue Bedeutung. Vgl. allerdings Meltzer II 509 zum rhetorischen Charakter hier und in Pol. 1, 68, 2.

46 Iust. 22, 6, 5: *obvius ei fuit cum XXX milibus paganorum Hanno.* Meltzer I 526 hält dies für einen Übersetzungsfehler aus ἐγχώριοι, was aber ein ungewöhnlicher Ausdruck für Καρχηδόνιοι wäre. H. J. W. Tillyard, Agathocles, Cambridge 1908, 111 A. 3 will mit Oros. 4, 6, 25 *Poenorum* konjizieren. Meltzer II 508 u. Gsell III 32 A. 2 verstehen den Ausdruck Libyer bei Diodor als Bezeichnung der Karthager (vgl. noch Gsell III 354 A. 7); dagegen wohl zu Recht M. Müller, Der Feldzug des Agathokles in Afrika, Diss. Leipzig 1928, 18.

47 S. 228ff.

48 Meltzer will allerdings im Iustintext schreiben: *XXX⟨X⟩*.

49 Müller (A. 46) 18f.

50 Diod. 20, 13, 1. Von 3000 Toten spricht Iust. 22, 6, 2. Nach Meister (A. 36) 146 stammt die niedrige Zahl bei Diodor aus Timaios, die hohe aus Duris. – Wenn Diodor die Truppenzahlen aus Ephoros und aus Timaios nebeneinander nennt, so ist die des Timaios immer niedriger; Meister hat daraus etwas unvorsichtig das methodische Prinzip gemacht, daß – auch ohne nähere Quellenangaben – die niedrigere Zahl immer aus Timaios stammt.

sen. Der Kontext legt allerdings die Vermutung nahe, daß es sich hier nicht ausschließlich um karthagische Bürger handelte.[51]

Die Quellen über den ersten punischen Krieg erwähnen den Einsatz karthagischer Bürger im Heeresdienst nicht – auch nicht während der Invasion des Regulus.[52] Auch die präzisen Angaben über die Zusammensetzung des im Jahr 241 meuternden Heeres zeigen, daß gegen Ende des ersten punischen Krieges keine karthagischen Bürgertruppen zum Heer gehörten (Pol. 1, 67, 7). Erst während des «Söldnerkrieges» tauchen wieder πολιτικαὶ δυνάμεις und πολιτικοὶ ἱππεῖς auf, und zwar mindestens 20000 Mann. Leichte Indizien gibt es dafür, daß auch im zweiten punischen Krieg karthagische Bürger in einem größeren Maß Kriegsdienst leisteten, als bisher angenommen wurde.[53]

### 2.2 Die karthagische Flotte

#### a. Vorbemerkung

Rüstete ein antiker Staat eine Flotte aus, so wurden Ruderer und Besatzung nicht immer ausschließlich von den Bürgern des betreffenden Staates gestellt; angeworbene Söldner konnten ebenso auf den Ruderbänken sitzen wie Sklaven.[54] Über einen längeren Zeitraum hin läßt sich die Zusammensetzung der Besatzungen nur in Athen kontrollieren; dort wurde der größte Teil der Ruderer von den freien Be-

---

[51] S. 193; 210.

[52] Die Aufstellung der Truppen in Pol. 1, 38, 7 kann suggerieren, daß nicht nur μισθοφόροι an den Kämpfen gegen Regulus teilnahmen; diese anderen Truppen waren aber nicht notwendig karthagische Bürger. Anders z. B. Meltzer II 116f., der zwei Drittel karthagischer Bürgertruppen annahm, Gsell II 348 A. 5; HCP I 92. Grundlage für diese Ansicht ist der Ausdruck φάλαγξ τῶν Καρχηδονίων, aber damit ist bloß die Armee des karthagischen Staates gemeint. Es ist auch nicht sicher, daß die Reiterei bei dieser Gelegenheit aus Bürgertruppen bestanden hat (anders Meltzer II 301; 508f.). Schon allein die große Prägung anläßlich der Regulusinvasion (H. R. Baldus, Chiron 12, 1982, 163ff.; 18, 1988, 171ff.) macht die Bedeutung der Söldner in diesem Abschnitt des Krieges deutlich.

[53] E. g. Pol. 7, 9, 1: πάντες Καρχηδόνιοι στρατευόμενοι μετ᾽ αὐτοῦ bei der Eidesleistung; cf. HCP II 45: «perhaps in a vast assembly, but more probably administered by officers.» Liv. 21, 5, 5: *stipendioque praeterito cum fide exsolvendo cunctis civium sociorumque animis in se firmatis.* Vgl. aber schon W. Weissenborn/H. J. Müller, Titi Livi ab urbe condita libri, 4. Band[10], Berlin 1921, 16, die meinen, daß Livius hier die römischen Einrichtungen vorschwebten. Selbstverständlich ist der Einsatz von Karthagern bei den Kämpfen in Afrika, s. e. g. App. Lib. 9, 35: Ἀσρούβας ... κατέλεγεν Καρχηδονίων τε καὶ Λιβύων ἐς ἑξακισχιλίους πεζοὺς ἑκατέρων.

[54] Thuk. 1, 143 ist sicher der berühmteste Beleg für Söldner als Ruderer. Sklaven: K. W. Welwei, Unfreie im antiken Kriegsdienst I, Wiesbaden 1974, 65ff.; 158ff.; II (1977) 113ff.; III (1988) 28ff. und ferner Y. Garlan, in: Actes du colloque d'histoire sociale, Besançon 1970, 35ff.; id., Actes du colloque 1972 sur esclavage, Besançon 1974, 17ff.; vgl. B. Jordan, The Athenian Navy in the Classical Period, Berkeley 1975, 260ff.

wohnern Attikas gestellt; alles andere waren Ausnahmen.[55] In Analogie hierzu geht man in der Regel davon aus, daß in Karthago und anderswo die Flotte ebenfalls von der Bürgerschaft bemannt wurde.[56] Für Karthago wird das schon deshalb wahrscheinlich, weil bereits in Phönizien die Flotten von Bürgern bemannt wurden.[57] Polybios unterscheidet bei dem Vergleich der karthagischen und römischen Wehrkraft Flotte und Heer; während er beim Heer den Römern größere Kampfkraft attestiert, schreibt er über die Kriegsmarine: «so sind die Karthager begreiflicherweise zur See besser geübt und gerüstet, da sie auf diesem Gebiet eine lange Erfahrung haben und mehr als irgendjemand sonst ein Seefahrervolk sind» (übers. Drexler).[58] Polybios geht ganz deutlich davon aus, daß die Karthager selber die Besatzungen der Flotte stellten. Von Schiffen der Verbündeten ist nie die Rede;[59] manche Stadt hat offenbar gar keine eigene Kriegsflotte besessen.[60] Die Verwendung von Sklaven oder Fremden ist auf Ausnahmesituationen beschränkt und nicht

---

55 R. L. Sargent, CPh 22, 1927, 264ff.; M. Amit, Athenaeum 40, 1962, 157ff.; id., Athens and the Sea, Brüssel 1965, 29ff.; R. Meiggs, The Athenian Empire, Oxford 1972, 439ff.; vgl. Jordan (A. 54) 213ff.; J. S. Morrison, JHS 104, 1984, 48ff.; E. Ruschenbusch, Historia 28, 1979, 106ff.

56 Meltzer II 135f.; Gsell II 450; 452f.; Taeger, RuK 58; Miltner, RuK 216; Stroheker (A. 36) 66; Huß 479 A. 41; J. B. Tsirkin, RSF 14, 1986, 139; P. Bartoloni, in: I Fenici. Ausstellungskatalog Venedig 1988, 216; R. O'Connell, Of Arms and Men, Oxford 1989, 76; gegen die Verwendung von Libyphoinikes in der Flotte auch de Sanctis III 1, 42 A. 119. Thiel (A. 19) 307f. akzeptiert eine Verwendung von Karthagern in der Flotte nur für Notsituationen, also in Analogie zur allgemeinen Ansicht über den Heereseinsatz karthagischer Bürger.

57 J. Elayi, RN 26, 1984, 40ff.; ead., Recherches sur les cités phéniciennes à l'époque perse, Neapel 1987, 57 in Interpretation einiger Münzen aus Byblos.

58 Pol. 6, 52, 1: τὸ μὲν πρὸς τὰς κατὰ θάλατταν, ὅπερ εἰκός, ἄμεινον ἀσκοῦσι καὶ παρασκευάζονται Καρχηδόνιοι διὰ τὸ καὶ πάτριον αὐτοῖς ὑπάρχειν ἐκ παλαιοῦ τὴν ἐμπειρίαν ταύτην καὶ θαλαττουργεῖν μάλιστα πάντων ἀνθρώπων.

59 Meltzer II 80; Gsell II 295; 297 cf. 444 A. 2; anders Huß 479 A. 42, der m. E. zuviel Gewicht auf Liv. 21, 50, 2f. legt: *contra eludere Poenus et arte non vi rem gerere naviumque quam virorum aut armorum malle certamen facere, nam ut sociis navalibus adfatim instructam classem, ita inopem milite habebant.* Der Terminus *socii navales* bezeichnet bei Livius schon ganz undifferenziert die Besatzung, s. Meltzer II 517; W. W. Tarn, in: J. E. Sandys (Hrsg.), Companion to Latin Studies, Cambridge 1910, 493; Thiel (A. 19) 12. Anders als Tarn, JHS 27, 1907, 57 A. 44 meine ich, daß man der Existenz von Hafenanlagen in Hippou Akra (Zon. 8, 16, 3 [I 171 Boissevain]; App. Lib. 110, 520) und anderswo für diese Frage keine Bedeutung beimessen darf. – Wenn Diod. 20, 55, 3 schreibt, Agathokles habe in einer «Seeschlacht» die Bewohner von Hippou Akra besiegt, so ist nicht zu eruieren, was sich dahinter verbirgt, da Agathokles in der betreffenden Zeit selbst so gut wie keine Flotte besaß.

60 In dem ausführlichen Bericht Diodors über die Belagerung von Motya tauchen keine Kriegsschiffe im Besitz der Eingeschlossenen auf, die deren Situation ja wesentlich verändert hätten. J. I. S. Whitaker, Motya, London 1921, 77 A. 2 schließt daraus, daß Motya keine eigene Kriegsflotte hatte.

vor dem zweiten punischen Krieg bezeugt.[61] Als Scipio im zweiten punischen Krieg bei Tunis lagerte, bemannten die Karthager noch einmal eine Flotte (Pol. 14, 10, 4); die Mannschaft muß von den Bewohnern der Stadt gestellt worden sein. Nicht zuletzt die bekannte und oft betonte Leistungsfähigkeit der karthagischen Ruderer[62] wurde als Beleg dafür gewertet, daß diese aus den «gens de métiers»[63] der großen Hafenstadt stammten. Zusammengenommen beweist das nicht, daß die karthagische Flotte ausschließlich von Bürgern bemannt wurde; mehr als wahrscheinlich ist aber, daß wenigstens der größte Teil der Besatzungen aus Karthago selbst kam.[64]

b. Die karthagische Flotte bis zum ersten punischen Krieg

Bei der Schlacht von Alalia im Jahr 535 finden wir 60 karthagische Schiffe (Hdt. 1, 166, 2). Die Zahl ist nicht über jeden Zweifel erhaben: für sie spricht, daß die punische Flotte offenbar Verbände genau dieser Größe kannte;[65] gegen sie spricht, daß die anderen an der Schlacht beteiligten Mächte – Etrusker und Phokaier – ebenfalls je 60 Schiffe eingesetzt haben sollen.

Bis zum Jahr 410 liegen dann keine verwertbaren Angaben mehr vor; in diesem Jahr werden 60 Kriegsschiffe zum Zug nach Sizilien geschickt (Diod. 13, 54, 1: μακρὰς μὲν ἑξήκοντα ναῦς ἐπλήρωσε).[66]

---

[61] Sklaven: App. Lib. 9, 35; vgl. noch Liv. 23, 26, 4 f.; 28, 37, 4; 46, 7. Wie Gsell II 449 A. 5 bemerkte, trägt Liv. 26, 20, 9 *(classis ipsa turba navali mixta ex omni genere hominum)* nichts bei.

[62] Diod. 20, 6, 2; Pol. 1, 46, 12; 51, 4; Dio 11, frg. 43, 17 (I 153 f. Boissevain); Zon. 8, 11, 2 (I 153); Liv. 30, 10, 3; für die Steuerleute s. Pol. 1, 54, 6. Auch Pol. 1, 27, 1 ist nur dann mehr als ein Stück Rhetorik, wenn die Schiffsbesatzungen aus Karthagern bestanden.

[63] Gsell II 452 f.

[64] Ohne jeden Rückhalt in den Quellen ist Mommsen, RG I 505: «sämtlich Staatssklaven» (so auch U. J. H. Becker, in: J. S. Ersch/J. G. Gruber [Hrsgg.], Allgemeine Encyclopädie der Wissenschaften und Künste I 1, Leipzig 1830, 94); vgl. M. Beike, Kriegsflotten und Seekriege in der Antike², Berlin 1990, 112: «Die Ruderer waren durchweg Sklaven, was sich in den Seegefechten mit den Römern nachteilig auswirkte. Matrosen und Soldaten waren gewöhnlich Söldner und die Offiziere Karthager.» Verwendung von Bündnern als Ruderer: Gsell II 450; Warmington (A. 13) 70 f. Scullard, CAH VII² 2, 497 ist ganz unentschieden: normalerweise seien die Besatzungen aus Karthagern gebildet worden, vielleicht seien aber auch die libyphönikischen Städte herangezogen worden, Ergänzungen habe es durch unterworfene Völker gegeben (Beispiele hierfür lassen sich aber nur in Iberien während des zweiten punischen Krieges finden).

[65] R. Rebuffat, Semitica 26, 1976, 74 zitiert den Periplous des Hanno; Diod. 13, 54, 1; Liv. 23, 32, 5. Die doppelte Anzahl von Schiffen: Diod. 13, 80, 1; 24, 1, 7; Xen. Hell. 1, 5, 21; Iust. 18, 2, 1. In diesem Kontext wären wohl auch noch die verschiedenen 30er Gruppen anzuführen: e. g. Diod. 20, 32, 4; 61, 5; 22, 8, 3. Diese richtige Beobachtung kann aber nicht davon ablenken, daß die von Rebuffat ansonsten vertretene These verfehlt ist.

[66] Erwähnungen von Handels- bzw. Lastschiffen werden im folgenden nicht berücksichtigt: a) diese Schiffe haben in der Regel eine sehr niedrige Besatzungszahl; b) die Überliefe-

Bei der Überfahrt nach Sizilien im Jahr 406 werden neben den Frachtschiffen auch Kriegsschiffe genannt: Καρχηδόνιοι... τάς τε τριήρεις πάσας (Xen. Hell. 1, 5, 21 nennt 120 Schiffe als Gesamtzahl) κατήρτιζον... 40 Trieren wurden nach Sizilien vorausgeschickt, von denen die Karthager 15 in einer Schlacht verloren. Mit 50 weiteren Schiffen versuchten sie, von Karthago aus den siegreichen Syrakusanern nachzusetzen (Diod. 13, 80, 6 f.).[67] Später werden noch einmal 40 Trieren erwähnt (13, 88, 4). In der Zeit von 399–396 hatte Karthago immer noch mehr als 100 Trieren (14, 50, 1: τὰς ἀρίστας τῶν τριήρων ἑκατόν), insgesamt angeblich mehr als 400 Kriegsschiffe (14, 55, 4), wobei die Mehrzahl hier wohl zu den kleinen und kleinsten Schiffstypen gezählt werden muß,[68] wenn man nicht sofort annehmen will, daß diese auf Ephoros beruhenden Zahlen maßlos übertrieben sind.[69] Im Jahr 396 fahren mehr als 250 Kriegsschiffe bei einer Demonstration karthagischer Stärke in den großen Hafen von Syrakus.[70] Etwas später im Jahr eroberten die Syrakusaner 50 karthagische Pentekonteren und einige Trieren (14, 73, 2). Etwas später, 368/7, können die Karthager nach einem Brand ihrer νεώρια noch 200 Schiffe (ναῦς) bemannen (15, 73, 4).

Am Anfang des Krieges gegen Timoleon ist eine Flotte von 150 Trieren gut bezeugt;[71] kleinere Unterabteilungen manövrierten manchmal getrennt.[72] Gegen

---

rung der Zahlen, die hier teilweise in die Tausende geht, ist besonders oft anzuzweifeln; sie hängt von den übertriebenen Vorstellungen zur Größe karthagischer Heere ab. Vgl. Märker (A. 34) 14 f.

[67] Vgl. Märker (A. 34) 14 A. 2 zur Gesamtzahl; er erörtert die Frage, ob z. B. die 25 Schiffe der Voraustruppen, die die Schlacht überstanden, in den 50 enthalten sind, und ob Xenophon zuverlässig ist. M. E. basiert auch diese Zahl bei Xenophon auf Timaios, also – anders als bei den Lastschiffen – auf brauchbarer Überlieferung.

[68] K. Lehmann-Hartleben, Die antiken Hafenanlagen, Leipzig 1923, 138. Vgl. auch die sehr allgemeine Formulierung Diod. 14, 59, 7: σὺν ταῖς ὁλκάσι καὶ ταῖς ἄλλαις ταῖς ἐπικώποις, οὔσαις χαλκεμβόλοις. Huß 132 A. 62 schließt daraus, daß «ein Teil der karthagischen Lastschiffe auch als Schlachtschiffe Verwendung finden konnte». Auch wenn die Annahme aus technischen Gründen ganz unwahrscheinlich ist, so denkt man bei dieser Wendung doch an die immer noch nicht abgeschlossene Interpretation der Wracks von Marsala (Lit.: 136 A. 96). Die ὁλκάδες sind aber deutlich von den anderen Ruderschiffen abgesetzt: der Nachsatz οὔσαις χαλκεμβόλοις bezieht sich nicht mehr auf sie.

[69] Diod. 14, 55, 4 (Ephoros, FGrHist 70 F 204; Polyain 5, 2, 9 stammt ebenfalls aus dieser Quelle). Vgl. Jacoby ad loc.: «die unsinnig hohen Zahlen zeigen nur, wie fern E der Westen liegt.» 14, 56, 1 sind es dann schon 600 Schiffe, 14, 59, 7 immer noch 500 (m. E. ist es verfehlt, wenn Meister [A. 36] 90 hier Timaios als Grundlage annehmen will; vgl. 193 A. 50). C. R. Whittaker, in: P. Garnsey/C. R. Whittaker (Hrsgg.), Imperialism in the Ancient World, Cambridge 1978, 67 meint wegen der Höhe der Zahl, daß auch Schiffe anderer Staaten beteiligt gewesen sein müßten.

[70] Die Bedenken gegen die Schiffszahlen an dieser Stelle betreffen in erster Linie die Zahl der Handelsschiffe, s. Meltzer I 297; Meyer, GdA V 108 A. 1; Stroheker (A. 36) 208 A. 88.

[71] Anaximenes, Rhet. 1429 b 18–22 (Aelian v. h. 4, 8 kann hiervon abhängen, wie Talbert

Ende dieses Konfliktes umfaßte die karthagische Flotte 200 Trieren (Plut. Tim. 25, 1; Diod. 16, 77, 4), von denen wenigstens einige erst während des Krieges gebaut wurden (16, 73, 3). Die 70 Schiffe, die Plut. Tim. 30, 2 erwähnt, bildeten sicher nur einen Teil des großen Aufgebotes.

Für die Zeit des Agathokles-Krieges liegen für die Größe der Flotte folgende Zahlen vor: im Jahr 312 hatten die Karthager wenigstens 60 Kriegsschiffe in Sizilien (Diod. 19, 102, 8), von denen die 50 σκάφη, mit denen sie in den Hafen von Syrakus eindrangen, wohl zu trennen sind (19, 103, 4 cf. 5). Im folgenden Winter wurden in Karthago 130 Trieren ausgerüstet, von denen 60 bei der Überfahrt nach Sizilien sanken (19, 106, 2f.). Als Agathokles aus Syrakus mit 60 Trieren nach Afrika übersetzen wollte, wurde er zuerst von den Karthagern πολλαπλασίαις τριήρεσι daran gehindert (20, 5, 1f.). Der Hafen von Syrakus wurde später mit 30 Schiffen blockiert (20, 32, 4; 61, 5). Daß die Größe der karthagischen Flotte in dieser Zeit nicht über 200 Schiffen lag (σκάφη u. dgl. nicht mit eingerechnet), macht ein Plan des Agathokles deutlich: um den Import sizilischen und sardinischen Getreides nach Karthago zu verhindern, will er 200 Tetreren und Hexeren bauen (21, 16); die beabsichtigte Flotte mußte nach Ansicht des Agathokles den Karthagern nicht nur hinsichtlich der Zahl, sondern auch hinsichtlich der Typen überlegen gewesen sein.[73]

Für die Jahre bis zum ersten punischen Krieg fließen unsere Quellen spärlicher. Zur Zeit des Pyrrhos boten die Karthager den Römern die Hilfe einer 120 oder 130 Schiffe starken Flotte an;[74] die 100 Schiffe, mit denen kurz darauf der Hafen von Syrakus blockiert wurde, werden zu dieser Gruppe gehört haben.[75]

Überblickt man diese Zahlen, so kommt man in etwa zu folgendem Ergebnis: die normale Größe der karthagischen Flotte lag bei 120–130 Schiffen; in besonderen Notsituationen konnte es auch einmal zu einem Aufgebot von 200 Schiffen kommen.[76] Diese Zahlen können noch von einer anderen Seite gestützt werden:

---

[A. 6] 63 A. 2 meint); Plut. Tim. 17, 2; Diod. 16, 67, 2; 69, 3. Vgl. aber Beloch, GG III$^2$ 1, 584 A. 2.

[72] Plut. Tim. 9, 2; Diod. 16, 68, 5.

[73] Das – in seiner Historizität umstrittene – Flottenbauprogramm Alexanders sollte 1000 Schiffe umfassen; moderne Alexanderhistoriker sehen hinter dieser Zahl auch eine Vorbereitung auf die Auseinandersetzung mit Karthago; statt vieler: F. Schachermeyr, Forschungen und Betrachtungen, Wien 1974, 308f.

[74] Val. Max. 3, 7, 1; Iust. 18, 2, 1. Die Zahl soll nach R. E. Mitchell, Historia 20, 1971, 653 A. 93 zu hoch sein; cf. B. Scardigli, I trattati Romano-cartaginesi, Pisa 1991, 175ff.

[75] Diod. 22, 8, 1. Zweifel an der Zahl: D. Roussel, Les Siciliens entre les Romains et les Carthaginois à l'époque de la première guerre punique, Paris 1970, 12f.; vgl. auch Meltzer II 234; I. A. Vartsos, Kokalos 16, 1970, 91f.; P. Lévêque, Pyrrhos, Paris 1957, 458 A. 3.

[76] Tarn (A. 59) 49. Vgl. bereits Heeren (A. 15) 255. In eine solche Größenordnung führt auch Aristoph. Equ. 1303f., wo attische Trieren miteinander reden: φασὶν αἰτεῖσθαι τιν' ἡμῶν ἑκατὸν ἐς Καρχηδόνα / ἄνδρα μοχθηρὸν πολίτην ὀξίνην Ὑπέρβολον.

wir kennen den karthagischen Kriegshafen, Kothon genannt, durch die Beschreibung Appians (Lib. 96, 453) und die Ausgrabungen englischer Archäologen. Dieser Hafen ist schon im 4. Jhrdt. benutzt worden (vgl. den Brand der νεώρια), und zwar in etwa derselben Größenordnung wie in späterer Zeit.[77] Appian sagt, der Hafen habe für 220 Schiffe Platz geboten. Die modernen Ausgrabungen haben ihn zwar in fast jeder Hinsicht bestätigt, doch ist die Zahl vielleicht etwas zu hoch gegriffen: auf der sogenannten Admiralsinsel gab es ca. 30 Schiffshäuser;[78] die außen umliegenden νεώρια können kaum mehr als 150 Schiffe beherbergt haben.[79] Damit ergibt sich etwa dieselbe Größenordnung wie bei den bekannten Flottenstärken – und die Einheitlichkeit der Zahlen ist ein gutes Indiz für die Qualität der Überlieferung.[80]

### c. Die karthagische Flotte im ersten punischen Krieg

Die Größe der karthagischen Flotten während des ersten punischen Krieges bedarf einer etwas ausführlicheren Untersuchung, da die lange Zeit kanonische Ansicht von Tarn in einem wesentlichen Punkt vor kurzem angegriffen worden

---

[77] E. g. H. Hurst, AntJ 56, 1976, 180f.; 57, 1977, 233ff. In dieser Zeit müssen die Schiffshäuser im wesentlichen Holzkonstruktionen gewesen sein; die steinerne Version datiert Hurst an die Wende vom 3. zum 2. Jhrdt; daß dies für einen Kriegshafen nicht möglich ist, hat F. Rakob, RM 94, 1987, 335f. A. 13; id. in: F. Rakob u. a., Karthago I, Mainz 1991, 228 A. 91 sehr zu Recht betont. Verfehlt ist es, wenn R. Duncan-Jones, Structure and Scale in the Roman Economy, Cambridge 1990, 36 die Zahl der Docks auf Handelsschiffe bezieht.

[78] H. Hurst, AntJ 55, 1975, 22.

[79] So jetzt auch S. Lancel, Carthage, Paris 1992, 196f. Der Durchmesser des Hafens betrug 300 m, d. h. er hatte einen Umfang von etwa 942 m; davon gehen mindestens 10 m für eine Landungsbrücke und 20 m für den Eingang ab; für die Schiffshäuser können danach kaum mehr als 910 m zur Verfügung gestanden haben. Bei 6 m Breite für ein Schiffshaus (kleine Schiffshäuser auf der Insel waren 5,9 m, große 7,4 m breit) bleibt Platz für 152 Schiffshäuser. Das gilt nur bei kompletter Bebauung, was z. B. an der Seeseite zu Schwierigkeiten geführt haben könnte, Rakob, Karthago (A. 77) 233. Weniger als 220 Schiffe nehmen auch Picard, Karthago 36; Elliger (A. 9) 27 an; S. E. Tlatli, La Carthage punique, Paris 1978, 65 spricht von 201 Schiffshäusern; von ca. 190 geht auch Scullard, CAH VII$^2$ 2, 497 aus. Lehmann-Hartleben (A. 68) 113 hält in Athen variable Größen der Schiffshäuser für möglich und versucht 142 Appians Text für Karthago mit Hilfe dieser Annahme zu erklären; variable Größen für Schiffshäuser finden sich auch in Rhodos, D. Blackmann/P. Knoblauch, Akten XIII. Int. Kongr. Archäol. Mainz 1990, 499. Vgl. aber Vitr. 5, 12, 7, wo die Ausrichtung von Schiffshäusern nach den größten Schiffstypen gefordert wird.

[80] Neben kleinen Kähnen werden an Typen genannt: Pentekonteren, Trieren, Penteren und eine Heptere (Beuteschiff). Aristoteles soll erklärt haben, die Karthager hätten die Tetrere erfunden (Plin. n. h. 7, 208; Clem. Alex. Strom. 1, 16, 75 [F 600 Rose, cf. 924 Gigon]). Dies wurde bereits von Meyer, GdA V 95 A. 2 angezweifelt; daß unsere Überlieferung eine Tetrere nur Pol. 1, 47, 5; Liv. 21, 22, 4; 30, 25, 5 nennt, trägt nicht gerade zur Glaubwürdigkeit des «Aristoteleszitates» bei. Die Bedenken werden auch nicht von J. S. Morrison, C & M 41, 1990, 36f. ausgeräumt.

ist.[81] Leider gibt es für die ganze Zeit des Krieges keine Angabe, die expressis verbis die gesamte Flottenstärke Karthagos nennen würde. Arbeitshypothese ist, daß die Schiffszahlen für die großen Schlachten des Krieges in etwa den Gesamtbestand der karthagischen Flotte zum jeweiligen Zeitpunkt darstellen.

Vor der Schlacht von Mylai werden nur kleinere Kontingente genannt, einmal 20 und einmal 50 Schiffe (Pol. 1, 21, 4ff.; 10f.). Der größte Teil dieser 50 Schiffe ging im Kampf gegen die Römer verloren.

Im Jahr 259 hatten die Karthager bei der Schlacht von Mylai 130 Schiffe (Pol. 1, 23, 3); davon büßten sie ca. 50 im Gefecht ein.[82] Weitere Schiffe gingen noch im selben Jahr bei Sardinien verloren (1, 24, 6). Über die Zusammensetzung der karthagischen Flotte in dieser Zeit ist wenig bekannt; das Flaggschiff war eine Heptere, daneben gab es vor allem Penteren und Trieren.[83] Von der bei Mylai geschlagenen Flotte behielten die Karthager also 80 Schiffe; mit einigen verstreuten Exemplaren werden sie insgesamt noch etwa 100 gehabt haben.[84] Nimmt man die von Polybios genannte Zahl der von Karthago im ganzen Krieg verlorenen Schiffe ernst (1, 63, 6), so müßten sie in Sardinien wenigstens 40 Schiffe (mit Mannschaften?) verloren haben, so daß sie am Ende des Jahres 259 höchstens noch 60 Kriegsschiffe besaßen.

Wieviel Schiffe an der Schlacht von Tyndaris teilnahmen, ist unbekannt.[85] Acht karthagische Einheiten wurden versenkt, zehn von den Römern gekapert.

Das eigentliche Problem für die Flottenzahlen des ersten punischen Krieges stellen die Angaben zu den Schlachten von Eknomos und Hermaia dar. Die

---

81 Tarn (A. 59) 48ff.; G. K. Tipps, Historia 34, 1985, 432ff.

82 Pol. 1, 24, 10. Dagegen spricht Diod. 23, 10, 1 von 200 Schiffen; contra: de Sanctis III 1, 127 A. 70. Die annalistische Überlieferung ist in Bezug auf die Verluste präziser als Polybios. Eutrop 2, 20, 3: *triginta et unam naves cepit, quattuordecim mersit, septem milia hostium cepit, tria milia occidit.* Oros. 4, 7, 10: *triginta et unus naves eius captae, tredecim mersae, tria milia hominum occisa, septem milia capta referuntur.* Die entsprechenden Angaben bei Auct. vir. ill. 38, 1 stehen nur in der Handschrift A, sind also interpoliert. Die Duilius-Inschrift, Dessau 65, ist in diesen Teilen zu zerstört, um Hilfe geben zu können: *nave[is cepe]t cum socieis septer[esmom unam, quiqueresm]osque triresmosque naveis X[XX, merset XIII].* Außerdem ist nicht auszuschließen, daß die Inschrift bereits auf der annalistischen Tradition beruht; s. 142f. A. 11. Vgl. allgemein zur livianischen Tradition hier A. Lippold, RhM 97, 1954, 263. – Meltzer II 565 versuchte, die Zahl des Polybios auch bei den Annalisten wiederzufinden; seiner Ansicht nach ist die *XIII* der Manuskripte aus einer *XIX* hervorgegangen. Dies müßte allerdings in einem sehr frühen Stadium der Überlieferung geschehen sein, da die Zahlen der toten und gefangenen Karthager aus den Verlustzahlen der Schiffe berechnet sind (Multiplikation mit 230); vgl. F. Münzer, RE V 2, 1780.

83 Trieren nur in Dessau 65.

84 Tarn (A. 59) 51 zählt des weiteren die 17 Prisen aus Pol. 1, 21, 8f. hinzu; es ist aber nicht auszuschließen, daß diese Schiffe schon an der Schlacht von Mylai teilnahmen oder unter den hier willkürlich angesetzten Reserven zu suchen sind.

85 Pol. 1, 25, 1ff.; Polyain 8, 20; vgl. Thiel (A. 19) 202; willkürlich ist die Annahme von Tarn (A. 59) 52, die Karthager hätten hier etwa 100 Schiffe gehabt.

Römer sollen jeweils über 300 Schiffe in die Schlacht geführt haben, die Karthager bei Eknomos ca. 350. Solche Größenordnungen sind für die Zeit vor dem ersten punischen Krieg – und auch lange darüber hinaus – ohne Parallele (vgl. Pol. 1, 63, 5). Deswegen sind die entsprechenden Angaben auch verdächtigt worden, zumal man im Zusammenhang mit der Schlacht von Hermaia eine Unstimmigkeit bei Polybios findet. Die Römer, so heißt es zum Jahr 255, seien mit 350 Schiffen nach Libyen gesegelt;[86] dort kaperten sie in der Schlacht 114 von insgesamt 200 karthagischen Schiffen (1, 36, 8 ff.). Bei der Rückfahrt nach Sizilien seien alle 364 römischen Einheiten in einen Sturm geraten, den nur 80 überstanden. Die Zahl «364» bei Polybios macht klar, daß die Römer die 114 karthagischen Schiffe mit nach Sizilien nehmen wollten. An einer Stelle liegt also ein Fehler: entweder waren die Römer nur mit 250 Schiffen nach Afrika gekommen (250 + 114 = 364); dann wären auch die Zahlen für Eknomos entsprechend zu korrigieren;[87] man kann aber auch annehmen, daß insgesamt 464 Schiffe in den Sturm geraten sind (350 + 114), der Fehler also an dieser Stelle liegt. Diese Theorie ist zuletzt vertreten worden, da sie den Vorteil hat, Polybios nur an einer Stelle korrigieren zu müssen, die Zahlen für Eknomos jedoch unangetastet lassen kann.[88] Die Frage ist nur, ob 350 römische Schiffe in der Schlacht von Hermaia einen Sinn ergeben.

Zweierlei spricht m. E. dagegen: das römische Ziel dieser Expedition und die karthagischen Vorbereitungen, um ihr entgegenzutreten. Anders als bei der Schlacht von Eknomos beabsichtigten die Römer diesmal keine Invasion Afrikas, sondern wollten einige tausend Soldaten retten, die sich nach dem mißglückten Unternehmen des Regulus noch in Afrika hielten. Hierzu brauchte man nicht die größte Flotte des ganzen Krieges. Des weiteren sagt Polybios, daß die Karthager von dem römischen Flottenbau und seinem Zweck wußten und ihre eigenen Rüstungen danach ausrichteten.[89] Wenn sie sich mit insgesamt 200 Schiffen begnüg-

---

[86] In Afrika befanden sich möglicherweise noch 40 Schiffe von der Regulusexpedition; über deren Verbleib ist aber zu wenig bekannt, Tipps (A. 81) 464 f., als daß man sie in die Kalkulation einsetzen dürfte.

[87] Tarn (A. 59) 52 f. u. Thiel (A. 19) 85 für die niedrigere Zahl; anders Meltzer II 572; Tipps (A. 81) 438 ff. Vgl. auch Eutrop 2, 22, 3: *ex quadringentis sexaginta quattuor navibus;* dagegen schon Tarn (A. 59) 52 A. 26. Auch Diod. 23, 18, 1 geht offenbar von mehr als 400 Schiffen aus; anders wieder Oros. 4, 9, 8. Vgl. die Zweifel an der Eknomos-Zahl schon bei Beloch (A. 33) 379.

[88] Tipps; vgl. auch M. Gelzer, Kl. Schriften III, Wiesbaden 1964, 227 A. 27, der davon ausgeht, daß Fabius Pictor die höhere Zahl den Senatsakten entnommen hat. Wenn diese Rekonstruktion weitere Änderungen bei Polybios unnötig macht, so bedeutet das nur, daß die vergrößerten Angaben in der Quelle des Polybios in sich konsistent gewesen, also einem einheitlichen Plan entsprungen sind.

[89] Pol. 1, 36, 8 f.: προσπεσόντος δ' αὐτοῖς ἐξαρτύειν τὸν στόλον τοὺς Ῥωμαίους, καὶ μέλλειν αὖθις ἐπὶ τὴν Λιβύην ποιεῖσθαι τὸν πλοῦν, τὰ μὲν ἐπεσκεύαζον σκάφη, τὰ δ' ἐκ καταβολῆς

ten, so können sie kaum mit einer fast doppelt so großen römischen Flotte gerechnet haben. Auch wäre es völlig unsinnig gewesen, sich einem doppelt überlegenen Feind in den Weg zu stellen, nur um die Rettung des römischen Expeditionskorps zu verhindern. Die karthagische Entscheidung zur Schlacht ist nur verständlich, wenn die beiden Flotten wenigstens annähernd gleich groß waren.

Der Fehler bei Polybios ist daher nicht in der Zahl der Schiffe zu suchen, die in den Sturm gerieten, sondern in der Größenangabe der Flotte, die nach Afrika übersetzte. Daß die Vergrößerung von Zahlen – auch der eigenen Truppen – zum Repertoire der Annalistik gehört, braucht nicht eigens betont zu werden. Von hier aus lassen sich einige kleine Unstimmigkeiten klären,[90] vor allem aber kann man relativ präzise auf eine römische Flotte von 230 Schiffen bei der Schlacht von Eknomos zurückrechnen.[91] Dementsprechend können die Karthager bei Eknomos kaum 350 Schiffe gehabt haben (Pol. 1, 25, 9), sondern bestenfalls eine der römischen in etwa entsprechende Anzahl, i. e. um die 200 Schiffe.[92]

Bei Eknomos eroberten die Römer 64 karthagische Schiffe und versenkten 30 (Pol. 1, 28, 14); die karthagischen Verluste bei Hermaia betrugen, wie bereits erwähnt, 114 Schiffe (1, 36, 11). Nach dieser Schlacht hatten die Karthager noch etwa 80 Schiffe.[93] In den nächsten Jahren ist von karthagischen Seerüstungen nicht die Rede; direkt nach der Schlacht von Hermaia war wohl die Zeit zu knapp, oder es gab andere Probleme;[94] später verloren die Römer erneut den größten Teil ihrer Flotte im Sturm, was den Karthagern auch ohne Neubauten auf etliche Jahre die maritime Überlegenheit sicherte.[95]

Erst vor der Schlacht von Drepana im Jahr 249 kam es auf beiden Seiten zu neuen Anstrengungen. Die Größe der karthagischen Flotte ist hier zwar nicht genau bekannt, aber alle Umstände zeigen, daß sie kleiner als die römische gewesen sein muß, die 120 Schiffe zählte. Im Laufe des Jahres trafen 70 weitere Schiffe aus Karthago ein (Pol. 1, 53, 2). Unsicher ist, ob die 93 Prisen, die die Karthager bei Drepana eroberten, in ihre Kriegsflotte eingereiht wurden.[96] So oder so ist in die-

ἐναυπηγοῦντο. ταχὺ δὲ συμπληρώσαντες ναῦς διακοσίας ἀνήχθησαν καὶ παρεφύλαττον τὸν ἐπίπλουν τῶν ὑπεναντίων.

90 Nach den herkömmlichen Zahlen hätten die Karthager nach der Schlacht von Eknomos noch weit über 200 Schiffe besitzen müssen, was das Schiffsbauprogramm vor der Schlacht von Hermaia mit einem Gesamtergebnis von 200 Schiffen völlig überflüssig erscheinen ließe (vgl. Pol. 1, 36, 8 f.).

91 Tarn (A. 59) 52.

92 Vgl. Thiel (A. 19) 85.

93 Die 200 neu gebauten Schiffe in Pol. 1, 38, 3 sind wohl Frachtschiffe gewesen, Tarn (A. 59) 56; Thiel (A. 19) 244 A. 584; HCP I 98.

94 Vgl. etwa Meltzer II 312 f.

95 Zum Sturm s. Thiel (A. 19) 87 ff. gegen Tarn.

96 Pol. 1, 53, 1 f.; Thiel (A. 19) 92; 281.

ser Zeit wieder mit etwa 200 karthagischen Schiffen zu rechnen. Nach 249 wurde die Flotte dann weitgehend vernachlässigt (1, 59, 9f.). Vielleicht war ein Krieg in Afrika, der die karthagischen Kräfte band, die Ursache, doch lassen sich andere Gründe nicht ausschließen.

Als die Römer im letzten Jahr des Krieges wieder eine Flotte auf Kiel legten, erneuerten die Karthager ihre Anstrengungen. 50 punische Neubauten sanken bei der Schlacht von den Aegatischen Inseln, 70 kaperten die Römer (Pol. 1, 61, 6).[97] Eine Gesamtzahl wird von Polybios nicht genannt;[98] die Eile des karthagischen Flottenbaus und die lange Vernachlässigung der Flotte lassen eine Flottengröße von mehr als 200 Einheiten unwahrscheinlich erscheinen.[99]

Bis zur Schlacht von Mylai hatten die Karthager offenbar eine Flotte, die mit 130 Schiffen dem Durchschnitt früherer Zeiten entsprach. Erst in den Jahren danach werden ihre Aufgebote wesentlich größer, was die Bedeutung der Seeherrschaft in der Auseinandersetzung um Sizilien unterstreicht. Die langen Jahre der Ruhe im Seekrieg haben sicher mit den hohen Verlusten auf karthagischer und römischer Seite zu tun. In der zweiten Kriegshälfte wird deutlich, daß es eine Obergrenze für die karthagischen Anstrengungen gegeben hat; selbst im Ringen um Sizilien konnten die Karthager nicht mehr als 250 Schiffe aufstellen.

## 2.3 Zusammenfassung

Die Forschung ging bisher davon aus, daß es einen Heeresdienst karthagischer Bürger nur in extremen Notlagen gegeben habe, vor allem wenn eine direkte Bedrohung Afrikas abgewendet werden sollte.[100] Wie der oben (2.1) vorgenommene Überblick zeigt, läßt sich diese Ansicht nicht halten, denn karthagische Bürgertruppen wurden bei jedem Krieg, von dem wir auch nur einige Einzelheiten erfahren, zum Dienst im Landheer ausgehoben.[101] Zusammen mit privatem Waf-

---

[97] Vgl. Diod. 24, 11, 2: αἰχμαλώτους δέ, ὡς Φιλῖνος ἀνέγραψε (FGrHist 174 F 5), Καρχηδονίων ἑξακισχιλίους, ὡς δὲ ἕτεροι, τετρακισχιλίους τεσσαράκοντα. De Sanctis, III 1, 228 konjizierte hier τῶν δὲ ἑτέρων. Würde dies zutreffen, vgl. Thiel (A. 19) 307 A. 796, so wäre es ein wichtiger Hinweis auf die Zusammensetzung der karthagischen Flottenbesatzungen im letzten Kriegsjahr: 60% Karthager, 40% andere Truppen. – Allgemein höher sind die Verlustzahlen in der annalistischen Überlieferung, Diod. 24, 11, 1; Eutrop 2, 27, 2; Oros. 4, 10, 7. P. Bung, Q. Fabius Pictor, Diss. Köln 1950, 74 A. 2 überlegt, ob Polybios diese Zahlen einfach abgerundet hat.

[98] Meltzer II 584 warnt daher davor, den Zahlen des Philinos bei Diodor zur folgen; Diod. 24, 11, 1: Ἄννων δὲ καὶ αὐτὸς ἐκ Καρχηδόνος ναυσὶ διακοσίαις μακραῖς καὶ † τοῖς φορτηγοῖς (τ' ? de Sanctis III 1, 183 A. 91). Noch höhere Zahlen bei Eutrop 2, 27, 1; Oros. 4, 10, 5.

[99] Tarn (A. 59) 56f.; Thiel (A. 19) 93: 170 Penteren.

[100] E. g. 184 A. 6.

[101] Wenigstens erwähnt werden sollte die These von E. Acquaro, RIN 76, 1974, 77ff., daß

fenbesitz und den recht ansehnlichen militärischen Leistungen beweist dies, daß es sich nicht um außerordentliche Maßnahmen handelte. Weiterhin kann man sehen, daß der Heeresdienst nicht nur von der Oberschicht geleistet wurde.[102] Nach der Terminologie unserer Quellen (καταγράφειν, καταλέγειν) dienten die Karthager nicht auf Grund freiwilliger Meldungen im Heer, sondern wurden vom Staat ausgehoben. Dies setzt nicht nur eine entsprechende Organisation voraus, sondern auch die Verankerung des Waffendienstes in der Verfassung. Wie überall, so war auch in Karthago die Wehrpflicht an die Altersklassen gebunden, wie die Erwähnung von οἱ νέοι bzw. οἱ ἐν ἡλικίᾳ in diesem Kontext zeigt.[103] Nimmt man den Dienst in der Flotte hinzu, der ja auch eine ausgeprägte staatliche Organisation voraussetzt, so scheinen sich die Verhältnisse in Karthago in Bezug auf die Wehrpflicht nicht wesentlich von denen in anderen Städten unterschieden zu haben.

Da die Benutzung von Söldnern durch die Karthager als solche unumstritten ist, bleiben zwei Fragen: weshalb wurden in Karthago soviel Soldtruppen gebraucht, daß das Bild einer ausschließlich auf Söldner gebauten Militärmacht entstehen konnte, und weshalb finden wir ausgerechnet im ersten punischen Krieg, der bis dahin größten militärischen Anstrengung in der Geschichte Karthagos, keine verläßliche Spur von Bürgertruppen? Die Antwort auf diese beiden Fragen ist m. E. im Bereich der Demographie zu suchen.[104] Es ist eine Binsenweisheit, daß die militärischen Möglichkeiten eines Staates in direktem Zusammenhang mit seiner Bürger- resp. Einwohnerzahl stehen.[105] Um die karthagischen Bemühungen auf militärischem Sektor richtig einzuschätzen, braucht man also eine ungefähre Vorstellung von der Größe der karthagischen Bevölkerung. Wer sich einmal mit vergleichbaren Problemen im Bereich der antiken Kulturen beschäftigt hat, weiß, daß hier über eine grobe Annäherung nicht hinauszukommen ist, jede Zahl eine nur auf Indizien beruhende Schätzung darstellt.[106]

---

die Münzlegende *'m mḥnt* auf sizilischen Prägungen die dauernde Präsenz von Bürgern im karthagischen Heer auf Sizilien belege.

[102] Wenn in den Quellen von τοὺς ἀρίστους κτλ. die Rede ist, so heißt das nicht notwendig, daß die Adligen ausgehoben worden sind, sondern – dem Kontext entsprechend – die Geeignetsten.

[103] νέοι: s. 167f.; οἱ ἐν ἡλικίᾳ, Pol. 1, 73, 1; 87, 3.

[104] Das Problem wurde kurz gestreift bei Hoffmann (A. 15) 346; Scullard, CAH VII$^2$ 2, 493.

[105] Das wurde bereits in der Antike gesehen: Hippokrates, π. διαίτης 1, 25 (VI 498f. Littré); Liv. 4, 17, 8; 10; Pol. 3, 89, 9; 9, 26, 4f.

[106] Vgl. M. H. Hansen, Demography and Democracy, Gjellerup 1985, 21: «to calculate the size of a population on the basis of army figures is bad enough. To use naval figures is worse.» Unsere Anhaltspunkte für die Größe der karthagischen Bevölkerung sind noch schlechter, was aber den Versuch nicht a priori diskrediert.

Karthago gehörte zu den wenigen Großstädten der Antike, selbst noch in römischer Zeit.[107] Strabon behauptet, die Stadt habe am Vorabend des dritten punischen Krieges 700000 Einwohner gehabt (17, 3, 15 p. 833). Hierauf kann man leider, wie schon längst gesehen, nicht bauen,[108] weil vermutlich die gesamte Bevölkerung der karthagischen χώρα, d.h. größtenteils Untertanen, mitgezählt ist. Angaben zu Verlusten und Kriegsgefangenen im dritten punischen Krieg führen auf ein Minimum von 150000 Einwohnern.[109] Die Zahlen Appians, die letztlich auf Polybios beruhen, geben einen zuverlässigeren Anhaltspunkt für Schätzungen als die Bemerkung Strabons, beziehen sich aber auf die Mitte des zweiten Jahrhunderts – und literarische wie archäologische Überlieferung sprechen für ein Wachstum Karthagos in der ersten Hälfte dieses Jahrhunderts.[110] Eine Übertragung auf das vierte oder dritte Jahrhundert ist daher nicht ohne weiteres möglich.

Die einzige Methode, die wenigstens eine grobe Vorstellung von der Größenordnung der Einwohnerschaft vermitteln kann, geht von der angenommenen Größe[111] der bebauten Fläche der Stadt Karthago aus (300–400 ha).[112] Auf dieser

---

[107] Vgl. neben anderen Hdn. 7, 6, 1; Auson. ordo urbium nobilium 2ff. S. 144f. Peiper; Laus Alexandriae, Geographi Latini Minores S. 140 Riese (vgl. J. Desanges, Semitica 38, 1990, 96).

[108] E.g. Beloch (A. 33) 467; Gsell II 84; J. M. Lassère, Ubique populus, Paris 1977, 37f. (Lit.); Tlatli (A. 79) 107ff.

[109] App. Lib. 126, 601; 131, 622; vgl. Meltzer II 16f.; Kahrstedt 662f.; Lassère (A. 108) 38, der richtig hervorhebt, daß unter diesen Umständen die Zahl Strabons nicht auf Polybios zurückgeführt werden kann (anders Huß 51). Weshalb Huß 51 A. 56 die Zahlen Appians nicht als möglichen Ansatzpunkt anerkennen will, verstehe ich nicht.

[110] App. Lib. 67, 303: οὕτω μὲν τὴν γῆν ἀπετέμετο τῶν Καρχηδονίων ὁ Μασσανάσσης, καὶ συνθῆκαι Καρχηδονίοις καὶ πρὸς τόνδε ἐγένοντο, αἳ διέμειναν ἐς ἔτη πεντήκοντα, ἐν οἷς μάλιστα ἡ Καρχηδὼν εἰρηνέουσα ὁμαλῶς ἐς μέγα δυνάμεως καὶ εὐανδρίας ἦλθεν ἔκ τε πεδίων εὐκαρπίας καὶ θαλάσσης εὐκαιρίας. Zur archäologischen Evidenz s. kurz F. Rakob, Gymnasium 92, 1985, 502ff.; id., RM 91, 1984, 107ff.; Lancel (A. 79) 423ff.

[111] Die antiken Angaben hierzu (Liv. epit. 51; Strab. 17, 3, 14 p. 832) widersprechen sich nicht nur, sondern sind auch mit dem archäologischen Befund nicht zu vereinbaren. Zu den generellen Schwierigkeiten der Methode s. am besser dokumentierten Beispiel Rom F. G. Maier, Historia 2, 1953/4, 328ff.

[112] F. Reyniers, FS Piganiol III, Paris 1966, 1281ff. Cf. Picard, Karthago 66 (zum Vergleich: Rom innerhalb der servianischen Mauer hatte eine Größe von 426 ha, F. Coarelli, Rom, Freiburg 1975, 20); die Überlegungen von Kahrstedt 23f. gingen von 114 ha aus und ergaben ein – ganz unverständliches – Resultat von 125–130000 Einwohnern. – Wichtig in unserem Zusammenhang ist die Beobachtung, daß die besiedelte Fläche Karthagos im 6. Jhrdt. nur etwa 100 ha umfaßt hat, F. Rakob, RM 96, 1989, 178 Abb. 5; vgl. für das 5. Jhrdt. S. Lancel, in: Carthage et son territoire dans l'antiquité, Paris 1990, 24 fig. 8. Hier ist also mit entsprechend niedrigeren Einwohnerzahlen zu rechnen, was gut zu der niedrigeren Flottenzahl im 6. Jhrdt. paßt (Alalia: 60 Schiffe).

Basis finden sich meist Schätzungen von 200–400 000 Einwohnern.[113] Das Verfahren ist problematisch, weil die Zahl von Einwohnern je Hektar nach Analogien geschätzt werden muß. Welche Vergleichsgröße man auch für die zuverlässigste hält, die bisherigen Schätzungen sind auf jeden Fall zu hoch; man wird eher von 90 000–225 000 Einwohnern ausgehen müssen[114]– was auch gut mit dem Bevölkerungsstand während des dritten punischen Krieges übereinstimmt. Dabei sind natürlich Sklaven, Metöken und andere Nichtbürger eingeschlossen; dies wird sich aber in etwa mit der Zahl der in anderen Städten wohnenden karthagischen Bürger ausgeglichen haben. Etwa die Hälfte der Bevölkerung dürfte aus Männern bestanden haben; davon wiederum die Hälfte im wehrpflichtigen Alter von 18–59 Jahren.[115] Die Jahrgänge, aus denen sich das karthagische Aufgebot rekrutierte, müssen demnach etwa 25 000–55 000 Mann umfaßt haben.

Entsprechend den Verhältnissen an anderen Orten werden in jedem Jahrgang bis zu 20 % untauglich gewesen sein;[116] auch kann man nie von einer vollständigen Mobilisierung aller Tauglichen ausgehen, weil dadurch andere vitale Funktionen des Staates unterbrochen worden wären. Im zweiten punischen Krieg sind auf römischer Seite nie mehr als 30 % der wehrfähigen Bevölkerung ausgehoben worden.[117]

---

113 Belege bei Lassère (A. 108) 37 f.

114 H. Frankfort, Town Planning Review 21, 1950/1, 99 ff. geht von 300–500 Personen/ha in altorientalischen Städten aus (daher läßt sich auch nicht mit B. S. J. Isserlin, in: Niemeyer [A. 5] 119 sagen, daß O. Eißfeldt, RE VII 1880 mit 560/ha für Tyros sehr viel höher liegt als Frankfort). H. Nissen, in: Sumeriological Studies in Honor of Th. Jacobson, 1975, 9 ff. nimmt 200 Personen/ha an (zum Vergleich: K. Hopkins, Conquerors and Slaves, Cambridge 1978, 97 nimmt für das republikanische Rom 730 Einwohner/ha an; vgl. zuletzt zur Demographie Roms F. Coarelli, in: A. D. Momigliano/A. Schiavone [Hrsgg.], Storia di Roma I, Turin 1988, 318 ff.). Für das ausgegrabene Wohnviertel von Kerkouane schätzt M. H. Fantar, Kerkouane III, Tunis 1986, 410; id., Kerkouane, Tunis 1987, 199 eine Dichte von 300-350 Personen/ha.

| | 300 ha | 400 ha |
|---|---|---|
| 200 Einwohner/ha | 60 000 | 80 000 |
| 300 | 90 000 | 120 000 |
| 350 | 105 000 | 140 000 |
| 500 | 150 000 | 200 000 |
| 560 | 168 000 | 224 000 |

115 Hansen (A. 106) 10 ff. zur Verteilung der Altersgruppen. Dem entspricht es in etwa, wenn die UN Population Studies 26, 1956, 112 für Entwicklungsländer die Zahl der erwachsenen Männer mit $^2/_7$ der Gesamtbevölkerung angeben.

116 Gegen eine Untauglichkeit von 20 % s. R. Duncan-Jones, Gnomon 62, 1990, 171; selbst 10 % hält E. Ruschenbusch, ZPE 72, 1988, 139 mit A. 3 für zu hoch (seine Argumentation überzeugt aber nicht, da auch in der Antike mit Kostengründen zu rechnen ist; gegen ihn auch wieder M. H. Hansen, ZPE 75, 1988, 192 f. A. 21).

117 Rom mobilisierte in den Jahren 225–23 v. Chr. etwa 13 % der männlichen Bevölkerung nach Hopkins (A. 114) 33 f. In den schlimmsten Zeiten der napoleonischen Kriege wurde nie

Überträgt man diese Zahlen auf Karthago, so gab es dort im niedrigsten Fall etwa 7500, im höchsten Fall 33 000 Männer, die zu den Waffen gerufen werden konnten. Nur in Zeiten größter Not, d.h. bei einer direkten Belagerung Karthagos, können kurzfristig mehr Männer eingezogen worden sein.

Als Tarn sich mit der Größe der karthagischen Flotte im ersten punischen Krieg beschäftigte, bemerkte er eine Obergrenze,[118] die nicht mit finanziellen Gründen, Werft- oder Hafenkapazitäten zu erklären ist.[119] Die eigentliche Ursache für die Grenze muß bei den Besatzungen zu suchen sein.[120] Es liegt nahe, diese Feststellung mit der Einwohnerzahl zu verbinden, erst recht, wenn wir davon ausgehen, daß in der Flotte karthagische Bürger dienten.

Ein Rechenexempel soll dies verdeutlichen: eine Flotte von 130 Trieren benötigt eine Besatzung von 22 100 Ruderern und mindestens 3900 Mann an seemännischem Personal nebst ἐπιβάται.[121] Eine Flotte von 200 Penteren benötigte mindestens[122] 54 000 Ruderer, dazu weitere 6000 Mann.[123]

Es gibt mehrere Wege, um zu erklären, wie Karthago den Übergang von 22 000 Ruderern im 4. Jhrdt. zu mehr als 50 000 im 3. Jhrdt. bewältigte. Wachstum der städtischen Bevölkerung ist eine Möglichkeit. Eine andere Erklärung kann von einer technischen Vorgabe ausgehen: eine Triere benötigte für jedes Ruder einen gut trainierten Mann, während eine Pentere mit einer geringeren Anzahl geübter Ruderer auskam.[124] Der Übergang zur Pentere hätte daher eine Rekrutie-

---

ein Mobilisierungsgrad von mehr als 60% erreicht, Hansen (A. 106) 93 A. 52. Wegen der niedrigeren Produktivität in der Antike darf man wohl von solchen Zahlen nicht ausgehen; der Anteil der Bevölkerung, der zur Aufrechterhaltung der Grundversorgung benötigt wurde, war wesentlich höher als in der frühen Neuzeit.

[118] Ca. 130 Schiffe im Normalfall, etwas über 200 als «supreme national effort»; s. 198f.

[119] So kam z.B. der wertvollste Rohstoff zum Bau der Schiffe, das Holz, aus Afrika und sogar aus der engeren Umgebung von Karthago, s. Gsell I 137ff.; P. Boudy, Economie forestière nord-africaine 4, 1955, 417ff.; R. Meiggs, Trees and Timber in the Ancient Mediterranean World, Oxford 1982, 142f.; M. H. Fantar, Kerkouane I, Tunis 1984, 299ff.

[120] Tarn (A. 59) 57 mit A. 41; Thiel (A. 19) 93; cf. 90.

[121] Hierbei ist noch nicht einmal die Behauptung berücksichtigt, daß phönizisch/punische Schiffe mehr ἐπιβάται hatten als griechische, L. Basch, Le musée imaginaire de la marine antique, Athen 1987, 331.

[122] Ich nehme die niedrigere Zahl von L. Casson, Ships and Seamanship in the Ancient World$^2$, Princeton 1986, 105 mit A. 41; 270 Ruderer, 30 Mann weiteres Personal, nicht, wie Pol. 1, 26, 7, 300 Ruderer nebst Crew. Dies ist keine Entscheidung für Cassons Argumentation; bei einer Überlegung wie der vorliegenden ist es aber angebracht, von den niedrigeren Zahlen auszugehen.

[123] H. T. Wallinga, FS Nelson, Utrecht 1982, 463ff. wies daraufhin, daß bei großen Flottenaufgeboten immer Reserveschiffe eingeschlossen waren, i.e. daß nicht alle Kriegsschiffe eine volle Besatzung hatten. Da sich unsere Zahlen aber auf Schiffe in der Schlacht beziehen, müssen diese voll bemannt gewesen sein. S. noch 200 A. 82.

[124] Zur Professionalität der Ruderer allgemein Jordan (A. 54) 210ff. Triere: e.g. Casson

rung auch in Schichten ermöglicht, die bisher nicht zum Ruderdienst herangezogen wurden; so hätte eine größere Flotte bei stagnierenden Einwohnerzahlen entstehen können. Während die Flotten des 4. Jhrdts. noch ausschließlich von Karthagern bemannt gewesen sein können, so war das nach den oben angestellten Überlegungen im 3. Jhrdt. nicht mehr möglich. Damals müssen in karthagischen Flotten auch Bundesgenossen oder Söldner gedient haben.

Gsell meinte, die Karthager hätten in erster Linie «gens de métier» als Besatzung der Kriegsschiffe herangezogen (II 453). Für Steuerleute, Offiziere u. ä. ist das sicher die wahrscheinlichste Lösung; bis zum ersten punischen Krieg können die ἐπιβάται – wie auch anderswo[125] – vielleicht aus dem karthagischen Bürgerheer genommen worden sein. Aber allein wegen der schieren Zahl der Ruderer können sie nicht alle «gens de métier» gewesen sein (zumal ein Seemann auf einem Handelsschiff in der Regel keine Ruderdienste zu verrichten hatte). Dies führt zu einer weiteren Schlußfolgerung: um die Funktionsfähigkeit der Flotte zu erhalten, muß es regelmäßige Übungen gegeben haben.[126] Welche Gestalt diese annahmen – ob einfache Manöver oder dauernder Einsatz eines Teiles der Flotte – bleibt unbekannt. Wichtig ist hier wieder der organisatorische Aspekt: etliche Tausend Karthager müssen Jahr für Jahr, wenigstens für kurze Zeit in der Kriegsflotte gedient haben.[127] Dies muß von einem Apparat gesteuert worden sein, der über Bürgerlisten und Personal verfügte, nicht zuletzt auch die Möglichkeit haben mußte, seine Befehle durchzusetzen (i. e. gesetzliche Verankerung mit Möglichkeit der Strafandrohung).

Hiermit erklären sich schließlich zwei Besonderheiten der karthagischen Flottenpolitik im ersten punischen Krieg, nämlich die langen Zeiträume ohne bedeu-

---

(A. 122) 54. Pentere: Casson 104 (nur ein trainierter Ruderer auf fünf nötig; bei der Konstruktion, die er 105 A. 41 [ebenso auch Tipps (A. 81) 435] für karthagische Schiffe annimmt, wären allerdings 2 auf 5 nötig gewesen).

[125] Jordan (A. 54) 200; für Karthago speziell Meltzer II 136. Selbst bei einer Flotte von 130 Trieren hieße das: 2000 Soldaten aus dem Heer. Allerdings soll nicht verschwiegen sein, daß Diod. 14, 50, 4; 20, 6, 3 Bogenschützen und Schleuderer als ἐπιβάται nennt; dies waren vielleicht schon Söldner. Im ersten punischen Krieg hören wir dann nur noch von Söldnern in dieser Funktion; Ausnahme ist die Schlacht bei den Aegatischen Inseln, Pol. 1, 61, 4: τὰ δ' ἐπιβατικὰ νεοσύλλογα.

[126] E. Ruschenbusch, HZ 245, 1987, 680 steht wohl allein mit der Ansicht, daß hierzu relativ wenig Training erforderlich gewesen sei. Vgl. nur aus unserem Untersuchungsbereich Diod. 20, 6, 2: τάχιον μὲν ἔπλεον αἱ τῶν βαρβάρων (scil. der Karthager), ἐν πολυχρονίῳ μελέτῃ τῶν ἐρετῶν διαπεπονημένων. Pol. 1, 61, 4: τὰ δὲ πληρώματα τέλεως ἦν ἀνάσκητα καὶ πρὸς καιρὸν ἐμβεβλημένα – mit den bekannten Folgen. Die klassische Geschichte zur Bedeutung des Rudertrainings erzählt Hdt. 6, 11 f. anläßlich der Schlacht von Lade. Bötticher (A. 16) 58 denkt – mit anderen, 196 A. 64, daß die Ruderer auf karthagischen Schiffen Sklaven gewesen seien; diese Sklaven sollen auch in Friedenszeiten nicht entlassen, sondern beständig geübt worden sein.

[127] Vgl. Huß 475.

tende Aktionen und große Geschwader, ferner der Einsatz von ungeübten Besatzungen in der letzten Schlacht des Krieges (Pol. 1, 61, 4). Die karthagischen Verluste während des Krieges waren enorm, insgesamt gingen mindestens 450 Schiffe und der größte Teil ihrer Besatzungen verloren; umgerechnet also wenigstens 100000 Seeleute. Es ist leicht einzusehen, daß die Karthager lange Zeit auf das Nachwachsen neuer Jahrgänge warten mußten und am Ende des Krieges keine geübten Besatzungen mehr haben konnten.[128]

Während des 4. und 3. Jhrdts. war die Bevölkerungszahl der Faktor, durch den die maritimen Anstrengungen der Karthager begrenzt wurden. Daran änderte auch die Indienstnahme von Söldnern oder Sklaven nichts. Für Karthago gilt demnach dieselbe Regel wie für fast jeden anderen antiken Stadtstaat: Mobilisierung von Flotte und Landheer zur selben Zeit schließen einander aus.[129]

Auf Karthago angewendet bedeutet dies: es ist erstaunlich, daß wir Karthager neben dem Dienst in der Flotte auch noch in beachtlicher Menge im Landheer finden. Die karthagischen Kriege, über die wir einigermaßen unterrichtet sind, betrafen Sizilien. Für den Kampf um die Insel brauchten die Karthager einige sichere Festungen, vor allem aber eine einsatzbereite Flotte – dies ist der unabweisbare Schluß aus dem Verlauf des ersten punischen Krieges. Sollten in ein und demselben Krieg Flotte und Heer eingesetzt werden, so mußten die Karthager Söldner rekrutieren und ihre Untertanen ausheben. Im ersten punischen Krieg war die Bedeutung und die Belastung der Flotte besonders groß, weshalb wir zu Lande nur Libyer und Söldner, aber keine Bürgertruppen finden. Damit kommen wir zu zwei wesentlichen Ergebnissen: 1. Die aktive Beteiligung der karthagischen Bevölkerung an Kriegshandlungen war wesentlich größer als bisher angenommen, nicht nur zur See, sondern auch zu Lande. Wer wie Heuß das Fehlen einer Verbindung von «Bürgertum und Wehrhaftigkeit» in Karthago behauptet, verkennt die Realitäten. 2. Mit der Einrichtung der karthagischen Epikratie in Sizilien am Ende des 5./Anfang des 4. Jhrdts. wurde die Kriegsflotte immer wichtiger für Karthago; nur mit ihrer Hilfe ließen sich die sizilischen Besitzungen verteidigen. Dies führte zu stärkerem Enga-

---

128 Vgl. Pol. 1, 63, 6 mit Tarn (A. 59) 59. Thiel (A. 19) 307 meinte, die karthagischen Schiffe seien bei der Schlacht von den Aegatischen Inseln unterbesetzt gewesen, was er aus den Verlustziffern (Pol. 1, 61, 8) herausliest. Sein Argument gilt aber nur, wenn alle karthagischen Verluste Penteren waren – und die beiden Marsala-Wracks gehören zu Schiffstypen mit wesentlich niedrigeren Besatzungszahlen. Außerdem gibt die annalistische Überlieferung höhere Verlustzahlen, 203 A. 97. In späterer Zeit finden wir bei Liv. 21, 50, 5 auf 7 Schiffen 1700 Karthager.

129 H. T. Wallinga, Mnemosyne 37, 1984, 426; vgl. auch Tarn (A. 59) 56 zum zweiten punischen Krieg. – Gsell II 229 (vgl. Scullard, CAH VII$^2$ 2, 492) meinte, die Zahl der Bürger müsse in Karthago nicht besonders hoch gewesen sein, da wegen der Söldner keine militärischen Bedürfnisse nach Bürgertruppen aufgekommen seien. Dies kann sicher nicht richtig sein.

gement der Bürger im Flottendienst und machte eine wachsende Beschäftigung von Söldnern im Landheer nötig. Bürgerheere von etlichen Zehntausend Karthagern konnten nur noch aufgestellt werden, wenn die Flotte nicht gleichzeitig aktiv war – wie z. B. bei der Invasion des Agathokles oder während des Söldnerkrieges.[130]

## 3. Bundesgenossen

Gegen Ende des 5. Jhrdts. waren Libyer bereits zu Tausenden im Heer der Karthager (Diod. 13, 44, 1). Es handelte sich hierbei nicht um Soldtruppen, die in Libyen angeworben wurden, sondern um Untertanen, die zum Kriegsdienst verpflichtet waren,[131] was die Terminologie, die für die Aushebungen benutzt wird, ganz deutlich macht: die Rede ist von ἐπιλέγεσθαι und καταγράφειν (Diod. 13, 44, 6; 55, 1; 80, 3). Offiziell waren die Libyer karthagische σύμμαχοι (Diod. 13, 114, 2; 14, 77, 1; 20, 3, 3; 10, 5; 18, 3; App. Lib. 5, 18; Ib. 4, 15), doch ergab sich aus diesem Status kein Handlungsspielraum für sie. Selbst die Aufstellung ihrer Kontingente für das punische Heer war nicht ihre eigene Sache, sondern wurde von Karthago vorgenommen.[132] Bei der Rekrutierung wurde zwischen Libyern und Phöniziern aus anderen Städten als Karthago nicht unterschieden, was ein wichtiges Indiz für den Rechtsstatus der Phönizier im karthagischen Reich ist.[133] Bis zum Beweis des Gegenteils liegt bei den Libyern und Phöniziern die Vermutung nahe, daß sie von karthagischen Offizieren befehligt wurden.

Anders verhielt es sich mit Maurusiern, Nomaden und einigen Verbündeten im wirklichen Wortsinn – diese wurden aufgefordert, ihre Truppen den Karthagern zur Verfügung zu stellen,[134] und hatten das Privileg, die Aushebung ihrer Kontingente frei zu organisieren; auch die Führer dieser Abteilungen wurden aus den Reihen der Nomaden genommen (e. g. Naravas, Syphax, Massinissa). Das Bundesgenossenverhältnis zwischen Karthagern und Nomaden wurde allerdings

---

[130] Die relativ niedrige Zahl von ca. 20000 karthagischen Bürgersoldaten während des Söldnerkrieges erklärt sich natürlich durch die ungeheuren Verluste im ersten punischen Krieg. Verständlich daher, daß nach drei Jahren das allerletzte Aufgebot ausrückte (Pol. 1, 87, 3: τοὺς ὑπολοίπους τῶν ἐν ταῖς ἡλικίαις).

[131] Cf. Gsell II 304; Huß 470 f. Vgl. auch Diod. 16, 73, 3, wo die Rekrutierung in Afrika vom ξενολογεῖν anderswo getrennt ist.

[132] Diod. 13, 44, 6 über Hannibal: ἐπῄει δὲ καὶ τὴν Λιβύην ἐπιλεγόμενος ἐξ ἁπάσης πόλεως τοὺς κρατίστους. Cf. 16, 73, 3: τῶν Λιβύων τοὺς εὐθέτους ἐστρατολόγουν.

[133] Vgl. Diod. 13, 80, 3; die Unterteilung in Libyer und Phöniker liegt auch der Bemerkung 20, 10, 5 zu Grunde, s. 192 f. Zu den verschiedenen Abhängigkeitsformen Gsell II 287 f. A. 3.

[134] Diod. 13, 80, 3: μετεπέμποντο δὲ καὶ παρὰ τῶν συμμαχούντων αὐτοῖς ἐθνῶν καὶ βασιλέων στρατιώτας Μαυρουσίους καὶ Νομάδας καί τινας τῶν οἰκούντων τὰ πρὸς τὴν Κυρήνην κεκλιμένα μέρη.

nicht so weit ausgelegt, daß den Nomaden ein Austritt aus der Symmachie erlaubt worden wäre. Mit einem Abfall dieser unsicheren Verbündeten war zwar immer zu rechnen (e.g. Diod. 20, 17, 1; 18, 3; 38, 1 f. cf. 5), aber die Karthager traten solchen Versuchen jedesmal mit Waffengewalt entgegen.

Ob die Sarden im karthagischen Heer als Söldner oder Untertanen dienten, ist unsicher.[135] Bei den Kriegen auf Sizilien bildeten die Bewohner der sizilischen Epikratie, ob Griechen,[136] Sikuler, Sikeler oder andere Volksgruppen, einen nicht unbedeutenden Teil des karthagischen Heeres.[137]

Die Hauptmasse der Soldaten in den karthagischen Heeren wurde von den Libyern gestellt (vgl. auch Plut. Tim. 28, 6; Λίβυσι τὰ πολλὰ καὶ Ἴβηρσι καὶ Νομάσι χρώμενοι). Im Krieg von 410/05 waren sie dabei, in den Jahren 397/2, gegen Timoleon und gegen Agathokles kämpften Libyer – so wie sie auch im ersten punischen Krieg eingesetzt worden sind.[138] In der Regel ist nicht präzis auszumachen, wie groß der Anteil der Libyer am karthagischen Heer war; zum einen fehlen entsprechende Angaben meist ganz, zum anderen sind die Gesamtzahlen für karthagische Heere ja generell unzuverlässig. Einmal ist von 5000 Libyern die Rede (Diod. 13, 44, 1), einmal von 10000, die aber nur einen Teil aller Libyer in karthagischen Diensten darstellten.[139] Im Heer des Agathokles dienten über 10000 Libyer, die nach einer Niederlage des Syrakusaners zu den Karthagern überliefen (Diod. 20, 68, 1).[140] Einzig präzis sind die Angaben zur Zusammensetzung des karthagischen Heeres, das nach Beendigung des ersten punischen Krieges in Afrika meuterte: von ingesamt 20000 Mann waren mehr als die Hälfte Libyer (Pol. 1, 67, 7; 13).

Die Libyer und die anderen hier vorgestellten Bundesgenossen haben in erster Linie als schwere Infanterie gekämpft;[141] Einsatz der Nomaden als Kavalleristen ist im Agathokleskrieg und im ersten punischen Krieg bezeugt (Diod. 19, 108, 3?;

---

135 Diod. 14, 95, 1; cf. Meltzer II 97; 124 f.; Gsell II 376; Huß 142.

136 S. 218 ff.

137 Diod. 13, 59, 6; 62, 5 f.: τοὺς μὲν ἀπὸ Σικελίας συμμάχους ἀπέστειλεν εἰς τὰς πατρίδας (Hans [A.29] 13; 31. Huß 113 zählt verschiedene Möglichkeiten auf). 14, 48, 4; 75, 6: οἱ δὲ συμμαχοῦντες τοῖς Καρχηδονίοις Σικελοί. 90, 3. Bei Diod. 14, 54, 5 überzeugt die Trennung der Passage 5 f. in einen guten Teil (Timaios) und einen schlechten (Ephoros) bei Wollner (A. 8) 41 nicht; es gibt hier keinen Widerspruch im Text, sondern nur eine Ergänzung.

138 410/05: Diod. 13, 44, 1; 6; 54, 1; 80, 3; 85, 1; 110, 6. – 397/2: 14, 54, 5; 77, 1; 95, 1. – 382/74 werden Libyer nicht eigens erwähnt. – Timoleon: Plut. Tim. 28, 6; Diod. 16, 73, 3. Die Rede Timoleons vor einer Schlacht geht bei der Herabsetzung der Gegner ausschließlich von Libyern aus, Pol. 12, 26 a, 1 (Timaios, FGrHist 566 F 31). Vgl. Diod. 16, 79, 2. – Agathokles: Diod. 19, 106, 2; 108, 3; 110, 1; 20, 3, 3; 18, 3. – Erster punischer Krieg: Pol. 1, 67, 7.

139 Diod. 19, 106, 2: τῶν δ' ἀπὸ τῆς Λιβύης μυρίους. Diese Stelle wäre von besonderer Bedeutung, wenn man den hier genannten Relationen trauen könnte: 2000 Karthager, 10000 Libyer und insgesamt 2200 Söldner (Etrusker und Balearen).

140 Vgl. Meister (A. 36) 158.

141 Zum alternativen Einsatz als leichte Infanterie vgl. Gsell II 396.

109, 4; 110, 1; 20, 38, 3; Pol. 1, 19, 2). Plutarch hatte sicher recht, als er bemerkte, daß der größte Teil des karthagischen Heeres von den libyschen Untertanen der Punier gebildet werde.[142]

## 4. Die Söldner

### 4.1 Einleitung

Will man die Verwendung von Söldnern durch die Karthager vor dem zweiten punischen Krieg verstehen, so müssen die wenigen präzisen Angaben der antiken Autoren über die verschiedenen Waffengattungen der Söldnerkontingente betrachtet werden. Pauschalangaben, in denen nur von μισθοφόροι u. ä. die Rede ist, helfen nicht weiter. Diese Beschränkung engt natürlich die Reichweite der so zu ermittelnden Aussagen ein, doch führt kein anderer Weg zu einer halbwegs festen Grundlage, auf der sich die historische Bedeutung der karthagischen Söldnerheere beurteilen ließe.

### 4.2 Iberer

Seit dem Ausgang des 5. Jhrdts. finden sich Iberer in karthagischen Heeren.[143] Zur gleichen Zeit werden sie auch von Griechen beschäftigt;[144] der spanische Söldnermarkt stand allen Nationen offen. Schon vor den Barkiden stellten Iberer den größten Anteil an karthagischen Söldnern. Sie sind an fast allen großen Kriegen beteiligt, den ersten punischen Krieg eingeschlossen.[145] Bei Kampfhandlungen wurden sie meist als geschlossenes nationales Korps eingesetzt.[146] Im Heer Hannibals bildeten die Iberer die Masse der schweren Infanterie, dazu noch Kavallerie;

---

[142] Zu Libyern als Söldner in anderen Heeren s. M. Launey, Recherches sur les armées hellénistiques I$^2$, Paris 1987, 597 f.; für Kyrene und Ägypten speziell F. Chamoux, Cyrène sous la monarchie des Battiades, Paris 1953, 57; 135; M. L. Lazzarini, QAL 12, 1987, 173. Einsatz im ägyptischen Heer der Saitenzeit: F. K. Kienitz, Die politische Geschichte Ägyptens vom 7. bis zum 4. Jhrdt., Berlin 1953, 39 f.; in tyrischen Diensten: Ez 27, 10.

[143] Ausführliche Bibliographie zum spanischen Söldnerwesen: M. Garcia-Gelabert Perez/J. Blazquez Martinez, Habis 18/9, 1987/8, 260 A. 1; dazu noch P. A. Barceló, Karthago und die iberische Halbinsel vor den Barkiden, Bonn 1988, 128 ff.; id., (A. 13) 21 ff. Garcia-Gelabert Perez/Blazquez Martinez zitieren zwar etliche Waffenfunde von der iberischen Halbinsel, verwenden sie aber nicht, um Aussagen über die iberische Kampfesart zu machen.

[144] Von Barceló (A. 143) 128 f. als Zeichen dafür gewertet, daß es sich um Söldner, nicht um karthagische Untertanen handelte.

[145] Diod. 13, 44, 6 cf. 54, 1; 80, 1; 14, 75, 7; 16, 73, 3; Pol. 1, 17, 4; 67, 7; Oros. 4, 9, 1.

[146] Diod. 13, 56, 6; 62, 2; 85, 1; 87, 1; 110, 5 f.; 14, 75, 7.

in früherer Zeit sind sie aber eher als Leichtbewaffnete verwendet worden.[147] Auch eine Beschreibung ihrer Bewaffnung und Kampfesart, die wohl letztlich auf Poseidonios zurückgeht, spricht für diese Ansicht.[148]

## 4.3 Ligurer

Die Verwendung von Ligurern wird zum ersten Mal zur Zeit des Timoleon erwähnt,[149] dann im ersten punischen Krieg (Pol. 1, 17, 4; 67, 7 [Diod. 25, 2]), im Spanien der Barkiden (Pol. 3, 33, 16), und weiter im Heer des Hannibal bis zur Schlacht von Zama.[150]

Die Ligurer werden jeweils in Katalogen genannt, die über ihre Verwendung und Bewaffnung nichts aussagen. Die antike Literatur betont oft ihre Kriegstüchtigkeit (e.g. Diod. 4, 20, 1; Plut. Aem. 6, 1). In ethnographischem Zusammenhang finden sich auch Bemerkungen über Ausrüstung und Kampfart – leider nicht ganz einheitlich. Strabon beschreibt sie nach dem Muster der Hopliten.[151] Bei Diodor (5, 39, 7 [Poseidonios F 163 b Theiler; FGrHist 87 F 118]) ist dagegen von einer leichteren Bewaffnung und einer anderen Schildform die Rede: ὁπλισμὸν δ' ἔχουσιν οἱ Λίγυες ἐλαφρότερον τῶν Ῥωμαίων τῇ παρασκευῇ· σκεπάζει γὰρ αὐτοὺς παραμήκης θυρεὸς εἰς τὸν Γαλατικὸν ῥυθμὸν δεδημιουργημένος καὶ χιτὼν συνειλημμένος ζωστῆρι, καὶ περιτίθενται θηρίων δορὰς καὶ ξίφος σύμμετρον. Für die Richtigkeit dieser Beschreibung spricht nicht nur die Autorität des Poseidonios, sondern auch die geographische Beschaffenheit Liguriens: in diesem bergigen Land sind Hopliten weitgehend nutzlos, während alle Vorteile bei den Leichtbewaffneten liegen.[152] Daß die Ligurer mit der Schleuder umgingen, wird nicht nur bei Strabon erwähnt, sondern auch an einer anderen Stelle, die auf Timaios oder Poseidonios zurückgeht.[153] Mit dem Einsatz als Schleuderer mag es zusam-

---

[147] Cf. Gsell II 370ff.

[148] Diod. 5, 33 (Poseidonios F 89 Theiler; FGrHist 87 F 117).

[149] Diod. 16, 73, 3. Bei Diod. 21, 3 werden sie auch im Dienst des Agathokles genannt (was von Launey [A. 142] I 605 übersehen ist); dies ist ein weiteres Beispiel dafür, daß die Präsenz von Söldnern in einem Heer nichts über die politische Bindung ihres Herkunftslandes aussagt. Vgl. hierzu noch 214 mit A. 156.

[150] E.g. Pol. 11, 19, 3ff.; App. Lib. 54, 235f.; cf. Griffith (A. 15) 229f. Ligurien wird als «Hauptwerbegebiet» der Karthager bezeichnet bei E. Groag, Hannibal als Politiker, Wien 1929, 35 A. 4. Der Friedensvertrag (StV III 548) verbot schließlich die Werbung in Ligurien.

[151] Strab. 4, 6, 2 p. 202: στρατεύονται δ' ἱππεῖς μὲν οὐ πάνυ, ὁπλῖται δὲ ἀγαθοὶ καὶ ἀκροβολισταί· ἀπὸ δὲ τοῦ χαλκάσπιδας εἶναι τεκμαίρονταί τινες Ἕλληνας αὐτοὺς εἶναι.

[152] Das schließt natürlich nicht aus, daß – nach römischem Vorbild (cf. Diod. 5, 39, 7; Plut. Aem. 6, 1) – in späterer Zeit einige Hopliten aufgetreten sind.

[153] Ps. Aristot. mir. 837 b 8ff.: λέγεται δέ τινας τῶν Λιγύων οὕτω σφενδονᾶν εὖ, κτλ. Poseidonios nach H. Flashar, Mirabilia, Berlin 1972, 41; 45ff.; 112; Timaios nach W. Theiler, Poseidonios II, Berlin 1982, 106.

menhängen, daß Pol. 3, 33, 16 Ligurer und Balearen zusammen nennt.[154] Alles in allem spricht viel dafür, in den ligurischen Söldnern in erster Linie Leichtbewaffnete und Schleuderer zu sehen.[155]

### 4.4 Etrusker

Etrusker werden nur einmal als karthagische Söldner erwähnt. Diodor erzählt unter dem Jahr 311 von Rüstungen der Karthager gegen Agathokles und nennt unter anderem (19, 106, 2): ἐκ δὲ τῆς Τυρρηνίας μισθοφόρους χιλίους καὶ ζευγίππας διακοσίους. Auch Agathokles hatte etruskische Söldner in seinen Diensten, weshalb man zuletzt annahm, die Etrusker hätten ihre alten Bindungen an Karthago aufgegeben und für Agathokles Partei ergriffen. Die Ursache für einen solchen «Koalitionswechsel» wird in den römisch-karthagischen Verträgen des 4. Jhrdts. gesehen. Statt sich gegen Rom auf die Karthager zu stützen, habe man nun in Etrurien eine Allianz mit Syrakus angestrebt.[156] Abgesehen von der Chimäre einer engen karthagisch-etruskischen Zusammenarbeit im 4. Jhrdt., ist klar, daß man aus der Existenz etruskischer Söldner im Heer des Agathokles keine politischen Konsequenzen ziehen darf, da Etrusker in diesem Krieg auf beiden Seiten dienten; Etrurien stand den Werbern aller Staaten offen.

Selbst wenn es nicht ausdrücklich gesagt wird, so kann man doch annehmen, daß die 1000 μισθοφόροι als Hopliten dienten. Unsicherheit herrscht aber über den Charakter der ζευγίππαι, da es sich um ein Hapax legomenon handelt. Sicher ist nur, daß sie aus Etrurien stammten.[157] Die Herausgeber schwankten, ob sie ζευγίτας oder ζευγνίτας schreiben sollten.[158] Während ζευγῖται m. E. keinen Sinn gibt,[159] bedarf die andere Möglichkeit einer näheren Erläuterung:

---

[154] «Faible argument», Gsell II 378 A. 3, wo der Bericht Strabos über ligurische Hopliten akzeptiert wird.

[155] Gsell II 378. Bei Pol. 15, 11, 1; App. Lib. 40, 169 werden Balearen, Ligurer, Maurusier und Kelten als erste Reihe Hannibals bei der Schlacht von Zama genannt, weshalb manchmal angenommen wird, daß es sich durchwegs um Leichtbewaffnete handelte; vgl. HCP II 456 f. mit Lit.

[156] Mitchell (A. 74) 641 als Vertreter einer weit verbreiteten Ansicht; s. z. B. noch E. T. Salmon, Samnium and the Samnites, Cambridge 1967, 240 A. 4; vgl. auch Huß 184 A. 53, der zwischen beiden Positionen schwankt.

[157] Die Bedenken von Meltzer I 524 sind hier unbegründet.

[158] Fischer: «ζευγίππας] codd. omnes; quidam fuerint non constat (Wess[eling]); ζευγίτας Reiske, ζευγνίτας Brunet de Presle (Meltzer Karth. I p. 524).» Für ζευγίτας entschieden sich H. Stephanus/W. u. L. Dindorf, Thesaurus Graecae Linguae V, Paris 1829, und LSJ s. vv.; Meltzer II 133 (Streitwagen); 511. ζευγνίτας: Gsell II 386 A. 1; von «Zweigespannen» spricht Huß 184. Nur J. I. McDougall, Lexicon in Diodorum Siculum, Hildesheim 1983 s. v. hält den Text, übersetzt aber m. E. falsch als «pair of horses».

[159] Die solonische Klasse kommt zur Erklärung nicht in Frage; im militärischen Bereich

Die Konjektur ζευγνίτας basiert auf Suda A 1600 Adler (cf. A 1213): ἄμιπποι· ξυνωρίς, φησί, κατὰ τὸ παλαιὸν ἐλέγετο δύο ἵπποι συνεζευγμένοι τῶν τραχήλων. ἦν δ' ἐπὶ μὲν τοῦ ἑτέρου ἡνίοχος, ἐπὶ δὲ τοῦ ἑτέρου ὁπλίτης. καὶ νῦν δὲ χρῶνται περὶ ἀρχῆς Ἀλίβυες, οἱ προσαγορευόμενοι Ζευγνῖται. τὸ δὲ αὐτὸ καὶ ἄμιππον καλεῖται. οὕτως Θουκυδίδης (5, 57, 2).[160] Über Alibyes und Zeugnitai ist kaum etwas bekannt, weshalb eine entsprechende Verbesserung im Text Diodors sehr gewagt ist (zumal bei der Annahme, daß es sich um ein Volk handelt[161]). Trotzdem führt diese Beschreibung auf die richtige Spur. Mit ἄμιπποι werden hier – versehentlich – zwei unterschiedliche Kampfformen bezeichnet:[162] einmal der schwerbewaffnete Kavallerist mit seinem Knappen, einmal ein einzelner Reiter, der sich zweier Pferde bedient und während des Kampfes von einem Pferd zum anderen wechselt. Die beiden Reiter (ἡνίοχος und ὁπλίτης) passen zu der ersten Form, die Verbindung der Pferde am Geschirr (συνεζευγμένοι τῶν τραχήλων) zu der zweiten. Sprachlich gibt es m. E. keine Bedenken, den Text Diodors zu halten und unter einem ζευγίππης einen Reiter mit zwei Pferden zu verstehen.[163]

Solche Reiter waren in vielen Gegenden bekannt und werden von unseren Quellen mit verschiedenen Ausdrücken bezeichnet:[164] μεταβάται, κέλητες, ἄμφιπποι,[165] *Tarentini, equites priores.*[166] Diesen Bezeichnungen ist nun noch der ζευγίππης hinzuzufügen. Die meisten Beispiele für diese Kampfform stammen aus der

---

zitiert LSJ die Bedeutung «in the same rank», was hier ebenfalls nicht in Frage kommt (zur Verbindung der solonischen Klasse mit den militärischen Gegebenheiten s. D. Whitehead, CQ 31, 1981, 282 ff.). Zur Bezeichnung eines Zweigespannes ist eine nähere Erläuterung nötig, cf. LSJ s. v. ζευγίτιδες ἵπποι, ἡμίονοι ζευγῖται.

160 Vgl. Pausanias Atticista 87 Erbse, wo die weiteren Parallelen aus den Lexikographen notiert sind.

161 So zumindest Stephanus/Dindorf (A. 158) s. v. Vgl. Hom. Il. 2, 856 f.: αὐτὰρ Ἁλιζώνων Ὀδίος καὶ Ἐπίστροφος ἦρχον / τηλόθεν ἐξ Ἀλύβης, ὅθεν ἀργύρου ἐστὶ γενέθλη. Hierzu gibt es eine lange Diskussion bei Strab. 12, 3, 19 p. 549–27 p. 555 (s. G. Camassa, in: F. Prontera [Hrsg.], Strabone I, Perugia 1984, 157 ff.).

162 Vgl. ausführlich Jacoby zu Philochoros, FGrHist 328 F 71.

163 Die Bildung mit dem Suffix -ης ist unregelmäßig und muß als Analogiebildung erklärt werden, wofür es etliche Parallelen gibt, s. P. Chantraine, La formation des noms en grec ancien, Paris 1933, 426 ff.

164 Zur Folge vgl. A. Alföldi, FS Schefold, Bern 1967, 23 ff. Die Einschränkungen von P. A. L. Greenhalgh, Early Greek Warfare, Cambridge 1973, 103 ff. betreffen die Argumentation hier nicht.

165 Zu den ἄμφιπποι in Diod. 19, 29, 2 s. zuletzt R. D. Milns, CQ 31, 1981, 347 ff. (aber vgl. P. Goukowsky, REG 100, 1987, 251 ff.). Daß Diodor nach dieser Interpretation zwei Wörter für dieselbe Sache verwendet, schadet nicht. Gerade dieser Autor folgt in solchen Dingen oft dem Sprachgebrauch seiner Quelle (in 19, 29: Hieronymos v. Kardia).

166 Vgl. Gran. Lic. 26, 12 f. über eine Reform des Tarquinius: *ut priores equites binos equos in proelium ducerent, eam consuetudinem Lacedaemone cultu Castoris in Italiam venisse* . . . mit dem Kommentar von B. Scardigli, Florenz 1983, 17.

Zeit vor der Einführung der Hoplitenphalanx; gegen eine ungeordnete Infanterie waren die Einsatzmöglichkeiten solcher Reiter relativ gut. In Etrurien finden sich die Beispiele für «Zweireiter» bereits sehr früh; gehalten haben sie sich bis in das 4. Jhrdt.

Die Karthager werden den Einsatz der ζευγίπποι gegen leichte Infanterie erwogen haben. Während des 4. Jhrdts. – und besonders unter Alexander und den Diadochen – sind Leichtbewaffnete für die griechischen Heere immer wichtiger geworden. Die Rekrutierung etruskischer ζευγίπποι kann als karthagische Reaktion hierauf gewertet werden, so daß diese Interpretation der ζευγίπποι sowohl vom Zeitpunkt ihres Auftretens wie auch vom Rekrutierungsort her Sinn ergibt.

### 4.5 Kampaner

Schon gegen Ende des 5. Jhrdts. tauchen einige Hundert Kampaner[167] in karthagischen Diensten auf (Diod. 13, 44, 1). Daß es sich um echte Söldner handelte, zeigt ihr Verhalten des öfteren: einige liefen von den Akragantinern zu den Karthagern über,[168] andere drohten den Karthagern während einer Hungersnot mit Desertion, wenn nicht σιτομετρία gezahlt werde (13, 88, 2), einmal ist auch von einem nennenswerten Lohn (μισθὸς ἀξιόλογος) die Rede (13, 44, 2). Die ersten Kampaner warben die Karthager auf dem sizilischen «Markt» an; es handelte sich sozusagen um einen «Restposten» aus der Zeit der athenischen Expedition nach Sizilien. Später schickten sie Werber nach Kampanien (13, 44, 2; 80, 4).[169] Im Laufe der Zeit muß sich ein gewisses Vertrauensverhältnis entwickelt haben, denn die Karthager ließen einen Teil der Kampaner in Garnisonen zurück (φυλακῆς ἕνεκεν τῶν κατὰ Σικελίαν τόπων). Auch die Etablierung der Kampanerstaaten in Entella und Nakone geschah nicht nur mit Tolerierung, sondern sogar mit Zustimmung der Karthager.[170]

Interessant an der Anwerbung der Kampaner ist die Tatsache, daß die Karthager Pferde für sie kauften (Diod. 13, 44, 2). In Kampanien selbst sind zahlreiche Fresken mit Reiterdarstellungen gefunden worden,[171] die Zeugnis von der Existenz

---

[167] Gsell II 384 spricht einfach von Samniten, was den Sachverhalt etwas vergröbert; vgl. allgemein P. u. R. Hannah, in: J. P. Descœudres (Hrsg.), Greek Colonists and Native Populations, Oxford 1990, 275 ff.

[168] Diod. 13, 88, 5. Cf. Griffith (A. 15) 209; Wollner (A. 8) 36 A. 85; Meyer, GdA IV 2, 229 A. 1 identifizierte sie mit den Tyrrhenern aus Thuk. 7, 57, 11; contra: M. Frederiksen, DdA 2, 1968, 13.

[169] Gut zur Entwirrung der verschiedenen Nachrichten K. J. F. Ziegler, RE XVI 2, 1604 ff. Hans (A. 29) 136 überlegt, ob die Italiker in Diod. 14, 25, 1 Kampaner gewesen sind.

[170] A. Tusa Cutroni, Kokalos 16, 1970, 253; cf. S. Garraffo, AIIN 25, 1978, 23 ff. Vgl. auch Ephoros, FGrHist 70 F 68 über Entella: οἱ οἰκοῦντες Καμπανοὶ τὸ γένος, σύμμαχοι Καρχηδονίων (hierzu D. Knoepfler, Annales. Université Neuchâtel 1985/6, 276 f.).

[171] C. Nicolet, MEFRA 74, 1962, 463 ff.; S. Steingräber, JdI 106, 1991, 24f.

einer bedeutenden und berühmten Kavallerie ablegen (*equites Campani*).[172] Die Kampaner sind also wegen ihres Rufes als Reiter von den Karthagern angeworben worden. Ungeachtet dessen wurden sie auch bei Belagerungen eingesetzt (13, 55, 7), während ihre Nennung zusammen mit Iberern auf den kombinierten Einsatz von Leichtbewaffneten und Reiterei weist (13, 87, 1; 110, 5 f.). Daß sie sich auch in Sizilien im wesentlichen als Kavalleristen verstanden haben, zeigt ihre Münzprägung in Entella und Nakone: bei den Typen überwiegt deutlich das frei stehende Pferd.[173]

## 4.6 Kelten

Vor dem zweiten punischen Krieg sind kaum Kelten in karthagischen Diensten zu finden. Einige wurden zur Zeit des Timoleon (Diod. 16, 73, 3) angeworben,[174] einige zu Beginn des ersten punischen Krieges (Pol. 1, 17, 4; 67, 7). Im letzten Fall wird deutlich gesagt, was ohnehin zu erwarten war: es handelte sich um italische, i. e. norditalische Kelten.[175] Im Verlauf des Krieges werden sie einige Male genannt, doch ohne nähere Spezifikationen.[176] Während des Söldnerkrieges tauchen sie unter den Aufständischen auf, und zwar als eigene Einheit mit eigenem Anführer.[177]

Über Bewaffnung und Vorgehensweise ist nichts angegeben. Da die Kelten aber als nationaler Verband operierten, liegt es nahe, daß sie in heimischer

---

172 Frederiksen (A. 168) 3 ff.; cf. id., Campania, Rom 1983, 143. Spekulationen über ihre Kampfart bei Chr. Saulnier, L'armée et la guerre chez les peuples Samnites (VIIe–IVe s.), Paris 1983, 86.

173 Belege: Tusa Cutroni (A. 170) 255 ff.; Garraffo (A. 170) 29 ff.; id. 38 f. der Zusammenhang.

174 M. Szabo, AAntHung 16, 1968, 173 ff. hält in Korinth gefundene keltische Ringe für einen Teil der Beute Timoleons am Krimisos.

175 In Diod. 16, 73, 3 werden Iberer, Kelten und Ligurer genannt. A. Wienicke, Keltisches Söldnertum in der Mittelmeerwelt bis zur Herrschaft der Römer, Diss. Breslau 1927, 12 will aus dieser Reihenfolge schließen, daß es sich hier entweder um Keltiberer oder Gallier aus dem Rhonetal gehandelt habe – was aber selbst bei Annahme einer geographischen Reihung nicht nötig ist. Ibid. 8 will er in Zon. 8, 16, 8 (I 172 Boissevain) Keltiberer sehen, weil Liv. 24, 49, 8 gesagt wird: *id modo eius anni in Hispania ad memoriam insigne est quod mercennarium militem in castris neminem antequam tum Celtiberos Romani habuerunt.* Die Argumentation ist jedoch ebenfalls nicht schlüssig.

176 S. z. B. Diod. 23, 21: Κέλται μεθυσθέντες (Topos? cf. Pol. 11, 3, 1); Front. Strat. 3, 16, 2 f.: *Hamilcar ... cum frequenter auxiliares Galli ad Romanos transirent ... cum comperisset Gallorum mercennariorum circiter quattuor milia conspirasse ad transfugiendum ad Romanos, quod aliquot mensum mercedes non receperunt ...* Auf den Ausdruck *auxiliares* ist natürlich nichts zu geben. Zon. 8, 10, 7 (I 152 Boissevain).

177 Pol. 1, 77, 1; 4; 79, 8; 80, 1. Die Kelten des Söldnerkrieges werden noch in App. Ib. 4, 15; Lib. 5, 18; Sik. 2, 7 besonders hervorgehoben, vielleicht weil sie mit 2000 Mann das größte Kontingent unter den Söldnern stellten.

Kampfesart und Bewaffnung antraten, d.h. eine Art schwerbewaffneter Truppe bilden sollten.[178]

### 4.7 Griechen

Plutarch erklärt, die Karthager hätten griechische Söldner zum ersten Mal nach der Schlacht am Krimisos beschäftigt (Tim. 30, 2). Für diese Entscheidung sollen Bewaffnung und Kampfesart der Griechen ausschlaggebend gewesen sein, d.h. es wird auf die allgemein bekannte Überlegenheit der griechischen Hopliten gegenüber anderen Truppen angespielt. Allein dies zeigt, ohne daß es ausdrücklich gesagt werden müßte, daß es den Karthagern bei ihren Werbungen um griechische Hopliten ging.[179] Nun wäre es eigentlich verwunderlich, wenn die Karthager die Kampfkraft einer griechischen Phalanx erst in der Mitte des 4. Jhrdts. kennengelernt haben sollten, weshalb man schon immer nach Indizien für eine frühere Beschäftigung von Griechen in punischen Diensten gesucht hat.[180]

Folgende Beispiele sind bei der Suche nach griechischen Söldnern vor Krimisos angeführt worden: 1. Bei der Zerstörung von Selinus im Jahr 409 waren Griechen im karthagischen Heer (Diod. 13, 58, 1); bei der Eroberung von Motya durch Dionysios im Jahr 397 wurden die Griechen gekreuzigt, die auf Seiten der Punier gekämpft hatten (14, 53, 4).[181] In beiden Fällen werden diese Griechen aber als σύμμαχοι bezeichnet, und es gibt keinen Grund, ihnen diesen Status abzusprechen.[182] 2. Plut. Tim. 20, 2 erzählt, wie sich griechische Söldner der karthagischen und syrakusanischen Partei miteinander unterhielten. Es ist nicht auszuschließen, daß

---

[178] Allgemein: J. L. Brunaux/B. Lambot, Guerre et armement chez les Gaulois, Paris 1987. Vgl. auch die Schlachtbeschreibung Pol. 2, 30.

[179] Diod. 16, 81, 4: ἔκριναν (scil. die Karthager) πολιτικοῖς μὲν σώμασι μὴ διακινδυνεύειν, μισθοφόρους δὲ ἀλλοεθνεῖς ἀθροίζειν καὶ μάλιστα Ἕλληνας. Wenn hier nach Hopliten als Ersatz für die gefallenen Karthager gesucht wird, so bestätigt das nur die schon anderweitig gewonnene Ansicht, daß die Karthager als Schwerbewaffnete dienten.

[180] E.g. Meltzer II 130f.; Wienicke (A. 175) 11; Meyer, GdA V 62; Griffith (A. 15) 209. Weil man meint, Plutarchs Aussage nicht anders retten zu können, denkt man manchmal an eine Werbung im griechischen Mutterland, e.g. Meltzer I 334. Plutarch kommt es hier aber nicht auf Herkunft, sondern generell auf die kriegerische Überlegenheit der Griechen an, so daß dieser Ausweg verbaut ist.

[181] Unter ihnen war ein gewisser Daimenes. Dies ist ein seltener Name; P. M. Fraser/L. Matthews, A Lexicon of Greek Personal Names I, Oxford 1987, s. v. weisen ihn zweimal in Kyrene nach, F. Bechtel, Die historischen Personennamen des Griechischen, Halle 1917, 309 (sed vide 122) hat ein Beispiel aus Pherai/Thessalien. Wenn die Verbindung mit Kyrene auch verlockend ist, so sind die Parallelen doch nicht ausreichend, um sie zu beweisen.

[182] Verweis auf Diod. 13, 54, 6; 114, 1 hilft hierbei nicht. Will man spekulieren, so sei immerhin die Möglichkeit erwähnt, daß die Verteidiger von Motya zum griechischen Bevölkerungsteil der Stadt gehörten, der ja archäologisch gut nachgewiesen ist.

dieses Zeugnis für Griechen im karthagischen Heer von Plutarch selbst übersehen worden ist. Es sollte aber auch die Möglichkeit nicht ausgeschlossen werden, daß es sich hierbei um Truppen des Tyrannen Hiketas handelte, für den die Karthager ja zu Felde zogen.[183] 3. Es bleibt noch eine Stelle bei Polyain 5, 2, 17, ebenfalls aus den Kriegen der Karthager mit Dionysios: Διονύσιος Καρχηδονίους ἐπὶ μεγάλοις λύτροις ἀπεδίδου, τοὺς δὲ Ἕλληνας ἄνευ λύτρων. Καρχηδόνιοι τὴν τυράννου φιλανθρωπίαν ὑποπτεύσαντες, οὓς εἶχον μισθοφόρους Ἕλληνας ἀπέπεμψαν.

Selbst wenn man die zuletzt genannte Episode verdächtigt, da sie in der reichen Überlieferung für die Kriege zwischen Dionys und den Karthagern sonst nicht erwähnt wird, so spricht doch die allgemeine Wahrscheinlichkeit dafür, daß auch vor der Schlacht am Krimisos vereinzelte Griechen auf karthagischer Seite kämpften. Als z. B. Agathokles 1000 Griechen, die im punischen Heer gekämpft hatten, gefangennahm, stellte sich heraus, daß die Hälfte aus Syrakus stammte (Diod. 20, 39, 4 f.);[184] das waren Leute, die sich vor Ausschreitungen des Tyrannen nach Karthago geflüchtet hatten. Ähnliches Verhalten wird auch früher vorgekommen sein, z. B. zu Zeiten des Dionysios.[185] Belege für eine größere Anwerbung von Griechen vor dem 4. Jhrdt. gibt es hingegen nicht – ganz in Einklang mit Plutarch.

Im Agathokleskrieg finden wir wieder griechische Einheiten im karthagischen Heer (Diod. 20, 31, 1 f.); neben regulär angeworbenen Truppen gibt es syrakusanische φυγάδες, aber auch Überläufer (20, 34, 7 cf. 5). Die meisten von ihnen werden Infanteristen gewesen sein, nur einmal wird eine Reitertruppe unter Führung eines gewissen Klinon genannt (20, 38, 6). Als Agathokles sein Heer in Afrika zurückließ, schlossen die Karthager mit den Soldaten einen Vertrag (StV III 436), der den griechischen Söldnern den Übertritt in die karthagische Armee ermöglichte. Griechen waren also inzwischen zu einem normalen Bestandteil des karthagischen Heeres geworden; sie wurden dann auch im ersten punischen Krieg eingesetzt.

Für diesen Krieg wird Werbung im griechischen Mutterland ausdrücklich genannt (Pol. 1, 32, 1), und die beiden einzigen namentlich bekannten Söldner dieser Zeit stammen von dort, nämlich der Spartaner Xanthippos[186] und der Achaier Alexon. Wenigstens Alexon kann mit einiger Sicherheit als Condottiere bezeich-

---

183 E. g. Gsell II 387 f.; H. D. Westlake, Timoleon and his Relations with Tyrants, Manchester 1952, 32.

184 Cf. J. Seibert, Die politischen Flüchtlinge und Verbannten in der griechischen Geschichte, Darmstadt 1979, 266 f.; 394.

185 Diod. 13, 92, 4 ff. könnte als Zeichen hierfür noch unter Dionysios gewertet werden. In späteren Zeiten finden sich natürlich auch Überläufer, s. StV III 493 (Zon. 8, 17, 4 [I 173 Boissevain]; cf. Diod. 24, 13; App. Sik. 2, 3; Pol. 1, 69, 4 f.); αὐτόμολοι auch in Pol. 1, 66, 7.

186 Vgl. e. g. H. Schaefer, RE IX A 2, 1348 ff.

net werden, d.h. als ständiger Führer einer Soldatenschar, die sich unter seinem Kommando in ihrer Gesamtheit verdingte.[187]

Während des zweiten punischen Krieges gab es keine griechischen Söldner mehr im karthagischen Heer, was mehrere Gründe haben kann: z.B. die endgültige Verlagerung der wichtigsten karthagischen Aktivitäten in den Westen, i.e. nach Spanien; daneben kann aber auch der generelle Rückgang von Griechen als Söldner in den hellenistischen Heeren, der im späten 3. Jhrdt. bereits einsetzte, eine Rolle gespielt haben.[188]

### 4.8 Balearen

Eine alte Überlieferung besagt, daß die Schleuder von den Phöniziern erfunden worden sei (Plin. n.h. 7, 201, vgl. Strab. 3, 5, 1 p. 168). Dies ist natürlich falsch, da die Schleuder eine der am weitesten verbreiteten frühen Waffen ist.[189] Trotz der überall vorhandenen Vertrautheit mit diesem Instrument wurden in den meisten Heeren Schleuderer als Spezialisten angeworben, zumeist Rhodier, Kreter oder Balearen.[190] Seit dem 5. Jhrdt. finden sich Balearen als Söldner in den karthagischen Heeren.[191] Wenn einmal Schleuderer ohne Herkunftsangabe erwähnt wer-

---

[187] Pol. 1, 48, 3; e.g. Launey (A. 142) I 132. Bei der Aufzählung der Nationalitäten, aus denen das meuternde Heer der Karthager im Jahr 241 bestand, fehlen Griechen; vielleicht blieben sie in Sizilien und setzten nicht mit nach Afrika über, vielleicht hat Polybios aber auch ihre Anwesenheit unterdrückt, da sie seiner Interpretation des Söldneraufstandes im Wege stand. Erwähnt werden allerdings, Pol. 1, 66, 7, sog. μιξέλληνες. Als Parallelen zu diesem Ausdruck zitiert W. W. Tarn, The Greeks in Bactria and India, Cambridge 1938, 38: Hellanikos, FGrHist 4 F 71 a; Plut. Crass. 31, 1 u. Syll.$^3$ 495, 114 (Olbia; bei Diod. 25, 2, 2 war Polybios die Vorlage). Hinzuzufügen sind Heliod. Aeth. 9, 24, 2; PCairoMasp I 67004, 14 und SEG 34, 758, 14f. (ebenfalls Olbia). M. Dubuisson, RBPhH 60, 1982, 12 hat richtig gesehen, daß es sich nach der Zusammensetzung des Wortes um gräzisierte Barbaren handelte; eine präzisere Auslegung ist allerdings nicht mehr möglich, so daß die verschiedenen Versuche zu nichts führen: vgl. e.g. die Interpretationen von Lassère (A. 108) 68; Roussel (A. 75) 124 A. 6; L. Teutsch, Das Städtewesen in Nordafrika, Berlin 1962, 16; besonders abenteuerlich: R. Hosek, LF 106, 1983, 158; L. Aigner-Foresti, Zeugnisse etruskischer Kultur im Nordwesten Italiens und in Südfrankreich, Wien 1988, 51; cf. Y. Garlan, Guerre et économie en Grèce ancienne, Paris 1989, 153.

[188] Zu diesem Phänomen s. Launey (A. 142) I 103; cf. Griffith (A. 15) 79.

[189] Überblick bei M. Korffmann, Saeculum 37, 1986, 129ff.; W. K. Pritchett, The Greek State at War V, Berkeley 1991, 1ff. Plinius und Strabon werden allerdings ausgedeutet und akzeptiert von E. C. Echols, ClW 53, 1950, 227ff.

[190] Vgl. Strab. 3, 5, 1 p. 167 zu den Balearen: σφενδονῆται ἄριστοι λέγονται; zur Kampfweise vgl. Diod. 5, 18, 3f.; 19, 109, 2 (weitere Texte bei Gsell II 375f.).

[191] Diod. 13, 80, 2; 19, 106, 2; 109, 1f.; Pol. 1, 67, 7. Daß sie immer als Söldner genannt werden, kann als zusätzlicher Beweis für die These von Barceló gewertet werden, daß mit karthagischer Herrschaft auf den Balearen erst sehr spät zu rechnen ist.

den, so waren es vermutlich ebenfalls Balearen.[192] Es wird sich hier nie um große Zahlen gehandelt haben (Diod. 19, 106, 2; 109, 1 spricht von 1000), da Schleuderer – ebenso wie Bogenschützen[193] – Spezialisten mit begrenztem Einsatzbereich waren.[194]

## 4.9 Verschiedenes

In unserer Überlieferung über die karthagischen Heere finden sich etliche Stellen, die Söldner nur in einer Aufzählung zusammen mit karthagischen Verbündeten nennen (e.g. Diod. 14, 54, 5). Ausdrücke wie βάρβαροι werden für sie verwendet (14, 75, 7; 95, 1), ohne daß eine nähere Bestimmung möglich wäre;[195] an anderen Stellen wieder werden Karthager und Libyer so bezeichnet.[196] Sicherheit ist hier kaum zu erreichen. Manchmal werden Rekrutierungsgebiete zu grob,[197] manchmal nur in rhetorischer Floskel angegeben.[198]

Es bleiben also genügend Unsicherheiten, und manches wird auch nur durch Zufallsfunde bekannt. Ein samnitischer Schmuckpanzer zum Beispiel, der in einem Grab in der Nähe Karthagos gefunden wurde, soll einem «ufficiale di Agatocle» gehört haben.[199] Näher liegt doch die Vermutung, daß dieser Panzer aus dem Besitz eines ehemaligen karthagischen Söldners stammt,[200] der sich in Afrika niedergelassen hatte. Ähnlich mögen einige der griechischen Grabinschriften aus Karthago zu verstehen sein.[201] Ist diese Interpretation richtig, so handelt es sich hier um bemerkenswerte Zeugnisse für die Integration ehemaliger Söldner in Afrika.

---

[192] Diod. 13, 54, 7; cf. Gsell II 374 A. 6. Andere Nationalitäten können natürlich nicht sicher ausgeschlossen werden; Libyer und Semiten als Schleuderer finden wir z. B. in ägyptischen Heeren: H. G. Buchholz, JKAF 2, 1965, 136 mit A. 16 (Lit.).

[193] Einzige Erwähnung von Bogenschützen im karthagischen Heer: Diod. 13, 54, 7. Wichtig ist hier, daß sie mit Schleuderern zusammenarbeiten. Beide Waffengattungen werden nebeneinander auf Schiffen genannt Diod. 20, 6, 3.

[194] Ihre Bedeutung wird stark überschätzt von O. Lippelt, Die griechischen Leichtbewaffneten bis auf Alexander, Diss. Jena 1910, 56.

[195] Diod. 14, 95, 1 τῶν ἐξ Ἰταλίας βαρβάρων sollen nach Meyer, GdA V 112 Osker sein.

[196] E.g. Diod. 19, 109, 4 mit 110, 1 (οἱ τῶν βαρβάρων ἱππεῖς = τριακόσιοι τῶν ἐκ Λιβύης ἱππέων).

[197] Diod. 14, 47, 3: ξενολογήσαντας ἀπὸ τῆς Εὐρώπης. Spanien nach Meltzer I 285; Huß 127.

[198] Plut. Tim. 20, 4: ἢ δοκεῖτε τούτους στρατὸν ἀγείραντας ἀπὸ στηλῶν Ἡρακλείων καὶ τῆς Ἀτλαντικῆς ἥκειν θαλάττης.

[199] G. Colonna, Kokalos 26/7, 1980/1, 177; Saulnier (A. 172) 25; cf. Picard, Karthago 205 zu einem anderen Panzer.

[200] So z. B. Salmon (A. 156) 49 A. 1.

[201] Zeugnisse für die Griechen sind zusammengestellt bei Huß 502 A. 72.

## 4.10 Zusammenfassung

Es sind jetzt alle Kategorien von Söldnern vorgestellt worden, die vor dem zweiten punischen Krieg im karthagischen Heer dienten.[202] Das wichtigste Ergebnis läßt sich relativ leicht formulieren: nur selten waren die Söldner Schwerbewaffnete, Hopliten. Sicher ist das nur bei den Griechen, wahrscheinlich bei den einmal genannten Etruskern. Ob man die Kelten mit ihrer tumultuarischen Kampfesart den Hopliten gleichstellen soll, mag offen bleiben. Sonst handelte es sich um Leichtbewaffnete, Schleuderer und Kavalleristen. Ihr Einsatz in Korps, die nach nationalen Gesichtspunkten organisiert waren, zeigt die Einheitlichkeit der Bewaffnung und die Beibehaltung der heimatlichen Kampfesweise durch die Söldner. Diesen Befund gilt es zu interpretieren.

Die Karthager selbst kämpften überwiegend als Schwerbewaffnete,[203] während die meisten der von ihnen angeworbenen Söldner nicht in diese Kategorie gehörten. Die Karthager haben daher vorwiegend Waffengattungen beschäftigt, die ihr eigenes Heer komplettierten,[204] also Spezialisten, die von punischer Seite nicht gestellt werden konnten.

Hopliten finden sich unter den Söldnern erst im 4. Jhrdt. (Etrusker u. Griechen). Die späte Anwerbung Schwerbewaffneter muß einen Grund haben, der im militärischen Bereich zu suchen ist. Bei der Schlacht am Krimisos hatten die Karthager große Verluste in den eigenen Reihen.[205] Im Vergleich mit dem 5. Jhrdt. war ihre Flotte gewachsen. Vermutlich war jetzt der Punkt erreicht, wo keine karthagischen Bürger mehr zum Heer abgestellt werden konnten, ohne die Einsatzbereitschaft der Flotte zu gefährden. Damit wurde auch die Anwerbung von Hopliten nötig – eine Praxis, die bis in den ersten punischen Krieg fortgesetzt wurde, weil die Ansprüche an die Zahl des Flottenpersonals weiter stiegen.

Aber selbst wenn die gerade vorgetragene Vermutung nicht das Richtige treffen sollte, so bleibt doch ein Faktum: im karthagischen Heer wurden Söldner ursprünglich als Spezialisten verwendet. Dies spricht dafür, daß der Anfang des Söldnerheeres von militärischen Notwendigkeiten diktiert wurde – und keine anderen Gründe hatte.

---

202 Die italischen Söldner bei Zon. 8, 9, 4 (I 148 Boissevain) hält Huß 223 A. 36 für eine Erfindung.

203 S. e.g. 192.

204 Vgl. Diod. 13, 80, 4 über die Kampaner: ᾔδεισαν γὰρ τὴν μὲν χρείαν αὐτῶν μεγάλα συμβαλλομένην.

205 S. Plut. Tim. 28, 5 f.

## 5. Zusammenfassung

Es dürfte deutlich geworden sein, daß die zu Beginn vorgeführten Erklärungen für die Entstehung und Bedeutung des Söldnerheeres nicht haltbar sind. Die Beteiligung der karthagischen Bürger am Krieg war wesentlich höher als bisher angenommen, nur wurde ihre Präsenz im Landheer zunehmend durch den Dienst in der Flotte zurückgedrängt. Je größer die Armeen und Flotten wurden, umso weniger reichte die Zahl der Bürger aus, umso mehr mußte man bei der Rekrutierung von Söldnern und Untertanen Zuflucht nehmen. Das Gros karthagischer Heere wurde von libyschen Untertanen gestellt; selbst für den ersten punischen Krieg kann man nicht von einem Söldnerheer sprechen, da die Libyer in der Mehrheit waren. Wenigstens anfangs handelte es sich bei den karthagischen Soldtruppen um Spezialisten, die zur Komplettierung des aus karthagischer und libyscher Infanterie bestehenden Heeres gebraucht wurden.

Damit relativiert sich das Bild vom Söldnerheer, und man wird genötigt, alte Vorstellungen von karthagischer Politik und ihren Beweggründen zu ändern. Karthago nimmt nun keine Sonderstellung unter den Staaten des Mittelmeeres als primär kommerziell orientierte Macht ein, deren ganze Politik – bis hin ins Militärische – vom Handel bestimmt wurde. Entstanden ist dies verzerrte Bild vom Söldnerheer mit all seinen Konsequenzen unter dem Einfluß des Polybios und seiner Darstellung des zweiten punischen Krieges. Das Heer Hannibals war für einen hellenistischen Griechen ein Söldnerheer, und von den Erfahrungen dieses Krieges aus erfolgte eine Rückprojektion auf die frühere Geschichte Karthagos.[206] Besonders deutlich ist das am Beispiel des Poseidonios zu sehen, der das karthagische Söldnerwesen durch die Einkünfte aus den spanischen Silberminen erklärte und gleichzeitig behauptete, daß Untertanen im Heer Karthagos keine Rolle gespielt hätten.[207] Letzteres ist sicher falsch, aber auch von einer Verfügung über die spanischen Silberminen kann frühestens nach dem ersten punischen Krieg die Rede sein – d.h. Poseidonios übertrug die Verhältnisse des Hannibalkrieges auf die gesamte karthagische Geschichte.

Unsere Überlieferung ist fast ausschließlich auf die Kriege zwischen den Karthagern und Griechen bzw. Römern konzentriert. Über Kriege in Afrika, die nicht gefehlt haben können, erfahren wir kaum etwas. Diese Kriege sind sicher ohne Söldner aus den üblichen Rekrutierungsbezirken geführt worden, wie die Münzen deutlich – wenn auch nur e silentio – zeigen. Die eigens für Söldner geschlagenen Münzen der sizilischen Prägestätten finden sich nämlich nicht in Afri-

---

206 Vgl. Meltzer II 122.

207 Diod. 5, 38, 3 (Poseidonios F 89 Theiler).

ka.[208] Wenn einmal – ausnahmsweise – Söldner aus Sizilien in Afrika eingesetzt wurden, so mußten selbst Schekelprägungen mit einem Gültigkeitsvermerk für Afrika versehen werden.[209] Der Einsatz von Söldnern in Afrika war also nicht üblich. Die Kriege dort müssen von den Karthagern und ihren Verbündeten allein geführt worden sein.[210]

Ebenso zeigen die Münzen, daß die Zahl der von den Karthagern eingesetzten Söldner nicht sehr hoch gewesen sein kann. Es sind die Rückseitenstempel von ca. 200 karthagischen Tetradrachmenprägungen bekannt. Wenn man für die Zeit von 410–290 etwa 30 Jahre Kriegsführung ansetzt, so ergibt das etwa 7 Stempel pro Kriegsjahr; da aus jedem Stempel etwa 10 000 Münzen geschlagen werden konnten, ergibt das einen Ausstoß von etwa 280 000 Drachmen pro Kriegsjahr.[211] Bei einem – niedrig angesetzten – Sold von einer halben Drachme pro Tag[212] und bei einer – niedrig angesetzten – Besoldungsdauer von 200 Tagen im Jahr kann man damit 2800 Söldner ein Jahr lang bezahlen, wobei σιτομετρία und andere Zahlungen noch nicht einmal einbezogen sind.[213] Selbst wenn sich mit der Zeit noch weitere Rückseitenstempel finden,[214] und es noch andere Nominale und andere Formen der Besoldung gegeben hat, so kann man auf dieser Basis die Zahl der karthagischen Söldner nie willkürlich in die Zehntausende gehen lassen.[215]

Thiel meinte, die Karthager hätten versäumt, ihre afrikanischen Untertanen in ihr Reich zu integrieren und an sich zu binden, weshalb sie ihre Kriege in erster Linie mit Söldnern hätten führen müssen.[216] Die Relation zwischen Söldnern und Untertanen im karthagischen Heer widerspricht dem ganz entschieden. Auch

---

208 G. K. Jenkins, SNR 53, 1974, 23 ff.; 56, 1977, 5 ff.; 57, 1978, 5 ff. passim zu den Fundorten. Cf. Hans (A. 29) 128; 234 A. 99.

209 H. R. Baldus, Chiron 12, 1982, 177 ff.

210 Ein sicheres Beispiel ist hierfür die Abordnung von Heeresteilen durch Bomilkar kurz vor seinem Putsch, Diod. 20, 43, 2. Vgl. zum ganzen Komplex auch 231 A. 25.

211 Kraay (A. 29) 6 f.; id., Greek Coins and History, London 1969, 25. Die Ansetzung der Anzahl von Münzen aus einem Stempel ist eher konservativ, es gibt auch höhere Schätzungen; eine Zusammenstellung e. g. bei M. H. Crawford, in: id. (Hrsg.), Sources for Ancient History, Cambridge 1983, 214.

212 Diodor 13, 44, 2 spricht von μισθὸς ἀξιόλογος. Vgl. 16, 81, 4: μισθοφόρους δὲ ἀλλοεθνεῖς ἀθροίζειν . . . ὑπακούσεσθαι δ' αὐτοῖς πρὸς τὴν στρατείαν πολλοὺς ὑπελάμβανον διὰ τὸ μέγεθος τῆς μισθοφορᾶς καὶ τὴν εὐπορίαν τῆς Καρχηδόνος.

213 Launey (A. 142) II 750 ff. zur Soldhöhe in Griechenland, ihrer Unterscheidung nach Truppenteilen und der normalen Besoldungsdauer von 9–10 Monaten im Jahr.

214 Andere Zahlungsarten, z. B. mit sikelo-punischen Prägungen, sind zwar möglich, werden aber wohl für unsere Rechnung dadurch ausgeglichen, daß in einem Krieg nicht nur Personalkosten für Söldner entstehen.

215 Dies gilt erst recht, wenn man den Bedarf für ständige Garnisonen mit in Rechnung setzt (zu deren Existenz Hans [A. 29] 139 f.), also die Prägeverteilung nicht nur auf die Kriegsjahre berechnet.

216 Thiel (A. 19) 334.

hatte der direkte Herrschaftsbereich Karthagos in Afrika wesentlich weniger Einwohner als der römische, vielleicht noch nicht einmal eine Million.[217] Unsere Quellen berichten oft davon, wie drückend die karthagische Herrschaft den Libyern erschien; dabei ging es nicht nur um Steuerlasten, es wurde auch an die libyschen Beiträge zum karthagischen Heer gedacht.[218]

Der von Thiel konstatierte Zusammenhang ist also nicht zu halten, obwohl seine Prämisse richtig war: die Libyer wurden nicht in die karthagische Herrschaft integriert, sie wurden kein Teil eines größeren politischen Ganzen, in dem auch ihre Interessen vertreten worden wären. Die Trennung von libyschen und karthagischen Verbänden im Heer zeigt denn auch, daß eine Integration durch gemeinsamen Heerdienst unerwünscht war. Dies lenkt den Blick auf zwei Beobachtungen:

Die Hauptlast der Kriege ist von den Karthagern selbst und von den Libyern getragen worden. Normalerweise bedeutet die gleichberechtigte Beteiligung an den militärischen Aufgaben eines Staates für die entsprechenden Gruppen auch eine Beteiligung an der Macht. Anders hier: trotz der hohen Kriegslasten der karthagischen Bevölkerung blieb es bei dem aristokratischen Regiment in der Stadt. Von einer angemessenen Beteiligung der Bevölkerung an der Regierung kann nicht die Rede sein.[219] Dasselbe gilt, wie oben bereits gesagt, auch für die Libyer. Trotz ihrer Verdienste um Karthago wurden sie nicht in den Staat integriert, sondern blieben immer minder berechtigte Untertanen und erhielten keine erkennbaren Privilegien für ihren militärischen Einsatz.

---

[217] Lassère zu Strabons Ziffer 700 000 (vgl. 205 f.) als mögliche Einwohnerzahl der gesamten karthagischen χώρα. Im Jahr 1906 lebten in ganz Tunesien 2 Millionen Menschen, H. Mensching, Tunesien, Darmstadt 1979, 4.

[218] Vgl. Huß 142: «fortgesetzte Beanspruchung ... durch die zahlreichen Kriege ... scheint ein Gefühl der Erbitterung erzeugt zu haben.» Diod. 14, 77, 1: τῆς γὰρ συμφορᾶς διακηρυχθείσης κατὰ τὴν Λιβύην, οἱ σύμμαχοι καὶ πάλαι μισοῦντες τὸ βάρος τῆς τῶν Καρχηδονίων ἡγεμονίας, τότε διὰ τὴν τῶν στρατιωτῶν ἐν Συρακούσαις προδοσίαν πολὺ μᾶλλον ἐξέκαυσαν τὸ κατ᾽ αὐτῶν μῖσος. 15, 24, 2: οἵ τε γὰρ Λίβυες καταφρονήσαντες αὐτῶν ἀπέστησαν. 20, 3, 3: τοὺς δὲ κατὰ τὴν Λιβύην συμμάχους, βαρυνομένους τοῖς προστάγμασιν ἐκ πολλῶν χρόνων, λήψεσθαι καιρὸν τῆς ἀποστάσεως.

[219] Meltzer I 196 nahm an, daß der Kriegsdienst der herrschenden Klasse (ἱερὸς λόχος) zur Festigung ihrer Stellung im Staat diente. Das kann so nicht mehr gelten, aber der Ansatz, Kriegsdienst und Stellung im Staat zu bedenken, ist beachtenswert. – Von ähnlichen Überlegungen geht Lüdemann (A. 13) 87 aus, der Plat. Nom. 637 d nur auf einen «Teil der Aristokratie» bezogen wissen will; vgl. aber 176 ff.

# VIII. Streitwagen und Reiterei

Polybios erklärt in seinem Vergleich zwischen Römern und Karthagern (6, 52, 3), daß die Römer sich mit ganzer Hingabe um ihre Infanterie bemühten, während die Karthager diese Waffengattung vernachlässigten; etwas besser stehe es nur mit der karthagischen Reiterei (Καρχηδόνιοι δὲ τῶν μὲν πεζικῶν εἰς τέλος ὀλιγωροῦσι, τῶν δ' ἱππικῶν βραχεῖάν τινα ποιοῦνται πρόνοιαν). Bisher konnte gezeigt werden, daß die Karthager ihr Fußvolk nicht in dem Maße vernachlässigten, wie Polybios behauptet. Im folgenden soll der Frage nachgegangen werden, was es mit der βραχεῖα πρόνοια für die Kavallerie auf sich hat.

Obwohl Polybios den Karthagern ein gewisses Interesse an der Reiterei attestiert, ist die Bemerkung doch eher abwertend gemeint[1] – selbst wenn dies nicht immer so verstanden wurde.[2] Gegen das Urteil des Polybios hat man eingewandt, die Karthager hätten ja spätestens seit den Barkiden die ausgezeichnete numidische Kavallerie in Diensten gehabt, weshalb von einer Vernachlässigung dieser Waffengattung nicht die Rede sein könne.[3] Dies gilt aber nur für die Zeit nach dem ersten punischen Krieg; für das 5. und 4. Jhrdt. stellt sich die Frage unvermindert weiter: wie stand es um die karthagische Kavallerie?

Im allgemeinen bestätigt die Überlieferung die eher negative Bemerkung des Polybios.[4] Kavallerie scheint den Karthagern bei etlichen militärischen Operationen gefehlt zu haben;[5] die Rekrutierung von *equites Campani* und etruskischen ζευγίπποι erklärt sich ebenfalls durch den Mangel an eigener Reiterei.[6] Daran ändert auch die Tatsache nichts, daß Reiter manchmal in der Aufzählung des gesamten karthagischen Heerbannes vorkommen. Wenn Zahlen genannt werden, so zeigt sich immer ein erstaunlich schlechtes Verhältnis zwischen Kavallerie und Fußvolk.[7] Zweifelhaft ist allerdings, ob man wegen dieser Konstanz auf eine ge-

---

[1] «Equestris rei levem aliquam curam habent» Schweighäuser, «slight attention» Paton, «einige Aufmerksamkeit» Drexler. Vgl. zum Ausdruck Pol. 4, 19, 10: βραχεῖς δέ τινας παντελῶς ἱππεῖς καὶ πεζούς.

[2] Vgl. 164 A. 58.

[3] Huß 477; vgl. Meltzer II 132 u. allgem. Gsell II 400 f.

[4] E. g. Meltzer II 132 mit Verweisen.

[5] E. g. Diod. 13, 80, 2; 108, 7; 109, 3; 5. Vgl. zu dieser Diskrepanz auch Meltzer I 272.

[6] Die Behauptung von J. H. Thiel, A History of Roman Sea-Power before the Second Punic War, Amsterdam 1956, 229 A. 542, die italische Kavallerie habe im Vergleich mit der punischen schlecht abgeschnitten, ist in dieser allgemeinen Form nicht richtig.

[7] Die übliche Relation betrug 10 : 1. Armee und Reiter werden ohne Zahlen genannt bei

wisse Zuverlässigkeit der Überlieferung schließen darf: die Zahlen für das Fußvolk wurden aufgebläht, sollten die Zahlen der – allerdings besser schätzbaren – Reiterei im Gegensatz dazu einigermaßen richtig wiedergegeben worden sein?[8]

Bis zur Zeit des Agathokleskrieges gibt es – sehen wir von den oben genannten Söldnern ab – keinen konkreten Hinweis auf die Nationalität der Kavalleristen,[9] erst im ausführlichen Bericht über den Krieg in Afrika wird zwischen numidischen, griechischen und karthagischen Reitern unterschieden.[10] Im ersten punischen Krieg tauchen Νομαδικοὶ ἱππεῖς auf,[11] während des Söldnerkrieges wieder eine genuin karthagische Reiterei (Pol. 1, 73, 1 cf. 75, 2).

Einen Ansatzpunkt für weitere Überlegungen bietet die erste Schlacht, die die Karthager in Afrika gegen Agathokles schlugen. Die dort genannten Zahlen bestätigen abermals das Urteil des Polybios: bei 40 000 Fußsoldaten nur 1000 Reiter – dafür aber 2000 Streitwagen. Die relative Vernachlässigung der Reiterei, durch die sich Karthago vor dem ersten punischen Krieg auszeichnete, ist offenbar mit einem anderen Phänomen gekoppelt: der Prominenz des Streitwagens.[12] Bei der

---

Diod. 13, 80, 5. Ansonsten: 14, 54, 5: καὶ πέρας ἤθροισαν πεζῶν μὲν ὑπὲρ τὰς τριάκοντα μυριάδας, ἱππεῖς δὲ τετρακισχιλίους, χωρὶς τῶν ἁρμάτων. ταῦτα δ' ἦσαν τετρακόσια. – 14, 62, 3: ὡς μέν τινες ἀνέγραψαν, ἐκ τριάκοντα μυριάδων πεζῶν, ἱππέων δὲ τρισχιλίων. Meyer, GdA V 104 A; 108 A. 1 nimmt an, daß hier das bei Diodor übliche Timaioszitat ausgefallen sei; Huß 132 A. 67 hält die Zahlen – da aus Ephoros – für überhöht. Zu beachten ist, daß Diodor hier anders zitiert als sonst, die Herkunft der Zahlen daher nicht unbedingt feststeht. – 16, 77, 4: ἱππεῖς δὲ καὶ ἅρματα καὶ συνωρίδας οὐκ ἐλάττους τῶν μυρίων (vgl. vielleicht auch 16, 67, 2 wo Madvig – akzeptiert von Huß 158 – die Erwähnung von Reitern konjiziert; in 16, 69, 3 werden sie aber nicht mehr genannt). Meltzer I 332 hält die Erwähnung von Reiterei für topisch, da sie nur bei der Flucht genannt werde. – 19, 106, 5: πεζοὺς μὲν ἔχων περὶ τοὺς τετρακισμυρίους, ἱππεῖς δὲ σχεδὸν πεντακισχιλίους. Cf. 109, 4; 110, 1. – 20, 10, 5: αὐτοὺς δὲ τοὺς πολιτικοὺς ἐξήγαγον ... ὄντας πεζοὺς μὲν οὐκ ἐλάττους τετρακισμυρίων, ἱππεῖς δὲ χιλίους, ἅρματα δὲ δισχίλια. – 20, 30, 1 (Sizilien): δώδεκα μυριάδας πεζῶν καὶ πεντακισχιλίους ἱππεῖς. – Pol. 1, 32, 9: ἱππεῖς δὲ τετρακισχίλιοι (nach HCP I 91 ist die Zahl, da aus Philinos, zu niedrig; Diod. 23, 8, 1 spricht von 6000 Reitern); vgl. noch 231 A. 24 zu weiteren Belegen für Streitwagen. – Als Beispiel aus späteren Zeiten (150 v. Chr.) sei nur App. Lib. 70, 319 genannt, wo den 20 000 Fußsoldaten nur 400 ἱππεῖς πολιτικοί gegenüberstehen.

8 Bezeichnend ist, daß die Zahlen für die Reiterei in etwa gleich bleiben; sie schwanken zwischen 1000 und 5000.

9 Der Transport von Reitern aus Karthago nach Sizilien ist kein sicheres Kriterium, da Karthago oft als Sammelplatz für alle Angeworbenen benutzt wurde. Auch Diod. 19, 110, 1 τριακόσιοι τῶν ἐκ Λιβύης ἱππέων will nicht mehr sagen, als daß es sich um karthagische Truppen handelte. In 20, 29, 10 können die ἴδιοι ἱππεῖς theoretisch auch zu den ibid. 6 genannten συμμαχοῦντες Ἕλληνες gehört haben.

10 Numider: Diod. 20, 38, 3; 5. Griechen: ibid. 6. Karthager: 20, 10, 5.

11 Pol. 1, 19, 2. In der Regel wird angenommen, daß die meisten Reiter im Heer gegen Regulus ebenfalls Karthager waren; Pol. 1, 30, 2; 8; 32, 9 mit e. g. Meltzer II 117.

12 Eine Weihung Timoleons in Delphi zeigt, daß die Griechen den Streitwagen für eine typische Waffe der Karthager hielten; s. H. Pomtow, AM 20, 1895, 483 ff. mit J. Bousquet,

Schlacht gegen Agathokles muß der größte Teil der Streitwagenkämpfer aus Karthagern bestanden haben. Daher läßt sich immerhin vermuten, daß die Streitwagen in den karthagischen Heeren des 5. und 4. Jhrdts. ebenfalls von Karthagern gefahren wurden. In Karthago muß es zum Zeitpunkt dieser Schlacht mindestens 5000 Pferde gegeben haben, die für militärische Zwecke verwendbar waren;[13] was taktischen Einsatz und Fähigkeiten der Mannschaften anging, hielten es die Karthager offenbar für besser, den größten Teil dieser Tiere für die Streitwagenformation – und nicht für die Kavallerie – zu verwenden. Dieses Faktum verlangt nach einer Erklärung, zumal theoretische Bedenken gegen den Einsatz von Streitwagen schon in der Antike formuliert worden sind.[14]

Der Streitwagen, dem die Karthager so offenkundig den Vorzug gegenüber der Reiterei gaben, war ihnen seit alters vertraut.[15] Die militärischen Erfolge der Ägypter, Assyrer, Hethiter und anderer vorderorientalischer Mächte mit diesem Instrument sind bekannt. Aber auch im phönizisch-israelitischen Raum wurden Streitwagen benutzt; Philister und Israeliten fuhren auf ihnen,[16] und seit den Zei-

---

BCH 62, 1938, 355 A.: [ἀπὸ Κα]ρχηδονίων / [Τιμολέ]ων τῶι Ἀπόλλωνι ... / ... ζ]εῦγος ἐστάθη.

[13] Meltzer II 133; Gsell II 399 u. a. hielten die Zahl von 2000 Streitwagen in der Stadt Karthago für zu hoch; s. 193. Anders z. B. Meltzer II 16. – 5000 Pferde sind ein Minimum bei 2 Pferden/Streitwagen; eher muß mit 4 Pferden/Streitwagen gerechnet werden; vgl. L. Vigneron, Le cheval dans l'antiquité, Nancy 1968, 277. Auch der häufig gebrauchte Ausdruck τεθρίππα spricht für diese Interpretation.

[14] Xen. Cyr. 6, 1, 28: ἔδοξε αὐτῷ (scil. bei der Auflösung der Streitwagentruppe), ὃ κράτιστον εἰκὸς ἦν εἶναι τῆς δυνάμεως, ὄντων τῶν βελτίστων ἐπὶ τοῖς ἅρμασι, τοῦτο ἐν ἀκροβολιστῶν μέρει εἶναι καὶ εἰς τὸ κρατεῖν οὐδὲν μέγα συμβάλλεσθαι. ἅρματα γὰρ τριακόσια τοὺς μὲν μαχομένους παρέχεται τριακοσίους, ἵπποις δὲ οὗτοι χρῶνται διακοσίοις καὶ χιλίοις· ἡνίοχοι δ' αὐτοῖς εἰσι μὲν ὡς εἰκὸς οἷς μάλιστα πιστεύσουσιν, οἱ βέλτιστοι· ἄλλοι δὲ εἰσὶ τριακόσιοι οὗτοι, οἳ οὐδ' ὁτιοῦν τοὺς πολεμίους βλάπτουσι. Vgl. A. Ferrill, The Origins of War, London 1985, 73 f., der bereits für die Assyrer die Frage stellt, weshalb sie die Streitwagen an Stelle von Kavallerie beibehalten hätten – und mit einer «conservative tendency of the military mind» antwortet. Eine ähnliche Erklärung im Falle Karthagos übrigens bei B. H. Warmington, Carthage, London 1960, 104 (in Assyrien ist es allerdings im späten 8. Jhrdt. zu einer «cavalry revolution» gekommen, in deren Verlauf ein Verhältnis von Streitwagen zu Kavallerie bis hin zu 1:10 erreicht wurde, S. Dalley, Iraq 47, 1985, 37 f.; 47 f.).

[15] Allgem. W. Nagel, Kriegswagen im Altertum (im Druck); Lit. auch bei P. Stary, HambBArch 7, 1980, 13 f.

[16] K. Galling, Bibl. Reallexikon, Tübingen 1937, 419 ff.; J. Wiesner, in: B. Reicke/L. Rost (Hrsgg.), Bibl. hist. Handwörterbuch III, Göttingen 1966, 2127 ff. Daß Ahab 2000 Streitwagen gehabt habe, sagt ANET$^3$ 278 f.; zur Zahl vgl. H. Donner, Geschichte des Volkes Israel, Göttingen 1987, 262; M. Elat, IEJ 25, 1975, 23 ff.; id., in: E. Lipinski (Hrsg.), State and Temple Economy in the Ancient Near East II, Louvain 1979, 542 A. 61 (ebenfalls 2000 Streitwagen bei Persern und Indern Xen. Cyr. 8, 3, 6; Curt. 9, 2, 3 f.). Für Salomon finden sich 4000 Streitwagen mit 12 000 Pferden in 1 Reg 5, 6 mit 2 Chron 9, 25; 1400 Wagen mit 12 000 Pferden in 1 Reg 10, 26; die Zahlen sind nicht unbedingt zuverlässig, s. M. Noth,

ten Ugarits[17] sind sie in den Küstenstädten des Libanon nachweisbar und verbreitet.[18] Die einstige Bedeutung dieser Waffe zeigt sich nicht zuletzt darin, daß es noch im hellenistischen Phönizien Darstellungen von Göttern gibt, die auf dem Streitwagen fahren.[19] Die Karthager brachten also eine gewisse Vertrautheit mit diesem Kriegsgerät schon aus ihrer Heimat mit nach Afrika. Pferdezucht, die von ihnen betrieben wurde (Diod. 20, 8, 4 cf. Pol. 12, 3, 3), war für ein Streitwagenkorps genauso nützlich wie für die Reiterei.

Daß diese phönizische Tradition von den Karthagern in Afrika weiter gepflegt wurde, hat vor allem zwei Gründe. Der erste ist die Übereinstimmung mit den in Afrika heimischen Gebräuchen: die Libyer benutzten Streitwagen, wie oft belegt ist.[20] In der afrikanischen Griechenstadt Kyrene hielt sich der Gebrauch von Streitwagen daher ebenfalls bis ins 3. Jhrdt.[21] Der zweite Grund liegt sicherlich in

---

Könige, Neukirchen/Vluyn 1965, 234 und vgl. Y. Yadin, The Art of Warfare in Biblical Lands, London 1963, 286. Der literarische Kontext legt hier nahe, daß der Reichtum des Königs zu seiner Glorifizierung aufgezählt wird, Y. Ikeda, in: T. Ishida (Hrsg.), Studies in the Period of David and Salomon, Winona Lake 1982, 218 f.

[17] J. Gray, The Legacy of Canaan², Leiden 1965, 17 ff.; J. Wiesner, Archaeologica Homerica F, Göttingen 1968, 89; A. Caubet, Semitica 38, 1990, 81 ff.

[18] Vgl. F. Studniczka, JdI 22, 1907, 167 ff.; M. G. Guzzo Amadasi, L'iconografia del carro da guerra in Siria e Palestina, Rom 1965. Zum Vorkommen auf phönizischen Siegeln: E. Gubel, RSF 16, 1988, 160 ff.

[19] Zur Interpretation dieser Münzen (Studniczka verstand sie noch als monarchische Repräsentation) s. P. Naster, JKAF 2, 1965, 327 ff.; Seyrig, Antiquités Syriennes VI 26 ff. (zu Bronzebildern von Streitwagen s. e. g. die Darstellungen in: Les Phéniciens et le monde méditérranéen. Ausstellungskatalog Brüssel 1986, 159 Nr. 133; 163 Nr. 140). – In einem Epigramm auf einen Sidonier, der bei den Nemeia im Wagenrennen gewann, heißt es (J. Ebert, Griechische Epigramme auf Sieger an gymnischen und hippischen Agonen, Berlin 1972, 187 ff. Nr. 64 [Sidon]): οὐ μόνον ἐν ναυσὶν μεγαλύνε[αι, ὄλβιε Σίδων], ἀλλ' ἔτι καὶ ζευκτροῖς ἀθλοφ[όροις ἐν ὄχοις]. Der Ruhm der sidonischen Gespanne bezieht sich natürlich nur auf den gefeierten Sieg, ist kein Beweis für eine entsprechende Tradition; ein anderer phöniz. Sieger bei hippischen Agonen in IG II² 2316, 53.

[20] Gsell I 233 f.; A. S. v. Stauffenberg, Macht und Geist, München 1972, 104 A. 118 (Lit.); s. ansonsten H. Lhote, CRAI 1963, 225 ff. und G. Camps, AntAfr 25, 1989, 11 f. mit der These, daß bestimmte Wagen nicht zu Kriegszwecken brauchbar gewesen seien – was aber nicht einer generellen Leugnung des Streitwagengebrauchs in Afrika gleichkommt. Aus der Literatur s. e. g. Hdt. 4, 170 f.; 189 (dazu G. Camps, Libyca 8, 1960, 20 f.); 7, 70 f.; 86; 184; Strab. 17, 3, 7 p. 828 (die Bedenken von Camps, AntAfr 26 f. sind hier nicht berechtigt); Diod. 20, 38, 1; 64, 3; Arrian, Diad. 1, 17 (hierzu und zur Verbindung mit Hdt. 1, 170 s. A. Laronde, Cyrène et la Libye hellénistique, Paris 1987, 64); Callim. frg. 384, 6 Pfeiffer. A. H. L. Heeren, Ideen über die Politik, den Verkehr und den Handel⁴ II 1, Göttingen 1825, 37 dachte daher sogar, daß die Karthager den Streitwagen von den Afrikanern übernommen hätten.

[21] M. Launey, Recherches sur les armées hellénistiques I², Paris 1987, 596; F. Chamoux, Cyrène sous la monarchie des Battiades, Paris 1953, 235 ff.; id., in: Libya in History. Historical Conference, o. O. o. J. (Benghazi 1969 [?]), 48 ff.; Laronde (A. 20) 132 f. zur Organisation und Einteilung der Streitwagentruppe. Bezeichnend ist das Eindringen entsprechender

der Geographie Tunesiens, die den Einsatz von Streitwagen begünstigt.[22] Gerade der Norden des Landes, also die direkte Umgebung Karthagos, zeichnet sich durch große Küstenebenen aus, und auch in den anderen Landesteilen finden sich bedeutende Binnen- und Küstenebenen nebst weiten Steppenregionen,[23] die für die Bewegung von Streitwagentruppen besonders geeignet sind. In den wesentlich ungünstigeren Gebieten Siziliens operierten die Karthager mit kleineren Streitwagenkontingenten als in Afrika.[24]

Ein wichtiges Nebenergebnis dieser Überlegungen verdient noch festgehalten zu werden: die Karthager besaßen offenbar eine große Menge an Kriegsgerät, das weder in Sizilien noch in Sardinien eingesetzt werden sollte. Daraus folgt, daß sich ein bedeutender Teil ihrer militärischen Aktivitäten in Afrika abgespielt hat,[25] eine Feststellung, die bei jeder Beurteilung karthagischer Politik im Auge zu behalten ist.

Wie wir gesehen haben, kann man gegen die Angabe von 2000 Streitwagen im Krieg gegen Agathokles nicht einwenden, daß auf Sizilien weniger Streitwagen eingesetzt wurden. Zweifel an der Zahl können nur bei der schieren Masse ansetzen: können die karthagischen Arsenale ein solches Ausmaß besessen haben? Die Suche nach vergleichbaren Erscheinungen führt in die Palastarchive der mykenisch-minoischen Welt. Nach den dort gefundenen Tontafeln verfügte die zentrale Verwaltung in Knossos über fast 600 Streitwagen und mehr als 1000 Wagenräder.[26] Im Gegensatz zur altorientalischen Überlieferung, deren Zahlen oft ad

---

Elemente in die Onomastik Kyrenes, e.g. Ἀνίοχος, Παραιβάτας; s. P.M. Fraser/L. Matthews, A Lexicon of Greek Personal Names I, Oxford 1987, 42; 360; cf. 235 f. zu Namen auf Ἱππ-. L. Robert, Opera Minora VI, Amsterdam 1989, 79 A. 5 hatte hierzu eine eigene Studie angekündigt.

[22] Analog für Kyrene Laronde (A. 20) 70 f.

[23] H. Mensching, Tunesien$^3$, Darmstadt 1979, 16 f.

[24] Zur geringen Eignung des sizilischen Geländes s. Warmington (A. 14) 91. Erste Belege für die Benutzung von Streitwagen s. 227 f. A. 7. Hinzuzufügen ist: Diod. 14, 55, 3 f.: ὅμως κατέδυσε πεντήκοντα ναῦς στρατιώτας ἐχούσας τετρακισχιλίους, ἅρματα δὲ διακόσια. – Plut. Tim. 25, 1: ἐν τούτῳ δὲ Καρχηδόνιοι καταπλέουσιν εἰς τὸ Λιλύβαιον ἄγοντες ἑπτὰ μυριάδας στρατοῦ καὶ τριήρεις διακοσίας καὶ πλοῖα χίλια κομίζοντα μηχανὰς καὶ τεθρίππα. Vgl. 29, 1, wo die Griechen nach der Schlacht am Krimisos einen Teil der τεθρίππα erobern, insgesamt 200. So auch Diod. 16, 80, 5. – Diod. 16, 67, 2: εἶχον δὲ μακρὰς ναῦς ἑκατὸν καὶ πεντήκοντα, στρατιώτας δὲ πεζοὺς μὲν πεντακισμυρίους, ἅρματα δὲ τριακόσια, συνωρίδας δὲ ὑπὲρ τὰς δισχιλίας – In Diod. 14, 54, 5 (vgl. A. 7) hält Meltzer II 132 die Wagenzahl für verdächtig, da sie aus Ephoros stamme. Zu bedenken ist aber immerhin, daß die Zahl der Streitwagen in Sizilien in den bekannten Fällen zwischen 200 und 400 liegt.

[25] Zu einem höheren Anteil von Karthagern in afrikanischen Kriegen s. 223 f.

[26] M. Ventris/J. Chadwick, Documents in Mycenaean Greek$^2$, Cambridge 1973, 361 ff.; P. A. L. Greenhalgh, Early Greek Warfare, Cambridge 1973, 10 f.; S. Hiller/O. Panagl, Die frühgriechischen Texte aus mykenischer Zeit, Darmstadt 1976, 219 f.; M. Lejeune, in: J. P. Vernant (Hrsg.), Problèmes de la guerre en Grèce ancienne, Paris 1968, 49 ff.; vor allem

maiorem gloriam regis überhöht sind, sind diese Archivdokumente verläßlich.[27] Der Vergleich zeigt m. E., daß sich die Möglichkeit bedeutender Arsenale in Karthago nicht von der Hand weisen läßt. Da Karthago wesentlich größer als Knossos war, kann auch die Zahl der Streitwagen ohne weiteres höher gewesen sein.[28]

Die kretischen Archive zeigen nicht nur die grundsätzliche Möglichkeit der Existenz von 2000 karthagischen Streitwagen, sondern öffnen den Blick für andere Aspekte ihrer Magazinierung. Selbst bei weniger als 2000 Streitwagen muß man eine geordnete Massenproduktion annehmen, staatliche Organisation und Vorratshaltung – alles Phänomene, die sich nicht nur in Mykene, sondern schon früher in Ugarit nachweisen lassen.[29] Streitwagen sind kostspielige Kriegsinstrumente, die die Zusammenarbeit vieler spezialisierter Handwerker auch in Friedenszeiten voraussetzen; eine staatliche Stelle muß hierfür bezahlen, muß die Arbeit, Lagerung und Verwaltung organisieren,[30] vielleicht sogar für die Bereitstellung von Ersatzgespannen sorgen.[31] Ein kleineres Streitwagenkontingent könnte, wie in Griechenland, vom städtischen Adel unterhalten worden sein; aber in Karthago war das wegen der Größe dieser Abteilung nicht möglich[32] – abgesehen davon, daß der Adel im ἱερὸς λόχος der Phalanx diente, und nicht in der Streitwagentruppe. Die staatliche Organisation der Herstellung und Verwaltung von Streitwagen ist daher ein weiteres Beispiel dafür, wie der Krieg auch in Friedenszeiten im karthagischen Leben präsent war.

Diese Präsenz geht über den verwaltungstechnischen Aspekt noch hinaus; der Einsatz von Streitwagen setzt, auch wenn unsere Quellen nicht davon sprechen, ständige Übung voraus. Nicht nur die Pferdegespanne mußten dauernd trainiert

---

aber L. Godart, in: E. Levy (Hrsg.), Le système palatial en Orient, en Grèce et à Rome, Leiden 1987, 237ff.

27 J. Chadwick, in: Studia Mycenaea, Brno 1968, 17ff. hält die hohen Ziffern für «writing exercises»; s. dazu aber O. Höckmann, in: H. G. Buchholz (Hrsg.), Ägäische Bronzezeit, Darmstadt 1987, 333 A. 30.

28 Vgl. noch für Akragas die Behauptung, es habe dort 300 συνωρίδες und 800 ζεύγη gegeben, Diod. 13, 82, 7; 84, 1.

29 M. Heltzer, The Internal Organization of the Kingdom of Ugarit, Wiesbaden 1982, 127ff. zur Bereitstellung von Waffen durch den Staat mit Parallelen aus Ägypten und dem Vorderen Orient; 192ff. speziell zur Herstellung von Streitwagen.

30 Vgl. für die mykenische Zeit E. Cassin, in: Vernant (A. 26) 300ff.

31 In Diod. 16, 67, 2; 77, 4 werden neben, d. h. unterschieden von den ἅρματα noch συνωρίδες genannt. C. B. Welles übersetzt dies als «extra teams of horses», was einen gewissen Sinn gibt, da die συνωρίδες 16, 80, 2 in der Schlacht nicht mehr genannt werden. 27 A. 2 verweist er auf PPetrie II 25 (265/4 v. Chr.); es sei «customary for chariots to be accompanied by spare horses, trained to work in pairs». Mahaffy interpretierte den Papyrus allerdings anders; Meltzer II 132, Gsell II 399 A. 5 und Scullard, CAH VII$^2$ 2, 495 halten συνωρίδες für Streitwagen mit nur zwei Pferden.

32 Gegen Meltzer II 133.

werden (die Hethiter hatten hierzu sogar eigene, handbuchartige Anweisungen), auch Wagenlenker und Krieger mußten sich immer wieder üben.[33] In noch stärkerem Maße als bei den Ruderern der Flotte müssen hier Karthager auch im Frieden damit beschäftigt gewesen sein, ihre kriegerischen Fähigkeiten aufrecht zu erhalten. Die bis ins 4. Jhrdt. dauernde Benutzung von Streitwagen zeigt so, wie bedeutend der militärische Aspekt im Alltag vieler Karthager gewesen sein muß (ein vergleichbares Training muß natürlich auch für die πολιτικοὶ ἱππεῖς angenommen werden[34]).

Es gibt einige Anhaltspunkte für die Art, in der die Karthager ihre Streitwagen einsetzten: das Heer, das gegen Timoleon am Krimisos kämpfte, überquerte den Fluß bewaffnet und in Schlachtordnung; die erste Abteilung, die den Fluß überschritt, war das Streitwagenkorps.[35] Bei der Schlacht gegen Agathokles standen Wagen und Reiterei vor dem Fußvolk (Diod. 20, 10, 6; 12, 1). In beiden Fällen sollte der Ansturm der Streitwagen die gegnerische Schlachtordnung in Verwirrung bringen und so den Zusammenhalt der fremden Phalanx stören.[36] Diese Taktik mag asiatischen Ursprungs sein,[37] doch erklärt das nicht viel. Wichtiger ist, daß Streitwagen und Kavallerie von den Karthagern in derselben Art verwendet wurden.[38] Mit Hilfe dieser Beobachtung lassen sich einige Phänomene des karthagischen Heeresaufbaues erklären.

Sowohl die relative Vernachlässigung der Reiterei durch die Karthager wie auch der bevorzugte Einsatz von Streitwagen hängen mit der gerade geschilderten Taktik zusammen: der Aufbruch der gegnerischen Formation war mit Wagen leichter zu erreichen als mit Reiterei.[39] Das plötzliche Verschwinden der Streitwagen nach

---

[33] Zum Schweigen der Quellen in diesem Punkt vgl. M. Detienne, in: Vernant (A. 26) 317: «Le silence de nos documents ne peut nous le faire oublier». S. ansonsten z. B. Wiesner (A. 17) 85; C. Saulnier, L'armée et la guerre dans le monde étrusco-romaine (VIII–IV s.), Paris 1980, 68 und zum Verweis auf die hethitischen Handbücher R. Drews, The Coming of the Greeks, Princeton 1988, 90f. (Lit.).

[34] Vigneron (A. 13) 235: «Il n'y a pas de cavallerie sans de durs exercises régulièrement pratiqués. Ceci est particulièrement vrai dans l'antiquité.»

[35] Von den Wagen heißt es: ἐκπληκτικῶς πρὸς τὸν ἀγῶνα κατεσκευασμένοις, Plut. Tim. 27, 2f. Hierauf beruht wohl die häufig vertretene Meinung, die karthagischen Streitwagen seien gepanzert gewesen, e. g. Picard, Karthago 206.

[36] Falsch ist M. Müller, Der Feldzug des Agathokles in Afrika, Diss. Leipzig 1928, 21, der sagt, die Wagen seien benutzt worden, «um die Sizilier zum Kampfe zu reizen.»

[37] Picard, Karthago 206; J. K. Anderson, AJA 69, 1965, 352. Der Einsatz von Streitwagen hier ist jedenfalls ganz anders, als bei Homer geschildert (hierzu J. Latacz, Kampfparänese, Kampfdarstellung und Kampfwirklichkeit, München 1977, 215ff.); vgl. aber Xen. Cyr. 7, 1, 9ff.

[38] Diese Verwendung der Kavallerie ist nicht selbstverständlich; in Griechenland wurde sie z. B. anders eingesetzt, und zwar zur Aufklärung, Umgehung der gegnerischen Flanken und Verfolgen der bereits durchbrochenen gegnerischen Linien; s. e. g. F. E. Adcock, The Greek and Macedonian Art of War, Berkeley 1957, 48f.

[39] Dies gilt auch dann, wenn es sich nicht um Sichelwagen handelt: letzteres nahm P. Bar-

dem Agathokleskrieg erklärt sich durch den Einsatz von Elephanten, die die Aufgaben der Streitwagen wesentlich effektiver erfüllen konnten.[40]

Daß die karthagische Reiterei, die in der Schlacht dieselbe Funktion wie die Streitwagen hatte, nicht ebenfalls obsolet wurde, hat einen besonderen Grund: die Kavallerie erlebte gerade unter Alexander und seinen Nachfolgern einen ungeheuren Aufschwung.[41] Im ersten punischen Krieg, in der Schlacht gegen Regulus, setzten die Karthager Kavallerie und Elephanten zum ersten Mal in typisch hellenistischer Art ein (Pol. 1, 37, 7). Die relative Unerfahrenheit in der koordinierten Verwendung von Kavallerie und Elephanten erklärt vielleicht auch, weshalb die Karthager zu Beginn der Invasion des Regulus so große Schwierigkeiten mit dem sachgerechten Einsatz dieser Waffengattungen hatten.

Wie die Einführung des Elephanten, so ist auch die Handhabung der Kavallerie von den Griechen übernommen und ein wichtiges Zeichen dafür, daß das karthagische Heer einen wesentlichen Schritt in die Richtung des modernen, hellenistischen Vorbildes gemacht hatte, dem später das Heer Hannibals in so eindrucksvoller Weise entsprach. Erst mit dieser Entwicklung wurde die Eingliederung numidischer Reiter ins karthagische Heer dringend. Während das Pferd auf den karthagischen Münzen in der Regel kein Hinweis auf die Bedeutung karthagischer Kavallerie ist,[42] so gibt es gerade aus den Jahren 241–238 Prägungen, die sich auf die Bedeutung der numidischen Reiterei beziehen lassen.[43] Selbst das Münzbild spiegelt also die Wandlung in der militärischen Anschauung.

Nach diesen Beobachtungen bildete die Zeit um den ersten punischen Krieg

---

toloni, in: I Fenici. Ausstellungskatalog Venedig 1988, 134; 136 an; es findet aber keinen Rückhalt in den Quellen. Allgemein zu den «chars de ruptures»: Vigneron (A. 13) 277ff.

40 Zum Ersatz der Streitwagen durch Elephanten s. Meltzer I 69; Gsell II 400; W. W. Tarn, Hellenistic Military and Naval Developments, Cambridge 1930, 98; H. H. Scullard, The Elephant in the Greek and Roman World, Ithaca 1974, 148 («to keep abreast of developments»); Bartoloni (A. 39) 134; 136. Falsch ist Picard, Karthago 206: «gelegentlich Kriegswagen und stets Kampfelefanten». Völlig abwegig zum Elephanteneinsatz: Miltner, RuK 211. – Scullard nahm ihre Einführung kaum vor 300 an; Tarn 94 und J. Seibert, Gymnasium 80, 1973, 357 denken an Vermittlung durch Pyrrhos (Seibert auch gegen Spekulationen, die in den Ptolemäern die Vorbilder sehen). Wollte man die Überlieferung des Polyainos über den Feuertelegraphen der Karthager ernst nehmen (s. 235 A. 46), so müßte er wegen der Erwähnung von θήρια in den ersten punischen Krieg datiert werden.

41 Cf. Tarn (A. 40) 50ff. bes. 66 zur Verbindung mit Karthago; J. F. C. Fuller, The Decisive Battles of the Western World I, London 1954, 123.

42 So aber Gsell IV 38; G. Giacosa, Uomo e cavallo sulla moneta greca, Novara 1973, 75; contra e. g. L. M. Hans, Karthago und Sizilien, Hildesheim 1983, 231 A. 68; Huß 490f.; zur richtigen Beziehung des Pferdes s. 57 A. 205.

43 H. R. Baldus, Deutscher Numismatikertag, München 1981, 9ff.; die Νομαδικοὶ ἱππεῖς in Pol. 1, 19, 2 zeigen, daß die numidische Kavallerie der Karthager nicht mit Hamilkar Barkas begann.

einen wesentlichen Wendepunkt im karthagischen Militärwesen. Wir haben bereits früher gesehen, daß die Anforderungen des ersten punischen Krieges die Zusammensetzung des karthagischen Landheeres veränderten, die Karthager selber in die Flotte drängten und neben den Libyern die Söldner zum wichtigsten Element der Armee machten.[44] Das förderte eine Angleichung an die hellenistischen Heere in vielen Bereichen. Oben wurde gezeigt, daß sich die Taktik des Heeres und die Art, in der seine einzelnen Abteilungen eingesetzt wurden, ebenfalls änderten – und zwar auch in Folge hellenistischer Vorbilder.[45] War die erste Änderung noch durch die Bedingungen des Krieges erzwungen, so kann die zweite nur als Lernprozeß und Adaption moderner Technik bezeichnet werden, ausgehend von direktem Kontakt oder von Lehrbüchern.[46] Die Assimilation des Heeres an eine hellenistische Militär-Koine ist bezeichnend für eine – späte – Öffnung Karthagos für griechische Einflüsse.[47] Gleichzeitig markieren diese Veränderungen aber das Ende der Zeit, in der das Militär in all seinen Bereichen als wesentlicher Indikator für den Zustand des karthagischen Staates und der karthagischen Gesellschaft genommen werden kann.

---

[44] S. e.g. 222f.

[45] Die normale Taktik numidischer Reiterei bestand in schnellen Angriffen, auf die ein ebenso schneller Rückzug folgte, e.g. App. Lib. 11, 42; Ib. 25, 99 und noch Florus 2, 31 sagte: *tumultuatum magis quam bellatum.* Daraus folgt, daß die karthagischen Generäle die ihnen zur Verfügung stehende numidische Kavallerie nicht einfach in der für diese Reiter gewohnten Art einsetzten, sondern die numidische Kampfweise nach hellenistischen Vorbildern transformierten.

[46] Hier wäre u.U. die Rolle der griechischen Söldner zu erwägen, für die der berühmte Xanthippos nur ein, oft überschätztes, Beispiel darstellt; vgl. 219f. – Für die Übernahme aus der Literatur sprechen Rückgriffe Hannibals auf Alexander, z.B. bei Cannae (Tarn [A.40] 67) und bei dem Umgehungsmanöver gegen die Kelten beim Rhoneübergang (Fuller [A.41] 125; J.Seibert, AntW 17, 4, 1986, 45). Studium der Alexander- und Pyrrhoskriege durch Hannibal postulierte A. v. Schlieffen, Cannae², Berlin 1925, 288; vgl. hierzu e.g. Plut. Pyrrh. 8, 2. Ansonsten kurz Picard, Karthago 219. – Völlig unmethodisch ist es, wenn St. Borszak, Eirene 20, 1983, 44ff. einzelne Züge des Hannibalbildes bei Livius als Alexander-Imitatio deutet – und zum Beleg auf Parallelen in den Reden bei Curtius Rufus und Arrian hinweist; noch wolkiger sind die Ausführungen von J. Brekkenridge, AncW 7, 1983, 111ff. über Hannibal als Alexander. – Huß 477 A. 15a zitiert noch den Feuertelegraphen (vgl. A. 40) als Beispiel der Übernahme hellenistischer Militärtechnik durch die Karthager; s. gegen dessen Historizität zu Recht V. Aschoff, Geschichte der Nachrichtentechnik, Berlin 1984, 25ff.; 52ff. (vgl. bereits vorher id., Alma Mater Aquensis 17, 1979/80, 87ff.). Die Probleme der Überlieferung werden von J.G. Demerliac/J. Meirat, Hannon et l'empire punique, Paris 1983, 343ff. völlig vernachlässigt.

[47] Nur in Parenthese sei darauf hingewiesen, daß eine solche technische Angleichung natürlich nicht als Hellenisierungsprozeß im eigentlichen Sinne des Wortes verstanden werden darf; trotz vielfach anderslautender Postulate scheint mir die «Hellenisierung» Karthagos nur bis hierhin gegangen zu sein, wurden keine weiteren Schichten der Gesellschaft von ihr erfaßt. Vgl. auch die Zweifel von C. G. Wagner, REPPAL 2, 1986, 357ff.

# IX. Karthago: eine Synthese

## 1. Einleitung

Die hier vorgelegten Untersuchungen hatten ein besseres Verständnis des karthagischen Staates und seiner Gesellschaft zum Ziel. Als Hebel diente die Erkenntnis, daß das zentrale Problem des karthagischen Staates sein Verhältnis zum Militär ist. Dem fragmentarischen Material ließ sich ein einheitlicher Gedankengang nicht abgewinnen; trotz ihrer inneren Verknüpfung sind die einzelnen Studien doch nach Inhalt, Form und Ergebnis zu verschieden, um in einem kurzen Abschnitt zusammengefaßt zu werden. Um ihre Bedeutung für das neuzeitliche Karthago-Bild richtig zu würdigen, muß etwas weiter ausgeholt werden: in wenigen Sätzen soll noch einmal die kurze Skizze der communis opinio aus der Einleitung aufgegriffen werden,[1] um zu zeigen, wie die Ergebnisse dieser Arbeit einzuordnen sind.

Der neueren Forschung gilt keine Form militärischer Betätigung und militärischer Institution als natürlicher Bestandteil des karthagischen Staates. Das Militär wurde als spät entstandener, nie integrierter Zusatz zum Staat gesehen. Demgegenüber wurde hier gezeigt, daß das Kommando über das Aufgebot zu Beginn der karthagischen Geschichte dem Monarchen zustand, wodurch alles Militärische fest in der Mitte des Staates verankert war. Die oft bemängelte, fehlende Einheit von zivilem und militärischem Amt erklärt sich zum einen durch den Machtverlust der Könige, deren Aufgaben im Laufe der Zeit von verschiedenen Beamten übernommen wurden, zum anderen durch das Fehlen eines einheitlichen Imperium-Gedankens, wie wir ihn aus Rom kennen. Wenn die Karthager nach dem endgültigen Sturz der Monarchie die beiden Gewalten nicht erneut zu einem Amt verbanden, so wurde immerhin die Abhängigkeit der Generalität von der politischen Führung fest verankert. Dies entspricht der Praxis vieler Staaten; von der Generalität als einem Fremdkörper kann nicht gesprochen werden.

Da das karthagische Heer seit jeher als Söldnerheer galt, wurden die karthagischen Strategen als Condottieri eingeschätzt. Weder sie noch ihr Heer sollen eine Bindung an den Staat, dem sie dienten, gekannt haben. Das Söldnerheer soll eine Pflicht der karthagischen Bürger zum Wehrdienst ersetzt und sie somit für kommerzielle Beschäftigungen freigestellt haben. Das Fehlen des Waffendienstes gilt dann als Indikator für eine fehlende Teilhabe und Teilnahme der Bürger am Staat.

---

[1] S. 7ff.

Demgegenüber konnte gezeigt werden, wie die Karthager bei jeder Kampagne, von der wir wissen, selber antraten, vor allem aber in großer Zahl als Ruderer in der Flotte dienten. Die Theorien, die auf der Existenz eines ausschließlich von Söldnern gebildeten Heeres basieren, sind daher hinfällig.

Viele Tausend Karthager gingen auch in Friedenszeiten militärischen Beschäftigungen nach: der Dienst in einer Elitetruppe adliger Fußsoldaten, als Streitwagenkämpfer oder als Ruderer in der Flotte erforderte anhaltendes, intensives Training. Es ist daher nur zu verständlich, daß dem militärischen Ethos im Wertesystem der Karthager eine große Bedeutung zugemessen wurde. Damit wird aber die oft vorgetragene Ansicht fragwürdig, die Karthager seien ihrer Natur nach Händler, der karthagische Adel eine Kaufmannsaristokratie gewesen. Eine wichtige Konsequenz ist auch aus der Interpretation des ersten karthagisch-römischen Vertrages zu ziehen: hiermit entfällt der Kronzeuge für die Vorstellung von einem Staat, der nur existiert habe, um seinen Untertanen Märkte zu erobern und Handelsvorteile zu sichern.

Verschiedene Bereiche, die für die karthagische Staatlichkeit entweder zentral waren oder für zentral gehalten werden, stellen sich damit anders dar als bisher angenommen. Nun waren die alten Vorstellungen ja in sich stimmig: eine Linie führte von der Gründung der Stadt als Faktorei phönizischer Kaufleute über den Zweck des Kaufmanns- und Handelsstaates bis hin zur Vorstellung von der merkantilen Aristokratie. Alles andere wurde direkt und logisch aus solchen Grundkonzeptionen entwickelt. Da sich im Zuge dieser Untersuchungen aber wesentliche Teile der modernen Rekonstruktion als falsch erwiesen haben, läßt sich die Frage nicht unterdrücken, ob vielleicht das ganze neuzeitliche Karthagobild auf einer falschen Grundlage ruht. Im folgenden soll daher wenigstens in groben Zügen erklärt werden, wie ein Bild Karthagos auszusehen hat, das zu den hier erzielten Ergebnissen paßt.

## 2. Die «neue Stadt»

Inzwischen herrscht weitgehend Einigkeit darüber, daß Karthago zwischen 825 und 800 von Tyriern gegründet wurde, auch wenn die neuen Grabungen keine Funde erbracht haben, die vor die zweite Hälfte des 8. Jhrdts. zu datieren sind.[2] Das treibende Element soll die Kaufmannschaft der großen phönizischen Stadt

[2] Zuletzt H. G. Niemeyer, Das frühe Karthago und die phönizische Expansion im Mittelmeerraum, Göttingen 1989, 17f. (span. Version Gerion 7, 1989, 11ff.). Das Fehlen früher Funde erklärt sich vielleicht nicht mit einer Leichtbauweise, sondern mit den großen städtebaulichen Arbeiten des 5. Jhrdts., während derer viele alte Schichten abgetragen wurden; cf. F. Rakob, RM 91, 1984, 5f.; 12.; id., RM 94, 1987, 340; H. G. Niemeyer, AntW 21, 1990, 95f.

gewesen sein, die finanzielle Unterstützung vom Tempel des Melqart erfahren habe.[3] Zweck der Neugründung soll die Sicherung des Handelsweges zwischen Phönizien und Spanien gewesen sein. Erst mit der Zeit habe sich Karthago von einem maritimen Stützpunkt und einfachem Kontor zu einer eigenständigen Stadt entwickelt. Bei dieser Rekonstruktion sind die phönizischen Stützpunkte und Kolonien Teile eines zentral geplanten Systems, das dem Handel diente. So soll sich auch die phönizische von der griechischen Kolonisation unterschieden haben, bei der Motive wie Landerwerb in der Fremde und Linderung des Bevölkerungsdruckes in der Heimat eine Rolle spielten.[4]

Gegen eine solche Analyse lassen sich allerdings gewichtige Einwände erheben. Wenn von einem Stützpunktsystem und der Sicherung einer Handelsroute die Rede ist, so setzt dies notwendig das Funktionieren der Kolonien im Rahmen eines großen, von Tyros gesteuerten Systems voraus, in das auch die anderen phönizischen Städte eingegliedert gewesen sein müssen (man findet entlang der Route ja nicht nur Gründungen von Tyros). Gegen ein gemeinsames Vorgehen der Phönizier sprechen aber schon ganz allgemeine Gründe: einen Zusammenschluß der phönizischen Städte zu einem Staat hat es ebenso wenig gegeben wie eine einheitliche Bezeichnung für das Volk. Wie die Phönizier den assyrischen, persischen oder griechischen Eroberern ihres Landes nicht geschlossen gegenübertraten, so haben sie auch in Übersee nicht als politische Einheit gehandelt. Bestenfalls haben

---

[3] E.g. G.Bunnens, L'expansion phénicienne en méditerranée, Brüssel 1977, 275ff.; id., SP 4, 1986, 121f.; S.F.Bondi, EVO 4, 1981, 345ff. Zu Melqart als Handelsgott vgl. noch C.Bonnet, SP 4, 1986, 210f.; J.Alvar/C.G.Wagner, Gerion 3, 1985, 86f.; C.G.Wagner/J.Alvar, RSF 17, 1989, 74; C.Picard, in: M.Gallay/L.Ladjimi Sebai (Hrsgg.), L'homme méditerranéen et la mer, Tunis 1985, 37; E.Acquaro, in: E.Acquaro/L.Godard/F.Mazza/D.Musti (Hrsgg.), Momenti precoloniali nel Mediterraneo antico, Rom 1988, 188f. Die Abhängigkeit von Tyros betont auch M.Liverani, Antico Oriente, Rom 1988, 709. C.Bonnet, Melqart, Namur 1988, 167 interpretiert den Ausdruck Ἡρακλῆς παρὰ τοῖς ἀποίκοις als Herakles, «qui préside aux entreprises coloniales». M.E. ist diese Auslegung sprachlich nicht zu halten. Neben Melqart gelten inzwischen auch andere Gottheiten als spezifische Handelsgötter, s. e.g. G.Ugas/R.Zucca, Il commercio arcaico in Sardegna, Cagliari 1984, 179 zur Venus Erycina: «divinità femminile tipica ... dei grandi santuari emporici.»

[4] Vgl. auch M.Mazza, in: Acquaro/Godard/id./Musti (A.3) 196: «per i Greci si tratta di una fondazione sostanzialmente autonoma della città-madre, per i Fenici essa sembra mantenere una condizione subordinata e dipendente.» Neben Beispielen aus Zypern zitiert er allerdings für diese Behauptung nur die karthagischen Gesandtschaften an Melqart von Tyros. Eine Auswahl von Belegen zum Unterschied zwischen griechischen und phönizischen Kolonien bei C.R.Whittaker, PCPhS 200, 1974, 58f.; vgl. etwa noch M.E.Aubet, Tiro y las colonias fenicias de occidente, Barcelona 1987, 180; Ch.Auffarth, Der drohende Untergang, Berlin 1991, 129, vor allem aber H.G.Niemeyer, in: J.P.Descœudres (Hrsg.), Greek Colonies and Native Populations, Oxford 1990, 469ff.

Tyrier oder Sidonier oder die Leute aus Byblos nach einem jeweils einheitlichen, aber von Stadt zu Stadt unterschiedlichen Plan gehandelt.[5]

Unsicher ist, welche Rolle die Tempel bei der Kolonisation hatten, und ob es eine Oberhoheit der phönizischen Mutterstädte über ihre Kolonien gab: phönizische Präsenz an einem Ort war oft mit der Existenz eines Melqart-Heiligtumes verbunden,[6] weshalb man die führende Rolle der Priesterschaft bei der Ausbreitung des Handels annahm.[7] Es ist aber auch ohne eine solche Voraussetzung ganz selbstverständlich, daß Personen gleicher Herkunft in der Fremde ein kleines Heiligtum gründen, das dann den Mittelpunkt ihres Zusammenlebens bildet. Solche religiösen Vereinigungen haben noch im Hellenismus und in der Kaiserzeit mit demselben Zweck existiert;[8] eine politische oder wirtschaftliche Steuerung durch eine Zentralinstanz in der Heimat ist in keinem Fall nachzuweisen[9] und ist auch hier nicht zu unterstellen.

Die jährlichen Weihegaben, die die Karthager dem Melqart von Tyros schickten, sind kein Beweis für eine politische Abhängigkeit; schon ihr Fortbestand bis ins zweite Jahrhundert beweist das. Abgaben an den wichtigsten Gott der Heimatstadt können von Kolonisten als bindende Verpflichtung empfunden worden sein

---

5 Vgl. in diesem Zusammenhang auch G. Bunnens, in: Acquaro/Godard/Mazza/Musti (A. 3) 233, der wegen der hohen Zahl der Kolonien und ihrer großen Entfernung vom Mutterland annimmt, es habe keine effektive politische Kontrolle gegeben, weshalb die Kolonien der privaten Initiative von Kaufleuten entsprungen seien; vgl. Bondi (A. 3) 343 ff.

6 D. v. Berchem, Syria 44, 1967, 37 ff.; 307 ff.; R. Rebuffat, MEFRA 78, 1966, 7 ff.; vgl. auch Bonnet, SP 4 (A. 3) 119 ff.; ead., Melqart (A. 3) 302 ff.; beachtenswerte Gegenargumente bei F. Graf, Nordionische Kulte, Rom 1985, 314 A. 146 (mit Lit.).

7 Als Beispiel für eine solche Argumentation Aubet (A. 4) 136 f.: der Melqart-Tempel stelle eine religiöse Bindung dar «y la presencia del dios en tierras lejanas aseguraba la tutela del templo de Tiro en esa empresa. En otras palabras, la presencia del Melqart garantizaba o advertía de la intervención de la monarquía en toda actividad comercial lejana» (Beachtenswert ist der Sprung vom Gott zum Tempel als bürokratischer Institution und von dort weiter zur Monarchie). Der Tempel mache automatisch aus der Neugründung «una prolongación de la patria de origen.» Und: «El commercio fenicio en Occidente se incisa ... bajo la égida del dios Melqart, es decir» [!], «del rey de Tiro.» Der Tribut Karthagos sei nichts anderes als die jährliche Gewinnabführung an den Tempel von Tyros. Vgl. S. Ribichini, BCTH 19 B, 1985, 30. – Etwas anders, aber ebenfalls abwegig, ist die von T. Júdice Gamito, in: J. Fossey (Hrsg.), The Hellenic Diaspora I, Amsterdam 1991, 83 zusammengefaßte Ansicht: «The Phoenician settlements were always closely linked with the homeland mercantile ‹companies›, founded in family organisations based on the mother-town and with branches in other towns of equal interest. They formed an actual company, providing the capital for trade activity, sponsoring and protecting it.» – Es bleibt der Verdacht, daß die religiöse Steuerung der phönizischen Kolonisation nach dem «Modell Delphi» einer veralteten Interpretation griechischer Geschichte gestaltet wurde.

8 M. Baslez, in: R. Lonis (Hrsg.), L'étranger dans le monde grec, Nancy 1987, 139 ff.

9 Verf., ZPE 81, 1990, 189 ff.

– und dennoch kein Verhältnis von politischer Oberhoheit und Unterordnung bezeugen.[10] Es handelt sich um Pietätsbekundungen, bestenfalls um religiöse Verpflichtungen, wie sie auch bei griechischen Kolonien gegenüber den Heiligtümern ihrer Mutterstädte zu beobachten sind.

Wenn man Zypern ausklammert, das wegen der Nähe zum Mutterland immer eine Sonderrolle spielte,[11] so gibt es keine Belege für eine politische Kontrolle der phönizischen Mutterstädte über ihre westlichen Kolonien.[12]

---

[10] G. Anderson, Sacrifices and Offerings in Ancient Israel, Diss. Harvard 1985, 100ff. meint allerdings, daß Opfer an den Gott und Gabe an den König fast identisch gewesen seien. Ähnlich F. Decret/M. H. Fantar, L'Afrique du Nord dans l'antiquité, Paris 1981, 54, die die Identifikation des Königs mit dem Melqart-Priester für gegeben halten; vgl. gegen eine solche Interpretation des Zehnten bereits Alvar/Wagner (A. 3) 92. – Manchmal wird auch CIS I 5 (KAI 31; J. Gibson, Textbook of Syrian Semitic Inscriptions III, Oxford 1982, 66ff. Nr. 17 [Karthago/Zypern]) mit einem Zehnten in Verbindung gebracht. Der Text spricht allerdings nur von der privaten Weihung eines Beamten, keiner staatlichen Handlung.

[11] Allgemein zum Verhältnis Mutterstadt – Kolonien s. Bunnens, L'expansion (A. 3) 285ff. Zu einem seiner Argumente (Sufeten) wurde bereits oben Stellung genommen, s. 69 A. 10. Die Bemerkungen bei Megasthenes, FGrHist 715 F 1; 11 erklärt er damit, daß die über Phönizien herrschenden Könige auch Ansprüche auf die Herrschaft über die Kolonien erhoben hätten – was nur bei einer Oberhoheit der Phönizier über ihre Tochterstädte sinnvoll gewesen sei. Abgesehen von der intrinsischen Schwäche des Argumentes, das Anspruch und Realität gleichsetzt, zeigt Hdt. 3, 19, 3, daß Herrschaft über Phönizien zumindest die Herrschaft über Karthago nicht einschloß. Auch die Hilfe, die Tyros von Karthago gegen Alexander erwartete, kann hier nicht als Argument verwendet werden. Die Erwähnung von Tyros im zweiten römisch-karthagischen Vertrag (StV II$^2$ 326) ist schwer zu erklären; vgl. 146 A. 35. In unserem Kontext ist aber einzig wichtig, daß Tyros im ersten Vertrag (StV II$^2$ 121) nicht genannt wurde, wie Pol. 3, 24, 1 ausdrücklich feststellt.

[12] Für die verwaltungstechnische Nachordnung der Kolonien zitiert Huß 37 Menander v. Ephesos, FGrHist 783 F 1; 4 (= Jos. c. Ap. 1, 119; AJ 8, 146; 9, 284ff.) und I. Schiffmann, Altertum 10, 1964, 201 (der aber ganz im Gegenteil aus der Dido-Geschichte auf die Unabhängigkeit Karthagos schließt). In F 1 heißt es: τοῖς τε Ἰτυκαίοις ἐπεστρατεύσατο μὴ ἀποδιδοῦσι τοὺς φόρους ... Dies bezieht sich aber auf eine zyprische Stadt, Gsell I 369; M. H. Fantar, in: L'espansione fenicia nel Mediterraneo, Rom 1971, 105f. A. 18; H. J. Katzenstein, The History of Tyre, Jerusalem 1973, 84f.; Mazza (A. 4) 198; W. Röllig, in: H. G. Niemeyer (Hrsg.), Phönizier im Westen, Mainz 1982, 26f.; vgl. auch G. Ville, RE Suppl. IX 1876. In F 4 finde ich nichts einschlägiges. Gegen eine tyrische Schutzgarantie für die Kolonien s. auch M. Koch, GGA 239, 1987, 287. – KAI 46 (Nora; vgl. F. Stéphan, Les inscriptions phéniciennes et leur style, Beirut 1985, 95f. nr. 3 [nicht au courant]; M. G. Amadasi Guzzo, Iscrizioni fenice e puniche in Italia, Rom 1990, 72f.) wird von F. M. Cross, BASOR 208, 1972, 13ff. so übersetzt: «[he fought with the Sardinians] at Taršiš» (Ort auf Sardinien), «and he drove them out. Among the Sardinians he is [now] at peace (and) his army is at peace: Milkatōn, son of Šūshnā, general of (king) Pummay (i. e. Pygmalion)». Zum Gott PMJ, der hier normalerweise verstanden wird, und davon abgeleiteten Personennamen s. H. Müller, Orientalia 57, 1988, 192ff. Zur Ablehnung dieser Interpretation, die eine Einmischung der phönizischen Heimat in Belange der Kolonie belegen würde, vgl. Huß 22 A. 80 (anders aber jetzt

Daß Karthago um des Handels willen gegründet wurde, ist nicht zu beweisen. Für die Fahrt von Phönizien nach Spanien hatte der Platz keine Bedeutung, da die Schiffe auf Grund von Wind- und Strömungsverhältnissen nicht an der afrikanischen Küste entlangfuhren. Karthago könnte also bestenfalls bei der Weiterleitung der aus Spanien kommenden Rohstoffe von Bedeutung gewesen sein[13] – doch in den Fundschichten der orientalisierenden Epoche gibt es praktisch keinen Befund, der eine Verbindung mit Spanien bewiese. Auch hätte diesen Zweck bereits eine ältere phönizische Gründung erfüllen können – Utica.[14] Die Anlage einer neuen Stadt in demselben Gebiet kann nicht mit einem allmählichen Versanden des Hafens von Utica begründet werden, da dieser noch bis in römische Zeit benutzt wurde.[15] Es gibt somit keinen Hinweis auf eine Gründung Karthagos im Rahmen einer zentralen Wirtschaftsplanung.[16]

In den antiken Quellen werden zwei Gründe für die phönizische Expansion genannt: Überbevölkerung in der Heimat (Sallust, Tertullian, Curtius Rufus, Iustin)[17] und innenpolitische Probleme (Leptis: Sall. Iug. 78, 1; vgl. auch den

---

W. Shea, VT 41, 1991, 241 ff.); allgem. zu den Problemen des Nora-Steines M. Gras/P. Rouillard/J. Teixidor, L'univers phénicien, Paris 1989, 57. – KAI 73 (das médaillon de Carthage) wird von C. Krahmalkov, JSS 26, 1981, 189 f. als Beweis für eine Beteiligung tyrischen Militärs an der Besiedlung Karthagos genommen; contra: G. Garbini, RSF 14 (1986) Suppl. 29 f.

[13] C. Picard, in Gallay/Ladjimi Sebai (A. 3) 39 ff.; ead., in Niemeyer (A. 12) 167 ff.; Aubet (A. 4) 165 ff. (Karte 166) und zuletzt C. G. Wagner, SP 10, 1989, 151 (mit Lit.). Implizit so bereits schon Th. Lenschau, RE X 2, 2224, der von einem bequemen Landeplatz für die Rückkehr aus Gades spricht. Bis zum Ende des 6. Jhrdts. finden sich keine Spuren eines karthagischen Exports nach Spanien: J. M. Blazquez, Tartessos$^2$, Salamanca 1975, 234; 418; J. B. Tsirkin, in: E. Lipinski (Hrsg.), State and Temple Economy in the Ancient Near East II, Louvain 1979, 566.

[14] Im übrigen hat S. Moscati, Nuova Antologia 2125/6, 1978, 216 ff. gezeigt, daß phönizische Handelsschiffe nicht jede Nacht an Land mußten. Es muß daher nicht so viele, eng nebeneinander liegende Häfen gegeben haben, wie oft angenommen wird; cf. Wagner/Alvar (A. 3) 89 f.; Aubet (A. 4) 148 ff.

[15] Versanden: A. Bernard, Rec. Mémoires XIVe Cong. des Orientalistes, Algier 1905, 124; S. E. Tlatli, La Carthage punique, Paris 1978, 13; Versanden erst in christlicher Zeit nimmt G. Ville, RE Suppl. IX 1870; 1891 an. Zum archäologischen Nachweis s. A. Lézine, FS Piganiol III, Paris 1966, 1253 ff.; id., Utique, Tunis 1970, 11 ff.; s. auch Skylax 111; App. Lib. 75, 347; 78, 360; Liv. 25, 31, 13 und allgemein D. Fusshöller, in: E. Olshausen/H. Sonnabend (Hrsgg.), Stuttgarter Koll. zur historischen Geographie des Altertums 3/4, Bonn 1991, 21. Die ideale Position Uticas für den maritimen Fernhandel betont H. G. Niemeyer, in: id./U. Gehrig (Hrsgg.), Die Phönizier im Zeitalter Homers, Mainz 1990, 57.

[16] M. H. Fantar, Carthage – la prestigieuse cité d'Elissa, Tunis 1970, 29 bemerkt zwar, daß Karthago nicht als Handelsstützpunkt gegründet worden sei, behält aber das zentralistische tyrische Handelsreich im Auge, wenn er erklärt, es habe sich um eine «base militaire destinée à barrer la route aux Grecs» gehandelt.

[17] Sall. Iug. 19, 1: *postea Phoenices, alii multitudinis domi minuendae gratia, pars imperii cupidine sollicitata plebe et aliis novarum rerum avidis, Hipponem, Hadrumetum, Leptim*

Dido-Mythos). Beide Erklärungen werden in der Regel verworfen und als rhetorische Inventionen abgetan.[18] Neuerdings mehren sich aber die Stimmen, die einen großen Teil der phönizischen Kolonisation auf Bevölkerungswachstum und zunehmenden politischen Druck durch Assyrien zurückführen. Nachdem Landerwerb und Ackerbau als Ziele der Auswanderer immer deutlicher wurden,[19] versuchte man, das Konzept der Handelskolonisation zu retten, indem man zwei Phasen phönizischer Kolonisation annahm: zu Beginn die Schaffung von Handelskontoren, dann – im 9. u. 8. Jhrdt. – die Anlage von Städten unter starker Berücksichtigung des Hinterlandes – unter ihnen Karthago.[20]

Karthago und Gades sind die einzigen phönizischen Städte, deren Gründungsmythen von den griechischen und römischen Schriftstellern überliefert worden sind.[21] Der karthagische Mythos wird von Timaios, Vergil und Iustin etwa so erzählt:[22]

---

*aliasque urbis in ora marituma condidere*. Tert. de anima 30, 2; Curt. 4, 4, 19f.; Iust. 18, 4, 2: *cum et opibus et multitudine abundarent.* Huß 35 A. 132: «Eine unbefriedigende Auskunft». – Vgl. auch Menander, FGrHist 783 F 3 (=Jos. AJ 8, 324), wo ἀβροχία als Grund der Auswanderung genannt wird.

[18] Zur discordia s. Bunnens, L'expansion (A. 3) 374; zum demographischen Druck verweist er 163f. auf Plat. Nom. 708b; Sen. Cons. ad Helv. 7, 4. Wenn in frühen Quellen immer der merkantile Grund genannt wird, so trifft das nicht, da es dort jeweils um die Begründung der Reisen, nicht die der Niederlassungen geht. Auch reichen die beiden anderen Belege nicht, um Überbevölkerung als einen rhetorischen Topos zu erweisen. – Auch die Belege für den Handel als Reisemotiv sind selten: ANET[3] 27 (Bericht des Wen-Amun [allerdings nur Fahrten nach Ägypten]); Hdt. 1, 1, 1; Cic. rep. 3, frg. 3; Diod. 5, 20, 1; 35, 4f.; Jos. c. Ap. 1, 12; 61; 63. Zu allem Überfluß hält Bunnens 359 die Passagen aus klassischen Autoren durchwegs für Homerreminiszenzen. Bezeichnend für die moderne Überbetonung des Handels als Motiv für die Fahrten der Phönizier ist es, daß dieser Reiseanlaß ausgerechnet auf der gefälschten «punischen» Inschrift aus Amerika genannt wird (zum Text s. M. G. Amadasi Guzzo, OA 7, 1968, 245ff. und etwa Huß 37).

[19] Wagner/Alvar (A. 3) 61 ff.; Wagner, Atti II 1, 411 ff.; vgl. kurz Gras/Rouillard/Teixidor (A. 12) 73f.; M. Koch, Tarschisch und Hispanien, Berlin 1984, 71 mit A. 40; C. R. Whittaker, in: P. Garnsey/C. R. Whittaker (Hrsgg.), Imperialism in the Ancient World, Cambridge 1978, 59; Röllig (A. 12) 25f. etc. Wegen der Lage von Karthago, Gades, Motya und Nora widerspricht z. B. G. Bunnens, Aula Orientalis 4, 1986, 191 A. 15; J. Alvar/C. G. Wagner, Gerion 6, 1988, 169ff. weisen auf die Möglichkeit der Ausfuhr von Agrarprodukten hin.

[20] E. g. Liverani (A. 3) 707. Für Karthago betont bei Whittaker (A. 4) 67; Aubet (A. 4) 75; Alvar/Wagner (A. 3) 80; Koch (A. 12) 287; R. J. Harrison, Spain at the Dawn of History, London 1988, 45; S. Moscati, Scritti Fenici Minori, Rom 1989, 651; id., L'ancora d'argento, Mailand 1989, 169f.; vgl. noch Niemeyer, Frühes Karthago (A. 2) 20; id., (A. 15) 63.

[21] Öfters hervorgehoben von Moscati (A. 20) 644; 649f.; H. G. Niemeyer, JRGZM 31, 1984, 59f.; id., Aula Orientalis 3, 1985, 123f.; id., AntW (A. 2) 96f.; id., (A. 15) 59f.; id. in: Descœudres (A. 4) 486. Gegen Bunnens, L'expansion (A. 3) 184 ist aus Iust. 18, 5, 8f. nicht auf eine frühere Niederlassung und Gründung als Kontor zu schließen. Ähnlich interpretiert allerdings Fantar (A. 12) 124f. Prok. Bell. Vand. 2, 10, 25ff.

[22] Timaios, FGrHist 566 F 82; Verg. Aen. 1, 338ff.; 4, 35ff. (mit Serv. Aen. 1, 367; 4, 36); Iust. 18, 4ff. Vielleicht gehört auch Cato in diese Tradition, s. Solin 27, 10 (F 194 Malcovati;

Elissa/Dido floh mit einigen Mitbürgern vor den Nachstellungen ihres königlichen Bruders aus Tyros. Die Gruppe siedelte sich nach einer Zwischenlandung in Zypern am Ort des heutigen Karthago an.[23] In der Folge bewarben sich einer oder mehrere einheimische Fürsten um die Hand Didos, die von ihren Untertanen zur Annahme eines Antrages gedrängt wurde. Da Dido ihrem noch in Tyros verstorbenen Gatten die Treue halten wollte, beging sie Selbstmord.[24] In die mythische Gründungszeit wurde ferner eine Abmachung datiert, die die Karthager zwang, den Afrikanern Tribut zu leisten.

Läßt sich dieser Geschichte etwas über die tatsächliche Gründung der Stadt entnehmen?[25] Zypern hat, wie man heute weiß, für die Ursprünge Karthagos eine gewisse Bedeutung gehabt.[26] Eine solche Bestätigung des Mythos an unerwarteter Stelle läßt einen historischen Kern immerhin möglich erscheinen. Des weiteren treten in der Gründungsgeschichte einige Eigentümlichkeiten zu Tage, die mit der oben gegebenen Charakteristik der Kolonisation übereinstimmen: in der Frühphase seiner Existenz war Karthago kein Kontor; kaufmännische Interessen stellten nicht das treibende Motiv dar; wie bei einer Agrarkolonisation zu erwarten, so handelte es sich auch im Mythos von Anfang an um eine komplette Stadt mit einer Bevölkerung, die alle sozialen Schichten umfaßte.

Im Mythos steht die Beziehung zu den Eingeborenen an prominenter Stelle, ganz anders als es bei einer bloßen Relaisstation für Handelsschiffe zu erwarten wäre.[27] Die Bedeutung des Umlandes, die darin zum Ausdruck kommt, wird von der Topographie bestätigt. Als idealtypischer Ort für eine griechische Kolonie gilt

---

F 149 Sblendorio Cugusi): *ut Cato in oratione senatoria autumat, cum rex Iapon rerum in Libya potiretur, Elissa mulier extruxit domo Phoenix et Carthadam dixit, quod Phoenicum ore exprimit civitatem novam.* Zum Namen des Königs hier vgl. Serv. Aen. 1, 378: *Iopas* und Bunnens, L'expansion (A. 3) 251. – Philistos, FGrHist 556 F 47 nennt zwei Oikisten (cf. Huß 40 A. 11); diese Tradition ist ein spätes Aition zur Erklärung des Doppelsufetates, cf. Gsell II 192 A. 6 (anders de Sanctis III 1, 44 f. A. 122). Sonst gibt es keine schriftliche Überlieferung (vgl. aber 241 A. 12).

[23] Die Geschichte vom Landkauf mit der Ochsenhaut ist eine maliziöse Erfindung aus römischer Zeit, J. Scheid/J. Svenbro, Annales ESC 40, 1985, 328 f.

[24] Das heutzutage bekannteste Element der Dido-Geschichte, die Verbindung mit dem Trojaner Aeneas, ist sekundär eingefügt. Zu Dido bei Vergil s. W. Suerbaum, ANRW II 31, 1, Berlin 1980, 148 ff.; allgemein zum Nachleben E. Frenzel, Stoffe der Weltliteratur[4], Stuttgart 1976, 148 ff.; A. LaPenna, EncVirg 2, 1985, 57; zu einem besonderen Aspekt K. Koch, Die Aeneis als Opernsujet, Konstanz 1990.

[25] Bei weitem zu gutgläubig Alvar/Wagner (A. 3) 87 ff. Ganz ablehnend Huß 42; es gibt hier eine Menge Zwischenpositionen; vgl. positiver, von Huß zitiert, Gsell I 394 f.; Moscati (A. 20) 432.

[26] A. M. Bisi, SP 6, 1988, 29 ff.; J. Ferron, REPPAL 2, 1986, 287 ff.

[27] Gerade in diesem Punkt hält J. P. Morel, in: T. Hackens/N. u. R. Holloway (Hrsgg.), Crossroads of the Mediterranean, Providence 1984, 135 den Mythos für verläßlich.

eine Landzunge mit guten Häfen und fruchtbarem Umfeld;[28] genauso lag auch Karthago. Das direkte Nebeneinander von Utica und Karthago im Gebiet reichen Ackerlandes zeigt, wie entscheidend Landwirtschaft für die Gründung war.[29]

Dieser Einschätzung steht nun die Interpretation des Tributes entgegen, den die Karthager bis ins 5. Jhrdt. hinein an die Eingeborenen zahlten; erst dann sollen sie nämlich ihr afrikanisches Territorium erobert haben. Bis dahin habe Karthago nur auf das Meer, d.h. auf seine Handelsverbindungen und -interessen geachtet. Mit der Eroberung von Land habe sich dann das gesellschaftliche Gefüge der Stadt grundlegend gewandelt: der Besitz einer ausgedehnten χώρα habe neben der Aristokratie der Händler nun auch eine Aristokratie der Großgrundbesitzer entstehen lassen.[30] Da der Gegensatz zwischen diesen beiden Gruppen die weitere Geschichte der Stadt bestimmt haben soll, ist der Erwerb eines Territoriums ein zentraler Punkt der karthagischen Geschichte.

Die Tribute, die die Karthager für das *solum urbis* an ihre afrikanischen Nachbarn zahlten, werden mehrmals bei Iustin erwähnt. Da er berichtet, wie die Karthager den Grund und Boden der Stadt kauften, kann er mit dem *solum urbis*, für das ein Mietzins gezahlt wurde, nur ein Territorium jenseits der Stadtmauern gemeint haben.[31] Danach muß Karthago bereits früher als angenommen eine χώρα besessen haben, die dann nur agrarisch genutzt worden sein kann. Es bleibt die Frage nach dem Tribut: ist er ein Zeichen fehlenden politischen Herrschaftswillens – oder läßt er sich anders erklären?

---

[28] O. Murray, Das frühe Griechenland, München 1982, 134; cf. Harrison (A. 20) 43. Für Karthago betonen die Bedeutung des Zuganges zum Hinterland Whittaker (A. 4) 67; Niemeyer, Frühes Karthago (A. 2) 20; W. Elliger, Karthago, Stuttgart 1990, 35.

[29] Übertrieben traditionsgläubig ist G. Ville, RE Suppl. IX 1876, der die Gründung Uticas durch Phönizier mit dem Ausbleiben der Getreidelieferungen Salomons begründet.

[30] E.g. Meltzer I 227f.; Picard, Karthago 89f.; G. Camps, Libyca 8, 1960, 33ff.; 137ff.; 178ff.; G. Picard, Archéologie vivante I 2, 1968/9, 151; A. R. Hands, in: L. A. Thompson/J. Ferguson (Hrsgg.), Africa in Classical Antiquity, Ibadan 1969, 81f.; Whittaker (A. 19) 59f.; 81; 88ff.; J. B. Tsirkin, RSF 14, 1986, 129. Das Aufkommen einer Agrararistokratie neben den Händlern wird von I. Hahn, in: E. Ch. Welskopf (Hrsg.), Hellenische Poleis II, Berlin 1973, 843 gar erst ins 4. Jhrdt. datiert.

[31] Iust. 18, 5, 14: *itaque, consentientibus omnibus, Karthago conditur, statuto annuo vectigali pro solo urbis.* 19, 1, 3f.: *adversus Afros quoque, vectigal pro solo urbis multorum annorum repetentes, dimicatum. sed Afrorum sicuti causa iustior, ita et fortuna superior fuit, bellumque cum his solutione pecuniae, non armis finitum.* 19, 2, 4: *et Afri conpulsi stipendium urbis conditae Karthaginiensibus remittere.* Für *solum* = territory s. OLD s. v. 5a; vgl. auch O. Eichert, Vollständiges Wörterbuch zur philippischen Geschichte des Iustinus, Hannover 1882, 171. Gsell I 463 A. 1 sieht keinen Grund zum Zweifel an diesen Notizen, obwohl ja die einseitige Überlieferung ebenso bemerkenswert ist wie der Zusammenhang mit der gefälschten Geschichte von der Ochsenhaut, Iust. 18, 5, 9; s. 244 A. 23. – Die gesamte lateinische Tradition, vor allem aber Vergil, der Trogus/Iustin hier stark beeinflußt hat, spricht vom Kauf, cf. O. Seel, Eine römische Weltgeschichte, Nürnberg 1972, 67.

Um dies zu klären, müssen kurz die Verhältnisse skizziert werden, die die Karthager bei ihrer Ankunft in Libyen vorfanden. Die meisten Libyer lebten vom Ackerbau; Transhumanz wurde in geringerem Umfang betrieben.[32] Einzelne Clans oder deren Untergruppen waren die eigentlichen Besitzer des Landes. Privatbesitz gab es zwar in den verschiedensten Formen, aber kaum als Landbesitz.[33] Dies führte zwangsläufig zu komplizierten, kleinteiligen Herrschaftsstrukturen auf dem Lande.[34] Wenn wir von vielen hundert Städten im karthagischen Afrika hören,[35] so sind damit die Flecken gemeint, an denen diese Kleingruppen siedelten. Die Libyer fanden nie zu einer politischen Organisationsform, die mehrere solcher Ortschaften zusammengefaßt hätte.

Strabos Behauptung, die Karthager hätten den Teil Libyens besiedelt, in dem keine Nomaden lebten, trifft prinzipiell zu,[36] aber eben nur prinzipiell: die zahllosen πύργοι, castella, turres etc. zeigen, daß dieses Gebiet nicht ganz frei von Nomaden war, es vielmehr eine dauernde Bedrohung gab.[37] Noch heute lassen sich die Wanderwege der Stämme kartieren: sie führten bis in die unmittelbare Umgebung Karthagos.[38] Neben den größtenteils seßhaften Libyern bildeten diese Stämme den zweiten großen Bevölkerungsteil im karthagischen Afrika.

Nun läßt sich die Zahlung eines Tributes durch die große, mächtige und mit Mauern bewehrte Stadt Karthago besser verstehen. Die kleinen Ortschaften des Hinterlandes können die Punier nicht zu den Abgaben gezwungen haben, können sie nicht im Krieg besiegt haben. Es bleiben also die Nomaden[39] – und hier fällt

[32] E.g. Camps (A.30) passim; E.W.B. Fentress, Numidia and the Roman Army, London 1979, 36; J. Reynolds, QAL 12, 1987, 379; A. Gutsfeld, Römische Herrschaft und einheimischer Widerstand in Nordafrika, Stuttgart 1989, 147 ff.

[33] Fentress (A.32) 48 f.; Gutsfeld (A.32) 153.

[34] C.R. Whittaker, Klio 60, 1978, 332 ff. spricht von einem «anarchic amalgam».

[35] App. Lib. 68, 309; Diod. 20, 17, 6; Strab. 17, 3, 15 p. 833; Flor. 1, 18, 19; Oros. 4, 8, 8; 16; CIL VIII 23599; X 6104 (zu diesen Inschriften s. G. Picard, Karthago 8, 1957, 19 f.); AE 1963, 69. S. vielleicht N. Ferchiou, AntAfr 26, 1990, 43 ff.; ead., in: Carthage et son territoire dans l'antiquité, Paris 1990, 229 ff. Zu kaiserzeitlichen castella vgl. Whittaker (A.34) 352 f.

[36] Strab. 17, 3, 15 p. 832: ὅσην μὴ νομαδικῶς οἷον τ' ἦν οἰκεῖν.

[37] E.g. Diod. 3, 49, 3; Sall. Iug. 54, 6; 87, 1; Bell. hisp. 8, 3; Liv. 33, 48, 1; Iust. 31, 2, 3; App. Lib. 101, 474; cf. Gsell V 144; 240. Zur defensiven Funktion der *castella* s. M. Bénabou, La résistance africaine à la romanisation, Paris 1976, 191; cf. J. Carcopino, RAf 59, 1918, 5 ff.; D. Kehoe, The Economics of Agriculture on Roman Imperial Estates in North Africa, Göttingen 1988, 204 A. 40; 211 f. mit A. 60.

[38] Whittaker (A.34) 346; D. Fusshöller, Tunesien und Ostalgerien in der Römerzeit, Bonn 1979, 121; J.M. Lassère, Ubique populus, Paris 1977, 352.

[39] Wer will, mag eine Bestätigung im Mythos finden: König Iarbas, der um Dido warb, wird von Iustin als Fürst eines solchen Nomadenstammes vorgestellt; zum *rex Muxitanorum Hiarbas* s. J. Desanges, Philologus 111, 1967, 304 ff. Andere Autoren nennen ihn als Häuptling anderer Stammesgruppen, s. O. Barkowski, RE IX 1, 747.

alles an seinen richtigen Platz. Zahllose Städte der alten Welt, die an den Rändern der οἰκουμένη lagen, waren den sporadischen, immer wiederkehrenden Angriffen nomadisierender Barbaren ausgesetzt.[40] Waren die Städte groß genug, stellten die Nomaden keine existentielle Bedrohung dar, blieben aber ein beträchtliches Ärgernis, dessen man sich durch Zahlungen zu entledigen suchte, weshalb solche Gelder häufig zu den regelmäßigsten Einnahmequellen nomadisierender Völker gehörten.[41] Die von den Karthagern entrichteten Tribute können ebenfalls nach diesem Schema interpretiert werden.[42] Karthago besaß durchaus Land, das von großer Bedeutung für die Stadt war: eben dies Gebiet war es, das durch den Tribut von den Einfällen der Nomaden befreit werden sollte.

In der Natur der Sache liegt es, daß derartige Beziehungen instabil sind. Fühlt sich die Stadt stark genug, wird sie die Zahlungen aufgeben, während es bei den Nomaden immer verschieden große Gruppen gibt, die sich nicht an die Abmachungen halten (derartige Übergriffe nannte Dobesch einmal den «kleinen Grenzraubverkehr»[43]). Kriege in Afrika haben die Karthager schon vor einer angenommenen Reichsgründung in der Mitte des 5. Jhrdts. geführt.[44] Solche Auseinandersetzungen haben nichts mit dem Umfang des beherrschten Territoriums zu tun, sondern nur mit der Frage, wie straff karthagische Herrschaft an den Grenzen etabliert war (das Problem als solches hat die Karthager ja bis ins 2. Jhrdt. hinein nicht verlassen).[45]

Auch ein Staat mit merkantilen Prinzipien kann ein kleines Territorium besessen haben,[46] so daß die Existenz einer χώρα nicht unbedingt gegen Karthago als

---

[40] In Syrien und Palästina sind dies endemische Probleme. Besonders eindrucksvoll stellt Pol. 4, 45 die Situation von Byzanz dar (vgl. hierzu H. Engelmann, ZPE 60, 1985, 174 ff.). Für das gesamte Schwarzmeergebiet schildert die Gefahrenlage J. Krauss, Inschr. von Sestos, Bonn 1980, 14 ff. S. auch Sylloge$^3$ 495, 11 (τὰ δῶρα τῆς παρόδου) mit H. T. Wallinga, Mnemosyne 37, 1984, 418 A. 23.

[41] Gutsfeld (A. 32) 151.

[42] Andeutungsweise in dieselbe Richtung: U. J. H. Becker, in: J. S. Ersch/J. G. Gruber (Hrsgg.), Allgemeine Encyclopädie der Wissenschaften und Künste I 21, Leipzig 1830, 65; 67; vgl. auch Meltzer I 226. Allgemein, ohne sich auf diesen Fall zu beziehen, Whittaker (A. 34) 341: «The essence of such societies is, in fact, that payment of tribute implies a corresponding right to land rather than a contracted vassalage.»

[43] In: S. Deger-Jalkotzky (Hrsg.), Griechenland, die Ägäis und die Levante während der «Dark Ages», Wien 1983, 185. Mit diesem Phänomen ist natürlich auch der dauernde politische Seitenwechsel der Numider zu erklären, e. g. Sall. Iug. 56, 5; Diod. 20, 18, 3; Iust. 22, 7, 3; Camps (A. 30) 241 f.

[44] Iust. 18, 7, 2: *cuius* (scil. Malchi) *auspiciis ... adversus Afros magnas res gesserat.* 19, 1, 13: *adsidua finitimorum bella.* Polyain 5, 10, 1 mit Meltzer I 280 zu einem Libyerkrieg des Himilko.

[45] Daher hat auch der Zweifel von W. Bötticher, Geschichte der Carthager, Berlin 1827, 101 eine gewisse Berechtigung, der meint, die Aufhebung des Grundzinses müsse früher erfolgt sein, als von Iustin angegeben.

[46] Gras/Rouillard/Teixidor (A. 12) 76 f.; ibid.: «Carthage n'a pas de vaste territoire mis en

Handelskontor spricht. Es ist also wichtig zu wissen, welchen Umfang karthagische Herrschaft vor der Mitte des 5. Jhrdts. hatte. Der Vergleich mit griechischen Poleis kann den Maßstab abgeben, um zu beurteilen, was ein großes bzw. kleines Territorium ist. Eine durchschnittliche Polis hatte ein Areal von 50–100 $km^2$, und ihre Einwohnerzahlen lagen bei 40–50 Personen/$km^2$.[47] Die Halbinsel, auf der Karthago liegt, entspricht schon fast diesen Werten. Alles, was darüber hinausgeht, machte Karthago bereits zu einer Stadt mit einem überdurchschnittlich großen Territorium.

Zur Ausdehnung der karthagischen χώρα vor der Mitte des 5. Jhrdts. gibt es nur wenige Indizien. Der Bagradas, dessen anderes Ufer von Utica kontrolliert wurde, muß die Nordgrenze des Gebietes gebildet haben. Utica verlor die Selbständigkeit erst in der Zeit zwischen dem ersten und dem zweiten römisch-karthagischen Vertrag (510–348).[48] Wann Tunis im Süden Karthagos gegründet wurde, ist unbekannt,[49] so daß man hier keine sichere Grenze ziehen kann. Jenseits des Golfes von Karthago liegt das Gebiet um das Kap Bon mit seinen Steinbrüchen. Seit dem 7. Jhrdt. wird dieses Gestein zu Bauten in Karthago verwendet,[50] was die politische Beherrschung der Region durch Karthago wahrscheinlich macht. Unter dieser Voraussetzung ist die Gründung Kerkouanes auf derselben Halbinsel in der ersten Hälfte des 6. Jhrdts. ebenfalls als Zeichen karthagischer Präsenz zu werten.[51] Kleine Küstenbefestigungen im Westen sind noch kaum erforscht,[52] während die Forts auf der Halbinsel des Kap Bon nicht lange nach der Gründung Kerkouanes errichtet worden sein können.[53] Zum Abschluß dieses kleinen Dos-

---

culture à l'époque archaique. Son objectif initial est le commerce.» An eine spätere Zeit denkt wohl Th. Schieder, Geschichte als Wissenschaft², München 1968, 64, wenn er formuliert: «Handeltreibende politische Korporationen haben wenig Interesse an Raum und seiner Beherrschung gezeigt, sondern nur an den gesicherten Verbindungen mit Handelspartnern ... Eine Ausnahme bildet ... in gewisser Hinsicht auch Karthago.»

47 E. Ruschenbusch, Untersuchungen zu Staat und Politik vom 7.–4. Jhrdt. v. Chr., Bamberg 1978, 7ff.; eine überarbeitete Fassung in ZPE 59, 1985, 253ff.

48 S. die Formulare StV II² 121; 326; archäologische Gründe zur Unabhängigkeit Uticas führt G. Garbini, SE 34, 1966, 140f. an, doch läßt die Verbreitung einer bestimmten Keramik kaum auf politische Herrschaft schließen.

49 Die Stadt wird zu Beginn des 4. Jhrdts. erstmals erwähnt; ältere archäologische Spuren gibt es bisher nicht; s. M. H. Fantar, Latomus 31, 1972, 349ff.; id., AntAfr 14, 1979, 55ff. (wo er überlegt, ob Tunis die Königsstadt des Hiarbas gewesen sein könnte).

50 F. Rakob, RM 91, 1984, 16 A. 39; 22.

51 M. H. Fantar, Kerkouane I, Tunis 1984, 77f.; id., Kerkouane, Tunis 1987, 39; S. Moscati, RSF 16, 1988, 10f.; vgl. jetzt auch Niemeyer (A. 15) 60. Schon S. Moscati, Tra Cartagine e Roma, Mailand 1971, 16ff. geht durchgehend davon aus, daß wir es hier mit einer karthagischen Gründung zu tun haben.

52 S. Moscati, I Fenici e Cartagine, Turin 1972, 238; id. (A. 20) 343; F. Barreca, RSA 13/4, 1983/4, 54 mit A. 36.

53 Kurz Barreca (A. 52) 54f.; id./M. H. Fantar, Prospezione archeologica al Capo Bon II,

siers[54] muß der erste römisch-karthagische Vertrag genannt werden, der ja eine ausgedehnte Herrschaft Karthagos nach Süden zur kleinen Syrte hin voraussetzt – wie ja auch die karthagische Intervention bei dem Siedlungsversuch des Dorieus am Kinyps weitgespannte Interessen und Möglichkeiten impliziert.

Verschiedene Indizien bestätigen also, daß es schon vor der Mitte des 5. Jhrdts. ein nicht zu kleines karthagisches Territorium in Afrika gab. In diesem Gebiet finden sich zwar kaum materielle Anzeichen karthagischer Anwesenheit, doch ist das auch nicht zu erwarten.[55] Quantitativ bedeutende Exporte zu afrikanischen Untertanen – und damit deren archäologisch nachweisbare Akkulturation – hat es wohl wegen zu großer Armut im Lande nicht gegeben.[56] Huß sagte sehr richtig, daß es problematisch ist, «von archäologischen Funden ohne weiteres auf politische Abhängigkeit zu schließen».[57] Dieser Satz ist umkehrbar: das Fehlen archäologischer Funde läßt nicht ohne weiteres auf das Fehlen politischer Abhängigkeit schließen.[58]

Karthago ist im Rahmen einer Agrarkolonisation gegründet worden und hat von Anfang an eine Gesellschaftsstruktur besessen, wie sie für phönizische Städte üblich war. Mit anderen Institutionen übernahm Karthago auch die Monarchie aus

---

Rom 1983, 13 datieren das Mauerwerk ins 5. Jhrdt. Sie vergleichen dabei Mauern aus Motya, da damals noch keine archaischen Mauerreste in Karthago selbst ausgegraben waren. Mit diesen Funden lassen sich die Mauern am Kap Bon nun gut verbinden. Ibid. 39 f. übrigens die Behauptung, daß die Forts für eine dauernde Besatzung gedacht gewesen seien; anders jetzt M. Gharbi, in: A. Mastino (Hrsg.), L'Africa romana VII, Sassari 1990, 197 f.

54 Eine unklare Passage bei Dio Chrys. (or. 25, 7 [II 280 v. Arnim]) gilt ebenfalls manchmal als Zeichen für ein karthagisches Engagement in Afrika im 6. Jhrdt. Vgl. Huß 63 A. 51, der meint, der dort genannte Hanno sei von Dio mit Mago, dem Nachfolger des Malchus, verwechselt worden. Gsell I 422 A. 1 zitiert eine Auswahl anderer Interpretationsmöglichkeiten.

55 Cf. Whittaker (A. 34) 338: «the archaeology of inland regions of Eastern Tunisia and Cap Bon reveals strong Libyan cultural relics and makes it difficult to believe that foreigners or even Carthaginians before the third century B. C. were present on the land as labourers or proprietors.» Wenn dies schon für die Zeit gilt, in der karthagische Herrschaft seit Generationen fest etabliert war, was soll man dann früher erwarten? Dies gegen Argumente, daß fehlende punische Funde auch das Fehlen einer punischen Präsenz bezeugten, wie z. B. E. Acquaro, in: Fenici e Arabi nel Mediterraneo, Rom 1983, 29 f.; J. Lund, Acta Hyperborea 1, 1988, 44 ff. meinen.

56 Gsell IV 133 f.

57 RSF 16, 1988, 260; vgl. ähnlich, für andere Gebiete, P. A. Barceló, Karthago und die iberische Halbinsel vor den Barkiden, Bonn 1988, 68 A. 24.

58 L. M. Hans, Karthago und Sizilien, Hildesheim 1983, 107 erklärt, daß die – von ihr ebenfalls in die Mitte des 5. Jhrdts. datierte – Erwerbung eines Territoriums in Afrika keinerlei erkennbaren Strukturwandel der karthagischen Politik hervorgebracht habe. Nach den hier entwickelten Vorstellungen kann es natürlich keinen derart zu begründenden Bruch im 5. Jhrdt. gegeben haben.

der Heimat. Die Gesellschaft, und damit auch die Verfassung der Stadt, veränderten sich im Laufe der Zeit: ein wichtiges Beispiel für diesen Prozeß bot uns der Übergang von der Monarchie zur Aristokratie. Solche Vorgänge sind nicht mehr mit phönizischen Beispielen zu vergleichen, sondern müssen als eigenständige Entwicklungen verstanden werden. Auf Grund der Quellenlage läßt sich in diesem Bereich nichts strikt beweisen. Es soll nur versucht werden, ein in sich stimmiges und kohärentes Erklärungsmuster für einige der oben beobachteten Entwicklungen und Institutionen zu geben. Die Existenz einer χώρα und die daraus abzuleitenden Auseinandersetzungen mit den Einheimischen können unter Umständen als Schlüssel für einige Phänomene dienen.

Die militärischen Wertvorstellungen, die in der karthagischen Gesellschaft festgestellt werden konnten, passen gut zu einem landbesitzenden Adel, der häufig um seinen Besitz kämpfen mußte,[59] während sie andererseits bei einer Aristokratie aus Bankiers und Handelsherren schwer zu erklären sind. Die nachweisbare Existenz von Klientelbeziehungen kann man durch den Schutz erklären, den einzelne Adlige einer größeren Menschengruppe vor den Einfällen der Nomaden gewähren konnten. Wie auch anderswo in der alten Welt, so kann auch hier der Privatkrieg zu Lande aus einzelnen, lokal begrenzten Expeditionen solcher Adliger gegen die libyschen Stämme entstanden sein. Beute aus diesen Zügen sowie die Eroberung von Land können dem Adel eine Quelle von Macht und Reichtum außerhalb der königlichen Kontrolle eröffnet haben. Auch das System der Altersklassen ist am ehesten auf Grund der ständigen kriegerischen Auseinandersetzungen mit der Umwelt entstanden.[60] Treffen diese Vermutungen das Richtige, so ergeben sich damit erste historische Zusammenhänge, die den Niedergang der monarchischen Zentralgewalt und die Erstarkung der Aristokratie erklären können.

## 3. Anfänge der karthagischen Reichsbildung

### 3.1 Der Grund der Ausdehnung

Die Entstehung einer karthagischen Machtposition im westlichen Mittelmeer wird allgemein mit dem Niedergang von Tyros verknüpft. Der Fall von Tyros soll die westphönizischen Kolonien ihres Zentrums und ihres Schutzes beraubt haben. Um

---

59 Vgl. zu einem solchen Prozeß beispielsweise Aristot. Pol. 1324b 7ff. (mit Erwähnung Karthagos).

60 Vgl. L.H. Jeffery, Archaic Greece, London 1976, 114; solche Altersklassen würden «commonly developed ... by an incoming race which has to maintain its dominance over any survivors of the existing population and to fight for its portion among independent neighbours.» Sie verweist dazu auf H. Jeanmaire, REG 26, 1913, 121ff. und W.S. Ferguson, Harvard African Studies 2, 1918, 197ff.

aber nicht völlig verlassen der feindlichen Umwelt ausgesetzt zu sein, sollen sich die Phönizier an Karthago gewandt und dieser Stadt die neue Führungsrolle angetragen haben.[61] Aber hier sind schon die grundlegenden Voraussetzungen verfehlt: die phönizischen Städte erlebten unter der Herrschaft der Perser oder Assyrer keinen Niedergang.[62] Es gab im Westen kein einheitliches Reich, das von irgendeiner Zentrale im Mutterland Befehle empfing oder geschützt wurde. Wenn es aber keine tyrische oder sidonische Hegemonie über die Städte des westlichen Mittelmeeres gab, konnte sie weder zusammenbrechen, noch konnte Karthago sie übernehmen.[63]

Für die karthagische Reichsbildung muß daher ein anderer Anlaß gesucht werden, und es ist am besten, nicht auf auswärtige Ereignisse, sondern auf Karthago selbst zu schauen. Die folgenden Überlegungen gehen von dem erstaunlichen Wachstum der Stadt bis zum 5. Jhrdt. aus. Die Ausgrabungen der letzten Jahre erlauben es, ein gewisses Bild von der Größe der bebauten Fläche in Karthago zu gewinnen: die Stadt wuchs von 25 ha im 8. Jhrdt. zu etwa 100 ha im 6. Jhrdt.[64] In ähnlichem Maße nahm die Zahl der Gräber zu.[65] In der fraglichen Zeit vermehrte sich auch die Menge der Opfergaben im Heiligtum der Tanit.[66] Die Befunde stützen sich

---

[61] E. g. W. Hoffmann, ANRW I 1, Berlin 1972, 344; Fantar (A. 12) 124; 129; M. Bekkari, ibid. 36; Decret/Fantar (A. 10) 55; Liverani (A. 4) 710; Elliger (A. 28) 80; Scullard, CAH VIII$^2$ 17; W. Dahlheim, Die griechisch-römische Antike II, Paderborn 1992, 47; Lit.: Bunnens, L'expansion (A. 3) 309 A. 108; Alvar/Wagner (A. 3) 79 A. 1. Von einer politischen Konkurrenz zwischen Karthago und Tyros sprechen W. F. Albright, The Bible and the Ancient Near East, London 1961, 348 f.; A. di Vita, FS Renard III, Brüssel 1969, 202 A. 2. Allgemein, ohne Rekurs auf Tyros, sagt Koch (A. 12) 288, daß die Phönizier Karthago gegen Übergriffe der Einheimischen zu Hilfe gerufen hätten. A. Heuß, Propyläen-Weltgeschichte III, Frankfurt 1962, 199 erklärt, die Karthager hätten im 6. Jhrdt. begonnen, die Sache des westlichen Phöniziertums zu ihrer eigenen zu machen und sich die Kolonien zu unterstellen.

[62] Alvar/Wagner (A. 3) 79; Aubet (A. 4) 73; P. Cintas, Manuel d'archéologie punique I, Paris 1970, 41 ff.; allgemein Katzenstein (A. 12) 216 ff.; vgl. auch E. Lepore, in: A. D. Momigliano/A. Schiavone (Hrsgg.), Storia di Roma I, Turin 1988, 487.

[63] Whittaker (A. 19) 59.

[64] Niemeyer, Frühes Karthago (A. 2) 18; id., (A. 15) 58 (wo er auf Grund dieser Zahlen von «demographischer Sprengkraft» und «staatsbildender Dynamik» spricht). 6. Jhrdt.: F. Rakob, RM 96, 1989, 178 Abb. 5; vgl. auch Niemeyer, AntW (A. 2) 96. Zum Einfluß des Bevölkerungswachstums auf die politische Entwicklung vgl. auch flüchtig Scullard, CAH VII$^2$ 2, 503.

[65] Zur Bedeutung der Gräber in diesem Zusammenhang vgl. Wagner/Alvar (A. 3) 77 f. mit Lit.; H. Benichou-Safar, Les tombes puniques de Carthage, Paris 1982, 374: vom 7. auf das 6. Jhrdt. eine Vervielfachung der Gräberzahlen; danach folgt aus unbekannten Gründen, ibid. 304 f., ein Abfall; selbst in Zeiten größter Blüte wird die Zahl des 6. Jhrdts. nicht mehr erreicht, so daß aus den späteren Zahlen nicht auf den Rückgang der Einwohnerzahl insgesamt geschlossen werden kann. Vgl. noch allgemein A. Tejera Gaspar, Las tumbas fenicias y punicas del mediterráneo occidental, Sevilla 1979, 23 ff.

[66] P. Cintas, Céramique punique, Paris 1950, 472; 478; id., Manuel d'archéologie punique II, Paris 1976, 254 ff.

gegenseitig, so daß ihnen eine gewisse Aussagekraft nicht abgesprochen werden kann.[67]

Wie dieses Bevölkerungswachstum im einzelnen erklärt werden muß, ist unsicher. Zuwanderung aus dem unter assyrischem Druck stehenden Mutterland ist wahrscheinlich, aber auch eine Eingliederung von Afrikanern kann nicht ausgeschlossen werden.[68] Für unsere Zwecke ist die Herkunft der Einwanderer von geringerer Bedeutung als die Tatsache, daß man in Karthago gezielt auf den Anstieg der Bevölkerung reagierte: das radiale Bebauungsschema der Byrsahänge datiert ins 8./7. Jhrdt. und auch in der Küstenebene wurden die späteren Baufluchten bereits in archaischer Zeit vorgezeichnet.[69] Dieser Befund zeigt, wie Wachstum der Stadt und Städteplanung, und damit auch politische Zentralisierung, Hand in Hand gingen.[70] So ist es von vornherein wahrscheinlich, daß es daneben noch andere politische Antworten auf das Problem des Bevölkerungswachstums gab.

Nach seiner Fläche muß Karthago schon im 8. Jhrdt. zu den größten Siedlungen der Mittelmeerwelt gehört haben, mit einer in die Zehntausende gehenden Bevölkerung. Bei dieser Größe mußte die Versorgung mit Nahrungsmitteln zu einem Grundproblem werden.[71] Ein solches Zentrum benötigte mehr Getreide, als das eigene Hinterland hervorbringen konnte,[72] wie z. B. am archaischen Athen gut zu

---

[67] A. M. Snodgrass, Archaic Greece, Berkeley 1980, 20 ff. wollte auf dieselbe Art eine Bevölkerungsexplosion im archaischen Athen konstatieren; s. zur – nicht immer einschlägigen – Kritik an diesem Verfahren I. M. Morris, Burial and Ancient Society, Cambridge 1987, 57 ff.; Ph. B. Manville, The Origins of Citizenship in Athens, Princeton 1990, 89 f.; vgl. aber in dieselbe Richtung wie Snodgrass gehend Chr. Ulf, Die homerische Gesellschaft, München 1990, 238 ff.; W. Donlan, MH 46, 1989, 144 A. 54; J. Green, FS Cambitoglou, Sidney 1990, 41 ff.; R. Sallares, The Ecology of the Ancient Greek World, London 1991, 86 ff. und zu den schriftlichen Quellen E. Ruschenbusch, Historia 40, 1991, 375 ff.

[68] Phönizier: A. di Vita, in: L'espansione (A. 12) 96; Wagner/Alvar (A. 3) 77 f. An Libyer denkt Whittaker (A. 4) 70; 72, wohl unter Einfluß von Iust. 18, 5, 10 f., doch kann die Stelle die Beweislast nicht tragen. Auf das Fehlen libyscher Grabsitten weist Benichou-Safar (A. 65) 258 hin, doch ist das auch als Assimilation deutbar. – Ist damit vielleicht ein Grabungsbefund bei Niemeyer, Frühes Karthago (A. 2) 16 zu verbinden? An einer Stelle wurde noch unter den archaischen punischen Horizonten «ein Schichtpaket von locker gefüllter Erde gefunden, das nach der in ihm nur sehr spärlich enthaltenen Keramik vielleicht noch einer vorkarthagischen, spätbronzezeitlich indigenen Kulturfacies zugerechnet werden muß.»

[69] F. Rakob, RM 91, 1984, 4; 94, 1987, 338 f.

[70] Manville (A. 67) 89 mit weitreichenden anthropologischen Literaturangaben zur Verbindung von Bevölkerungswachstum und staatlicher Zentralisierung.

[71] Vgl. für die Kaiserzeit P. Herz, Studien zur römischen Wirtschaftsgesetzgebung, Stuttgart 1988, 332. Falsch sicher H. W. Pleket, Gnomon 57, 1985, 152, der denkt, die ca. 500 000 Einwohner des kaiserzeitlichen Karthagos seien aus dem Umland ernährt worden.

[72] Ch. G. Starr, Individual and Community, Oxford 1986, 71 mit Anm. meint, dies gelte schon für Städte mit mehr als 5000 Einwohnern, während K. Hopkins, in: P. Garnsey/

beobachten ist.[73] Selbst in dem reichen Afrika gab es zu allen Zeiten Hungersnöte, deren Ursache das Transportproblem war,[74] und schlechte Ernten in einem Jahr konnten bereits zu schwerwiegenden Krisen führen.[75]

Theoretisch stehen einer Großstadt fünf Wege offen, unter solchen Bedingungen zu überleben:[76] Ausbau der einheimischen Produktion, Herrschaft über andere (um von den Tributen zu leben), Kolonisation, Import durch Handel und staatlich organisierte Verteilung des Vorhandenen. Letzteres ist in der Regel nur in Ausnahmesituationen möglich, und die erste Variante ist unter den agronomischen Voraussetzungen der Antike schwer zu bewerkstelligen.[77] Import durch

---

C.R.Whittaker (Hrsgg.), Trade and Famine in Classical Antiquity, Cambridge 1983, 84ff. noch 100000 Personen durch «local supply» ernährt sieht. Die Wahrheit wird wohl näher an der Zahl Starrs liegen; vgl. P.Garnsey, Famine and Food Supply in the Graeco-Roman World, Cambridge 1988, 89ff. zu den besonders gut dokumentierten attischen Zahlen und z.B. T.J.Cornell, CAH VII$^2$ 2, 408 über das Rom des 4./3.Jhrdts.: «a city with a population of 40000 could not possibly have been maintained from the agricultural surplus of its own hinterland.» Wichtig sind die Beobachtungen von D.W.Engels, Roman Corinth, Chicago 1990, 27ff., der zeigt, daß allein aus Transportgründen keine Siedlung mit mehr als 10000 Einwohnern aus der direkten Umgebung ernährt werden konnte.

[73] Für die Archaik bestritten von Garnsey (A.72) 89ff.; aber s. dagegen Manville (A.67) 121 A.92.

[74] M.Rostovtzeff, Social and Economic History of the Roman Empire II$^2$, Oxford 1957, 600.

[75] E.g. Oros. 5, 11, 1–5 (Liv. epit. 60); HA Hadr. 22, 4; Lassère (A.38) 280 mit A.432; H.P.Kohns, Versorgungskrisen und Hungerrevolten im spätantiken Rom, Bonn 1961, 49f.; H.Freis, Chiron 10, 1980, 359f.

[76] Garnsey (A.72) 113; P.Garnsey/I.M.Morris, in: P.Halstead/J.O'Shea (Hrsgg.), Bad Year Economics, Cambridge 1989, 99; A.M.Snodgrass, An Archaeology of Greece, Berkeley 1987, 186 u. S.C.Humphreys, in: W.Eder (Hrsg.), Staat und Staatlichkeit in der frühen römischen Republik, Stuttgart 1990, 549 weisen daraufhin, daß Bevölkerungswachstum an Stelle von Stagnation per se erklärungsbedürftig ist, nicht als auslösender Faktor von Prozessen, sondern nur als Teil eines komplexen Vorganges verstanden werden kann. Man mag hier an die beginnende Ausdehnung Karthagos in Afrika oder Zuwanderung aus dem Mutterland als Teile desselben Bildes denken, aber alles in allem sind die Zusammenhänge wohl im Dunkel der karthagischen Frühgeschichte verborgen, und wir können nur ihre Folgen skizzieren (vgl. Ulf [A.67] 221, wo unter den Gründen für ein Bevölkerungswachstum die Steigerung der Nahrungsmittelproduktion angeführt wird; daraus folgt dann höheres Lebensalter und vielleicht die Aufhebung von Maßnahmen zur Kontrolle des Nachwuchses. Einer der Gründe für eine erhöhte Produktion ist die Kultivierung neuen Landes).

[77] Vielleicht gelang es Karthago nach dem zweiten punischen Krieg, die Lebensmittelproduktion zu erhöhen: die Getreidesendungen nach Rom (Gsell III 298 A.3; M.G.Fulford, Opus 2, 1, 1983, 8f.; G.Marasco, in: A.Mastino [Hrsg.] L'Africa romana V, Sassari 1988, 226f.) und in die hellenistische Welt (G.Marasco, Economia, commerci e politica nel Mediterraneo fra il III e il II secolo a.C., Florenz 1988, 183ff.) lassen sich vielleicht so verstehen. Die Numider waren jetzt jedenfalls von dem Zwang befreit, Karthago mitzuernähren; ihre Überschüsse schickten die Könige – in der typischen Manier hellenistischer Monarchen –

Handel setzt einen höheren Ertrag der kaufmännischen Tätigkeit voraus, als unter den Bedingungen der alten Welt zu erzielen war. In Athen und Rom kam es gerade in den Zeiten kaum zu Hungerkrisen, in denen eine erfolgreiche Herrschaft nach außen mit einer stabilen politischen Situation im Inneren verknüpft war.[78] Im folgenden sollen Expansion und Kolonisation als Antworten auf das Bevölkerungswachstum Karthagos studiert werden.[79]

### 3.2 Konsequenzen des Bevölkerungswachstums

#### a. Kolonisation

Wer von karthagischer Kolonisation spricht, nennt in der Regel den Namen Ebusus. Diese Stadt galt immer als früheste karthagische Kolonie, angelegt in Folge einer strikt kommerziell orientierten Politik, die durch diese Gründung eine wichtige Zwischenstation auf dem Weg nach Spanien sichern wollte. Neuerdings konnte aber gezeigt werden, daß man sich hier von Diodor (5, 16, 2 f.) hat täuschen lassen.[80] Ebusus war eine phönizische Niederlassung; die Funde aus der Zeit seiner Gründung – und noch lange danach – tragen eindeutig phönizischen, nicht punischen Charakter.

Über karthagische Kolonien im Mittelmeerraum ist sonst leider wenig bekannt.[81] War Ebusus keine karthagische Gründung, so gibt es keinen Hinweis mehr auf die Handelspolitik als Movens der Kolonisation.[82] Dies wird plausibel, wenn wir kurz die einschlägigen Zeugnisse betrachten. Da zwischen phönizischen

---

wenigstens teilweise als Geschenke an griechische Städte; ein Beispiel bespricht Ph. Gauthier, in: D. Knoepfler (Hrsg.), Comptes et inventaires dans la cité grecque, Neuchâtel 1988, 61 ff.

78 Garnsey (A. 72) 14. Vgl. zum folgenden seine Bemerkung S. 32, daß die Aussendung attischer Kleruchen im 4. Jhrdt. besonders zu Zeiten von Versorgungsengpässen erfolgte.

79 Diese Untersuchungsrichtung ist mehrfach angedeutet worden, s. Becker (A. 42) 62; Decret/Fantar (A. 10) 60 f.; Wagner/Alvar (A. 3) 84 f. Manchmal findet man sie auch als Grund für eine karthagische Ausdehnung im 5. Jhrdt.: Picard, Karthago 65; Whittaker (A. 19) 81; id. (A. 4) 67. – Bei Garnsey (A. 72) 69 f. wird erklärt, daß Ernährung einer Großstadt durch Herrschaft nur für Großmächte wie Athen, Rom und Makedonien möglich gewesen sei. Wie so oft wird Karthago ausgespart.

80 P. A. Barceló, Gerion 3, 1985, 271 ff.; id., Studia Historica 2/3, 1984/5, 73 ff.; in fast identischer Form aufgenommen in id., (A. 57) 5 ff.; C. Gómez Bellard, La colonizacion fenicia de la Isla de Ibiza, Madrid 1990, 75 ff. (vgl. allerdings Wagner/Alvar [A. 3] 87; Gras/Rouillard/Teixidor [A. 12] 227).

81 Allgemein abgelehnt wird die Ansicht von H. Adamczyk, Eos 60, 1972, 355 ff., die Besiedlung Siziliens sei von Afrika aus erfolgt (so allerdings auch Paus. 5, 25, 6); s. Huß 18 A. 63.

82 Ausführlich vertreten bei Bunnens, L'expansion (A. 3) 312 ff., der ein ganzes System konstruiert, was angesichts der Quellenlage genauso wenig berechtigt ist wie die «flotte d'argent» von J.-G. Demerliac/J. Meirat, Hannon et l'empire punique, Paris 1983.

und punischen Toponymen kaum unterschieden werden kann, taugen Ortsnamen zu diesem Zweck nicht.[83] Manche vorkarthagische, phönizische Siedlung wird von unseren Autoren als Gründung Karthagos bezeichnet.[84] Anderes basiert auf bloßer Vermutung, gleich ob es sich um Acholla,[85] Oea,[86] oder allgemein um die tripolitanischen Städte handelt.[87] Streicht man alle Spekulationen,[88] so kann man nur bei drei Komplexen von karthagischen Kolonien reden.

Da ist erst einmal die Fahrt, von der der Periplus des Hanno berichtet; sein Auftrag wird im Dokument sehr präzise beschrieben: ἔδοξεν Καρχηδονίοις Ἄννωνα

---

83 Allgemein M. Sznycer, in: La toponymie antique, Leiden 1975, 163 ff.; cf. M. Bouchenaki, in: L'espansione (A. 12) 50 ff. zu phönizischen Toponymen in Algerien; ibid. 60 ff. zu den von Cintas angenommenen Relaisstationen (vgl. aber 242 zum Konzept der Relaisstationen). Selbst wenn der eindeutig punische Charakter eines Namens feststeht, ist die Gründung durch Karthago nicht sicher, da ja auch noch Städte wie Utica in Frage kommen.

84 Sulcis und Caralis auf Sardinien werden bei Paus. 10, 17, 9; Claudian, Bellum Gildonicum 518; 520 f.; Stephanus s. vv. als karthagische Gründungen zitiert; aber s. Huß 22; 23 zum wirklichen Befund. Stephanus s. v. Μελίτη hält auch Malta für eine karthagische Gründung, was ein schlechtes Licht auf seine anderen Angaben wirft.

85 Zitat hier von Bunnens, L'expansion (A. 3) 311 f. – Achollas Gründung durch Phönizier aus Malta (Stephanus s. v.; cf. Fantar [A. 12] 136 f.) könne nicht ohne «approbation», vermutlich sogar nicht ohne «intervention» Karthagos erfolgt sein. Ohne daß dies ausdrücklich gesagt ist, wird dabei wohl an die Lage der Stadt gedacht, cf. Huß 72 A. 144. Da aber weder Datum noch Umstände der Gründung bekannt sind (anders Bunnens 380 mit Lit.), könnte man sogar annehmen, daß Acholla schon vor der Expansion Karthagos in dieses Gebiet gegründet wurde; vgl. Fantar 111 zur Unsicherheit der Gründungsdaten.

86 Bunnens, L'expansion (A. 3) 311 f.: «C'est ainsi qu'Oea, en Tripolitaine, fut peuplée par un mélange d'Africains et Siciliens» [dies auf der Autorität von Sil. It. 3, 257]. «Carthage, ayant sans doute étendu sa domination sur une partie de la Sicile, put transplanter un groupe de population en Afrique et l'installer dans une ville probablement fondée pour lui.» Dies ist alles ganz unsicher.

87 Di Vita (A. 61) 202; vgl. id., L'espansione (A. 12) 92 ff.: die Emporia seien von Karthago als Brückenköpfe für den Transsaharahandel gegründet worden (karthagischer Transsaharahandel ist mehr als unsicher [gegen einen bedeutenden Transsaharahandel s. z. B. J. Swanson, Int. J. African Studies 8, 1975, 582 ff.; M. G. Fulford, LibStud 20, 1989, 169 ff.], und über die Gründer der Emporia wissen wir gar nichts). Leptis sei ein Pendant zu Ebusus (s. oben). Was die Gründung der tripolitanischen Städte angeht, so spricht er von einem «disegno economico-politico quale poteva essere elaborato solo da una potenza a vocazione mercantile.» Da dieser Plan afrikanische Wurzeln gehabt haben müsse, kommt wiederum nur Karthago als Urheber in Frage. Von Macomacca bis Charax seien alle Städtegründungen den Karthagern zuzuschreiben (kein Beleg). – Gegen die Gründung von Capsa durch Karthago s. S. Gsell, Rec. Mémoires XIVe Congr. des Orientalistes, Algier 1905, 372.

88 Cic. Scaur. 42; 45 spricht in polemischer Absicht über die Verbannung von Afrikanern nach Sardinien. P. Brown, in: M. S. Balmuth/R. J. Rowland (Hrsgg.), Studies in Sardinian Archaeology, Ann Arbor 1984, 222 meint, die Karthager hätten Sklaven importiert, «*since* the Nuragic people had been so difficult to pacify.» Cicero erlaubt keine präzise Interpretation; sicher ist aber, daß wir es nicht mit einer normalen karthagischen Kolonie zu tun haben.

πλεῖν ἔξω στηλῶν Ἡρακλείων καὶ πόλεις κτίζειν Λιβυφοινίκων. Dagegen meint die neuere Forschung, die Reise habe vor allem handelspolitische Absichten gehabt.[89] Im Text selbst spielen solche Zielsetzungen allerdings keine Rolle;[90] und nur wenn man bereits eine vorgefaßte Meinung über den karthagischen Volkscharakter besitzt, kann man auf diese Interpretation kommen.[91] Die angegebene Motivation ist völlig ausreichend.

Da Datierung und Echtheit des Periplus stark umstritten sind,[92] ist es für die Frage nach karthagischen Kolonien von besonderer Bedeutung, daß Herodot die Existenz von ἀποικίαι und ihre religiöse Bindung an Karthago für die Zeit nach 480 bezeugt (Hdt. 7, 167, 2: ἐν πάσῃσι τῇσι πόλισι τῶν ἀποικίδων). Ganz allgemein spricht auch Appian von solchen Siedlungen (Lib. 2, 6: πολλαχῇ δὲ καὶ ἀποικίας ἐξέπεμπον).[93]

Ansprechend wird vermutet, daß die Konzentration von Städten sufetalen Rechts in der Ebene von Fahs eine Auswirkung karthagischer Binnenkolonisation war.[94]

---

[89] Ausführlich zuletzt etwa J. Ramin, The Periplus of Hanno, London 1976, 93 ff.; J. Blomqvist, Orientalia Suecana 33/5, 1984/6, 53 ff.

[90] Hieraus darf natürlich nicht geschlossen werden, daß die Karthager die Griechen und andere Nationen bewußt auf eine falsche Fährte hätten locken wollen – und deshalb den wirtschaftlichen Nutzen der Fahrt im Bericht nicht erwähnten. – A. N. Oikonomides, Hanno the Carthaginian, Chicago 1977, 11 vertraut m. E. zu sehr der Notiz des Plin. n. h. 5, 8: *explorare ambitum Africae iussi.* Dies führte ihn zu folgendem Tableau: «Carthage also needed to ascertain whether her ships could reach the sites on the West-African coast from another direction if, at some future time, the Greeks should gain control of the passage through the Pillars of Hercules.» Vgl. auch Huß 82 A. 53.

[91] Cf. Wagner/Alvar (A. 3) 85. Allerdings legen Blomqvist (A. 89) 53 und Huß 83 großen Wert darauf, daß Hanno weit über Kerne, die letzte Kolonie, hinausgefahren ist. Allein aus dieser Tatsache wird aber der Zweck der Reise nicht ersichtlich (Erkundung geeigneter Plätze für weitere Kolonien?).

[92] Auch wenn man mit J. Blomqvist, The Date and Origin of the Greek Version of Hanno's Periplus, Lund 1979 (und vielen anderen) die Entstehung der Schrift im 5. Jhrdt. für wahrscheinlich hält, so sind doch A. Peretti, Maia 33, 1981, 82 ff. u. A. Dihle, AAWW 36, 1983, 24 ff. für Entstehung in der Kaiserzeit eingetreten. Die oft als Echtheitskriterium genannte Aufstellung des Originals im Tempel wird Zweifler nicht überzeugen, sondern gerade als Argument für die Pseudepigraphie gelten, vgl. die Parallelen bei W. Speyer, Bücherfunde in der Glaubenswerbung der Antike, Göttingen 1970, 125 ff.; zu angeblich fremdsprachigen Urschriften bei Fälschungen id., Die literarische Fälschung im Altertum, München 1971, 70 f.; cf. id., JbAC 11/2, 1968/9, 26 ff. – Wichtig jetzt O. Musso, FS Giunta III, Soveria 1989, 955 ff., der für Xenophon v. Lampsakos als Autor plädiert.

[93] Mit Huß 468 ist zu fragen, ob die Existenz von Städten, deren Bewohner τοῖς αὐτοῖς νόμοις χρῶνται wie die Karthager (Pol. 7, 9, 5), nicht mit der Kolonisation zu verbinden ist. Karthagische Bürger hätten dann bei Auswanderung ihren Rechtsstatus behalten.

[94] C. Poinssot, Karthago 10, 1959/60, 122 f.; im Gegensatz zu anderen tunesischen Städten überwiegt dort auch das punische Element in der Onomastik. Vgl. G. Picard, Acc. Naz. Lin-

Für eine imperialistisch ausgerichtete, Handelswege und Märkte sichernde Kolonisation ergeben sich keine Hinweise. Die Städte in der Ebene von Fahs werden der Grenzsicherung gedient haben,[95] während der nächstliegende Grund für die Aussendung der anderen Kolonien der Bevölkerungsüberschuß in Karthago ist (die einzigen datierten Hinweise zur Kolonisation gehören ins frühe 5. Jhrdt., die Zeit des größten Bevölkerungswachstums). Zwei später zu besprechende Passagen bei Aristoteles zeigen, daß die Karthager in historischer Zeit regelmäßig einen Teil des Volkes in bereits existierende Städte schickten, was die Lage in Karthago ebenfalls entspannt haben dürfte.[96]

b. Reichsbildung

Die Aussendung von Kolonien kann die Strukturprobleme eines Staates allein nicht lösen,[97] weshalb nach einer weiteren Reaktion auf das Wachstum Karthagos gesucht werden muß. Zusammen mit der Bevölkerung wuchsen auch die militärischen Möglichkeiten des Staates. Die Bildung des karthagischen Reiches in Sizilien, Sardinien und Afrika begann im 6. Jhrdt., was durch den ersten römisch-karthagischen Vertrag deutlich bewiesen wird.[98] Die Karthager waren in diesen Gebieten nicht etwa präsent, weil die Phönizier sie als ihre Blutsverwandten zur Hilfe gegen die Griechen aufgefordert hätten: gegen Pentathlos und Dorieus wurden sie gerade nicht gerufen.[99] Es bleibt die Möglichkeit, daß Malchus und die Magoniden ihre Kriege in Sizilien und Sardinien eben gegen die dortigen Phönizier führten.[100]

---

cei 1974, 127 (generelle Bedenken gegen die Verwendung solcher onomastischer Argumente bei P. A. Brunt, Italian Manpower[2], Oxford 1987, 254; A. Deman, ANRW II 3, Berlin 1975, 72). Huß 71 datiert diese Gründungen ins 4. Jhrdt., vermutlich weil er sie mit der weiter unten zu diskutierenden Passage des Aristoteles verbindet, wozu aber kein Anlaß besteht. Gsell (A. 87) 372 f. deutet die Verfassungen dieser Städte allerdings als Akkulturations- und nicht als Siedlungsphänomen; vgl. Gsell II 106.

[95] Picard (A. 94) 128; Bunnens, L'expansion (A. 3) 312 ff.

[96] S. 261. H. Lüdemann, Untersuchungen zur Verfassungsgeschichte Karthagos bis auf Aristoteles, Bottrop 1933, 39 A. 157 verglich sogar direkt die Kolonisation im Periplus des Hanno; dagegen Meltzer I 240.

[97] E. Stein-Hölkeskamp, Adelskultur und Polisgesellschaft, Stuttgart 1989, 73 mit Lit.

[98] StV II[2] 121. Neuerdings wird manchmal gesagt, daß hier keine Herrschaft gemeint sei, sondern nur Interessensphären abgegrenzt würden; Whittaker (A. 19) 62 f.; Barceló (A. 57) 140 f.; id., Gymnasium 96, 1989, 23; 28. Aber der Ausdruck Pol. 3, 23, 10: Σικελίαν ... ἧς Καρχηδόνιοι ἐπάρχουσιν ist schwerlich ein Fehler des Polybios, Huß 59 f. A. 21.

[99] Whittaker (A. 19) 60 ff.; Huß 58 f.; Barceló (A. 57) 152; 154; id., (A. 98) 20; 22; Wagner (A. 13) 146. Bei der Landung des Dorieus in Afrika sind dann bezeichnenderweise die Karthager involviert. Falsch ist S. F. Bondi, RIL 111, 1977, 243; es gibt auch keinen Grund, mit Huß 60 f. die phönizischen Aktionen gegen Dorieus mit Karthagern zu verbinden.

[100] Becker (A. 42) 66; Ph. Gauthier, RH 224, 1960, 266 f.; C. Tronchetti, I Sardi, Mailand 1988, 98. Zur entgegengesetzten Deutung s. Huß 59 mit Lit. F. Barreca, in: L'espansione

Afrika und Sizilien sind klassische Ackerbaugebiete, weshalb eine entsprechende Nutzung durch Karthago auch ohne direkte Zeugnisse anzunehmen ist.[101] Archäologische Befunde lassen erkennen, welche Bedeutung Sardinien in dieser Hinsicht für Karthago hatte. Schon vor dem Eintreffen der Karthager ist dort eine landwirtschaftliche Entwicklung der phönizischen Zentren zu beobachten,[102] aber in punischer Zeit setzt die strukturelle Umwandlung mit Macht

---

(A. 12) 23 erklärt z. B. einen Zerstörungshorizont des 7./6. Jhrdts. in Monte Sirai mit einer Eroberung durch die Sarden, auf die dann im 5. Jhrdt. der nun punische Wiederaufbau gefolgt sei. Eine Auseinandersetzung zwischen den dort ansässigen Phöniziern und den Karthagern ist aber durch den Befund nicht auszuschließen. Man vgl. auch die Überlegungen von S. F. Bondi, in: M. Guidetti (Hrsg.), Storia dei Sardi e della Sardegna I, Mailand 1988, 176 ff. zu den karthagischen Gegnern. L. Marras, RSF 11, 1983, 159 ff.; Moscati, RSF (A. 51) 6 zur Zerstörung von Cuccureddus zur Zeit der Malchusexpedition. – Bezeichnend ist auch Barceló (A. 98) 30: die Fortifikationsanlagen des 6. Jhrdts. hätten Schutz gegen die einheimischen Sarden gewähren sollen, «womit eine Übereinstimmung zwischen der *literarischen Berichterstattung* und der archäologischen Evidenz» gegeben sei. Die literarische Berichterstattung erwähnt die Gegner der Karthager auf Sardinien gar nicht, so daß von einer Übereinstimmung nicht die Rede sein kann.

[101] Die Karthager gingen gegen Dorieus vor, als er sich in einem besonders fruchtbaren Landstrich niederließ (ἐς Κίνυπα οἴκισε χῶρον κάλλιστον τῶν Λιβύων παρὰ ποταμόν, Hdt. 5, 42, 3). Zur Fruchtbarkeit des Gebietes s. Hdt. 4, 198, 1 ff.; Mela 1, 37 (anders Gsell I 23 ff.; 591; IV 130). Das karthagische Interesse an dieser Gegend verbindet sich gut mit den späteren Getreidelieferungen aus den Emporia (Pol. 1, 82, 6; R. Rebuffat, Semitica 39, 1990, 112 belegt deutlich, daß der Reichtum der Emporia mit der Fruchtbarkeit des Bodens zusammenhing, nicht mit dem maritimen Handel). Pol. 1, 71, 1 betont für die Zeit des ersten punischen Krieges die weitgehende Abhängigkeit Karthagos vom Getreide seiner afrikanischen Untertanen. – Ed. Will, Le monde grec et l'orient I$^2$, Paris 1980, 224 betont die geringe Bedeutung Siziliens für den phönizisch-punischen Handel und für den Seeweg nach Sardinien; karthagische Interessen an der Insel müssen sich in erster Linie auf die Agrarprodukte des Landes bezogen haben. Agrigent hat große Mengen an Lebensmitteln nach Karthago exportiert (Diod. 13, 8, 4; Diodor begründet dies mit dem Fehlen einer afrikanischen Landwirtschaft, was aber falsch ist, K. H. Waters, AncSoc 5, 1974, 18 A. 46). Landwirtschaftliche Nutzung Afrikas und groß angelegter Import von Lebensmitteln zur gleichen Zeit beleuchten deutlich das karthagische Problem. Vgl. weiter zu Lieferungen aus Sizilien Diod. 21, 16, 1 und Pol. 1, 83, 3, wo nichts anderes gemeint sein kann. – Moscati (A. 20) 625 ff. hält Sizilien für besonders wichtig, weil die ägyptischen Importe nach Karthago über Sizilien gelaufen seien (Griechen als Vermittler nach Karthago seien eine *unnötige* Annahme, da man in Motya zahlreiche ägyptische, aber kaum griechische Funde gemacht habe); vgl. bereits J. Vercoutter, Les objets égyptiens et égyptisants du mobilier funéraire carthaginois, Paris 1945, 354 ff. Die Handelswege Ägypten – Karthago – Italien und Ägypten – Motya – Karthago haben nebeneinander existiert nach G. Hölbl, Beziehungen der ägyptischen Kultur zu Altitalien I, Leiden 1979, 378 f. In besser dokumentierter Zeit ist kaum eine wirtschaftliche Verbindung zwischen Karthago und Ägypten nachzuweisen, P. M. Fraser, Ptolemaic Alexandria I, Oxford 1972, 152 f.; W. Huß, AncSoc 10, 1979, 132.

[102] Wagner/Alvar (A. 3) 83 mit A. 110; vgl. auch F. Barreca, in: Ricerche puniche nel Mediterraneo, Rom 1970, 26.

ein: zum Meer hin orientierte Städte gerieten zunehmend ins Hintertreffen gegenüber Orten, die stärker einem agrarisch genutzten Hinterland zugewandt waren.[103] Diese Beobachtung stützt die Angabe eines späten Historikers, daß die ἀφθονία καρπῶν den Ausschlag für die karthagische Besetzung der Insel gegeben habe.[104] Die Bedeutung der sardischen Getreidelieferungen für Karthago ist oft bezeugt.[105] Eine Notiz bei Ps. Aristoteles, deren genaue Interpretation umstritten ist,[106] deutet ebenfalls an, daß die Karthager an der Landwirtschaft Sardiniens stärker interessiert waren als an Handel oder Bergbau.[107]

### c. Karthager und Landwirtschaft

Am Beispiel Sardiniens zeigt sich deutlich, daß es den Karthagern bei ihrer Expansion um die Erschließung neuer Getreidequellen ging. A fortiori sollte sich dies auch auf andere Gebiete übertragen lassen.[108] Eine Wertschätzung des Ackerbaus ist in Karthago erst spät nachzuweisen, ist aber – nach allem, was hier über seine

---

[103] Bondi (A. 100) 180f.; 188; Moscati, RSF (A. 51) 7; 8f.; zur punischen Binnenkolonisation vgl. e.g. F. Barreca, in: M. S. Balmuth (Hrsg.), Studies in Sardinian Archaeology II, Ann Arbor 1986, 151; E. Acquaro/P. Bartoloni, in: L. Serra (Hrsg.), Gli interscambi culturali e socio-economici fra l'Africa settentrionale e l'Europa mediterraneo I, Neapel 1986, 202.

[104] Diod. 4, 29, 6: ἐπὶ τοσοῦτο γὰρ ἡ νῆσος διωνομάσθη τῇ τῶν καρπῶν ἀφθονίᾳ, ὥστε Καρχηδονίους ὕστερον αὐξηθέντας ἐπιθυμῆσαι τῆς νήσου. Seit Niebuhr wird dies mit Ps. Aristot. mir. 838 b 12–29 (vgl. unten A. 106) in Verbindung gebracht und damit auf Timaios zurückgeführt. Dort wird allerdings nicht von der Inbesitznahme gesprochen, sondern von Maßnahmen, die die Karthager erst nach der Eroberung trafen. Beide Passagen können daher zwar aus derselben Quelle stammen, beziehen sich aber nicht auf dasselbe Ereignis. Vgl. ansonsten Pol. 1, 79, 6: νῆσος καὶ τῷ μεγέθει καὶ τῇ πολυανθρωπίᾳ καὶ τοῖς γεννήμασι διαφέρουσα. Paus. 4, 23, 5: μεγίστην τε νῆσον καὶ εὐδαιμονίᾳ πρώτην. Mela 2,123.

[105] Diod. 11, 20, 4; 14, 63, 4; 77, 6; 21, 16, 1; cf. Pol. 1, 82, 7; Gsell I 428. Zu übertreiben scheint mir F. Barreca, La Sardegna fenicia e punica², Sassari 1979, 166, der von 125000 hl Getreide spricht, die Sardinien jährlich nach Karthago exportiert haben soll.

[106] Ps. Aristot. mir. 838 b 12–29. A. D. Momigliano, Quarto Contributo alla storia degli studi classici e del mondo antico, Rom 1969, 515ff. zeigte, daß es sich hier um ein bekanntes ethnographisches Motiv handelt. Die Einführung einer reinen Monokultur auf der Insel läßt sich danach nicht mehr halten, wohl aber eine lockerere Steuerung der Bebauung durch Karthago. Momiglianos Arbeit ist weitgehend unbeachtet geblieben, so z.B. bei L. M. Hans, MBAH 4, 2, 1985, 65ff. Vgl. auch J. Debergh, Rec. Soc. J. Bodin 41, 1983, 396 (unverständlich ist mir das Argument von Hans 73: «Das kann aber keineswegs die Hinwendung zu einer cerealen Monokultur im Dienste der Versorgung Karthagos bedeutet haben, denn offenbar herrschte in den Städten der Insel kein grundsätzlicher Mangel an Grundnahrungsmitteln.»).

[107] Brown (A. 88) 224 nimmt für diese Epoche eine «rapid deforestation» an, deren Ursache er dann im Getreideanbau sucht.

[108] Auch für Ibiza kam mit den Karthagern eine verstärkte Ausnutzung der natürlichen Resourcen des Hinterlandes, A. Domínguez, in J. Fossey (Hrsg.), The Hellenic Diaspora I, Amsterdam 1991, 124. Später gelangte spanisches Getreide nach Karthago, Liv. 26, 47, 8f.

Bedeutung, über χώρα und Reichsbildung gesagt wurde – schon für die frühere Zeit zu fordern.[109] Nur deshalb konnte die Abfassung von Landwirtschaftshandbüchern sozial akzeptabel gewesen sein und eine Beschäftigung für Mitglieder der hohen Generalität – und damit der Aristokratie – gebildet haben.[110] Einer dieser Schriftsteller, Mago, empfiehlt dem Käufer eines Landgutes, sein Stadthaus zu verkaufen und auf das erworbene Gut zu ziehen.[111] Diese Forderung kann nicht für den Adel gelten, der an vielen verschiedenen Orten Landbesitz hatte;[112] Mago schrieb daher auch für ein breiteres Publikum,[113] das sein Vermögen selbst dann in Land investierte, wenn es die Bindung an die Stadt aufgeben mußte. Insgesamt scheinen die res rusticae gemäß ihrer Bedeutung für die Existenz der Stadt geschätzt worden zu sein.[114]

## 4. Imperium und Adelsherrschaft

Es hat sich gezeigt, daß Karthago von den Früchten seines Imperiums lebte – und damit zu den wenigen Städten in der Geschichte der alten Welt gehört, bei denen eine externe Lösung des komplexen Land- und Versorgungsproblems mit Hilfe von Eroberungen gelang.[115] Karthago finanzierte sich nicht in erster Linie durch Dienstleistungen für sein Umland, sondern durch die Erträge seiner Herrschaft:

---

[109] Daher sind Konstruktionen verfehlt, wie man sie e.g. bei Whittaker (A. 19) 88 ff.; Hands (A. 30) 81 f.; Picard, Karthago 87 ff. findet. Schon A. H. L. Heeren, Ideen über die Politik, den Verkehr und den Handel[4] II 1, Göttingen 1825, 43 schloß aus der Existenz von Kolonien auf eine ackerbauende Grundhaltung.

[110] Mago als *dux* in Plin. n. h. 18, 22 (T 1 Speranza); ansonsten s. Colum. 12, 4, 2 (F 58 Speranza): *nam et Mago Carthaginiensis et Hamilcar ... postquam a bellis vacuum fuit, quasi quoddam tributum victui humano conferre non dedignati sunt.* Ob sich hinter den *Poeni ex Africa scriptores* bei Colum. 1, 1, 6 noch andere verbergen? K. D. White, Roman Farming, London 1970, 18 hält Mago für einen «fictional character», während R. Martin, Recherches sur les agronomes latins, Paris 1971, 44 f. meint, die karthagischen *duces* hätten nur eine Zusammenstellung des Materials veranlaßt. Beides läßt sich aber nicht wahrscheinlich machen. Hamilkar hat wohl vor Mago geschrieben (Speranza S. 79; W. Richter, Columella III, München 1983, 576 A. 19), doch hilft das kaum weiter, da über beider Identifikation große Unsicherheit besteht (Vorschläge bei Speranza und Richter). Mit aller Vorsicht optiert J. Heurgon, CRAI 1976, 442 für die Zeit der punischen Kriege als Akme des Mago.

[111] Colum. 1, 1, 18, cf. Plin. n. h. 18, 35 (F 1 Speranza); vgl. auch F 7.

[112] Einige Quellen zum Grundbesitz des Adels bei Gsell II 299 f.; IV 46.

[113] Heurgon (A. 110) 451.

[114] Es gibt keinen stichhaltigen Grund, weshalb man mit Martin (A. 110) 38 besonderen Wert auf Cic. rep. 2, 4, 7 legen sollte: *agrorum ... cultum reliquerant.* S. Huß 483.

[115] Vgl. ohne das Beispiel Karthago M. I. Finley, Das politische Leben in der antiken Welt, München 1986, 142 f.

diese wurden in Form von Naturalien oder Steuern eingetrieben.[116] An einem Beispiel läßt sich dies besonders gut belegen.

Aristoteles erklärt, die karthagische Verfassung sei unter anderem deshalb stabil, weil die Karthager jeweils einen Teil des Volkes in die umliegenden Städte geschickt hätten (Pol. 1273 b 18–20):[117] ἄριστα ⟨στάσιν⟩ ἐκφεύγουσι τῷ πλουτεῖν αἰεί τι τοῦ δήμου μέρος ἐκπέμποντες ἐπὶ τὰς πόλεις.[118] An anderer Stelle sagt er über dasselbe Phänomen (1320 b 5–9): τοιοῦτον δέ τινα τρόπον Καρχηδόνιοι πολιτευόμενοι φίλον κέκτηνται τὸν δῆμον· ἀεὶ γάρ τινας ἐκπέμποντες τοῦ δήμου πρὸς τὰς περιοικίδας ποιοῦσιν εὐπόρους. Man dachte hier an die Gründung von Kolonien[119] bzw. die Aussendung von Beamten, die sich in den einzelnen Städten bereichert haben sollen.[120] Beides kann nicht stimmen: die Betonung des δῆμος bei Aristoteles zeigt, daß Finanzagenten oder Verwaltungsbeamte nicht gemeint sein können,[121] während die Ausdrücke ἐπὶ τὰς πόλεις und πρὸς τὰς περιοικίδας beweisen, daß keine neugegründeten Kolonien, sondern bereits bestehende Orte das Ziel der Aussendung waren.[122] Wie attische Kleruchen erhielten die karthagischen Bürger Besitz in unterworfenen Städten,[123] wodurch der Demos zum Nutznießer der karthagischen Herrschaft wurde.

---

116 Cf. Moscati, RSF (A. 57) 9: «Poco evidente è per ora se e quali merci venissero portate in cambio . . . Ma occore aggiungere che, nel quadro dello sfruttamento di una regione sottomessa, il problema dello scambio non è cogente.» Unter diesen Umständen ist es übrigens bedeutungslos, wenn in der direkten Umgebung Karthagos kein Getreide angebaut wurde, wie Martin (A. 110) 40 moniert.

117 Zur Analyse des Aristoteles s. A. W. Lintott, Violence, Civil Strife and Revolution in the Classical City, London 1982, 242 f.; G. E. M. de Ste. Croix, The Class Struggle in the Ancient Greek World, London 1981, 71 ff.; vgl. auch Wagner/Alvar (A. 3) 85 A. 119.

118 Gigon (Zürich 1971) übersetzt: «dadurch, daß sie das Volk reich machen»; richtiger Schwarz (Stuttgart 1989): «dadurch, daß sie reich sind und . . .» Vgl. jetzt auch Schütrumpf (Darmstadt 1991): «daß immer ein Teil des Demos zu Reichtum kommt.» S. auch H. Bonitz, Index Aristotelicus, Berlin 1870, s. v. πλουτεῖν: «fort scribendum πλουτίζειν.»

119 Meltzer II 462 (mit Lit.); R. Weil, Aristote et l'histoire, Paris 1960, 196; F. Decret, Carthage ou l'empire de la mer, Paris 1977, 78; Whittaker (A. 19) 76.

120 Meltzer II 20; Meyer, GdA IV 1, 645 A. 2; F. Susemihl/R. D. Hicks, The Politics of Aristotle, London 1894, ad loc.; Gsell II 112 A. 5; 240 A. 2 (unter Berufung auf W. L. Newman, The Politics of Aristotle II, Oxford 1887, 371 meint er – wie auch Tsirkin [A. 30] 133 –, daß ἐπὶ τὰς πόλεις statt πρὸς κτλ. für Funktionäre spreche; dagegen Whittaker [A. 19] 299 A. 33); 295 mit A. 5. Unentschieden Ensslin, RuK 286.

121 So zu Recht Heeren (A. 109) 42 A. 0; Huß 470 A. 32 (Funktionäre aus der Unterschicht postulierte noch G. Picard, FS Piganiol III, Paris 1966, 1258 A. 3), während z. B. Mommsen, RG I 498 f. an verarmte Adlige als Nutznießer dachte.

122 Man kann aber nicht so präzise sein wie Wagner/Alvar (A. 3) 85, die die «otras colonias fenicias occidentales» als Ziel annahmen. Die Ansicht von Gsell II 288, die Karthager hätten die «population de quelques ville tombées en décadence» wieder erhöht, stützt sich vermutlich auf diese Aristotelesstellen.

123 So schon G. Grote, A History of Greece VII, London 1862, 348. – Aus 1273 b 20 allein

Das Volk zog auch noch andere Vorteile aus der Existenz des Reiches: im Gegensatz zu ihren Untertanen mußten die Karthager vermutlich keine Steuern und Abgaben zahlen;[124] Kriegsbeute kam – direkt oder indirekt – der städtischen Bevölkerung zugute,[125] ebenso wie die politisch motivierte Freigebigkeit der Aristokraten. Der innere Friede Karthagos – und damit die stabile Herrschaft der Aristokratie – hing also zu einem großen Teil davon ab, daß der Demos auf Kosten der Untertanen bereichert wurde.[126] So wurde ein mögliches Potential an Veränderungswillen und politischer Unzufriedenheit,[127] wie es durch eine unzureichende Beteiligung an politischer Herrschaft erzeugt wird, zurückgedrängt.

Man hat den Karthagern oft vorgeworfen, ihre libyschen Untertanen nicht in einen gleichmäßig gestalteten Reichsverband integriert zu haben, obwohl diese einen großen Teil der finanziellen und militärischen Belastung zu tragen hatten. Vor dem gerade skizzierten innenpolitischen Hintergrund wird das verständlich.[128] Bei einer anderen Rechtslage hätten die Karthager nämlich keine Möglich-

---

ist dies natürlich nicht zu entnehmen; die Übersetzung von Schütrumpf «in die abhängigen Städte» ist viel zu stark. LSJ s. v. interpretiert περιοικίς hier als «dependent town» und führt noch einige andere Belege für diese Deutung an (vgl. Bonitz [A. 118] s. v. περίοικοι). Demgegenüber hat A. Andrewes, FS Dover, Oxford 1990, 171 ff. deutlich gemacht, daß die mit περιοικ-gebildeten Wörter diese Bedeutung nicht haben. Man kann daher wieder mit Gsell II 240 A. 2 und Whittaker (A. 19) 76 aus dem περιοικίδας folgern, daß diese Städte in Afrika lagen.

[124] Meyer, GdA IV 1, 647; Gsell II 317 f.; E. Groag, Hannibal als Politiker, Wien 1929, 121 f. A. 5; Huß 467; Scullard, CAH VII$^2$ 2, 506; anders wohl S. F. Bondi, RAL 16, 1971, 653 ff. Cf. Finley (A. 115) 48 zu einigen möglichen Gründen des Fehlens von Besteuerung.

[125] Iust. 18, 7, 7; Diod. 13, 62, 6; 25, 8; Liv. 33, 46, 8. Vgl. auch Diod. 20, 14, 2; App. Iber. 8, 31: Kriegsbeute nach Karthago. App. Annib. 2, 4 zur Bestechung der Bevölkerung mit Kriegsbeute. Pol. 9, 25, 6: Verfügungsrecht des Feldherrn über Beute. Die Belege ließen sich leicht vermehren. Interesssant ist der Raub von Götterstatuen (zum entsprechenden orientalischen Brauch s. Accadica 16, 1980, 28 ff.). Zuletzt überlegte R. R. Holloway, NAC 17, 1988, 62 ff. (cf. id., The Archaeology of Ancient Sicily, London 1991, 112), ob nicht die beiden Riace-Bronzen ursprünglich bei Sizilien gefunden und auf ihrem Weg als Beute nach Afrika gewesen seien, als das Schiff unterging. S. Stucchi, in: La statua marmorea di Mozia, Rom 1988, 94 f. hält den Jüngling aus Motya für eine Beute aus Selinus. Es gibt also keinen Grund, mit Whittaker (A. 19) 87 anzunehmen, die Karthager hätten den Krieg abgelehnt, weil er ihre Existenzgrundlage bedroht hätte.

[126] Scullard, CAH VII$^2$ 2, 493 verfällt in diesem Zusammenhang wieder in das Cliché von den Karthagern, die mehr an «money-making» als an politischer Stabilität interessiert gewesen seien. Zur Verbindung von Reichtum und Stabilität der Verfassung s. Gsell II 240; Heuß, RuK 110 und Römische Geschichte$^4$, Braunschweig 1976, 68; Gsell II 240.

[127] Die Unbeliebtheit der karthagischen Herrschaft ist oft belegt, e. g. Diod. 14, 77, 1; 20, 17, 1; 55, 4; Liv. 28, 44, 4; Plut. Mor. 799 D. Vgl. 225 A. 218.

[128] Vergleichbare Fälle minderberechtigter, Wehrdienst leistender Untertanen sind z. B. die römischen Bundesgenossen und die spartanischen Perioken. Zu einer Herrschaftsgestaltung ähnlich der hier skizzierten in Sparta s. Lintott (A. 117) 66 ff.

keit mehr gehabt, den Libyern Abgaben zu Gunsten des Demos aufzuerlegen – und das hätte die Stabilität der aristokratischen Herrschaft gefährdet. Mit der besonderen Stellung Karthagos im Reich ist wohl auch die Zurückhaltung zu verbinden, die bei der Verleihung des Bürgerrechts geübt wurde.[129]

An vielen Beispielen lassen sich die Schwierigkeiten studieren, die die Beibehaltung städtischer Strukturen bei gleichzeitiger Herrschaft über ein bedeutendes Territorium mit sich brachten. Vor diesem Dilemma stand auch Karthago.[130]

Die Reichsbildung muß innerstädtische Strukturen verändert haben. Gegenüber früheren Zeiten müssen sich nicht nur Positionen in Heer und Verwaltung, sondern auch die Agenda von Gerusie und Volksversammlung vermehrt haben, was eine präzisere Fassung der Befugnisse aller beteiligten Gruppen und Institutionen unumgänglich machte. So kam es langsam zu einer Verfestigung der Staatlichkeit; im 6. Jhrdt. zog Malchus mit seinen Klienten in den Krieg, gegen Ende des 5. Jhrdts. finden wir das fest definierte Bürgeraufgebot. Während dieser Zeit gewannen die Sufeten dem König gegenüber an Einfluß.[131] Insgesamt wurde die staatliche Zentralgewalt gegenüber den Ansprüchen einzelner gestärkt, aber Karthago blieb ein aristokratisch bestimmter Staat. In manchen Teilen des Reiches wurde Herrschaft daher auch «aristokratisch» ausgeübt, d.h. unorganisiert und auf Personen bezogen. Im Inneren wurden soviel der Aristokratie verpflichtete Strukturen beibehalten wie eben möglich – wodurch eine angemessene Reaktion auf die neuen Bedürfnisse des Staates verhindert wurde. In Relation zu gleichzeitigen Vorgängen in der Mittelmeerwelt waren die karthagischen Verhältnisse

---

[129] Meltzer II 17, Gsell II 227 A. 4 und HCP II 53 schließen aus dem Beispiel des Muttines, daß Libyphöniker bei Aufnahme ihres Wohnsitzes in Karthago das Bürgerrecht erhalten hätten, und zitieren dazu Liv. 25, 40, 5: *tertius novus* (scil. *dux belli*) *ab Hannibale in locum Hippocratis missus, Libyphoenicum generis Hippacritanus – Muttinen populares vocabant –, vir inpiger et sub Hannibale magistro omnes belli artes edoctus.* Hier wird aber nicht gesagt, daß Muttines karthagischer Bürger war. Sein semitischer Name (cf. M. Sznycer, Semitica 29, 1979, 47f.) paßt auch zu einem Bewohner von Hippou Akra. Aus Livius kann daher nur die Bekleidung hoher Kommandostellen durch Nicht-Karthager erschlossen werden. Dem entspricht Liv. 25, 40, 12, wo die Gedanken des Karthagers Hanno referiert werden: *Muttinem sibi modum facere, degenerem Afrum imperatori Carthaginiensi misso ab senatu populoque.* – Liv. 21, 45, 6 ist aus einer Rede Hannibals: *qui sociorum cives Carthaginienses fieri vellent, potestatem facturum.* (vgl. auch Ennius, Ann. 234f. Skutsch). Kritisch hierzu bereits Meltzer II 18; E. Hesselmeyer, Korrespondenzblatt f. d. höheren Schulen Württembergs 23, 1916, 396f. – Ob die ἐπιγαμία der Libyphöniker, Diod. 20, 55, 4, Ausdruck einer allgemeinen zivilrechtlichen Gleichstellung war, ist zu bezweifeln, s. Huß 467f. Es gibt, jedenfalls aus anderen Gebieten, genügend Beispiele für das Gegenteil, e.g. G. Busolt, Griechische Staatskunde I³, München 1920, 223 A. 2; id./ H. Swoboda, Griechische Staatskunde II³, München 1926, 1512 A. 1.

[130] Gsell II 287.

[131] Vgl. die Möglichkeit eines ähnlichen Vorganges in Rom, die von E. Gjerstad, Entretiens Hard 13, 1967, 22f. diskutiert wird.

immer archaisch[132] – ein Phänomen, das bereits mehrfach konstatiert werden konnte.

Was für eine Aristokratie herrschte in Karthago? Militärische Erfolge und die Bekleidung von Ämtern brachten den Adligen Ehre, zwischen ihnen herrschte ein dauernder Wettbewerb. Die Betonung des Reichtums, die Existenz von Luxuswaren und Statussymbolen zeigen genauso wie die verwandtschaftlichen und freundschaftlichen Beziehungen zu den Adelsgruppen anderer Städte,[133] welche Bedeutung der Status für den Wettbewerb untereinander und die Selbstdarstellung gegenüber dem Volk hatten.

Demgegenüber meint die moderne Forschung, die Aristokraten seien ursprünglich Handelsherren gewesen; erst seit dem 5. Jhrdt. sollen Landbesitzer in ihren Kreis gedrungen sein, was in der karthagischen Innenpolitik zu einer Frontstellung zwischen Kaufleuten, die nach Übersee expandieren, und Gutsherren, die afrikanische Politik betreiben wollten, geführt habe[134] (manchmal wird ein anderer, auf ähnlichen Parteiungen beruhender Konflikt angenommen[135]). Dies läßt sich in Einzelheiten kritisieren,[136] viel wichtiger scheint mir aber die generelle Kritik an diesem Szenario karthagischer Innenpolitik zu sein.

---

[132] F. Gschnitzer, OA 27, 1988, 302 stellt dies auch generell für die phönizischen Poleis im Vergleich mit den griechischen fest. Andeutungen zum Archaischen schon bei Kahrstedt 70; W. Hoffmann, Hannibal, Göttingen 1962, 12. Dagegen hält Niemeyer, Frühes Karthago (A. 2) 33; id., AntW (A. 2) 104 Karthago für «modern».

[133] Neben den bekannten Verwandtschaftsbindungen gibt es einige Belege für ξενία und προξενία-Verhältnisse: zu Hamilkar s. 38; Plut. Dion 25, 12 (cf. Diod. 16, 9, 4); IG XIV 279 (eine tessera hospitalis; Abb. e. g. in G. Herman, Ritualised Friendship and the Greek City, Cambridge 1987, 64 fig. 9; ansonsten s. O. Masson, Semitica 20, 1976, 93 ff.); IG VII 2407 und – m. E. am interessantesten – Liv. 33, 45, 6: *adversae Hannibali factionis homines principibus Romanis, hospitibus quisque suis, identidem scribebant*... Von einem *paternum hospitium* zwischen den karthagischen Stadtkommandanten von Tarent und dem römischen Consul berichtet Liv. 27, 16, 5. Meist werden diese Verbindungen unter Adligen als Teile eines weitgespannten Handelsnetzes betrachtet, e. g. Gsell IV 153; Barceló (A. 98) 35; Scullard, CAH VII² 2, 511. Hier wird übersehen, daß schon die griechische Proxenie nicht in dieser Weise interpretiert werden darf (Ch. Marek, Talanta 8/9, 1977, 74 ff.; id., Die Proxenie, Frankfurt 1984), noch mehr aber, daß die einzigen Fälle, in denen wir solche Verhältnisse in Aktion sehen, politische Probleme betrafen.

[134] E. g. Meltzer I 285; 372; 385; II 281; Gsell II 253; IV 476; Groag (A. 124) 18 f. A. 4; Huß 108 A. 4; 182; G. Schrot, Der Kleine Pauly III, München 1969, 137; G. Picard, in: G. Cambier (Hrsg.), Conférences de la Société d'Etudes latines de Bruxelles 1965/6, Brüssel 1968, 116; Martin (A. 110) 41; Alvar/Wagner (A. 3) 87; M. Beike, Kriegsflotten und Seekriege der Antike², Berlin 1990, 107; P. Anello, Kokalos 32, 1986, 168 ff. Die Zusammenstellung ist beliebig erweiterbar; Belege finden sich in jeder modernen Darstellung karthagischer Politik.

[135] L. Maurin, Semitica 12, 1962, 35 f.: hellenistische Aristokratie vs. Konservative. M. Müller, Der Feldzug des Agathokles in Afrika, Diss. Leipzig 1928, 37: Adels- und Volkspartei.

[136] Nur zwei Beispiele: zur Verbannung Giskos nach der Schlacht von Himera sagt

Nach den bisherigen Überlegungen hat sich die Aristokratie in Karthago von Anfang an ganz auf Land gegründet,[137] eine Aristokratie aus Kaufleuten hat es in Karthago nicht gegeben.[138] Daher kann es auch keinen parteipolitischen Gegensatz zwischen einer Handels- und einer Agraraaristokratie gegeben haben – und in den Quellen läßt sich auch keiner feststellen.[139] Rivalitäten zwischen einzelnen Politikern sollen nicht geleugnet werden; bei einem stark entwickelten Konkurrenzdenken sind sie geradezu vorauszusetzen. Nirgends lassen sich aber prinzipielle, über das persönliche Wetteifern hinausgehende Differenzen entdecken, und große, Jahrhunderte überdauernde Parteiungen, die um die Realisierung verschiedener politischer Konzepte rangen, lassen sich erst recht nicht verifizieren.

## 5. Staatliche Handelspolitik?

Was bis jetzt entwickelt wurde, läßt sich mit einem Stereotyp der Forschung, der staatlichen Handelspolitik Karthagos, nicht vereinbaren. So wird man z. B. gegen die Ablehnung einer Kaufmannsaristokratie einwenden, daß die Förderung des Handels der eigentliche Zweck des karthagischen Staates gewesen sei;[140] der Staat jedoch sei von der Aristokratie beherrscht worden, also habe die Förderung des Handels deren Interessen entsprochen.[141] Nach dieser Argumentation müßte es

C. Krahmalkov, RSF 2, 1974, 176: «the banishment of Gisco looks very much like a political manoeuvre on the part of the anti-Magonid opposition to arrest the control of pro-interventionist forces over foreign policy.» Zur richtigen Einschätzung von Himera, die keinen Platz für Interventionismus hat, s. 33ff. – Zu CIS I 5510 bemerkt A. v. d. Branden, FS M. Höfner, Graz 1981, 35f.: «C'est ainsi que vers la fin de ce cinquième siècle deux courants politiques divisèrent la ville. Le parti magonide, dont le chef était 'Adoniba'al, préconisait d'abandonner la politique de neutralité et d'envoyer une expédition contre Agrigente. Par contre, le parti d'opposition, mené probablement par quelques Suffètes influents du Tribunal Militaire qui redoutèrent la puissance syracusienne, entendait maintenir la politique traditionelle de non-intervention. Les Magonides ayant eu le dessus, l'expédition fut organisée et se terminait par un succès éclatant. Pour commémorer cette victoire, un monument fut érigé.» Zur richtigen Interpretation s. 86 A. 90.

137 Whittaker (A. 19) 59f. sieht beide Formen parallel.

138 S. 169ff.

139 L. M. Hans, SNR 66, 1987, 56 A. 57; ead., (A. 58) 105 zu den Widersprüchen der modernen «Parteiaufteilungen»; skeptisch auch Whittaker (A. 19) 79; G. Picard, Hannibal, Paris 1967, 15.

140 S. F. Bondi, EVO 1, 1971, 143f. Vgl. auch hier A. 155. Die Belege sind beliebig vermehrbar.

141 Kahrstedt 583 hat übrigens gesehen, daß es doch nicht ganz so einfach ist, und nimmt daher eine Zwischenposition ein: seiner Ansicht nach habe sich der Adel schon früh vom Kaufmannsstand getrennt, ihn aber als Lebensgrundlage der Stadt weiter geschützt.

aber auch Belege für eine staatliche Handels- oder Wirtschaftspolitik geben.[142] Eine ganze Reihe staatlicher Aktivitäten fällt jedenfalls nicht unter diese Kategorie: da sind zuerst einmal alle Maßnahmen, die ein Staat trifft, um die Versorgung seiner Bürger sicherzustellen;[143] Ausbeutung von Bodenschätzen in unterworfenem Gebiet hat ebenfalls nichts mit Handel zu tun; Besteuerung gehört nur dann zur Handelspolitik, wenn sich eine systematische Nutzung dieses Instruments zur Förderung des eigenen Handels oder der Wirtschaft nachweisen ließe.[144] Das Fehlen von Münzgeld bis zum ausgehenden 5. Jhrdt. spricht auch nicht für eine intensive staatliche Förderung des Handels.[145]

---

[142] Die Frage nach einer karthagischen Wirtschaftspolitik wird immerhin gestellt, wenn auch rhetorisch, und dann affirmativ beantwortet, bei Bondi, in: Serra (A. 103) 232.

[143] Hierzu vgl. M. I. Finley, Die antike Wirtschaft, München 1977, passim. – Karthagischer Handel mit Massalia fällt z. B. in diese Kategorie: Wein wurde ausgetauscht; s. J. P. Morel, in: Carthage et son territoire, Paris 1990, 73.

[144] Schon dies wird in den Quellen nicht genannt, mag es auch noch so wahrscheinlich sein; s. bestenfalls Liv. 33, 47, 1.

[145] Zum Faktum und dem vermutlich militärischen Anlaß der ersten Prägungen s. 188 f. Vgl. die Bemerkung von W. Schuller, Griechische Geschichte$^3$, München 1991, 112 zum archaischen Griechenland: «würde schon allein die Inexistenz von Geld die Folge der Inexistenz einer durch Geldwirtschaft bestimmten, gar politisch maßgeblichen Händlerschicht haben.» – Hier ist vielleicht eine kurze Bemerkung zur angeblichen karthagischen Depositenbank angebracht, über die W. Huß, JNG 39, 1989, 21 ff. handelt. Er stützt sich auf Ps. Plat. Eryx. 399e/400a: αὐτίκα γὰρ οὖν οἱ Καρχηδόνιοι νομίσματι χρῶνται τοιῷδε· ἐν δερματίῳ σμικρῷ ἀποδέδεται ὅσον γε στατῆρος τὸ μέγεθος μάλιστα, ὅτι δὲ ἐστι τὸ ἐναποδεδεμένον, οὐδεὶς γιγνώσκει, εἰ μὴ οἱ ποιοῦντες. εἶτα κατεσφραγισμένῳ τούτῳ νομίζουσι, καὶ ὁ πλεῖστα τοιαῦτα κεκτημένος, οὗτος πλεῖστα δοκεῖ χρήματα κεκτῆσθαι καὶ πλουσιώτατος εἶναι. εἰ δέ τις παρ' ἡμῖν πλεῖστα τοιαῦτα κεκτημένος εἴη, οὐδὲν ἂν μᾶλλον πλούσιος εἴη ἢ εἰ ψήφους πολλὰς τῶν ἐκ τοῦ ὄρους ἔχοι (davon abhängig Aristid. or. 3, 104 Behr mit Σ ad loc). Huß meint nun, daß das Leder mit verschiedenen Wertstanzen versehen worden, sein wahrer Wert also verschleiert worden sei. Wer sein Lederstück verlor, dem wurde es von den ποιοῦντες, notwendig staatlichen Bankangestellten, ersetzt. Außerhalb Karthagos habe man mit solchem Geld bei Filialstellen der Bank oder kooperationsbereiten Institutionen zahlen können. Da das «Ledergeld» im 3. u. 2. Jhrdt. nicht mehr erwähnt wird, soll es in dieser Zeit vom Metallgeld verdrängt worden sein – was nichts anderes hieße, als daß der karthagische Handel gerade im Hellenismus wieder zu altmodischeren und unpraktischeren Formen zurückgefunden habe. Ist schon dies unwahrscheinlich, so tut die Interpretation dem Text auch an anderen Stellen Gewalt an: 1. τὸ ἐναποδεδεμένον kennen nur die Hersteller – nicht auch die Besitzer, was bei einem Depositum unmöglich wäre, da dort der Wert für Besitzer, vor allem aber für andere Banken oder Geschäftspartner deutlich gewesen sein muß. 2. Der Besitzer der meisten dieser Stücke gilt als reichster Karthager. Bei einem Depositum müßte der Wert schwankend sein, so daß nicht die bloße Quantität den Reichtum ausmachen könnte. 3. Sollte es ausgerechnet in Athen keine Filialbank gegeben haben? Platon sagt ja ausdrücklich, daß das «Ledergeld» in Athen wertlos ist. 4. Von Filialbanken, risikolosem Geldtransport und ähnlichen Dingen wissen wir überhaupt nichts – noch nicht einmal im punischen Kernbereich. Die Interpretation von Huß läßt sich also nur halten, wenn man annimmt,

Einige der früher angeführten Belege für eine karthagische Wirtschaftspolitik müssen entfallen: der erste römisch-karthagische Vertrag war entgegen allgemeiner Auffassung kein Handelsabkommen;[146] die von Aristoteles erwähnten Abmachungen zwischen Karthagern und Etruskern[147] sind entweder in Analogie zum ersten römisch-karthagischen Vertrag zu interpretieren oder stellen nur einzelne Bedingungen dar, die aus einem größeren Vertragskomplex herausgegriffen worden sind;[148] die Meerengensperre hat es nicht gegeben;[149] der Zug des Hanno galt der Kolonisation, nicht der Erschließung neuer Märkte.[150] Die Entdeckungsreise des Himilko in den Norden ist kaum ein staatliches Unternehmen gewesen;[151] eine staatliche Absicherung von Handelsrouten läßt sich nicht erwei-

---

Ps. Platon habe das Wesen des «Ledergeldes» nicht verstanden, wenn man also gegen seine Aussageabsicht interpretiert. Ein solches Verfahren ist aber nur legitim, wenn es hierfür irgendeinen Anhaltspunkt gibt – der aber nicht vorweisbar ist. Im Augenblick scheint es mir daher angebracht, dem karthagischen «Ledergeld» dieselbe Historizität zuzusprechen wie seinen spartanischen und römischen Gegenstücken – nämlich gar keine (Sparta: Nikolaos, FGrHist 90 F 103, Z. 8; Sen. ben. 5, 14, 4; Rom: Suet. π. ὀνομάτων frg. 179 Reifferscheid und damit zusammenhängend die Lexikographen, cf. Ioh. Antioch., FHG IV 553, frg. 33; Suda A 4126 Adler). Vom Nachweis eines hochentwickelten Bankwesens ist man so oder so weit entfernt.

146 S. 141 ff.

147 Vgl. 130; 134 zu einer weiteren Erklärungsmöglichkeit. Lit. bei Huß 66; vgl. aber auch die ganz ähnliche Formulierung über die τροφή der Stadt in Aristot. Rhet. 1360 a 12.

148 Vgl. W. Nippel, Griechen, Barbaren und «Wilde», Frankfurt 1990, 137 (in engster Anlehnung an Ph. Gauthier, Symbola, Nancy 1972, 90 ff.): «vertragliche Festlegungen von Import- und Exportvergünstigungen begegnen nur im Zusammenhang von Friedens- und Bündnisabkommen.» Wichtig ist Gauthier 92: Aristoteles «indique que leur seul but est d'éviter les injustices réciproques ... il est possible que la division en trois catégories des traités soit assez artificielle, opération logique plutôt que constation des faits.» Aristoteles kann seine Argumentation nur aufrecht halten, weil Etrusker und Karthager sich in derselben Form verhalten wie die Griechen; andernfalls wäre sein Gedankengang fehlerhaft (A. Bresson, REA 89, 1987, 217 ff.); daraus folgt die Anwendbarkeit der oben genannten Kategorien.

149 Whittaker (A. 19) 61; 80 ff.; A. N. Oikonomides, AncW 1, 1978, 83 ff.; Barceló (A. 57) 53 ff.; wichtige Ansätze bereits bei R. L. Beaumont, JRS 29, 1939, 80 A. 24; 81 f.; Wagner (A. 13) 146.

150 S. 255 f. Whittaker spricht (A. 19) 87 sogar von einem «state-cum-private enterprise».

151 Aus dem *missus* von Plin. n. h. 2, 169 wird niemand zuviel herauslesen wollen, zumal V. Ehrenberg, RE Suppl. V 234 betont, daß die Worte des Plinius «sicher nicht auf ursprüngliche Quellengrundlage» zurückgehen. Ibid. gesteht er auch ein, daß wir von dem Zweck der Reise nichts wissen – gibt sich dann aber doch Spekulationen hin. Im übrigen weist Dihle (A. 92) 27 darauf hin, daß sich Zeugnisse für die Fahrt des Himilko nicht vor dem 1. Jhrdt. n. Chr. finden lassen. – Spätestens seit der Fall von Tartessos nicht mehr mit karthagischer Intervention erklärt werden kann (cf. Barceló [A. 57] 44 ff.), entfällt die Idee, daß Hanno und Himilko nach dem Fall der spanischen Stadt den Atlantikhandel für Karthago hätten monopolisieren sollen (so noch Tsirkin [A. 13] 556).

sen, zumal Ebusus und Malta[152] nicht unter karthagischer Herrschaft standen. Karthago hat auch keine griechischen Siedlungen in seinem Einflußbereich zerstört: das spanische Mainake war eine phönizische Gründung.[153] Eine Abschottung von Märkten zwischen Phöniziern, Griechen und Etruskern läßt sich nicht nachweisen:[154] auf Grund von Fundstatistiken wurde neuerdings angenommen, daß es staatliche Absprachen zur Aufteilung der Handelsgebiete zwischen Motya, Tharros, Gades, Malta und Karthago gegeben habe: Motya habe den westsizilischen, Tharros den etruskischen, Malta den ostsizilischen und ägäischen Markt beliefert, während für Karthago die Verbindung zu Ägypten geblieben sei.[155] Die regionale Verteilung der Funde ist aber ganz anders zu interpretieren: jedes dieser Zentren belieferte hauptsächlich seine nähere Umgebung. Die lokalen Gegebenheiten beherrschten den Handel so, daß auch die Produkte der militärisch überlegenen Großstadt die regionalen Zusammenhänge nicht brechen konnten.[156]

Dieselben kleinteiligen Verhältnisse und dieselbe Begrenztheit der ökonomischen Motivation, so sie denn überhaupt vorhanden war, spiegelt sich auch in der relativen Bedeutungslosigkeit der Kriege, die in immer wechselnden Parteiungen zwischen Karthagern, Etruskern, Phokäern, Massalioten und anderen Griechen

---

[152] W. Culican, in: Niemeyer (A. 12) 151 hebt hervor, daß kaum Außenkontakte Maltas feststellbar sind, und A. Ciasca, ibid. 150f. verweist auf den kulturellen Unterschied zwischen Malta, Motya und Karthago; außerdem zeigt sich an den Unternehmungen des Pentathlos und des Dorieus, daß Malta nicht die Funktion eines maritimen Riegels ausübte.

[153] H. G. Niemeyer, Historia 29, 1980, 165ff.; cf. P. A. Barceló, Tyche 3, 1988, 11ff.; anders nur A. del Castillo, RSF 17, 1989, 103ff. Aber selbst wenn man Mainake weiterhin für eine phokäische Kolonie halten will, ist ihr Verschwinden doch nicht mit Karthago in Zusammenhang zu bringen, s. P. Rouillard, Les Grecs et la Peninsule iberique, Paris 1991, 242; cf. 292ff.

[154] J. P. Morel, BCH 99, 1975, 894; id. (A. 27) 148f.; vgl. auch Hans (A. 106) 72: «Zu betonen ist allerdings, daß die Förderung des wirtschaftlichen Nutzens für Karthago durch die verschiedenen fremdenfeindlichen Maßnahmen nirgends in den antiken Texten angesprochen wird.» Vgl. jetzt auch Wagner (A. 13) 144.

[155] S. F. Bondi, in: Stato Economia Lavoro nel Vicino Oriente antico, Mailand 1988, 356f. Bondi kommentiert so: «L'autonoma capacità decisionale dell'imprenditorialità dei singoli centri fu sostenuta da una concezione e da un' organizzazione politica che identificarano obiettivamente gli interessi dello stato e quasi la sua identità con quelli del dominante ceto mercantile, assicurando all' attività di commercio il necessario sostegno istituzionale e militare.» Vgl. im übrigen 258 A. 101 zur geringen Bedeutung des karthagischen Ägyptenhandels.

[156] In eine ähnliche Kategorie gehört der sogenannte «karthagische» Edelstein, der aus dem Fezzan importiert wurde. Der Name (Theophrast, de lapid. 3, 18; 6, 34; Strab. 17, 3, 11 p. 830; Plin. n. h. 37, 92; 104) reicht keinesfalls aus, um eine Monopolisierung des Edelsteinhandels durch Karthago zu bezeugen.

geführt wurden.[157] Es gibt keinen Grund, hierin Handelskriege zu sehen.[158] Auch ist es übertrieben, von Bündnissen der Karthager mit *den* Etruskern gegen *die* Griechen zu reden;[159] so wie man nicht von *den* Griechen oder *den* Phöniziern sprechen darf, so auch nicht von *den* Etruskern.[160] Von einer Blockbildung im tyrrhenischen Meer kann daher keine Rede sein;[161] es gibt einzelne, wechselnde Konstellationen, die eben auch nur einzelne Städte betroffen haben.

Das letzte Argument für eine staatliche Handelspolitik Karthagos greift den Bau des großen Handelshafens auf, der wesentlich zur Förderung des Warenumsatzes gedacht gewesen sein soll.[162] An den sowohl literarisch wie archäologisch besser dokumentierten Hafenbauten der römischen Zeit läßt sich aber zeigen, daß Häfen nicht aus nachvollziehbaren wirtschaftlichen Motiven gebaut wurden, sondern um den Ruhm der Stadt und des Bauherren zu mehren und die Versorgung des Ortes mit Nahrungsmitteln zu sichern.[163]

Schon daß Piraterie ein sozial akzeptierter Erwerbszweig war, spricht gegen die Ansicht, die Aufgabe des karthagischen Staates habe in der Herstellung von Frieden und idealen Handelsbedingungen bestanden. Nun hat sich gezeigt, daß es in der karthagischen Geschichte weder eine Kaufmannsaristokratie noch eine staatlich verordnete Wirtschaftspolitik gegeben hat.[164] Dies Ergebnis läßt sich gut in weitere Zusammenhänge einordnen.

---

157 Schon Barceló (A. 57) 103 f. relativiert die Bedeutung der Schlacht von Alalia. S. auch D. Asheri, Entretiens Hardt 35, 1990, 290.

158 Vgl. P. Manicas, CSSH 24, 1982, 679 f. gegen die Vorstellungen wirtschaftlicher Rivalität und gegen die ökonomische Erklärung von Kriegen (vgl. auch Barceló [A. 153] 16 A. 36 mit der Berufung auf R. J. Hopper, Handel und Industrie im klassischen Griechenland, München 1982, 53 f.).

159 In diesem Sinne noch als letzte einer Reihe von Gelehrten L. Aigner-Foresti, Zeugnisse etruskischer Kultur im Nordwesten Italiens und in Südfrankreich, Wien 1988, 237. Nicht einzusehen ist, weshalb Bengtson zu StV II$^2$ 116 auch Hdt. 1, 166 (Schlacht von Alalia) stellte.

160 Neuere Warnungen gegen die Versuchung, die Etrusker als historische Einheit anzusehen bei K. A. Raaflaub, in: W. Eder (Hrsg.), Staat und Staatlichkeit in der frühen römischen Republik, Stuttgart 1990, 532; B. d'Agostino, in: O. Murray/S. Price (Hrsgg.), The Greek City from Homer to Alexander, Oxford 1990, 60. Im übrigen spricht auch Bengtson, StV II$^2$ 116 von «Einzelverträgen».

161 Cf. Barceló (A. 153) 16.

162 Gsell IV 128 f.

163 Ph. Leveau, in: id. (Hrsg.), L'origine des richesses dépensées dans la ville antique, Aix-en-Provence 1985, 21 f.

164 In vielerlei Hinsicht typisch ist Tsirkin (A. 30) 129: «As is well known, agriculture was the major branch of antique economy. However, according to Karl Marx, the Phoenicians were par excellence a trading people.» Diese Argumentationsstruktur ist auch in nicht-marxistischen Kreisen weit verbreitet. Warnende Stimmen sind selten: C. Nicolet, in: id. (Hrsg.), Rome et la conquête du monde méditerranéen 2, Paris 1978, 595; D. Timpe, GWU 33, 1982,

In der letzten Zeit hat die Forschung die Existenz von Handelsstädten in der Antike generell in Frage gestellt.[165] Wie sehr sich die Ansichten geändert haben, verdeutlicht das Beispiel der griechischen «Handelsstadt» κατ' ἐξοχήν: Korinth.[166] Eine Teilung der Oberschicht in eine Handels- und eine Agrararistokratie wurde fallengelassen, und man betont heute, daß sich kein Fall nachweisen läßt, in dem wirtschaftliche Gesichtspunkte die Politik Korinths bestimmt hätten – immer abgesehen von dem Problem der Nahrungsmittelversorgung.[167] Genauso sind auch andere «Handelsstädte» aus der Geschichte verschwunden: die eklatantesten Fälle sind Aigina[168] und Massalia.[169] Diesen Städten läßt sich nun auch Karthago hinzufügen.[170]

---

185 nennt den Händlerstaat Karthago ein «Klischee». – Tsirkin erklärt ferner, daß den Karthagern der Ackerbau zwar nicht fremd gewesen sei, aber mit Ausnahme der Fischerei habe jede Nahrungsmittelproduktion hinter Handwerk oder Handel zurückgestanden. Der Fischreichtum der afrikanischen Küste wird zwar oft betont, aber ein literarischer oder epigraphischer Beleg zur karthagischen Fischerei läßt sich nicht finden (Darstellung: Huß 483 A. 56; in Korinth gibt es ein «house of Punic amphoras», vermutlich ein Geschäftsgebäude; in den Gefäßen fand man zahlreiche Reste getrockneten und gepökelten Fisches; trotz des Namens sollte man sich hüten, auf Karthago als Herkunft der Amphoren zu schließen: Ch. Williams, Hesperia 48, 1979, 117: «the amphoras themselves appear to have come from both western and eastern Mediterranean sites: from Spain, possibly from Marseilles, Motya ... and perhaps from North African sites, Chios, Mende and probably from Poteidaia.» C. Koehler, Hesperia 50, 1981, 450 A. 4 präzisiert, daß unter Nordafrika die marokkanische Atlantikküste zu verstehen ist; s. auch Y. Maniatis, JFA 11, 1984, 205 ff.). Ferner ist daran zu erinnern, daß T. W. Gallant, A Fisherman's Tale, Gent 1985 die niedrige Produktivitätsrate der Fischerei in der Antike nachgewiesen hat. Auf Fischerei ließ sich keine Wirtschaft aufbauen.

[165] E. g. M. I. Finley, Economy & Society in Ancient Greece, New York 1982, 18 ff. und generell Finleys Untersuchungen über die Stadt. Th. Pekary, Die Wirtschaft der griechisch-römischen Antike, Wiesbaden 1976, 3. Welch' atemberaubende Versuche die marxistische Forschung unternommen hat, um diese Vorstellungen aufrecht zu erhalten, zeigt besonders deutlich V. di Benedetto, Klio 60, 1978, 619 ff.

[166] Das Beispiel ist besonders geeignet, weil Marx Korinth ebenfalls unter die Handelsstädte reihte; s. die Belege bei E. Ch. Welskopf, Die Produktionsverhältnisse im alten Orient und die griechisch-römische Antike, Berlin 1957, 297.

[167] J. B. Salmon, Wealthy Corinth, Oxford 1984, 149 ff.; 154 ff.; 405 f.

[168] Auch hier läßt sich keine Handelsaristokratie nachweisen, sondern nur eine kleine Schicht reicher Landbesitzer, wie es für das archaische Griechenland typisch ist; G. E. M. de Ste. Croix, The Origins of the Peloponnesian War, London 1972, 267 A. 61; id. (A. 117) 41; 120. Auch J. Jennings, Aeginetan Trade, 650 – 457 B. C., Diss. Chicago 1988, 193 ff. kann außerhalb der Versorgungsfrage kein «state involvement in trade» feststellen.

[169] D. Timpe, in: K. Düwel u. a. (Hrsgg.), Untersuchungen zu Handel und Verkehr I, Göttingen 1985, 209 ff., vor allem aber C. Goudineau, in: P. Garnsey/K. Hopkins/C. R. Whittaker (Hrsgg.), Trade in the Ancient Economy, London 1983, 77, wo festgestellt wird, daß kein einziges Produkt, das Marseille von den Griechen importiert haben soll, archäologisch nachweisbar ist. Strabo spricht ebenfalls nicht vom Handel der Stadt; vgl.

Bei näherer Überlegung ist das Fehlen von Handelsstädten in der alten Welt nicht weiter verwunderlich:[171] Handel hatte im Vergleich zur Landwirtschaft nur geringe Bedeutung, was vor allem drei Gründe hatte: das niedrige Geldvolumen, die hohen Transportkosten und -risiken,[172] sowie die relativ kleine Konsumentenschicht. Bei einer solchen Sachlage ist auch klar, daß in der Antike keine volkswirtschaftlichen Ideen entwickelt worden sind[173] – weshalb es keine Wirtschafts- oder Handelspolitik gegeben haben kann.[174]

Damit ist nun auch der tiefere Grund für das Fehlen einer staatlichen Handelspolitik und einer Kaufmannsaristokratie in Karthago gefunden. Die oben skizzierten Grundbedingungen antiken Handels galten ja auch für die Karthager[175] – wie schon für ihre Stammväter, die Phönizier. So nennt auch kein antiker Autor den Handel als Quelle des karthagischen Reichtums.[176]

Als die Karthager noch Pentekonteren benutzten, fielen bei jeder Fahrt hohe Personalkosten an.[177] Die zu bewältigenden Entfernungen und die lange Dauer

---

auch ibid. 193 A. 9 schön zu Strab. 4, 2, 1 p. 190 (= Pol. 34, 10, 6 f.; Pytheas F 7 c Mette), wo gesagt wird, niemand in Massalia habe im zweiten Jahrhundert noch etwas über die Reise des Pytheas gewußt. Hier handelt es sich nicht um bewußte Geheimhaltung.

170 K. Hopkins, in: Garnsey/Hopkins/Whittaker (A. 169) XII: «there were some important ports and towns which acted as entrepôts for exported foods, goods and metals. But even in these towns (such as Carthage, Aquileia, Alexandria), local leaders were more likely to derive their wealth from the ownership of land than from active participation in manufacture or even commerce.»

171 Grundlegend für die hier vertretene Ansicht: Finley (A. 143); Garnsey/Hopkins/Whittaker (A. 169); darin vor allem P. Cartledge 1 ff.; vgl. ansonsten z. B. H. W. Pleket, Akten 6. Epigraphikerkongreß, München 1973, 243 ff.; Th. Pékary, in: G. Ritter/R. Vierhaus (Hrsgg.), Aspekte der historischen Forschung in Frankreich und Deutschland, Göttingen 1981, 30 ff.; id., FS Berghaus, Münster 1981, 11 ff.; Forschungsüberblick bei L. Neesen, Demiourgoi und Artifices, Frankfurt 1989, 1 ff.

172 Ein Detail mag helfen, die Risiken zu illustrieren: es ist sehr gut möglich, daß κίνδυνος anfangs den Handel (mit seinen Gefahren) bezeichnete, H. Fränkel, Dichtung und Philosophie des frühen Griechentums³, München 1976, 271 A. 38.

173 E. g. K. Bücher, Beiträge zur Wirtschaftsgeschichte, Tübingen 1922, 5; J. Mickwitz, EHR 52, 1937, 577 ff. Die geringen Ansätze werden diskutiert bei P. Spahn, Chiron 14, 1984, 30 ff.; R. Descat, QUCC 57, 1988, 103 ff.; J. Engels, MBAH 7, 1, 1988, 90 ff.

174 E. g. J. Hasebroek, Staat und Handel im alten Griechenland, Tübingen 1928, passim; Cartledge (A. 171) passim; R. Garland, The Piraeus, Ithaca 1987, 87 f.

175 Cartledge (A. 171) 11 betont, daß der Anteil des Handels am Bruttosozialprodukt im vorindustriellen Europa bei nur 2 % lag.

176 Gegen Gsell IV 166 f. sagen Thuk. 6, 34, 2 und Pol. 18, 35, 9 nichts über die Herkunft des karthagischen Reichtums; ebenfalls nichts bei Strab. 17, 3, 15 p. 832/3.

177 Zur Benutzung der Pentekonteren s. 125 f. A. M. Snodgrass, in: Garnsey/Hopkins/Whittaker (A. 169) 17 weist daraufhin, daß in diesem Fall 50 Mann am Gewinn zu beteiligen sind; deshalb ist bei der niedrigen Tragkraft einer solchen Pentekontere Handel nur mit Luxusgütern vertretbar, s. A. J. Graham, in: Descœudres (A. 4) 44. S. C. Humphreys,

der Fahrten setzten ihrer Häufigkeit – und damit der quantitativen Bedeutung des Fernhandels – enge Grenzen.[178]

Soweit sich der Handel Karthagos aus archäologischen Überresten rekonstruieren läßt, betraf er entweder die volkswirtschaftlich vernachlässigbare Keramik[179] oder aber Luxusgüter.[180] In den literarischen Quellen[181] ist das Bild nicht wesentlich anders.[182] Da ist, um nur ein paar Beispiele zu nennen, von Teppichen, Kissen und Elfenbein die Rede,[183] von Leder zu medizinischen Zwecken,[184] und allen

---

Anthropology and the Greeks, London 1978, 168 zitiert in demselben Zusammenhang Hdt. 4, 152, 4: die Weihung nach der erfolgreichen Fahrt des Kolaios stammt von der ganzen Mannschaft. Cf. G. Shipley, A History of Samos, Oxford 1987, 62.

178 H. G. Buchholz, in: M. Heltzer/E. Lipinski (Hrsgg.), State and Economy in the Eastern Mediterranean, Louvain 1988, 192f. A. 10 schließt aus Hdt. 4, 152, 1, daß Kolaios mit einer Fahrtdauer von mindestens einem Jahr rechnete. Skylax, Periplus 110 spricht von 75 Tagen, die die Fahrt vom kanopischen Nilarm bis nach Gibraltar dauerte. Die Dauer einer Reise war aber durch die Gutwettersaison vorgegeben, die nach Hes. Erg. 663 ff.; 678 ff. nur 50 Tage betrug (gültig auch für Phönizier außerhalb der Ägäis, s. Hom. Od. 14, 285 ff.; Hdt. 4, 42; selbst die Spätantike kannte noch die Schließung der Schiffahrt im Winter: D. Claude, Der Handel im westlichen Mittelmeer, Göttingen 1985, 31 ff.). Die Fahrt von Tyros nach Gades dauerte daher über ein Jahr; s. Aubet (A. 4) 150 ff. Es gibt also keinen Grund, mit M. Noth, Könige I, Neukirchen 1968, 222f. an der Angabe zu zweifeln, die Taršišfahrt habe drei Jahre gedauert.

179 Griechische Parameter sind hier übertragbar; vgl. zur geringen Bedeutung der attischen Töpferei für den Export: R. M. Cook, JdI 74, 1959, 114 ff.; Snodgrass (A. 67) 126 f.; cf. T. W. Gallant, ABSA 77, 1982, 121. Allgemein: J. P. Morel, in: Garnsey/Hopkins/Whittaker (A. 169) 66 ff.; Cartledge ibid. 12 ff.; D. Gill, in: Ancient Greek and Related Pottery, Kopenhagen 1988, 175 ff.; id./M. Vickers, JdI 105, 1990, 1 ff.; id., JHS 111, 1991, 29 ff.

180 S. für das frühe Italien die Zusammenstellung der punischen Funde und ihre Interpretation bei J. MacIntosh, Etruscan-Punic Relations, Diss. Bryn Mawr 1974, 14 (Zusammenfassung). Auch die Karthager importierten Luxusgüter, z. B. aus Spanien, M. E. Aubet Semmler, in: Serra (A. 103) 122 ff.

181 Die Bedeutung der literarischen Quellen für die Erfassung des karthagischen Handels wurde von Gsell IV 131; 168 f. betont; so noch Scullard, CAH VII², 511 f. Allgemein formulierte einmal Momigliano (A. 106) 562: «if one wants to distinguish between a gift and a market transaction ... explanatory words are needed.»

182 Vgl. die ausführlichen Sammlungen zu Landwirtschaft, Industrie und Handel bei Gsell IV 1 ff.; 53 ff.; 109 ff.

183 Hermippos, F 63 Kassel/Austin; Eubulos F 18 Kassel/Austin. Vgl. H. Knorringa, Emporos, Amsterdam 1926, 74 ff. zu Handelsgütern in den Komikerfragmenten; W. Habermann, MBAH 5, 2, 1986, 100 ff. Wichtig ist V. Ehrenberg, Aristophanes und das Volk von Athen, Zürich 1968, 126 f., der betont, solche Listen sollten keine repräsentativen Handelsstatistiken darstellen, sondern zur Ehre der Stadt Athen zeigen, was dort alles an seltenen Gütern erhältlich sei. In einer vergleichbaren literarischen Tradition steht m. E. auch die Güterliste, die Ezechiel für Tyros überliefert, vgl. jedenfalls für die Güter, die Salomon auf seiner Taršišfahrt erhielt (1 Reg 10), Y. Ikeda, in: T. Ishida (Hrsg.), Studies in the Period of David and Salomon, Winona Lake 1982, 219 ff.

184 Gsell VI 22 f.; W. Habermann, RhM 133, 1990, 140 ff.

möglichen anderen Sorten von Luxusgütern. Hierfür gab es nur eine begrenzte Abnehmerschicht.

Die Karthager für Zwischenhändler zu halten, ist methodisch problematisch,[185] solange man sich nicht auf eindeutige Zeugnisse stützen kann; bei der Rohstoffgewinnung mittels Handel in den verschiedenen Emporien läßt sich nur ein bescheidenes Handelsvolumen erzielen.[186] Der Handel mit Getreide, Sklaven, Edelmetallen und Luxusgütern gehorchte nicht den Gesetzen des Marktes, sondern beruhte auf politischer Macht.[187]

Auf privater Ebene gab es natürlich zahlreiche Handelsinitiativen und -unternehmungen, deren Spuren sich heute noch studieren und in den Grabungen verfolgen lassen. Die Existenz eines karthagischen Herrschaftsbereiches verschaffte diesen Händlern Vorteile;[188] nichts spricht aber dafür – und allein darum geht es – hierin die Motivation der karthagischen Politik zu sehen.[189]

Karthago zog sein Einkommen aus Steinbrüchen und Bergwerken, aus dem Tribut seiner Untertanen und dem direkt beherrschten Land. Auf dieser Grundlage konnte sich auch die starke handwerkliche und kaufmännische Diversifizierung entfalten, die die Vielzahl der auf den Inschriften erhaltenen Berufs- und Produktbezeichnungen noch erkennen läßt.[190]

---

185 Deutlich sagt z.B. Gsell IV 167f., daß man Metalle und Zwischenhandel als Quelle karthagischen Reichtums annimmt, weil sich sonst nichts archäologisch verifizieren lasse. Als Produkt eines karthagischen Zwischenhandels interpretiert z.B. Bondi (A.155) 353 die griechisch-orientalisierende Keramik in Sardinien; aber s. hierzu R. Zucca, PP 37, 1982, 451: «pare metodologicamente corretto non escludere l'eventualità di una veicolazione diretta.»

186 Zum geringen Umfang von Rohstoff- und Gütergewinnung durch Emporien s. Timpe (A.169) 210; Th. Smith, Mycenaean Trade and Interaction in the West Central Mediterranean, London 1987, 57. Vgl. auch Huß 85 zu den Zinn- und Bleifahrten nach Nordwest-Europa: man wird «sich vor der Gefahr hüten müssen, die Bedeutung dieser Fahrten zu überschätzen.»

187 Humphreys (A.177) 56.

188 Finley (A.165) 53f.

189 Vgl. E. Badian, Römischer Imperialismus, Stuttgart 1980, 34ff., der zeigt, daß auch Roms Politik nicht von der Suche nach Exportmärkten diktiert wurde.

190 Zusammenstellung bei Huß 481ff.; zuletzt versuchte Neesen (A.171) (das Prinzip schon in id., MBAH 4, 1, 1985, 49ff.) gerade wegen der Diversifizierung der Berufe in Athen, Alexandria und Rom die soziale Wertschätzung des Handwerks und der Kaufmannsschaft zu erweisen. Daß soziale Akzeptanz und Bedeutung von Handel so nicht erschlossen werden können, liegt auf der Hand. Schon Xenophon wußte, daß zur Differenzierung der Berufe die schiere Größe einer Stadt ausreichend war (Cyrup. 8, 2, 5); dies sagt überhaupt nichts über die Art, in der diese Größe erzielt wurde. Was die Zahl der in Karthago bezeugten Berufe angeht, so wird sie durch die Tatsache relativiert, daß wir für die Kleinstadt Korykos in der Spätantike über 110 Berufe kennen (s. MAMA III), für Pompeji noch über 80; cf. K. Hopkins, in: Ph. Abrams/E. Wrigley (Hrsg.), Towns in Societies, Cambridge 1978, 72.

So kehrt Karthago in vielerlei Hinsicht in die antike Normalität ein, und es bleibt nur die Frage, weshalb Karthager und Phönizier in der Antike als Händler κατ᾽ ἐξοχήν galten. Am ehesten erklärt sich dies mit einer auch sonst zu beobachtenden optischen Täuschung in unseren Quellen. Als Vergleichsbeispiel sei das kaiserzeitliche Syrien genannt: dies war ein Land, dessen Wirtschaft in erster Linie von Ackerbau und Viehzucht bestimmt war, nicht von Handel oder Durchgangsverkehr. Trotzdem erscheinen syrische Kaufleute in unseren Quellen als omnipräsent, galten die Syrer als Kaufmannsnation schlechthin.[191] Hier trifft man auf dieselbe Diskrepanz wie im Falle Karthagos.[192]

Punier waren, wie Syrer und Phönizier, für Griechen und Römer fremdartige Erscheinungen. Von ihrer Lebensart ließ sich, schon wegen der Sprachdifferenz, nur schwer ein Bild machen. Sieht man einmal von den relativ eng umgrenzten Zonen ab, in denen die verschiedenen Kulturkreise direkt nebeneinander existierten, so gab es Kontakte nur anläßlich der mehr oder weniger häufigen Reisen von Händlern.[193] Dies führte zu Verzeichnungen, die umso schwerwiegender waren, als Lebensart und Staatlichkeit der verschiedenen Völker einander näher standen, als bisher angenommen wurde. Die Karthager stellen keine große Ausnahme in der Geschichte des Mittelmeerraumes dar, sondern reihen sich gut in die mediterrane Koine der Polis-Staaten ein.

---

191 G. W. Bowersock, in: J. M. Dentzer/ W. Orthmann (Hrsgg.), Archéologie et histoire de la Syrie II, Saarbrücken 1989, 75 ff.

192 Noch eklatanter ist es, wenn der Perserkönig (Hdt. 1, 153, 1 f.) die Spartaner in erster Linie für Händler hält.

193 Dies gilt im Prinzip schon für atl. Zeiten, wo die Bezeichnung von Händlern als Kanaanäer ebenfalls davon inspiriert war, daß die einzigen Phönizier, die man zu Gesicht bekam, eben als Händler durch die Gegend reisten. Auf Repräsentativität des linguistischen Befundes kann daher nicht geschlossen werden; vielmehr ist auch die gesamte atl. Darstellung der Phönizier von dieser Verzeichnung beherrscht. Vgl. M. Elat, in: Lipinski (A. 13) 529 f. und Huß 5 f. A. 4 zu den verschiedenen Vorschlägen zur Etymologie von Knʿnm.

# Auswahlbibliographie

Acquaro, E./Godard, L./Mazza, M./Musti, D. (Hrsgg.), Momenti precoloniali nel Mediterraneo, Rom 1988
Alvar, J./Wagner, C., Consideraciones históricas sobre la fundación de Carthago, Gerion 3, 1985, 79 ff.
Aubet, M. E., Tiro y las colonias fenicias de occidente, Barcelona 1987
Bacigalupo Pareo, E., I supremi magistrati a Cartagine, FS Garzetti, Genua 1977, 61 ff.
Barceló, P. A., Karthago und die iberische Halbinsel vor den Barkiden, Bonn 1988
id., Zur karthagischen Überseepolitik im 6. und 5. Jhrdt. v. Chr., Gymnasium 96, 1989, 13 ff.
Bengtson, H., Kleine Schriften, München 1974
Bonnet, C., Melqart, Louvain 1988
Bunnens, G., L'expansion phénicienne en méditerranée, Brüssel 1979
Burn, A. R., Persia and the Greeks$^2$, Stanford 1984
Dunbabin, T. J., The Western Greeks, Oxford 1948
Ehrenberg, V., Polis und Imperium, Zürich 1965
Elayi, J.,The Phoenician Cities in the Persian Period, JANES 12, 1980, 13 ff.
ead., The Relations between Tyre and Carthage during the Persian Period, JANES 13, 1981, 15 ff.
ead., Recherches sur les cités phéniciennes à l'époque perse, Neapel 1987
Elliger, W., Karthago, Stuttgart 1990
Garbini, G., I Fenici, Neapel 1980
Garlan, Y., La guerre dans l'antiquité, Paris 1972
id., Guerre et économie en Grèce ancienne, Paris 1989
Garnsey, P./Hopkins, K./Whittaker, C. R. (Hrsgg.), Trade in the Ancient Economy, London 1983
Gras, M., Trafics tyrrhéniens archaiques, Paris 1985
id./Rouillard, P./Teixidor, J., L'univers phénicien, Paris 1989
Griffith, G. T., The Mercenaries of the Hellenistic World, Cambridge 1935
Hands, A. R., The Consolidation of Carthaginian Power in the Fifth Century B.C., in: Tompson, L. A./Ferguson, J. (Hrsgg.), Africa in Classical Antiquity, Ibadan 1969, 81 ff.
Hans, L. M., Karthago und Sizilien, Hildesheim 1983
Heeren, A. H. L., Ideen über die Politik, den Verkehr und den Handel der vornehmsten Völker der alten Welt$^4$ II 1, Göttingen 1825
Heuss, A., Die Gestaltung des römischen und des karthagischen Staates bis zum Pyrrhos-Krieg, in: RuK 83 ff.
Hoffmann, W., Karthagos Kampf um die Vorherrschaft im Mittelmeer, ANRW I 1, Berlin 1972, 341 ff.
Huß, W., Der karthagische Sufetat, FS Bengtson, Wiesbaden 1983, 24 ff.
Jenkins, G. K., Coins of Punic Sicily, SNR 50, 1971, 25 ff.; 53, 1974, 23 ff.; 56, 1977, 5 ff.; 57, 1978, 5 ff.
Katzenstein, H. J., The History of Tyre, Jerusalem 1973
Lassère, J. M., Ubique populus, Paris 1977

Launey, M., Recherches sur les armées hellénistiques², Paris 1987
Lüdemann, H., Untersuchungen zur Verfassungsgeschichte Karthagos bis auf Aristoteles, Bottrop 1933
Maurin, L., Himilcon le Magonide, Semitica 12, 1962, 5 ff.
Meister, K., Die sizilische Geschichte bei Diodor von den Anfängen bis zum Tod des Agathokles, Diss. München 1967
Moscati, S., Scritti Fenici minori, Rom 1988
Müller, M., Der Feldzug des Agathokles in Afrika, Diss. Leipzig 1928
Niemeyer, H. G. (Hrsg.), Phönizier im Westen, Mainz 1982
id., Das frühe Karthago und die phönizische Expansion im Mittelmeerraum, Göttingen 1989
Pearson, L., The Greek Historians of the West, Atlanta 1987
Petzold, K. E., Die beiden ersten römisch-karthagischen Verträge und das foedus Cassianum, ANRW I 1, Berlin 1972, 364 ff.
Picard, G., Les religions de l'Afrique antique, Paris 1954
id., Les sufètes de Carthage dans Tite-Live et Cornelius Nepos, REL 41, 1963, 269 ff.
id., Le pouvoir suprême à Carthage, SP 6, 1988, 119 ff.
Rakob, F., Deutsche Ausgrabungen in Karthago, RM 91, 1984, 1 ff.
id., Zur Siedlungstopographie des punischen Karthago, RM 94, 1987, 333 ff.
Sanders, L. J., Punic Politics in the 5th Century B. C., Historia 37, 1988, 72 ff.
Scardigli, B., I trattati Romano-Cartaginesi, Pisa 1991
Schmitz, Ph. Ch., Epigraphic Contributions to a History of Carthage in the 5th Century B. C. E., Diss. Ann Arbor 1990
Scullard, H. H., Carthage and Rome, in: CAH VII² 2, Cambridge 1989, 486 ff.
Sznycer, M., L'«Assemblée du Peuple» dans les cités puniques d'après les témoignages épigraphiques, Semitica 25, 1975, 47 ff.
id., Carthage et la civilisation punique, in: C. Nicolet (Hrsg.), Rome et la conquête du monde méditerranéen 2, Paris 1978, 545 ff.
id., Le problème de la royauté dans le monde punique, BCTH 17/8, 1981/2 (1984), 291 ff.
Tarn, W. W., The Fleets of the First Punic War, JHS 27, 1907, 48 ff.
id., Hellenistic Military and Naval Developments, Cambridge 1930
Thiel, J. H., A History of Roman Sea-Power before the Second Punic War, Amsterdam 1954
Tipps, G. K., The Battle of Ecnomus, Historia 34, 1985, 432 ff.
Tlatli, S. E., La Carthage punique, Paris 1978
Tsirkin, J. B., Carthage and the Problem of Polis, RSF 14, 1986, 129 ff.
id., The Economy of Carthage, SP 6, 1988, 125 ff.
Vernant, J. P. (Hrsg.), Problèmes de la guerre en Grèce ancienne, Paris 1968
Wagner, C. G., Fenicios y Cartagineses en la Peninsula Iberica, Madrid 1983
id./Alvar, J., Fenicios en Occidente: la colonización agricola, RSF 17, 1989, 61 ff.
Warmington, B. H., Carthage, London 1960
Weil, R., Aristote et l'histoire, Paris 1960
Werner, R., Der Beginn der römischen Republik, München 1963
Whittaker, C. R., The Western Phoenicians, PCPhS 200, 1974, 58 ff.
id., Carthaginian Imperialism in the Fifth and Fourth Centuries B. C., in: Garnsey, P./Whittaker, C. R. (Hrsgg.), Imperialism in the Ancient World, Cambridge 1978, 59 ff.
id., Land and Labour in North Africa, Klio 60, 1978, 331 ff.
Wollner, B., Die Kompetenzen der karthagischen Feldherrn, Frankfurt 1987